Jürgen Heinrich

Medienökonomie

Band 1: Mediensystem, Zeitung, Zeitschrift, Anzeigenblatt

Jürgen Heinrich

Medienökonomie

Band 1: Mediensystem, Zeitung, Zeitschrift, Anzeigenblatt

2., überarbeitete und aktualisierte Auflage

Westdeutscher Verlag

Die Deutsche Bibliothek – CIP-Einheitsaufnahme
Ein Titeldatensatz für diese Publikation ist bei
Der Deutschen Bibliothek erhältlich.

1. Auflage 1994
2., überarbeitete und aktualisierte Auflage Mai 2001

Der Westdeutsche Verlag ist ein Unternehmen der Fachverlagsgruppe BertelsmannSpringer.

www.westdeutschervlg.de

Gedruckt auf säurefreiem und chlorfrei gebleichtem Papier.

Umschlaggestaltung: Horst Dieter Bürkle, Darmstadt
Druck und buchbinderische Verarbeitung: Lengericher Handelsdruckerei, Lengerich

Printed in Germany

ISBN 3-531-32636-8

Vorwort zur zweiten Auflage

In der zweiten Auflage der Medienökonomie Band 1 ist der Mediensektor präziser abgegrenzt worden und seine Darstellung ist in das erste Kapitel gerückt. Die Konzepte der Ökonomie zur Analyse des Mediensektors sind grundlegend überarbeitet und der Entwicklung der Wirtschaftswissenschaften angepasst worden (Kapitel 2). In Kapitel 3 wird die Diskussion um die Reichweite der Analysekonzepte der Ökonomie aufgenommen und der Komplex des Marktversagens präzisiert und ausführlicher beschrieben. Die Analyse der Medienkonzentration in Kapitel 4 ist um eine Darstellung der globalen Medienkonzentration in Deutschland und weltweit ergänzt worden. Die Struktur und Funktion der Medienunternehmung ist in Kapitel 5 in neuer Konzeption beschrieben worden, die die Institutionenökonomik einbezieht. In Kapitel 6 werden Ursachen und Folgen des Wandels des Mediensystems der neueren Entwicklung angepasst und um eine Analyse der Ökonomik der Digitalisierung ergänzt. In allen Kapiteln ist das umfangreiche Tabellenwerk auf den neuesten Stand gebracht worden.

Ich danke Julia Friedrichs, Katharina Mock und Sonja Roy für ihre Hilfe.

Dortmund, im März 2001 Jürgen Heinrich

Vorwort zur ersten Auflage

Ökonomen, so wird gemeinhin unterstellt, haben ein recht enges Weltbild: Jeder Mensch versuche, die Nutzen-Kosten-Relation seines Handelns zu optimieren, also zu rechnen. Journalisten, Verleger und Medienunternehmen sehen sich anders. Sie erfüllen eine öffentliche Aufgabe, sie vertreten publizistische Überzeugungen, wollen aufklären, informieren, unterhalten. Das Motiv, Geld zu verdienen, kommt in einem solchen idealtypischen Selbstverständnis nur am Rande vor.

Dieses Lehrbuch beschreibt die Zusammenhänge und die Konflikte zwischen den wirtschaftlichen Notwendigkeiten und dem kulturellen und politischen Impetus des Journalismus. Es analysiert die Produktionsbedingungen, denen die Medienunternehmen unterliegen, und zeigt die Grenzen auf, die gewinnorientiertes Handeln der journalistischen Arbeit setzt.

Das ökonomische Analyse-Instrumentarium sollte indes nicht als Handlungsanweisung missverstanden werden. Ich mache keinen Hehl aus meiner grundsätzlichen Sympathie für Unternehmer und Unternehmen, die auf eigene Kosten – nicht auf Kosten der Steuerzahler – ihrer publizistischen Überzeugung Opfer bringen. Dies gilt für Axel Springer genauso wie für die *taz*.

Dennoch: Dieses Buch ist von einem Ökonomen in der Tradition der Wirtschaftswissenschaften geschrieben, die ökonomische Sicht dominiert. Sie lässt aber, davon bin ich überzeugt, menschlichen, nicht-monetarisierbaren Werten mehr Raum, als allgemein angenommen wird.

Ein besonderes Merkmal dieser Tradition ist die Liebe der Ökonomen zu Zahlen, die für uns eine eigene argumentative Kraft haben. Diese Vorliebe wird auch in der vorliegenden „Medienökonomie" deutlich. Ebenso wie die Sammlung von Daten entspringt die alleinige Verwendung der männlichen Form dem Effizienzkalkül: Sie ist kürzer.

Die „Medienökonomie", deren erster Band hiermit vorliegt, versucht, eine Lücke in der wirtschaftswissenschaftlichen und kommunikationswissenschaftlichen Literatur zu füllen. In langjähriger Lehrtätigkeit am Institut für Journalistik der Universität Dortmund entstanden, hat dieses Buch von zahlreichen Anregungen und Anmerkungen aus dem Kreise der Kollegen und der Studierenden profitiert. Durch die Konfrontation mit der Praxis der journalistischen Arbeit – Gelegenheit dazu bietet der Dortmunder Journalistik-Studiengang in hohem Maße – ist, so hoffe ich, eine lebensnahe Beschreibung der Wirklichkeit der Medienwelt entstanden.

Meiner Frau danke ich für ihre Anteilnahme und Geduld. Den Sekretärinnen am Institut für Journalistik, besonders Carola Schmidt, danke ich für die Anfertigung des Manuskripts. Für ihre Hilfe bei der Sammlung des Datenmaterials und für zahlreiche inhaltliche Anmerkungen danke ich meinen studentischen Mitarbeitern Kristov Hogel und Maike Telgheder. Herr Hogel hat zudem mit viel Umsicht die Druckvorlagen erstellt. Schließlich danke ich den Steuerzahlerinnen und Steuerzahlern, die die Entstehung dieses Buches finanziert haben: Auch das vorliegende Kulturgut wäre schließlich ohne eine wirtschaftliche Grundlage nie geschrieben worden.

Dortmund, im Juli 1994 Jürgen Heinrich

Inhalt

Einführung

Grundfragen der Medienökonomie

Abgrenzung

Das vorliegende Lehrbuch zur Medienökonomie hat das Ziel, die ökonomischen Bedingungen der journalistischen Produktion zu analysieren. Die Darstellung bezieht sich mithin auf das System ‚Journalismus' und klammert die Systeme ‚Kunst' und ‚Wissenschaft' aus. Dies erscheint deshalb sinnvoll, weil sich die genannten Systeme deutlich voneinander unterscheiden. Vor allem die unterschiedliche Dominanz und die unterschiedliche Ausprägung der verwendeten Funktionsnormen Schnelligkeit, Wahrheit und Schönheit ergeben eine brauchbare Abgrenzung.

Dominierende Funktionsnorm im Journalismus ist die Schnelligkeit in Form der Aktualität, Wahrheit in Form von weitgehender Richtigkeit hat die Funktion einer notwendigen Bedingung, während die Schönheit die Funktion einer Arabeske hat. Dominierende Funktionsnorm der Wissenschaft ist hingegen die Wahrheit, während die dominierende Funktionsnorm der Kunst die Schönheit ist. Die jeweils anderen Normen spielen praktisch keine Rolle.

Wegen dieser Unterschiedlichkeit werden die Systeme Kunst und Wissenschaft nicht in die Analyse einbezogen – wie es sonst, wenn auch eher beiläufig, üblich ist (Owen 1975, Picard 1989, Moths 1978). Auch nach dieser Abgrenzung bleibt das Gebiet der Medienökonomie von verwirrender Vielfalt der Fragen und Analysekonzepte geprägt. Um Ordnung in die Darstellung zu bringen und um die Dimensionen der Medienökonomie erahnen zu lassen, werden nach bewährter ökonomischer Vorgehensweise die im Mediensystem gehandelten Güter, die verwendeten Medien und die ökonomischen Funktionen abgegrenzt.

Güter

In der Ökonomie hat es sich als sinnvoll erwiesen, den Transformationsprozess der Güter aus der Perspektive des Konsumenten zu betrachten und den Konsum selbst als einen Produktionsprozess des Haushalts zu verstehen, in dem die gekauften Güter vom Haushalt zu Konsumgütern letzter Ordnung verarbeitet werden (Becker 1993, S. 145 ff.). So kauft der Haushalt etwa Fernsehen und Flaschenbier, um daraus Unterhaltung zu produzieren.

Wählt man diese Sicht auch für den Transformationsprozess der Güter des Mediensystems, so lassen sich drei Ebenen unterscheiden:

- die Ebene der stofflichen Träger der Medieninhalte (Zeitung, Rundfunkfrequenzen, Kabel usw.),
- die Ebene der eigentlichen Inputs in den Medienkonsumprozess (Information, Unterhaltung, Verbreitung von Werbung),
- die Ebene des Outputs des Medienkonsumprozesses (Medienwirkungen).

Die *stofflichen Träger* der Medieninhalte sind Gegenstand ökonomischer Analysen, weil sie knappe Ressourcen verbrauchen und unterschiedliche Rahmenbedingungen für Produktion, Distribution und Konsum der Medieninhalte setzen (Frequenzknappheit, Kosten des Papiertransports, Ton-Bild-Abstimmungen usw.), z.T. auch, weil unterschiedliche rechtliche Rahmenbedingungen ökonomisch zu analysieren sind. Die *eigentlichen Inputs* in dem Medienkonsumprozess sind aber nicht Zeitungen, Zeitschriften oder Rundfunkprogramme, sondern Information, Unterhaltung und Verbreitung von Werbung (vgl. z.B. Picard 1989, S. 7). Eine präzise Abgrenzung dieser Güter ist ungemein schwierig. Hier sollen einige klärende Beschreibungen der Konzepte ausreichen.

Information ist die Verbreitung von Wissen (Machlup 1972, S. 15), die ein Kenntnis- oder Aktualitätsgefälle zwischen Kommunikator und Rezipient vermindert, also zur Beseitigung von Ungewissheit beiträgt (vgl. auch Fischer Lexikon Publizistik/Massenkommunikation 1989, S. 105 ff.). Information hat die Funktion, die individuelle A-priori-Wahrscheinlichkeitsverteilung über verschiedene mögliche Ereignisse zu beeinflussen. Interessant ist, dass in diesem Sinne der Wert der Information jedenfalls konzeptionell erfasst werden kann durch das Ausmaß, in dem individuelle Wahrscheinlichkeitsverteilungen beeinflusst werden. Eine solche Betrachtung erlaubt mithin partiell eine theoretische Fundierung der klassischen Nachrichtenanalyse (vgl. z.B. Weischenberg 1990, S. 16ff.), jedenfalls wird der Wert der so genannten ‚harten' Nachrichten im Wesentlichen bestimmt durch Aktualität und Bedeutung, also durch Faktoren, die die individuellen Wahrscheinlichkeitsverteilungen erheblich beeinflussen.

Unterhaltung ist von Information nur schwer abzugrenzen; Information kann mit Unterhaltung verbunden, und Unterhaltung kann durch Information vermittelt sein. Wichtig ist, dass mit Unterhaltung ein anderes Bedürfnis als mit Information angesprochen wird, nämlich das Bedürfnis nach Zerstreuung, nach Entspannung und Genuss – und nicht das Bedürfnis nach Wissen.

Das angebotene Gut *Verbreitung von Werbung* ist, genauer formuliert, eine bestimmte Verbreitungswahrscheinlichkeit von Werbebotschaften, die im Regelfall als Verbundproduktion mit journalistischen Aussagen mitproduziert wird. Interessanterweise werden Werbebotschaften indes nur partiell – als Information und Unterhaltung – nachgefragt, partiell werden sie als ‚Ungut' konsumiert.

Was *Output* des Medienkonsumprozesses ist, scheint bislang nicht genügend geklärt zu sein. Es ist trotz intensiver Analysen im Rahmen der Medienwirkungsforschung nicht bekannt, was das Ergebnis des Kommunikationsprozesses ist, sowohl beim Einzelnen als auch bei der Gesellschaft. Im Folgenden wird daher pars pro toto von Meinungsvielfalt gesprochen. Was ‚wirklich' produziert wird, muss aus ökonomischer Sicht auch nicht geklärt werden. Es muss nur geklärt werden, ob es ein

‚Gut' (oder ein Ungut, ein ‚Schlecht') ist und in welchem Ausmaß es sich um ein öffentliches Gut handelt.

Medien

Weil die ökonomischen Bedingungen des Journalismus erfasst werden sollen, werden in diesem Lehrbuch nur die aktuell und journalistisch berichtenden Massenmedien Zeitung, Zeitschrift, Hörfunk und Fernsehen in die Analyse eingezogen. Das Anzeigenblatt als Grenzfall journalistischer Produktion wird nur kurz behandelt.

Die *sachliche Abgrenzung* der Medien wird nicht einheitlich vorgenommen. In enger Abgrenzung werden nur die aktuell berichtenden Massenmedien Zeitung, Zeitschrift, Anzeigenblatt, Hörfunk und Fernsehen einbezogen, die Medien also, die schwerpunktmäßig dem System Journalismus zuzurechnen sind. In weiterer Abgrenzung werden z. T. auch solche Medien einbezogen, die eher dem System Kunst, z. T. auch dem System Wissenschaft zuzurechnen sind, also Buch, Theater, Museum und Kino und z.T. werden auch die vorgelagerten bzw. nachgelagerten Wertschöpfungsstufen des gesamten Medien- und Kommunikationssektors also einschließlich der Medien- und Kommunikationstechnik und einschließlich der Kommunikationsdienstleistungen einbezogen (vgl. Seufert 1994).

Eine trennscharfe Abgrenzung bietet mein Bezug auf die journalistische Produktion nicht, schon deshalb nicht, weil auch der Komplex des Journalismus nicht trennscharf abgegrenzt wird. Daher erscheint der Bezug auf *aktuell / journalistisch produzierende Massenmedien* fruchtbarer. Dies grenzt Medien aus, die nur eine geringe Reichweite haben, wie Theater, Ausstellungen und Museen und es grenzt Medien aus, die ganz überwiegend den Systemen Kunst oder Wissenschaft zuzuordnen sind wie Buch, Tonträger oder Bildträger sowie das Kino.

Meine Beschränkung auf die aktuell produzierenden Massenmedien Zeitung, Zeitschrift, Anzeigenblatt, Hörfunk, Fernsehen und den mit diesen untrennbar verbundenen Werbemarkt ist auch darin begründet, dass Produktion, Distribution und Konsum dieser aktuellen Massenmedien deutliche Unterschiede zu den anderen Massenmedien aufweisen:

- Die Produktion erfolgt in hohem Grade arbeitsteilig in großbetrieblicher Verbundproduktion;
- die Distribution erfolgt in einem permanenten, spezifischen und umfassenden Vertriebsnetz;
- der Konsum ist geprägt durch einen sehr hohen Zeitverbrauch und prägt seinerseits die Zeitstrukturen der allgemeinen Freizeit;
- das Produkt ist mit den Komponenten Information, Bildung, Unterhaltung und Werbung sehr komplex;
- systemtheoretisch gedacht ist die Norm der Aktualität von spezifischer prägender Kraft; und schließlich

- spielen die aktuellen Massenmedien als Verbindungs- und Kontrollorgan zwischen dem Volk und seinen gewählten Vertretern eine besondere Rolle (BVerfGE 20,175).

Ökonomische Funktionen

Bei der Analyse der ökonomischen Bedingungen des Journalismus stehen die ökonomischen Grundfunktionen im Mittelpunkt:

- die Produktion,
- die Distribution (Verteilung, Vertrieb) und
- der Konsum

von Medien und Medieninhalten. Andere denkbare Funktionsbereiche, wie z.B. Finanzierung und Investition, haben nur ergänzende Bedeutung und werden nur behandelt, wenn ihre Form, wie z.B. bei der Fernsehfinanzierung, von prägender Kraft ist.

Definition der Medienökonomie

Mithin kann Medienökonomie wie folgt definiert werden: Medienökonomie untersucht, wie die Güter Information, Unterhaltung und Verbreitung von Werbebotschaften in aktuell berichtenden Massenmedien produziert, verteilt und konsumiert werden.

Fragestellungen der Medienökonomie

Produktion, Distribution und Konsum der massenmedial erstellten Güter Information, Unterhaltung und Werbung verbrauchen die knappen volkswirtschaftlichen Ressourcen Arbeit, Kapital und Natur, konkurrieren also mit anderen Verwendungsmöglichkeiten. Es entstehen so genannte *Opportunitätskosten* als Maß für den Nutzenentgang der nächstbesten Verwendungsart der knappen Ressourcen. Statt mit Arbeit, Kapital und Natur Zeitungen zu produzieren, könnten auch Wohnungen oder Kraftfahrzeuge usw. produziert werden, und der Verzicht auf die Nutzung dieser Alternativproduktion stellt die Opportunitätskosten der Zeitungsproduktion dar. Weil die Ressourcen knapp sind, muss die Gesellschaft entscheiden, wie viel Ressourcen für die Massenmedien und wie die Ressourcen für die Massenmedien verwendet werden sollen. Dies Problem der *Allokation der Ressourcen*, also das Problem der Verteilung der Produktionsfaktoren auf die Medienproduktion, ist die zentrale Fragestellung der Medienökonomie.

Diese Fragestellung hat verschiedene Aspekte. Sie kann *normativ* oder *deskriptiv* angelegt sein, und sie kann sich auf die *Gesamtwirtschaft*, auf *Unternehmen* oder auf das *einzelne Wirtschaftssubjekt* beziehen. In normativer Ausprägung geht es um

- die optimale Organisation der Märkte,
- die optimale Organisation der Unternehmen und
- die optimale Organisation der einzelwirtschaftlichen Produktion.

In einer solchen Analyse spielen Elemente des Koordinationsmechanismus und des Wettbewerbs die zentrale Rolle. Sie werden daher im 2. Kapitel kurz vorgestellt.

In deskriptiver Ausprägung geht es um die Beschreibung der Massenmedien als Wirtschaftsbereich. Dabei sollen Erkenntnisse für die Erklärung der ökonomischen Strukturen der Massenmedien, Informationsgrundlagen für Prognosen und Anhaltspunkte für die Medienpolitik gewonnen werden. In methodischer Hinsicht sind auch hier die genannten Ebenen zu unterscheiden:

- die Marktbeschreibung (Marktstruktur, Marktverhalten, Marktergebnis),
- die Unternehmensbeschreibung (Organisation, Kosten, Umsatz usw.) und
- die Beschreibung individueller Kosten-Nutzen-Kalküle.

Im Zuge der Integration des europäischen Medienmarktes wurde unter der Fragestellung ‚Rundfunk als Kulturgut oder Rundfunk als Wirtschaftsgut' das Problem diskutiert, ob Rundfunk Regelungsobjekt der *Wirtschafts*politik sein sollte. Das Problem ist, dass Massenmedien, wie z.B. der Rundfunk, Objekte des Wirtschaftsverkehrs sind und gleichzeitig Vermittler journalistischer, künstlerischer oder wissenschaftlicher Inhalte. Aus wirtschaftswissenschaftlicher Sicht ist damit lediglich ein Rechtsproblem verbunden: Schließen die ‚geistigen Besonderheiten' solcher Güter die Anwendbarkeit des Wirtschaftsrecht (z.B. Kartellrecht oder EG-Recht) aus, und unterwerfen sie diese einem speziellen Medienrecht? Diese Rechtsfrage kann und soll hier nicht beurteilt werden. Wichtig ist, aus wirtschaftswissenschaftlicher Sicht zu betonen, dass die journalistische Aussagenproduktion in Massenmedien selbstverständlich ein Wirtschaftsgut ist, weil sie knappe Ressourcen verbraucht und dass eine durchgängige Trennung zwischen stofflichen Trägern und geistigen Inhalten nicht durchführbar ist und ökonomisch keinen Sinn ergibt. Daher ist eine Analyse der Medienproduktion mit den Methoden der Ökonomie angemessen.

Dissens zwischen der Ökonomie und der Medienpolitik

1. Dissens bezüglich der Ausschließlichkeit der Analysekonzepte

Zum Dissens zwischen der Ökonomie und den anderen Disziplinen, die sich mit dem Mediensystem befassen, kommt es häufig deshalb, weil den Medien eine doppelte Eigenschaft zugesprochen wird, nämlich Kulturgut und Wirtschaftsgut zugleich zu sein, kommerziell organisiert zu sein und dennoch eine öffentliche Aufgabe zu haben, und weil darin ein Dilemma gesehen wird:

> „Der Doppelcharakter der Medien als publizistische Leistungsträger und industrielle, also profitorientierte Unternehmen unterscheidet sich von allen anderen Branchen und offenbart die Widersprüche von Publizistik und Ökonomie: Funktionelle Erwartungen an Medien fordern steuernde Regelungen zur Durchsetzung von Meinungsvielfalt ge-

radezu heraus, die Einbindung der Medien in wirtschaftliche Zusammenhänge steht Steuerungsabsichten entgegen. In diese Widersprüche wird auch die Medienökonomie verwickelt, die – bislang jedenfalls – dazu keinen eigenen Standpunkt entwickelt hat. Gegenwärtig dominiert, so der Eindruck, auf den Medienmärkten bereits der "Imperialismus der Ökonomie" (Engelhardt 1989).
„Die Wirtschaftswissenschaften kümmern sich darum, die Ökonomie der Medien zu analysieren und ökonomische Kontrollmechanismen zu erarbeiten. Ökonomen analysieren vor allem die geldwerten Operationen der Gesellschaft, publizistische Erwartungen an Medien können nur bedingt von Ökonomen kommen" (Altmeppen 1996, S. 13).

Aus ökonomischer Sicht ist mit dem Doppelcharakter der Medien indes nicht per se ein Dilemma verbunden. Jedes Gut ist immer ein Wirtschaftsgut (weil es knapp ist) und jedes Gut ist daneben etwas anderes, ein Nahrungsmittel, ein Saatgut, ein Kriegsgerät, ein Freizeitgut oder ein Kulturgut. Und jede Güterproduktion sollte durch individuell fundierte Entscheidungsmechanismen legitimiert sein. Die relevanten Fragen entstehen nachfolgend:

- Weisen die Medien als Güter Besonderheiten auf?
- Worin sind diese Besonderheiten begründet?
- Erfordern diese Besonderheiten eine besondere Allokation, eine Allokation, die über den Wettbewerb hinausgeht?
- Wie sollte diese besondere Allokation ausgestaltet sein?

Hier werden zu Recht zentrale Forschungsdefizite geortet, denn es ist nicht geklärt, welchen Einfluss der Markt/der Wettbewerb als zentraler Steuerungsmechanismus auf Umfang, Struktur und Inhalte der Medienproduktion hat (Kiefer 1997, S. 57).

2. Dissens bezüglich der angemessenen wissenschaftlichen Disziplin

Medien und Kommunikation sind vor allem Gegenstand der Kommunikationswissenschaft, sie sind die „originären und zentralen Gegenstandsbereiche der Kommunikations- und Medienwissenschaft" (Altmeppen 1996, S. 12). Medien und Kommunikation sind aber auch Gegenstand ökonomischer Analyse, weil Produktion, Distribution und Konsum der massenmedial erstellten Güter Information, Bildung, Unterhaltung und Werbung – kurz: die Medienproduktion – die knappen gesellschaftlichen Ressourcen Arbeit, Kapital und Natur verbraucht. Die Medienproduktion konkurriert also mit anderen Verwendungsmöglichkeiten der knappen Ressourcen und vor diesen Alternativen (Opportunitätskosten als Maß für den Nutzenentgang der nächst besten Verwendungsart) müssen sich die Kosten der Medienproduktion legitimieren. Die Analyse der (optimalen) Verteilung der knappen gesellschaftlichen Ressourcen – Allokation der Ressourcen – auf die Produktion gesellschaftlich gewünschter Güter ist die zentrale Fragestellung der Ökonomie und die Analyse der (optimalen) Allokation der Ressourcen auf Umfang und Struktur der Medienproduktion ist die zentrale Fragestellung der Medienökonomie.

Eine Medienökonomie, die Medien und Kommunikation mit der disziplinären Matrix der Ökonomie analysiert – so wie ‚meine' Medienökonomie – ist mithin

Teilbereich der Ökonomie, so wie Gesundheits- oder Umweltökonomie auch Teilbereiche der Ökonomie sind. Dies ist unter Ökonomen nicht strittig (vgl. z.B. Owen 1975, Picard 1989, Alexander/Owers/Carveth 1993 oder Albarran 1996). Eine Parallele bilden andere ‚Medien'-Disziplinen, wie Medienrecht als Teilbereich der Rechtswissenschaft oder Mediensoziologie als Teilbereich der Soziologie, in denen Zuordnungen auch nicht strittig sind. Im Bereich der Kommunikationswissenschaft erfolgt indes eine andere Einordnung. Zum Teil wird die Medienökonomie der Kommunikationswissenschaft zugeordnet (so Schenk/Hensel 1987, S. 535; so wohl auch Kiefer, wenngleich Kiefer für die Anwendung ökonomischer Methoden und Theorien plädiert (Kiefer 1997a, S. 59), z.T. wird eine Interdisziplinarität gefordert (Altmeppen 1996, S. 13), z. T. wird eine Transdisziplinarität für angemessen gehalten (Karmasin 1998); Kopper sieht die Medienökonomie primär als Ökonomie (Kopper 1982), wenngleich wohl nicht nur als Ökonomie; Ludwig hingegen lässt das Verhältnis von Medienökonomie und Kommunikationswissenschaft ungeklärt (Ludwig 1994, S. 147f.), und Eichhorn postiert die Medienökonomie in das Schnittfeld der Wirtschafts- und Kommunikationswissenschaften (Eichhorn 1983, S. 7)). Eine solche grundlegende Neuorientierung einer neuen Disziplin ‚Medienökonomie' ist möglich, erscheint mir indes nicht als sinnvoll, weil ich spezifische und sinnvolle Fragestellungen und Analyseebenen, die über die entwickelte disziplinäre Matrix von Kommunikationswissenschaft und Ökonomie hinausgehen, nicht sehe.

Theoriegeschichtlich ist es interessant zu sehen, dass die Medien schon früh Analyseobjekt der Ökonomie gewesen sind. Eine solche Analyse erfolgte im Rahmen einer Darstellung der Wirtschaft insgesamt, verwiesen sei auf Karl Bücher (Bücher 1919, Band I, Kapitel VI „Die Anfänge des Zeitungswesens" und Band II, Kapitel IX „Die Anonymität in den Zeitungen") und Werner Sombart (Sombart 1916, 4. Abschnitt im 3. Hauptabschnitt „Der Nachrichtenverkehr", 25. und 26. Kapitel und Sombart 1927, 40. Kapitel „Erweiterung und Erhellung des Marktes") oder im Rahmen einer speziell dem Medium Zeitung gewidmeten Darstellung, so Bücher 1917. Abgrenzungsprobleme zu anderen Disziplinen hat es nicht gegeben. Und auch heute bleibt Medienökonomie – normativ und faktisch – nach meiner Überzeugung ein Teil der Ökonomie, was nicht heißt, dass sich nicht auch andere Disziplinen mit Medien befassen sollten. Im Gegenteil: Weil sich die Ökonomie bislang nur am Rande mit Medien befasst, ist eine Analyse durch andere Disziplinen besonders sinnvoll und notwendig. Im Grenzfall sogar eine ökonomische Analyse durch andere Disziplinen: Dies erschiene mir indes als eine zu starke Entgrenzung dieser Fächer.

Eine solche Medienökonomie kann zu den speziellen Wirtschaftswissenschaften gezählt werden, die sich in der Regel mit den Besonderheiten bestimmter Wirtschaftszweige befassen wie etwa die Agrarökonomie oder die Bankbetriebslehre. Eine solche spezielle Medienwirtschaftswissenschaft ist m. E. außerordentlich fruchtbar, weil sich der Mediensektor einerseits signifikant von anderen Sektoren der Wirtschaft unterscheidet und weil andererseits diese Besonderheiten sehr gut mit wirtschaftswissenschaftlichen Analyseinstrumenten untersucht werden können.

Letztlich ist die Frage, ob Medienökonomie eine eigenständige Wissenschaft ist, bzw. sein sollte (vgl. z.B. Schusser 1998), vor der Etablierung einer solchen Disziplin kaum sinnvoll zu beantworten. Wichtig ist vor allem die Feststellung, dass die Massenmedien einen eminent wichtigen Teilbereich moderner Gesellschaften darstellen, der mit den Analyse-Konzepten möglichst vieler Wissenschaften untersucht werden sollte. Ich vermute nur, dass die Etablierung einer Integrationsdisziplin ‚Medien-Ökonomie' als Integration von Ökonomie und Medienwissenschaft nicht Erfolg versprechend ist: Sie ist schwierig und dürfte kaum neue Ergebnisse bringen.

Medienökonomie als Teilbereich der Ökonomie kann sinnvoll nach der traditionellen funktionalen Aufteilung der Ökonomie differenziert werden:
Die Volkswirtschaftslehre konzentriert sich eher auf den Markt als Analyseebene und befasst sich im Bereich der Medien vorzugsweise mit folgenden Komplexen:

- Markt- und Marktversagen generell und
- Strukturbedingungen des Wettbewerbs generell.

Die Betriebswirtschaftslehre konzentriert sich naturgemäß eher auf die Unternehmung und befasst sich im Bereich der Medien vorzugsweise mit folgenden Komplexen:

- Marketing, hier vor allen Dingen strategisches Marketing, operatives Marketing und Werbung und
- Management, hier vor allem Organisation, Führung und Kontrolle.

Einordnung des vorliegenden Lehrbuchs

Die medienökonomische Forschung weist inzwischen eine eindrucksvolle Fülle von Studien auf (vgl. hierzu die Bibliographie von Kopper 1982, Schenk/Hensel 1986 und Ubbens 1993 sowie die bibliographische Analyse von Miller/Gandy 1991). In grober Klassifizierung lassen sich folgende Hauptlinien der Forschung unterscheiden:

- Marktbeschreibungen einzelner Medien,
- Studien zu Marktstruktur, Marktverhalten und Marktergebnis (theoretisch und empirisch ausgeprägt) zu einzelnen Medien,
- volkswirtschaftlich orientierte Studien zu Wettbewerb, Konzentration und Meinungsvielfalt allgemein,
- betriebswirtschaftlich orientierte Studien zu betrieblichen Teilbereichen des Mediensystems (redaktionelles Management, Zeitungsmarketing, Planung und Kontrolle von Rundfunkanstalten ...) und
- Studien über Werbung (sowohl zur optimalen Produktion und Platzierung von Werbung, als auch über Werbung als Finanzierungsform).

Es fehlt indes im deutschen Sprachraum eine Darstellung der Strukturbedingungen der Medienproduktion, die folgende Analyseebenen verbindet:

- die relevanten Teilsektoren des Mediensystems,

- die Normen und Verfahren der Ökonomie und der Publizistik sowie
- theoretische und empirische Aspekte der Medienproduktion ,

die also als zusammenfassende Darstellung bezeichnet werden könnte. Diese soll im vorliegenden Lehrbuch angeboten werden.

Die Auswirkungen der Medien auf die Wirtschaft, also etwa auf Konjunktur, Wachstum und Entwicklung einer Volkswirtschaft werden nicht behandelt. Eine solche Darstellung bliebe reine Spekulation, weil hierzu Vorarbeiten überhaupt nicht existieren – sieht man einmal vom „Development Journalism" (vgl. Kunczik 1985) oder von Teilaspekten wie Kepplingers Untersuchung zur Auswirkung der Wirtschaftsberichterstattung auf die Ölpreise (Kepplinger 1978) ab.

Das vorliegende Lehrbuch zur Medienökonomie erscheint in zwei Teilen: Teil I behandelt die ökonomischen Bedingungen der Medienproduktion insgesamt und speziell die Medien Zeitung, Zeitschrift und Anzeigenblatt. Teil II behandelt Hörfunk, Fernsehen und den Werbemarkt. Mithin wird der Vorschlag von Schenk/Donnerstag, Medienökonomie nicht medienorientiert zu gliedern, sondern die funktionale Einteilung der Wirtschaftswissenschaften zu übernehmen (Schenk/Donnerstag 1989, S. 4), nur partiell realisiert. Die Abstrahierungsverluste bei einer durchgängig funktionalen Gliederung wären zu groß.

So wird das Mediensystem zunächst zwar insgesamt dargestellt, um einen Eindruck von der quantitativ-ökonomischen Struktur des Mediensystems zu vermitteln (Kapitel 1), um die Medienproduktion nach Normen und Verfahren der Ökonomie und der Publizistik zu evaluieren (Kapitel 2 und 3), um die Medienkonzentration über einzelne Medien hinausgreifend darstellen zu können (Kapitel 4), um die für alle Medien typische Einbindung der journalistischen Produktion in das Netzwerk einer Medienunternehmung begründen und genauer analysieren zu können (Kapitel 5) und schließlich, um den sich abzeichnenden Wandel des Mediensystems darzustellen (Kapitel 6). In einem zweiten Schritt werden dann grundlegende Merkmale des Pressesektors beschrieben (Kapitel 7) und anschließend die einzel- und gesamtwirtschaftlichen Produktionsbedingungen von Zeitungen (Kapitel 8 und 9), Zeitschriften (Kapitel 10 und 11) und Anzeigenblättern (Kapitel 12) beschrieben.

Die vorliegende Darstellung ist als Lehrbuch angelegt, cs eignet sich – auch wegen der vorgenommenen Kapiteleinteilung – für eine zweisemestrige Lehrveranstaltung. Weil es die Medienökonomie als Wissenschaftszweig aber noch nicht gibt oder zumindest ihre Konturen ganz undeutlich sind, unterscheidet sich das vorliegende Buch insofern von einem klassischen Lehrbuch, als in manchen Bereichen die Grundlegung nicht auf allgemein akzeptierte und erschöpfend behandelte Sachverhalte zurückgreifen konnte.

Die Verwendung wirtschaftswissenschaftlicher Konzepte war von dem Bemühen geleitet, verständlich in der Darstellung und zugleich auf dem aktuellen Stand des Wissens zu sein. Daher erwies es sich als notwendig, Ansätze der Neuen Institutionenökonomik einzuarbeiten, auf mathematische, ökonometrische und modelltheoretische Ableitungen hingegen zu verzichten. Der nicht ökonomisch vorgebildete Leser findet in Kapitel 2 eine knappe Zusammenstellung der relevanten ökonomischen Konzepte zur Analyse der Medien.

Dieses Lehrbuch ist nicht ‚ad usum Delphini' geschrieben, aber ich denke, es ist verständlich genug, um in allen Ausbildungsgängen der Journalistik und Kommunikationswissenschaft verwendet werden zu können. Daneben wendet sich das Lehrbuch an alle, die im Mediensystem, in Medienwissenschaft und Medienpolitik engagiert sind. Es soll ihnen eine systematische und an der Empirie orientierte Einführung in die ökonomische Analyse der Medien an die Hand zu geben.

Literaturhinweise

Das klassische Buch zur Medienökonomie ist immer noch

Owen, Bruce M. (1975), Economics and Freedom of Expression, Cambridge/Mass. (Ballinger) 1975.

Einen Überblick über Konzepte und Fragestellungen der Medienökonomie gibt

Picard, Robert G. (1989), Media Economics, London u.a. (Sage) 1989.

Neuere Darstellungen bieten

Albarran, Alan B. (1996), Media Economics, Ames (Iowa State University Press) 1996 und

Alexander, Alison; James Owers, Rod Carveth (Hrsg.) (1993), *Media Economics - Theory and Practice, Hillsdale ua. (Lawrence Erlbaum) 1993*

Eine grundlegende Ortsbestimmung der Medienökonomie bietet

Kopper, Gerd G. (1982), Medienökonomie – mehr als Ökonomie der Medien, in: Media Perspektiven, 2/1982

Aus kommunikationswissenschaftlicher Perspektive geschrieben ist

Kiefer, Marie Luise (2001), Medienökonomik. Einführung in eine ökonomische Theorie der Medien, München, Wien (R. Oldenbourg) 2001.

1. Kapitel

Der Mediensektor – Volumen, Strukturen und Funktionen

In diesem Kapitel wird der Mediensektor insgesamt vorgestellt. Zunächst wird der Mediensektor institutionell abgegrenzt (Abschnitt 1), die Indikatoren der gesamtwirtschaftlichen Bedeutung erklärt (Abschnitt 2) und ein Überblick über die praktische Statistik, die für den Mediensektor relevant ist, gegeben. Nachfolgend wird das Volumen der Medienwirtschaft ermittelt (Abschnitt 4) und die Zahl der Beschäftigten ausgewiesen (Abschnitt 5). In Abschnitt 6 wird der Sektor der aktuellen Massenmedien in den großen Bereich der Informationswirtschaft eingeordnet und nachfolgend werden die zentralen ökonomischen Funktionen der Massenmedien quantifiziert: Die aktuellen Massenmedien haben eine überragende Bedeutung als Übermittler von Informationen und eine überragende Bedeutung als Werbeträger (Abschnitt 7). Abschließend werden die Kosten der Mediennutzung ermittelt (Abschnitt 8).

1. Abgrenzung des Mediensektors

Abgrenzungen von Wirtschaftssektoren können funktional oder institutionell vorgenommen werden. In *funktionaler Abgrenzung* des Mediensektors wären alle die Aktivitäten zu erfassen, die sich auf eine aktuelle/journalistische Produktion von Informationen beziehen, also etwa die aktuelle Informationsproduktion im Sektor der aktuellen Massenmedien, aber auch die aktuelle/journalistische Informationsproduktion in den Sektoren Kunst, Wissenschaft und Wirtschaft vor allem, die über ihre Öffentlichkeitsarbeit auch aktuelle, z. T. journalistisch geformte Informationen erstellen. Eine solche funktionale Abgrenzung kann bislang auch nicht ansatzweise geliefert werden.

In *institutioneller Abgrenzung* werden die Unternehmen zusammengefasst, die ihren wirtschaftlichen Schwerpunkt in der aktuellen/journalistischen Produktion von Informationen haben. Dies ist die in der Volkswirtschaftlichen Gesamtrechnung der amtlichen Statistik übliche Vorgehensweise. Das heißt dann z. B., dass ein Zeitungsverlag, der seinen Umsatz zu 45 Prozent aus dem Zeitungsgeschäft, zu 35 Prozent aus dem Speditionsgeschäft und zu 20 Prozent aus dem Druck von Postkarten erzielt, dem Mediensektor zugerechnet wird. Dies begründet die *horizontale* institutionelle Abgrenzung.

In *vertikaler Sicht* muss entschieden werden, ob alle Wertschöpfungsstufen der Wertschöpfungskette der aktuellen/journalistischen Informationsproduktion einbezogen werden sollen. Die Wertschöpfungskette umfasst im Mediensektor folgende Stufen:

- Produktion der Information (Content Production),
- Zusammenstellen der Information (Content Providing),
- Vermarktung der Information (Content Marketing) und
- Vertrieb der Information (Content Distribution).

Es erscheint sinnvoll, alle diese Wertschöpfungsstufen zu erfassen, also einschließlich der Stufen von Marketing und Vertrieb, vor allem, weil das Marketing entscheidenden Einfluss auf die Produktion und die Zusammenstellung der Informationen hat und weil auch der Vertrieb mit dem Leistungsbündel einer aktuellen regelmäßigen Informationslieferung untrennbar verbunden ist.

Dagegen erscheint es zweckmäßig, die *Produktion der Güter*, die zur Produktion und zum Konsum von Informationen verwendet werden, nicht einzubeziehen. In der Gliederung der Funktionen Produktion, Distribution und Konsum handelt es sich um folgende Bereiche:

- Produktion von Büromaschinen, DV-Geräten, Druckmaschinen, Kameras, Studioeinrichtungen, usw.,
- Produktion von Vertriebsnetzen wie z. B. Glasfaserkabel und Satellit oder von nachrichtentechnischen Übermittlungsgeräten und
- Produktion von Empfangsgeräten im Konsumbereich wie Rundfunkempfangsgeräte oder Geräte der Unterhaltungselektronik.

Die Produktion solcher Kapitalgüter ist übliche industrielle Massenproduktion und weist keinerlei medienspezifische Besonderheiten auf. In dem Umfang, in dem solche Güter als Vorleistungen oder als Abschreibungen in die Wirtschaftsrechnungen der Medienunternehmen eingehen, werden sie schließlich konzeptionell korrekt erfasst.

Im Rahmen dieser „Medienökonomie" bevorzuge ich also eine relativ enge Abgrenzung des Mediensektors auf folgende Medienunternehmen:

- Zeitungsverlage,
- Zeitschriftenverlage,
- Anzeigenblattverlage,
- Nachrichtenagenturen, Nachrichtenbüros, Pressebüros,
- Hörfunkveranstalter,
- Fernsehveranstalter und
- Programm-Input-Produzenten.

Nicht immer lässt sich eine solche Abgrenzung indes durchhalten, weil vorliegende Studien bisweilen anders abgrenzen, aber dennoch auf sie zurückgegriffen werden muss.

2. Indikatoren der gesamtwirtschaftlichen Bedeutung

Die gesamtwirtschaftliche Bedeutung einer Branche wird in der Regel vorrangig daran gemessen, welchen Anteil sie an der Entstehung des Bruttoinlandsprodukts (BIP) hat und wieviel Arbeitsplätze sie bietet. Übliche Kennziffern sind mithin:

- Produktionswert und Umsatz,
- Bruttowertschöpfung und
- Zahl der Erwerbstätigen.

Daneben spielen die Investitionen und die Außenhandelsanteile (Export und Import) eine gewisse Rolle; darauf soll indes nicht eingegangen werden.

Der *Produktionswert* ist der Wert der von einer produzierenden Einheit während eines Zeitraums (meist Jahr) erzeugten Güter und Dienstleistungen. Dieser Produktionswert setzt sich zusammen aus dem Umsatz und dem Wert der Bestandsänderungen an eigenen Erzeugnissen und selbsterstellten Anlagen. Bewertet wird in der Regel zu Marktpreisen; die Bestandsänderungen und die selbsterstellten Anlagen werden zu Herstellkosten bewertet.

Der *Umsatz* ist der Wert der Verkäufe, erfasst als Absatzmenge multipliziert mit dem Marktpreis.

Die *Bruttowertschöpfung (BWS)* ist der Produktionswert abzüglich der Vorleistungen. Vorleistungen sind Sachgüter und Dienstleistungen, die produzierende Einheiten von anderen Produktionseinheiten bezogen haben und im betrachteten Zeitraum im Zuge der Produktion verbraucht haben (vgl. Baßeler/Heinrich/Koch 1998, S. 245 f.); für die Medienproduktion z. B. Material, Energie und Programm-Inputs oder Dienstleistungen von Marktforschungsinstituten. Die Bruttowertschöpfung, die bisweilen auch nur als Wertschöpfung bezeichnet wird, ist mithin das, was die produzierende Einheit sozusagen aus eigener Kraft erstellt hat: Die Bruttowertschöpfung ist der Beitrag der produzierenden Einheit zum Bruttoinlandsprodukt. Damit ist die Bruttowertschöpfung ein sehr aussagekräftiges Konzept zur Erfassung der wirtschaftlichen Leistung von produzierenden Einheiten. Die Bruttowertschöpfung umfasst:

- den Teil der Wertschöpfung, der zum Erhalt des im Produktionsprozess genutzten Produktivkapitals dient (Abschreibung)[1],
- den Teil der Wertschöpfung, der auf Einkommen aus unselbständiger Arbeit entfällt (Löhne und Gehälter) und
- den Teil der Wertschöpfung, der auf Einkommen aus Unternehmertätigkeit und Vermögen entfällt (Gewinne, Mieten, Pachten, Zinsen, Lizenzabgaben).

Kurz gefasst gelten folgende Beziehungen:

Produktionswert	=	Wert der Produktion		
	=	Umsatz ± Bestandsänderungen		
	./.	Vorleistungen	=	Bruttowertschöpfung

1 Zieht man von der Bruttowertschöpfung die Abschreibungen ab, so erhält man die so genannte Nettowertschöpfung.

./. Abschreibungen = Nettowertschöpfung

Die *Wertschöpfungsquote* ist das Verhältnis von Bruttowertschöpfung zu Produktionswert, sie gibt mithin an, welchen Anteil an der gesamten Produktion die Unternehmung selbst produziert hat.

Der *Produktionswert von Medienunternehmen* setzt sich in der Regel aus folgenden Komponenten zusammen:

- Verkaufserlöse für Titel und Programme,
- Einnahmen aus dem Verkauf von Werbezeit und Werberaum,
- Einnahmen aus anderer Werbung (Teleshopping, Gewinnspiele, ...)
- Abonnementsgebühren,
- Einnahmen aus dem Verkauf von Programmrechten und Urheberrechten,
- Einnahmen aus dem Verkauf von sonstigen Produkten (z. B. Merchandising),
- Einnahmen aus sonstigen Quellen wie Mieten, Pachten und Zinsen und
- Erhöhung des Bestandes selbst erstellter Güter (vor allem Programm-Inputs und Urheberrechte an Druckwerken).

Das Konzept der *Erwerbstätigkeit* ist relativ diffus. Die amtliche Statistik zählt als Erwerbstätige alle die Personen, die einer Erwerbstätigkeit nachgehen, unabhängig von der Dauer der zu leistenden Arbeit und unabhängig von der Bedeutung des Ertrags dieser Tätigkeit für den Lebensunterhalt. Dieses Konzept ist also weit gefasst und schließt z. B. Volontäre und Praktikanten ebenso ein wie stundenweise arbeitende Musiker (Statistisches Bundesamt). In der Rundfunkwirtschaft unterscheidet man üblicherweise und sinnvollerweise zwei Gruppen von Erwerbstätigen (vgl. DLM 1997):

- Mitarbeiter mit festem Arbeitsverhältnis. Hierzu werden alle Mitarbeiter gerechnet, die einen festen Arbeitsvertrag haben sowie die Inhaber und mithelfenden Familienangehörigen und alle in einem regulären Ausbildungsverhältnis (Lehre, Volontariat) stehenden Mitarbeiter.
- Sonstige Mitarbeiter der Rundfunkveranstalter. Diese arbeiten entweder als Selbständige auf Honorarbasis (so genannte freie Mitarbeiter) oder sind Mitarbeiter ohne Arbeitsvertrag, wie z. B. Hospitanten oder Praktikanten.

3. Probleme und Fundquellen der praktischen Statistik

3.1. *Amtliche Statistik*

Die amtliche Statistik bietet, vor allem mit den Erhebungen des Statistischen Bundesamtes, vielfältige Informationen zu vielen Lebens- und Wirtschaftsbereichen. Zum Mediensektor bietet die amtliche Statistik direkt leider so gut wie keine Informationen (vgl. Fachserie 11: Bildung und Kultur und das Kapitel 17: Kultur, Freizeit, Sport des Statistischen Jahrbuchs für die Bundesrepublik Deutschland). Die relativ detaillierte Pressestatistik ist mit dem Jahr 1994 aus Kostengründen eingestellt worden und eine Rundfunkstatistik hat unbegreiflicherweise nie existiert. So wird etwa die Zahl der in Bayern produzierten Topfprimeln oder die Zahl der im Maintal-Sängerbund singenden Frauen ermittelt, aber nicht die Zahl der Erwerbstätigen des Mediensektors oder die hier erzielten Umsätze. Damit kann die amtliche Statistik nur sehr begrenzt und nur indirekt zur Erfassung der gesamtwirtschaftlichen Bedeutung des Mediensektors herangezogen werden.

Informationen liefert die jährlich erscheinende *Umsatzsteuerstatistik.* Hier sind für den Mediensektor vor allem folgende Wirtschaftszweige (WZ) relevant:

- Zeitungsverlage (Nr. 22.12),
- Zeitschriftenverlage (Nr. 22.13),
- Hörfunk- und Fernsehanstalten, Herstellung von Programmen (Nr. 92.20),
- Korrespondenz- und Nachrichtenbüros und selbstständige Journalisten (Nr. 92.40).

Diese Wirtschaftszweige erzielten nach der Umsatzsteuerstatistik einen Umsatz in Höhe von rund 53 Mrd. DM, der in folgender Tabelle 1 näher aufgegliedert ist.

Tabelle 1: Umsätze der Massenmedien von 1994 bis 1998 in Millionen DM

	1994	1996	1998
Zeitungsverlage	12 495	14 361	16 957
Zeitschriftenverlage	21 509	22 452	19 378
Rundfunk	8 223	10 591	13 525
Nachrichtenbüros	2 182	2 494	2 995
Insgesamt	44 409	49 898	52 855

Quelle: Umsatzsteuerstatistik

Diese Angaben müssten um die Umsätze sonstiger Medienschaffender ergänzt werden, um ein Bild des Gesamtumsatzes des Mediensektors zu erhalten. Zu denken sind an Teile der Umsätze aus folgenden Klassen/Unterklassen: Postzeitungsdienste (64.11.2), Private Zeitungsdienste (64.12.2), Großhandel (51.47.8), Einzelhandel mit Büchern, Zeitschriften, Zeitungen (5247 und 52.47.3), Herstellung von Fernsehfilmen (92.11.2), Selbständige Bühnen-, Film-, Hörfunk- und Fernsehkünstler (92.31.7) und Tonstudios (92.32.4). Damit kann das Umsatzvolumen des Mediensektors auf rund 70 Mrd. Mark geschätzt werden, ein Wert, der auch aus anderen Quellen berechnet werden kann (vgl. Tabelle 3).

Exkurs: Klassifikation der Wirtschaftszweige

Die Produktion von Gütern und Dienstleistungen wird – harmonisiert für die Mitgliedstaaten der Vereinten Nationen und der Europäischen Union – nach einer einheitlichen Klassifikation differenziert und erfasst. Für die Bundesrepublik gilt die „Klassifikation der Wirtschaftszweige“ Ausgabe 1993 (WZ 93). Hier wird die Produktion wie folgt gegliedert: in 17 Abschnitte (z. B. D: Verarbeitendes Gewerbe), 31

Unterabschnitte (z. B. DF: Papier-, Verlags- und Druckgewerbe, Vervielfältigung,...), 222 Gruppen (z. B. Nr. 22.1: Verlagsgewerbe), 503 Klassen (z. B. Nr. 22.12 Zeitungsverlag) und 1062 Unterklassen (z. B. Nr. 22.12.1 Verlag von Tageszeitungen). Klassifiziert werden die statistischen Einheiten, in der Regel Unternehmen, nach ihrer Haupttätigkeit (Schwerpunktprinzip der amtlichen Statistik). Die Klassifikation, in der Regel die vierstellige Ziffer in der Differenzierung nach Klassen oder die fünfstellige Ziffer in der Differenzierung nach Unterklassen, wird in der amtlichen Statistik einheitlich verwendet, z. B in der amtlichen Umsatzsteuerstatistik (vgl. Klassifikation der Wirtschaftzweige, Hrsg. Statistisches Bundesamt, Wiesbaden 2000).

Informationen über die Zahl der sozialversicherungspflichtig Beschäftigten - aber nur über diese – bietet die *Beschäftigungsstatistik der Bundesanstalt für Arbeit*. Hier werden alle möglichen Berufsbenennungen vierstelligen Berufsklassen zugeordnet, z. B. Bowlingbahnwart der Berufsklasse 7945 (Haus-, Gewerbediener) oder Kunstkritiker der Berufsklasse 8215 (Journalisten). Man kann dann ermitteln, wie viele Personen in bestimmten Berufen – sozialversicherungspflichtig – beschäftigt sind. Will man also ermitteln, wie viele Personen als Journalisten arbeiten, wird man im Wesentlichen in der Hauptgruppe „Schriftwerkschaffende, Schriftwerkordnende sowie künstlerische Berufe“ fündig und zwar:

- in der Berufsgruppe 82 (Publizisten, Dolmetscher, Bibliothekare),
- in der Berufsgruppe 821 (Publizisten) und

in den folgenden Berufsklassen

- 8211 Schriftsteller,
- 8212 Dramaturgen,
- 8213 Lektoren,
- 8214 Redakteure,
- 8215 Journalisten,
- 8216 Rundfunk-, Fernsprecher,
- 8219 andere Publizisten (Klassifizierung der Berufe für die Statistik der Bundesanstalt für Arbeit).

Gerade bei so unscharf definierten Berufen wie dem des Journalisten bleiben Zuordnungen fraglich, aber die Erfassung kann doch als recht vollständig gelten.
Schwierig ist es, aus solchen Zuordnungen die Zahl der im Mediensektor insgesamt – sozialversicherungspflichtig – Beschäftigten zu ermitteln. Dazu muss dann zunächst geklärt werden, welche Berufe mit welchen Berufsbezeichnungen typischerweise in Medienunternehmen/im Mediensektor arbeiten.

Eine vielleicht relativ vollständige Liste möglicher Berufsbezeichnungen, die für Beschäftigte in Medienunternehmen angenommen werden können, bietet Übersicht 1. Das Problem ist hierbei, dass man damit z. B. alle Layouter erfasst, nicht nur die, die in den aktuell produzierenden Massenmedienunternehmen beschäftigt sind.

Übersicht 1: Mögliche Berufsbezeichnungen für Beschäftigte in Medienunternehmen

Berufsbezeichnung	Nummer der Systematik
Redakteure	8214
Moderatoren	8216
Photographen	8370 - 8379
Layouter, Texter	8334 / 7038
Redaktionsassistenten	6830, 7825, 7821
Anzeigenberater, -akquisiteur	7052
Mitarbeiter im Zeitungsvertrieb, Zeitungsträger	7442
Drucker aller Art	1710 - 1777
(Schrift-)Setzer	1710
Werbe- und Verlagskaufleute	7031
Zeitungs- und Zeitschriftenzusteller	7442
Lektoren	8213
Buchbinder	1630
Regisseure	8322
Produktionsleiter, -berater und -assistenten	8352
Kameraleute	8373
Tontechniker	8353
Cutter, Editoren	8356
Beleuchter, Lichttechniker	8355
Kostüm- und Maskenbildner	8359
Darsteller/Schauspieler	8326
Musiker	8314
Synchronisation, Übersetzer	8326/8222
Graphiker, Graphikdesigner	8333/8334
Computergraphiker	8333
Medienberater	8219

Quelle: Arbeitsamt Dortmund

3.2. Verbandsstatistik

Die Verbände und Institutionen der Medienwirtschaft erstellen regelmäßig Verbandsstatistiken. Zu nennen sind in erster Linie die Verbände und Institutionen, die in Übersicht 2 aufgeführt sind.

Das Problem solcher Verbandsstatistiken ist die mangelnde Vergleichbarkeit der Daten, die in unterschiedlichen Abgrenzungen und mit unterschiedlichen Methoden erhoben werden und eine gewisse Interessengebundenheit der Erhebungen. Dennoch sind diese Verbandsstatistiken unverzichtbar.

Übersicht 2: Verbandsstatistiken für den Mediensektor

Medienbereich/Verband/Institution	Publikation
Printmedien	
Bundesverband Deutscher Zeitschriftenverleger (BDZV)	- Jahrbuch „Zeitungen"
Verband Deutscher Zeitschriftenverleger (VDZ)	-Varia
Bundesverband Deutscher Anzeigenblätter (BVDA)	-Varia
Rundfunk	
ARD	- ARD-Jahrbuch
ZDF	- ZDF-Jahrbuch
Arbeitsgemeinschaft der Landesmedienanstalten in der Bundesrepublik Deutschland (ALM)	- Jahrbuch der Landesmedienanstalten (zwei-jährlich) - Programmbericht zur Lage und Entwicklung des Fernsehens in Deutschland (zwei-jährlich)
Werbemarkt	
Zentralausschuss der Werbewirtschaft (ZAW)	- Jahrbuch „Werbung in Deutschland"
Programm-Input-Produktion	
Bundesverband Deutscher Fernsehproduzenten	- Jahrbuch

3.3. Statistik wissenschaftlicher Institutionen

Neben der amtlichen Statistik und der Verbandsstatistik werden Daten zur Medienwirtschaft regelmäßig von einer Reihe von Forschungsinstitutionen erhoben, bzw. zusammengestellt.

An erster Stelle sollen die Studien des *Deutschen Instituts für Wirtschaftsforschung (DIW)*, Berlin, genannt werden. Sie versuchen eine nachvollziehbare Anbindung an die amtliche Statistik, sie verwenden die üblichen Konzepte der Ökonomie und sie erscheinen regelmäßig. Jährlich erscheint die Studie: *Beschäftigte und wirtschaftliche Lage des Rundfunks in Deutschland*: Studie im Auftrag der Direktorenkonferenz der Landesmedienanstalten (DLM) vom Deutschen Institut für Wirtschaftsforschung (DIW) in Kooperation mit dem Hans-Bredow-Institut und der Arbeitsgruppe Kommunikationsforschung München (AKM)/Federführung: Bayrische Landeszentrale für Neue Medien (BLM). (Hrsg.: Landesmedienanstalten) (Vistas-Verlag).

Das *Hans-Bredow-Institut* (HBI), Hamburg, gibt das *Internationale Handbuch für Hörfunk und Fernsehen* heraus. Es dokumentiert alle wichtigen Entwicklungen im Rundfunkbereich und enthält wichtiges Zahlenmaterial; es erscheint alle zwei Jahre (Nomos-Verlag).

Die *Media Perspektiven Basisdaten* bieten eine sehr komprimierte Sammlung von Daten zur Medienwirtschaft. Sie werden von der Arbeitsgemeinschaft der ARD-Werbegesellschaften herausgegeben und erscheinen jährlich.

Das *Hörfunk-Jahrbuch* wird von Helmut G. Bauer und Stephan Ory herausgegeben. Es befasst sich mit den Entwicklungen im gesamten Hörfunksektor und erscheint jährlich (Vistas-Verlag).

Schließlich erstellt die Bundesregierung in unregelmäßiger Folge einen *Medienbericht*: Bericht der Bundesregierung über die Lage der Medien in der Bundesrepublik Deutschland. Seit 1970 sind sechs Medienberichte erschienen, der vorerst letzte im Jahr 1998.

Informationen zum Fernsehsektor in Europa bietet das *Statistische Jahrbuch Film, Fernsehen, Video und Neue Medien in Europa*, Strasbourg (Audiovisuelle Informationsstelle).

4. Das Volumen der Medienwirtschaft in Deutschland

Unter Verwendung der Zahlen des DIW lässt sich die ökonomische Größenordnung des Mediensektors in meiner relativ engen Abgrenzung (Zeitungs- und Zeitschriftenverlage, Nachrichtenbüros, Rundfunkveranstalter, Werbefunk und –fernsehen) angeben. Tabelle 2 zeigt die Entwicklung von Produktionswert, Bruttowertschöpfung und Wertschöpfungsquote des Mediensektors von 1982 bis 1992 (neuere Zahlen sind nicht ermittelt worden).

Tabelle 2: Produktionswert, Bruttowertschöpfung (BWS) und Wertschöpfungsquote im Mediensektor in Deutschland.

	1982	1984	1986	1988	1990	1992
Produktionswert (Mill. DM)	27.721	30.720	33.180	36.745	42.160	52.880
BWS (Mill. DM)	12.015	14.045	14.150	15.990	16.840	21.280
Wertschöpfungsquote In v.H.	43,3	45,7	42,6	43,5	39,9	40,2

Quelle: Seufert 1994

Von 1982 bis 1992 hat sich der Produktionswert auf rund 53 Mrd. DM etwa verdoppelt und die Bruttowertschöpfung ist um 77 Prozent auf 21,3 Mrd. gestiegen; damit geht eine Abnahme der Wertschöpfungsquote auf rund 40 Prozent einher.

Der Umsatz des Sektors Massenmedien lässt sich aus den verschiedensten Quellen zusammenstellen; Tabelle 3 zeigt die Entwicklung der Umsätze der einzelnen Massenmedien von 1992 bis 1998. In diesem Zeitraum sind die Umsätze etwa um 30 Prozent gestiegen, mit einer jahresdurchschnittlichen Wachstumsrate von

4,4 Prozent. Mit einem Umsatzvolumen von gut 60 Mrd. DM ist der Mediensektor ein nicht unbedeutender Wirtschaftszweig, vergleichbar mit einzelnen Großunter-

Tabelle 3: Umsatz der Massenmedien in Millionen DM

	1992	**1994**	**1996**	**1998**
Zeitungen[1]	16 580	17 380	18 200	19.500
Zeitschriften[2]	15 853	16 399	17 400	20 703
Radio[3]	4 365	4 890	5 235	5 905
Fernsehen[3]	10 661	12 640	16 530	17 545
Gesamt	47 459	51 309	57 365	63 653

1) incl. Sonntags- und Wochenzeitungen und Supplements 2) nach Einstellung der Pressestatistik 1994 keine Zahlen verfügbar, der Umsatz wurde mit einer jährlichen Wachstumsrate von 6 Prozent berechnet. Das Ergebnis deckt sich mit dem in der Umsatzstatistik ausgewiesenen Umsatz der Zeitschriftenverlage von 19 378 Millionen DM. 3) ab 1996 wird der Produktionswert ausgewiesen

Quelle: BDZV, Pressestatistik, Umsatzsteuerstatistik, ZAW, Jahrbücher von ARD und ZDF, DLM 1998, DLM 2000, Premiere

nehmen wie BMW oder RWE. Rechnet man die Umsätze der hier nicht erfassten Anzeigenblätter (rund 3 Mrd. DM) und der Programm-Input-Produzenten (3 - 4 Mrd. DM) hinzu, so erreicht der Sektor der Massenmedien ein Umsatzvolumen von knapp 70 Mrd. Mark.

Im Zeitablauf haben sich innerhalb des Sektors Massenmedien deutliche Marktanteilsveränderungen der einzelnen Mediengattungen ergeben. Wie Tabelle 4 zeigt, hat sich der Marktanteil der Printmedien Zeitungen und Zeitschriften in ähnlicher Weise von etwa 40 Prozent auf nunmehr gut 30 Prozent verringert, während die elektronischen Medien und hier insbesondere das Fernsehen ihren Marktanteil deutlich steigern konnten.

Tabelle 4: Anteil der Medien am Gesamtumsatz der Massenmedien in Prozent

	1980	**1992**	**1994**	**1996**	**1998**
Zeitungen	40,1	34,9	33,9	31,7	30,6
Zeitschriften	38,0	33,4	32,0	30,3	32,5
Radio	6,6	9,2	9,5	9,1	9,3
Fernsehen	15,3	22,5	24,6	28,8	27,6

Quelle: Tabelle 2

5. Beschäftigte im Mediensektor

Bis 1994 ist die Zahl der Beschäftigten in Presseverlagen durch die amtliche Pressestatistik ermittelt worden, nachfolgend existieren nur noch Schätzwerte. Für Rundfunkunternehmen wird die Zahl der Erwerbstätigen seit 1996 in den Studien des DIW regelmäßig erfasst (DLM 1997, 1998, 2000); für die Jahre davor muss auf sehr unterschiedliche Quellen zurückgegriffen werden, die Angaben sind für den Bereich des Privatrundfunks vermutlich etwas überhöht. Die Teilzeitbeschäftigten des Pressesektors, zum größten Teil Zusteller, werden im Folgenden nicht berücksichtigt, ihre Zahl betrug 1994 rund 140 000.

Tabelle 5 gibt einen Überblick über die Zahl der *Beschäftigten insgesamt* im Mediensektor. 1998 sind im Mediensektor in Deutschland rund 160 000 Menschen relativ fest angestellt, davon 120 000 bei den Printmedien und 40 000 bei den elektronischen Medien. Das entspricht einem Anteil von 0,41 Prozent an den Erwerbstätigen insgesamt (38,7 Millionen im August 2000). Im Zeitablauf scheint die Zahl der Beschäftigten im Mediensektor abzunehmen, aber diese Beobachtung könnte auch auf die Unzulänglichkeiten der praktischen Statistik zurückgeführt werden.

Über die Zahl der beschäftigten *Journalisten* existieren nur Schätzungen. Der Medienspiegel hat 1999 eine Bestandsaufnahme versucht, die im Folgenden komplett wiedergegeben wird, weil sie vermutlich alle Einschätzungen sehr gut zusammenfasst.

Tabelle 5: Beschäftigte im Mediensektor

	1992	**1994**	**1996**	**1998**
Presseverlage[1]	131 642	123 289	120 000[3]	120 000[3]
- Davon Zeitungsverlage	77 086	69 754	68 000	67 000[3]
- davon Zeitschriftenverlage	38 240	39 005	40 000	40 000
- sonstige Verlage	16 316	14 530	12 000	13 000
Rundfunk[2]	38 950	42 900	39 664	40 625
- davon Radio	k. A.	k. A.	16 582	17 405
- davon Fernsehen	k. A.	k. A.	23 082	23 220
Insgesamt	170 592	166 189	159 664	160 625

1) Bei Presseverlagen werden als Beschäftigte erfasst: Tätige Inhaber, bezahlte mithelfende Familienangehörige sowie Arbeitnehmer, die in einem Lohn-, Gehalts- oder Ausbildungsverhältnis zum Unternehmen stehen. Bezahlt mithelfende Familienangehörige sind als Arbeitnehmer zu sehen. Nicht einbezogen sind ständige nicht angestellte redaktionelle Mitarbeiter, ohne Teilzeitbeschäftigte. 2) Im Rundfunk erfasst das DIW als Erwerbstätige – anders als die amtliche Statistik – Mitarbeiter mit einem festen Arbeitsverhältnis, also ohne Praktikanten, feste Freie und sonstige Freie. 3) Schätzungen

Quelle: Pressestatistik, DLM 1998, DLM 2000, ARD, ZDF, Privatfunk in Deutschland

Stochern im Nebel

Der Arbeitsmarkt für Journalisten wird bislang von der Statistik nur unzureichend erfasst. Der „Medienspiegel“ versucht nachfolgend eine Bestandsaufnahme.

Die Berufsgruppe der Journalisten ist äußerst heterogen: Der Journalistenberuf ist frei, für die Rekrutierung und Berufsbezeichnung gibt es keine formalen Voraussetzungen. Technische und gesellschaftliche Veränderungen lassen das klassische Berufsbild zunehmend „ausfransen“. Es gibt viele frei- und nebenberufliche Arbeitsverhältnisse. Deshalb haben es die Statistiker schwer.

Journalist ist, wer regelmäßig für einen oder mehrere Medienbetriebe arbeitet und Einfluss auf den redaktionellen Inhalt hat. Manche Definitionen verlangen, dass so mindestens 50 Prozent des persönlichen Einkommens erzielt werden. Manfred Bausch von der Zentralen Arbeitsmarktvermittlung (ZAV), Frankfurt, schätzt die Zahl der „erwerbstätigen" Journalisten in Deutschland heute auf 75.000, inklusive PR-Leuten mit journalistischer Ausbildung seien es 81.000. Diese Zahl beruht auf der Annahme, dass 85 Prozent aller „Publizisten", die im Mikrozensus 1996 gezählt wurden, Journalisten sind. Der Deutsche Journalisten-Verband (DJV) beziffert die Zahl der Journalisten in Deutschland niedriger - und zwar auf 52.000 (59.000 mit Mitarbeitern von Pressestellen in Wirtschaft und Verwaltung). Im Herbst 1997 gab es in Deutschland zudem noch etwa 1.500 arbeitslose Redakteure.

Den größten Teil der festangestellten Redakteure stellen die Zeitungen. Der Bundesverband Deutscher Zeitungsverleger (BDZV) geht von 16.000 bis 17.000 Journalisten bei Wochen- und Tageszeitungen aus, darunter 1.800 Volontäre. Im Jahr 1996 waren bei den Zeitschriftenverlagen laut DJV 9.000 Journalisten fest beschäftigt. Nach den letztverfügbaren Angaben des Verbandes Deutscher Zeitschriftenverleger (VDZ) gab es im Jahr 1993 in diesem Bereich 7.070 Redakteure, 618 Volontäre und 9.934 freie Mitarbeiter.

Wichtige Arbeitgeber sind auch Fernsehen und Radio. Der DJV beziffert die Zahl der „Rundfunkjournalisten" auf 10.500 (1997). Bei den öffentlich-rechtlichen Sendern gehen die Schätzungen von rund 6.000 Journalisten aus. Die Privatfunk-Umfrage des Instituts der Deutschen Wirtschaft Köln (IW) ermittelte 1997 etwa 2.700 Redakteure bei privaten TV-Sendern (1987- 200) und 2.409 beim privaten Hörfunk.

Als neues interessantes Betätigungsfeld für Journalisten gewinnt der Online-Bereich an Bedeutung. Ralph Stockmann (Universität Göttingen) schätzt die Zahl klassischer Online-Journalisten in Deutschland noch auf weniger als 1.000. Wesentlich mehr Menschen sind aber beruflich damit befasst, Inhalte für das Internet zu verfassen. Die Zahl neu entstandener Arbeitsplätze im Online-Bereich dürfte deshalb viel größer sein.

Noch schwieriger als die Bestimmung der Zahl der festangestellten Redakteure ist die Ermittlung der „Freien". Was ein „freier Journalist" oder was ein „freier Mitarbeiter" ist, das ist nirgends einheitlich bestimmt. Der Münsteraner Publizistikforscher Siegfried Weischenberg schätzte ihre Zahl im Jahr 1993 auf 20.000. Der Journalistenverband nennt einen Wert von mindestens 14.000. Die meisten arbeiteten im Printbereich. Die Zahl freier, aber nicht hauptberuflicher, sowie ehren- und nebenamtlicher Mitarbeiter dürfte deutlich höher liegen.

Nach DJV-Angaben arbeiteten 1996 zudem etwa 2.000 Journalisten in Büros und Agenturen; 1996 hatten allein die fünf größten deutschsprachigen Agenturen ca. 800 festangestellte Journalisten.

Der Journalisten-Arbeitsmarkt im Überblick	
In den vergangenen Jahren waren so viele Journalisten* beschäftigt:	
- bei Printmedien	ca. 26 000
davon: *Zeitungen* *Zeitschriften*	 *ca. 17 000* *ca. 9 000*
-bei elektronischen Medien	ca. 12 000
davon: *öffentlich-rechtlicher Rundfunk* *privater Rundfunk* *Online u. Multimedia*	 *ca. 6 000* *ca. 5 000* *ca. 1 000*
- als Freie Journalisten	ca. 15 000
- in Büros und Agenturen	ca. 2 000
- als PR-Journalisten	ca. 6 000
Anzahl der Journalisten gesamt	ca. 61 000
* exakte Angaben für einen bestimmten Zeitpunkt existieren nicht. Die angegebenen Zahlen beruhen deshalb auf Schätzungen von Institutionen, die zu verschiedenen Zeitpunkten und nach unterschiedlichen Kriterien vorgenommen wurden. Quellen: ZAV, DJV, BDZV, VDZ, Universitäten Münster und Göttingen, dpa, Medienspiegel	

Quelle: (Medienspiegel Nr. 16/1999, S. 3).

6. Der Mediensektor als Teilbereich der Informationswirtschaft

Häufig wird der von mir recht eng abgegrenzte Mediensektor als Teilbereich eines umfassenderen Sektors ausgewiesen, der, je nach Darstellungsziel, auch die Kommunikation oder die Information und ihre Technik mit umfasst. Die Bezeichnungen und Abgrenzungen differieren. Gebräuchlich sind folgende Bezeichnungen:

- Medien und Kommunikation (Muk),
- Information und Kommunikation (Iuk),
- Informationstechnik und Telekommunikation (ITK),
- Informations-, Kommunikations- und Medienwirtschaft (IKM),
- Telekommunikation, Informationstechnologie, Medien und Elektronik (TIME) oder kurz
- Informationswirtschaft.

Solche breiteren Abgrenzungen sind dann angemessen, wenn das gesamte Wachstumsfeld der Kommunikation einschließlich der damit verbundenen Technik und der damit verbundenen Dienstleistungen dargestellt werden soll. In Deutschland sind die wichtigsten beteiligten Branchen im „Bundesverband Informationswirtschaft, Telekommunikation und neue Medien“ – kurz: BITKOM zusammengefasst, in dem allerdings die herkömmlichen Medien nicht vertreten sind.

Wichtige Segmente der Informationswirtschaft sind in funktionaler Gliederung folgende Bereiche:

1. Die Produktion der *Güter*, die zur Informationsproduktion verwendet werden, also in der Gliederung der Funktionen Produktion, Distribution und Konsum etwa folgende Bereiche:

- Produktion von Büromaschinen, DV-Geräten, Druckmaschinen, Kameras, Studioeinrichtungen, also Geräten, die zur Informationsproduktion verwendet werden,
- Produktion von Vertriebsnetzen, wie z. B. Glasfaserkabel und Satellit und von nachrichtentechnischen Übermittlungsgeräten und
- Produktion von Empfangsgeräten im Konsumbereich wie Rundfunkempfangsgeräte oder Geräte der Unterhaltungselektronik.

Die Produktion solcher Kapitalgüter ist übliche industrielle Massenproduktion.

2. Die Produktion von *Dienstleistungen*, die zur Abwicklung der Informationsproduktion benötigt werden, vor allem der Handel, die Vermarktung einschließlich Werbung, Kundenbetreuung und Abrechnung, Service Providing und Anbieten von Systemlösungen.
3. Die Produktion der *Informationen* an sich, differenziert

- in die „Urproduktion" von Informationen, auch *Content Production* genannt, die von Schriftstellern und Schreibern, von Journalisten, Komponisten, Künstlern und Wissenschaftlern, Filmemachern usw. erstellt wird und
- in die Zusammenstellung von Informationen, auch *Content Providing* genannt, die eigentliche Aufgabe von Verlagen und Rundfunkveranstaltern, von Theatern und Museen.

Tabelle 6 führt diese Bereiche auf und weist gleichzeitig die Zahl der Beschäftigten aus. Rund 1,7 Millionen Menschen sind in dieser Informationswirtschaft beschäftigt, seit 1996 ist die Zahl der Beschäftigten insgesamt um 10,5 Prozent gestiegen, insbesondere im Bereich der Software und der Dienstleistungen der Informationstechnik, dagegen stagniert die Beschäftigung im Bereich der Medien.

Das Umsatzvolumen allein des Bereiches der Informationstechnik und der Telekommunikation wird für 1999 auf 205 Mrd. Mark beziffert (BITKOM). Diese Zahlen machen deutlich, dass der von mir beschriebene Mediensektor nur einen recht kleinen Teil der Informationswirtschaft umfasst.

Tabelle 6: Erwerbstätige in der Informationswirtschaft

Bereich	Erwerbs-tätige 1996	Erwerbs-tätige 1997	Erwerbs-tätige 1998	Erwerbs-tätige 2000
Hardware, Software, Services	938 500	973 500	1 019 670	1 037 160
Informationstechnik insgesamt	336 000	379 000	423 340	433 160
davon: - Herstellung von Büromaschinen u. DV-Geräten	130 000	147 000	158 760	135 680
- Software und IT-Dienstleistungen	206 000	232 000	264 580	297 480
Telekommunikation insgesamt	327 000	322 000	324 210	338 000
davon: - Herstellung von nachrichtentechnischen Geräten	103 000	101 000	101 000	101 000
- Fernmeldedienste	224 000	221 000	223 210	237 000
Elektronische Bauelemente	80 500	83 500	85 170	82 000
Unterhaltungselektronik	46 000	41 000	38 950	35 000
Fachhandel und Distribution	149 000	148 000	148 000	149 000
Medien insgesamt	693 000	692 000	702 300	699 000
davon: - Verlagsgewerbe	211 000	222 000	226 440	219 000
- Druckgewerbe	296 000	285 000	285 000	284 000
- Film- u. Videoherstellung, -verleih, -vertrieb, Filmtheater	30 000	24 000	24 800	33 000
- Hörfunk u. Fernsehen, Programmherstellung	65 000	72 000	75 600	65 000
- Korrespondenz- und Nachrichtenbüros, freie Journalisten	41 000	38 000	38 760	46 000
- Buch-, Zeitschriften- und Musikhandel	50 000	51 000	52 020	52 000
Insgesamt	**1 631 500**	**1 665 500**	**1 721 970**	**1 736 160**

Quelle: Fachverband Informationstechnik (FVIT) und Kommunikationstechnik (FVK) im Verband Deutscher Maschinen- und Anlagenbau (VDMA) und im Zentralverband Elektrotechnik und Elektronikindustrie e.V. (ZVEI), Update 1999, BITKOM

7. Massenmedien als Informationsträger und als Werbeträger

Massenmedien sind in aller Regel Werbeträger und zugleich Träger redaktioneller Informationen. Im Folgenden wird zum einen dieser Verbund dargestellt, zum anderen werden die Massenmedien nach diesen Funktionen separiert vorgestellt.

7.1. Verbund von Massenmedien und Werbung

Der Verbund von Massenmedien und Werbung hat zwei zentrale Aspekte:

- Werbeträger sind vor allem die klassischen Massenmedien Zeitung, Zeitschrift, Anzeigenblätter sowie Hörfunk und Fernsehen und
- Massenmedien sind in erheblichem Umfang Werbeträger.

Die herausragende Stellung der Massenmedien als Werbeträger zeigt Tabelle 7. Mehr als drei Viertel des Netto-Werbeumsatzes entfällt auf die klassischen Massenmedien. Allerdings nimmt ihr Anteil von 81,3 Prozent (1980) auf 75,3 Prozent (1999) deutlich ab. Insbesondere die Direktwerbung per Post und in zweiter Linie die Adressbuchwerbung hat Marktteile gewonnen.

Tabelle 7: Anteil der klassischen Massenmedien als Werbeträger von 1980 bis 1999[1]

Jahr	1980	1990	1992	1994	1996	1997	1998	1999
Anteil	81,3	78,6	77,3	76,5	75,1	75,3	75,4	75,3
1) in Prozent der Netto-Werbeeinnahmen der vom ZAW insgesamt erfassten Werbeträger, ab 1992 alte und neue Bundesländer								

Quelle: Ursprungsdaten ZAW-Jahrbücher „Werbung in Deutschland"

In welchem Umfang Massenmedien Werbeträger sind, kann nicht pauschal gesagt werden. Wählt man als Indikator den Anteil der Werbeeinnahmen an den gesamten Einnahmen, so kann etwa folgendermaßen klassifiziert werden:

- Zeitungen sind zu knapp zwei Dritteln Werbeträger;
- Zeitschriften sind – bei deutlichen Unterschieden zwischen den einzelnen Zeitschriftentypen – zu etwas über 50 Prozent Werbeträger;
- Anzeigenblätter sind zu 100 Prozent Werbeträger;
- Öffentlich-rechtlicher Rundfunk ist zu knapp 3 Prozent Werbeträger;
- Privates Fernsehen ist bislang zu fast 100 Prozent Werbeträger und
- Öffentlich-rechtliches Fernsehen zu gut 7 Prozent.

Zusammenfassend kann man sagen, dass Massenmedien nach dem Schwerpunkt ihrer wirtschaftlichen Aktivität mit Ausnahme des öffentlich-rechtlichen Rundfunks vor allem eines sind: Werbeträger.

Dieser Verbund von Massenmedien und Werbung, oder der Verbund von redaktioneller und werblicher Information ist im Wesentlichen auf Verbundvorteile im Vertrieb, auf Verbundvorteile im Konsum und auf einen Glaubwürdigkeitsverbund zurückzuführen (vgl. Band 2, Kapitel 15, Abschnitt 9). Die Folgen dieses Verbunds sind komplex:

- Es wird für zwei Märkte produziert.
- Die Produktion für zwei Märkte zugleich erfordert differenzierte Marketingstrategien und bewirkt in der Regel sich verstärkende Absatz- und Um-

satzentwicklungen mit den entsprechenden Auswirkungen auf die Marktstrukturen (vgl. Kapitel 9, Kapitel 11 sowie Kapitel 8, 9 und 15 in Band 2).

- Die redaktionellen Produktion muss die Werbeträgereigenschaften des Medium beachten.
- Die Einnahmen aus der Verbreitung von Werbebotschaften machen die Massenmedien für die Rezipienten relativ billig.

7.2. Massenmedien als Werbeträger

Die Massenmedien erzielen einen großen Teil ihrer Einnahmen aus der Verbreitung von Werbebotschaften. Tabelle 8 stellt die Entwicklung der Nettowerbeeinnahmen der wichtigsten Werbeträger zusammen. Mit Ausnahme der Werbung per Post, der Werbung in Verzeichnis-Medien (Adressbücher usw.), der Außenwerbung (Plakate usw.) und der Werbung in Filmtheatern sind dies die hier behandelten Massenmedien Zeitung, Zeitschrift, Hörfunk und Fernsehen.

Die Entwicklung dieser Massenmedien hängt mithin sehr stark von der Entwicklung der Werbewirtschaft ab (vgl. Band 2, Kapitel 15)

Tabelle 8: Nettowerbeeinnahmen wichtiger Werbeträger

Werbeträger	1996	Prozent	1997	Prozent	1998	Prozent	1999	Prozent
Tageszeitungen[1]	10 678,7	- 0,4	10869,7	+ 1,8	11 477,4	+ 5,6	11864,9	+ 3,4
Fernsehen[2]	6 896,9	+ 8,7	7 438,2	+ 7,8	7 904,9	+ 6,3	8444,4	+ 6,8
Werbung per Post[3]	5 717,2	+ 8,9	5 926,0	+ 3,7	6237,8	+ 5,3	6473,5	+ 3,8
Publikumszeit-[1] schriften	3 416,6	- 2,5	3 509,4	+ 2,7	3 655,4	+ 4,2	3 924,4	+ 7,4
Anzeigenblätter[5]	3 011,0	+ 3,2	3278,8	+ 8,9	3 446,0	+ 5,1	3 408,0	- 1,1
Verzeichnis-Medien[6]	2 299,0	+ 1,6	2 302,0	+ 0,1	2343,0	+ 1,8	2 400.0	+ 2,4
Fachzeitschriften[7]	2 110,0	- 4,6	2 162,0	+ 2,5	2 272,0	+ 5,1	2 327,0	+ 2,4
Hörfunk[8]	1 153,2	+ 2,3	1 176,0	+ 2,0	1 182,7	+ 0,6	1 351,5	+ 14,3
Außenwerbung[9]	1038,2	+ 3,7	1 002,4	- 3,4	1 100,8	+ 9,8	1 333,3	*

Wochen-/ Sonntags-zeitungen[1]	439,4	- 2,1	472,3	+ 7,5	487,6	+ 3,2	511,1	+ 4,8
Film-theater[10]	299,9	+ 1,4	305,4	+ 1,8	323,6	+ 6,0	337,1	+ 4,2
Online-Angebote[11]	5,0	-	25,0	+400,0	50,0	+ 100,0	150,0	+ 200,0
Zeitungs-supple-ments[1]	225,7	-10,5	211,5	- 6,3	180,5	- 14,7	143,4	- 20,6
Gesamt	37 290,8	+ 2,6	38 678,7	+ 3,7	40 661,7	+ 5,1	42 668,6	+ 4,9

1) Bundesverband Deutscher Zeitungsverleger (BDZV) 2) ARD-Werbung Sales & Services, ZDF-Werbefernsehen, Verband Privater Rundfunk und Telekommunikation (VPRT), IP Deutschland, RTL, RTL 2, SuperRTL, SAT.1, Pro Sieben, Kabel 1, DSF sowie Vox, n-tv, 3) Streukosten von Prospekten, Werbebriefen und Druckschriften nach den Verkehrszahlen der Deutschen Post AG 4) Fachverband Die Publikumszeitschriften im Verband Deutscher Zeitschriftenverleger e.V. 5) Bundesverband deutscher Anzeigenblätter (BVDA) 6) Verband Deutscher Adressbuchverleger e.V., Erhebung bei Mitgliedern und Hochrechnung, nach Skonti, vor Mehrwertsteuer, inklusive rund 10 Prozent Mehrwertsteuer 7) Fachverband Fachpresse im Verband Deutscher Zeitschriftenverleger e.V. 8) ARD Werbung Sales & Services, RMS Verein zur Förderung der Gattung Funk, Verband Privater Rundfunk und Telekommunikation (VPRT) 9) Hochrechnung des Fachverbandes Aussenwerbung (FAW) und des ZAW 10) FDW Werbung im Kino e.V., Erhebung bei Mitgliedern 11) Gemeinsame Hochrechnung von Bundesverband Deutscher Zeitungsverleger, Verband Deutscher Zeitschriftenverleger und Verband Privater Rundfunk und Telekommunikation

Quelle: ZAW

7.3. Massenmedien als Institutionen

Massenmedien können aus ökonomischer Sicht als *Institutionen* interpretiert werden, als Einrichtungen, die geeignet sind, Transaktionskosten des Kaufs und der Rezeption von Informationen zu reduzieren. Solche Transaktionskosten sind vor allem (vgl. Kapitel 2, Abschnitt 1):

- Suchkosten, nämlich die Kosten, Informationen zu finden;
- Entscheidungskosten, nämlich Kosten der Entscheidung, welche von den gefundenen Informationen rezipiert werden sollen und
- Kontrollkosten, nämlich Kosten der Kontrolle von Richtigkeit und Relevanz der Informationen.

Diese Transaktionskosten sind im Informationshandel besonders groß, weil:

- Informationen in unübersehbarer Fülle vorhanden sind,
- Informationen für die Menschen von überragender Bedeutung sind und der
- Wert (Richtigkeit, Wichtigkeit, Relevanz) von Informationen ex ante und ex post kaum beurteilt werden kann.

Daher sind Institutionen, die solche Transaktionskosten reduzieren, im Bereich des Informationshandels der Massenmedien besonders wichtig. Und entsprechend sind die Massenmedien wenigstens prinzipiell strukturiert: Massenmedien bieten, bei großen Unterschieden zwischen den Gattungen und den Titeln bzw. Programmen, folgende Ersparnisse an Transaktionskosten:

- Massenmedien bieten ein Informationssortiment an, d. h. eine ausgewählte und überschaubare Menge an Informationen;
- Massenmedien bemühen sich um eine möglichst einfache und klare Strukturierung des Informationsangebotes;
- Massenmedien sortieren nach Relevanz und Richtigkeit und
- Massenmedien bemühen sich um ein Image von Glaubwürdigkeit und Verlässlichkeit, damit der Rezipient die gebotenen Informationen einordnen kann (vgl. Kapitel 5).

In Bezug auf die Glaubwürdigkeit spielen für die Massenmedien die so genannten *Reputationseffekte langlebiger Institutionen* (z. B. auch Parteien, Unternehmen, Verbände) ein zentrale Rolle. Weil Rezipienten nicht alle Informationen prüfen können und wollen, ist es für sie wichtig, zuverlässige und glaubwürdige Informationen zu erhalten, einschließlich einer notwendigen Konstanz impliziter oder auch expliziter Wertungen.

Wie wichtig die Massenmedien als Informationsträger für die Menschen sind, wird deutlich am außerordentlich hohen Zeitverbrauch für ihre Rezeption. Tabelle 9 gibt einen Überblick über das Volumen und die Struktur der Mediennutzungszeit. Daraus werden folgende Entwicklungen ersichtlich:

- Die Mediennutzungsdauer hat von 1964 bis 1995 von 188 auf 318 Minuten zugenommen, das ist ein Zuwachs von 69 Prozent.
- Die Mediennutzung beansprucht mit 318 Minuten einen ganz erheblichen Teil des Zeitbudgets der Konsumenten; 1995 werden die drei aktuellen Massenmedien mit durchschnittlich fünf Stunden und 18 Minuten in einem Umfang genutzt, der nur noch von dem durchschnittlichen Zeitverbrauch für Schlafen übertroffen wird und jedenfalls den durchschnittlichen Zeitverbrauch für Bildung und Erwerbstätigkeit von knapp vier Stunden (Wo bleibt die Zeit, 1994) deutlich übertrifft.
- Intermedial ist eine geringe Abnahme der Nutzungsdauer von Rundfunk und Fernsehen zu beobachten.

Tab. 9: Zeitaufwand und Zeitanteile der Mediennutzung von 1964 bis 1995[1]

	1964	1970	1974	1980	1985	1990	1995
Mediennutzung in Minuten							
Zeitung	35	35	38	38	33	30	31
Hörfunk	89	73	113	135	154	177	155
Fernsehen	70	113	125	125	121	133	145
Insgesamt	194	221	276	298	308	340	331
Ohne Überlappung[2]	188	214	266	286	295	327	318
Markanteil (Zeitanteile in Prozent)							
Zeitung	18	16	14	13	11	9	9
Hörfunk	46	33	41	45	50	52	47
Fernsehen	36	51	45	42	39	39	44

1) pro Werktag in Westdeutschland 2) Überlappungen herausgerechnet, indem bei gleichzeitiger Nutzung nur ein Medium gezählt wird.

Quelle: Massenkommunikation V

Die *Reputation* der Massenmedien als Informationsträger wird häufig und in verschiedenen Studien zu erfassen versucht. Dabei ist zu beachten, dass die gewählten Untersuchungsmethoden und Fragestellungen nicht identisch sind, daher sind die Untersuchungsergebnisse oft recht widersprüchlich, bei ihrer Interpretation ist große Vorsicht angebracht. Im Vordergrund steht die Ermittlung der Dimensionen „Glaubwürdigkeit und Objektivität“ sowie „Bindung und Nähe“. Daraus werden dann von den Auftraggebern solcher Studien, im Regelfall Media-Agenturen und Werbeabteilungen von Massenmedien, wiederum Rückschlüsse auf die werbliche Eignung der Medien gezogen.

Die Tabelle 10 gibt einen Überblick über die Zuordnung und die zeitliche Entwicklung der Dimensionen „Objektivität und Glaubwürdigkeit“. Dabei werden Ergebnisse der Langzeitstudie „Massenkommunikation“ zusammengefasst. Im Prinzip kann für alle drei Massenmedien ein sehr deutlicher Glaubwürdigkeitsverlust festgestellt werden, allenfalls die Tageszeitung konnte ihre Position in den letzten Jahren ein wenig verbessern.

Die Fragen nach der „Bindung“ an die Medien erfassen einerseits die allgemeine Unentbehrlichkeit und andererseits – in der „Vermissensfrage“- den speziellen persönlichen Gebrauchswert, wenngleich immer noch nicht ganz klar ist, was eigentlich gemessen wird (Massenkommunikation V, S. 230). Tabelle 11 gibt einen Überblick über die mediale Zuordnung und die zeitliche Entwicklung der so genannten „Bindung“ an die Medien. Hier ist ein Imageverlust für das Fernsehen zu beobachten, aber mehr als die Hälfte der Befragten würden sich im Zweifelsfall doch für das Fernsehen entscheiden. In grober Zusammenfassung kann man also drei Entwicklungen sehen:

- Im Durchschnitt hat sich das Image der Massenmedien verschlechtert.
- Das Image des Fernsehens ist immer noch das beste.
- Intermediale Unterschiede haben sich nivelliert.

Tab. 10: Zuordnung der Dimensionen „Objektivität" und „relative Glaubwürdigkeit" 1964 –1995 – Zustimmung in Prozent (Westdeutschland)

	Dimension „Objektivität"						**Relative „Glaubwürdigkeit"**		
	Statement „berichtet wahrheitsgetreu"			**Skalenwert 9 u.10 der „Objektivitätsskala"**			**Alternativunterscheidungen zwischen den Medien**		
	TV	HF	TZ	TV	HF	TZ	TV	HF	TZ
1964	47	45	32	51	41	31	-	-	-
1970	56	47	23	59	38	20	75	13	12
1974	43	38	22	49	31	20	70	13	14
1980	41	32	21	41	28	19	68	14	15
1985	27	25	18	33	23	18	62	17	21
1990	28	24	19	33	23	18	63	15	22
1995	20	19	20	20	15	15	56	15	31

Quelle: Massenkommunikation V, S. 252

Tab. 11: Bindung an die Medien – Entscheidung in einer simulierten Grenzsituation 1970 – 1995 – Zustimmung in Prozent

	Es würden sehr vermissen ...						Es würden sich entscheiden für ...					
	1970	**1974**	**1980**	**1985**	**1990**	**1995**	**1970**	**1974**	**1980**	**1985**	**1990**	**1995**
Fernsehen	60	53	47	42	51	53	62	57	51	47	52	53
Hörfunk	42	47	52	54	57	53	21	25	29	31	26	25
Tageszeitung	47	53	60	57	63	59	15	17	18	20	20	19

Quelle: Massenkommunikation V

Emotionale und situative Aspekte der Mediennutzung vermittelt Tabelle 12. Hier wird deutlich, dass die Massenmedien nicht nur Informationsträger sind, sondern auch wesentlichen Zusatznutzen vermitteln, der einer ökonomischen Analyse nicht leicht zugänglich ist.

Tabelle 12: Ansichten über Medien und subjektive Aspekte ihrer Nutzung 1995/ Prozent (Deutschland)

Trifft voll und ganz auf das Medium ... zu	**Fernsehen**	**Hörfunk**	**Tageszeitung**
Hilft einem, seine Zeit sinnvoll zu verbringen	10	9	13
Hilft, freie Zeit zu füllen, wenn man nichts anderes zu tun hat	40	24	21
Nimmt eigentlich zu viel Zeit in Anspruch	18	3	6
Lässt sich mit vielen anderen Tätigkeiten kombinieren	12	55	3
Führt zur Vereinsamung der Menschen	21	3	2
Hilft gegen das Gefühl, allein zu sein	24	20	8
Ist fast wie ein Freund	8	9	7
Trägt viel zu meinem Wohlbefinden bei	11	15	9
Nutze ich eher gewohnheitsmäßig	21	27	22
Finde immer etwas, was mich interessiert	26	23	30
Ist in vieler Hinsicht anregend	15	14	14
Bietet Orientierung, wie man den Alltag bewältigt	7	6	7
Greift Alltagsprobleme auf, die viele interessieren	19	15	21
Fasst heiße Eisen an	27	14	21
Achtet auf Qualität	10	10	13
Ist gemessen an dem, was ich bekomme, preiswert	11	16	15

Quelle: Massenkommunikation V, S. 256

8. Kosten der Mediennutzung

Die Mediennutzung verursacht Kosten für die Rezipienten:

- Opportunitätskosten der Zeit, die man für die Mediennutzung verbraucht und
- Geldausgaben für den Kauf der Massenmedien, für den Kauf und die Reparatur der Empfangsgeräte und für Gebühren.

Die Opportunitätskosten der Zeit werden üblicherweise mit dem durchschnittlichen Nettolohn angesetzt, also etwa mit 20 DM pro Stunde. In dieser Sicht „kostet" die Mediennutzung den durchschnittlichen Rezipienten täglich mehr als 100 Mark. Diese ökonomische Sicht des Zeitverbrauchs wird der Bedeutung der Massenmedien als Freizeit-, Unterhaltungs- und Begleitmedium nicht gerecht, aber sie kann den ungeheuren Zeitverbrauch noch einmal verdeutlichen.

Die Geldausgaben werden von der amtlichen Statistik als monatliche Ausgaben für bestimmte Haushaltstypen und für bestimmte Arten der Ausgaben erfasst. Tabelle 13 stellt die monatlichen Ausgaben eines 4-Personen-Arbeiterhaushaltes mit mittlerem Einkommen (Haushaltstyp 2) für die Mediennutzung zusammen.

Dies zeigt:

- Die monatlichen Ausgaben für Massenmedien sind mit einem Anteil von knapp zwei Prozent vom Nettoeinkommen recht gering.
- Die Ausgaben für Printmedien und insbesondere für Rundfunkgebühren nehmen deutlich zu, während die Ausgaben für Empfangsgeräte abnehmen.
- Der Anteil der Medienausgaben am Nettoeinkommen ist im Zeitablauf relativ konstant geblieben, auch im längerfristigen Vergleich (der Anteil betrug 1982 1,89 Prozent).

Tabelle 13: Monatliche Ausgaben für Massenmedien (Haushaltstyp 2, alte Bundes länder (in DM)

	1990	1992	1994	1996	1998
Zeitungen	18,06	18,53	19,54	21,71	21,53
Zeitschriften	12,41	13,73	14,97	15,42	17,61
Hörfunkgeräte	8,43	12,62	8,50	9,13	7,62
Fernsehgeräte	12,14	10,10	8,25	5,98	8,73
Rundfunkgebühren	21,96	26,68	30,57	29,20	34,09
Zubehör	4,77	6,52	5,11	4,41	4,06
Reparatur	2,81	3,29	2,30	2,30	2,17
Insgesamt	80,31	91,47	89,24	88,15	95,81
Anteil am Nettoeinkommen in v.H.	1,86	1,92	1,83	1,69	1,75

Quelle: Statistisches Bundesamt; eigene Berechnungen

Zusammenfassung

Der Mediensektor wird in dieser „Medienökonomie" relativ eng abgegrenzt und umfasst folgende Einheiten:

- Zeitungsverlage,
- Zeitschriftenverlage,
- Anzeigenblattverlage,
- Nachrichtenagenturen, Nachrichtenbüros, Pressebüros,
- Hörfunkveranstalter,
- Fernsehveranstalter und
- Programm-Input-Produzenten

Dieser Sektor erzielt ein Umsatzvolumen von rund 70 Milliarden DM (1998) und bietet Arbeitsplätze für rund 160 000 Beschäftigte. Er ist Teil eines wesentlich größeren Informationssektors, der rund 1,7 Millionen Erwerbstätige umfasst und ein Umsatzvolumen von weit über 200 Milliarden DM erzielt.

Ein zentrales Charakteristikum des Mediensektors ist, dass seine Produkte auf zwei Märkten gehandelt werden: Massenmedien als Werbeträger auf dem Werbemarkt und als Informationsträger auf dem Rezipientenmarkt. Dieser Verbund begründet kumulative Rückwirkungen. Massenmedien sind die wichtigsten Werbeträger und Massenmedien finanzieren sich im Durchschnitt mehrheitlich durch Werbeeinnahmen. Daneben sind die Massenmedien die zentralen Informationsträger für die Menschen: Im Durchschnitt verwendet der Rezipient täglich über fünf Stunden für den Konsum der massenmedial produzierten Informationen. Im Vergleich dazu sind die monatlichen Ausgaben für Massenmedien relativ gering.

Literaturhinweise

Für Deutschland existiert eine einzige umfassende und integrierte Darstellung des Mediensektors in okönomischer Sicht. Diese Darstellung ist indes mit ihrem Berichtzeitraum 1982 – 1992 recht alt.

Seufert, Wolfgang (1994), Gesamtwirtschaftliche Position der Medien in Deutschland 1982 - 1992, Hrsg: Deutsches Institut für Wirtschaftsforschung, Berlin (Duncker & Humblot) 1994.

Andere Darstellungen beziehen sich auf Teilbereiche des Mediensektors, insbesondere auf den Rundfunk. Zu nennen ist vor allem die inzwischen jährlich erscheinende Studie:

Beschäftigte und wirtschaftliche Lage des Rundfunks in Deutschland, Studie im Auftrag der Direktorenkonferenz der Landesmedienanstalten (DLM) vom Deutschen Institut für Wirtschaftsforschung (DIW) in Kooperation mit dem Hans-Bredow-Institut und der Arbeitsgruppe Kommunikationsforschung München (AKM) / Federführung: Bayrische Landeszentrale für Neue Medien (BLM). [Hrsg.: Landesmedienanstalten]. – Berlin: VISTAS.

Eine Reihe von Informationen über den Mediensektor in weiter Abgrenzung stellt zusammen:

Medienbericht `98, Bericht der Bundesregierung über die Lage der Medien in der Bundesrepublik Deutschland, Bonn (Presse- und Informationsamt der Bundesregierung). Dieser Bericht erscheint etwa alle fünf Jahre.

Eine Zusammenstellung der Medienkonzerne in Deutschland bietet regelmäßig der Europa-Fachpresse-Verlag, zuletzt

Medien 2000, Medienkonzerne in Deutschland, Entwicklung, Daten, Kontakte, München 1999.

2. Kapitel

Konzepte der Ökonomie zur Analyse des Mediensektors

In diesem Kapitel werden grundlegende Konzepte, Denkweisen und Bewertungsansätze der Ökonomie kurz vorgestellt. Der ökonomisch versierte Leser kann diese Ausführungen überschlagen. Das zentrale Problem der Ökonomie ist die optimale Allokation der Ressourcen einer Gesellschaft. Um dieses Problem zu lösen sind im Prinzip zwei Verfahren angewendet worden: die vertikale Koordination im Rahmen einer zentralen Planung und die horizontale Koordination durch den Markt (Abschnitt 1). Der Markt ist prinzipiell das optimale Verfahren, die Allokation der Ressourcen zu koordinieren, es gibt indes unterschiedliche Sichtweisen zur konkreten Ausgestaltung und Funktionsweise von Märkten (Abschnitt 2). Ein zentraler Akteur der Wirtschaft ist die Unternehmung, die als vertikale Koordinationsform stets in Konkurrenz zur Marktkoordination steht (Abschnitt 3). Herrscher des Systems der Wirtschaft ist das rational handelnde Individuum (Abschnitt 4), dessen Handeln durch Institutionen kanalisiert wird (Abschnitt 5). Dies letztlich durch den Markt koordinierte System bewirkt nur grundsätzlich eine optimale Allokation der Ressourcen, ein Marktversagen muss in Rechnung gestellt werden (Abschnitt 6), das, sofern es erheblich ist, eine Regulierung der betreffenden Aktivitäten durch den Staat begründet (Abschnitt 7). Die Regulierung muss ihrerseits aber stets vor dem Hintergrund eines möglichen Staatsversagens bewertet werden (Abschnitt 8).

1. Das Grundproblem der Allokation der Ressourcen

Das zentrale Problem der Ökonomie ist die *optimale Allokation der Ressourcen* einer Gesellschaft. Die Ressourcen einer Gesellschaft sind die Produktionsfaktoren Arbeit, Kapital und Boden, einschließlich des Wissens und der Fähigkeiten der Menschen. Diese Produktionsfaktoren sollten so auf Produktionsprozesse und auf die Erstellung der Güter und Dienstleistungen verteilt werden, dass insgesamt ein Optimum resultiert. Das Optimum ist dann erreicht, wenn so kostengünstig wie möglich das produziert wird, was die Konsumenten wünschen (und bezahlen können). Man spricht häufig von produktiver und allokativer Effizienz:

- Die *produktive Effizienz* ist dann gewährleistet, wenn so kostengünstig wie möglich produziert wird und
- die *allokative Effizienz* ist dann gewährleistet, wenn das Güterangebot entsprechend der Präferenzstruktur der Konsumenten erstellt wird.

Die optimale Allokation der Ressourcen bedingt ein System von *Arbeitsteilung*, weil nur in der Arbeitsteilung die Vorteile großbetrieblicher Produktion und die Vorteile einer Spezialisierung ausgeschöpft werden können. Die Arbeitsteilung erfordert eine Koordination der Wirtschaftspläne (der Produktions- und Konsumpläne) der Wirtschaftssubjekte und einen organisierten Tausch. Hierbei entstehen Probleme der Information, der Koordination und der Sanktion. Würde jeder Mensch alles, was er konsumiert, selbst produzieren und alles, was er produziert, selbst konsumieren, so gäbe es diese Probleme nicht; sie entstehen erst mit der arbeitsteiligen Verbundproduktion entwickelter Gesellschaften.

Im Zuge von Arbeitsteilung und Tausch fallen folgende *Kosten* an:

- Produktionskosten,
- Transportkosten, allgemein auch Distanzüberwindungskosten genannt, und
- Transaktionskosten.

Während das Konzept von Produktionskosten und Distanzüberwindungskosten keiner Erläuterung bedarf, sollte das Konzept von *Transaktionskosten*, das seit 20 Jahren stetig an Bedeutung gewonnen hat, beschrieben werden. Im Zuge von Produktion und Tausch werden Eigentumsrechte, also bestimmte Formen von Nutzungs- und Verfügungsrechten (Furubotn/Pejovich 1972) von Gütern (und Dienstleistungen) übertragen. Diese Übertragung von Eigentumsrechten, die Gütern anhaften, unabhängig vom physischen Transfer, bezeichnet man als Transaktion, und die Kosten der Übertragung von Eigentumsrechten bezeichnet man als Transaktionskosten. Solche Transaktionskosten sind vor allem:

- Informationskosten (Sammlung von Informationen über Preise und Qualitäten),
- Vereinbarungskosten (Kosten der Aushandlung und des Abschlusses von Verträgen),
- Kontrollkosten (Kosten der Kontrolle der Einhaltung von Verträgen, z. B. von Terminen, Qualitäten, Preisen, Mengen usw.) und
- Anpassungskosten, also Kosten der Anpassung an veränderte Umweltbedingungen, z. B. veränderte Qualitäten von Faktorleistungen (vgl. Picot 1999, S. 117 f).

Die *Koordination* der Wirtschaftspläne kann im Prinzip nach zwei grundlegenden Verfahren erfolgen. Man unterscheidet:

- das Verfahren der Unterordnung unter einen zentralen Plan, die häufig sog. *vertikale Koordination* und
- das Verfahren der Selbstorganisation im Wettbewerb, die häufig sog. *horizontale Koordination* (vgl. v. Weizsäcker 2000, S. 2).

In der Regel existieren beide Verfahren nebeneinander; eine Unterscheidung ergibt sich insbesondere dadurch, durch welches Verfahren wiederum entschieden wird, in welchen Bereichen welches Verfahren eingesetzt wird. In marktwirtschaftlichen Demokratien entscheidet grundsätzlich der Wettbewerb darüber, welches Verfahren der Koordination eingesetzt wird: die Unternehmung, als System einer vertikalen

Koordination mit zentraler Planung, mit Leistungsanweisungen, Hierarchien und Kontrollen oder der Markt, als System einer spontanen Selbstorganisation, als System einer horizontalen Koordination. Dabei entscheidet der Wettbewerb für das Koordinationsverfahren, das die geringsten Kosten aufweist, der Wettbewerb entscheidet selbst zwischen Markt und Unternehmung. Es dominiert dann die horizontale Koordination und man spricht auch von horizontalen Gesellschaften (v. Weizsäcker 2000). Eine vertikale Gesellschaft, wie sie im Ostblock bestanden hatte, soll hier nicht thematisiert werden.

2. Horizontale Koordination: Markt, Wettbewerb und Eigentumsrechte

2.1. Markt als abstraktes Konzept

Ein Markt ist die Gesamtheit der Angebots- und Nachfragebeziehungen für ein Gut bzw. ein Güterbündel. Der Markt organisiert den Tausch. Der Markt ist zunächst ein *abstraktes Konzept*, erfassbar durch seine Funktion und seine Funktionsweise. Im Zusammenspiel von Angebot und Nachfrage bilden sich Preise, die in der Regel Produktionskosten, Knappheiten und Nachfragerpräferenzen reflektieren. Diese Preise sind ein vermutlich optimales Informationskonzentrat (ein besseres gibt es jedenfalls nicht), das permanent Informationen über Knappheiten, Einsparmöglichkeiten, Investitionschancen oder Strukturveränderungen usw. liefert. Preise haben eine optimale Informations- und Sanktionsfunktion (vgl. genauer Baßeler/Heinrich/Koch 1999, 6. Kapitel, Abschnitt 4.3). Und Wesensmerkmal einer spontanen Marktordnung ist: Sie kann das Wissen aller Teilnehmer nutzen, und die Ziele, denen sie dient, sind die besonderen Ziele aller ihrer Teilnehmer in aller ihrer Vielfältigkeit und Gegensätzlichkeit (Hayek 1968, S. 9).

Der *Markt* wird durch Preise gesteuert. Es überwiegt der klassische vollständige Kauf-, Verkaufs- oder Dienstleistungsvertrag zwischen freien Partnern. Der Markt bietet folgende Vorzüge:

- Er realisiert die Größenvorteile der Produktion (Economies of Scale and Scope).
- Er bietet die Vorteile der Risikostreuung.
- Er bietet starke Anreize zu autonomen Leistungen.- Er bietet damit eine starke autonome, nicht-koordinierte Anpassungsfähigkeit.
- Er erspart Bürokratiekosten (vgl. Williamson 1991, S. 19 ff).

2.2. Die prinzipielle Optimalität der Marktproduktion

Der Markt ist im System der Ökonomie das prinzipiell optimale Verfahren für die Information, die Motivation und die Koordination von Produktions- und Konsumentscheidungen der Individuen, der Markt ist in dieser Sicht das optimale Verfahren, um die Allokation der Ressourcen - die Verteilung der Produktivkräfte der Gesellschaft auf Umfang und Struktur der gesellschaftlichen Produktion - zu steuern.

Der Markt bzw. der ökonomische Wettbewerb funktioniert nach der ökonomischen Theorie strenggenommen nur dann optimal, wenn die Annahmen des Modells vollständigen Konkurrenz gelten. Nur dann lässt sich *beweisen*, dass eine gesamtgesellschaftliche optimale Allokation der Ressourcen resultiert. Hieraus hat sich eine recht ausgedehnte und eher ablehnende Diskussion um die Eignung des Modells der vollständigen Konkurrenz und der darauf aufbauenden paretianischen Wohlfahrtsökonomik als Referenzsystem und entwickelt (vgl. z. B. Eickhof 1993 und Fritsch/Wein/Ewers 1993, S. 3ff.). In der auf Hayek zurückgehenden Interpretation des Wettbewerbs als offenes Entdeckungsverfahren (Hayek 1968) wird die Stringenz der theoretischen Argumentation durch die faktische Relevanz der Gedankenführung ersetzt. Beweisen lässt sich die Optimalität des Marktes dann allerdings nicht mehr (vgl. Hayek 1968, S. 4), sie ist lediglich plausibel und durch die Geschichte bestätigt. Der Markt erfüllt in dieser weniger stringenten Interpretation positive Funktionen im Sinne „erfahrungsgestützter Erwartungen über Verlaufsmuster, die funktionierenden Märkten eigen sind" (Fritsch/Wein/Ewers 1993, S. 7).

Ohne auf die strengen Annahmen des Modells der vollständigen Konkurrenz zurückzugreifen (vgl. dazu z. B. Baßeler/Heinrich 1984, S. 36ff.), wird meist etwas weniger stringent angenommen, dass Märkte gut funktionieren, wenn folgende Strukturbedingungen erfüllt sind:

- Auf dem Markt werden angemessen definierte Eigentumsrechte, also Nutzungs- und Verfügungsrechte an Gütern und Dienstleistungen, getauscht.
- Die Marktteilnehmer haben eine gute Transparenz bezüglich der Qualitäten, der Nutzen und der Preise der gehandelten Güter und Dienstleistungen.
- Die Strukturbedingungen für gut funktionierenden Wettbewerb sind erfüllt.
- Marktteilnehmer handeln rational.

Diese Bedingungen sind weich formuliert, um anzudeuten, dass die Untersuchung konkreter Märkte nicht auf Existenz oder Nichtexistenz bestimmter Bedingungen abstellt, sondern dass es in der Regel um Unterschiede im Grad der Erfüllung dieser Bedingungen geht.

Funktionierende Märkte erfüllen dann folgende Aufgaben:

- Der Markt sichert die produktive Effizienz, d. h. er sorgt für eine kostenminimale Produktion (Faktorallokationsfunktion).
- Der Markt sichert die allokative Effizienz, d. h., er sorgt für eine Erstellung und Verteilung der Güter und Dienstleistungen entsprechend den Präferenzen der Konsumenten (Güterallokationsfunktion).
- Der Markt verteilt die Einkommen gemäß der Marktleistung (Verteilungsfunktion).
- Der Markt regt an zu Produkt- und Prozessinnovation (Innovationsfunktion).
- Der Markt bietet Angebotsflexibilität, d. h., er sorgt dafür, dass die Produktion sich an veränderte Bedingungen anpasst (Anpassungsfunktion).
- Der Markt kontrolliert wirtschaftliche Macht (Kontrollfunktion).

Dass der Markt ein sehr effizienter Koordinationsmechanismus ist, wird nicht mehr bestritten: Der Markt erbringt in der komplexen arbeitsteiligen Verbundproduktion moderner Gesellschaften Koordinierungsleistungen, die ein von Menschen gesteuerter zentralisierter Planungsmechanismus nicht leisten könnte. Dies hat vor allem Hayek immer wieder deutlich gemacht (Hayek 1968, Hayek 1991). Es muss aber in aller Deutlichkeit darauf hingewiesen werden, dass die allokative und produktive Effizienz des Marktes nichts mit Gerechtigkeit zu tun hat. Effizienz und Gerechtigkeit stehen vielmehr in einem bislang nicht aufgelösten Konkurrenzverhältnis, weil der Markt Anreize benötigt und bietet, die mit einer Gleichbehandlung der Menschen nicht vereinbar sind. Für die Analyse des Mediensystems ist die Nichtbeachtung des Problems der Gerechtigkeit indes vertretbar, weil Gerechtigkeit ein die gesamte Gesellschaft umfassendes Problem der Einkommens- und Vermögensverteilung ist, das aber in einer speziellen Branchenanalyse nicht abgehandelt werden muss.

2.3. Relevanter Markt

Der relevante Markt ist ein *konkretes Konzept* zur Abgrenzung von Märkten für die Zwecke der Wettbewerbspolitik. Wettbewerb und Wettbewerbspolitik beziehen sich auf Märkte. Wieviel Anbieter auf einem Markt anbieten, wie hoch die Konzentration ist, wie ausgeprägt die Marktbeherrschung ist, kann nur für einen konkreten Markt untersucht werden. Die Abgrenzung dieses sog. relevanten Marktes ist sowohl theoretisch als auch insbesondere praktisch äußerst schwierig.

Allgemein ist der *relevante Markt* der Bereich wirksamer Konkurrenz, und den relevanten Markt definieren alle die Produkte, die aus der Sicht der Nachfrager kurzfristig substituierbar sind (Kaufer 1980, S. 22). Ein Produkt X ist dann mit dem Produkt Y als austauschbar anzusehen, wenn eine geringfügige Leistungsverschlechterung durch den Anbieter von X einen erheblichen Teil seiner Kunden dazu veranlassen würde, zum Kauf des Produkts Y überzugehen. Die Leistungsverschlechterung kann z. B. in einer Verminderung der Produktqualität oder in einer Preiserhöhung liegen. Beide Parameter sind für Substitutionsentscheidungen gleich wichtig, im Folgenden wird jedoch vorrangig auf die Bedeutung des Preises eingegangen. Ein Produkt Y gehört dann zum selben relevanten Absatzmarkt wie ein Produkt X, wenn bei einer geringen Erhöhung des Preises des Produktes X ein erheblicher Teil der bisherigen Käufer des Gutes X innerhalb einer kurzen Zeitspanne auf Dauer zum Kauf des Gutes Y übergehen wird (Monopolkommission 1984, S. 198).

Solche Substitutionsmöglichkeiten werden durch Substitutionselastizitäten, insbesondere durch die sog. Kreuzpreiselastizität gemessen. Unter der *Kreuzpreiselastizität* versteht man das Verhältnis der relevanten Änderung der nachgefragten Menge des Gutes 1 zur relevanten Änderung des Preises des Gutes 2:

$$K = \frac{\frac{\Delta x_1}{x_1}}{\frac{\Delta p_2}{p_2}}$$

Da in der Praxis solche Kreuzpreiselastizitäten in der Regel kaum ermittelt werden können, stützt man sich häufig auf Befragungen und Plausibilitätserwägungen. So verwendet das Bundeskartellamt das Konzept der *funktionalen Austauschbarkeit* aus der Sicht des verständigen Verbrauchers (Abnehmers). Dabei wird in erster Linie die funktionale Austauschbarkeit anhand einer vergleichenden Analyse der Produkteigenschaften und Verwendungszwecke erfasst. So kann man z. B. sicher vermuten, dass verschiedene Programmzeitschriften oder *SAT 1* und *RTL* auf dem gleichen relevanten Markt miteinander konkurrieren, aber das bleibt immer nur eine Plausibilitätsüberlegung.

Bisweilen wird vorgeschlagen, neben der Austauschbarkeit aus Verbrauchersicht die mögliche Flexibilität des Angebots miteinzubeziehen. Danach gehören auch solche Unternehmen zum relevanten Markt, die das angebotene Produkt zwar zum betrachteten Zeitpunkt nicht herstellen, aber die Möglichkeit haben, seine Produktion rasch und mit vertretbaren Kosten aufzunehmen (Berg 1999, S. 347f.). Dies würde die empirische Bestimmung des relevanten Marktes noch einmal deutlich erschweren.

2.4. Wettbewerb

Wettbewerb und Markt werden häufig als bedeutungsgleich angesehen. Sie sind in der Tat bedeutungsgleich als abstrakte Mechanismen zur horizontalen Koordination von Tauschprozessen. Darüberhinaus empfiehlt sich aber eine separate Betrachtung dieser beiden Konzepte, weil der Wettbewerb ein arteigenes Antriebsmittel ist, ein Element der Dynamik der Märkte, ein Verfahren, dessen Ergebnisse sich in Märkten manifestieren.

Wettbewerb ist ein dynamisches Ausleseverfahren, bei dem die Wettbewerber das gleiche Ziel haben und außenstehende Dritte darüber entscheiden, wer das Ziel in welchem Umfang erreicht. Daraus ergibt sich eine *Rivalität* und ein *gegenseitiges Abhängigkeitsverhältnis* zwischen den Wettbewerbern, eine parametrische Interdependenz. Wettbewerb lässt sich damit - auf die Wirtschaft bezogen - verstehen als ein Verhältnis wechselseitiger Abhängigkeit und Rivalität zwischen den Marktteilnehmern.

Wettbewerbsfreiheit hat als individuelles Freiheitsrecht auch einen individuellen Nutzen, aber vor allem soll der Wettbewerb gesamtwirtschaftlich vorteilhafte Ergebnisse erbringen. Wettbewerb soll den Marktteilnehmern die fundamentalen ökonomischen Freiheitsrechte gewähren:

- Freiheit der Unternehmertätigkeit (Gewerbefreiheit),
- Freiheit der Konsumwahl,
- Freiheit der Arbeitsplatzwahl

Zugleich soll er die optimale Allokation der Ressourcen bewirken. Neben diesen Grundvorstellungen von Wettbewerb, die sich letztlich unverändert darstellen, existieren einige unterschiedliche Vorstellungen über das Wesen des Wettbewerbs und seine Voraussetzungen.

2.5. Konzeptionen von Wettbewerb

Die Vorstellungen darüber, wie und unter welchen Voraussetzungen der Wettbewerb (gut) funktioniert, sind im Zeitablauf Wandlungen unterworfen gewesen, verschiedene Leitbilder der Wettbewerbspolitik sind entwickelt worden und konkurrieren miteinander. Insbesondere konkurrieren das Leitbild des *funktionsfähigen Wettbewerbs* der Harvard School und das Leitbild der *neuklassischen Wettbewerbsfreiheit* der Chicago School, die in Deutschland - wenn auch modifiziert - durch Kantzenbach auf der einen und Hayek und Hoppmann auf der anderen Seite vertreten werden. Die Gemeinsamkeiten sind indes groß genug, um hier von einer einheitlichen Wettbewerbskonzeption ausgehen zu können.

Wesentlich ist die Vorstellung von Wettbewerb als einem dynamischen Prozess, in dem Unternehmen marktstrategische Vorstöße vornehmen - sie senken die Preise, verbessern die Qualität der Produkte, schaffen neue Produkte oder Verfahren - und in dem Imitatoren nachstoßen, nicht sofort, aber auch nicht mit großer Verzögerung, damit der Vorsprung einholbar bleibt und die Nachfrager in ihrer Gesamtheit die Vorteile besserer und/oder billigerer Produkte erlangen. In dieser Abfolge von Innovation und Imitation wird der Wettbewerb als „Prozeß der schöpferischen Zerstörung" (Schumpeter) und als „Such- und Entdeckungsverfahren" (Hayek) gesehen.

Der Wettbewerb wird als offener Prozess zur Entdeckung von Erkenntnissen interpretiert. Ausgangspunkt der Beschreibung des Wettbewerbsprozesses ist die Vorstellung von der Begrenztheit menschlichen Wissens und die Überzeugung, dass das in einer Gesellschaft vorhandene Wissen nicht zentralisiert ist und nicht zentralisiert werden kann, vielmehr räumlich, sachlich und zeitlich verteilt ist. Kein Mensch und keine Organisation kennt die „Wahrheit", die effizientesten Produktionsverfahren und die besten Produkte insgesamt. Diese herauszufinden, wird dem Wettbewerb überlassen, der als ein optimales Verfahren zur Entdeckung von Erkenntnissen gesehen wird, die ohne ihn entweder unbekannt geblieben wären oder zumindest nicht genutzt würden (vgl. Hayek 1968).

Der Wettbewerb nutzt in diesem Entdeckungsprozess die jeweils einzigartige Kombination von Kenntnissen und Fähigkeiten des Einzelnen, der sich bemüht, im Wettbewerbsprozess Erfolg zu haben. Und zugleich bewirkt der Wettbewerb eine Auslese der vielfältigen Kenntnisse und Fähigkeiten. Die im Urteil der Konsumenten jeweils am geeignetesten erscheinenden Innovationen setzen sich durch.

> „Unglücklicherweise kann die Gültigkeit der Theorie des Wettbewerbs für jene Fälle, in denen sie interessant ist, nie empirisch nachgeprüft werden. Denn wo wir aber die Tatsachen, die wir mit Hilfe des Wettbewerbs entdecken wollen, nicht schon vorher kennen, können wir auch nicht feststellen, wie wirksam er zur Entdeckung aller relevanten Umstände führt, die hätten entdeckt werden können. Was sich empirisch nachprüfen lässt, ist nicht mehr, als dass Gesellschaften, die sich zu diesem Zweck des Wettbewerbs bedienen, dieses Ergebnis in höherem Maße verwirklichen als andere - eine Frage, die mir die Geschichte der Zivilisation nachdrücklich zu bejahen scheint" (Hayek 1998, S. 4).

Die Optimalität des Wettbewerbs kann mithin nicht bewiesen werden.

Mit diesem Konzept des Wettbewerbs sind auch oligopolistische Märkte vereinbar, die bei dem hohen Konzentrationsgrad moderner Wirtschaftsgesellschaften typisch sind. Allerdings nur, solange sichergestellt ist, dass zwischen den verbleibenden Marktparteien tatsächlich Wettbewerb herrscht. Ob und inwieweit dies im Allgemeinen der Fall ist, bleibt strittig. Meist wird aber angenommen, dass Märkte, die durch einen hohen Grad an Konzentration gekennzeichnet sind, für die zudem hohe Marktzutrittsschranken bestehen und die sich in der Marktsättigungsphase befinden („enge" und „reife" Oligopole), keine günstigen Wettbewerbsvoraussetzungen bieten. Infolge der starken gegenseitigen Absatzinterdependenz wird sich in der Regel eine Gruppensolidarität der Marktteilnehmer herausbilden, die einen Wettbewerb in Frage stellt.

Günstige Wettbewerbsvoraussetzungen werden häufig auf solchen Märkten vermutet, die weder eine sehr hohe noch eine sehr niedrige Wettbewerbsintensität, sondern die sogenannte *optimale Wettbewerbsintensität* aufweisen. Die optimale Wettbewerbsintensität wird nach Kantzenbach zu vermuten sein bei

- weiten Oligopolen, also Oligopolen, in denen aufgrund der Vielzahl der Konkurrenten die gegenseitige Abhängigkeit nicht so groß ist, dass wettbewerbliche Aktionen unterbleiben, aber auch nicht so klein, dass Reaktionen ausbleiben, und
- mäßiger Produktdifferenzierung, also mäßiger Unterschiedlichkeit der Produkte (vgl. Kantzenbach 1966).

Wenngleich dieses Konzept der optimalen Wettbewerbsintensität vermutlich zu strikt ist - ein funktionsfähiger Wettbewerb ist letztlich nicht an die Erfüllung bestimmter Strukturmerkmale gebunden - so dient es doch als Grundlage für eine grobe Orientierung der Wettbewerbspolitik. In detaillierterer Analyse wird die Beurteilung und Bewertung des Wettbewerbs häufig anhand des Schemas von Marktstruktur - Marktverhalten - Marktergebnis (Structure - Conduct - Performance = S-C-P Paradigma) vorgenommen.

2.6. *Marktstruktur - Marktverhalten - Marktergebnis*

In dieser ‚Medienökonomie" wird das Marktstruktur - Marktverhalten - Marktergebnis - Schema als Instrument zur systematischen Analyse von Märkten oder Branchen und Sektoren der Wirtschaft vorgestellt; sein praktischer Nutzen wird auch kaum bestritten (vgl. Sjurts 1996, S. 3). Strittig ist nur, ob und in welchem Umfang eine Kausalität zwischen Struktur, Verhalten und Ergebnis in dem Sinne unterstellt werden kann, dass die Struktur das Verhalten und das Verhalten das Ergebnis determiniere. Hier mehren sich die Zweifel (vgl. z. B. Berg 1999, S. 309 ff, Wirth/Bloch 1995 oder Scherer/Ross 1990) und es wird zunehmend versucht, Unternehmensstrategien spieltheoretisch abzuleisten und in das Struktur-Verhalten-Ergebnis-Schema einzubauen. Empirische Tests sind entsprechend schwierig (vgl. insgesamt Young 2000). Aber zur bloßen *Beschreibung* von Märkten und Medienmärkten bleibt das Struktur-Verhalten-Ergebnis-Schema fruchtbar.

Die *Marktstruktur* beschreibt im Wesentlichen folgende Faktoren:

- Zahl und Größe der Anbieter und Nachfrager als Indikatoren für die Konzentration (vgl. Kapitel 4);

- Ausmaß der Produktdifferenzierung (in welchem Umfang besteht eine Kundenbindung an Produktmarken);
- Höhe der Marktzutrittsschranken (vgl. Abschnitt 2.7);
- Ausmaß der vertikalen und diagonalen Integration;
- die Marktphase, eingeteilt in Einführung, Expansion, Sättigung und Stagnation (vgl. Scherer/Ross 1990, S. 4).

Das *Marktverhalten* bezieht sich meist auf folgende Parameter:

- Preise,
- Produkte,
- Werbung,
- Forschung und Entwicklung,
- Investitionen und
- Wettbewerbsintensität (vgl. Berg 1999, S. 309 f).

Das *Marktergebnis* wird in der Regel mit folgenden Kriterien zu erfassen versucht:

- Rentabilität (Profitrate),
- Produktqualität,
- allokative Effizienz,
- produktive Effizienz und
- Implementierung des technischen Fortschritts (vgl. Ferguson/Ferguson 1994, S. 15 f).

Eine quantitativ genaue Erfassung all dieser Variablen ist in der Regel nicht möglich, aber zur qualitativen Beschreibung von Märkten sind diese Variablen von einem großen strukturierenden Wert. Eine besondere Rolle für die Beurteilung des Wettbewerbs spielen die Marktzutrittsschranken, sie sollen daher gesondert dargestellt werden.

2.7. Marktzutrittsfreiheit und Marktzutrittsschranken

Ein freier Marktzutritt ist zentral für die Funktionsfähigkeit des Wettbewerbs allgemein und von spezieller Bedeutung für den Wettbewerb auf Medienmärkten, weil hier der Marktzutritt von neuen Informationen für die Funktionsweise des Meinungsbildungsprozesses fundamental ist (vgl. Kopper 1984). Man glaubt, dass wirksamer Wettbewerb dauerhaft nur dann erhalten bleibt, wenn für neue Anbieter die Möglichkeit des Marktzutritts besteht und vermutet umgekehrt, dass die Möglichkeit des Marktzutritts hinreichend für die Funktionsfähigkeit des Wettbewerbs ist.

Man spricht von formaler *Marktzutrittsfreiheit*, wenn der Zugang zu den notwendigen Ressourcen von Produktion und Vertrieb für alle interessierten Anbieter zu kompetitiven und nicht diskriminierenden Preisen möglich ist. Diese formale Zutrittsfreiheit ist für manche Wettbewerbstheoretiker ausreichend (vgl. Kirzner 1978, S. 80). Meist werden aber auch materielle Marktzutrittsschranken für wesentlich gehalten und in der Regel folgende *Marktzutrittsschranken* unterschieden:

- *Strukturelle Marktzutrittsschranken*, die unabhängig vom aktuellen Unternehmensverhalten existieren; hierzu gehören insbesondere absolute Kosten-, Betriebsgrößen- und Produktdifferenzierungsvorteile.
- *Strategische Marktzutrittsschranken*, die auf zutrittssperrende Handlungen der etablierten Anbieter zurückgehen. Hierzu zählen Limitpreisstrategie, Schaffung von Überkapazitäten und Produktdifferenzierungsstrategien.
- *Institutionelle Marktzutrittsschranken,* die auf politischen Rahmenbedingungen beruhen.

Als *strukturelle Marktzutrittsschranken* werden nach Bain die Vorteile bezeichnet, die etablierte Anbieter gegenüber potentiellen Konkurrenten genießen, die es jenen erlauben würden, ihren Preis dauerhaft über ein kompetitives Niveau anzuheben, ohne neue Firmen zum Eintritt zu bewegen. Dabei werden Bain folgend, im Allgemeinen drei Formen von Marktzutrittsbarrieren unterschieden (Bain 1956):

- Economies of Scale (Betriebsgrößenvorteile),
- Vorteile der Produktdifferenzierung und
- absolute Kostenvorteile.

Ein etablierter Anbieter besitzt *absolute Kostenvorteile* gegenüber einem potentiellen Konkurrenten, wenn seine Durchschnittskosten für jede Produktionsmenge geringer sind als die des potentiellen Konkurrenten. Die langfristige Durchschnittskostenkurve der etablierten Unternehmen verläuft also im relevanten Bereich unterhalb der der potentiellen Konkurrenten. Ursachen dafür können die alleinige Verfügungsmacht über Rohstoffe, Arbeitskräfte und technisches Wissen sowie Vorteile bei der Kapitalbeschaffung sein.

Produktdifferenzierungsvorteile etablierter Unternehmen gegenüber potentiellen Wettbewerbern haben ihren Ursprung darin, dass die Präferenzen der Kunden für etablierte Produkte tendenziell größer sind als für neue und unbekannte Substitute. Dies hat seinen Grund in der Identifikation mit den etablierten Produkten, die durch jahrelange Werbung, Serviceleistungen etc. aufgebaut worden sind.

Betriebsgrößenvorteile stellen dann eine Marktzutrittsschranke dar, wenn der Marktzutritt wegen der beschränkten Marktnachfrage in einer Betriebsgröße erfolgt, die unter der mindestoptimalen Betriebsgröße liegt. Dann muss der Newcomer ja mit höherern Kosten produzieren als der etablierte Anbieter.

Strategische Marktzutrittsschranken bestehen dann, wenn das im Markt befindliche Unternehmen bewusst strategische Entscheidungen trifft, die ohne die Existenz seines potentiellen Konkurrenten nicht getroffen worden wären und die den Marktzutritt erschweren. Strategische Marktzutrittsschranken können nach der Art der eingesetzten Aktionsparameter unterschieden werden (Scherer 1980, S. 232ff.):

- Unternehmen, die eine Limitpreisstrategie betreiben, versuchen den Markteintritt potentieller Konkurrenten dadurch zu unterbinden, dass sie bei der Aufrechterhaltung der Angebotsmenge (Mengenbehauptungsstrategie) den Angebotspreis so weit senken, bis für potentielle Konkurrenten kein kostendeckender Markteintritt mehr möglich ist.

- Wenn in einem Markt etablierte Unternehmen über genügend große Reservekapazitäten verfügen, können diese Unternehmen zusätzlich entstehende Nachfrage schneller und möglicherweise auch kostengünstiger befriedigen als Neuanbieter und auf diese Weise potentielle Konkurrenten vom Markt fernhalten. Darüber hinaus können sie durch eine Ausdehnung der Produktionsmenge den Preis wiederum auf ein Niveau senken, das dem potentiellen Neuanbieter keine Kostendeckung nach einem Markteintritt ermöglicht.
- Bei einer Produktdifferenzierungsstrategie wird potentiellen Konkurrenten der Marktzutritt dadurch erschwert, dass die etablierten Unternehmen die Zahl der Produktvarianten strategisch ausdehnen, um damit Marktnischen für neue Produktvarianten zu schließen (Schmidt/Engelke 1989, S. 400).

Institutionelle Marktzutrittsschranken sind durch staatliche Hoheitsgewalt verfügt. Beispiele gibt es im Rundfunksektor in Form der öffentlich regulierten Frequenz- und Lizenzvergabe (vgl. Band 2, Kapitel 3) und, begrenzt, in den Bereichen der Versorgung, der Post und des Verkehrs.

Im Zuge der Weiterentwicklung der Wettbewerbstheorie ist diskutiert worden, ob die strukturellen Schranken nicht nur das Ergebnis einer sinnvollen Investition in kostengünstige Techniken sind und als solche zu akzeptieren wären. Dies ist eine ganz andere Perspektive der Fragestellung. Man kann zunächst einmal festhalten, dass die strukturellen Schranken den Marktzutritt erschweren. Davon zu trennen ist die Frage, ob die Schranken als Ergebnis effizienter Unternehmensführung von der Wettbewerbspolitik zu akzeptieren sind. Letzteres ist im Regelfall zu bejahen. Es existieren dann als wettbewerbspolitisch bedenkliche Marktzutrittsschranken lediglich institutionelle Schranken (z. B. Frequenzzuteilungen) und solche, die sich aus der privaten Kontrolle über notwendige Ressourcen ergeben (z. B. Ausschließlichkeitsbindungen, Dumping-Preise). Man muss mithin unterscheiden zwischen Marktzutrittsschranken, die wettbewerbspolitisch und wohlfahrtspolitisch zugleich schädlich sind, und solchen, die zwar den Wettbewerb behindern, wegen ihrer Effizienz aber wohlfahrtspolitisch zu akzeptieren sind. Gerade für den Medienmarkt ist allerdings das Konzept der Marktzutrittsfreiheit per se fundamental, hier sollte mithin im Zweifel für die Wettbewerbsfreiheit entschieden werden.

Eine gewisse formale Weiterentwicklung des Konzepts der Marktzutrittsfreiheit liefert die Theorie der *angreifbaren Märkte* (contestable markets) von Baumol/Panzar/Willig (1982). Hier wird darauf verwiesen, dass ein Markt angreifbar und wettbewerbsfähig ist - auch wenn es sich um ein Monopol handelt - wenn der Marktzutritt frei und kostenlos ist. Und dies ist der Fall, wenn die Kosten des Marktzutritts im Falle eines Misslingens nicht versunken sind (sunk costs) bzw. nicht irreversibel sind, sondern anderweitig verwendet werden können, also reversibel sind. Wenn das so ist, dann ist ein solcher Markt naturgemäß angreifbar. Nun sind die Kosten eines Marktzutritts m. E. in aller Regel zum großen Teil versunken, auf jeden Fall der Marketingaufwand und die Verluste aus laufender Produktion, so dass sich die Frage der Reversibilität für Medienunternehmen nicht stellt. Allerdings ist das *Ausmaß* der Reversibilität von Marktzutrittskosten und der Umfang von *Marktaustrittskosten* immer ein wichtiger zusätzlicher Faktor bei der Beurteilung von Marktzutrittsentscheidungen. So wird man den Zutritt zum Markt für Atomstrom sehr genau kalkulieren, weil hier nicht nur erhebliche Marktzutrittskosten entstehen, die im Falle eines Misslingens völlig versunken wären, sondern auch weil erhebliche Marktaustrittskosten zu tragen wären (vgl. Knauth 1992).

2.8. Funktion der Eigentumsrechte

Eigentumsrechte (property rights) sind Rechte in Form von Nutzungsrechten (Recht auf die Erträge) und Verfügungsrechten (Recht auf Erwerb, Verwendung und Übertragung).

Der Wert von Gütern einschl. Dienstleistungen wird bestimmt durch Ausgestaltung und Umfang der Eigentumsrechte. Dabei verursacht die Definition und die Durchsetzung von Eigentumsrechten Kosten, d. h. Eigentumsrechte entstehen nur dann, wenn der hieraus erwartete Nutzen größer ist als die entsprechenden Kosten (Demsetz 1967). So gibt es in der Regel Eigentumsrechte an Grund und Boden, aber nicht an Flüssen oder der Luft. Eigentumsrechte definieren das Ausmaß der Zurechnung von Handlungsfolgen und sind damit ein optimales Instrument für Leistungsanreiz und Erfolgskontrolle.

Das Hauptanliegen der sogenannten *Property-Rights-Theorie* ist es, aufzuzeigen, dass der Inhalt der Eigentumsrechte die Allokation der Ressourcen in spezifischer und vorhersagbarer Weise beeinflusst (Furubotn/Pejovich 1972, S. 1939). So ist ein klassisches Anwendungsbeispiel die Analyse der Auswirkung privaten bzw. öffentlichen Eigentums auf die Überwachung der Geschäftsführung der Unternehmung, ein Fall von erheblicher Relevanz z. B. für öffentlich-rechtliche Rundfunkunternehmen. Der entscheidende Unterschied zwischen privaten und öffentlichen Unternehmen ist nämlich letztlich der Tatbestand, dass das Eigentum an letzteren nicht, wie z. B. bei privatem Aktienbesitz, zugunsten Einzelner verkauft werden kann. Dies reduziert (beseitigt aber nicht) den Anreiz der öffentlichen Eigentümer, die Geschäftsführung der Unternehmung effektiv zu überwachen (vgl. z. B. De Alessi 1980, S. 1).

Eigentumsrechte begründen immer eine *Zurechnung von Handlungsfolgen* in gewissem Umfang; meist nicht vollständig. So kann/muss ein Aktionär als Eigentümer einer Aktiengesellschaft sich nicht alle Handlungsfolgen zurechnen lassen, einen Teil tragen auch die Mitarbeiter, die Gesellschaft oder die Umwelt. Immer dann, wenn eine spürbare Zurechnung von Handlungsfolgen möglich ist, kann mit Eigeninitiative, Innovationsbereitschaft und positiven gesamtwirtschaftlichen Effekten gerechnet werden. Und immer dann, wenn Eigentumsrechte nicht angemessen definiert und durchgesetzt werden können, führt privatopportunistisches Verhalten zu einer Fehlallokation der Ressourcen (vgl. generell Dichmann/Fels 1993).

3. Vertikale Koordination: die Unternehmung

3.1. Wahl der Koordinationsform Unternehmung

Die Wahl der Koordinationsform Markt oder Unternehmung erfolgt unter den Bedingungen des Marktes selbst: Es wird dann die Koordinationsform gewählt, die die geringsten Kosten verursacht. Grundsätzlich kann zwar davon ausgegangen werden, dass die Koordination über den Markt optimal ist; hier erfolgt eine optimale Allokation der Ressourcen. Dies würde dann aber bedeuten, dass jeder Eigentümer einer Ressource, sei es Arbeit, Boden oder Kapital, diese immer auf dem Markt anbietet. Es gäbe dann z. B. nur freie Journalisten, nur freie Sekretärinnen, freie Techniker, freie Verwaltungsangestellte usw. Faktisch ist dies aber nicht so, sondern es existiert auch die vertikale Koordination in einer Unternehmung. Und ein zentraler Unterschied ist folgender: Während der Markt externe Tauschprozesse machtfrei und hierarchiefrei koordiniert (die Teilnehmer werden ja allenfalls vom „sanften Druck des Hungers" getrieben), koordiniert die Unternehmung interne Tauschprozesse im Rahmen einer Hierarchie mit Handlungsanweisungen und Kontrollen, also mit bewusst geplanter und verteilter Macht. Warum existiert aber die Koordinationsform Unternehmung?

Diese Frage wird nach Coase (1937) und später Williamson (1975) vor allem mit den *Transaktionskosten* erklärt, die beim Tausch von Eigentumsrechten entstehen. Diese Transaktionskosten entstehen, weil Informationen nicht vollkommen sind, weil die Sammlung und Verarbeitung von Informationen Zeit und Geld kostet und weil daher die Wirtschaftssubjekte nicht alle ökonomisch relevanten Tatbestände kennen und auch nicht sicher sein können, dass die vertraglichen Verpflichtungen immer erfüllt werden. Wenn die Wirtschaftssubjekte ohne Kosten immer genau wüssten, was die Produktionsfaktoren leisten können, leisten sollen und tatsächlich leisten, dann könnte man all dies im Rahmen eines einfachen vollständigen Vertrags vereinbaren, in dem Leistung und Gegenleistung eindeutig und kostenlos bestimmt werden. So ist es aber nicht. Es entstehen die oben genannten Transaktionskosten, also vor allem die Informationskosten, die Vereinbarungskosten, die Kontrollkosten und die Anpassungskosten. Wenn z. B. ein Medienunternehmen die Dienstleistungen freier Mitarbeiter erwerben will, muss es sich über das Angebot informieren, es müssen Verträge geschlossen werden und die Lieferung muss nach Menge, Zeitpunkt und Qualität kontrolliert werden. Und wenn alle Transaktionen über den Markt verliefen, so gäbe es eine nicht mehr überschaubare Fülle von zweiseitigen Verträgen, vor allem Arbeits- und Kaufverträge, mit erheblichen Transaktionskosten.

Wenn aber eine Unternehmung als zentraler Agent die Koordination der Tauschprozesse im Rahmen langfristiger Verträge in einem hierarchischen System übernimmt, dann wird die Zahl der Verträge erheblich reduziert und es werden Transaktionskosten gespart (Richter 1991). Allerdings entstehen dann interne Organisationskosten und diese müssen mit den Transaktionskosten verglichen werden. Nach dem klassischen ökonomischen Optimierungskalkül entscheidet der Kostenvergleich über die Koordinationsform Markt oder Unternehmung. Ceteris paribus - bei konstanten internen Organisationskosten - wird mit zunehmenden Transaktionskosten die Koordination durch die Unternehmung vorteilhafter.

3.2. *Transaktionsmerkmale*

Folgende Transaktionsmerkmale führen - mit steigender Ausprägung - zu steigenden Transaktionskosten, legen also tendenziell eine unternehmensinterne Koordination nahe. Die relevanten Transaktionsmerkmale sind:

- der Umfang transaktionsspezifischer Investitionen (Spezifität),
- die Häufigkeit von Transaktionen und
- die Unsicherheit und/oder Komplexität von Transaktionen (vgl. Williamson 1981, 1985, 1990 und im deutschsprachigen Raum Picot 1991, 1999 und Picot/Dietl 1990).

Transaktionsspezifische Investitionen (Spezifität)

Transaktionsspezifische Investitionen sind Investitionen, die innerhalb der Vertragsbeziehung einen deutlich höheren Wert haben als außerhalb der Vertragsbeziehung, z. B. spezielle Maschinen, die zur Abwicklung eines Auftrags angeschafft werden müssen oder spezielle Fertigkeiten, die erworben werden müssen. Diese Investitionen begründen in großem Umfang das Risiko versunkener Kosten (sunk costs), nämlich dann, wenn die Vertragsbeziehungen von einer Seite abgebrochen werden.

Man kann dabei ex-ante und ex-post-Spezifität unterscheiden. Eine Investition, die von vornherein spezifisch auf die Transaktion zugeschnitten ist, z. B. eine spezielle Studioeinrichtung für spezielle Fernsehproduktionen, ist durch eine ex-ante-Spezifität gekennzeichnet. Häufig entwickelt sich aber, nachdem im Wettbewerb Transaktionspartner ausgesucht worden sind, eine spezifische Beziehung erst im Laufe des Produktionsprozesses. Dies wäre eine ex-post-Spezifität. Ein extremes Beispiel ist die Auswahl von Schauspielern auf dem Wettbewerbsmarkt und der anschließende Einsatz der Schauspieler in der Produktion eines Filmes. Die Investition in die Filmproduktion wird mit steigendem Fertigstellungsgrad immer spezifischer auf die Schauspieler zugeschnitten. Dies erhöht das Risiko, bei opportunistischem Verhalten der Tauschpartner, Erpressungsversuchen ausgesetzt zu werden (Alchian/Woodward sprechen vom Extremfall des Raubüberfalls auf die Quasirente des Vertragspartners; Alchian/Woodward 1988, S. 66). Allgemein wird die Entwicklung von Bindungen im Prozess arbeitsteiliger Produktion und gemeinsamer Aufgabenerfüllung als *fundamentale Transformation* bezeichnet (Williamson 1985, S. 61 ff.).

Die ex-ante-Regelung (bei Vertragsabschluss) der ex-post-Spezifität ist mit erheblichen Transaktionskosten verbunden. Der einfache klassische Kauf- bzw. Dienstleistungsvertrag zwischen freien Marktpartnern muss ergänzt werden um private Sicherungsvorkehrungen. Beispiele dafür sind Investitionen in Markennamen, die öffentliche Abgabe bindender Erklärung oder die Konstruktion sich selbst durchsetzender Verträge. Eine andere, stärkere Form privater Sicherung eines unvollständigen Vertrages zugunsten einer Partei besteht darin, ihr das Verfügungsrecht über Gewinn und Verlust zu überlassen (Richter 1991, S. 409). Im obigen Beispiel ist der Markenname also der Ruf des Schauspielers; denkbar ist aber auch, das umfassendere Vertragsnetzwerk einer Unternehmung zu konzipieren, insbesondere dann, wenn die Transaktionen unsicher und häufig sind.

Unsicherheit und Komplexität

Bei Unsicherheit sind die Wahrscheinlichkeitsverteilungen zukünftiger Ergebnisse unbekannt, während bei Risiko die Wahrscheinlichkeitsverteilungen zukünftiger Ereignisse berechenbar sind. Ein Roulette unterliegt dem Risiko, die Wahrscheinlichkeit von Streiks oder z. B. von Preissenkungen in der Papierindustrie ist hingegen nicht berechenbar. Möglicherweise tritt das Problem der Komplexität hinzu: Komplexität beschreibt eine zwar sichere, in ihrem Gesamtzusammenhang aber vom Menschen nicht überschaubare Situation, z. B. ein Schachspiel (Picot/Dietl 1990, S. 179). Im Folgenden werden alle diese Aspekte unter dem Konzept der Unsicherheit zusammengefasst. Dabei ist darauf hinzuweisen, dass das im Knight'schen Sinne streng definierte Konzept der Unsicherheit im Rahmen der Ökonomie die weitaus größte Bedeutung hat.

In diesem Sinne besteht Unsicherheit in den Tauschbeziehungen vor allem in folgender Hinsicht:

- Umweltveränderungen, d. h. Veränderungen von Preisen, Qualitäten, Mengen und Terminen sind unsicher.
- Die Kenntnis notwendiger Inputs in den Produktionsprozess ist von Unsicherheit gekennzeichnet, z. B. bei Forschung und Entwicklung.
- Der Output kann nur mit Unsicherheit oder nur mit großen Schwierigkeiten erfasst und bewertet werden. Z. B. gilt bei Informationen Arrows Informationsparadoxon: Man kann den Wert von Informationen nicht beurteilen, bevor man sie besitzt. Wenn man sie aber besitzen will, müsste man ihren Wert vor dem Kauf beurteilen können.
- Häufig ist die Unsicherheit der Definition und Bewertung von Verfügungsrechten auch darauf zurückzuführen, dass Vergleichsmaßstäbe oder auch nur Anhaltspunkte für bewertende Vergleiche nicht existieren, etwa wenn der Leistungsanbieter Monopolist ist oder, wie bei der Lieferung von Spezialanfertigungen, Monopolist wird.

Je größer nun die Unsicherheit ist, desto eher sind langfristige Formen der Gestaltung der unvollständigen Verträge effizient, die sicherstellen, dass alle künftigen Eventualitäten gleichmäßig zum Wohle der Vertragspartner geregelt werden.

Häufigkeit

Die Häufigkeit der Transaktionen hat insofern einen erheblichen Einfluss auf die Koordinationsform, als mit steigender Häufigkeit Spezialisierungsvorteile und Economies of Scale der Bürokratieinvestitionen realisiert werden können. Mit steigender Häufigkeit gibt es Spezialisierungsvorteile bei der Koordination, Kostendegressionen im Bereich der Investitionskosten interner Organisation (z. B. Einrichtung spezieller Leitungs-, Planungs- und Kontrollstellen) sowie Lerneffekte bei wiederholter Abwicklung.

Transaktionsatmosphäre

Transaktionskosten können schließlich von den sozialen und technischen Rahmenbedingungen abhängen, innerhalb derer Leistungsverträge abgeschlossen werden. Diese Rahmenbedingungen bezeichnet man auch als Transaktionsatmosphäre (Picot 1991, S. 148). Die Transaktionsatmosphäre kann bestimmt sein von Verhaltensnormen, die z. B. opportunistisches Verhalten nur mehr oder weniger zulassen, oder vom Stand der Informations- und Kommunikationstechnik, die jeweils unterschiedlich weitreichende Kontrollen bezahlbar macht. Generell ist der Einfluss der Transaktionsatmosphäre auf die Wahl der Koordinationsform nicht in eindeutiger Richtung festzulegen (vgl. insgesamt Picot 1999, S. 117 ff).

Zu diesem theoretischen Befund passt, dass z. B. Buchverlage, deren Transaktionen nicht sehr häufig sind, ihren geistigen Input in aller Regel vom Markt beziehen, während Medienunternehmen, die der aktuellen Berichterstattung verpflichtet sind, auch viel mit fest angestellten Journalisten arbeiten, oder dass Medienunternehmen die ganz aktuelle Produktion von Nachrichten und Magazinen meist unternehmensintern erstellen, aber weniger aktuelle Produktionen im Markt in Auftrag geben, also outsourcen. Der Komplex des Outsourcing wird in Kapitel 5 behandelt; hier sei nur darauf verwiesen, dass der zur Zeit beobachtbare Trend zum Outsourcing bedeutet, dass die Koordinationsform Markt gegenüber der Koordinationsform Unternehmung relativ effizienter geworden ist, sei es, weil die Transaktionskosten im Zuge der Digitalisierung der Informationen sinken oder weil im Zuge der Globalisierung des Wettbewerbs die Marktproduktionskosten und die Distanzüberwindungskosten sinken.

Exkurs: Vertragstypen

Im Zuge der Entwicklung der ökonomischen Theorie ist deutlich geworden, dass rechtliche Sanktionen und exakte Planungen im tatsächlichen Vertragsverhalten von Geschäftsleuten eine geringere Rolle spielen, als dies ursprünglich vermutet worden ist, weil viele Ereignisse nicht vorhersehbar sind oder weil viele Tatbestände nicht exakt erfasst werden können, wie z. B. die Qualität von Leistungen (vgl. Macauly 1963). Seitdem unterscheidet man den vollständigen und den unvollständigen Vertrag.

Der *vollständige Vertrag* ist umfassend und eindeutig: Die Eigentumsrechte der Vertragsparteien sind eindeutig festgelegt, Leistung und Gegenleistung sind bestimmt, Beginn und Ende des Vertrages liegen fest, und was die Vertragsparteien offengelassen haben, wird durch Vertragsrecht geregelt.

Der *unvollständige Vertrag* lässt hingegen mit Absicht Lücken in den Vereinbarungen, weil es zu teuer oder unmöglich wäre, sich über alle zukünftigen Eventualitäten vorab zu einigen. Und auch das Vertragsrecht schließt diese Lücken nicht. Es existiert mithin keine perfekte Ex-Ante-Planung und keine perfekte öffentliche Sicherungsvorkehrung durch Rechtszwang. Allerdings einigen sich die Vertragsparteien über eine institutionelle Regelung, nach welcher dann verbleibende Gewinne oder Verluste zugerechnet werden. Eine sehr häufig gewählte Institution ist auch in diesem Fall die Unternehmung als ein Netzwerk unvollständiger Verträge, die ihre Eigentümer, aber auch ihre Lieferanten, Gläubiger, Kunden und Mitarbeiter in irgendeiner Form an Gewinnen und Verlusten beteiligt.

4. Handeln der Individuen

In der Ökonomie wird der Mensch, das Individuum, gerne als Wirtschaftssubjekt bezeichnet; einmal, um anzuzeigen, dass der Mensch Herrscher des Systems Wirtschaft ist und sein soll, und zum anderen, um deutlich zu machen, dass wir den Menschen nur in seinen wirtschaftlichen Handlungen beschreiben und analysieren wollen. Die grundlegenden Basispostulate der Ökonomie bezogen auf das Wirtschaftssubjekt ‚Individuum" sind:

- der methodologische Individualismus und
- die Annahme rationalen bzw. opportunistischen Verhaltens.

Methodologischer Individualismus

Im methodologischen Individualismus spielt das Individuum eine zentrale Rolle; Wertmaßstäbe und Beurteilungskriterien werden stets auf das Individuum zurückgeführt. Dies impliziert zweierlei:

- Regeln, Institutionen und Handlungsergebnisse sind erst dann legitimiert, wenn sie explizit oder implizit auf den Willensentscheidungen der individuell Betroffenen beruhen.
- Das in einer Gesellschaft beobachtbare Geschehen ist immer auf das Handeln von Individuen und nicht auf das Handeln von Kollektiven zurückzuführen bzw. es ist erst dann erklärt, wenn diese Reduktion auf individuelles Handeln gelingt.

Rationales Handeln

Die Vorstellung der Ökonomie von einem rationalen Handeln verbindet Eigennutz und Rationalität. Individuen wählen stets die Möglichkeiten, die ihnen am vorteilhaftesten erscheinen. Damit entspricht *rationales Handeln* dem Begriff der Vernünftigkeit, dem in der sozialwissenschaftlichen Theorie üblichen Standardbegriff:

> „Von einem vernunftgeleiteten Menschen wird also wie üblich angenommen, dass er ein widerspruchsfreies System von Präferenzen bezüglich der ihm offenstehenden Möglichkeiten hat. Er bringt sie in eine Rangordnung nach ihrer Dienlichkeit für seine Zwecke; er folgt dem Plan, der möglichst viele von seinen Wünschen erfüllt und der eine möglichst gute Aussicht auf erfolgreiche Verwirklichung bietet" (Rawls 1994, S. 166 f.).

Entscheidend ist die Wahl zwischen Alternativen, die Bewertung anhand von Kosten und Nutzen und die Reaktion auf Anreize, häufig auf monetäre Anreize.

Rationales Handeln impliziert mithin eine Art von *Kosten-Nutzen-Analyse* für die individuellen Aktivitäten, was Boulding sehr schön und etwas spöttisch als „ökonomische Ethik“ bezeichnet hat (Boulding 1973, S. 117).
Folgenden Fehlinterpretationen soll vorgebeugt werden:

- Dies ist ein Ansatz zur *Erklärung* sozialen Verhaltens als Tauschbeziehung, als System von Leistung und Gegenleistung. Individuen *sollen* nicht so handeln, es handeln sicher nicht *alle* so. Aber die alternative Vorstellung, Menschen handelten im Durchschnitt irrational und altruistisch, ergibt keine sinnvolle Basis zur Erklärung sozialen Verhaltens.
- Rationalität impliziert nicht, dass der vielbelächelte „Homo oeconomicus“ vollständig informiert ist. Gerade im Gegenteil: Kosten der Sammlung und der Verarbeitung von Informationen schließen in der Regel eine vollständige Information des Individuums aus. Es resultiert die sog. *rationale Ignoranz.*
- Und angesichts dieser beschränkten Information ist es rational, dass die Individuen sich nicht als Maximierer, sondern als Satisfizierer verhalten. Sie streben nicht generell nach einem Optimum, das sie ja nicht kennen, sondern nach Verbesserungen des gegenwärtigen Zustandes; sie denken in marginalen Veränderungen.

Bisweilen wird die Vorstellung des eigennützigen Verhaltens zu einem opportunistischen Verhalten erweitert. *Opportunistisches Verhalten* bedeutet, dass jedes Wirtschaftssubjekt seine Handlungen am eigenen Vorteil ausrichtet und sich dabei möglicherweise auch über vertragliche Verpflichtungen und allgemeine Normen hinwegsetzt (vgl. z. B. Hax 1991, S. 56). Opportunismus ist also weitergehend als Handeln aus Eigennutz. Ein Mensch, der völlig ehrlich ist, nie sein Wort bricht und sein Wissen niemals verzerrt oder unvollständig weitergibt, kann eigennützig handeln, aber er handelt nicht opportunistisch. Ich befürchte, dass der Opportunismus die richtige Annahme über das durchschnittliche menschliche Verhalten ist (vgl. Williamson 1981, S. 1545, Williamson 1990, S. 54 ff).

Insofern ist es eine sinnvolle Strategie, die Anreize für das individuelle Handeln nach Möglichkeit so zu setzen, dass moralisches Handeln (weitgehend) überflüssig wird, d. h. dass die Individuen das gewünschte Verhalten schon aus Eigennutz zeigen (Kirchgässner 1996, S. 226). Wir glauben nicht, dass man die Menschen ändern kann, wir bauen eher auf Regeln, die die Kosten für das Praktizieren für Gemeinsinn senken und ihren Nutzen erhöhen und wir glauben vor allem dann an ‚moralische“ Handlungen, wenn diese wenig kosten.

5. Die Kanalisierung menschlichen Verhaltens: Institutionen und Institutionenökonomik

Die Unternehmung, deren Existenz in Abschnitt 3 im Wesentlichen mit der Ersparnis an Transaktionskosten begründet worden ist, ist eine Institution und sicher eines der wichtigsten Beispiele für eine Institution. Der Begriff der „Institution“ wird allerdings wesentlich weiter gefasst: Eine *Institution* ist eine System von wechselseitig respektierten Regeln einschließlich ihrer Garantieinstrumente, die bei den Individuen wechselseitig verlässliche Verhaltensweisen bewirken. Sie strukturieren das tägliche Leben und verringern dessen Unsicherheiten (vgl. Schotter 1981, S. 8 f; North 1990, S. 4 ff; Richter 1994, S. 2 oder Erlei/Leschke/Sauerland 1999, S. 23 f). Die *ökonomische Funktion* der Institution besteht darin, Handlungsspielräume der Individuen einzugrenzen, zu stabilisieren und stabile Verhaltenserwartungen herauszubilden. Dies reduziert die Informationskosten, indem die Unsicherheit und Komplexität von Entscheidungssituationen verringert wird: *Institutionen ersparen Transaktionskosten.*

Beispiele sind naturgemäß zahlreich zu finden. Richter beschreibt etwa den Markt, das Privateigentum, die Unternehmung oder das Geld als Institutionen (vgl Richter 1994, S. 10 ff). So spart ein allgemein akzeptiertes Zahlungsmittel die im Tauschprozess anfallenden Transaktionskosten ganz erheblich, weil die Tauschpartner darauf vertrauen (können), dass dies Zahlungsmittel auch in Zukunft akzeptiert wird. Damit es in Zukunft akzeptiert wird, bedarf es einer Geldordnung, die den Geldwert sichert. Diese Geldordnung kann als Institution interpretiert werden. Innerhalb von Institutionen werden dann häufig Organisationen entwickelt, die die Handlungsabläufe der handelnden Individuen strukturieren, z. B. die Organisation der Zentralbank oder die Organisation der Unternehmung.

Die *Institutionenökonomik* untersucht zum einen die Ursachen für die Entstehung und den Wandel von Institutionen und zum anderen die Wirkungen von Institutionen, letztlich mit dem Ziel, optimale Institutionen zu beschreiben. Bezüglich der *Entstehung* und des *Wandels* von Institutionen existieren zwei unterschiedliche Denkrichtungen. Zum einen die Vorstellung des englischen Liberalismus, Institutionen entstünden als spontanes Ergebnis individueller Handlungen, autonom und nicht als Ergebnis geplanter menschlicher Vernunft. Zum anderen die Vorstellung eines eher französischen Liberalismus, Institutionen entstünden (oder könnten entstehen) als Ergebnis rationaler Planung im Sinne der vertragstheoretischen Denkrichtung (vgl. Löchel 1999).

Bezüglich der *Wirkungen* von Institutionen kann man Wohlfahrtseffekte und Verteilungseffekte unterscheiden. Wohlfahrtseffekte entstehen im Übergang zu effizienteren Institutionen, beispielsweise im Übergang von der Institution der Personengesellschaft zur Institution der Kapitalgesellschaft, die das Wachstum in kapitalistischen Marktwirtschaften im Grunde erst ermöglicht hat. Verteilungseffekte entstehen, wenn solche Institutionen entstehen, die individuelle Verteilungsgewinne und nicht kollektive Wohlfahrtsgewinne realisieren (Verteilungsasymmetrie).

Die (Neue) Institutionenökonomik[2] rückt den institutionellen Rahmen menschlichen Handelns stärker in den Blickpunkt ökonomischer Forschung, sie erklärt die Existenz von Institutionen und ihre Wirkungen. Sie ist damit wirklichkeitsnäher als die Modellwelt der neoklassischen Gleichgewichtstheorie, aber grundlegend neue Erkenntnisse und grundlegend neue Fundamente für alternative Handlungsanweisungen bietet sie nicht, insbesondere bietet sie kein neues theoretisches Fundament

2 Die heutige Institutionenökonomik wird häufig auch als „Neue Institutionenökonomik" bezeichnet, weil sich auch die ältere Wirtschaftswissenschaft, z. B. die deutsche historische Schule (Roscher, Schmoller) mit der Rolle von Institutionen befasst hat.

für eine angemessene Medienpolitik. Die gleichwohl fruchtbare Interpretation der Medienunternehmung als Institution erfolgt in Kapitel 5.

6. Marktversagen

6.1. Der Marktversagenskatalog

Wie ausgeführt (vgl. Abschnitt 2.2.), gilt die Behauptung der Optimalität der Allokation der Ressourcen durch Märkte nur grundsätzlich, nur bei Erfüllung der genannten Strukturbedingungen.

- Definition und Durchsetzung von Eigentumsrechten ist möglich;
- Strukturbedingungen des Wettbewerbs sind erfüllt;
- Transparenz der Marktteilnehmer und
- Rationalität der Marktteilnehmer[3] ist gegeben.

Wenn diese Bedingungen nicht hinreichend erfüllt sind - in der Regel ist dies eine Frage des Grades, nicht der Existenz - resultieren eine Reihe von Ausnahmetatbeständen, die in der Ökonomie unter dem Begriff *Marktversagen* zusammengefasst werden. In diesen Fällen funktioniert die Allokation durch Märkte nicht optimal. Das bedeutet dann allerdings nicht, dass andere Organisationsmodelle a priori überlegen sind. Dies könnte nur durch konkrete Kosten-Nutzen-Analysen festgestellt werden.

Die Ausnahmetatbestände sind:

- die Existenz öffentlicher Güter,
- die Existenz externer Effekte (in beiden Fällen können bzw. sollen Eigentumsrechte nicht definiert und durchgesetzt werden),
- kontinuierlich sinkende Durchschnittskosten der Produktion begründen Strukturprobleme des Wettbewerbs,
- es bestehen Informationsmängel insbesondere der Konsumenten und/oder
- eine gewisse Nichtrationalität der Konsumenten begründet meritorische Eingriffe (vgl. insgesamt vor allem Fritsch/Wein/Ewers 1993).

Einen ähnlich klar strukturierten Katalog für das Versagen von Unternehmen gibt es nicht. Die Ökonomie geht davon aus, dass die Koordinationsform Unternehmung prinzipiell in der Lage ist, ihre Koordinationsleistungen effizient zu erbringen.

3 Bisweilen wird eine ausreichende Angebotsflexibilität zusätzlich vorausgesetzt; dies spielt indes für das Mediensystem keine Rolle und kann daher hier wegfallen.

6.2. Öffentliche Güter

Ein Gut hat den Charakter eines reinen öffentlichen Gutes, wenn es ohne Rivalität von allen Nachfragen konsumiert werden kann (Nicht-Rivalität) und wenn ein Ausschluss vom Konsum nicht möglich ist (Nicht-Ausschluss). Dies steht im Gegensatz zu einem privaten Gut, wie z. B. Champagner, bei dem Nicht-Zahler von der Nutzung im Regelfall ausgeschlossen werden und der Konsum durch einen Konsumenten den Konsum durch einen anderen Konsumenten ausschließt.

Nicht-Rivalität im Konsum liegt dann vor, wenn ein Gut von vielen Personen gleichzeitig konsumiert werden kann, ohne dass der Konsum einer Person den Konsum anderer Personen beschränkt. Beispiele sind zahlreich zu finden, etwa die Nicht-Rivalität im Konsum der Güter Sicherheit, saubere Umwelt, Straßenbeleuchtung, Fernsehprogramme usw.

Nicht-Ausschluss liegt vor, wenn potentielle Konsumenten nicht von der Nutzung des Gutes ausgeschlossen werden können - auch dann nicht, wenn sie keinen (angemessenen) Beitrag zur Finanzierung der Produktion leisten (Free-Rider oder Trittbrettfahrer). Die Möglichkeit des Ausschlusses bzw. Nicht-Ausschlusses ist, viel mehr als bei der Nicht-Rivalität, eine Frage des Grades, nicht der Existenz. Dies liegt daran, dass die Anwendbarkeit des Ausschlussprinzips in der Regel eine Frage der Technik und der Kosten ist. So könnte man Nicht-Zahler von der Straßennutzung oder der Nutzung eines Leuchtturms oder der Nutzung eines Rundfunkprogramms ausschließen, aber dies ist in der Regel zu teuer[4].

Die Konsequenzen dieser Tatbestände sind zweierlei. Wenn Nicht-Rivalität im Konsum besteht, dann ist es nicht *sinnvoll*, Preise zu fordern und damit einen Konsumenten vom Konsum auszuschließen, denn dieser zusätzliche Konsument würde ja keine zusätzlichen gesellschaftlichen Ressourcen verbrauchen. In der Sprache der Theorie der Eigentumsrechte ausgedrückt ist die Definition und Durchsetzung von Eigentumsrechten nicht effizient, sie würde unnötige volkswirtschaftliche Kosten verursachen. Andererseits muss berücksichtigt werden, dass die Produktion eines solchen Gutes auch Kosten verursacht und dass diese Kosten gedeckt werden müssen.

Hieraus resultiert ein Dilemma: Entweder finanzieren die privaten Konsumenten - sofern möglich - ihren privaten Konsum durch Preise, die die Nutzung durch andere dann ausschließen (z. B. Pay-TV), oder die Produktion wird kollektiv finanziert, was dazu führt, dass der individuelle Finanzierungsbeitrag im Allgemeinen nicht der individuellen Nutzung entspricht (z. B. bei der Gebührenfinanzierung des öffentlich-rechtlichen Rundfunks). Aus diesem Dilemma resultieren die volkswirtschaftlich nicht optimale Produktionsmenge, Produktionsstruktur und Zuteilung dieses Gütertyps, der durch Nicht-Rivalität gekennzeichnet ist. Man spricht von *Suboptimalität:* Es wird zu viel, zu wenig oder in falscher Zusammensetzung produziert.

Wenn Nicht-Ausschluss gegeben ist, dann *können* Preisforderungen nicht durchgesetzt werden. In der Sprache der Theorie der Eigentumsrechte können Eigentums-

---

4 Um mögliche Missverständnisse zu vermeiden, sei darauf verwiesen, dass solche öffentlichen Güter durchaus rein private Bedürfnisse befriedigen. Es sind keine Güter, die ein, wie auch immer zu definierendes, Kollektivbedürfnis befriedigen.

rechte also nicht definiert und durchgesetzt werden. Kein ökonomisch rational handelnder Konsument würde nämlich für ein Gut zahlen, von dessen Nutzung er nicht ausgeschlossen werden kann. Er könnte vielmehr als Free-Rider unentgeltlich in den Genuss solcher Güter kommen. Da Preisforderungen also nicht durchgesetzt werden können, wird auch kein privater Unternehmer bereit sein, ein solches öffentliches Gut zu produzieren. Gemessen an den ja durchaus vorhandenen Präferenzen der Konsumenten für ein solches Gut wird das Gut dann in zu geringem Umfang oder gar nicht produziert. Man spricht von *Unterproduktion*; das klassische Beispiel ist der Umweltschutz.

Generell gilt, dass ein Gut, bei dem Nicht-Rivalität im Konsum besteht, am effizientesten durch einen Monopolisten erstellt wird, weil das Gut nur einmal erstellt werden muss und dann unteilbar beliebig viele Konsumenten befriedigt. Die Grenzkosten der Versorgung eines zusätzlichen Konsumenten sind gleich Null. So kann z. B. ein Fernsehfilm, sofern er erst einmal erstellt ist, beliebig viele Zuschauer erfreuen. Ein zweiter möglicher Anbieter des gleichen Fernsehfilms würde nur zusätzliche Ressourcen verbrauchen und müsste entsprechend teurer anbieten. Daher spricht man von einer *Tendenz zur Monopolisierung* bei der Produktion öffentlicher Güter.

Bisweilen werden auch die Zwischenformen öffentlicher Güter näher klassifiziert, was für manche Erörterungen nützlich ist. *Collective Goods* sind sozusagen die reinen öffentlichen Güter: Sie sind gekennzeichnet durch Nicht-Rivalität und Nicht-Ausschluss (z. B. öffentliche Sicherheit). *Public Goods* sind öffentliche Güter, die gekennzeichnet sind durch Nicht-Rivalität, bei denen aber ein Ausschluss von Nicht-Zahlern möglich ist, z. B. Pay-TV (vgl. zur Problematik der öffentlichen Güter insbesondere die Standard-Lehrbücher der Finanzwissenschaft, etwa Zimmermann/Henke 1982, S. 37-44 oder Petersen 1990, S. 123-149 und spezielle Literatur, z. B. Bonus 1980).

Weil öffentliche Güter private Bedürfnisse befriedigen, besteht durchaus ein individuelles Interesse an einer kostengünstigen Versorgung mit solchen Gütern, für die das Ausschlussprinzip nicht gilt. Hieraus resultiert das Interesse an einem Zusammenschluss dieser Individuen, um die Bereitstellung solcher öffentlichen Güter zu finanzieren. Die sog. *ökonomische Theorie des Clubs*, insbesondere von Buchanan (1965) entwickelt, versucht, die optimale Größe eines solchen Finanzierungskollektivs (eines Clubs) zu bestimmen. Dabei ist zu berücksichtigen, dass die dem Individuum entstehenden Finanzierungskosten in der Regel mit steigender Clubgröße abnehmen - dies allein würde begründen, dass die optimale Clubgröße die gesamte Gesellschaft ist - aber dass häufig auch der individuelle Nutzen mit steigender Clubgröße abnimmt, z. B. bei einem Golfclub oder bei regional begrenzten Rundfunkprogrammen (vgl. zum letzteren Kops 1999, S. 34). Wichtig ist die Erkenntnis, dass öffentliche Güter nicht generell vom Zentralstaat bereitgestellt werden müssen; Regelungen auf der Ebene von „Clubs“ (Vereine, Gemeinden, Regionen usw.) können vorteilhafter sein.

6.3. *Externe Effekte*

Externe Effekte sind die unmittelbaren Auswirkungen der ökonomischen Aktivitäten eines Wirtschaftssubjekts, die vom Verursacher nicht berücksichtigt werden und -

im Gegensatz zu anderen ökonomischen Transaktionen - zwischen den Beteiligten keine Rechte auf Entgelt oder Kompensation begründen (Bössmann 1979, S. 95). Es sind also Wirkungen auf unbeteiligte Dritte (Drittwirkungen). Wenn es externe Effekte gibt, kann die Marktproduktion die optimale Allokation nicht gewährleisten, weil die Drittwirkungen ex definitione nicht in die privaten Kosten-Nutzen-Kalküle der Produzenten eingehen. Klassisches Beispiel sind Umweltschäden.

6.4. Strukturprobleme des Wettbewerbs

Strukturprobleme des Wettbewerbs entstehen, wenn die Stückkosten der Produktion mit steigender Ausbringung (kontinuierlich) sinken. In diesem Fall bietet der Markt Raum nur für einen einzigen Anbieter, oder einfacher formuliert: Am billigsten produziert dann der Alleinanbieter, der Monopolist. Wettbewerb kann es dann nicht mehr geben.

Sinkende Durchschnittskosten der Produktion beruhen auf Größenvorteilen der Produktion, den sog. *Economies of Scale* und *Scope.*

Economies of Scale

> „Economies of Scale liegen vor, wenn mit wachsender Betriebsgröße die Produktionskosten langsamer wachsen als die Ausbringungsmenge, wenn also die Stückkosten der Produktion mit steigender Betriebsgröße sinken. Die Ursachen hierfür sind vielfältig. Man kann unteilbare Maschinenkapazitäten besser nutzen, man kommt mit relativ weniger Reserven an Ersatzteilen aus, die sog. 2/3-Regel begründet, dass der Materialaufwand für zylindrische Produktionskapazitäten (z. B. Hochöfen, Pipelines, aber auch annähernd Schiffe) in der zweiten, das Volumen hingegen in der dritten Potenz wächst. Auch Lerneffekte (learning by doing) sind relevant: Wenn ein Betrieb immer das gleiche produziert, steigt die Geschicklichkeit der Arbeiter, die Werksleitung lernt besser zu organisieren, und die Werkzeuge können optimal angepasst werden. So hat man z. B. in der Flugzeugindustrie eine 80-%-Lernkurve ermittelt, d. h. bei jeder Verdoppelung der Ausbringung sinkt der durchschnittliche Arbeitsinput um 20 % auf 80 % des vorangegangenen Arbeitsinputs pro Stück. Das bedeutet dann, dass ein kleinerer Betrieb, der nur wenige Flugzeuge pro Jahr produziert, diese Lernkurveneffekte sehr viel geringer nutzen kann als ein Großbetrieb.

Economies of Scope

> Economies of Scope - auch Verbundvorteile genannt - liegen vor, wenn die Herstellung mehrerer Produkte durch das gleiche Unternehmen zu niedrigeren Gesamtkosten führt, als wenn die einzelnen Produkte von jeweils unterschiedlichen Unternehmen produziert würden. So hat eine Unternehmung, die, wie z. B. Bertelsmann, sowohl Bücher, Zeitschriften und Zeitungen produziert als auch Filme und Fernsehprogramme, gewisse Vorteile gegenüber Firmen, die sich nur auf eine Produktion spezialisieren. Die Vorteile ergeben sich z. B. daraus, dass bestimmte Produktionsfaktoren oft nicht teilbar sind und daher in einer einzigen Aktivität nicht ganz verbraucht werden - z. B. Leistungen des Managements und der Verwaltung -, dass bestimmte Produkti-

onsfaktoren überhaupt nicht verbraucht werden - z. B. Urheberrechte an Büchern und Filmen - oder dass an den gleichen Nachfrager verkauft wird - z. B. verkaufen Buchhandlungen Bücher und Zeitungen, und das nutzt die Kapazitäten besser, als wenn nur Bücher oder nur Zeitungen verkauft würden" (Basseler/Heinrich/Koch 1999, S. 228f).

Economies of Scale und Scope entstehen in Abhängigkeit von der Betriebsgröße. Sie begründen, dass es für jeden Produktionszweig eine so genannte *mindestoptimale Betriebsgröße* (MOB) gibt, das ist diejenige Betriebsgröße, bei der, bei normaler Kapazitätsauslastung, das Minimum der Stückkosten erreicht wird.

Von den Economies of Scale und Scope ist die sog. *Fixkostendegression* prinzipiell deutlich zu unterscheiden. Von Fixkostendegression spricht man, wenn bei einer gegebenen Betriebsgröße der Teil der Produktionskosten, der fix ist - also von der Produktionsmenge unabhängig ist - mit steigender Kapazitätsauslastung auf die produzierten Stückzahlen verteilt wird. Hieraus resultiert das Bestreben der Anbieter, ihre Kapazitäten möglichst voll auszulasten. Dies kann ein Strukturproblem des Wettbewerbs sein, nämlich dann, wenn der Fixkostenanteil hoch und die mögliche Fixkostendegression erheblich ist. In diesem Fall werden die Anbieter versuchen, mit den aggressiven Methoden der ruinösen Konkurrenz, ihre Kapazitäten auszulasten. Ein solches Verhalten ist typisch für den Verkehrssektor, in dem die Betreiber wie Eisenbahnen, Binnenschifffahrt oder Luftverkehr mit allen Mitteln versuchen, ihre Verkehrsträger auszulasten (z. B. Last-Minute-Tickets). Normalerweise begründet das Phänomen der Fixkostendegression indes nicht die Alleinstellung des Angebotsmonopols.

6.5. Informationsmängel der Konsumenten

Ob der Wettbewerb eine vom Konsumenten gewünschte Qualität hervorbringt, hängt auch davon ab, ob Konsumenten die Qualität der Produkte erkennen und bewerten können. Hier gibt es erhebliche Mängel. Ganz generell besteht ein strukturelles Informationsgefälle zwischen Produzent und Konsument. Der Produzent kennt die Qualität seiner Produkte in der Regel ungleich besser als der Konsument. Und generell gibt es Güter, deren Qualität objektiv nicht bestimmt werden kann. Dies gilt insbesondere für die Medienproduktion (vgl. Kapitel 3).

6.6. Meritorik und Demeritorik bei Irrationalität

Meritorische Güter sind allgemein Güter, die von den Konsumenten in einem Ausmaß konsumiert werden, das nicht dem Ausmaß entspricht, welches die politischen Entscheidungsträger oder andere Instanzen für wünschenswert halten. Zur Korrektur sind Eingriffe in die Konsumentenpräferenzen notwendig. Dies ist ein Sachverhalt, der von der herrschenden Ökonomie nur schwer akzeptiert wird.

Sofern ein Mehr-Konsum erreicht werden soll, wie z. B. bei der Schulpflicht oder der Zwangsversicherung, spricht man auch speziell von *meritorischen* Gütern. Wenn der Konsum reduziert werden soll, wie z. B. bei Alkohol, Rauschgift oder

Tabak, spricht man auch speziell von *demeritorischen* Gütern. In diesem Sinn kann etwa die Halbierung des Steuersatzes für die Umsätze von Büchern, Zeitungen und Zeitschriften mit dem Argument begründet werden, dies seien meritorische Güter, deren Konsum mithin gefördert werden soll.

In all diesen beschriebenen Fällen möglichen Marktversagens (öffentliche Güter, externe Effekte, Strukturprobleme des Wettbewerbs, mangelnde Transparenz und Meritorität) ist zu untersuchen, ob es möglich ist, durch Eingriffe in den Markt das Marktversagen zu vermeiden oder zu korrigieren. Dies ist die Fragestellung und die Aufgabe der so genannten Regulierung.

7. Regulierung

7.1. Begriffsbestimmungen der Regulierung

Regulierung bezeichnet die staatliche Verhaltensbeeinflussung von privaten Unternehmen, die in der Regel das Ziel hat, Marktversagen zu vermeiden oder zu korrigieren. In diesem Sinne bezieht sich Regulierung im engeren Sinne auf die Kontrolle privater Unternehmen, so wie sie typischerweise in den USA herausgebildet worden ist (Kaufer 1981, S. 1). Hier soll indes wegen der speziellen Erfahrungen in der Bundesrepublik Deutschland, wo das gleiche Ziel auch durch öffentliche Unternehmen mit öffentlichen Aufgaben angestrebt wird, die Regulierung im weiteren Sinne auch die Marktkorrektur durch öffentliche Unternehmen einschließen.

Damit stehen prinzipiell zwei Möglichkeiten offen, die Bedingungen unternehmerischen Handelns zu regulieren:

- das öffentliche Eigentum mit einer politisch kontrollierten Bürokratie und
- das private Eigentum mit öffentlicher Kontrolle.

Die beiden letztgenannten Formen werden hier als Regulierung bezeichnet. Dies hat den Vorteil, prinzipiell ähnliche Tatbestände einheitlich behandeln zu können. Dies hat auch den Vorteil, die Medienaufsicht unter einem einheitlichen Aspekt analysieren zu können. Regulierung ist mithin angesiedelt zwischen staatlicher Hoheitsausübung und marktwirtschaftlicher Produktion, gekennzeichnet durch eine mehr oder weniger große Ferne zum Markt und zum Staat zugleich. Regulierung ist damit eine Form staatlicher Intervention, neben Steuern, Subventionen und direkter staatlicher Hoheitsausübung.

In einer sehr weit gefassten Konzeption beinhaltet Regulierung den gesamten institutionellen Rahmen einschl. der Rahmenbedingungen von Wettbewerbsprozessen, innerhalb dessen sich Markttransaktion entfalten (vgl. Finsinger 1991, S. 9). Dem wird hier nicht gefolgt. So wird hier die Festlegung von Qualitätsstandards, z. B. bei Arzneimitteln oder Rundfunkprogrammen als Teil der Regulierung aufgefasst, nicht aber die Einrichtung einer allgemeinen Produzentenhaftung für Sicherheit oder Qualität von Produkten. In diesem Sinne werden allgemein geltende Gesetze wie z. B. das Urheberrecht oder das Wettbewerbsrecht nicht zur Regulierung gerechnet, wohl aber alle speziell bestimmte Bereiche betreffende Regelungen. Damit soll hier auch die Begründung wettbewerbspolitischer Ausnahmebereiche in den Komplex der Regulierung einbezogen werden. *Wettbewerbspolitische Ausnahmebereiche* sind jene Wirtschaftsbereiche, die von den Regelungen des Gesetzes gegen Wettbewerbsbeschränkungen (Kartellgesetz) ganz oder teilweise freigestellt sind. Das sind in Deutschland die Bereiche Landwirtschaft, Kredit- und Versicherungswirtschaft, Urheberrechtsverwertungsgesellschaften und die zentrale Vermarktung von Fernsehübertragungsrechten an Sportveranstaltungen (§ 28-31 Kartellgesetz).

7.2. Ziele, Methoden und Formen der Regulierung

Ziel der Regulierung ist eine Korrektur des Marktversagens vor allem bei den Parametern

- Preis (einschl. der Konditionen),
- Qualität und
- Menge (z. B. Kontrahierungszwang).

Diese Korrektur des Marktversagens soll so gut wie möglich Ergebnisse des Wettbewerbs simulieren, also versuchen, einen Wettbewerbspreis, eine Wettbewerbsqualität und eine wettbewerbliche Produktionsmenge zu realisieren. Mittel, die häufig parallel angewendet werden, sind:

- Marktzutrittskontrolle,
- Verhaltenskontrolle (Preise, Qualitäten, Produktionsmengen) und
- Strukturkontrolle (z. B. Kontrolle der Marktformen oder der Eigentumsverhältnisse).

Formen der Regulierung sind die bereits genannten öffentlichen Unternehmen auf der einen Seite und die staatliche Aufsicht über private Unternehmen auf der anderen Seite. Dabei unterliegen öffentliche Unternehmen einem wesentlich größeren Einfluss des Staates als staatlich regulierte private Unternehmen. Das Unternehmensziel kann in diesem Fall direkt bestimmt werden und die Personalpolitik der Unternehmung kann direkt beeinflusst werden.

8. Staatsversagen

Marktversagen ist nur eine notwendige, aber keine hinreichende Begründung für eine staatliche Regulierung. Auch Staatsversagen/Politikversagen muss ins Kalkül gezogen werden, d. h. durch staatliches Handeln herbeigeführte Fehlallokation von Ressourcen. Als wesentliche Begründung für ein Staatsversagen können die folgenden Probleme angeführt werden:

1. *Das Informationsproblem*: Zunächst gibt es zusätzlich Kosten der Informationsbeschaffung und -verarbeitung, weil sich der Staat über ein mögliches Marktversagen und seine Regulierung erst informieren muss. Weiterhin entstehen Such-, Entscheidungs- und Kontrollkosten, wenn der Staat Regulierungsmaßnahmen prüft und

durchführt. Häufig können die regulierungsrelevanten Informationen auch prinzipiell nicht gewonnen werden, weil hier - etwa im Bereich einer Monopolkontrolle, im Bereich einer Bereitstellung öffentlicher oder meritorischer Güter oder im Bereich der Abschätzung von externen Effekten - äußerst komplexe Tatbestände und Wirkungszusammenhänge erkannt werden müssten, die eine zentrale Institution gar nicht erfassen kann (vgl. Hayeks Vorwurf einer Anmaßung des Wissens).

2. *Das Interessenproblem*: Staatliches Handeln ist Handeln von Individuen, die sich im Staatsdienst befinden. Ihre Interessen sind nicht die Interessen „der Allgemeinheit" (diese kennt niemand), sondern ihre eigenen Interessen. Politiker wollen wiedergewählt werden und die auf sie entfallenden Stimmen maximieren. Sie verfolgen daher Ziele, die sichtbar werden und die von Wählergruppen nachgefragt werden: Und das sind spezielle Interessen spezieller Gruppen. Und Bürokraten wollen ihren Einfluss vergrößern, ihren Aufstieg fördern und ihr Einkommen vermehren. Sie setzen sich daher ein für die Größe ihres Büros, ihrer Abteilung, ihrer Behörde und ihres Gehaltes, aber nicht für die Interessen eines Allgemeinwohls. Daher werden gerne zusätzliche Regulierungsbehörden geschaffen, wie z. B. die Bundesaufsichtsämter für Verkehr und Versicherung oder die Regulierungsbehörde für die Telekommunikation oder die Landesmedienanstalten.

3. Das Problem der *Ineffizienz* bürokratischen Handelns: Wenn die Regulierung durch öffentliche Unternehmen wie z. B. die öffentlich rechtlichen Rundfunkanstalten erfolgt, dann ist von mangelnder produktiver Effizienz auszugehen, Ursache sind fehlender Wettbewerb, fehlende Sanktionen ineffizienten Verhaltens etwa durch das Insolvenzrecht, die Unkündbarkeit und die wenig leistungsorientierte Lohn- und Gehaltsstruktur.

Zusammenfassung

Nach herrschender Meinung der Ökonomie ist die horizontale Koordination der Wirtschaftspläne in Form des Wettbewerbs das prinzipiell beste Verfahren, die Allokation der Ressourcen einer Gesellschaft zu steuern. Der Wettbewerb entscheidet auch darüber, in welchem Umfang die Unternehmung als System einer vertikalen Koordination die Allokation der Ressourcen organisiert. In diesem System des Wettbewerbs ist das rational handelnde Individuum der zentrale Akteur. Zur konkreten Ausprägung des wettbewerbspolitischen Leitbilds gibt es unterschiedliche Auffassungen, die im Zeitablauf Änderungen unterworfen sind; zentral ist aber immer die Marktzutrittsfreiheit und die Durchsetzung hinreichender Eigentumsrechte. Die Optimalität des Wettbewerbs gilt indes nur grundsätzlich; bei öffentlichen Gütern, externen Effekten, sinkenden Durchschnittskosten der Produktion und Informationsmängeln der Konsumenten ist ein Marktversagen zu erwarten. Dieses Marktversagen begründet ein Nachdenken über eine Regulierung, eine Korrektur des Marktversagens durch eine kollektiv organisierte Simulation des Wettbewerbs. Jede Regulierung muss aber ein mögliches Staatsversagen in Rechnung stellen.

Literaturhinweise

Eine verständliche Einführung in die gesamte Volkswirtschaftslehre bieten:

Baßeler, Ulrich; Jürgen Heinrich; Walter A. S. Koch (1999) Grundlagen und Probleme der Volkswirtschaftslehre, 15. Aufl. Köln (Bachem) 1999.

Mankiew, N. Gregory, Grundzüge der Volkswirtschaftslehre, Stuttgart (Schöffler-Poeschel) 1999; (Amerikanisches Original: Principles of Economics 1998).

Einen knappen und klaren Überblick über die Neue Institutionenökonomik gibt:

Richter, Rudolf (1994), Institutionen ökonomisch analysiert, Tübingen (Mohr) 1994.

Grundlegend ist das 1985 im englischsprachigen Original erschienene Werk von

Williamson, Oliver (1990): Die ökonomischen Institutionen des Kapitalismus, Tübingen (Mohr) 1990.

Eine grundlegende Darstellung der Neuen Institutionenökonomik bietet auch:

North, Douglas C. (1990), Institutions, institutional change and economic performance, Cambridge u.a. (Cambridge University Press) 1990; deutsche Übersetzung: Institutionen, institutioneller Wandel und Wirtschaftsleistung, Tübingen (Mohr) 1992.

3. Kapitel

Analyse der Medienproduktion - die Medienproduktion im Schnittfeld von Ökonomie und Medienpolitik

Die Medienproduktion ist Analyse- und Gestaltungsobjekt der Ökonomie und vieler anderer Disziplinen, die hier zum System der Medienpolitik zusammengefasst werden. Daher scheint eine Klärung der verschiedenen Konzepte, ihrer Reichweite und ihrer Wertmaßstäbe notwendig. In Abschnitt 1 werden die Grenzen des Analysekonzepts der Ökonomie diskutiert, in Abschnitt 2 werden die Unterschiede der zentralen Normen und Verfahren herausgearbeitet und in Abschnitt 3 wird aufgezeigt, wie sich in der Regulierungspraxis die Wertungen verwirren. Ausschließlich werden, ganz auf dem Boden des ökonomischen Analysekonzepts von Markt und Marktversagen, die strukturellen Probleme der Medienproduktion diskutiert (Abschnitte 4, 5 und 6). In Abschnitt 7 werden die strukturellen Probleme der Medienproduktion aus der Sicht der Medienpolitik herausgestellt und in Abschnitt 8 werden Möglichkeiten einer staatlichen Regulierung prinzipiell erörtert. Eine umfassende Darstellung einer ökonomisch fundierten Medienpolitik findet der Leser erst im 16. Kapitel von Band 2.

1. Zur Reichweite des Analysekonzepts von Markt und Marktversagen

Die hier vorliegende „Medienökonomie" will die Medienproduktion mit den Normen und Konzepten der Ökonomie analysieren, beschreiben und bewerten. Und das hier verwendete Analysekonzept ist das Paradigma von Markt und Marktversagen (vgl. Kap. 2 und Abschnitt 4 dieses Kapitels). Eine zentrale und bislang nicht beantwortete Frage ist aber, ob generell das gesamte Spektrum der journalistischen Produktion von Informationen, von Ideen, Meinungen und Nachrichten, von Unterhaltung, Bildung und Gebrauchswertinformation, mit dem Ansatz von Markt und Marktversagen analysiert und bewertet werden kann (so Coase 1974).

Meines Erachtens ist dieses Paradigma nur anwendbar für die Produktion solcher Güter und Dienstleistungen, deren Akzeptanz und Existenz der Bewertung durch individuelles Konsumentenkalkül in der Abwägung zwischen Gebrauchswert und Tauschwert überlassen werden kann, die also der Bewertung durch eine individuelle Kosten-Nutzen-Analyse unterliegen und unterliegen können, die Waren im Sinne dieser Marx'schen Kategorie sind. Dieses Paradigma kann mithin für die „normalen" Konsum- und Investitionsgüter gelten wie Kaugummi (so das Beispiel von Riehl-Heyse 1995) und Kräne, und auch für so komplexe Leistungen wie Ausbildung, Sicherheit oder eine reine Umwelt. Es kann vermutlich aber nicht gelten für solche Güter und Leistungen, die einem konzeptionell notwendigen objektiven Kalkül unterliegen und deren Wert nicht angemessen durch privaten Gebrauchswert und privaten Tauschwert wiedergegeben wird. Es sind mithin mindestens folgende normativ der Medienproduktion zugeschriebenen Bereiche, die sich grundsätzlich gegen eine Marktbewertung sperren:

- die massenmediale Rekonstruktion der Realität zur Herstellung von Öffentlichkeit,
- die Produktion von Meinungsvielfalt,
- die Produktion von Wahrheit und vermutlich auch
- die Herausbildung gesellschaftlicher Normen.

Vorausgesetzt ist, dass die Gesellschaft als Summe der individuellen Rezipienten die Produktion dieser Dinge wünscht. Wenn das so ist, müssen sie produziert werden, aber man kann ihre Produktion nicht dem Markt überlassen. Wahrheit ist keine Ware, kann keine Ware sein, sie ist als ein objektiver Tatbestand zumindestens denkbar und kann nicht beeinflusst werden durch Präferenzen von Konsumenten oder durch die Kosten ihrer Produktion; kurz: Die Wahrheit kann dem in der Ökonomie üblichen Kosten-Nutzen-Kalkül nicht unterworfen werden. Auch die massenmediale Darstellung der Wirklichkeit kann nur sehr begrenzt an Rezipientenpräferenzen ausgerichtet sein, weil die Realität nicht verformbar und die Öffentlichkeit nicht segmentierbar ist. Und auch die Produktion von Meinungsvielfalt kann nicht (nur) dem Markt anvertraut werden. Dass sich im Wettbewerb der Meinungen die richtigen oder die besten Meinungen durchsetzen, mag sein, aber zur Begründung kann nicht auf das Marktmodell verwiesen werden, das ja nicht behauptet, dass die besten Güter produziert werden, sondern nur behauptet, dass die Güter gemäß den Konsumentenpräferenzen und so billig wie möglich produziert werden. Und Öffentlichkeit, Meinungsvielfalt und Wahrheit sind eben keine Waren, die so billig wie möglich gemäß den Konsumentenpräferenzen produziert werden sollten, sie sind nur jenseits der Kategorien von Gebrauchswert und Tauschwert zu bewerten. Dieser Bereich der Medienproduktion liegt mithin normativ jenseits der Wirkungsweise des Wettbewerbs und ist einer theoretisch fundierten ökonomischen Analyse im Grunde nicht zugänglich. Weil in diesem Bereich Rezipientenpräferenzen als alleiniger Bewertungsmaßstab nicht akzeptiert werden können, wird dieses Feld der Medienproduktion dem Bereich der Meritorik und Demeritorik zugeordnet. Damit ist allerdings nur eine, möglicherweise passende, Bezeichnung gefunden; nach welchen Kriterien, Normen und Verfahren Öffentlichkeit, Meinungsvielfalt oder Wahrheit aber erstellt werden könnten, bleibt völlig unklar. Es muss aber deutlich darauf verwiesen werden, dass der Markt, wenn er als Koordinierungsinstrument auch theoretisch nicht überzeugend fundiert werden kann, damit nicht per se anderen Verfahren unterlegen ist.

Für den großen Bereich der Medienproduktion, der einen hinreichenden privaten Gebrauchswert und Tauschwert hat, für den von mir so genannten Nutzwertbereich der Medienproduktion (vgl. Band 2, Kapitel 16), ist das Paradigma von Markt, Marktversagen und Staatsversagen sehr gut anwendbar. Es bietet einen konsistenten Analyserahmen mit einem fruchtbaren Rückgriff auf ökonomische Konzepte und Verfahren. Falls ein Marktversagen festgestellt wird, sind mögliche Regulierungsmaßnahmen zu prüfen und nach einem Effizienzvergleich der alternativen Arrangements gegebenenfalls zu ergreifen. Dabei muss gesehen werden, dass es konzeptionell nicht darum geht, den Markt zu ersetzen, sondern es geht immer darum, Marktversagenselemente so zu korrigieren, dass die Marktkoordination möglichst gut simuliert wird.

Dieses Festhalten der Ökonomie an der Vorstellung der prinzipiellen Optimalität der Marktproduktion unterscheidet das System der Wirtschaft vom System der Medienpolitik. Die Medienpolitik und die sie mitbestimmenden Fächer wie Recht, Soziologie, Politologie und Kommunikationswissenschaft akzeptieren die Vorstellung der Optimalität der Marktproduktion nicht durchgängig und entwickeln andere Normen und Verfahren. Da von einem generellen Primat der Ökonomie nicht ausgegangen werden kann, sollen die zentralen und konkurrierenden Normen und Verfahren einander gegenübergestellt werden.

2. Normen und Verfahren der Systeme Wirtschaft und Medienpolitik

Die im Mediensektor konkurrierenden Systeme der Wirtschaft und der Medienpolitik unterscheiden sich prinzipiell in zwei Punkten:

- im Normensystem und
- im Verfahren.

2.1. Wohlfahrt versus Vielfalt und publizistische Qualität - unterschiedliche Normen in Wirtschaft und Medienpolitik

Die *Norm im Bereich der Wirtschaft* ist die Maximierung des individuellen Nutzens, also die maximale Bedürfnisbefriedigung. Wertmaßstab sind allein die individuellen Bedürfnisse der Menschen, die sog. Konsumentenpräferenzen. Qualität oder Vielfalt spielen keine eigenständige objektive Rolle im Normensystem der Ökonomie, sie sind – je nach individueller Neigung – allerdings möglicherweise Bestandteil des individuellen Nutzens.

Diese ökonomische Sicht sei an einem Beispiel erläutert. Die individuelle Wohlfahrt wird durch die Bereitschaft der Konsumenten erfasst, für den Konsum einen bestimmten Geldbetrag auszugeben. Abzüglich der dafür zu zahlenden Summe – in diesem Umfang muss der Konsument darauf verzichten, den nächstbesten Konsum zu finanzieren (Opportunitätskosten) – ergibt sich für den Konsumenten ein Nettowohlfahrtsüberschuss, die so genannte Konsumentenrente[5]. Angenommen sei die

5 Die Eignung der Konsumentenrente als Wohlfahrtsmaß ist nicht unumstritten. So muss beispielsweise vorausgesetzt werden, dass die Nachfragekurve gegeben ist; doch hängt ihr Verlauf von den Preisen anderer Güter und vom Realeinkommen ab, das seinerseits wiederum vom Preis des betrachteten Gutes beeinflusst wird. Bei gesamtwirtschaftlich nicht sehr bedeutenden Märkten, wie dem Medienmarkt, kann aber ein solcher Einkommenseffekt vernachlässigt werden. Das Konzept der Konsumentenrente erlaubt auch nur einen intrapersonalen, keinen interpersonalen Wohlfahrts-

Nachfrage-Preis-Beziehung PMN nach einem Programm A und ein Preis P0, der gerade die Kosten der Produktion des Programms A deckt. Es ergibt sich dann eine Konsumentenrente in Höhe von P P0 M. Alternativ sei angenommen, dass die Vielfalt steigt, indem zwei Programme B und C angeboten werden. Entscheidend für die Auswirkung der zunehmenden Vielfalt auf die durch die Konsumentenrente erfasste individuelle Wohlfahrt sind nun einerseits die Kosten der Produktion der Vielfalt, hier der Programme B und C, und andererseits die Veränderung der Bruttowohlfahrt, hier erfasst durch eine Verschiebung der Nachfrage-Preis-Beziehung.

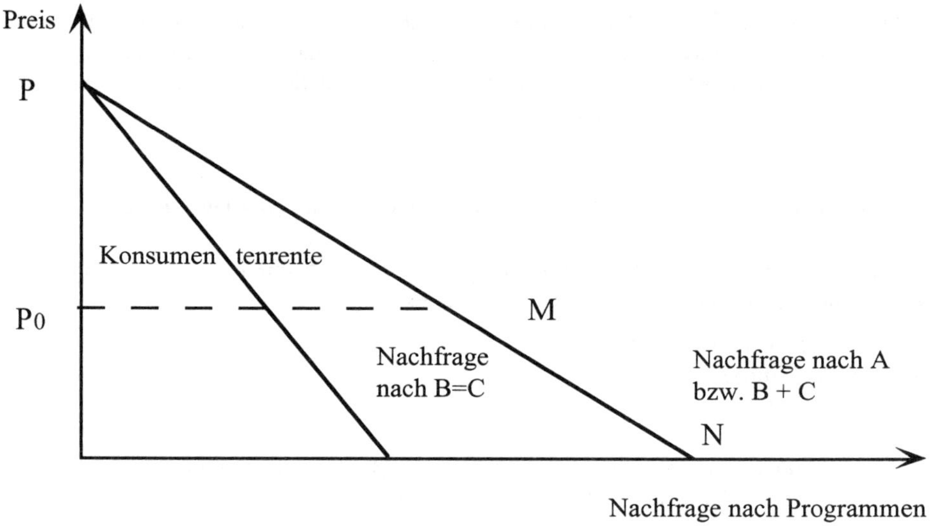

Abb. 1: Konsumentenrente bei Änderung der Programmvielfalt

Angenommen, die Nachfrage-Preis-Beziehung ändere sich nicht, die Gesamtnachfrage verteile sich vielmehr gleichmäßig auf die beiden Programme B und C. In diesem Fall bleibt die Konsumentenrente gleich, wenn Programm B und C zusammen so teuer wären wie Programm A allein. Dies ist allerdings unwahrscheinlich. Aufgrund der gerade im Medienbereich signifikanten Fixkostendegression sinken die Stückkosten der Produktion in aller Regel bis zur Sättigungsgrenze. Ein Programm ist pro Zuschauer ceteris paribus wesentlich billiger als zwei Programme für die gleiche Gesamtzuschauerzahl. Die Wohlfahrt würde also mit zunehmender Vielfalt abnehmen.

Unwahrscheinlich ist allerdings auch, dass die Nachfrage-Preis-Beziehung mit steigender Vielfalt der Programme unverändert bleibt. Es ist vielmehr anzunehmen, dass ein zweites Programm dazu beiträgt, die Bedürfnisse der Konsumenten insgesamt besser zu erfüllen, dass mithin die Nachfrage-Preis-Beziehung eine Rechtsver-

vergleich, aber es kann damit gezeigt werden, dass schon für ein Individuum zunehmende Vielfalt nicht per se die Wohlfahrt erhöht.

schiebung erfährt. In diesem Fall kann die Wohlfahrt zunehmen, nämlich dann, wenn durch das zusätzliche Programmangebot die Konsumentenpräferenzen intensiver erfüllt werden und die Bruttowohlfahrtszunahme die üblicherweise zu erwartende Kostenzunahme übersteigt.

Generell soll damit gezeigt werden, dass eine Erhöhung der Zahl der Anbieter und eine Erweiterung des Gütersortiments nicht notwendigerweise die Wohlfahrt erhöht. Es kommt dabei immer darauf an, ob das Ausmaß der zusätzlichen Befriedigung der Konsumenten die zusätzlichen Kosten der Vielfalt übersteigt. Daraus folgt, dass Vielfalt, auch publizistische Vielfalt, im System der Ökonomie kein Wert an sich ist; auch für Vielfalt gelten die in der Ökonomie üblichen Kosten-Nutzen-Kalküle.

Um diese ökonomische Sicht deutlich zu machen, wird im Folgenden von *ökonomischer Qualität* gesprochen, wenn es allein um die individuelle Wohlfahrt geht. Inhaltlich kann und muss die „ökonomische Qualität" nicht objektiv definiert werden, sie wird allein durch individuelle Konsumentenpräferenzen definiert.

Die zentrale *Norm im Bereich der Medienpolitik* (in Deutschland) ist die Vielfalt, die Vielfalt als verfassungsrechtlicher Zielwert (Hoffmann-Riem 1991, S. 15), die publizistische Vielfalt als Rechtsgebot (Branahl 1992b, S. 85ff.). Neben dieser politisch fundierten Vielfaltsnorm, oder besser gesagt darunter, rangieren die Qualitätsmerkmale der Medienpolitik, die die Profession eher von sich heraus entwickelt hat. Diese Qualitätsmerkmale sind nicht ganz unstrittig (vgl. Ruß-Mohl 1992), aber überwiegend wird von folgenden Qualitätskriterien ausgegangen:

- Aktualität,
- Relevanz,
- Richtigkeit und
- Vermittlung (Sprache, Stil, letztlich die kommunikative Beziehung, vgl. Rager 1994).

Diese genannten Normen und die Vielfalt sollen hier als Kriterien für die *publizistische Qualität* verwendet werden. Publizistische Qualität ist also anders als die ökonomische Qualität *objektiv* inhaltlich durch die genannten Kriterien definiert.

Über die *Rangordnung* dieser Normen der Wirtschaft und der Medienpolitik kann allenfalls spekuliert werden. Wenn die Gesellschaft publizistische Vielfalt will, dann ist dies zu akzeptieren. Allerdings muss dann auch akzeptiert werden, dass damit individuelle Kosten-Nutzen-Kalküle nur begrenzt berücksichtigt werden: Die gewünschte publizistische Vielfalt ist mit großer Wahrscheinlichkeit teurer als die Vielfalt, die der Markt hervorbringen würde.

In welchem Umfang die *Normen erfüllt werden*, ist generell sehr schwierig zu sagen. Wohlfahrt als Ziel der Wirtschaftspolitik kann nicht objektiv gemessen werden. Es besteht indes Konsens in der Wirtschaftswissenschaft, dass Wohlfahrt prinzipiell durch Wettbewerb gesteigert werden kann und dass daher der Wettbewerb durch Wettbewerbspolitik und Deregulierungen gesichert und verbessert werden muss.

Vielfalt als Ziel der Medienpolitik kann aus ökonomischer Sicht ebenfalls nicht objektiv gemessen werden (Heinrich 1992b). Vielfalt ist ein individuelles Konzept; der einzelne Konsument kann allenfalls für sich entscheiden, ob das Güterangebot vielfältiger geworden ist, aber die Ansichten darüber werden differieren. Aus der langen Diskussion um die Möglichkeit interpersoneller Wohlfahrtsvergleiche weiß man nun, dass aus individuellen Rangordnungen gesamtwirtschaftliche Rangordnungen nicht abgeleitet werden können (vgl. Baßeler/Heinrich 1976). Damit ist eine auch nur ordinale Messbarkeit von globaler Vielfalt methodisch ausgeschlossen. Fraglich ist dann, ob Vielfalt ein taugliches Ziel der Medienpolitik sein kann.

Wenn Vielfalt Ziel der Medienpolitik ist, sollte idealiter eine ordinale Messbarkeit zu erkennen erlauben, ob Vielfalt durch bestimmte Strukturveränderungen der Medienpolitik zugenommen oder abgenommen hat. Diese Beobachtung ist aber, wie ausgeführt, streng genommen nicht möglich. Es bleibt der Ausweg, Vielfalt qua Expertenurteil, etwa analog dem bei Warentests angewendeten Verfahren, zu erfassen. Dazu müssten die relevanten Dimensionen der Vielfalt festgelegt werden, z. B. die Dimensionen Politik, Religion und Region, und die Gewichtung der Dimensionen für das Gesamturteil zur Vielfalt müsste vorgenommen werden, z. B. wird jede Dimension mit 33 1/3 Prozent gewichtet. Dies wäre zwar immer nur ein Ausschnitt aus allen denkbaren Dimensionen der Vielfalt, aber eine Reduktion auf die für wichtig gehaltenen Dimensionen sollte möglich sein.

Eine praktische Messbarkeit dieser Dimensionen, etwa so, wie man den Bremsweg und die Lebensdauer von Reifen misst, erscheint bislang aber nicht möglich. Vielfalt als Ergebnisnorm ist durch eine zentrale Institution sinnvoll und justitiabel nicht erfassbar und kontrollierbar. Dies ist durch die Analyse der Rundfunkaufsicht in der Bundesrepublik bestätigt. „Alle Versuche, praktikable inhaltliche Vielfaltsmaßstäbe zur Beurteilung von Programmschemata bei der Lizenzvergabe oder zur laufenden Programmkontrolle zu entwickeln, sind gescheitert“ (Lange 1991, S. 13).

Hinzu kommt, dass es kaum möglich sein dürfte, eine Kausalität zwischen der Produktion von Vielfalt und den Strukturen des Mediensystems zu begründen. Veränderungen der Vielfalt können plausibel jeweils auch auf andere Ursachen zurückgeführt werden, etwa die Bevölkerungsdichte, die Parteienvielfalt, das Bildungssystem, Anteile von Minderheiten usw. Es erscheint daher sinnvoller, der Medienpolitik einfacher zu handhabende Ziele vorzugeben, etwa die Zahl oder die Marktanteile unabhängiger Medienunternehmen, und diese als Ziele per se zu formulieren. Dies hätte den Vorzug der Praktikabilität, allerdings den Nachteil einer lediglich plausiblen Begründungslinie zwischen Vielzahl und Vielfalt (vgl. Kapitel 4, Abschnitt 4). Aber viel mehr als Plausibilität und geschichtliche Erfahrung stützt den Zusammenhang von Wettbewerb und Wohlfahrt auch nicht.

2.2. Ökonomischer versus publizistischer Wettbewerb - die Verfahren

Wettbewerb ist maßgebliche Ordnungsregel in vielen Bereichen der Gesellschaft, im Bereich der Kunst, der Politik, des Sports, der Wirtschaft und der Wissenschaft. Wettbewerb ist ein dynamisches Ausleseverfahren, bei dem die Wettbewerber das gleiche Ziel haben und außenstehende Dritte darüber entscheiden, wer das Ziel in welchem Umfang erreicht. Daraus ergibt sich, sofern keine Absprachen vorliegen, eine Rivalität zwischen den Wettbewerbern und die gegenseitige Abhängigkeit der im Wettbewerb eingesetzten Parameter.

Dieses Ausleseverfahren Wettbewerb kann auf mehreren Ebenen unterschieden werden:

- Wettbewerb kann in verschiedenen Bereichen ausgetragen werden, z. B. in der Kunst, der Politik, in Sport und Wirtschaft,
- Wettbewerb kann mit verschiedenen Parametern ausgetragen werden, z. B. mit den Parametern Schönheit, Überzeugungskraft, Schnelligkeit, Qualität, Preis,
- Wettbewerb kann mit verschiedenen Erfolgsmaßstäben gemessen werden, z.B. mit Kunstpreisen, Wählerstimmen, Weltrekorden oder Marktanteilen,
- Wettbewerb kann Handlungsfolgen in unterschiedlicher Weise zurechnen, z.B. vollständig bei Privateigentum und partiell oder unvollständig bei Nicht-Privateigentum.

Den größten Einfluss auf Inhalt und Ergebnis des Wettbewerbsprozesses haben der Erfolgsmaßstab und das Ausmaß der Zurechnung von Handlungsfolgen. Diese Kriterien dienen dementsprechend zur Abgrenzung der Konzepte „ökonomischer" und „publizistischer Wettbewerb".

Ökonomischer Wettbewerb ist Wettbewerb, dessen Erfolgsmaßstab direkt in Geld ausgedrückt werden kann, also zum Beispiel in Gewinn, Marktanteilen, Absatz oder Umsatz und bei dem zugleich die Zurechnung von Handlungsfolgen in Geld direkt und wesentlich spürbar ist. Auf den Bereich und die im Wettbewerbsprozess eingesetzten Parameter kommt es nicht an. Ein Beispiel soll dies deutlich machen: Wenn ein Produzent journalistischer Aussagen, sei es ein Journalist oder ein Massenmedienunternehmen, mit welchen Parametern auch immer, um Honorar, Einkommen, Werbeeinnahmen oder Gewinn kämpft und die Handlungsfolgen in Geld ausgedrückt deutlich spürbar sind, dann ist das ökonomischer Wettbewerb. Offen kann dann bleiben, ob das ökonomischer Wettbewerb im Bereich der Publizistik ist oder ob die Publizistik dann funktional dem Bereich der Wirtschaft zuzurechnen ist. Ökonomischer Wettbewerb berücksichtigt Produktionskosten und Konsumentenpräferenzen besser als jedes andere bekannte Verfahren.

Publizistischer Wettbewerb ist Wettbewerb, dessen Erfolgsmaßstab publizistische Kategorien sind und bei dem zugleich die Zurechnung von Handlungsfolgen in Geld direkt nur wenig spürbar ist, „reiner Ideenwettbewerb ohne jede wirtschaftliche Konsequenz" (Kantzenbach 1988, S. 80). Welche publizistischen Kategorien Erfolgsmaßstäbe sind, dürfte Wandlungen unterworfen sein. Zur Zeit gelten politisch gesetzte Erfolgsmaßstäbe wie Ausgewogenheit und vor allem Meinungsvielfalt sowie die genannten Erfolgsmaßstäbe des Systems Publizistik: Aktualität, Richtigkeit, Relevanz und kommunikativer Erfolg.

Die Zurechnung von Handlungsfolgen ist im publizistischen Wettbewerb, in Geld ausgedrückt, gering. Eine „gute" oder „richtige" Meinung erbringt nicht notwendigerweise Einnahmen, und „schlechte" oder „falsche" Meinungen werden üblicherweise nicht mit geldlichen Sanktionen belegt. Eine Produzenten-Haftpflicht für die Folgen von Ideen, Meinungen und Wertungen existiert genauso wenig wie umgekehrt ein Verkaufserlös. Das gilt auch für ganze Programmteile. Ein qualitativ hochwertiges Programm erbringt nicht notwendigerweise mehr Reichweite und Einnahmen als ein anderes Programm von geringerem Niveau und schlechterer Qualität. Ein publizistischer Wettbewerb leistet sich also den Luxus, Produktionskosten und/oder Rezipientenpräferenzen ganz oder teilweise zu missachten.

Generell ist die Bestimmung der Art des Wettbewerbs immer eine Frage des Grades, nicht der Existenz. Der Grad der Einstufung zwischen Ökonomie und Nicht-Ökonomie hängt in erster Linie vom Ausmaß der *Zurechnung von Handlungsfolgen* ab. Und das Ausmaß der Zurechnung von Handlungsfolgen hängt von der Möglichkeit der Zurechnung ab und von der tatsächlichen Nutzung dieser Möglichkeit.

Die *Möglichkeit der Zurechnung* hängt wiederum von zwei Faktoren ab:

- zum einen von der Art der Reichweitenmessung und
- zum anderen von der Möglichkeit, die Reichweite auf einzelne Akteure zuzurechnen.

So existiert für das Fernsehen eine präzise, aktuelle und beliebig klein abstufbare *Reichweitenmessung*, während für den Hörfunk nur eine ganz pauschale und nur zweimal im Jahr durchgeführte Reichweitenmessung existiert. Die Reichweite einzelner Sendungen kann im Hörfunk nicht ermittelt werden. Für Printmedien existiert ebenfalls nur eine ganz pauschale und nur zwei Mal im Jahr durchgeführte Reichweitenmessung und zusätzlich eine Erfassung der verbreiteten Auflage, in der Regel pro Quartal (also als Durchschnittsgröße) und zum Teil als heftbezogene Auflage. Und für Online-Medien existiert eine direkte Erfassung der Nutzung (IVW-Online). Die Präzision der Reichweitenmessung ist also mediumspezifisch sehr unterschiedlich.

Die Möglichkeit, *Reichweiten auf einzelne Akteure zuzurechnen*, hängt vom Ausmaß der Arbeitsteilung (in Verbindung mit der Art der Reichweitenmessung) ab. Wenn das jeweils verbreitete Produkt im großen Team erstellt wird, ist die Zurechnung des Verbreitungserfolges auf einzelne Akteure nicht möglich. Generell ist eine Zurechnung der Gesamtleistung auf einzelne Akteure im Rahmen einer arbeitsteiligen Verbundproduktion nicht möglich. Dies wird besonders deutlich bei Printmedien, die in der Regel das Produkt der Beiträge sehr vieler Akteure sind, wobei nicht nur Journalisten, sondern auch die Mitarbeiter in Verwaltung, Vertrieb und Marketing relevant sind, aber auch bei Rundfunkbeiträgen, die im Team ohne herausragende Einzelakteure erstellt werden. Allenfalls kann die Reichweite im Fernsehen mit seiner aktuellen und abgestuften Reichweitenmessung dem Akteur zugerechnet werden, wenn dieser in der Sendung eine herausragende Rolle spielt, wie z. B. Thomas Gottschalk bei „Wetten, dass...?“.

Die *tatsächliche Zurechnung* von Handlungsfolgen hängt von der Art der innerbetrieblichen Anreizstrukturen (vor allem Lohnsysteme) und vom Umfang des innerbetrieblichen Controlling ab. Wenn Leistungslöhne nicht üblich sind, nicht gewollt sind und nicht durchsetzbar sind - so früher für die „TAZ“ zu beobachten - werden eventuell vorhandene Möglichkeiten einer Zurechnung nicht genutzt.

In zweiter Linie sind die gewählten bzw. zugewiesenen *Erfolgsmaßstäbe* für die Art des Wettbewerbs von entscheidender Bedeutung. Ökonomischer Wettbewerb hat die auf den Maßstab des Geldes reduzierbaren Erfolgsmaßstäbe wie Marktanteil, Umsatz und Gewinn, zur Zeit vor allem den Maßstab des Shareholder-Value, des Wertes, der den Eigentümern einer Unternehmung zufließt, also Dividende plus Kurssteigerung. Publizistischer Wettbewerb hat dagegen die Erfolgsmaßstäbe der Publizistik bzw. der Medienpolitik, die nicht abschließend aufgezählt werden können. Wichtig ist es, zwischen den Erfolgsmaßstäben der Medienunternehmung und den Erfolgsmaßstäben der einzelnen Akteure zu differenzieren, jedenfalls dann, wenn die einzelnen Akteure über Freiräume journalistischen Handelns verfügen. Wenn Journalisten, sei es durch Ausbildung oder durch berufliche Sozialisation, intrinsisch motiviert sind, den Erfolgsmaßstäben der Publizistik zu folgen, dann sind die Aussichten auf publizistischen Wettbewerb gut, wenn zugleich Freiräume journalistischen Handelns bestehen; wenn Journalisten eher geneigt sind, ihren Arbeiten Zielgruppenanalysen und Reichweitenquoten zu Grunde zu legen und Werbung und Unterhaltung als sinnvolle Elemente journalistischer Produktion zu akzeptieren, dann bieten auch die Freiräume journalistischen Handelns wenig Aussichten auf einen publizistischen Wettbewerb.

In kurzer Zusammenfassung: Entscheidend für die Art des Wettbewerbs sind die Freiräume der Akteure - Medienunternehmen und Journalisten - sich über Produktionskosten und/oder Rezipientenpräferenzen hinweg zu setzen.

Mithin ist die Art des Wettbewerbs im Mediensektor von außerordentlich großer *Unterschiedlichkeit*. Reiner publizistischer Wettbewerb ist vermutlich nur noch in ideologisch motivierten Publikationen vertreten, während reiner ökonomischer Wettbewerb bei sehr gut gemanagten privaten Fernsehanstalten vorherrschen dürfte, etwa bei den RTL-Sendern oder bei der Pro Sieben Gruppe. Der öffentlich-rechtliche Rundfunk befindet sich dagegen etwa in der Mitte zwischen publizistischem und ökonomischem Wettbewerb. Öffentlich-rechtliche Rundfunkanstalten streben in erster Linie nach Meinungsvielfalt und Ausgewogenheit und orientieren sich an ihrem Grundversorgungsauftrag. Das sind Erfolgsmaßstäbe, die in Geld nicht ausgedrückt werden können. Erst in zweiter Linie orientieren sich die öffentlich-rechtlichen Rundfunkanstalten an Einschaltquoten und Werbeeinnahmen, also ökonomischen Erfolgsmaßstäben. Und die Zurechnung von Handlungsfolgen in Geld ist für die öffentlich-rechtlichen Rundfunkanstalten relativ gering, weil eine Bestands- und Entwicklungsgarantie formuliert ist und diese gerade nicht an die Erfüllung ökonomischer Kriterien gebunden ist, sondern die Erfüllung des Grundversorgungsauftrages voraussetzt. Auch nach dem Kriterium der Zurechnung von Handlungsfolgen befinden sich die öffentlich-rechtlichen Rundfunkanstalten also primär im publizistischen Wettbewerb. Besonders ausgeprägt dürfte der publizistische Wettbewerb im öffentlich-rechtlichen Hörfunk sein, weil hier, zusätzlich zu den genannten Bedingungen, eine Reichweitenmessung kaum existiert. Ein gutes Beispiel ist das Hörfunkprogramm WDR 5, das ein vielfältiges, informatives und qualitativ hochstehendes Programmangebot bietet - unter Missachtung von Kosten und Rezipientenpräferenzen.

Für die einzelnen Journalisten gilt eine ähnliche Abstufung der Einbindung in ökonomischen bzw. publizistischen Wettbewerb. Die jeweilige Zuordnung wird beeinflusst von folgenden Strukturmerkmalen journalistischer Produktion:

- vom Ausmaß der Einbindung in die Medienunternehmung (angestellte bis freie Journalisten),
- vom Ausmaß der gewährten Handlungsautonomie zwischen innerer Pressefreiheit und Verlegerkompetenz,
- vom Ausmaß der Zurechnung von Handlungsfolgen zwischen hochgradig arbeitsteiliger Verbundproduktion und entwickelter Reichweitenmessung für Einzelbeiträge und
- vom Ausmaß der Akzeptanz journalistischer Berufsnormen.

Diese Strukturmerkmale sind so zu interpretieren, dass die Zuordnung zu den jeweils erstgenannten Merkmalen – angestellte Journalisten, innere Pressefreiheit, geringe Zuordnung von Handlungsfolgen, hohe Akzeptanz journalistischer Berufsnormen – eine Zuordnung zu primär publizistischem Wettbewerb implizieren – und vice versa.

Ein Unterschied zwischen dem System der Wirtschaft und dem System der Medienpolitik besteht letztlich darin, dass die Wirtschaftswissenschaft in einer mindestens seit Adam Smith (1776) geführten intensiven Diskussion die Konzepte von Wettbewerb und Wohlfahrt geklärt hat und die Eignung des ökonomischen Wettbewerbs als Verfahren zur Maximierung der Wohlfahrt zumindest als plausibel und durch die Erfahrung gestützt herausgestellt hat. Demgegenüber sind die Konzepte von Vielfalt und publizistischer Qualität zum Teil immer noch strittig und vor allem ist ungeklärt, wie der publizistische Wettbewerb ausgestaltet sein sollte, um Vielfalt und publizistische Qualität zu generieren.

3. Regulierung und Kontrolle der Medienproduktion

Ein Blick in die Ordnungs- und Ablaufspolitik des Mediensystems zeigt die gleichzeitige Anwendung von Normen der Wirtschaft und der Medienpolitik und die Unterschiedlichkeit von Regulierung und Kontrolle zwischen Printmedien und Rundfunk.

3.1. Medienpolitik versus Wettbewerbspolitik - der Konflikt zwischen Medienfreiheit und Wettbewerbsfreiheit

Die Verfassung garantiert eine Vielzahl von Freiheitsrechten, die in ökonomischer Interpretation als Konsumentenfreiheit, Produzentenfreiheit, Gewerbefreiheit, Arbeitnehmerfreiheit und Wettbewerbsfreiheit bezeichnet werden können. Wichtig ist, dass sie formale und primär individuelle Rechte sind: Grundsätzlich muss jeder, der diese Rechte in Anspruch nimmt, den resultierenden Verbrauch an gesellschaftlich knappen Ressourcen bezahlen. Wer eine Zeitung konsumieren will, darf aus dem Angebot frei wählen, aber er muss die Zeitung bezahlen, und wer einen Zeitungsverlag gründen will, darf das ohne nennenswerte rechtliche Beschränkungen tun, aber er muss die notwendigen Produktionsfaktoren erwerben und bezahlen.

Speziell für den Medienbereich gelten daneben – verfassungsrechtlich an höherer Stelle rangierend – weitere Freiheitsrechte. Die Verfassung garantiert

- das Recht, seine Meinung frei zu äußern und zu verbreiten (Meinungsfreiheit),
- sich aus allgemein zugänglichen Quellen zu unterrichten (Informationsfreiheit) und
- die Freiheit der Massenmedien (Presse-, Rundfunk- und Filmfreiheit).

Ergänzt werden diese Freiheiten durch das Zensurverbot. Dabei sind die Meinungs- und Informationsfreiheit ebenfalls formale und primär individuelle Freiheitsrechte. Wer seine Meinung verbreiten will, muss sich das Auditorium schaffen, und wer sich informieren will, muss die Nutzung der Informationsquellen bezahlen. Die Begründung der Freiheitsrechte stellt primär auf den individuellen Nutzen für den Menschen ab: Meinungs- und Informationsfreiheit ist ein individuelles Recht, das der Einzelne zur freien Entfaltung seiner Person benötigt. Erst in zweiter Linie wird die positive gesellschaftliche Funktion für die freiheitlich-demokratische Grundordnung gesehen, sozusagen die größere Produktivität eines Freihandels der Meinungen. Aus ökonomischer Sicht kann die Meinungsfreiheit als Teil der Produzentenfreiheit und die Informationsfreiheit als Teil der Konsumentenfreiheit gesehen werden, allerdings mit einem ganz besonderen Stellenwert für die Funktionsweise der Gesellschaft. Soweit stimmen die Konzepte und Vorstellungen der Wirtschaft und der Medienpolitik überein.

Die Medienfreiheit ist hingegen von ganz anderem Zuschnitt. Ihr kommt verfassungsrechtlich nur eine dienende Funktion zu; zentral ist vielmehr ihr Ergebnis: Vielfalt gilt als verfassungsrechtlicher Zielwert (Hoffmann-Riem 1991, S. 15). In der Rechtsprechung des Bundesverfassungsgerichts wird hier vor allem auf die Artikulation der öffentlichen Meinung und, damit verbunden, auf die Verbesserung der Funktionsweise einer repräsentativen Demokratie abgestellt. Der objektiv-rechtliche Gehalt der Medienfreiheit wird bejaht und es wird gefordert, eine positive Ordnung zu schaffen, die sicherstellt, „dass die Vielfalt der bestehenden Meinungen im Rundfunk in möglichster Breite und Vollständigkeit Ausdruck findet“ (BVerfGE 57, 295, 320; 74, 297, 324). Gefordert wird Meinungsvielfalt auf dem Meinungsmarkt, und Gefahren müssen abgewehrt werden, die aus Meinungsmonopolen entstehen können.

Damit ist die Medienfreiheit im Prinzip Fremdkörper im System der Freiheitsrechte, jedenfalls aus der Sicht der Ökonomie. Wirtschaftswissenschaftlicher Grundposition hätte es entsprochen, wenn auch die Medienfreiheit als formales und primär individuelles Freiheitsrecht konzipiert worden wäre, also als Unternehmerfreiheit und Wettbewerbsfreiheit. Medienfreiheit wäre dann das formale Individualrecht des freien Zutritts zum Markt der Medienunternehmen (Produzentenfreiheit) und das Recht, die Wettbewerbsparameter formal unbeschränkt einzusetzen (Wettbewerbsfreiheit).

Tatsächlich aber ist die Medienfreiheit nicht als formales Freiheitsrecht, sondern als *Ergebnisnorm* konzipiert, und dieses wird in der herrschenden Ökonomie liberaler Prägung nicht akzeptiert. Es bedeutet nämlich, dass das *gewollte Ergebnis* der Medienfreiheit – die Repräsentation der bestehenden Meinungsvielfalt – zum Kriterium erlaubter Freiheit würde (Mestmäcker 1986).

Dieser Konflikt zwischen den beiden sich ausschließenden Interpretationen der Medienfreiheit wurde wieder deutlich in der Diskussion um „Pluralismus und Medienkonzentration im Binnenmarkt". Aus Sicht der EU-Kommission und des EuGH wird die Ergebnisnorm der Medienfreiheit - die Meinungsvielfalt - als Beschränkung des Prinzips der Meinungsfreiheit gesehen (vgl. Grünbuch 1992, S. 14-17), während insbesondere Vertreter der Position des öffentlich-rechtlichen Rundfunks dieses strikt ablehnen (vgl. z. B. Dörr 1994). Dieser Streit kann hier nicht in seiner rechtlichen Tragweite beurteilt werden; aus ökonomischer Sicht behindern aber Vorgaben für das Ergebnis des Wettbewerbs seine Produktivität.

> „Eine bestehende Meinungsvielfalt als Maßstab für die zukünftige zu verwenden, würde bewirken, dass der Prozess der Meinungsbildung ein geschlossenes System wird, in dem die Freiheit der Meinungsbildung beschränkt ist" (Hoppmann 1988, S. 187).

Der Logik des Konflikts zwischen Medienfreiheit und Wettbewerbsfreiheit folgend sind auch die Kontrollen der Medienproduktion unterschiedlich angelegt.

Die Kontrolle im Bereich der *Wirtschaft* wird ausgeübt durch das *Kartellrecht* (KartellR) und die verschiedenen Instanzen der Kartellbehörden. Konsequenterweise wird hier bei der Prüfung der Strukturbedingungen des Wettbewerbs allein der ökonomische Wettbewerb als Kriterium herangezogen, nicht aber die Vielfalt und die publizistische Qualität. Allenfalls kann der Bundeswirtschaftsminister im Wege einer Sondererlaubnis für Fusionen nach § 42 KartellG gesamtwirtschaftliche Vorteile oder ein überragendes Interesse der Allgemeinheit berücksichtigen – dies könnte auch die Meinungsvielfalt sein. Aber diese Ministererlaubnis ist die Ausnahme und im Mediensektor bislang nicht ausgesprochen worden. Es ist auch sehr unwahrscheinlich, dass sie irgendwann angewendet wird, weil Konzentrationsprozesse zwar unter bestimmten Umständen gesamtwirtschaftlich vorteilhaft sein können, z. B. zur Sicherung von Arbeitsplätzen, aber kaum die Bedingungen zur Produktion von Meinungsvielfalt verbessern können.

Die Kontrolle nach den Normen der *Medienpolitik* wird ausgeübt durch den Rundfunkstaatsvertrag, durch Landesmedienanstalten und durch die Konstruktion des öffentlich-rechtlichen Rundfunks. Dabei geht es um die Sicherung der Vielfalt und im Komplex der Konzentration um die Sicherung einer Vielzahl unabhängiger Medieneigentümer im publizistisch relevanten Sektor. Eine detaillierte Darstellung der Regulierung des Rundfunks erfolgt in Band 2, Kapitel 3. Hier ist nur darauf hinzuweisen, dass das Prinzip der Wettbewerbsfreiheit dem Prinzip der Medienfreiheit als Institution offenbar nachgeordnet wird und jedenfalls für den Rundfunk nicht uneingeschränkt gilt.

3.2. Regulierungsunterschiede zwischen Rundfunk und Printmedien

Der beschriebene Konflikt zwischen dem offenen *Verfahren* Wettbewerb und der Meinungsvielfalt als *Ergebnis* wird bislang für den *Pressesektor* verneint (eine Ausnahme bildet etwa Röper 1993c). Die Pressefreiheit ist individuelle Unternehmerfreiheit/Wettbewerbsfreiheit, die hier, weil dieses Freiheitsrecht schlechthin konstitutiv ist, sogar ungewöhnlich umfassend definiert ist (vgl. Kapitel 7). Das Ergebnis der Pressefreiheit *kann* glücklicherweise als Meinungsvielfalt interpretiert werden, kollidiert also nicht mit Sicherheit mit der Pressefreiheit als Institution. Zugleich wird das Ergebnis der individuellen Wettbewerbsfreiheit auf dem Pressemarkt als hinlänglich gut funktionierender Wettbewerb interpretiert, kollidiert also nicht mit der Wettbewerbsfreiheit als Institution. Eine weiter zunehmende Pressekonzentration (vgl. Kapitel 9) dürfte diese Übereinstimmungen indes zu Makulatur machen.

Für den *Rundfunksektor* wird vom Bundesverfassungsgericht diese Kongruenz zwischen individualrechtlichen und institutionellen Schutzvorschriften verneint, weil der Wettbewerb aufgrund der Sondersituation der Rundfunkproduktion nicht gut funktionieren könne. Die Sondersituation des Rundfunks im Vergleich zur Presse wird aus der Knappheit der verfügbaren Frequenzen und dem hohen Aufwand für die Veranstaltung von Rundfunksendungen hergeleitet (BVerfGE 12; 205, 261). Es wird vermutet, dass der Wettbewerb bei einer solchen Konstellation zu seiner Aufhebung tendiert und zur Konzentration von Meinungsmacht führt. Daher wird Kontrolle und Meinungsvielfalt nicht durch Wettbewerb, sondern durch die pluralistische Besetzung der Kontrollgremien der Rundfunkanstalten zu erreichen gesucht. Und dies wird auch nach der Zulassung privater Veranstalter mit der Bestands-, Entwicklungs- und Finanzierungsgarantie für die Grundversorgung durch öffentlich-rechtliche Anstalten bis heute als Regulierungsprinzip aufrechterhalten. Die Rundfunkfreiheit ist damit gleichzusetzen mit einer Rundfunkordnung, die sich am Ziel der Vielfalt orientieren muss, was wiederum durch ein Rundfunkurteil des Bundesverfassungsgerichts, das „Rundfunkgebührenurteil" vom 22. 2. 1994, bestätigt worden ist.

Die konkrete Ausgestaltung einer solchen Rundfunkordnung ist nicht vorgeschrieben. Binnen- und außenpluralistische Rundfunkmodelle sind möglich und auch Mischformen sind denkbar. „Das Grundgesetz ist im Hinblick auf die Wahl unterschiedlicher Rundfunkmodelle rundfunkpolitisch neutral" (Hoffmann-Riem 1991, S. 20). Die Garantie der Rundfunkfreiheit erfordert im Wesentlichen:

- der Rundfunk ist von staatlicher Beherrschung und Einflussnahme freizuhalten,
- er darf nicht von einer gesellschaftlichen Gruppe vereinnahmt werden,

– der Gesetzgeber muss eine positive Rahmenordnung vorsehen, er darf die Märkte nicht völlig unkontrolliert dem freien Spiel der Kräfte aussetzen (Monopolkommission 1990, S. 294).

Das heißt, dass die duale Rundfunkordnung (öffentlich-rechtliche und private Veranstalter zugleich) in Richtung einer außenpluralen Konzeption im Sinne eines Marktmodells verändert werden könnte, denn die Bestands-, Entwicklungs- und Finanzierungsgarantie der öffentlich-rechtlichen Anstalten hat keinen Verfassungsrang (Monopolkommission 1990, S. 294). Allerdings sollte dies dann auch umgekehrt für den Pressesektor gelten: Eine Entwicklung in Richtung binnenpluraler Modelle oder eine spezielle Sicherung der Außenpluralität sollte bei fortschreitender Pressekonzentration ebenfalls verfassungskonform sein (vgl. Rager/Weber 1992, S. 15 ff.).

Die Unterschiedlichkeit der Regulierung zwischen Rundfunk und Printmedien ist mithin erstaunlich. Faktisch beschränkt sich die Kontrollpolitik im Pressesektor auf die Wettbewerbspolitik, während im Rundfunk sowohl Medienpolitik als auch Wettbewerbspolitik Kontrolle ausüben. Übersicht 1 zeigt die Unterschiedlichkeit

Übersicht 1: Ordnungspolitik im Mediensektor

	Presse	**Rundfunk**	
		öff.-rechtl.	**privat**
Medienpolitik	entfällt	gilt	gilt
• Vielfaltsgebot	entfällt	streng	gemildert
• Beschränkung der Werbung	entfällt	streng	gemildert
• Konzentrationskontrolle	entfällt	entfällt	streng
Wettbewerbspolitik		beschränkt[1]	gilt
• Kartellverbot	gemildert	normal	normal
• Missbrauchsaufsicht	normal	normal	normal
• Fusionskontrolle	verschärft	normal	verschärft

1) Wenn die Vorschriften des Wettbewerbsrechts nicht mit der öffentlichen Aufgabe des Rundfunks kollidieren.

der Regulierungsansätze. Detaillierte Beschreibungen der Kontrollpolitik folgen in den Kapiteln zu den jeweiligen Medien.

Die Unterschiedlichkeit der Regulierung ist sicher zum großen Teil historisch bedingt und die historischen Bedingungen scheinen verfassungsrechtlich legitimiert worden zu sein. Indes ist die Begründung für die Sondersituation des Rundfunks nicht mehr überzeugend. Praktisch alle Güter sind knapp und wenn ein Gut wie die terrestrischen Frequenzen auch möglicherweise besonders knapp gewesen sein mag, so hätte dieser Mangel erst recht einen Preismechanismus erfordert, um die optimale Allokation der Frequenzen zu sichern. Inzwischen können die faktischen Rundfunkempfangsmöglichkeiten mit pro Kopf des Bundesbürgers zwischen drei und etwa 35 Fernsehprogrammen sowie zwischen etwa fünf bis zehn Hörfunkprogrammen auch nicht mehr als knapp bezeichnet werden. Die faktische Vielfalt pro Kopf des Zeitungsbereiches wird damit schon bei weitem übertroffen. Und die Produktionskosten des Rundfunks können mit etwa zwei bis drei Mill. DM pro Jahr für lokalen Hörfunk und mit 100 Mill. DM pro Jahr für nationales Fernsehen auch nicht mehr als hoch bezeichnet werden. Das heißt, dass eine unterschiedliche medienpolitische Behandlung des Rundfunks und der Printmedien aus ökonomischer Sicht nicht angemessen ist (vgl. Band 2, Kapitel 11 und 13).

Wenn eine Funktionsnorm für den Mediensektor konzipiert wird, dann sollte es also eine einheitliche Norm sein. Die herrschende Ökonomie liberaler Prägung plädiert für das offene Verfahren des ökonomischen Wettbewerbs und die einheitliche Anwendung des Wettbewerbsrechtes, vor allem, weil die Meinungsvielfalt als Norm nicht operational definiert werden kann und weil eine vorgegebene Ergebnisnorm eine Anmaßung von Wissen darstellt, die die Produktivität eines freien Wettbewerbs behindert. Dies kann allerdings nur die grundlegende Funktionsnorm sein; über - einheitliche - Ergänzungen im Rahmen einer alle Medien umfassenden Medienpolitik kann erst entschieden werden, wenn die Funktionsweise des Mediensystems analysiert worden ist (vgl. Band 2, Kapitel 16).

Die Unterschiede und Überschneidungen der Systeme Wirtschaft und Publizistik sind also erheblich. Dies macht eine klare Trennung und ein klares Fundament der Bewertungsperspektive sowohl notwendig als auch schwierig. Im folgenden Abschnitt 4 wird daher die Funktionsweise des Mediensektors aus ökonomischer Sicht analysiert, es werden also ökonomische Normen und Kategorien zugrunde gelegt. In Abschnitt 5 wird dann versucht, die Funktionsweise des Mediensektors aus publizistischer Sicht, also unter Anwendung publizistischer Normenkategorien, zu analysieren.

4. Marktversagen im Mediensektor – eine Analyse aus ökonomischer Sicht

Der prinzipielle Ausgangspunkt der folgenden Überlegungen ist die Behauptung, dass der ökonomische Wettbewerb die individuelle Wohlfahrt maximiert. Der Wettbewerb bewirkt, dass das produziert wird, was die Konsumenten wünschen und zwar so billig wie möglich (allokative und produktive Effizienz). Die Wirtschaftswissenschaft hat allerdings auch einige wesentliche Abweichungen vom Marktmodell beschrieben, die dazu führen, dass die Behauptung von der generellen Optimalität jeder Marktproduktion nicht aufrecht erhalten werden kann. Das heißt nicht, dass alternative Organisationsmodelle dann a priori überlegen sind, vor ihrer Anwendung wären sorgfältige Kosten-Nutzen-Analysen durchzuführen (Problem des Staatsversagens). Mögliche Abweichungen vom reinen Marktmodell sind die Existenz öffentlicher Güter, die Produktion externer Effekte, Strukturprobleme des Wettbewerbs und die Informationsmängel der Konsumenten (vgl. Kapitel 2, Abschnitt 6). Die Meritorik und der Missbrauch von Information werden anschließend gesondert behandelt, weil sie Sonderfälle im Marktversagenskatalog darstellen.

4.1. Information und Meinungsvielfalt als öffentliches Gut

Ein Gut ist ein öffentliches Gut, wenn es ohne Rivalität konsumiert werden kann (Nicht-Rivalität) und wenn Nicht-Zahler vom Konsum nicht ausgeschlossen werden können (Versagen des Ausschlussprinzips). Ob und in welchem Umfang die Massenmedien ein öffentliches Gut produzieren, kann nicht global gesagt werden. Man muss vielmehr die produzierten Güter nach ihrer Stellung im Konsumprozess differenziert betrachten und folgende Ebenen unterscheiden:

- die stofflichen Träger der Information (z. B. Zeitung und elektromagnetische Wellen),
- die Information als Input in den privaten Medienkonsumprozess und
- die öffentliche Meinung als Output des Medienkonsumprozesses in gesellschaftlicher Sicht.

Die stofflichen Träger der Information werden in den Kapiteln über die Teilbereiche des Mediensektors behandelt, hier geht es um die Information an sich und die öffentliche Meinung.

Information als partiell öffentliches Gut: Information ist gekennzeichnet durch Nicht-Rivalität – sie verbraucht sich im Konsum nicht – und partiell durch Nicht-Ausschluss von Nicht-Zahlern – Eigentumsrechte an Informationen sind in der Regel schwieriger durchzusetzen als Eigentumsrechte an Sachen. In diesem Fall sind Preise als Zuteilungsinstrument gesellschaftlich nicht notwendig und es können Preisforderungen vom Produzenten nur mit einigen Schwierigkeiten durchgesetzt werden. Die produzierte Menge Information ist mithin suboptimal, also zu gering, gemessen an den eigentlich vorhandenen Präferenzen des Publikums. Möglichkeiten, diesem Mangel zu begegnen, sind zum einen die staatliche Finanzierung und Gewährleistung der Produktion, wie dies im Bereich der Grundlagenforschung an Universitäten und der Bildungsproduktion an Schulen üblich ist. Zum anderen ist es begrenzt möglich, den privat verwertbaren Teil der Informationen zu steigern, indem Information zusammen mit Unterhaltung verkauft wird (Infotainment) oder indem der privat verwertbare Nutzen der Information in den Vordergrund der Berichterstattung gerückt wird (Rezipientenorientierung statt Generalanzeiger), mit möglichst genauer Zielgruppenorientierung wie z. B. bei Wirtschaftsbriefen oder Brancheninformationsdiensten oder indem Information zusammen mit Werbung verkauft wird.

Öffentliche Meinung als öffentliches Gut: Hier soll und kann nicht geklärt werden, was die Massenmedien im Rahmen der Produktion der öffentlichen Meinung erstellen. Es mag Meinungsvielfalt sein oder nur die Themenstruktur der öffentlichen Diskussion, es mag die Verbesserung der Funktionsweise der parlamentarischen Demokratie sein oder nur eine gewisse Richtigkeit der Auffassungen (eine „vorübergehend verfestigte Ansicht des Richtigen, die gewisse Kontrollen der subjektiven Vernunft und der öffentlichen Diskussion durchlaufen hatte"; Luhmann 1979, S. 31); es ist in ökonomischer Interpretation auf jeden Fall ein öffentliches Gut, in geradezu klassischer Weise gekennzeichnet durch Nicht-Rivalität und Nicht-Ausschluss.

Für die Produktion eines solchen Gutes, das im Folgenden etwas plakativ „Meinungsvielfalt" genannt wird, werden keine Entgelte gezahlt, weil Eigentumsrechte an diesem Gut nicht begründet werden können und Nichtzahler von der Nutzung also nicht ausgeschlossen werden können. Ein solches Gut wird nicht in optimalem Umfang produziert, weil es nicht privat nachgefragt wird. Es ist in dieser Sicht für die meisten Menschen eben nicht rational, allgemeine staatsbürgerlich-politische Informationen nachzufragen, obwohl alle Menschen an einer guten Funktionsweise des politisch-ökonomischen Systems interessiert sind, sie fragen vielmehr Information und Unterhaltung als privates Gut nach (vgl. Jensen 1979, S. 271 f.). Dies nach dem Motto „Soll doch das Kanzleramt die *Frankfurter Allgemeine Zeitung* abonnieren und dadurch lernen, was gute Ordnungspolitik ist" (Barbier, 1989, S. 47). „Ich", so wäre zu ergänzen, „lese *Sport Bild* und die *Börsenzeitung"*.

Die resultierende Unterproduktion dieses Gutes „Meinungsvielfalt" ist also ein Strukturfehler des Journalismus[6]. Um Missverständnisse zu vermeiden, sei darauf verwiesen, dass dieses Gut durchaus von den Konsumenten gewünscht wird, sie sind nur nicht bereit, dafür zu zahlen, weil sie als nichtzahlende „Trittbrettfahrer" genauso gut in den Genuss dieses Gutes kommen wie als Zahler.

4.2. Externe Effekte der Medienproduktion

Externe Effekte sind unmittelbare Auswirkungen der ökonomischen Aktivitäten eines Wirtschaftssubjektes, die vom Verursacher nicht berücksichtigt werden und, im Gegensatz zu anderen ökonomischen Transaktionen, zwischen den Beteiligten keine Rechte auf Entgelt oder Kompensation begründen, also kurz gesagt, Wirkungen auf unbeteiligte Dritte (Drittwirkungen). Sofern es solche Effekte gibt, kann die Marktproduktion die optimale Allokation nicht gewährleisten, weil die Drittwirkungen ex definitione nicht in die privaten Kosten-Nutzen-Kalküle der Produzenten eingehen. Das klassische Beispiel sind Umweltschäden, die bei der industriellen Produktion anfallen.

Massenmedien produzieren externe Effekte in unüberschaubarer Fülle und Komplexität. Dazu gehören, um nur einige Felder zu benennen, etwa folgende Effekte:

6 Diese Interpretation der öffentlichen Meinung als öffentliches Gut geht insbesondere auf Röpke zurück (Röpke 1970) und dürfte der herrschenden Meinung der Ökonomie entsprechen. Diese Interpretation ist allerdings auch kritisiert worden (vgl. Braun 1988), ohne dass diese Kritik überzeugen konnte.

- die Auswirkung der Wirtschaftsberichterstattung auf Börsenkurse und Rohstoffpreise bis hin zu Standortentscheidungen und zur konjunkturellen Entwicklung,
- die Auswirkung der politischen Berichterstattung auf Politikerkarrieren, politische Entscheidungen und Wählerverhalten,
- die Auswirkung der allgemeinen Berichterstattung auf Werteakzeptanz und Wertewandel, bis hin zur
- Auswirkung des Fernsehkonsums z. B. auf Gewaltbereitschaft und Kriminalität.

Es entspräche dem Marktmodell, diese externen Effekte, so wie es bei Umweltschäden versucht wird, zu erfassen, zu bewerten und dem Verursacher zuzurechnen, also die Handlungsfolgen zu internalisieren. Da aber die externen Effekte der Massenmedien nicht einmal qualitativ, geschweige denn quantitativ erfasst werden können, ist eine Zurechnung nach dem Verursacherprinzip unmöglich. Es ist darüber hinaus sehr fraglich, ob eine Zurechnung sinnvoll wäre, weil dies die Produktivität des Meinungsbildungsprozesses erheblich mindern würde.

Insofern ist das Konzept der externen Effekte nicht geeignet, taugliche Einsichten in oder gar sinnvolle Handlungsanweisungen für die Produktion der Massenmedien zu liefern. Es ist allenfalls geeignet, eine methodisch einwandfreie Begründung für das Verbot pornographischer oder gewaltverherrlichender Darstellungen zu liefern, denn es geht in liberal-ökonomischer Sicht nicht darum, den einzelnen Konsumenten vor negativen psychischen Auswirkungen seines Konsums zu schützen, sondern der Gesellschaft die Folgekosten solcher Darstellungen zu ersparen.

4.3. Strukturprobleme des Wettbewerbs

Strukturprobleme des Wettbewerbs resultieren im Mediensektor vor allem aus der einzigartigen Fixkostendegression der Medienproduktion, weniger aus den Größenvorteilen der Produktion.

Der immaterielle Gehalt der Medienproduktion, also der Gehalt an Informationen, kann von beliebig vielen Rezipienten gleichzeitig und/oder nacheinander konsumiert werden, ohne dass er dabei verbraucht wird. Diese Eigenschaft bezeichnet man als Nicht-Rivalität des Konsums von Information. Die Information wird in Form eines Prototypen nur einmal produziert und nachfolgend, je nach der Zahl der Rezipienten und Medien, vervielfältigt und verteilt. Man spricht auch von der „Blaupausen-Industrie“. Bei Printmedien verbraucht die Vervielfältigung des Prototypen Ressourcen der Distribution, z. B. Papier und Zustellkosten, während im Rundfunkbereich die Ausstrahlung, von geringen Stromkosten abgesehen, praktisch kostenlos ist. Der immaterielle Gehalt der Medienproduktion verbraucht sich aber in keinem Fall. Die Produktionskosten der Information sind unabhängig von der Zahl der Rezipienten, sie sind mithin fix in Bezug auf die Zahl der Vervielfältigungen bzw. fix in Bezug auf die Einschaltquote.

Dieser Sachverhalt begründet eine kontinuierliche Fixkostendegression bis zur Sättigungsmenge. Die fixen Kosten der Produktion der Information werden anteilsmäßig auf die Vervielfältigungen verteilt, und daher sinken die Stückkosten, die Kosten der Information pro Rezipient, mit steigender Zahl der Rezipienten. Wenn die Stückkosten aber mit steigender Ausbringung stetig sinken, dann wird das Produkt am billigsten von einem Monopolisten angeboten. Langfristig wird auch nur ein Monopolist überleben. Die Zusammenhänge zeigt Abbildung 1.

Ein Alleinanbieter hätte Stückkosten in Höhe von K_0, während z. B. zwei gleichgroße Anbieter jeweils höhere Stückkosten von K_1 hätten. Dies ist eine

Abb. 1: Fixkostendegression

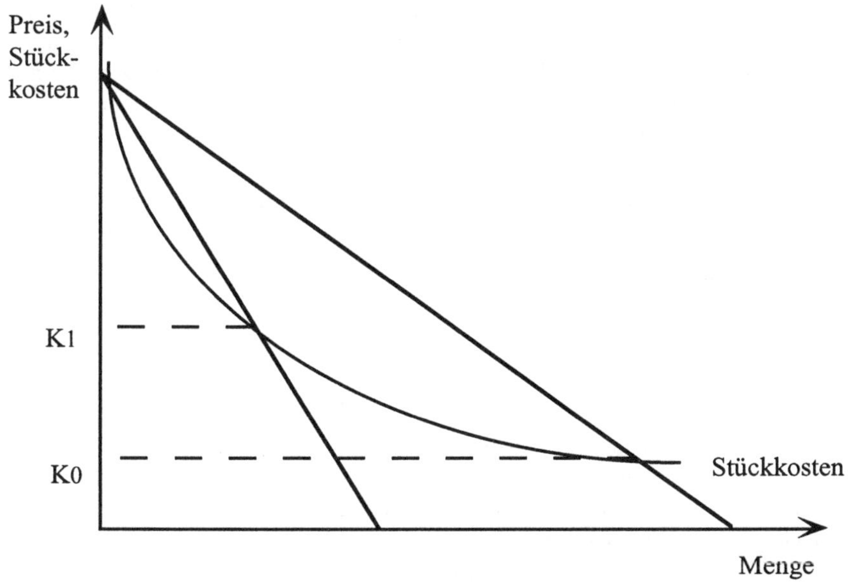

Konstellation, die zum Preiskampf mit Verdrängung des Konkurrenten einlädt. Ruinöse Konkurrenz und anschließende Monopolisierung sind zu erwarten. Die Effizienz der Produktion ist in einem solchen Fall also keine Frage der technischen Betriebsgröße, sondern abhängig vom Umfang der Marktstellung: Am billigsten produziert der Monopolist. Dies muss auch als ein starkes Motiv für horizontale Zusammenschlüsse angesehen werden. Der beschriebene Sachverhalt gilt für den Verbrauch aller geistigen Inputs in jedem Produktionszweig, z. B. für den Input von Forschungs- und Entwicklungsaktivitäten in der Automobil- oder Chemieindustrie und führt auch dort zu einer Fixkostendegression. Für den Mediensektor ist dieser Befund aber quantitativ wesentlich bedeutender, weil der Anteil der „Forschungs- und Entwicklungsausgaben" am Gesamtprodukt sehr viel höher ist als in der Industrie. Der Wert der Medienprodukte wird im Wesentlichen durch ihren Gehalt an Informationen bestimmt.

Der entscheidende Unterschied zur Fixkostendegression in anderen Sektoren, etwa dem Verkehrssektor, liegt darin, dass der Fixkostendegression in der Medienproduktion keine technischen Kapazitätsgrenzen gesetzt sind: Die Kosten der Informationsproduktion sinken mit steigender Zahl der Rezipienten ad infinitum. Die Grenze der Fixkostendegression wird allein durch die Nachfrage gezogen und damit durch die Größe der Märkte bestimmt.

4.4. Informationsmängel der Rezipienten

Für die Funktionsweise des reinen Marktmodells und als eine Voraussetzung für die behauptete Optimalität der Marktproduktion ist die Annahme wichtig, die Marktteilnehmer seien kostenlos und vollständig über die Qualitäten und Nutzen der gehandelten Güter informiert. Faktisch ist die nicht so: Marktteilnehmer sind nicht vollständig informiert und Marktteilnehmer sind auch nicht symmetrisch informiert. In aller Regel kennt der Produzent die Qualität der von ihm produzierten Güter ungleich besser als der Konsument, hier existiert ein strukturelles Informationsgefälle. Informationsmängel und Informationsasymmetrien führen zu einem Marktversagen, wenn sie erheblich sind.

Formen der Informationsmängel

Üblicherweise werden folgende Informationsmängel unterschieden:

- *Qualitätsunkenntnis* liegt vor, wenn Marktteilnehmer über die Qualität eines Gutes nur unzureichend informiert sind, insbesondere wenn eine Marktseite die Qualität besser als die jeweils andere Marktseite einschätzen kann (asymmetrische Verteilung der Information).
- *Nutzenunkenntnis* liegt vor, wenn Marktteilnehmer zwar die Qualität eines Gutes kennen, aber seinen Nutzen für sich falsch einschätzen.
- *Preisunkenntnis* liegt vor, wenn Marktteilnehmer den Gleichgewichtspreis nicht kennen und daher Transaktionen im Ungleichgewicht durchführen.

Von besonderer Relevanz für das Mediensystem sind die Qualitätsunkenntnis und die Nutzenunkenntnis. Preisunkenntnis und nachfolgende Nachfrage- bzw. Angebotsüberhänge spielen für das Mediensystem keine Rolle.
Die für das Mediensystem wichtige *Qualitätsunkenntnis* hängt allgemein von der Art der Informationsgewinnung bei den betreffenden Gütern ab. So unterscheidet man (vgl. vor allem Nelson 1970 und Darby/Karni 1973):

- *Homogene Güter*; beide Marktseiten sind über die Qualität des Gutes vollständig informiert (z. B. Benzin, Koks, Sojabohnen).

- *Such- oder Inspektionsgüter*; hier lässt sich die Qualität vor dem Kauf durch Beobachtung erfassen (z. B. Fotoapparate, Bohrmaschinen, Tiefkühltruhen).
- *Erfahrungsgüter*; hier kann die Qualität erst nach dem Kauf und Konsum beurteilt werden (z. B. Essen in einem Restaurant).
- *Vertrauensgüter*; hier kann die Qualität auch während des Verbrauchs nicht ohne weiteres beurteilt werden (z. B. bei Medikamenten, ärztlicher Behandlung oder einer Opernaufführung).

In dieser Reihenfolge nimmt das Problem der Qualitätsunkenntnis und damit der Grad der potentiellen Informationsasymmetrie zu. Schließlich hängen die Kosten der Informationsgewinnung auch davon ab, wie komplex das Gesamtangebot ist, weil mit der Zahl der zu prüfenden Kaufmöglichkeiten die Suchkosten steigen (vgl. Kaas 1990, S. 543).

Die für das Mediensystem ebenfalls wichtige *Nutzenunkenntnis,* die falsche Einschätzung des Nutzens aus dem Konsum bestimmter Güter, kann zwei Ursachen haben: Entweder handeln die Konsumenten nicht rational, handeln sozusagen gegen ihre eigenen Interessen oder sie können den Nutzen des Gutes vor dem Kauf deswegen nicht erkennen, weil sich der Nutzen erst nach längerem Konsum erschließt. Die Nichtrationalität wird im Anschluss an diesen Abschnitt über Informationsmängel behandelt; hier geht es um die Unkenntnis.

Qualitäts- und Nutzenunkenntnis im Mediensystem

Die *Qualitätsunkenntnis* ist bei Medienprodukten außerordentlich groß. Vor dem Kauf und vor dem Konsum kann die Qualität von Medienprodukten nicht beurteilt werden. Generell gilt beim Erwerb von Informationen das Informationsparadoxon. Man kann die Qualität von Informationen nicht beurteilen, bevor man sie konsumiert hat. Wenn man sie aber kaufen und konsumieren wollte, müsste man ihre Qualität vorher kennen. Wenn man aber die Qualität der Information kennt, braucht man sie nicht mehr zu kaufen. Und eine Rückgabe von Informationen, deren Qualität sich als schlecht herausstellt, ist nicht möglich. Hunzicker spricht sehr plastisch von Medienprodukten als einem „Trojanischen Pferd“, weil ihre Inhalte beim Erwerb nicht erkennbar sind (Hunzicker 1981, S. 13). Und auch nach dem Kauf und nach dem Konsum kann die Qualität von Medienprodukten nur sehr schwer beurteilt werden. Dies liegt an folgenden Besonderheiten der Medienproduktion:

- Das Produkt ist sehr komplex;
- das Produkt wird permanent in neuer Qualität erstellt und
- der Konsum von Medienproduktionen ist sehr zeitaufwändig.

Die Medienproduktion setzt sich aus zahlreichen Elementen zusammen; schon in sehr grober Differenzierung sind die Elemente Information, Bildung, Unterhaltung und Aufmerksamkeit für Werbebotschaften zu unterscheiden und einer Feingliederung sind kaum Grenzen gesetzt. Die Elemente eines solchen *komplexen Güterbündels* haben sehr unterschiedliche Qualitätskriterien und zudem sind diese Qualitätskriterien in der Publizistik noch umstritten (Ruß-Mohl 1992). Die Qualitätskriterien liegen jedenfalls nicht auf der Hand wie z. B. bei Bohrmaschinen oder Autoreifen. Meist werden als Kriterien für publizistische Qualität genannt: Aktualität, Richtigkeit, Rechtmäßigkeit, Professionalität, Relevanz, Vielfalt, Niveau, Dramaturgie und Vermittlung (vgl. z. B. Rager 1994, Schatz/Schulz 1992, Schreiber 1994, S. 38). Mit wenigen Ausnahmen können diese Kriterien – anders als z. B. der Bremsweg und der Rollkomfort bei Autoreifen – objektiv nicht gemessen werden, und eine Gewichtung zu einem Gesamtqualitätsurteil ist unmöglich.

Die Medienproduktion ist ein *Prototyp,* sie wird im Prinzip täglich neu produziert und weist daher, wenn auch innerhalb gewisser Grenzen, täglich eine andere Qualität auf. Daher müsste man – anders als z. B. bei Autoreifen, deren Produktlebensdauer mindestens Monate, meist aber Jahre umfasst – die Qualität von Rundfunkprogrammen entweder täglich messen, was sehr kostspielig wäre, oder exemplarisch feststellen, was einen sehr großen, und zwar unbekannt großen, Unsicherheitsbereich implizierte.

Schließlich ist der Konsum von Medienproduktionen überaus *zeitaufwändig.* Daher wäre jede Form der Qualitätsmessung, die sich via Marktforschung auf eine subjektiv geäußerte Art von Akzeptanz oder Zufriedenheit stützen wollte, überaus teuer oder überaus exemplarisch. Und die Messung der Qualität der Berichterstattung setzte voraus, sowohl die Realität als auch ihre massenmediale Rekonstruktion zu erfassen, was die Messprobleme sozusagen verdoppelt. Es ist jedenfalls kein Zufall, dass es Warentests für eigentlich alle Konsumgüter gibt, nur für Medienproduktionen nicht. Sie sind mithin *Vertrauensgüter.*

Nun mag eingewendet werden, dass die Qualität von Produkten ein subjektives Konzept ist und individuell erfasst werden kann. Das Individuum hat aber prinzipiell die gleichen Schwierigkeiten, die Qualität von Medienproduktionen zu erfassen wie ein Expertengremium. Hinzu kommt, dass für ein Individuum der Nutzen einer Informationsgewinnung über die Qualität von Medienproduktionen gering ist. Dies liegt daran, dass das finanzielle Risiko eines Fehlkaufs bei den preiswerten Medienproduktionen relativ gering ist im Verhältnis zum Risiko, ein schlechtes Auto oder eine schlechte Urlaubsreise zu kaufen.

Der *Nutzen* eines Gutes ist umso schwerer einzuschätzen, je langfristiger der Konsum ist, je weiter in der Zukunft er anfällt und je abstrakter und komplexer das Gut ist. In diesem Sinne ist der Nutzen des Medienkonsums, sei er positiv oder negativ, nur schwer einzuschätzen, weil der Konsum sich über einen langen Zeitraum erstreckt und weil das Gut sehr komplex ist. In diesem Sinne gleicht der Medienkonsum Gütern wie Gesundheitsvorsorge, Alterssicherung oder Bildung bzw. negativen Gütern wie Alkoholkonsum und Müßiggang, für die auch unterstellt wird, dass ihr zukünftiger Nutzen oder Schaden im individuellen Entscheidungskalkül aus Unkenntnis heraus zu stark abdiskontiert wird.

Folgen von Qualitäts- und Nutzenunkenntnis

Zentrale Folge der Qualitätsunkenntnis und der Asymmetrie der Informationsverteilung – der Produzent und Verkäufer kennt die Qualität in aller Regel besser als der Konsument und Käufer – ist die so genannte „adverse Auslese“ (adverse selection). Wenn Konsumenten die Qualität von Produkten vor dem Kauf und vor dem Konsum nicht beurteilen können, sind sie bei rationalem Verhalten auch nicht bereit, eine bessere und üblicherweise teurere Qualität zu bezahlen, weil immer das Risiko bestehen würde, ein Produkt von minderer Qualität zu erwerben, ohne es zu merken. Entsprechend besteht für Produzenten kein Anreiz, eine bessere Qualität mit höheren Kosten zu produzieren, weil die Konsumenten dies nicht erkennen können und nicht mit höheren Nachfragepreisen honorieren würden. Das bewirkt, dass nur die schlechtere = billigere Qualität auf den Markt kommt, die Produkte mit höherer Qualität verlassen den Markt. Es kommt zu einem so genannten *Marktversagen in Bezug auf die Produktqualität,* weil die Konsumenten eigentlich bereit wären, die bessere Qualität nachzufragen und zu bezahlen, wenn sie nur sicher sein könnten, die bessere Qualität auch zu erhalten (vgl. Akerlof 1970, v. Ungern-Sternberg/v. Weizsäcker 1981). Die adverse Auslese hat zur Folge, dass „der Preis und die angebotene Qualität so lange sinkt, bis am Ende ausschließlich schlechte Qualität gehandelt wird. Der Markt für gute Qualität bricht zusammen“ (Fritsch/Wein/Ewers 1993, S. 191). Dies gilt auch dann, wenn Marktpreise für die journalistische Produktion nicht gezahlt werden, wie es bei werbefinanziertem Rundfunk der Fall ist. Es bleibt immer der Anreiz, die notwendige Reichweite so billig wie möglich zu erzielen.

5. Meritorik und Demeritorik im Medienkonsum

Meritorische/demeritorische Güter sind Güter, die von den Konsumenten in einem Ausmaß konsumiert werden, das nicht dem Ausmaß entspricht, welches die politischen Entscheidungsträger oder andere Instanzen für wünschenswert halten. Zur Korrektur sind Eingriffe in die Konsumentenpräferenzen notwendig. Sofern ein Mehrkonsum erreicht werden soll, wie z. B. bei Bildung und Ausbildung, spricht man von meritorischen Gütern. Wenn der Konsum reduziert werden soll, wie z. B. bei Alkohol oder Rauschgift, spricht man von demeritorischen Gütern. Das Grundproblem eines solchen Konzeptes ist die Schwierigkeit, eine allgemein akzeptierte Basis für solche Werturteile zu finden, die sich über die geoffenbarten Präferenzen des Publikums hinwegsetzen. Diese Schwierigkeit wird insbesondere in der herrschenden Ökonomie liberaler Prägung gesehen, die mit gutem Grund am methodologischen Individualismus festhält, also vom Primat individueller Entscheidungen aufgrund individueller Präferenzen ausgeht.

Die klassische Begründung für Eingriffe in die Konsumentensouveränität ist die mögliche Existenz so genannter verzerrter Präferenzen aufgrund unvollkommener Information und/oder Irrationalität bzw. Willensschwäche (vgl. Andel 1990, S. 389 f., Brümmerhoff 1986, S. 90 f.).

Das Konzept der *unvollkommenen Information,* das in Abschnitt 4.4. behandelt wurde, ist nach überwiegender Meinung nicht mehr geeignet, eine taugliche Begründung für Eingriffe in die Konsumentenpräferenzen abzugeben (vgl. Andel 1990, S. 390, Brümmerhoff 1986, S. 91, Peffekoven 1990, S. 488). Zum einen ist unvollkommene Information angesichts der Kosten von Informationsbeschaffung und Informationsverarbeitung der Normalzustand, zum zweiten gilt die Unvollkommenheit der Information auch für politische Entscheidungsträger und zum dritten wäre es – bei asymmetrisch verteilter Information – effizienter, die erforderlichen Informationsangebote zu fördern, statt direkt in den Konsumprozess einzugreifen.

Sehr schwierig zu beurteilen ist die bisweilen vermutete Veränderung von Präferenzen im Konsumprozess. So unterstellt Marshall in seiner klassischen Behauptung, „that the more good music a man hears, the stronger is his taste for it likely to become“ (Marshall 1923, S. 94). Hier wird also vermutet, dass das „Niveau“ des Konsums zunimmt, eine Beobachtung, die z. B. Konsumenten von Rotwein in den Entwicklungsstufen von „Valpolicella“ zu „Château Margaux“ bestätigen mögen. Dies kann hier nicht kompetent beurteilt werden. Wenn dies aber so ist, dann liefert eine solche Veränderung der Präferenzen eine starke Begründung für eine Medienpädagogik.

Noch schwieriger zu beurteilen ist das Konzept der Nichtrationalität bzw. Willensschwäche. *Nichtrationalität* liegt vor, „wenn das Verhalten von Individuen gegen ihre eigenen Interessen bzw. die eigene Wohlfahrt verstößt“ (Fritsch/Wein/Ewers 1993, S. 251). Das klassische Beispiel für Nichtrationalität ist die schon von Böhm-Bawerk und Pigou vorgebrachte These der systematischen Unterschätzung künftiger Bedürfnisse und künftiger Entbehrungen (Böhm-Bawerk 1921, S. 332; Pigou 1972, S. 25). In diesem Fall kann ein Eingriff in die Konsumentenpräferenzen als gerechtfertigt angesehen werden, wenn er im nachhinein von den Betroffenen gebilligt wird. Das Problem ist allerdings, dass man vorher nicht genau sagen kann, ob eine solche nachträgliche Billigung auch tatsächlich eintreten wird.

Im Fall der systematischen Unterschätzung der „Zukunft“ entsteht eine verzerrte Wahrnehmung in der Abwägung der Kosten und der Nutzen einer Aktivität. Güter, deren Nutzen aus dem Konsum relativ hoch, relativ bekannt und sofort verfügbar ist, während ihre Kosten relativ klein, relativ unbekannt und über die Zeit verteilt sind, werden suboptimal zuviel konsumiert. Dies gilt für die klassischen Suchtmittel, aber wohl auch für Aktivitäten wie Fernsehen, dem ein Suchtpotential zugeschrieben kann (vgl. Fehr/Zych 1995, S. 570 f.); generell für demeritorische Güter. Bei meritorischen Gütern ist es umgekehrt: Die gegenwärtigen Kosten sind relativ hoch, relativ bekannt und sofort spürbar, während der zukünftige Nutzen relativ unbekannt und über die Zeit verteilt ist. In diesem Fall ist der Konsum suboptimal zu gering. Dies gilt für die klassischen Beispiele wie Erwerb von Humankapital oder Gesundheitsvorsorge (vgl. Fehr/Zych 1995, S. 598) und sicher auch für den Erwerb von Humankapital durch die Rezeption geeigneter Medien.

Willensschwäche liegt vor, wenn das Individuum seine Präferenzen kennt und die Umweltzustände auch richtig beurteilen kann, dennoch aber nicht danach handelt. Kiefer greift eine entsprechend vorgebrachte Differenzierung (vgl. Erlei 1992, S. 35 ff.) auf. Sie unterscheidet

> „zwischen einer übergeordneten, reflexiven Präferenzordnung (wie man handeln sollte, sich gerne handeln sähe), die auch für Entscheidungen herangezogen wird, die

die Allgemeinheit betreffen, und untergeordneten Marktpräferenzen, nach denen man zur unmittelbaren Beeinflussung des kurzfristigen Wohlbefindens hier und heute handelt. Mit dieser Annahme von zwei Präferenzordnungen des Individuums ist es also nicht der wohlmeinende Diktator, der entscheidet, was dem Individuum frommt, sondern dieses kennt selbst seine „wahren" Interessen, die allerdings mit seinem Handeln häufiger in Konflikt geraten. Meritorische Güter nun sollen die Durchsetzung der reflexiven gegenüber den Marktpräferenzen ermöglichen" (Kiefer 1994, S. 433).

Ein solcher Konflikt zwischen individuellen Präferenzen ist denkbar, allerdings äußerst schwierig zu diagnostizieren. Und letztlich bleibt unklar, warum sich die eigentlichen Präferenzen nicht durchsetzen.

Für den Medienkonsum gibt es m. E. bislang nur individuelle Werturteile zur Meritorik und Demeritorik (vgl. z. B. Postman 1985 oder Eurich 1993) aber keine legitimierten Defizitfeststellungen, weder legitimiert durch die nachträgliche individuelle Billigung der Betroffenen, noch legitimiert durch Mehrheitsentscheidungen in demokratischen Abstimmungsprozessen. Generell ist die Ökonomie sehr skeptisch bezüglich der Anwendbarkeit des von ihr entwickelten Konzeptes der Meritorik bzw. Demeritorik: Es liefert eine Plattform für Werturteile, aber nicht zugleich eine akzeptable Fundierung.

Und gerade für den Medienkonsum ergibt sich ein spezielles Problem, das bislang nicht einmal konzeptionell zu lösen ist: Eine Meritorität würde einen Mehrkonsum (z. B. von klassischen Musikprogrammen) begründen, aber Normadressaten und geeignete Verfahren zur Durchsetzung sind nicht in Sicht. Naheliegende Analogien zur Schul- oder Impfpflicht können nur schrecken, eine Lösung bieten sie nicht.

6. Missbrauch von Information zur Meinungsmanipulation

Produktion und Verkauf von Information befriedigt immer die privaten Informationsbedürfnisse Einzelner und beeinflusst daneben in der Regel auch die öffentliche Meinung oder jedenfalls die Meinung von Teilöffentlichkeiten. In diesem Sinne sind die Wirkungen der Information immer privat und öffentlich zugleich. Dadurch entsteht das Problem, dass – opportunistisches Verhalten immer vorausgesetzt – die Beeinflussung der öffentlichen Meinung immer auch für private Zwecke missbraucht werden kann. Dies kann als eine Art von externer Effekt der Medienproduktion bezeichnet werden, soll wegen seiner besonderen Bedeutung hier aber speziell beschrieben werden.

Von Missbrauch für private Zwecke wäre dann zu sprechen, wenn ein Gewinn nicht allein aus dem Verkauf der Primärinformation erzielt werden soll, sondern es das Ziel des Urhebers ist, öffentliche Sekundärwirkungen der Information privat zu nutzen. Dieses Ziel, einen privaten Zusatzgewinn zu erzielen, grenzt den Missbrauch von Information vom legitimen Verkauf von Meinungen zu Dumpingpreisen (z. B. die Subvention der „Welt") ab.

Beispiele für die missbräuchliche Zusatznutzung eines Informationsverkaufs lassen sich zahlreich finden: Meldungen, um den Kurs eigener Wertpapiere positiv zu beeinflussen; Berichte, um eigene Geschäftsbeziehungen zu fördern; positive Berichterstattung über wichtige Eigentümer des Medienkonzerns oder deren Freunde; oder ganz allgemein die Akkumulation von Ansehen, Einfluss und Macht, etwa für eine beabsichtigte politische Karriere. In diesen Fällen wird der private Nutzen des Käufers der Information als Vehikel für die Durchsetzung fremder Interessen missbraucht.

Der *Anreiz*, Produktion und Verkauf von Information für private Zwecke zu missbrauchen, ist recht groß, weil die Meinungsproduktion relativ billig sein kann, der private Zusatznutzen hingegen erheblich ausfallen kann. Eine Parallele ist allenfalls die Waffenproduktion, bei der die möglicherweise erzielbaren Raubgewinne die Produktionskosten deutlich übersteigen können. Auch die *Möglichkeit* eines Missbrauchs ist relativ groß, weil die Missbrauchsabsicht von den Rezipienten nicht leicht erkannt und vom Gesetzgeber nur schwer geahndet werden kann.

Die Produktion der Massenmedien ist mithin durch schwerwiegende Abweichungen vom reinen Marktmodell gekennzeichnet, Marktversagen ist in allen denkbaren Komplexen zu konstatieren und dies in jeweils erheblichem Umfang. Dabei ist die vorstehende Argumentation völlig in Denkmuster und Wertesystem der Ökonomie eingebunden. Mithin erhebt sich schon aus ökonomischer Sicht die Frage, ob die Medienproduktion, wie z. B. die Produktion von innerer und äußerer Sicherheit oder Bildung und Wissen, nicht in marktfernen Organisationsmodellen besser aufgehoben wäre. Bevor diese Frage in Abschnitt 8 behandelt wird, soll untersucht werden, wie die Medienproduktion aus medienpolitischer Sicht zu beurteilen ist.

7. Marktmängel im Mediensystem - eine Analyse aus medienpolitischer Sicht

Die Medienpolitik verfügt nicht über ein so konsistentes und fundiertes Bewertungssystem wie die Ökonomie. Ihre Normen speisen sich aus verschiedenen Disziplinen, sie sind vielfältig und vermutlich größeren Schwankungen unterworfen und die von ihr bevorzugten Verfahren eines irgendwie geformten publizistischen Wettbewerbs stützen sich auf eine tradierte Kritik des Marktes, sie sind indes positiv kaum begründet (nicht: begründbar) und damit einer theorielosen Beliebigkeit unterworfen. Um in der Analyse den Blick für Trennungen zu schärfen, unterstelle ich die genannten Normen der Medienpolitik, nämlich Vielfalt, Qualität und Niveau, und fasse zusammen, was aus meiner Sicht Kern der Kritik der Ökonomie durch die Medienpolitik ist:

- der Mangel an Vielfalt,
- der Mangel an Qualität und
- der Mangel an Niveau.

Abschließend versuche ich, die strukturbedingten Folgen eines alternativen Verfahrens - des publizistischen Wettbewerbs - für Vielfalt, Qualität und Niveau zu beschreiben. Dies ist indes recht spekulativ, weil hier fundierte Kenntnisse nicht vorliegen.

7.1. Ökonomischer Wettbewerb und Vielfalt

Das *Konzept der Vielfalt* ist Gegenstand zahlreicher und langanhaltender Kontroversen (vgl. Rager/Weber 1992). Es erscheint nützlich, durch einige Differenzierungen mehr Klarheit in die Debatte zu bringen. Diese Differenzierungen beziehen sich zum einen auf die Systeme Wirtschaft und Medienpolitik, innerhalb derer unterschiedliche Vorstellungen zum Komplex der Vielfalt bestehen, und zum anderen auf die zeitliche Dimension des Konsums bzw. der Rezeption von Vielfalt. Zu unterscheiden ist also

- die ökonomische Vielfalt,
- die publizistische Vielfalt,
- die statische Vielfalt und
- die dynamische Vielfalt (vgl. Heinrich 1992a).

Ökonomische Vielfalt ist individuell determiniert und bezieht sich auf „präferenzrelevante Merkmale, die Gegenstand der individuellen Konsumentscheidung sind. Vielfalt heißt in diesem Sinne also große Auswahl beim Konsum“ (Kruse 1996, S. 28), und nur das Individuum kann entscheiden, ob „Coca Cola“ für ihn etwas anderes ist als „Pepsi Cola“ oder ob „Ilona Christen“ etwas anderes ist als „Hans Meiser“. Ökonomische Vielfalt ist als irgendeine Unterschiedlichkeit der Produkte zu interpretieren, als irgendeine Unterschiedlichkeit in der Dimension von Produktqualität, Werbung oder Verpackung, die von Konsumenten wahrgenommen wird. Kruse nennt die ökonomische Vielfalt konsumtive Vielfalt (Kruse 1996, S. 28 f.). Weil aber auch die publizistische Vielfalt letztlich konsumtiv vermittelt wird, soll die Unterscheidung ökonomische versus publizistische Vielfalt hier beibehalten werden.

Publizistische Vielfalt ist vermutlich eher objektiv determiniert und bezieht sich auf die verschiedenen möglichen Dimensionen von Meinungen, Werten, Normen, Argumenten usw. Ob die Kosten der publizistischen Vielfalt bei ihrer medienpolitischen Bewertung eine Rolle spielen, ist unklar, vor allem aber unwahrscheinlich: Publizistische Vielfalt ist als verfassungsrechtlicher Zielwert sicher ein Wert per se. Kruse nennt dies „meritorische Vielfalt“ (Kruse 1996, S. 28 f). Dies ist ein aussagekräftiger Begriff, weil im Konzept der publizistischen Vielfalt ein großes Maß an Meritorik und Demeritorik steckt; aber nicht nur. Daher und wegen der eher prinzipiellen Unterschiedlichkeit soll hier der Begriff publizistische Vielfalt beibehalten werden.

Statische Vielfalt bezieht sich auf die Angebotsvielfalt – von Gütern und von Meinungen – zu einer relativ eng begrenzten Zeitperiode, etwa „heute“ oder „heute zur Prime Time“. Bei statischer Vielfalt kommt es darauf an, zur gleichen Zeit ein vielfältiges Angebot zu bieten, aus dem die Konsumenten/Rezipienten wählen können. Eine solche zeitgebundene Wahlmöglichkeit ist sowohl für die ökonomische als auch für die publizistische Vielfalt von großer Relevanz.

Dynamische Vielfalt bezieht sich auf die Angebotsvielfalt im Zeitablauf. Es käme also darauf an, im Zeitablauf ein vielfältiges Angebot zu bieten, also etwa im Laufe einiger Zeit alle relevanten Meinungen anzubieten oder das Güterangebot zu verändern. Wie relevant dies für die publizistische Vielfalt ist, kann hier nicht beurteilt werden. Es bleibt zu vermuten, dass medienpolitisch eher von der statischen publizistischen Vielfalt als Norm ausgegangen wird. So fordert das Bundesverfassungsgericht, „dass die Vielfalt der *bestehenden* Meinungen im Rundfunk in möglichster Breite und Vollständigkeit Ausdruck findet" (BVerfGE 57, 297, 320; 74, 279, 324; kursive Hervorhebung durch mich). Für die ökonomische Wohlfahrt spielt hingegen auch die dynamische Vielfalt eine ganz zentrale Rolle.

Ob und in welchem Umfang ökonomischer Wettbewerb zu Vielfalt führt, kann nicht genau gesagt werden, weil dies kein Thema für die Wirtschaftswissenschaft ist. Es lassen sich aber einige Entwicklungslinien der Produktion im Wettbewerbsprozess beschreiben, die Aussagen zur Vielfalt der produzierten Güter und Dienstleistungen ermöglichen (vgl. auch Kapitel 4, Abschnitt 5). Wichtig ist es, dabei zwei aufeinanderfolgende wettbewerbliche Anstrengungen zu unterscheiden, nämlich die Abfolge von *Innovation* und *Imitation* oder, anders formuliert, die Abfolge von maximaler und minimaler Produktdifferenzierung. Die Schumpetersche Pionierunternehmung versucht, durch Einführung neuer Produkte zu Lasten ihrer Konkurrenten mehr Nachfrage auf sich zu vereinen und damit höhere Gewinne zu erzielen. Gelingt ihr dies, so werden die Konkurrenzunternehmen versuchen, durch eine Imitation des erfolgreichen neuen Produktes ihrerseits die Kunden zurückzugewinnen. So wechseln sich Vielfalt und Vervielfältigung permanent ab, jede Innovation erhöht die Vielfalt und jede Imitation verringert die Vielfalt. Diese Beschreibung gilt im Prinzip für alle Märkte. Zu einem gegebenen Zeitpunkt sind die Produkte auf dem Markt häufig von überraschend ähnlicher Qualität, z. B. Autos, Kleider oder Fernsehprogramme, erst im Zeitablauf erfahren die Produkte Änderungen durch Innovationen. Damit kann man annehmen, dass ökonomischer Wettbewerb zu dynamischer Vielfalt führt, auf jeden Fall zu ökonomischer dynamischer Vielfalt und vermutlich auch zu publizistischer dynamischer Vielfalt, weil auch der Meinungswettbewerb von Innovation und Imitation gekennzeichnet ist.

Wieviel *Vielfalt im dynamischen Sinne* entsteht, hängt ab vom Wettbewerbsgeist des Pionierunternehmens und von den Strukturbedingungen des Wettbewerbs, die jeweils mehr oder weniger zu Innovationen anspornen. Von großer Bedeutung ist hier die Freiheit des Marktzutritts, die Marktphase und die Zahl der Konkurrenten. Für den Zeitschriftenmarkt der Bundesrepublik, auf dem Marktzutritt möglich ist, der sich in der Expansionsphase befindet und auf dem die Zahl der Konkurrenten wettbewerbliche Anstrengungen begünstigt, können die Strukturbedingungen des Wettbewerbs als gut bezeichnet werden. Vielfalt im dynamischen Sinne dürfte hier also recht ausgeprägt sein. Für den Zeitungsmarkt hingegen sind die Strukturbedingungen des Wettbewerbs in der Regel schlecht, dynamische Vielfalt ist mithin nicht zu erwarten. Festzuhalten bleibt, dass ökonomischer Wettbewerb, wenn er gut funktioniert, dynamische Vielfalt sichern kann.

Wieviel *Vielfalt im statischen Sinne* erzeugt wird, hängt wesentlich vom Verlauf der Stückkosten im Verhältnis zur Marktnachfrage ab. Wenn die Stückkosten mit steigender Ausbringung stetig sinken, dann wird das Produkt am billigsten von einem Monopolisten angeboten und langfristig wird es dann nur ein Produkt und einen Anbieter auf dem Markt geben. Da gerade für die Medienproduktion stetig fallende Stückkosten typisch sind, ist auf den Medienmärkten nur geringe statische Vielfalt zu erwarten (vgl. hierzu genauer Band 2, Kapitel 4, Abschnitt 8.2). Diese Feststellung, dass die Fixkostendegression der Medienproduktion, insbesondere der Rundfunkproduktion, der entscheidende Grund dafür ist, dass Medienproduktionen eine geringe statische Vielfalt aufweisen, durchzieht die gesamte Literatur zur Rundfunkökonomie (vgl. vor allem Spence 1976, Spence/Owen 1977, Owen 1975 und Owen/Wildman 1992). Massenmedien sind dazu prädestiniert, *Massen*medien zu sein, weil die entscheidenden Kostenvorteile erst bei einem Massenkonsum realisiert werden (Rosse/Dertouzos 1978, S. 13).

Wichtig ist, dass dies eine produkt- und marktbezogene Betrachtung ist. Ganz langfristig wird es auf dem jeweiligen Medienmarkt nur ein Produkt und einen Anbieter geben. Von entscheidender Bedeutung ist hierbei die Größe der Märkte, weil viele kleine Monopole auf vielen kleinen Märkten weniger beunruhigend sind als einige große Monopole (vgl. Kapitel 4, Abschnitt 8). Wenn allerdings jeweils die gleiche Unternehmung das Monopol hat, dann sind auch viele kleine Monopole beunruhigend.

Dieser Befund gilt sowohl für das gesamte Medienprodukt als auch für seine einzelnen Elemente. Dynamisch gesehen werden neue Rundfunkprogramme entwickelt, neue Zeitschriften erscheinen in großer Fülle, ja sogar die Zeitungen verändern ihr Gesicht, und es werden neue Elemente entwickelt, wie z. B. „Reality TV" oder „Wirtschaft im Lokalen". Statisch gesehen ist indes große Einheitlichkeit festzustellen. Der passende Vergleich ist der mit dem Sortimentsangebot von Supermärkten. In jedem Supermarkt gibt es ein vielfältiges Angebot und es gibt fünf oder sechs Supermarktketten, die sich in einigen Details unterscheiden, aber irgendwie ist zu bestimmten Zeitpunkten alles gleich. Dort fehlen die kleinen Einzelhandelsgeschäfte, die sich mittlerweile unter dem Dach von Supermärkten langsam wieder etablieren, und im Medienmarkt fehlen die Angebote mit geringer Reichweite, die allenfalls politisch erzwungen werden.

Weil im ökonomischen Wettbewerb Kosten und Kosteneinsparungen eine zentrale Rolle spielen, bietet der ökonomische Wettbewerb wenig Aussicht auf eine statische Vielfalt und der Verzicht auf den ökonomischen Wettbewerb als Steuerungsinstrument könnte die Bedingungen für die Produktion von statischer Vielfalt verbessern. Allerdings müsste die Gesellschaft dann die höheren Kosten der Produktion tragen. Dies gilt für die ökonomische und publizistische statische Vielfalt *im Prinzip* in gleicher Weise, weil beide Produktionen dem Prinzip der Fixkostendegression unterworfen sind.

7.2. Ökonomischer Wettbewerb und Qualität

Ökonomischer Wettbewerb verbessert die allokative und die produktive Effizienz. Das bedeutet nicht per se, dass ökonomischer Wettbewerb die Qualität von Produkten erhöht oder ihre Kosten senkt, sondern dass das *Verhältnis* von Qualität zu Kosten verbessert wird. Dies mag sich in einer Qualitätsverbesserung oder einer Qualitätsminderung niederschlagen, letztlich entscheidet der Konsument, ob er bereit ist, eine teure Qualitätsproduktion zu bezahlen oder ob er eine billige Massenproduktion präferiert. In dieser Formulierung steckt eine Voraussetzung, nämlich, dass die Qualitätsproduktion höhere Kosten verursacht als die Nicht-Qualitätsproduktion. Dies kann in aller Regel sowohl für die normale Güterproduktion als auch für die Medienproduktion unterstellt werden.

Wenn die Rezipienten die gleichen Qualitätskriterien haben wie die Medienpolitik - also die genannten Kriterien von Aktualität, Relevanz, Richtigkeit und Vermittlung - dann ergibt sich das Problem des Marktversagens in Bezug auf die Produktqualität bei mangelnder Qualitätstransparenz der Rezipienten (vgl. Abschnitt 4.4). Hier könnte eine Form von Qualitätstransparenzpolitik, etwa nach dem Muster von „Stiftung Medientest" (vgl Krotz 1996) begrenzt Abhilfe schaffen.

Wenn, was ich unterstelle, die Medienpolitik mit ihren genannten Qualitätskriterien andere Kriterien als das Publikum hat, dann erhebt sich zum einen das Problem ihrer Legitimation und zum anderen das Problem ihrer Durchsetzbarkeit. Beide Probleme können und sollen hier nicht gelöst werden; ihre Lösung wird unterstellt, und ich skizziere *meine* medienpolitisch geprägte Kritik des Wettbewerbs im Mediensektor.

Die Kontrolle der Qualität der Medienproduktion ist gering; sie wird durch das Publikum nur unzureichend ausgeübt und die Medienpolitik verfügt über so gut wie keine Kontrollmechanismen etwa nach dem Muster eines TÜV, eines Aufsichtsamtes über Arzneimittel oder einer Stiftung Warentest. Daher besteht im ökonomischen Wettbewerb nur der Anreiz, billig zu produzieren.

Der ökonomische Wettbewerb ist dann kein Wettbewerb um bessere Qualität, sondern ein Wettbewerb um billigere Produktion, also überwiegend ein *Kostenwettbewerb* (vgl. Heinrich 1996). Wenn in der Publizistik der Zusammenhang zwischen Produktionskosten und Qualität auch nicht so direkt hergestellt werden kann wie z. B. im Automobilbau, so ist der Zusammenhang doch wenigstens eindeutig in der Richtung: Die genannten publizistischen Qualitätskriterien kosten in ihrer Gesamtheit Geld, und Beispiele für Kostensenkungen und nachfolgende Qualitätsverschlechterungen lassen sich denn auch zahlreich finden:

- Mehrfachverwertungen und Wiederholungen nehmen zu.
- Billige Produktionselemente nehmen zu. Nachrichten werden inszeniert, was billiger ist, als zu recherchieren, und Meinungen, Werturteile und Positionen werden kolportiert, was billiger ist, als Argumente zu sammeln.

- Billige Qualitätsmerkmale gewinnen an Gewicht, vor allem Aktualität, Dramatik und Kuriosität statt gründlicher Recherche und ausgewogener Darstellung, die der Bedeutsamkeit des Themas Rechnung trägt (vgl. zur Kritik z. B. Haller 1993). Insbesondere wird die Aktualität durch die Nutzung des entfernungssparenden technischen Fortschritts immer billiger. So erlaubt das „Satelliten News Gathering“ (SNG) die schnelle und billige Nachrichtenübertragung aus allen Teilen der Welt. Die Konsequenz ist die schnellste Übertragung jeweils aktueller Ereignisse durch mobile Sendestationen und ein Verzicht auf teure Landesstudios. Damit wird die Berichterstattung aktueller, aber auch oberflächlicher, weil auf Ereignisse nur reagiert wird, weil für Recherchen keine Zeit bleibt und weil Landeswissen bei den Reportern nicht vorhanden sein kann.
- Die Fertigungstiefe wird abgebaut, d. h., die Eigenproduktionen nehmen ab und die Auftrags- bzw. Kaufproduktionen nehmen zu. Marktproduktion ist billiger als die Eigenproduktion – sie realisiert die Größenvorteile der Produktion und die Diversifizierungsvorteile der Arbeitsteilung, aber sie reduziert die Vielfalt und die Qualität der Produktion journalistischer Aussagen. Die Vielfalt wird reduziert, weil die Produktion standardisiert wird (Verwendung gleicher Elemente, gleicher Ideen, gleicher Personen: also Verwendung von klassischen Versatzstücken), und die Qualität wird sinken, weil die Qualität bei Auftragsproduktionen noch schlechter kontrolliert werden kann als bei Eigenproduktionen und weil die Interessensdivergenz zwischen Auftraggeber und Auftragnehmer, der vor allem Geld verdienen will, zunimmt.

Diese beschriebenen Entwicklungen sind vor allem im Bereich von Hörfunk, Fernsehen und Zeitschriften zu beobachten, was kein Zufall ist, weil hier der Wettbewerb wesentlich heftiger ist als im Zeitungsmarkt. Problematisch ist damit die Zulassung relativ vieler Rundfunkveranstalter für einen Markt, weil die Einnahmemöglichkeiten pro Programm und damit die publizistische Qualität pro Programm abnehmen müssen. Es ist aber auch fraglich, ob die publizistische Qualität z. B. des *Spiegels* durch die entstandene Konkurrenz von *Focus* zugenommen hat. Aus meiner subjektiven Sicht ist das zu verneinen.

7.3. Ökonomischer Wettbewerb und Niveau

Die Diskrepanz zwischen den Präferenzen des Publikums und den Präferenzen der Medienpolitik sollte m. E. vor allem in der Dimension von Niveau und weniger in der Dimension von Qualität diskutiert werden, denn die gängige Kritik der Medienproduktion, z. B. die Kritik an „Big Brother“, an der Bild-Zeitung oder an Busenblättern ist vor allem eine Kritik des Niveaus, nicht der Qualität. Die publizistische Qualität der Bild-Zeitung wird (von mir) als recht hoch eingeschätzt.

Publizistisches Niveau wird üblicherweise nicht als spezielles Bewertungskriterium eingeführt. Meines Erachtens erscheint es aber sinnvoll, die Konzepte Niveau und Qualität zu unterscheiden, weil sie sich auf ganz unterschiedliche Ebenen beziehen. *Publizistisches Niveau* bezeichnet den publizistischen Rang, die Position einer publizistischen Produktion in der Hierarchie der Präferenzen (Philosophie rangiert in der Bewertung der Präferenzen vor Pornographie) und in der Hierarchie der gedachten Intelligenz der Rezipienten.

Eine systematische Beziehung zwischen Wettbewerb und Niveau lässt sich nicht herstellen, weil die Produktion von Niveau nicht systematisierbar mit Kosten in Verbindung zu bringen ist. Eine publizistische Produktion von hohem Niveau - etwa eine Analyse des Kant`schen Konzepts von Aufklärung - ist ja nicht teurer als eine Produktion von geringem Niveau - etwa „Wetten, dass...?“. Man kann nur feststellen, dass ökonomischer Wettbewerb das Verfahren ist, das besser als jedes andere Verfahren geeignet ist, die Präferenzen des Publikums zu entdecken. Und wenn das Publikum ein anderes Niveau präferiert als die Medienpolitik, so mag dies bedauerlich sein, aber zu ändern ist es nicht. Nur muss dann auch klar gesehen werden, dass das Publikum die Verantwortung für das Niveau der Medienproduktion hat, nicht die Produzenten.

Ökonomischer Wettbewerb führt im Mediensektor also zu

- erheblichem Marktversagen nach den Kriterien des Systems Ökonomie und
- erheblichen Funktionsmängeln nach den Kriterien des Systems Medienpolitik.

7.4. Publizistischer Wettbewerb und Vielfalt, Qualität und Niveau

Publizistischer Wettbewerb leistet sich den Luxus, Produktionskosten und/oder Rezipientenpräferenzen ganz oder teilweise zu missachten. Mithin bietet das Regime eines publizistischen Wettbewerbs immer die *Möglichkeit*, Vielfalt, Qualität und/oder Niveau zu produzieren, weil Vielfalt und Qualität höhere Produktionskosten bedingen als ihr Gegenteil und weil das Publikum im Durchschnitt nicht nur Beiträge von hohem Niveau rezipieren will - ich auch nicht. Ob diese Möglichkeit genutzt wird, kann nicht allgemein gesagt werden.

Theoretische Überlegungen machen *plausibel*, dass im publizistischen Wettbewerb mehr publizistische Qualität produziert wird als im ökonomischen Wettbewerb, weil die jeweiligen publizistischen Qualitätsmerkmale – z. B. Aktualität, Relevanz und Richtigkeit – Erfolgsmaßstäbe der Produktion sind. Dabei wird die Produktion publizistischer Qualität gefördert, wenn eine Zurechnung von Handlungsfolgen im Marktsinne nicht erfolgt, wie dies bei einer hochgradig arbeitsteiligen Verbundproduktion der Fall ist. So kann z. B. der Auflagenerfolg einer Zeitung nicht den Beiträgen je einzelner Journalisten zugerechnet werden. Dies erlaubt, Qualitätsmaßstäbe für Redakteure und Ressorts, zum Teil vom Markt entfernt, zu entwickeln.

Vergleichende empirische Untersuchungen zur publizistischen Qualität journalis-tischer Produktion unter den alternativen Regimen des ökonomischen bzw. publizis-tischen Wettbewerbs liegen nicht vor. Die Programmanalysen von Krüger verwenden andere Kategorien (vgl. z. B. Krüger/Zapf-Schramm 1994). Sie zeigen aber, dass öffentlich-rechtliche und private Hauptprogramme sich programmstrukturell wesentlich unterscheiden und dass eine einseitige Anpassung öffentlich-rechtlicher an kommerzielle Programmprofile nicht zu erkennen ist (ebd., S. 246). Im Übrigen müssen Indizien herhalten wie z. B. die Preisverleihung des Adolf-Grimme-Instituts vorwiegend an Produktionen unter dem Regime des publizistischen Wettbewerbs.

Theoretische Überlegungen machen auch *plausibel*, dass publizistischer Wettbewerb mehr statische Vielfalt produziert als ökonomischer Wettbewerb, weil der Druck zu immerwährender Imitation erfolgreicher Konkurrenzprodukte weniger dringlich ist, weil auch für relativ kleine Marktsegmente produziert werden kann. Die geringe Größe solcher Marktsegmente würde anderenfalls nicht die hohen Pro-Kopf-Kosten von Minderheitsproduktionen tragen. So besteht ein gewisser Anreiz, durch neue, andersartige Produktionen publizistischen Erfolg zu erzielen. Es muss aber betont werden, dass unter publizistischem Wettbewerb in der Regel weder billig noch genau das produziert wird, was das Publikum in seiner Mehrheit wünscht.

Vielfalt in dynamischer Sicht dürfte hingegen in gleicher Weise Folge des publizistischen wie des ökonomischen Wettbewerbs sein. Dies liegt daran, dass bei publizistischem Wettbewerb zwar der Innovationsdruck geringer ist, aber die Suche nach Neuem, nach „Knüllern", nach Exklusivberichten, letztlich also die Suche nach Innovationen des „Pionierjournalisten" weniger durch Kostenzwänge behindert ist.

Publizistischer Wettbewerb kann letztlich nicht als Königsweg gesehen werden. Er ist in der Regel teurer als ökonomischer Wettbewerb und produziert zum Teil am Markt vorbei. Kontrolle wird ausgeübt im Wesentlichen durch die individuelle Akzeptanz journalistischer Berufsnormen, funktioniert sozusagen „sponte sua sine lege" – also nur im „Goldenen Zeitalter". Und die Aussichten auf Produktion von Vielfalt sind nicht entscheidend besser als bei ökonomischem Wettbewerb, wenngleich vermutet werden kann, dass langfristig größere statische Vielfalt das Ergebnis sein wird.

Mithin wäre eine Mischung anzustreben zwischen rein ökonomischem und rein publizistischem Wettbewerb, eine Mischung, die die oben genannten Strukturmerkmale kombiniert. So müsste bei völliger Abhängigkeit von Marktentgelten und präzis entwickelter Erfolgskontrolle für einzelne Beiträge – wie im privaten, werbefinanzierten Fernsehen – ein Ausgleich durch ein hohes Maß an Handlungsautonomie für die angestellten Journalisten geschaffen werden, etwa nach dem 2-Säulen-Modell des NRW-Lokalfunks.

Entsprechend könnte bei Printmedien, die keine präzise Erfolgskontrolle für Einzelbeiträge bieten und mit der Mischfinanzierung aus Abonnentenpreisen und Werbeeinnahmen von der direkten Abhängigkeit des Erfolgs von „Lesequoten" ein wenig entfernt sind, die Handlungsautonomie auf eine Detailkompetenz beschränkt bleiben. Problematisch bleiben die Behandlung der nicht zu beeinflussenden Variable „Akzeptanz journalistischer Berufsnormen" und eine justitiable Ausgestaltung der Strukturmerkmale. Vermutlich bleibt die größere Vielfalt medienstruktureller Regelungen und die größere Autonomie der journalistischen Produktion ein Desideratum.

8. Staatliche Produktion und staatliche Überwachung als Alternative zum Markt?

8.1. Staatliche Produktion des öffentlichen Gutes Meinungsvielfalt?

Angesichts der Fülle der Probleme einer rein marktwirtschaftlich organisierten Medienproduktion ist es erstaunlich, dass regulierende Maßnahmen im Medienbereich die Ausnahmen geblieben sind, vor allem, wenn der Vergleich zu relativ stark regulierten Bereichen mit relativ geringem Marktversagen gezogen wird, wie Landwirtschaft, Verkehrswirtschaft, Banken und Versicherungswirtschaft sowie der Gesundheitsbereich. Üblicherweise ist der Staat aufgerufen, die Produktion wichtiger öffentlicher Güter zu sichern, indem er das Angebot durch Zwangseinnahmen (Steuern, Gebühren oder Beiträge) finanziert. So wird z. B. die Produktion von innerer und äußerer Sicherheit sowie von Bildung, Wissenschaft und Grundlagenforschung durch Zwangseinnahmen finanziert und unter staatlicher Aufsicht durchgeführt.

Aus mehreren Gründen erschiene die staatlich organisierte Produktion des öffentlichen Gutes „Meinungsvielfalt" indes als bei weitem schlechtere Alternative zum Markt:

- Um die Produktivität des Meinungsbildungsverfahrens zu sichern, muss das Verfahren durch maximale Offenheit gekennzeichnet sein; alle denkbaren Möglichkeiten des Marktzutritts müssen gewährleistet sein. Dies schließt nicht aus, dass auch der Staat Akteur im Meinungsbildungsprozess ist, aber es schließt eine privilegierte Stellung des Staates aus.
- Wenn die Funktionsweise der parlamentarischen Demokratie durch den öffentlichen Meinungsbildungsprozess verbessert werden soll, dann setzt dies voraus, dass diese öffentliche Meinung staatsfern produziert wird.
- Das öffentliche Gut Meinungsvielfalt muss nicht nur produziert werden, sondern es muss auch konsumiert werden, damit die Funktionsweise des öffentlichen Meinungsbildungsprozesses verbessert wird. Diesen Konsum kann der Staat nicht besser sichern als private Medienunternehmen.

8.2. Staatliche Überwachung der Qualität der Medienproduktion?

In zahlreichen Sektoren der Wirtschaft wird die Qualität der Produktion staatlich organisiert überwacht, und es besteht eine prinzipielle Produzentenhaftung. So wird in der Bundesrepublik die Qualität beinahe aller Produkte überwacht, von der Sicherheit der Arzneimittel durch das Bundesgesundheitsamt, über Qualitätsnormen für Hackfleisch und die Sicherheit von Spielzeug durch die EU oder der Schutz vor Gefahren durch in-vitro neu kombinierte Nukleinsäuren durch die Zentrale Kommission für biologische Sicherheit. Es existiert eine nicht mehr überschaubare Fülle von Forschungs-, Entwicklungs- und Prüfeinrichtungen des Staates, wie z. B. die

Bundesanstalt für Materialforschung, die Physikalisch-Technische Bundesanstalt oder das Deutsche Institut für Normung sowie zahlreiche Expertenkomitees und wissenschaftliche Beiräte. Nur die Qualität der Medienproduktion wird kaum überwacht, lediglich durch den Deutschen Presserat, durch die Landesmedienanstalten sowie durch Rundfunkräte der öffentlich-rechtlichen Rundfunkanstalten. Eine Produzentenhaftung existiert nicht. Es bleibt mithin zu prüfen, ob eine bessere Kontrolle der Medienproduktion möglich ist.

Aus der Theorie und Praxis der Regulierung unterscheidet man im Wesentlichen zwei Kontrollansätze:

- die kontrollierende Behörde und
- das unabhängige Expertenkomitee (vgl. Kaufer 1981, S. 92 ff.).

Eine Kontrolle durch Behörden weist erhebliche Nachteile auf. Eine Behörde ist risikoscheu, sie neigt dazu, die Qualität der in Frage stehenden Produkte vor ihrer Zulassung zu testen, was bei der Medienproduktion nicht möglich ist. Eine Behörde kann kaum informelle Kontakte aufbauen und die Rekrutierung fähiger Mitarbeiter erweist sich in der Regel als schwierig. Daher spricht sehr viel für eine Qualitätskontrolle im Medienbereich durch ein Expertenkomitee, etwa nach dem Muster des Sachverständigenrates zur Begutachtung der gesamtwirtschaftlichen Entwicklung oder der Monopolkommission zur Begutachtung des Wettbewerbs. Auf keinen Fall sollte das Komitee mit Vertretern der „gesellschaftlich relevanten Gruppen" besetzt sein, weil diese ausschließlich die Interessen ihrer jeweiligen Gruppen verfolgen und nicht das Ziel haben, die Qualität der Medienproduktion insgesamt zu kontrollieren. Der Staat sollte daher die Qualitätskontrolle im Medienbereich durch unabhängige Experten organisieren, dabei aber die strikte Unabhängigkeit eines solchen Gremiums – etwa nach dem Muster des Zentralbankrats – garantieren. Möglich erscheint z. B. auch eine öffentlich-rechtliche Journalistenkammer als überwachendes Expertenkomitee in Form einer berufsständischen Kammer, ähnlich den Ärzte- oder Rechtsanwaltskammern (Kriele 1990). Dabei besteht aber in großem Maße die Gefahr einer reinen Verbandsinteressenvertretung, dies beschränkt die Funktionsfähigkeit.

Mithin erscheint eine kollektiv finanzierte Stiftung oder ein kollektiv finanzierter Verein zur Herstellung von Qualitätstransparenz im Mediensystem als angemessener. Die vorgeschlagene Stiftung „Medientest" (vgl. Krotz 1996) steht allerdings vor großen Schwierigkeiten:

- Ein Medientest ist ungleich komplexer als ein Test von Bohrmaschinen oder Autoreifen,
- und der Nutzen solcher Qualitätsinformationen ist für Rezipienten vermutlich kleiner als der Nutzen von Warentests für teure Gebrauchsgegenstände.

Dennoch gibt es keine Alternative für die Einrichtung eines „Medientests", weil eine Qualitätskontrolle durch Qualitätstransparenz gerade im Bereich der Medienproduktion von zentraler Bedeutung ist. Unabhängige Experten könnten wenigstens Entwicklungen bewerten und Missstände benennen.

Ein solches Expertengremium hätte nicht nur die Aufgabe, die Qualität journalistischer Produktion zu sichern, sondern auch die Aufgabe, Missbräuche der journalistischen Produktion für nicht direkt pekuniäre Zwecke des Herausgeber-Unternehmens zu verhindern. Weil Information wie kein anderes Gut geeignet ist, zur Verfolgung nicht-pekuniärer Ziele zu dienen – vor allem Ansehen, Einfluss und Macht zu allgemeinen oder für bestimmte Zwecke zu akkumulieren –, ist eine Kontrolle besonders dringlich. Vorbild könnte die Insider-Richtlinie der EU sein, die strikt verbietet, Insiderwissen zum persönlichen Vorteil zu missbrauchen (Amtsblatt der EG, Nr. L 334/30 vom 18.11.1989). Die Insiderproblematik hat den Deutschen Presserat am 17.5.2000 (!) veranlasst, den Pressekodex um einen Hinweis auf den journalistischen Umgang mit Insiderinformationen zu erweitern und journalistische Verhaltensgrundsätze zu formulieren (Medienspiegel 22/2000).

Vorbild könnte auch die in guten Wirtschaftsredaktionen geübte Regel sein, als Wirtschaftsredakteur keine Aktien zu besitzen. Das würde bedeuten, dass Medienkapital strikt von anderem Kapital getrennt ist. Ist diese Trennung nicht zu gewährleisten, müsste in solchen Fällen eine Einflussnahme der Eigentümer auf die Medieninhalte verhindert werden. Zum mindesten aber wäre Transparenz über die Bindungen der „Medienschaffenden" herzustellen, wie dies der schweizerische Presserat empfiehlt und wie dies z. B. das „Handelsblatt" praktiziert. Wegen ihrer grundsätzlichen Bedeutung sollen diese Empfehlungen hier wiedergegeben werden. Dabei sollten unter dem Begriff „Medienschaffende" nicht nur Journalisten, sondern auch Eigentümer und Manager von Medienunternehmen erfasst werden.

Die Empfehlungen des Presserates im Wortlaut

a) Journalistinnen und Journalisten kann nicht verboten werden, *Freundschaften* mit interessanten Menschen aus Politik, Wirtschaft, Kultur, Wissenschaft, Showbusiness und Sport zu pflegen. Je prominenter diese Personen jedoch sind (oder werden), um so eher können sie Gegenstand journalistischer Beschreibung werden. Bei aller Freundschaft sollten daher die Medienschaffenden eine gewisse Distanz wahren.

b) Journalistinnen und Journalisten kann nicht verboten werden, *Vermögen* in Form von Aktien, Obligationen, Partizipationsscheinen oder Immobilien zu haben. Vermögen kann man auch erben. Medienschaffende sollten hingegen ihre Besitzverhältnisse, die berufsrelevant werden können und die geeignet sind, ihre berufliche Unabhängigkeit und die Äußerung ihrer persönlichen Meinung einzuschränken, gegenüber ihrer (Stamm-)Redaktion offenlegen.

c) Medienschaffende sollen Informationen, die sie von Berufs wegen erhalten und die noch nicht öffentlich sind, *nicht zu ihren eigenen wirtschaftlichen Vorteilen* nutzen.

d) Ähnlich wie die Parlamentsmitglieder sollen Redaktionsmitglieder auch ihre *Interessenbindungen* (Mitgliedschaft bei Parteien, in Verbandsvorständen und Verwaltungsräten) bekanntgeben. Die Redaktionen sollen die entsprechenden Verzeichnisse in regelmässigen Abständen (beispielsweise alle vier Jahre) veröffentlichen.

e) Medienschaffende, die *Wertpapiere* von Publikumsgesellschaften besitzen, sollen sie entweder *abgeben* oder nicht über die entsprechende Branche schreiben bzw. Sendungen produzieren.

f) Medienschaffende, die wegen persönlicher Beziehungen oder wegen wirtschaftlicher Interessen bei einem Thema befangen sind, sollen in *den Ausstand treten*. Der Ausstand ist dann gegeben, wenn eine «grosse Nähe» besteht.

g) Medienschaffende, die individuell und exklusiv Leistungen von Veranstaltern (wie Reisen, Benützung eines Autos, Sportartikel, Wertpapiere, Kunstgegenstände, Schmuck, Bargeld, Checks) *als Geschenk* angeboten erhalten, sollen das Angebot ablehnen.

h) *Vergünstigungen an ganze Gruppen* von Journalistinnen und Journalisten sind akzeptabel, wenn sie nicht mit Bedingungen verknüpft sind und die Berichterstattung frei bleibt. Nach Möglichkeit sollen sich die Medienunternehmen an den Kosten beteiligen. In der Berichterstattung ist darauf hinzuweisen, was vom Veranstalter bezahlt wurde.

i) Die *Veranstalter von «Medienereignissen»* (wie Besichtigungen, Bilanzpressekonferenzen, Reisen, Autotests, Sportanlässe, Messen) sind aufgefordert, ihrerseits Richtlinien über die Beziehungen zu den Massenmedien zu erlassen. Dabei wäre insbesondere zu stimulieren:

- Auf Vorinformationen und Spezialbehandlungen für einzelne Medien wird verzichtet.
- An Pressekonferenzen werden keine Geschenke abgegeben.
- Auf Reisen und Besichtigungen haben Medienschaffende das Recht, über den Anlaß gar nicht oder sehr kritisch zu berichten.

j) Die Journalistinnen und Journalisten sind in erster Linie *dem Publikum verpflichtet.* Ihm gilt ihre Loyalität, und diese Loyalität lässt nichtoffengelegte Abhängigkeiten von Menschen und Institutionen, die Gegenstand journalistischer Berichterstattung sein können, nicht zu. Den Massenmedien kommt laut Bundesgericht eine Kritik und Kontrollfunktion zu (BGE 371388, 95 11492). Sie setzt eine gewisse Distanz zu den politischen, wirtschaftlichen, kulturellen, gesellschaftlichen und sportlichen Akteuren voraus.

Quelle: Neue Züricher Zeitung, Fernausgabe Nr. 147 vom 28/29. Juni 1992

Zusammenfassung

Die Medienproduktion ist aus ökonomischer Sicht durch schwerwiegende Abweichungen vom reinen Marktmodell zu kennzeichnen. Marktversagen muss zum Komplex unzureichend definierbarer und durchsetzbarer Eigentumsrechte, zum Komplex der Informationsmängel und zum Komplex der Strukturprobleme des Wettbewerbs konstatiert werden und dies in jeweils erheblichem Umfang. Hinzu kommt, dass auch aus medienpolitischer Sicht die Koordination der Medienproduktion durch den Markt zu einem Mangel an Vielfalt, Qualität und Niveau führt. Alternativen zum Markt sind indes kaum in Sicht; vor allen Formen kollektiv regulierter Medienproduktion, vor „großen medienpolitischen Windmaschinen" (Saxer 1999), vor konzeptionsloser Regulierungsbeliebigkeit muss nachdrücklich gewarnt werden.

Literaturhinweise

Die rechtlichen Rahmenbedingungen des Journalismus beschreibt

Branahl, Udo (2000), Medienrecht, 3. Aufl., Opladen (Westdeutscher Verlag) 2000.

Das Spannungsverhältnis von Wirtschaft und Medienpolitik analysiert aus rechtswissenschaftlicher Sicht

Schulz, Wolfgang (1996), Recht im Widerstreit. Regulierung der Medienwirtschaft durch Recht, in: Klaus-Dieter Altmeppen (Hrsg.), Ökonomie der Medien und des Mediensystems, Opladen (Westdeutscher Verlag) 1996, S. 221-236.

Die vielfältigen Aspekte von publizistischer Qualität und Vielfalt behandelt der Sammelband

Rager, Günther; Bernd Weber (Hrsg.) (1992), Publizistische Vielfalt zwischen Markt und Politik, Düsseldorf u.a. (Econ) 1992.

Eine Darstellung des Journalismus mit dem Instrumentarium der Systemtheorie bietet

Blöbaum, Bernd (1994), Journalismus als soziales System, Opladen (Westdeutscher Verlag) 1994.

Eine Kontrolle des Mediensystems analysiert und diskutiert aus publizistikwissenschaftlicher Sicht

Jarren, Otfried, Medienregulierung in der Informationsgesellschaft? In: Publizistik, 44. Jg., Heft 2, 1999, S. 149-164.

Eine Kontrolle des Rundfunksystems analysieren und diskutieren aus ökonomischer Sicht

Gundlach, Herbert, Die öffentlich-rechtlichen Rundfunkunternehmen zwischen öffentlichem Auftrag und marktwirtschaftlichem Wettbewerb, Berlin (S+W) 1998,

Kops, Manfred, Prinzipien der Gestaltung von Rundfunkordnungen, in: Berg, H. J. (Hrsg.), Rundfunkgremien in Deutschland, 2. Auflage, Berlin (Vistas) 1999, S. 11-114, und regelmäßig die Monopolkommission in ihren Hauptgutachten, zuletzt

Monopolkommission (2000), 13. Hauptgutachten der Monopolkommission, Kapitel V, „Wettbewerb und Regulierung im Multimedia-Bereich".

Mögliche Leitlinien einer Medienordnung entwickelt

Kommunikationsordnung 2001 – Grundsatzpapier der Bertelsmann Stiftung zu Leitlinien der zukünftigen Kommunikationsordnung, Gütersloh (Bertelsmann Stiftung) 2001.

Rahmenbedingungen der Einflussnahmen auf die Medienproduktionen analysiert umfassend

Weischenberg, Siegfried, Journalistik I (1992) und Journalistik II (1995), Opladen (Westdeutscher Verlag).

4. Kapitel

Struktur der Medienmärkte - Medienkonzentration

In der Marktstrukturanalyse steht die Analyse der Konzentration in der Regel im Mittelpunkt ökonomischer Betrachtung, weil die Konzentration ein relativ einfach zu ermittelnder Indikator für den Wettbewerb ist. Für die Medienpolitik ist darüber hinaus die Konzentration von ganz besonderer Bedeutung, weil hier nicht nur der Wettbewerb, sondern ganz speziell die Vielfalt als zentrale Norm der Medienpolitik betroffen ist. Daher wird die Konzentration auch hier als erstes Problemfeld der Medienökonomie behandelt.

Mitte der neunziger Jahre hat eine Fusionswelle eingesetzt, deren quantitatives Ausmaß frühere Wellen weit in den Schatten stellt. Das Transaktionsvolumen der weltweit erfassten Zusammenschlüsse und Übernahmen erreichte im Jahre 1998 mit 2400 Mrd. Dollar das Fünffache dessen, was in den frühen neunziger Jahren erreicht wurde (iwd 16/2000, S. 4). Dieser allgemeine Trend betrifft insbesondere den Sektor Medien und Telekommunikation, der an den großen Zusammenschlüssen der Wirtschaft beteiligt ist, wie Übersicht 1 zeigt.

Übersicht 1: Die fünf größten Firmenübernahmen der Wirtschaftsgeschichte

Käufer	**Kaufobjekt**	**Branche**	**Jahr**	**Volumen in Mrd. DM**
Vodafone Group (UK)	Mannesmann (D)	Telekommunikation	2000	371,0
AOL (USA)	Time Warner (USA)	Internet/Medien	2000	331,7
MCI Worldcom (USA)	Sprint (USA)	Telekommunikation	1999	231,2
Pfizer (USA)	Warner-Lambert (USA)	Pharma	2000	169,6
Exxon (USA)	Mobil (USA)	Öl	1998	150,9

Quelle: Institut der Deutschen Wirtschaft Köln, iwd Nr. 16/2000

In diesem Kapitel werden grundlegende Konzepte der Konzentration geklärt (Abschnitt 1), die Ziele einer Konzentrationsanalyse des Mediensektors diskutiert (Abschnitt 2) und die Ursachen der Medienkonzentration beschrieben (Abschnitt 3). Abschnitt 4 behandelt kurz die ökonomischen Folgen der Konzentration und in Abschnitt 5 werden die möglichen Auswirkungen auf die Vielfalt diskutiert. Anschnitt 6 diskutiert sehr kurz mögliche Zusammenhänge zwischen Konzentration und Vielfalt und anschließend wird ein Überblick über die Ergebnisse der empirischen Studien zum Zusammenhang von Konzentration, Vielfalt und Qualität gegeben (Abschnitt 7). Da die gesamtgesellschaftlichen Gefahren der Konzentration auf den Märkten sehr stark von der Größe der Märkte abhängen, werden in Abschnitt 8 die Faktoren herausgestellt, die die Größe von Medienmärkten bestimmen. Abschließend wird ein Überblick über die Medienkonzentration in Deutschland (Abschnitt 9) und weltweit (Abschnitt 10) gegeben.

1. Formen, Ebenen und Messung der Konzentration

1.1. Formen und Ebenen der Konzentration

Konzentration bezeichnet eine Häufung von Merkmalen auf Merkmalsträger. Konzentration liegt vor, wenn Mitglieder einer Gruppe sich ein größeres Stück aus dem „Kuchen" herausschneiden, als ihnen nach ihrem zahlenmäßigen Anteil zusteht, oder wenn die Zahl der Gruppenmitglieder klein ist. Nach der Art der Gruppe - z. B. Unternehmung, Haushalt, Region - und nach der Art des Kuchens – z. B. Gesamtumsatz, Gesamtkapital, Beschäftigte, Vermögen, Einkommen - unterscheidet man unterschiedliche Konzentrationsbereiche. Bei der Medienkonzentration sind insbesondere folgende *Merkmale* von aussagekräftiger Bedeutung:

- Umsatz als Kriterium der wirtschaftlichen Größe und
- Auflage/Reichweite als Kriterium der publizistischen Größe.

Merkmalsträger sind insbesondere Unternehmen als rechtliche und als wirtschaftliche Einheiten sowie publizistische Objekte als Titel und Programme.

Generell sind zwei Konzentrationsformen zu unterscheiden. Die *absolute Konzentration* erfasst die *Zahl* der Unternehmen im Markt, unabhängig von ihrer relativen Größe. Die *relative Konzentration* erfasst dagegen die *Unterschiedlichkeit* der Größe der Firmen, ihre Disparität. So würden z. B. vier gleich große Firmen im Markt eine große absolute, aber keine relative Konzentration bedeuten.

Wirtschaftspolitisch relevant ist vor allem die Zunahme der Konzentration, also Konzentration im Sinne von Konzentrationsprozess. Von Konzentration im Sinne eines Prozesses spricht man, wenn sich die Zahl der selbständigen Wirtschaftseinheiten als wettbewerbspolitische Entscheidungsträger verringert (Schmidt 1990, S. 125). *Konzentrationsprozesse* werden ausgelöst durch:

- überproportionales internes Wachstum (Unternehmen wachsen von innen heraus unterschiedlich schnell; z. B. ist der Springer-Verlag mit seiner *Bild*-Zeitung anfänglich schneller gewachsen als seine Konkurrenten),
- externes Wachstum (also durch Zusammenschluss bestehender Unternehmen; z. B. Bertelsmann und CLT).

Formen des externen Wachstums, also Formen von Unternehmensverbindungen, stehen im Mittelpunkt wettbewerbspolitischer Analysen und Aktivitäten, weil sie wesentlich häufiger als internes Wachstum zu beobachten sind, weil sie wesentlich weniger auf eine überlegene Unternehmensstrategie, wie im Fall des internen

Wachstums, zurückgeführt werden können und weil ihre Auswirkungen auf den Wettbewerb besonders problematisch sind.

Unternehmen können auf vielfältige Weise miteinander verbunden sein. Alle möglichen Verbindungen liegen zwischen den Transaktionsformen Markt und unternehmensinterner Integration (Zentes 1992, S. 18). Dabei beschreibt die Dichotomie Markt versus Unternehmung nur die Pole möglicher Strukturen von Unternehmensverflechtungen. Dazwischen liegt ein Spektrum mehr oder weniger enger Unternehmensbeziehungen. Von zentraler wettbewerbspolitischer Bedeutung ist, dass durch Unternehmensverflechtungen das Marktverhalten ex ante koordiniert wird. Eine solche Koordination reduziert im Prinzip den Entscheidungs- und Handlungsspielraum aller Beteiligten, reduziert also die Freiheit des Wettbewerbs. Nach dem Grad der Verbindlichkeit der Ex-ante-Koordination unterscheidet man die Fusion, den Konzern, die Gemeinschaftsunternehmung (Joint Venture) und ein kooperatives Marktverhalten selbständig bleibender Unternehmen. Die Grenzen sind fließend.

Bei einer *Fusion* vereinigen sich die Unternehmen zu einer neuen rechtlichen (und wirtschaftlichen) Einheit. Diese Konzentrationsform ist praktisch unbedeutend.

Eine *Konzernbildung* liegt vor, wenn mehrere rechtlich selbständige und selbständig bleibende Unternehmen sich zu einer wirtschaftlichen Einheit unter einheitlicher Leitung zusammenschließen. Dabei ist die Einheitlichkeit der Leitung das entscheidende Merkmal. In der Praxis wird diese einheitliche Leitung in der Regel begründet durch

- einen Beherrschungsvertrag,
- einen Gewinnabführungsvertrag und
- eine Mehrheitsbeteiligung.

Es handelt sich dann um einen *Vertragskonzern*. Daneben gibt es auch *faktische Konzerne*, in denen die Einheitlichkeit der Leitung nicht auf Vertrag, sondern auf sonstigen Bedingungen, insbesondere auf Kapitalbeteiligungen beruht. Schließlich können sich auch gleichberechtigte Firmen zu einem Konzern zusammenschließen; man spricht dann von einem *Gleichordnungskonzern* (z. B. Daimler/Chrysler).

Neben den Konzernbeteiligungen gibt es eine kaum übersehbare Zahl von *Beteiligungen* zwischen Unternehmen, die unter 50 Prozent liegen und in der Regel Abhängigkeiten begründen, ohne indes zu einem Konzern zu führen.

Eine *Gemeinschaftunternehmung* (GU) entsteht, wenn sich mehrere Unternehmen gleichzeitig oder nacheinander an einem anderen Unternehmen beteiligen oder ein Unternehmen entsprechend neu gründen. Diese Art von Zusammenarbeit spielt eine zunehmend große Rolle. Beispiele für den Mediensektor sind praktisch alle privaten Hörfunk- und Fernsehunternehmen. Wettbewerbspolitisch problematisch ist dabei vor allem, dass die beteiligten Unternehmen auf dem gemeinsamen Markt ebenso wie auf anderen Märkten auf die Zusammenarbeit im GU Rücksicht nehmen, eine Abnahme des Wettbewerbs ist daher auf Dauer zu erwarten (vgl. Emmerich 1999, S. 292).

Kooperatives Marktverhalten selbständig bleibender Unternehmen kann außerordentlich viele Formen annehmen. Nach dem Grad der eingegangenen Bindungen reicht das Spektrum der Verhaltenskoordination von Absprachen, verschiedenen Formen vertraglicher Vereinbarungen (Kartelle) bis hin zu „Gentlemen Agreements“, und die Verhaltenskoordination kann sich auf ganz unterschiedliche Wettbewerbsparameter beziehen, z. B. auf den Einkauf, den Vertrieb oder Forschung und Entwicklung.

Als *strategische Allianz* bezeichnet man förmliche, langfristige Verbindungen von rechtlich und wirtschaftlich selbständig bleibenden Unternehmen, die bestimmte Aspekte der Geschäftstätigkeit aneinander binden, z. B. Lizenzverträge, Lieferverträge, Vertriebsverträge oder Vereinbarungen zu gemeinsamen Forschungs- und Entwicklungsaktivitäten. Eine *strategische Gruppe* ist die Gruppe der Unternehmen in einer Branche, die dieselbe oder eine ähnliche Strategie entsprechend den strategischen Dimensionen (Lieferanten, Abnehmer, Wettbewerb) verfolgt. Als *strategische Familie* werden mehrere Unternehmen bezeichnet, deren Erfolg am Markt entscheidend voneinander abhängt und deren Strategien komplementär sind, etwa Abnehmer und Lieferanten oder Unternehmung und Hausbank (vgl. Albach 1992, S. 664 f.).

Bei den Verflechtungsebenen differenziert man nach der Art der betroffenen Märkte. Bei der *horizontalen* Konzentration sind die beteiligten Medienunternehmen auf dem gleichen relevanten Markt tätig, z. B. der Zusammenschluss der *WAZ* und der *NRZ*. Bei der *vertikalen* Konzentration sind Unternehmen beteiligt, die auf vor- und/oder nachgelagerten Produktionsstufen tätig sind und in einer Abnehmer-Lieferanten-Beziehung stehen, z. B. die Beteiligung des Filmhändlers Leo Kirch an *SAT 1* und an Filmproduktionsfirmen sowie Kinos. Bei der *diagonalen (konglomeraten)* Konzentration sind Unternehmen beteiligt, die auf unterschiedlichen relevanten Märkten tätig sind und nicht in einer Abnehmer-Lieferanten-Beziehung stehen, z. B. die Beteiligungen des ursprünglichen Verlagskonzerns Springer an Rundfunkunternehmen.

Unternehmenszusammenschlüsse sind außerordentlich häufig. Das Bundeskartellamt hat für den Zeitraum von 1973 bis 1998 insgesamt 25.827 angezeigte und vollzogene Zusammenschlüsse registriert. Meist handelte es sich um horizontale Zusammenschlüsse; so waren von den 1888 Zusammenschlüssen des Jahres 1998 nur 82 vertikal, 186 waren konglomerat und 1620 horizontal (Bundeskartellamt 1999, S. 167, 182).

1.2. Messung der Konzentration

Die Messung der Konzentration differenziert zwischen der absoluten und der relativen Konzentration. Die absolute Konzentration wird häufig erfasst mit der *Konzentrationsrate* (Concentration Ratio CR); gemessen wird hier der Merkmalsanteil – meist Umsatzanteil – der jeweils größten 3, 6 oder 10 Unternehmen eines Marktes usw. In Kurzform spricht man von CR-3, CR-6, CR-10 usw. und fügt die Konzentrationsrate an. CR-10 = 80 Prozent bedeutet, dass die 10 größten Firmen des Marktes 80 Prozent des Umsatzes auf sich vereinen. Die relative Konzentration wird üblicherweise mit dem Gini-Koeffizienten gemessen, zur bildlichen Darstellung wird die Lorenzkurve verwendet.

Als recht geeignetes Konzentrationsmaß erweist sich der *Hirschman-Herfindahl-Index* (HHI) – die Summe der quadrierten Marktanteile aller Anbieter:

$$HHI = \sum_i (q_i/Q)^2$$

Dabei ist q_i das Markt-(meist Umsatz)volumen des Anbieters i, und Q ist das Marktvolumen insgesamt. Der HHI berücksichtigt neben der Zahl der Unternehmen vor allem auch die unterschiedlichen Größen der Unternehmen, er verleiht größeren Merkmalen ein besonders starkes Gewicht und wird nur wenig beeinflusst, wenn einige kleine Einheiten nicht oder nicht exakt erfasst werden. Damit eignet sich der HHI recht gut, um die Ballung ökonomischer Größen abzubilden. Der HHI wird üblicherweise mit 10 000 multipliziert, da er für stark besetzte Wirtschaftsbereiche anderenfalls sehr kleine Werte annehmen kann. Nach den US-amerikanischen Antitrust-Richtlinien gelten Märkte mit einem HHI von über 1 800 als hochkonzentriert, zwischen 1 800 und 1 000 als mäßig konzentriert und unter 1 000 als gering oder gar nicht konzentriert (Monopolkommission 1990). Bates (1993, S. 7) bezeichnet darüber hinaus Märkte mit einem HHI von über 2 750 als sehr hoch konzentriert.

2. Ziele der Konzentrationsanalyse

2.1. Ökonomische Konzentrationsanalyse

Die von mir so genannte ökonomische Konzentrationsanalyse will Anhaltspunkte für die Beurteilung des ökonomischen Wettbewerbs auf den (ökonomisch) relevanten Medienmärkten gewinnen. Merkmale sind vor allem der Umsatz und - in Ermangelung von Umsatzzahlen - für den Rezipientenmarkt Reichweiten; Merkmalsträger sind Medienunternehmen. Man ermittelt dann die Zahl und die relative Umsatz- bzw. Reichweitengröße von Medienunternehmen in ihrem relevanten Markt. Relevante Märkte werden für den Mediensektor in der Regel nach drei Kriterien abgegrenzt:

- nach dem Medium: Zeitung, Zeitschrift, Anzeigenblatt, Hörfunk und Fernsehen;
- nach der Reichweite: lokal, regional, national;
- nach dem Produkt: Werbemarkt und Rezipientenmarkt.

Eine solche Abgrenzung wird für die einzelnen Medien in den entsprechenden Spezialkapiteln detaillierter beschrieben.

Weil relevante Märkte oft nicht bekannt sind, hilft man sich häufig mit plausiblen Annäherungen. Man spricht von Zunahme der Konzentration, wenn sich die Zahl der Medienunternehmen als wettbewerbspolitische Entscheidungsträger auf dem relevanten Markt verringert und/oder wenn ihre Größenunterschiede zunehmen. Ökonomische Medienkonzentration unterscheidet sich in dieser Betrachtung nicht von der Konzentration in jedem anderen Bereich der Wirtschaft.

2.2. *Publizistische Konzentrationsanalyse*

Erfassung publizistischer Vielfalt

Die zentrale Norm des Systems Publizistik ist die Vielfalt – die Vielfalt als verfassungsrechtlicher Zielwert (Hoffmann-Riem 1991, S. 15), die Vielfalt der von den Medien produzierten Meinungen. Daher hat ein freier Wettbewerb unabhängiger Medienunternehmen nicht nur seine essentielle Bedeutung für die ökonomische Effizienz der Medienproduktion, sondern auch und vor allem für die Sicherung einer Vielfalt von Medienangeboten. Und Medienkonzentrationen stellen nicht nur eine Bedrohung des Wettbewerbs dar, sondern auch und vor allem eine Bedrohung der Meinungsvielfalt. Allerdings sind die Zusammenhänge zwischen Wettbewerb und Meinungsvielfalt weder theoretisch noch empirisch geklärt, die Medienwissenschaft arbeitet bislang mit Hypothesen zum Zusammenhang von Medienkonzentration und Vielfalt.

Zur Erfassung der Meinungsvielfalt gibt es vor allem folgende Ansätze (vgl. insgesamt Rager/Weber 1992 und Woldt 1992):

- Die Erfassung des Anteils bestimmter Meinungen am Gesamtmeinungsmarkt, also die Erfassung des Outputs an Meinungsvielfalt (Lasorsa 1991),
- die Erfassung der Unterschiedlichkeit von publizistischen Produkten durch Inhaltsanalyse, also die Erfassung des Inputs an Meinungsvielfalt (z. B. Schütz, laufende Jahrgänge und Rager 1982),
- die Erfassung der Marktanteile unabhängiger Medienunternehmen (z. B. die Analysen von Röper, laufende Jahrgänge und Heinrich, laufende Jahrgänge).

Dabei hat die Methode, den Output an Meinungsvielfalt direkt zu messen, den Nachteil, dass die Messung operational nicht durchzuführen ist und dass die Ergebnisse nicht mit den Strukturen des Mediensystems begründet werden können, sondern auch die Folge anderer Faktoren, z. B. Bevölkerungsdichte oder Einkommensverteilung, sein können. Dagegen erscheint die Methode, den Input an Meinungsvielfalt zu messen, als operational, wenn relativ klare Unterscheidungskriterien herangezogen werden. Dieses Plädoyer für möglichst einfache Input-Kriterien ist darin begründet, dass die Wirtschaftswissenschaft eine objektive Messung von inhaltlicher Vielfalt für unmöglich hält (Heinrich 1992). Dagegen vertritt die Kommunikationswissenschaft eher die Notwendigkeit, publizistische Vielfalt inhaltsanalytisch zu erfassen (Knoche 1980, Woldt 1992).

Seit Anfang der 90er Jahre wird vor allem die Methode, die Rezipientenmarktanteile jeweils zusammengehörender Medienunternehmen zu erfassen, praktiziert (Diederichs, Heinrich, Röper, Grünbuch der EG 1992). Diese Methode ist operational, Ergebnisse solcher Analysen sind per se aussagekräftig, wenn z. B. gesagt werden kann, dass 40 Prozent aller Zeitungen den drei größten Zeitungsunternehmen entstammen usw. Die Ergebnisse solcher Analysen können direkte Zielgröße der Medienpolitik sein, wie es in manchen Kontrollvorschriften zur Medienkonzentration, z. B. im Rundfunkstaatsvertrag §§ 26, 27, 28 entsprechend vorgesehen wird.

Eine Vielzahl unabhängiger Medienunternehmen ist mithin per se ein sinnvolles Ziel der Medienpolitik.

Allerdings muss akzeptiert werden, dass die Unabhängigkeit des Medieneigentums weder notwendige noch hinreichende Bedingung für publizistische Vielfalt ist, weil das Kriterium „Medieneigentum“ den Informationsgehalt nicht berücksichtigt. So ist denkbar, dass unterschiedliche unabhängige Medienunternehmen die gleichen Inhalte produzieren oder dass ein Medienkonzern in seinen verschiedenen Medienunternehmen unterschiedliche Inhalte anbietet. Jedenfalls ist der Schluss von der Eigentumskonzentration auf die Meinungskonzentration nicht zweifelsfrei möglich. Die Eigentümer der Medienunternehmen geben in der Regel nur vage publizistische Leitlinien vor, die Festlegung der Inhalte der Medienprodukte obliegt den Redaktionen. Auch wenn eine publizistische Linie vorgegeben ist, bleibt den Redaktionen Spielraum für unterschiedliche journalistische Produktionen, weil die Produktqualität nicht spezifiziert vorgegeben werden kann. Und schließlich haben auch die Rezipienten einen Einfluss auf die redaktionellen Inhalte.

Es besteht aber immer die Gefahr, dass Medieneigentümer die Verbreitung bestimmter Meinungen beeinflussen, z. B. durch die Ausbildungs- und Auswahlpraxis der Redakteure, durch Auswahl bestimmter Quellen, durch die Vorgabe typischer Rechercheinfrastrukturen und durch die Vorgabe bestimmter Meinungspositionen. Jedenfalls bestehen für die Medieneigentümer relativ größere Anreize, auf die Produktqualität Einfluss zu nehmen, als für die Eigentümer anderer Unternehmen. Dies liegt an der doppelten Natur von Information, die zum einen privates Konsumgut ist, zum anderen Input in den Prozess der öffentlichen Meinungsbildung. Und über diesen Input in den Prozess der öffentlichen Meinungsbildung können Ziele verfolgt werden, die mit der Produktion sonstiger Wirtschaftsgüter nicht verfolgt werden können, z. B. die Gestaltung des Produktions- und Verkaufsumfeldes des Mediums, die Absatzwerbung und Public Relations für eigene Produkte sowie Absatzwerbung und Öffentlichkeitsarbeit für Meinungen, die der Medieneigentümer für wichtig hält. Jedenfalls stellt die Konzentration der Kontrolle des Zugangs zu den Medien auf einige wenige grundsätzlich eine Gefahr für die Meinungsvielfalt dar (Grünbuch 1992, S. 19; Mestmäcker 1978, S. 29 ff).

Die Abgrenzung unabhängiger Medienunternehmen ist ein im Einzelfall bisweilen mühseliges Unterfangen. Hier kommen die Bestimmungen des Gesellschaftsrechts, des Wettbewerbsrechts und des Rundfunkrechts zur Anwendung, auf die hier nicht weiter eingegangen wird (vgl. Band 2, Kapitel 7). Angesichts der typischen Streuung des Eigentums auf größere und kleinere Eigentümer erscheint es darüber hinaus notwendig zu sein, nicht nur die Eigentumsverhältnisse per se transparent zu machen, sondern vor allem den Eigentümer zu erfassen, der die Kontrolle über das Unternehmen ausübt. Der die Kontrolle ausübende Eigentümer wird *Kontrolleur* genannt (Grünbuch 1992, S. 20).

In der Theorie und Praxis der EU-europäischen Fusionskontrolle, die hier beispielhaft angeführt werden soll, wird eine Mehrheitsbeteiligung per se mit der Kontrolle gleichgesetzt. Ob eine Minderheitsbeteiligung die Kontrolle über ein anderes Unternehmen begründet, wird im Einzelfall mit Blick auf die Entscheidungsstrukturen, die Zusammensetzung der Gesellschaftsorgane und die Konzentration des übrigen Eigentums entschieden. So ist es üblich, dass bei Beteiligungen zwischen 40 und 49,9 % ein kontrollierender Einfluss angenommen wird, auch ohne den Nachweis, dass das erwerbende Unternehmen eine rechtliche Entscheidungsbefugnis hat, wenn andere Umstände die Macht des Erwerbers deutlich stärken, z. B. die breite Streuung des sonstigen Eigentums. Bei darunter liegenden Beteiligungen wird eher nur ausnahmsweise auf kontrollierenden Einfluss geschlossen, wenn nämlich besondere Umstände jenem Minderheitsgesellschafter bestimmenden Einfluss verschaffen (Montag/Dohms 1993, S. 16). Insofern war z. B. Leo Kirch nicht Kontrolleur bei Springer, weil seinem Anteil in Höhe von 40,05 Prozent eine Mehrheit der Springer-Erben in Höhe von 50 Prozent plus einer Aktie gegenüber stand.

Gerade für den Medienbereich ist es oft schwierig, den Kontrolleur zu benennen, weil hier aufgrund der Konzentrationskontrollvorschriften wechselseitige Beteiligungen bis zu 25 Prozent typisch waren. Die Vermutung besteht, dass die jeweiligen nationalen Medien-Großunternehmen auch als Minderheitsgesellschafter die Medien über Zusammenschlüsse mit sog. „sleeping partners" kontrollieren und ihre Beteiligungen in anderen Ländern eher passiv nutzen (Grünbuch 1992, S. 26).

Die Abgrenzung des publizistisch relevanten Sektors

Die Erfassung der publizistischen Konzentration hat eine ganz spezielle medienpolitische Zielrichtung: Hier sollen Anhaltspunkte gewonnen werden, um die Entwicklung der publizistischen Vielfalt zu beurteilen. Diesem Ziel muss sich die Vorgehensweise unterordnen. Zunächst ist zu entscheiden, was die sachliche Bezugsebene der publizistischen Konzentrationsanalyse sein soll. Sicher ist, dass sich die publizistische Konzentrationsanalyse nicht auf relevante Märkte beziehen kann, weil es um die Erfassung des gesamten Spektrums an Meinungsvielfalt geht, unabhängig von der Art der Medien. Im publizistischen Wettbewerb ist die unterschiedliche werbliche Eignung der Medien unbeachtlich und Informationen verlieren ihren Warencharakter. Die Massenmedien haben ja für das System der Medienpolitik andere Funktionen als für das System der Wirtschaft: dort die Erfüllung einer öffentlichen Aufgabe, hier die Befriedigung individueller Bedürfnisse von Konsumenten und werbetreibender Wirtschaft. Entscheidend für die Abgrenzung des publizistisch relevanten Sektors ist die funktionale Austauschbarkeit von Informationen im Hinblick auf die Produktion von Meinungsvielfalt. Mithin sind alle Massenmedien einzubeziehen, die zur Produktion von Meinungsvielfalt beitragen können, also Zeitung und Zeitschrift, Hörfunk und Fernsehen sowie die jeweils vor- und nachgelagerten Informationsproduzenten und Informationshändler, wie Filmproduzenten, Programm-Input-Produzenten, Nachrichtenagenturen, Filmhändler und Rechtehändler.

Nachfolgend ist die angemessene regionale Abgrenzung des publizistisch relevanten Gebietes festzulegen. Da das Konzept der Meinungsvielfalt vor allem personengebunden und nicht regional definiert ist – es ist wenig sinnvoll zu sagen, dass es in Europa 12 000 Radiostationen gibt, viel sinnvoller ist es zu ermitteln, wie viele

Radioprogramme ein Europäer z. B. in Hamburg hören kann – ist die Bezugsgröße zunächst der einzelne Rezipient mit seinen Wahlmöglichkeiten.

Der publizistisch relevante Sektor ist das Gebiet, in dem die Medienangebote für den einzelnen Rezipienten im Hinblick auf die Produktion von Meinungsvielfalt funktional austauschbar sind. Dabei ist zu berücksichtigen, dass sich die Verbreitungsgebiete der Medien überschneiden, weil jeweils nationale, regionale und lokale Reichweiten denkbar sind. Mithin ist der publizistisch relevante Sektor das Gebiet, in welchem das Medium mit der kleinsten Reichweite verbreitet ist. Das wäre z. B. im Kreis Coesfeld (NRW), in dem fünf Zeitungen verbreitet sind, jeweils das Verbreitungsgebiet einer dieser Zeitungen bzw. das Schnittfeld ihrer Verbreitungsgebiete. Oder für Dortmund ist das Medium mit der kleinsten Reichweite der private Lokalfunk, dessen Verbreitungsgebiet dann den publizistisch relevanten Sektor bestimmt. In diesen Gebieten wäre dann das Gesamtangebot der Massenmedien zu ermitteln, im Prinzip also nationales und lokales Fernsehen, nationaler, regionaler und lokaler Hörfunk sowie nationale und lokale oder regionale Zeitungen, mithin die faktischen Wahlmöglichkeiten der Rezipienten.

Der publizistisch relevante Sektor unterscheidet sich also vom ökonomisch relevanten Markt in drei Punkten. Er umfasst

- alle Massenmedien, nicht nur die ökonomisch konkurrierenden,
- ein regional anders geschnittenes Gebiet, das im Regelfall kleiner ist als der ökonomisch relevante Markt, und
- die vertikal integrierten Informationsproduzenten, -lieferanten und -händler,

Eine solche Abgrenzung publizistisch relevanter Sektoren liegt bislang nicht vor. Sie böte das Fundament für eine alle Medien einheitlich kontrollierende Medienpolitik, die dringend erforderlich, aber nicht in Sicht ist. Daher wird im Folgenden weiterhin in konventioneller Weise klassifiziert.

Das Problem der Vergleichbarkeit der Medien

Da der für die Meinungsvielfalt relevante Sektor alle Massenmedien umfassen sollte, muss der Einfluss der unterschiedlichen Medien vergleichbar gemacht werden. Ginge man von einer prinzipiellen Gleichartigkeit der Medien in Bezug auf die Meinungsvielfalt aus, dann böte es sich an, den Anteil der Medienunternehmen am Medienkonsum des durchschnittlichen Rezipienten als publizistisches Konzentrationsmaß auszuweisen. Ein Beispiel soll dies verdeutlichen:

Der durchschnittliche Rezipient verwendet für den Medienkonsum insgesamt 331 Minuten täglich; davon 145 Minuten für das Fernsehen, 155 Minuten für den Hörfunk und 31 Minuten für die Tageszeitung (Massenkommunikation V, 1996, S. 49). Nachfolgend ließe sich ermitteln, welche Fernsehprogramme, welche Radioprogramme und welche Zeitungen der durchschnittliche Rezipient in welchem Umfang nutzt und welchen Medienunternehmen diese Angebote zuzurechnen sind. So könnte man die Zeitanteile der Medienunternehmen ausweisen. Dies wird im Folgenden indes nicht praktiziert, einerseits, weil viele benötigte Daten nicht vorhanden sind, und andererseits, weil eine solche Vergleichbarkeit des Medienkonsumanteils nicht unterstellt werden kann. Daher wird - als Ersatzindikator - der Medienumsatz der Medienunternehmen verwendet. Dieser kann allerdings nur als ein sehr grober Indikator für den Stand der Meinungsvielfalt verwendet werden. Aber immerhin können die dominierenden Akteure im Markt der Meinungen und das Ausmaß ihrer Dominanz erfasst werden (vgl. Tabellen 1, 2 und 3 in Abschnitt 9.1.).

3. Ursachen der Medienkonzentration

Die Ursachen der Medienkonzentration sind von den Folgen nicht leicht zu trennen, weil die erwarteten Folgen der Medienkonzentration oft zugleich ihre Ursachen sind. Man kann indes pauschal die erhofften einzelwirtschaftlichen Vorteile der Medienkonzentration als Ursachen und die eher gesamtgesellschaftlichen Wirkungen als Folgen bezeichnen. Die einzelwirtschaftlichen Vorteile sind generell Machtvorteile und/oder Effizienzvorteile. Machtvorteile kann ein Medienunternehmen realisieren, wenn es in die Lage versetzt wird, andere Marktteilnehmer zu behindern oder auszubeuten. Eine solche Reduktion des Handlungsspielraums anderer ist sehr häufig eine Wettbewerbsbeschränkung, gerade im Mediensektor aber ausgeprägt häufig auch eine Beeinflussung der Politik. Medien produzieren nicht nur Waren, sondern auch „Waffen“ für politische und gesellschaftliche Auseinandersetzungen. Effizienzvorteile sind Kosten- bzw. Leistungsvorteile der Konzentration. Im Folgenden werden vor allem die Effizienzvorteile der Medienkonzentration beschrieben, Machtvorteile lassen sich nicht genau analysieren. Machtvorteile sind gesamtwirtschaftlich indes negativ zu beurteilen, weil sie dem Anbieter einen größeren Preissetzungsspielraum bieten und damit Wohlfahrtsverluste der Konsumenten bewirken.

Als Ursache von Konzentrationsprozessen, auch von Konzentrationsprozessen im Mediensektor, werden allgemein Synergieeffekte genannt. *Synergieeffekte* sind die zusammengefassten Effizienzvorteile von Zusammenschlüssen, die im Folgenden differenziert dargestellt werden. Auch die *Globalisierung* des Wettbewerbs wird häufig als Ursache von Konzentrationsprozessen genannt. Diese verstärkt zwar den Verflechtungsdruck, weil die Märkte größer werden und weltweit operierende Akteure - Global Player - oft bessere Wachstumschancen im internationalen Wettbewerb haben. Eine eigenständige Konzentrationsursache ist die Globalisierung aber nicht.

3.1. Größenvorteile (Economies of Scale) von Medienunternehmen

Größenvorteile liegen vor, wenn mit wachsender Betriebsgröße die Produktionskosten langsamer wachsen als die Ausbringungsmenge, wenn also die Stückkosten der Produktion mit steigender Betriebsgröße sinken (vgl. Kapitel 2, Abschnitt 6.4.).

Solche, in der Regel durch die Produktionstechnik begründeten Größenvorteile spielen für Medienunternehmen nur eine geringe Rolle. Technisch effizient produzieren auch kleine Medienunternehmen - kleine Printmedienverlage und kleine Rundfunkveranstalter - wie zahllose Beispiel zeigen. Daher können technische Größenvorteile Medienkonzentrationsprozesse nicht begründen. Sehr viel bedeutsamer ist die Fixkostendegression.

3.2. Fixkostendegression der Medienproduktion

Wie in Kapitel 3, Abschnitt 4.3. beschrieben, unterliegt die Medienproduktion einer einzigartigen Fixkostendegression. Diese Fixkostendegression, auch Kontaktkostendegression genannt (Dittmers 1983), ist aus folgenden Gründen einzigartig:

- Der Anteil der Fixkosten an den Gesamtkosten der Medienproduktion ist generell sehr hoch und beträgt bei Rundfunkveranstaltern praktisch 100 Prozent.
- Der Fixkostendegression der Medienproduktion sind keine technischen Kapazitätsgrenzen gesetzt, sie erfolgt ad infinitum. Am billigsten pro Kopf der Rezipienten ist die weltweit verbreitete Zeitung oder das weltweit verbreitete Rundfunkprogramm. Eine Grenze wird allerdings durch die regionale Begrenzung der Nachfrage gezogen.

Dieser Sachverhalt stellt eine ganz entscheidende Konzentrationsursache dar, weil die ökonomisch optimale Marktstellung immer das Angebotsmonopol auf dem betreffenden Markt ist. Bei einer marktwirtschaftlichen Koordination kann eine solche Monopolisierung auch nicht verhindert werden.

3.3. Verbund von Rezipienten- und Werbemarkt

Die zweite zentrale Besonderheit der Medienproduktion ist der Verbund von Rezipienten und Werbemarkt. Massenmedien produzieren in aller Regel für zwei Märkte: Information, Bildung und Unterhaltung für das Publikum und eine Verbreitungswahrscheinlichkeit von Werbebotschaften für die werbetreibende Wirtschaft. Dabei hängt der Marktwert der Werbung von der Nachfrage des Publikums ab. Eine Verknüpfung ergibt sich umgekehrt auch dann, wenn die Werbung selbst, wie z. B. bei der informativen Werbung in Zeitungen, vom Rezipienten nachgefragt wird. Mithin steigt der Ertrag der Medienproduktion mit steigender Nachfrage und ist mit ihr in einzigartiger Weise kumulativ verknüpft. Ähnliche Verknüpfungen sind sonst allenfalls bei Kommunikationsnetzen, z. B. im Telefonnetz zu beobachten. Auch hier steigt der Nutzen mit der Zahl der Nachfrager. Dieser Verbund sei im Folgenden näher erläutert.

Angenommen sei, dass die Reichweite des Mediums (gemessen an Auflage oder Einschaltquote) steigt. Wenn dann der Preis für die Verbreitung der Werbebotschaft, der so genannte Werbegrundpreis konstant bleibt – was kurzfristig immer der Fall ist – dann wird die Verbreitung der Werbebotschaft pro Kopf der erreichten Rezipienten billiger, der so genannte Tausenderpreis, der Preis für den Werbekontakt mit jeweils 1 000 Personen, sinkt (vgl. Band 2, Kapitel 15, Abschnitt 1.5.). Mit sinkendem Tausenderpreis steigt grundsätzlich die Nachfrage nach Werberaum (Anzeigenseiten oder Werbezeiten). Dies nennt man den *Mengeneffekt.* Mittelfristig bietet der sinkende Tausenderpreis dem Medienunternehmen einen Spielraum für die Erhöhung der Werbegrundpreise. Dies nennt man den *Preiseffekt* (vgl. Greiffenberg/Zohlnhöfer 1984, S. 591).

Die steigende Reichweite erhöht den Gewinn des Medienunternehmens direkt, wenn sie lediglich zur Erhöhung des Werbegrundpreises genutzt wird, ohne mehr Werbemenge zu verkaufen, weil zusätzliche Kosten für die Verbreitung der Werbung dann nicht anfallen, wohl aber die Einnahmen steigen. Die steigende Reichweite erhöht den Gewinn des Medienunternehmens auch dann direkt, wenn bei konstantem Werbegrundpreis zusätzliche Werbemenge verkauft wird und die Verbreitung der zusätzlichen Werbemenge keine zusätzlichen Kosten verursacht, wie beim Rundfunk. Allerdings müssen Rundfunkunternehmen berücksichtigen, dass eine Ausweitung der Werbezeiten vom Rezipienten in der Regel nicht gewünscht wird. Bei Zeitungen ist in diesem Fall zu berücksichtigen, dass die Verbreitung zusätzlicher Werbung auch zusätzliche Kosten in Form von Druck-, Papier- und Verteilkosten verursacht. Daher spricht sehr viel für die Strategie, vor allem die Werbegrundpreise zu erhöhen und allenfalls in geringem Umfang die Werbemenge zu steigern.

Die beschriebenen theoretischen Zusammenhänge und Strategien sind empirisch auch so beobachtbar. Allerdings erfolgen die Erhöhungen der Werbegrundpreise zeitlich stark verzögert, weil Werbepreislisten vorab veröffentlicht werden und für eine ganze Planungsperiode – bei Rundfunkunternehmen in der Regel ein Jahr – unverändert bleiben.

Die Konsequenz dieses beschriebenen Verbunds von Werbe- und Rezipientenmarkt ist mithin die außerordentlich direkte Abhängigkeit des Gewinns von der *Entwicklung* der Reichweite: Steigt die Reichweite, so nimmt der Gewinn zu, und sinkt die Reichweite, so nimmt der Gewinn ab. Dies begründet – ein wenig anders als die Fixkostendegression – nicht die ökonomische Effizienz der Marktstellung eines Monopolisten, sondern die ökonomische Notwendigkeit, die Spirale „steigende Reichweite - steigende Werbegrundpreise - steigende Gewinne" in Gang zu setzen, in Gang zu halten und auf keinen Fall abbrechen zu lassen. Bei entsprechend dynamischen Märkten wie dem Rundfunkmarkt sind durchaus mehrere expandierende Medienunternehmen denkbar (vgl. Band 2, Kapitel 8, Abschnitt 4.3.). Nur bei Märkten, die sich, wie der Zeitungsmarkt, in der Stagnationsphase befinden, setzt die beschriebene Spirale eine Verdrängung der Konkurrenten in Gang, die in der Regel in der Monopolstellung endet. Allenfalls sind labile Gleichgewichtspositionen mehrerer Anbieter mit jeweils gleichbleibender Reichweite möglich.

Der Verbund von Rezipienten- und Werbemarkt begründet horizontale Zusammenschlüsse von Medienunternehmen mindestens auf dem Werbemarkt, um dadurch die notwendige Größe der Anbieter von Werbeträgerleistungen zu erreichen. Entsprechend sind Anzeigengemeinschaften im Printsektor und Werbekombis vor allem im Hörfunksektor weit verbreitet. Die redaktionelle Selbstständigkeit kann erhalten bleiben. Dies macht ökonomisch dann einen Sinn, wenn die Nachfrage nach redaktioneller Information lokal beschränkter ist als die Nachfrage nach Werbebotschaften.

3.4. Ersparnis von mehrfachverwertbaren Inputs

Zusammenschlüsse von Medienunternehmen können dann zu Ersparnissen führen, wenn für die Medienproduktion derselbe Input eingesetzt werden kann, ohne dass dieser sich dabei verbraucht. Dieser Sachverhalt ist für die Medienproduktion typisch, weil der zentrale Input, die Information per se, durch die Nichtrivalität im Verbrauch gekennzeichnet ist. Dies gilt z. B. für Agenturmaterial, für Hörfunk- und Fernsehprogramme, für Programm-Inputs wie Sportrechte, Musikrechte und Filmrechte, aber auch für eine gemeinsam verbreitete Eigenwerbung. Typisch sind solche Mehrfachverwertungen in den Senderketten des Fernsehmarkts (z. B. RTL, RTL 2, Super RTL).

3.5. Ersparnis von Transaktionskosten

Markttransaktionen verursachen Transaktionskosten, „costs of using the price mechanism" (Coase 1937, 390). Dies sind vor allem Suchkosten, Informationskosten, Kontraktkosten, Kontrollkosten und Anpassungskosten. Durch eine Eingliederung vor- oder nachgelagerter Produktions- bzw. Handelsstufen in die Unternehmung, also durch eine *vertikale Konzentration*, können Transaktionskosten gespart werden. Ein Fernsehveranstalter, der seine Beiträge selbst produziert (Eigenproduktion), spart die aufgeführten Transaktionskosten; allerdings ist in der Regel die Eigenproduktion teurer und zusätzlich entstehen unternehmensinterne Organisationskosten. Erst ein Vergleich aller Kosten entscheidet über die relative Vorteilhaftigkeit der Eigenproduktion im Verhältnis zum Marktbezug (vgl. Kapitel 5, Abschnitt 2).

Im Mediensektor können idealtypisch folgende Produktions- bzw. Handelsstufen vertikal von unten nach oben unterschieden werden:

- Stufe 1: Erstellung der zur Medienproduktion notwendigen Produktionsgüter (z. B. Studioeinrichtungen, Kameras, Ü-Wagen);
- Stufe 2: Produktion der Information;
- Stufe 3: Zusammenstellung der Information;
- Stufe 4: Vermarktung der Medienproduktion;
- Stufe 5: Vertrieb der Medienproduktion;

- Stufe 6: Vermarktung der Werbezeiten und Werbeflächen;
- Stufe 7: Betreiben von Vertriebsinfrastruktur (z. B. Pressegrosso, Kabel- und Satellitennetz, Internet).

Die Vorteilhaftigkeit vertikaler Integration ist besonders ausgeprägt in der *Sicherung eines qualitativ und quantitativ befriedigenden Inputs von Informationen* in die Massenmedien, begründet also die Integration von Stufe 2 und 3. So verfügen alle Massenmedien über eigene Redaktionen und sind darüber hinaus typischerweise an solchen Unternehmen beteiligt, die Informationen produzieren. So sind z. B. der Bertelsmann-Konzern an der Ufa oder der Springer-Konzern an der ISPRA beteiligt, und Zeitungsverlage sind die Eigentümer von dpa, um nur einige Beispiele zu nennen.

Daneben bestehen umgekehrt starke Motive, den *Verkauf* der Medienproduktion durch Beteiligung an nachgelagerten Verwertungsstufen zu sichern. Ein Beispiel dafür ist die Beteiligung des ursprünglich nur als Filme-Händler arbeitenden Kirch am Fernsehsender SAT 1, Pro Sieben, Kabelkanal und DSF sowie an Kinos und an Werbeagenturen. Diese Motive, einen Verkauf der Produktion zu sichern, sind im Medienbereich besonders ausgeprägt, weil aufgrund der Nicht-Rivalität im Konsum eine Mehrfachverwertung der Produktion auf unterschiedlichen Märkten möglich ist. So kann der gleiche Spielfilm nacheinander an Erstaufführungskinos, an Videomärkte, an Pay-TV-Kanäle und schließlich an werbefinanzierte Fernsehveranstalter verkauft werden und diese Mehrfachverwertung wird üblicherweise zusätzlich regional differenziert. Diese Mehrfachverwertung wird Kaskadenstrategie genannt (Locksley 1988, S. 126 f.). Der Zugang zur Mehrfachverwertung ist dann erleichtert, wenn eine Beteiligung an den Firmen der nachfolgenden Verwertungsstufen besteht.

Sehr vorteilhaft ist auch die *Sicherung des Zugangs zum Vertriebsnetz*, also eine Integration von Medienunternehmen in den Vertriebsbereich hinein (Stufe 3 bis Stufe 7). Beispiel sind die Beteiligung von Presseverlagen am Presse-Grosso, die Verbindung von Time Warner mit America Online (AOL) oder die Verbindung von Kirch mit der Telekom. Ganz allgemein hat eine *Rückwärtsintegration*, eine Verbindung mit vorgelagerten Integrationsstufen, immer die Funktion, die Lieferung von Inputs in benötigter Qualität und Menge zu sichern und eine *Vorwärtsintegration*, eine Verbindung mit nachgelagerten Produktionstufen, hat immer die Funktion, den Verkauf zu sichern. Dies zweite Motiv, den Verkauf zu sichern, ist in Marktwirtschaften, in denen der Kunde ja König ist, im Allgemeinen vorherrschend.

3.6. Verbundvorteile der Produktion (Economies of Scope)

Verbundvorteile liegen vor, wenn die Herstellung mehrerer Produkte durch das gleiche Unternehmen zu niedrigeren Gesamtkosten führt, als wenn die einzelnen Produkte von jeweils unterschiedlichen Unternehmen produziert werden. Verbundvorteile entstehen, wenn für zusätzliche wirtschaftliche Aktivitäten derselbe Input eingesetzt werden kann, weil dieser in der ersten Aktivität nicht vollständig verbraucht wird, z. B. bei Unteilbarkeiten oder bei Nicht-Rivalität im Verbrauch eines öffentlichen Gutes. Solche Vorteile werden im Verbund ähnlicher oder unterschiedlicher Produktionen, also in Formen diagonaler Verflechtung realisiert. Dabei geht der Trend eindeutig dazu, die diagonale Konzentration auf die Eingliederung jeweils ähnlicher Produktionen zu beschränken, sich also auf die Kernaktivitäten einer Unternehmung zu besinnen (Tichy 1991, 395), die enge Diversifizierung überwiegt (Kaufer 1980, 121 ff).

Entsprechend ist auch für den Mediensektor die enge Diversifizierung in Form des Medienverbunds oder des Multimediakonzerns typisch. Der Multimediakonzern lässt sich mit den üblichen Diversifizierungs- und Kontrollvorteilen einer Integration begründen, mit einer Umschichtung der Ressourcen aus langsam wachsenden Industrien in schneller wachsende Industrien und mit der Suche nach überlegenen Möglichkeiten in Industrien mit neuerem technischem Wissen (Kaufer 1980, 129). Dies erklärt die typische Ausbreitung von ursprünglich Printmedienunternehmen in den Bereich elektronischer Medien. Mit Ausnahme des Kirch-Konzerns sind alle großen deutschen Medienkonzerne ursprünglich Printmedienunternehmen gewesen. Der umgekehrte Fall einer Expansion von elektronischen Medienunternehmen in den Printbereich ist viel seltener und zudem meist auf die besondere Konstellation der Zeitungsmärkte in Ostdeutschland und Osteuropa zurückzuführen, die diese Märkte vorübergehend als Wachstumsmärkte interessant gemacht hat.

Daneben gibt es einige Verbundvorteile, die speziell die Existenz von Multimediakonzernen begründen. Dies ist die mögliche multimediale Mehrfachnutzung der gleichen Inputs wie Recherche, Lieferungen von Nachrichtenagenturen und Korrespondenten, Archive und Dokumentationen; dies ist die mögliche multimediale Mehrfachnutzung des gleichen Personals im Bereich der technischen Produktion, des Managements und der Verwaltung; dies sind Verbundvorteile einer gemeinsamen Werbung, insbesondere die gegenseitige Schaffung von Aufmerksamkeit durch redaktionelle Hinweise auf das Rundfunkprogramm eines verbundenen Senders und dies sind Verbundvorteile einer Integration von Medienunternehmung und Media-Agentur, weil damit das Programm optimal auf das gewünschte Werbeumfeld zugeschnitten werden kann und umgekehrt die Werbezeiten optimal vermarktet werden können.

3.7. Sonstige Konzentrationsursachen

Neben den genannten Ursachen für Medienkonzentrationsprozesse existieren einige weitere, die hier kurz aufgezählt werden sollen.

Wettbewerbsausschluss: Ein Zusammenschluss von Medienunternehmen erspart diesen den preissteigernden Wettbewerb um Inputs, z. B. um Sportübertragungsrechte, und erspart diesen den preissenkenden Wettbewerb um den Verkauf von Produktionen, z. B. von Werbezeiten.

Kontrollvorteile (corporate control): Möglicherweise wird durch einen Unternehmenszusammenschluss ein ineffizientes Management durch ein besseres Management ersetzt. Der Übernehmer glaubt, das übernommene Unternehmen besser führen zu können als die bisherige Unternehmensleitung. Wenn das tatsächlich so ist, werden Effizienzvorteile realisiert.

Neben diesen Vorteilen wird häufig noch das Argument der *Risiokostreuung* als Ursache vor allem von diagonaler Konzentration genannt. Hier sollen Schwankungen der Unternehmensergebnisse durch Zusammenfassung in einem Gesamtkonzern ausgeglichen werden.

Marktzutrittsvorteile: Ein Marktzutritt setzt im Regelfall erhebliche Investitionen voraus, deren Erfolg unsicher ist. Durch Beteiligungen oder Aufkäufe kann die Unsicherheit eines Marktzutritts erheblich verringert werden. Dieses Motiv ist häufig bei Auslandinvestitionen oder bei Investitionen in Märkte mit großem Know-How-Bedarf zu erkennen (z. B. die Verflechtung von Time Warner mit AOL, um den Zugang zum Internet-Markt zu schaffen).

Schließlich gibt es so genannte *Managertheorien* der Konzentration, die Zusammenschlüsse mit deren Vorteilen für die Manager der übernehmenden Firma begründen. Diese Erklärung ist recht plausibel, weil die Bezüge des Managements in der Regel an Größenkennziffern gekoppelt sind, weil eine aktive Übernahme eines anderen Unternehmens die passive Übernahmewahrscheinlichkeit durch ein anderes Unternehmen senkt und damit die Arbeitsplatzsicherheit des übernehmenden Managements erhöht, weil Zusammenschlüsse regelmäßig zu einer weiteren Streuung der Aktien beitragen und damit den Einfluss von Großaktionären reduzieren, weil neue Aufstiegsmöglichkeiten eröffnet werden und weil das Streben nach Prestige befriedigt wird (vgl. Schmidt/Röhrich 1992, S. 182). Managertheorien können auch erklären, warum empirische Untersuchungen überraschenderweise „keine Hinweise darauf enthalten, dass Zusammenschlüsse merklich positive Auswirkungen auf Gewinn, Effizienz und Wachstum der Unternehmung haben" (Tichy 1991, S. 359). Auch neuere Untersuchungen zeigen, dass die Erfolgschancen von Zusammenschlüssen mit den Erfolgschancen eines Münzwurfs (50 Prozent) verglichen werden können (Kleinert/Klodt 2000). Und gemessen am Börsenkurs ergeben sich üblicherweise Gewinne für das übernommene und Verluste für das übernehmende Unternehmen (ebenda).

3.8. Konzentrationsprozesse im Mediensektor

Insgesamt gesehen existiert gerade im Mediensektor eine große Zahl gewichtiger Ursachen für Medienverflechtungen. Nach den englischen Fachbegriffen werden diese häufig auch als Mergers and Acquisitions (M&A) bezeichnet. Eine Auflistung der M&A-Aktivitäten der Medienunternehmen bietet regelmäßig der Fachverlag W&V (Europa-Fachpresse-Verlag) in seinen Publikationen „W&V Compact" und „Medien - Medienkonzerne in Deutschland". Weitere Fundquellen sind das Fachblatt „M&A - Mergers and Acquisitions" (Verlagsgruppe Handelsblatt), das eine nach Branchen gordnete Darstellung bietet und die Fachzeitschrift „Wirtschaft und Wettbewerb", die u.a. kartellrechtlich behandelte Fälle beschreibt; beide allerdings für die Wirtschaft insgesamt. Einen Einblick in bedeutendere Verflechtungen der Medienunternehmen, wobei der Käufer ein europäisches Unternehmen ist, gibt Übersicht 2. Hier wird die Dynamik der Konzentration im Mediensektor sichtbar.

Übersicht 2: Europäische M&A-Aktivitäten 1998-1999

Mon./ Jahr	Firma	Käufer	Anmerkung
01/98	Metro-Verlag (A)	Sebaldus-Gruppe (D)	Beteiligung 51%
01/98	Liberis Publications (GR)	Groupe Edipresse (CH)	Beteiligung 50%
02/98	IP Network (F)	CLT/Ufa (LUX)	Übernahme
03/98	Verlagsgruppe News (A)	Gruner + Jahr (D)	Beteiligung 75%
04/98	Aamulethi (FL)	MTV Oy (FL)	Fusion
05/98	Havas (F)	Vivendi (F)	Übernahme
05/98	Hobby Press (E)	Axel-Springer-Verlag (D)	Übernahme
06/98	Doyma (E)	Bertelsmann/Vivendi (D/F)	50/50-Joint Venture
06/98	Tidnings AB Marieberg (S)	Bonnier (S)	Übernahme
07/98	Helkon Media GmbH (D)	Endemol Entertainment (NL)	Beteiligung 51%
07/98	Holland Media Groep (NL)	CLT/Ufa (LUX)	Aufstockung auf 65%
07/98	Jeux Nathan (F)	Ravensburger AG (D)	Übernahme
07/98	NBC Europe	DFA (D)	Beteiligung 74%
07/98	RCS Periodici (I)	Burda (D)	Aufstockung auf 30%
07/98	Svenska Dagbladet (S)	Schibsted (NOR)	Beteiligung 73,6%
09/98	Grupo Anaya (E)	Vivendi (F)	Übernahme
09/98	Metronome Film & TV (S)	Endemol Entertainment (NL)	Beteiligung 35%
09/98	Société Nouvelle de Distrib. (F)	CLT/Ufa (LUX)	Beteiligung 85%
11/98	TM3 (D)	News Corp./R. Murdoch	Beteiligung 66%
12/98	Editoriale Perrone (I)	Verlagsgruppe Passau (D)	Beteiligung 40%
12/98	PolyGram (NL)	Seagram (CAN)	Übernahme
12/98	Der Standard (A)	Süddeutscher Verlag (D)	Beteiligung 49%
01/99	Verlagsgr. Handels-Ztg. (CH)	Axel-Springer-Verlag (D)	Beteiligung 85,36%
02/99	Rusconi (I)	Lagardère Groupe (F)	Beteiligung 80%
03/99	KirchMedia (D)	Fininvest (I)/Prinz Waleed	Beteiligung je 3,1%
04/99	Premiere (D)	KirchGruppe (D)	Aufstockung auf 95%
05/99	KirchMedia (D)	Lehmann Brothers (USA)	Beteiligung 3,1%
05/99	Handelsblatt (D)	Dow Jones & Co. (USA)	Beteiligung 22%
05/99	Wall Street Journal Europe	Holtzbrinck (D)	Beteiligung 49%
05/99	Helsinki Media	Sanoma (FL)	Fusion
06/99	BSkyB (GB)	Vivendi (F)	Beteiligung 24,5%
06/99	Doyma (E)	Vivendi (F)	Aufstockung auf 100%
06/99	Pearson (GB)	Telefónica S.A. (E)	Beteiligung 5%

06/99	Stream SpA (I)	News Corp/R. Murdoch	Beteiligung 35%
06/99	J. Whitaker & Sons (GB)	VNU (NL)	Übernahme
07/99	Letsbuyit.com (S)	ProSieben Media AG (D)	Aufstockung auf 25,1%
07/99	Weka Consumer Medien (D)	The Future Network (GB)	Übernahme
08/99	Mirror Group (GB)	Trinity plc (GB)	Fusion
09/99	Pegasus Publ. & Printing (GR)	Burda/RCS Rizzoli (D/I)	Beteiligung 20%
09/99	Pressimage Games (F)	Computec Media (D)	Beteiligung 15%
09/99	K-tel OY (FL)	Edel Music AG (D)	Übernahme
10/99	Plus Licens AB (S)	EM.TV & Merchandising (D)	Beteiligung 50%
10/99	ProSieben Media AG (D)	KirchMedia GmbH&Co.KGaA	Beteiligung 58,4%

Quelle: W&V Compact 11/1999, S.33

4. Ökonomische Folgen der Medienkonzentration

Ökonomische Folgen von Medienverflechtungen sind ihre Wohlfahrtswirkungen. Diese ergeben sich aus den Wettbewerbswirkungen und den Synergieeffekten (als Ausdruck für die Summe der Effizienzvorteile). Leider lassen sich die Auswirkungen weder allgemein noch präzise beschreiben.

Die *Wettbewerbsbedingungen* können sich vor allem bei horizontalen Verflechtungen *verbessern*, wenn z. B. auf einem Markt, auf dem bisher ein großer und 15 kleine Anbieter vorhanden waren, diese 15 sich zu drei großen Anbietern zusammenschließen, die dann als Wettbewerber mit gleich großer Marktmacht auftreten (*Aufholfusion*) oder wenn ein vom Konkurs bedrohter Wettbewerber durch den Anschluss an einen Konkurrenten saniert wird (*Sanierungsfusion*). Bei einer Sanierungsfusion ist allerdings darauf zu achten, dass die vom Konkurs bedrohte Unternehmung nicht vom Marktführer übernommen wird, wie seinerzeit die *NRZ* von der *WAZ*, sondern von einem kleinen Mitbewerber, so dass die Sanierungsfusion zugleich eine Aufholfusion ist. Auch bei vertikalen und diagonalen Verflechtungen kann ein damit verbundener Ressourcenzustrom die Wettbewerbschancen kleinerer Medienunternehmen erhöhen, was z. B. beim Erwerb der Berliner Zeitung durch den vormaligen Zeitschriftenkonzern Gruner&Jahr erwartet worden war.

Im Allgemeinen wird aber von einer Zunahme der Medienkonzentration eine *Verschlechterung des Wettbewerbs* erwartet. Die Preiskonkurrenz erlahmt, der Druck auf Produkt- und Prozessinnovationen wird kleiner, die Flexibilität der Anpassung an veränderte Marktbedingungen nimmt ab und der Marktzutritt wird erschwert. Dabei gibt es kleinere Unterschiede zwischen den Verflechtungsebenen.

Horizontale Verflechtungen begründen dominierende Marktpositionen und erleichtern damit die kollektive Marktkontrolle z. B. durch Preisführerschaft. Bei *vertikaler Verflechtung* resultiert in der Regel ganz allgemein eine Vergrößerung des durch den Wettbewerb nicht kontrollierten Verhaltensspielraums, weil Marktmacht auf vor- bzw. nachgelagerte Produktions- und Handelsstufen übertragen wird. So wird bei der Übernahme von Vertriebsorganisationen der Konkurrenz der Zugang zur Nachfrage erschwert, z. B. wenn Zeitungsverleger den Pressegroßhandel übernehmen oder Filmproduzenten und Filmhändler Fernsehveranstalter aufkaufen. Umgekehrt wird bei der Übernahme von Produktionskapazitäten der Konkurrenz der Zugang zum Angebot erschwert, z. B. wenn Fernsehveranstalter Filmproduktionsfirmen übernehmen. Generell wird die Möglichkeit eröffnet, Einstufenunternehmern zu behindern, insbesondere wenn diese zugleich Zulieferer bzw. Abnehmer und Konkurrenten sind. Bei *diagonaler Verflechtung* wird generell die Möglichkeit eröffnet, das reine Ausleseprinzip des Wettbewerbs durch Mischkalkulation (Crosssubsidizing) zu verbessern. Indem Kosten bzw. Risiken auf die jeweils profitabelsten Firmen des Konzerns überwälzt werden, können kleinere Wettbewerber behindert werden oder andere Unternehmen können durch Kopplungsgeschäfte, z. B. Anzeigengemeinschaften benachteiligt werden.

Wenn der *Wettbewerb verschlechtert* wird, resultieren gesamtwirtschaftlich *negative Marktmachteffekte*:

- Behinderung der Konkurrenz und
- Gewinnsteigerungen zu Lasten der Rezipienten.

Dann resultiert ein Dilemma zwischen dem Ziel eines freien Wettbewerbs und dem Ziel ökonomischer Effizienz, weil und insoweit die Verflechtung Folge der Effizienz der Größe ist (*Dilemma I*). In vielen Fällen sind die Effizienzvorteile der Größe indes nicht so erheblich, dass sie die Verflechtungen überzeugend begründen können. Nur im Fall erheblicher Größenvorteile ist das Dilemma I wirklich relevant. Aber unglücklicherweise sind die Größenvorteile in Form der Fixkostendegression gerade im Mediensektor erheblich. Hier wäre die wirtschaftspolitische Entscheidung zu fällen, ob bei hohem Konzentrationsgrad dem Effizienzziel Priorität einzuräumen ist, oder ob eine Antikonzentrationspolitik durchgeführt werden soll, um die wettbewerblich-dezentralen Entscheidungsstrukturen wieder herzustellen (Herdzina 1991, S. 48).

In der Regel ist ein Verzicht auf die Realisierung von Effizienzvorteilen politisch nicht gewollt oder politisch nicht durchsetzbar und dies dürfte auch im Medienbereich so sein. Wenn die Verflechtung wirtschaftspolitisch akzeptiert wird, dann ist aber sicherzustellen, dass die Kostenvorteile tatsächlich realisiert und an die Verbraucher weitergegeben werden, weil der Wettbewerb diese Aufgabe ja nicht übernehmen kann (*Dilemma II*). Dies wird in der Regel durch eine Missbrauchsaufsicht oder eine staatliche Regulierung zu erreichen versucht, allerdings meist ohne Erfolg. Daher ist eine konsequente wirtschaftspolitische Konzentrationskontrolle wichtig, der Mediensektor sollte kein wettbewerbspolitischer Ausnahmebereich sein. Dies ist hier insbesondere auch mit der Notwendigkeit begründet, im Zweifel eher die Vielfalt des Medienangebots als seine Effizienz zu sichern.

Generell flammt in solchen Debatten der alte Dissens zwischen Industriepolitik und Ordnungspolitik auf. Vertreter der Industriepolitik verweisen auf die höhere Effizienz der Größe, während Vertreter der Ordnungspolitik auf die guten Wirkungen des Wettbewerbs per se verweisen und darauf abstellen, dass die Effizienzvorteile von Zusammenschlüssen in empirischen Tests sich als viel geringer erwiesen haben als allgemein erwartet wird.

5. Medienkonzentration und Vielfalt

5.1. Grundlegende Annahmen der Analyse

Vielfalt wird im Folgenden als irgendeine Unterschiedlichkeit von Medienproduktionen in den Dimensionen von Produktqualität, Verpackung oder Werbung definiert, die von den Rezipienten wahrgenommen wird. Es geht mithin zunächst einmal um ökonomische Vielfalt (vgl. Kapitel 3, Abschnitt 7.1.). Inwieweit damit auch eine publizistische Vielfalt verbunden ist, wird niemals allgemein abgeleitet werden können. Es ist immer möglich, dass die vorausgesetzte „irgendeine Unterschiedlichkeit" sich (auch) auf publizistisch relevante Dimensionen wie Meinungen, Positionen, Ansichten und Wertungen in den für die publizistische Vielfalt relevanten Berichterstattungsfeldern wie Politik, Kultur und Wirtschaft bezieht, aber ob die von den Rezipienten wahrgenommene Unterschiedlichkeit sich tatsächlich darauf bezieht, wird kaum feststellbar sein.

Erste Annahme der folgenden Kalküle ist, dass es im ökonomischen Sinn homogene (gleichartige) Medienproduktionen nicht geben kann. Dies lässt sich mit zwei Argumenten begründen:

- Zum einen sind Medienproduktionen sehr komplexe Güterbündel, die aus sehr unterschiedlichen Elementen von Information, Bildung und Unterhaltung bestehen und immer von sehr unterschiedlichen Menschen erstellt werden.
- Zum anderen macht es ökonomisch gesehen keinen Sinn, homogene Medienproduktionen mehrfach anzubieten, weil dies dann wegen der unzureichend realisierten Fixkostendegression unnötig teuer wäre.

Am billigsten produziert der Alleinanbieter. Aus ökonomischer Sicht besteht kein Zweifel daran, dass sich alle auf dem Markt angebotenen Medientitel und Programme von einander unterscheiden, also Vielfalt repräsentieren.

Zweite Annahme ist, dass die Medienproduktionen eines Medienkonzerns, ganz allgemein einer Gruppe miteinander verbundener Unternehmen nach §15 AktG, in der Regel in sich eine größere Homogenität aufweisen als die Homogenität der Medienproduktionen insgesamt. Dies bedeutet, dass z. B. die Zeitungen des WAZ-Konzern sich untereinander zwar unterscheiden, aber in ihrer Gesamtheit einen feststellbaren Unterschied zu den Zeitungen z. B. des Springer-Konzern aufweisen.

Eine gewisse *konzerngebundene Homogenität* von Medienproduktionen lässt sich mit folgenden unternehmerischen Strategien begründen, die konzernintern einheitlicher angewendet werden als in der Medienwirtschaft insgesamt:

- Einstellung, Ausbildung und Weiterbildung von Journalisten (und anderen Akteuren);

- Ausmaß der Gewährung journalistischer Autonomie in Bezug auf Inhalte und Kosten der Produktion;
- Die Corporate Identity ist im Regelfall konzerngebunden und prägt, über einheitliche Ziele und Wertvorstellungen, in gewisser Weise das Verhalten aller Mitarbeiter (Corporate Behaviour);
- Managementkonzepte, insbesondere die Konzepte von Organisation und Führung, werden einheitlich angewendet, etwa Führungsprinzipien, die Hierarchie in der Organisation oder die Struktur der Unternehmenskommunikation;
- Unternehmensziele werden einheitlich definiert, etwa die strikte Verfolgung des Shareholder-Value-Ziels in den Unternehmen des Bertelsmann-Konzerns;
- Auch das Management des Marketings erfolgt nach einheitlichen Prinzipien, wenngleich die Marketingaktivitäten selbst in der Regel doch unternehmensgebunden sind (ProSieben macht ein anderes Marketing als Kabel 1, obwohl beide zum Kirch-Konzern gehören).

All diese konzerngebundenen Unternehmensstrategien begründen, dass die Medienproduktionen eines Konzerns in der Regel in sich eine größere Homogenität aufweisen als sie im Durchschnitt aller Medienproduktionen üblich sind.

5.2. Zusammenhang von Zahl und Vielfalt

Die genannten, plausiblen, Annahmen lassen die folgenden Schlüsse auf den Zusammenhang von Medienkonzentration und Vielfalt zu:
Die Vielfalt nimmt zu, wenn

- die Zahl der Titel und/oder Programme steigt und
- die Zahl der unabhängigen Medienunternehmen steigt.

- Die Vielfalt nimmt ab, wenn

- die Zahl der Titel und/oder Programme sinkt und
- die Zahl der unabhängigen Medienunternehmen sinkt.

Da bei einer zunehmenden *horizontalen Konzentration* meist sowohl die Zahl der Titel/Programme als auch die Zahl der unabhängigen Medienunternehmen sinkt, nimmt hier die Vielfalt im Regelfall ab. Da bei einer zunehmenden *vertikalen Konzentration* im Regelfall wenigstens die Zahl der unabhängigen Medienunternehmen sinkt, nimmt auch hier die Vielfalt häufig ab. Bei gegenläufigen Entwicklungen - z. B. die Zahl der unabhängigen Anbieter sinkt, während die Zahl der Titel steigt - sind allgemeine Rückschlüsse auf die Entwicklung der Vielfalt nicht möglich. Leider ist dies die Realtität:

- die Zahl der Hörfunkprogramme hat von 1984 bis 1988 von 36 auf 237 zugenommen (Band 2, Kapitel 11);

- die Zahl der Fernsehprogramme hat von 1984 bis 1998 von 7 auf ca. 300 zugenommen (Band 2, Kapitel 13);
- die Zahl der Zeitschriftentitel hat von 1980 bis 1994 (neuere Zahlen gibt es nicht) von 6243 auf 9093 Titel zugenommen (vgl. Kapitel 11, Tabelle 3);
- nur die Zahl der Zeitungstitel (publizistische Einheiten) hat von 1981 bis 1999 von 124 auf 112 (alte Bundesländer) abgenommen (vgl. Kapitel 9, Tabelle 9).

Insgesamt hat die Zahl der Angebote mithin deutlich zugenommen und zwar sowohl absolut als auch relativ, d.h. im üblicherweise pro Kopf erhältlichen Angebot an Titeln und Programmen. Dagegen hat die Zahl der unabhängigen Medienunternehmen vermutlich abgenommen, genaue Angaben sind nicht erhältlich.

5.3. Zusammenhang von Disparität und Vielfalt

Das Kriterium *Zahl* (der Titel/Programme und Zahl der unabhängigen Anbieter) stellt auf die *Wahlmöglichkeiten* der Rezipienten ab: Diese Wahlmöglichkeiten nehmen mit steigender Zahl der Angebote zu und dies kann als eine Zunahme der Vielfalt interpretiert werden. Eine solche Interpretation liegt ökonomischer Denkhaltung nahe, auch mir. Die Medienpolitik berücksichtigt aber implizit und z.T. auch explizit - so in den Konzentrationskontrollvorschriften des Rundfunkstaatsvertrages (vgl. Band 2, Kapitel 7, Abschnitt 8) - vor allem das Kriterium der *Disparität von Reichweiten*. Die Vielfalt gilt hier als bedroht, wenn die Anteile am Rezipientenmarkt, die Titeln/Programmen oder Medienkonzernen zugerechnet werden können, sehr unterschiedlich groß sind und wenn die Unterschiedlichkeit, also die Disparität zunimmt. Dieses Kriterium stellt auf das *Ergebnis* der Wahlhandlungen der Rezipienten ab, auf den faktischen Stand von Vielfalt. Beide Sichtweisen haben ihre Berechtigung. Allerdings tut sich die Ökonomie sehr schwer, das Ergebnis von Wahlhandlungen zu bewerten und gegebenenfalls korrigieren zu wollen.

Unter der Verwendung beider Kriterien, der Zahl und der Disparität, ist ein eindeutiges und generelles Urteil über die Entwicklung der Vielfalt meist nicht möglich, weil in offenen und expandierenden Märkten wie dem Rundfunkmarkt und dem Zeitschriftenmarkt in der Regel die Zahl der Titel/Programme und der Anbieter zunimmt, zugleich aber auch die Disparität der Reichweiten. Hier könnten nur Werturteile gefällt werden oder aber es müssten sorgfältige Einzelfallanalysen erstellt werden.

5.4. Vertikale/diagonale Medienkonzentration und Vielfalt

Die bisherigen Ausführungen zum Komplex von Konzentration und Vielfalt stellen zwar auf alle Konzentrationsformen ab, beziehen sich aber faktisch überwiegend auf die horizontale Konzentration. Vertikale und diagonale Zusammenschlüsse begründen darüber hinaus einige Potentiale der Bedrohung von Vielfalt.

Bei einer Zunahme der vertikalen Medienkonzentration wird auf den verschiedenen Produktions- und Handelsstufen die Marktkoordination zunehmend durch unternehmensinterne Koordination ersetzt. Dies verringert prinzipiell den direkten Einfluss der Nachfrage und der Konkurrenz und erlaubt, unternehmenseigene Vorstellungen stärker durchzusetzen als sonst üblich.

Dies soll zunächst an einem Beispiel erläutert werden. Wenn Leo Kirch nur Filmhändler wäre (was er ursprünglich war), dann würde er Filme auf den Filmproduktionsmärkten kaufen und sie auf den Filmverwertungsmärkten – Kino, Videomärkte, Fernsehen – verkaufen. Im Einkauf würde er aus dem vorhandenen Angebot im Wettbewerb mit konkurrierenden Nachfragern auswählen; er hätte keinen direkten Einfluss auf das Angebot und seine Verwertungsvorstellungen würden sich über die zu zahlenden Preise mit den Verwertungsvorstellungen anderer Nachfrager messen müssen. Da Leo Kirch aber Filmproduktions-, Filmhandels- und Filmverwertungsunternehmen, insbesondere Fernsehanstalten und Filmtheater besitzt, hat er einerseits eine größere Einwirkungs*möglichkeit* auf das Produktionssortiment, und andererseits wird er weniger durch konkurrierende Nachfragewünsche kontrolliert. Die Kontrolle durch den Markt wird partiell durch die Kontrolle von Kirch ersetzt.

Die Bewertung dieser möglichen Kontrollsubstitution Markt durch Medienunternehmen ist schwierig. Aus ökonomischer Sicht wird grundsätzlich eine Kontrolle durch den Markt präferiert, in kommunikationswissenschaftlicher Sicht ist das nicht so sicher. Und aus ökonomischer Sicht ist anzumerken, dass eine langfristige Missachtung des Marktes durch privatkapitalistische Unternehmen nicht durchzuhalten ist. Wenn Leo Kirch z. B. Film- und Sportübertragungsrechte an *SAT 1* zu teuer und in falscher Auswahl verkauft, dann erhöht dies die Profitabilität eines Konzernunternehmens zu Lasten der Profitabilität eines anderen Konzernunternehmens, und fraglich wäre, was per Saldo für Leo Kirch gewonnen ist.

Immerhin erscheint die vertikale Medienkonzentration in den Stufen als recht problematisch, in denen eine vom Markt nicht geregelte Beeinflussung von Medienproduktionen *möglich* wird: vor allem in der Verbindung von Programm-Input-Produktion (vgl. Band 2, Kapitel 5) und Programmveranstaltung und Vertriebsnetz im Fernsehsektor sowie in der Verbindung von Nachrichtenagentur, Presseverlag und Pressevertrieb im Pressesektor.

Die massivste Beeinflussung von Medienproduktionen ist sicher die mögliche Behinderung der Konkurrenz. Im Zuge eines vertikalen Konzentrationsprozesses ergibt sich in der Regel ganz allgemein eine Vergrößerung des durch den Wettbewerb nicht kontrollierten Verhaltensspielraums, weil Marktmacht auf vor- bzw. nachgelagerte Produktions- und Handelsstufen übertragen wird. Dies behindert insbesondere den Marktzutritt potentieller Konkurrenten. So wird bei der Übernahme von Vertriebsorganisationen der Konkurrenz der Zugang zur Nachfrage erschwert (z. B. Zeitungsverleger übernehmen den Pressegroßhandel oder Filmproduzenten und Filmhändler übernehmen Fernsehveranstalter). Umgekehrt wird bei der Übernahme von Produktionskapazitäten der Konkurrenz der Zugang zum Angebot erschwert (z. B. Fernsehveranstalter übernehmen Filmproduktionsfirmen).

Eine solche Aussicht, den Marktzutritt anderer zu behindern bzw., wenn der Zutritt nicht gelingt, von anderen behindert zu werden, erklärt sicher zu einem großen Teil den überaus heftigen Kampf von Medienunternehmen um den Zugang zu den neuen Vertriebsnetzen, zum Kabel-, zum Satelliten-, zum Telefonnetz und zum Internet. Der Kampf ist auch deswegen so heftig, weil diese Netze verschmelzen werden und komplette Dienstleistungsbündel transportieren werden (vgl. die Beschreibung der „Faustkämpfe der Major Players“ in Tendenz 1/2000, S. 23 ff.). Markantes Beispiel ist die Verflechtung von Time Warner mit AOL.

Bei einer Zunahme der *diagonalen Medienkonzentration*, also bei der Ausweitung der Geschäftsfelder auf mehrere, möglichst alle Medien, verstärken sich noch einmal die *Möglichkeiten*, Medienproduktionen inhaltlich zu beeinflussen:

- Mischkalkulationen beeinträchtigen das Ausleseprinzip des Wettbewerbs und bieten verstärkt die Möglichkeit, „Meinungen“ intern zu subventionieren.
- Der Marktzutritt wird erschwert, weil (neue) kleinere Wettbewerber durch die Überwälzung von Kosten auf andere Konzernunternehmen ind die Zange genommen werden können („Squeezing“).
- Die Möglichkeit und das Motiv, den redaktionellen Teil der Medien für werbliche Zwecke zu missbrauchen, gewinnt an Gewicht (Beispiele für diese „cross-promotion“ gibt *Der Spiegel*, Nr. 21/1993 v. 24.5.1993, S. 37 f.).
- Die Möglichkeiten der Mehrfachverwertung nehmen zu (z. B. Spiegel, Spiegel TV, Spiegel online, Spiegel spezial, Zeitung im Zug, Spiegel extra).

5.5. Die Bedeutung eines freien Marktzutritts

Ein freier Marktzutritt - ein unbehinderter Zugang zu den notwendigen Ressourcen der Produktion zu kompetitiven und nicht-diskriminierenden Preisen - ist für den Wettbewerb von fundamentaler Bedeutung (vgl. Kapitel 2, Abschnitt 2.7.). Dies gilt auch für die Vielfalt. Vielfalt im Medienmarkt und im Meinungsmarkt setzt ganz zentral einen freien Marktzutritt voraus. In dieser Sicht besteht vermutlich kein Dissens zwischen der Ökonomie und der Medienpolitik. Dies wird sehr deutlich in folgendem Statement.

> „Der offene Zugang ist Grundlage der digitalen Zukunft
>
> Die Öffnung des Kabels Mitte der achtziger Jahre war die Grundlage für die Entwicklung eines weltweit einmaligen, frei empfangbaren Fernsehangebots privater Veranstalter und öffentlich-rechtlicher Anstalten. Die Medienanstalten haben den chancengleichen Zugang gewährleistet, und das Ergebnis kann sich sehen lassen. Die letzten Jahre allerdings waren überschattet von Engpässen im Kabel, und noch immer behindert der Mangel die Entwicklung neuer Formate und Angebote.
> Seit Jahren erheben die Landesmedienanstalten daher die Forderung nach neuen Unternehmensstrukturen für die Kabelindustrie und nach dem Ausbau der Netze. Früher als andere haben sie auf die Bedeutung der Kabelnetze als Infrastruktur für die Informationsgesellschaft hingewiesen: Kein anderer Übertragungsweg hat solche Chancen,

Internet und Fernsehen miteinander zu verbinden. Die Gründung regionaler Kabelgesellschaften und der Teilverkauf durch die Telekom leiten nun einen Strukturwandel ein.

Damit entstehen allerdings auch neue Gefährdungen des offenen Zugangs: Waren bisher Netze und Inhalte strikt getrennt, wollen sich die neuen Kabelgesellschaften nun an der Wertschöpfung über die Inhalte und Dienstleistungen beteiligen. Sie werden zu neuen "Gatekeepern": Fernsehanbieter brauchen das Kabel, nur dann sind sie wettbewerbsfähig. Und ein großer Teil der Kabelhaushalte hat nicht die Wahl, auf Satelliten auszuweichen. Daher sind die Landesmedienanstalten gefordert, in neuer Weise für den offenen Zugang zu sorgen. Der novellierte Rundfunkstaatsvertrag gibt ihnen hierfür Instrumente, die nicht mehr nur an der Lizenzierung und Kanalbelegung anknüpfen, sondern die verschiedenen Ebenen digitalen Zugangs umfassen.

Bei der Anwendung können wir aus dem Internet lernen: Dieses verdankt seinen Erfolg auf den schmalbandigen Telefonnetzen der Regelung, dass jeder Kunde seinen Internet-Anbieter wählen kann, auch wenn er dabei die Telefonleitung der Telekom nutzt. Der Wettbewerb hat allen genutzt. Jetzt stehen wir vor der Herausforderung, den offenen Zugang zum Rundfunk mit dem Wettbewerb im Internet zu verbinden, in einem neuen Modell des offenen Kabels.

Entwicklungschancen für Anbieter und Wahlmöglichkeiten für Verbraucher, das sind Ziele der Landesmedienanstalten. Jeder, der ein Kabelnetz kauft, muss dies berücksichtigen. Hoffnungen, dass Erwerber einen hohen Preis durch künftige Monopolgewinne refinanzieren könen, sind verfehlt.“

(Dr. Hans Hege, Vorsitzender des Arbeitskreises Digitaler Zugang der Landesmedienanstalten, in: Tendenz 1/2000, S.22).

Dieses Statement macht auch die zentrale Problematik der Konzentration deutlich, nämlich die *Errichtung von Marktzutrittsschranken* im Zuge des Konzentrationsprozesses. Eine horizontale Konzentration erhöht die Marktmacht und schreckt potentielle Konkurrenten ab. Eine vertikale/diagonale Konzentration überträgt Marktmacht auf andere Märkte und bietet die Möglichkeit, (neue) Konkurrenten zu diskriminieren. Daher ist die Sicherung eines Netzzuganges (Open Access) für die Medienwirtschaft von zentraler Bedeutung und alle Verbindungen der Stufen von Produktion und Vertrieb bergen erhebliche Gefahren für den Wettbewerb und für die Vielfalt.

Die folgende Synopse gibt einen Überblick über Konzentrationsformen, Konzentrationsursachen und Konzentrationsfolgen. Sie hat den Sinn, mögliche Überlegungen zu diesem Komplex zu strukturieren, eine schematische Anwendung dieser Zuschreibungen ist aber in jedem Fall um sorgfältige Einzelfallanalysen zu ergänzen.

Übersicht 3: Zusammenschlussformen, Zusammenschlussmotive und Auswirkungen auf den Wettbewerb und die Vielfalt

Zusammenschluss	horizontal	vertikal	diagonal
Begriff	Unternehmen sind auf dem gleichen relevanten Markt tätig	Unternehmen sind auf vor- bzw. nachgelagerten Produktionsstufen tätig und stehen in einer Käufer-Verkäufer-Beziehung zueinander.	negativ definiert als Zusammenschluss, der weder horizontaler noch vertikaler Natur ist
Zusammenschlussmotive	Economies of Scale, Eliminierung eines ineffizienten Unternehmensmanagements	Transaktionskostenersparnisse, Eliminierung eines ineffizienten Unternehmensmanagements	Economies of Scope, Risikostreuung, Eliminierung eines ineffizienten Unternehmensmanagements
Auswirkungen auf den Wettbewerb	Erlangung einer dominierenden Marktposition, Erleichterung kollektiver Marktkontrolle, Errichtung von Marktzutrittsschranken, Beschränkung des Preiswettbewerbs	Behinderung von nicht-integrierten Konkurrenten, Errichtung von Marktzutrittsschranken	Überwälzung von Marktrisiken und Kosten, Koppelungsgeschäfte, steigende Finanzkraft, Mischkalkulation, Konzentration von Verfügungsbefugnissen
Auswirkungen auf die Vielfalt	Reduziert die Zahl der Titel/Programme und die Zahl der unabhängigen Anbieter	Behindert den Markzutritt neuer Angebote und neuer Anbieter. Ermöglicht die Beeinflussung der Inhalte	

Quelle: Schmidt/Röhrich 1992, S. 183 mit eigenen Ergänzungen

6. Medienkonzentration und publizistische Qualität

Die Zusammenhänge von Konzentration und Qualität sind reichlich spekulativ und ambivalent. Einerseits ist die horizontale Medienkonzentration auch in erheblichen Effizienzvorteilen begründet, die dazu führen *können*, dass die größeren Einnahmen in die Produktion publizistischer Qualität investiert werden. Ein gutes Beispiel sind der *Spiegel* und *Die Zeit*, die, wenn auch nicht rechtlich, so doch ökonomisch gesehen Monopolisten gewesen sind und gute publizistische Qualität produziert haben. Mehr Wettbewerb dürfte die Einnahmen pro Medium verringern, und nachfolgend den Input in die Produktion publizistischer Qualität verringern, also zu einer Verkleinerung der Redaktionsstärke oder der Redaktionsetats führen. Andererseits bietet die horizontale Konzentration die *Möglichkeit*, Meinungsvielfalt zu verringern und eine Einheitlichkeit der Berichterstattung zu betreiben. In Abwägung beider Möglichkeiten kommt es eher darauf an, Missbräuche zu verhindern, als darauf zu hoffen, dass Monopolisten im Durchschnitt gute publizistische Qualität produzieren. Vor allem für die Konkurrenz im Lokalen ist gezeigt worden, dass der Umfang des Lokalteils mit zunehmender Monopolisierung abnimmt (Pätzold/Röper 1992, S. 644 ff) - ein Indiz für die Vorteilhaftigkeit des Wettbewerbs.

Die diagonale und die vertikale Verflechtung ist viel weniger ambivalent zu beurteilen. Hier sind die Effizienzvorteile - deren Gegenwert in die Produktion publizistischer Qualität investiert werden könnte - sehr viel geringer als bei der horizontalen Konzentration und andererseits sind die Gefahren durch Einbußen an dezentraler Kontrolle durch den Markt oder ggfs. durch die Politik erheblich. Daher kommt es vor allem darauf an, Schranken für diagonale und vertikale Medienkonzentrationen zu errichten.

7. Empirische Untersuchungen zum Komplex von Konzentration und Vielfalt/Qualität

Bei den zahlreichen empirischen Untersuchungen zum Komplex von Konzentration und Vielfalt/Qualität ist nicht immer ganz klar, was untersucht wird: die ökonomische oder die publizistische Konzentration und die Vielfalt oder die Qualität der journalistischen Produktion. Daher soll vorab klassifiziert werden.

7.1. Zur Klassifikation empirischer Untersuchungen

Zunächst wäre zu unterscheiden, was die determinierende Variable der Untersuchung ist: die ökonomische oder die publizistische Konzentration. Bei der ökonomischen Konzentration geht es um die Erfassung von Anteilen von Medienunternehmen am relevanten Markt. Dabei empfiehlt es sich, zusätzlich nach dem Ausmaß eines möglichen Ressourcenverbundes folgende Konstellationen zu unterscheiden:

- Marktanteile unabhängiger Medienunternehmen (z. B. *FAZ* und *Frankfurter Rundschau*)
- Marktanteile verbundener, aber konkurrierender Medienunternehmen (z. B. *Westfälische Rundschau* aus dem *WAZ*-Konzern und *Ruhr-Nachrichten* aus der *RN*-Gruppe)
- Marktanteile miteinander verbundener Medienunternehmen (z. B. *Westdeutsche Allgemeine, WAZ* und *Neue Ruhr/ Neue Rhein Zeitung, NRZ*),

weil das Ausmaß eines möglichen Verbundes mit einem Medienkonzern neben der rechnerisch erfassten Konzentration auch Struktur und Intensität des Wettbewerbs beeinflussen wird.

Bei der publizistischen Konzentration geht es um die Erfassung von Rezipientenanteilen jeweils miteinander verbundenen Medieneigentums. Dabei ist es zweckmäßig, hier nach den Formen des Verbunds zu differenzieren:

- Verbund in Form einer rechtlichen Einheit (z. B. die verschiedenen Ausgaben der *BILD*-Zeitung);
- Verbund in Form einer wirtschaftlichen Einheit (z. B. alle Medien des Kirch-Konzerns).

Bei den Untersuchungsmethoden ist vor allem die Zeitreihenanalyse von der Querschnittsanalyse zu unterscheiden. Die Zeitreihenanalyse untersucht, wie sich Medien im Übergang von einem Regime zu einem anderen verändern, also wie sich z. B. der *Südkurier* verändert, nachdem der Holtzbrinck-Konzern eine Minderheitsbeteiligung erworben hat oder wie sich die *Neue Ruhr/Neue Rhein Zeitung* nach der Fusion mit dem *WAZ*-Konzern verändert hat. Die Querschnittsanalyse untersucht dagegen die Unterschiedlichkeit von Medien in einer bestimmten Zeitperiode, also etwa die Unterschiedlichkeit von Zeitungen, die miteinander im Wettbewerb stehen, z. B. die *Westfälische Rundschau* und die *Ruhr-Nachrichten*, gegenüber Zeitungen, die in ihrem Verbreitungsraum das Gebietsmonopol haben, z. B. die *Kieler Nachrichten* und die *Saarbrücker Zeitung*.

Schließlich sollte unterschieden werden, was die Untersuchungsziele sind, die Erfassung journalistischer Qualität oder die Erfassung der Vielfalt. Oft werden beide Aspekte vermischt.

Die *Qualität* der journalistischen Aussagenproduktion wird einmal mit Input-Ersatzindikatoren erfasst, von denen die wichtigsten sind:

- Redaktionsstärke, unter Umständen auch Redaktionsetats;
- Zahl der bezogenen Nachrichtendienste und
- Umfang des Archivs und der Dokumentationsquellen.

Zum anderen wird mit Output-Kriterien gemessen, von denen die wichtigsten sind:

- Umfang des Nachrichtenteils oder anderer Teile von spezieller Bedeutung;
- Umfang von Eigenproduktionen;
- Umfang/Anteile unterschiedlicher Programmkategorien.

Die *Vielfalt* zu erfassen, erweist sich als besonders schwierig. Überlegungen zur Vielfalt in konzeptioneller Sicht stellt Lasorsa (1991) an. Danach hängt Vielfalt von der Zahl der unterschiedlichen Meinungen ab und von der Gleichmäßigkeit ihrer Verteilung zwischen den Menschen. Wenn es zwar viele Meinungen gibt, aber eine davon dominiert, dann ist Meinungsvielfalt kleiner, als wenn weniger Meinungen existieren, diese aber gleichmäßig verteilt sind.

Zur konkreten Erfassung der Vielfalt bieten sich zwei Ansätze. Einmal kann die Vielfalt durch eine Inhaltsanalyse, zum anderen durch Befragung der Rezipienten bestimmt werden, dabei ist die Inhaltsanalyse eindeutig die dominierende Methode. Diese lässt sich weiter differenzieren nach den gewählten Ansatzpunkten der Inhaltsanalyse:

- Erfassung der Grobstruktur von Medieninhalten (Genres, Themenbereiche);
- Erfassung der Themen (Akteure, Orte) und
- Erfassung der Argumentation (vgl. Woldt 1992, S. 193).

7.2. Konzentration und Medieninhalte

Von den 21 in den letzten 45 Jahren in den USA erstellten Studien zum Einfluss von *Konzentration und Wettbewerb auf den Inhalt* von Zeitungen stellen 14 keinen Zusammenhang fest, während sieben Studien einige Anhaltspunkte für einen Zusammenhang liefern. Allerdings weisen diese Studien methodische Mängel auf, die ihre Ergebnisse stark relativieren (vgl. Busterna u. a. 1991). Und auch die Studie von Busterna u.a. (1991) selbst kommt zu dem Ergebnis, dass unterschiedliche Wettbewerbssituationen keinen signifikanten Einfluss auf den Input in die journalistische Produktion haben (Busterna u. a. 1991, S. 737). Dies ist ein Ergebnis, das z. B. auch Picard resümiert und dahingehend erweitert, dass professionelle Normen und journalistische Standards mehr zur Erklärung der Medieninhalte beitragen als Marktstrukturen (Picard 1989, S. 79 ff.). Auch die für die Bundesrepublik erstellten Studien zeigen keinen nachweisbaren Einfluss des Wettbewerbs auf Zeitungsinhalte. Immerhin gibt es aber einige Studien, die einen Einfluss des Wettbewerbs auf Medieninhalte feststellen. So kommt Lasorsa zu dem Ergebnis, dass Zeitungswettbewerb die Meinungsvielfalt signifikant beeinflusst (Lasorsa 1991, S. 46).

Die Studien zum Zusammenhang von *Medienverbund und Medieninhalt* sind offenbar widersprüchlich. Sieben Studien enthalten Hinweise, dass die Zeitungsqualität von Verbundzeitungen besser ist, 13 Studien zeigen, dass die Qualität von Verbundzeitungen schlechter ist, und elf Studien finden keine eindeutigen Unterschiede (vgl. Busterna u. a. 1991, S. 731). Ein ähnliches Fazit ziehen Akhavan-Majid u. a. aus der vorliegenden Literatur. Die Studie von Akhavan-Majid u. a. selbst zeigt allerdings, dass im Vergleich zu anderen Blättern bei den Zeitungen der Gannett-Gruppe eine deutlich größere Neigung bestand, Stellung zu beziehen, eine deutlich größere Einheitlichkeit der Meinungen zu beobachten war und schließlich eine deutlich geringere Flexibilität der Standpunkte zu erkennen war (Akhavan-Majid u.a. 1991, S. 64 ff.). Insgesamt können die empirischen Untersuchungen also nicht viel zur Klärung des Zusammenhangs von Konzentration, Vielfalt und Qualität beitragen. Immerhin ist interessant, dass die Überlegenheit des Wettbewerbs nicht mit Sicherheit behauptet werden kann.

8. Zur Größe der Medienmärkte

Die Bedrohlichkeit des Befundes der Monopolgefahr und der Beschränkung der Vielfalt hängt letztlich von der Zahl und der Größe der Medienmärkte ab. So bestimmt die Zahl der Medienmärkte, wieviele Monopole und wieviele Marktzutrittsmöglichkeiten es geben kann. Viele kleine Monopole auf vielen kleinen benachbarten Märkten sind weniger beunruhigend als wenige große Medienmonopole auf wenigen großen Medienmärkten. Daher ist zu untersuchen, welche Faktoren die Größe und Zahl von Medienmärkten bestimmen.

Allgemein formuliert hängt die Größe eines Marktes – üblicherweise mit dem Indikator Umsatz pro Periode erfasst – von der Nachfrage und von den Distanzüberwindungskosten ab. Die Nachfrage ist konzeptionell schwer zu fassen. Die Medienproduktion ist kein einfach zu definierendes homogenes Produkt wie z. B. Koks oder Sojabohnen, sondern besteht aus einem komplexen Bündel unterschiedlichster Produkte, die auf zahlreichen Märkten miteinander konkurrieren. Diese Nachfrage und nachfolgend die entsprechenden Märkte können nach folgenden Kriterien unterschieden werden:

- nach der Güterkategorie (Information, Bildung, Unterhaltung, Werbung),
- nach der regionalen Reichweite, also nach Kommunikationsräumen,
- nach Ressorts und Teilressorts,
- nach der Aktualität und Periodizität und
- nach der Art der Medien.

Prima facie kann man für den Mediensektor also eine Vielzahl kleinerer Märkte vermuten. Diese Annahme wird durch die Praxis der Rechtsprechung, relativ stark segmentierte, kleine relevante Medienmärkte abzugrenzen, bestätigt (Spieler 1991, S. 44 ff). So ist z. B. ein europäischer Medienmarkt, etwa entsprechend einem europäischen Automobilmarkt, auch in Ansätzen nicht in Sicht.

Die Distanzüberwindungskosten begrenzen die Ausdehnung von Märkten, weil und insoweit die Produkte in zunehmend entfernte Orte transportiert werden müssen. Sie beschränken mithin die Vorteilhaftigkeit großbetrieblicher Produktion und die Degression der fixen Produktionskosten. So begrenzen Distanzüberwindungskosten z. B. sehr wirksam die Größe des Marktes für Zement oder Bauholz. Im Mediensektor sind die Distanzüberwindungskosten – gemessen als Anteil der Kosten am Umsatz – indes sehr klein; nur bei Printmedien fallen sie überhaupt ins Gewicht. Sie steigen generell mit zunehmender Entfernung nur sehr wenig an; bei Übertragung durch Kabel und Satellit spielt die Entfernung als Determinante der Distanzüberwindungskosten praktisch keine Rolle mehr.

Mithin ist der Medienbereich durch zwei gegenläufige Marktkräfte gekennzeichnet. Die segmentierte und bislang überwiegend regional oder lokal gebundene Nachfrage begründet kleine und lokal gebundene Märkte, während die geringen Distanzüberwindungskosten eindeutig für eine Globalisierung der Medienmärkte sprechen. Die letztlich wirksame Marktsegmentierung wird vermutlich durch die Nachfrage determiniert, und eine Marktintegration kann nur über eine Integration der Nachfrage geschaffen werden (vgl. Heinrich 2000). Dies ist wieder im Rahmen der Bemühungen um eine Integration der europäischen Medienmärkte deutlich geworden: Der Abbau von Handelshemmnissen hat bisher keine umfassenden europäischen Medienmärkte geschaffen. Die mögliche Unterschiedlichkeit der Marktentwicklung bedeutet, dass insbesondere auf den wenigen globalen Medienmärkten, wie ansatzweise dem Markt für Kino- und Fernsehfilme, Verflechtungskontrollen von eminenter Wichtigkeit sind. Auf kleinen, lokalen Märkten könnten Monopole eher hingenommen werden.

9. Medienkonzentration in Deutschland

Die Datenlage für den Mediensektor ist, wie erwähnt, unbefriedigend, zum Teil muss auf Schätzungen zurückgegriffen werden. Immerhin erstellt die werbungtreibende Wirtschaft relativ detaillierte Übersichten über Medienunternehmen und Medienkonzentrationen. Dies auch aus Eigeninteresse: Die werbungtreibende Wirtschaft fürchtet Medienkonzentrationsprozesse, weil diese vermutlich zu einer Erhöhung der Werbepreise führen würden.

9.1. Horizontale Medienkonzentration

Der Mediensektor erzielt in meiner Abgrenzung in den Segmenten Zeitung, Zeitschrift, Anzeigenblatt, Nachrichtenagenturen, Hörfunk, Fernsehen und Programm-Input-Produktion 1998 einen Umsatz von knapp 70 Mrd. DM (vgl. Kapitel 1, Tabelle 3 einschließlich der dort nicht erfassten Umsätze der Programm-Input-Produzenten von 3 bis 4 Mrd. DM und der Anzeigenblätter von rund 3 Mrd. DM). In diesem Sektor sind die in Tabelle 1 aufgelisteten Medienkonzerne tätig; allerdings ist die Abgrenzung nicht identisch, die Ranking-Liste enthält auch Buchverlage. Die folgende Tabelle 1 stellt die 50 größten deutschen Medienkonzerne zusammen, Ranking-Kriterium ist dabei der Gesamtumsatz der Konzerne. Tochtergesellschaften großer Konzerne sind eigens aufgeführt, wenn sie selbstständig operieren und das Größenkriterium erfüllen.

Tabelle 1: Die 50 größten deutschen Medienunternehmen 1998

Rang	Unternehmen	Umsatz (Mill. DM)	+/- in %
1	Bertelsmann AG, Gütersloh	29.006,0	+ 12,8
2	ARD, Frankfurt/Main	11.749,0	+11,4
3	KirchGruppe, München	6.025,5	+24,0
4	Gruner+Jahr AG, Hamburg	5.364,0	+ 4,6
5	Axel Springer Verlag AG, Berlin	4.811,1	+ 4,6
6	WAZ-Mediengruppe, Essen	4.200,0	+ 5,0
7	CLT/Ufa S.A., Luxemburg	3.820,8	+ 8,4
8	Verlagsgruppe Georg von Holtzbrinck, Stuttgart	3.666,0	+ 4,7
9	Heinrich-Bauer-Verlag, Hamburg	3.018,4	+ 0,1
10	ZDF, Mainz	2.898,1	+32,7
11	RTL plus Deutschland Fernsehen GmbH&Co.KG, Köln	2.340,0	+ 4,6
12	Hubert Burda Media Holding GmbH&Co.KG, Offenburg	2.066,0	+10,0
13	ProSieben Media AG, München	1.968,0	+ 5,7
14	Sat.1, Berlin/Mainz	1.778,0	+ 7,0
15	Medien Union GmbH, Ludwigshafen	1.600,0	+ 3,2
16	Deutsche Telekom AG, Bonn	1.319,0	+11,2
17	Gruppe Frankfurter Allgemeine Zeitung, Frankfurt/M.	1.304,0	+12,3
18	Gruppe Süddeutscher Verlag, München	1.251,2	+ 8,6
19	UnternehmensGruppe Deutscher Sparkassen Verlag, Stuttgart	1.096,6	+ 1,9

20	Verlagsgruppe Passau, Passau	1.025,5	+ 1,6
21	DuMont Schauberg, Köln	1.021,0	+ 4,9
22	Verlagsgruppe Weltbild, Augsburg	1.020,0	+12,7
23	Sebaldus Druck und Verlag, Nürnberg	960,7	+ 4,1
24	Verlagsgesellschaft Madsack, Hannover	879,1	+ 7,5
25	Premiere Medien, Hamburg	810,0	+10,2
26	Stuttgarter Zeitungsverlag GmbH, Stuttgart	800,0	+ 2,6
27	Weka-Firmengruppe, Kissing	772,0	- 1,5
28	Vogel-Medien-Gruppe, Würzburg	747,0	+16,5
29	Rheinisch-Bergische Verlagsgesellschaft, Düsseldorf	701,0	+ 6,9
30	Mittelrhein-Verlag Koblenz und Partnerunternehmen	665,5	+ 1,7
31	Vereinigte Motor-Verlage, Stuttgart	622,0	+ 7,2
32	Spiegel-Verlag, Hamburg	617,0	+10,6
33	Universal, Hamburg	ca. 600,0	+ 5,3
34	Ravensburger AG, Ravensburg	578,2	+18,7
35	Warner Music Germany, Hamburg	ca. 550,0	+10,0
36	Verlagsgruppe Handelsblatt, Düsseldorf	525,6	+10,4
37	RTL II, München	525,0	+ 6,3
38	Sony Music Entertainment (Germany), Frankfurt/M.	522,8	+ 1,8
39	Saarbrücker Zeitung Verlag und Druckerei GmbH, Saarbrücken	509,0	+ 0,4
40	Deutsche Städte-Reklame (DSR-Gruppe), Frankfurt/M.	500,0	+ 3,7
41	Ganske Verlagsgruppe, Hamburg	500,0	+/- 0
42	Langenscheidt-Verlagsgruppe, Berlin	500,0	k.V.m.
43	Ernst Klett Aktiengesellschaft, Stuttgart	463,3	+ 8,8
44	EMI Electrola, Köln	ca. 450,0	+/- 0
45	Druck- und Verlagshaus Frankfurt am Main, Frankfurt	432,0	+ 5,4
46	Presse-, Druck- und Verlags-GmbH, Augsburg	425,0	+ 4,2
47	Mairs Geographischer Verlag, Ostfildern	415,0	+ 3,8
48	Studio Hamburg, Hamburg	ca. 414,0	+29,4
49	ISPR, München	Über 400,0	k.V.m.
50	Tele-München-Gruppe (TMG), München	Über 400,0	k.V.m.

Quelle: Medien 2000 (W&V), S.52

In Tabelle 2 werden die Marktanteile der nach ihrem gesamten Medienumsatz zehn größten deutschen Medienkonzerne ermittelt; Grundlage für die Ermittlung der-Marktanteile ist natürlich nur der Inlandsumsatz.

Nach Inlandsumsatz dominiert die ARD den deutschen Medienmarkt mit einem Marktanteil von 17,1 Prozent, nachfolgend erreichen die großen privaten Medienkonzerne Bertelsmann, Springer, Kirch und CLT/Ufa beachtliche Anteile. Tabelle 3 weist die entsprechenden Konzentrationsraten aus. Mit einem Marktanteil der größten fünf Unternehmen von 44,3 Prozent kann die Konzentration als mäßig hoch bezeichnet werden. Wenn man aber berücksichtigt, dass Konzentrationsraten bei einer so weiten Abgrenzung wie „Medienmarkt insgesamt“ üblicherweise recht klein sind, dann muss die Konzentration im deutschen Medienmarkt doch als recht hoch klassifiziert werden.

Tabelle 2: Marktanteile der zehn größten Medienkonzerne in Deutschland 1998

Unternehmen	Gesamtumsatz in Mill. DM	Inlandsumsatz in Mill. DM	Marktanteil in v.H.[1]
Bertelsmann	25.724	7.013	10,0
ARD	11.959	11.959	17,1
CLT/Ufa	6.033	3.821	5,5
Kirch-Konzern	6.026	4.017[2]	5,7
Gruner + Jahr	5.130	2.308	3,3
Springer-Konzern	4.811	4.183	6,0
WAZ-Konzern	4.200	2.800[2]	4,0
Holtzbrinck-Konzern	3.666	2.341	3,3
Heinrich Bauer	3.018	2.147	3,1
ZDF	2.898[3]	2.898[3]	4,1

1) Anteil am Medienumsatz in Deutschland von 70.000 Mill. DM. 2) Geschätzt mit zwei Dritteln des Gesamtumsatzes. 3) Angaben für 1997.

Quelle: Medien 2000, ARD, ZDF und eigene Berechnungen

Tabelle 3: Konzentrationsraten des Mediensektors 1998

Jahr / CR	CR-3	CR-5	CR-10
1998	33,1	44,3	62,1

Quelle: Berechnet aus Tabelle 2

9.2. *Vertikale/Diagonale Medienkonzentration*

Die vertikale/diagonale Medienkonzentration kann nicht in einfachen Konzentrationsraten ausgedrückt werden, statt dessen soll ein Überblick über die Geschäftsfelder der größten deutschen Medienkonzerne gegeben werden. Dabei beschränke ich mich auf die fünf größten privaten Medienkonzerne, die beiden öffentlich-rechtlichen Rundfunkveranstalter spielen eine Sonderrolle und sind vertikal/diagonal kaum verflochten. Die Aktivitäten der selbstständigen Tochterfirmen sind diesmal einbezogen, weil diese ja gerade den Umfang der Geschäftsfelder mitbestimmen; es handelt sich um CLT/Ufa (an der Bertelsmann zu 39,2 Prozent beteiligt ist) und um die Gruner + Jahr AG (an der Bertelsmann zu 74,9 Prozent beteiligt ist). Eine einheitliche Strukturierung der Übersichten kann nicht erstellt werden, weil auf die konzerninternen Einordnungen zurückgegriffen werden muss. Zudem muss für den Kirch-Konzern und den WAZ-Konzern auf Schätzungen zurückgegriffen werden.

Der Bertelsmann-Konzern im Überblick (1998)

			Gesamtumsatz			**Auslandsumsatz**[1]	
Umsatz in Mill. DM			25.724			15.945	
Anteil in v.H.			100			69,5	
Felder	Buch	Presse	Musik	Druck	Multi-med.	Fachinf.	TV[2]
Umsatz	6533	7911	5129	3369	313	716	2766
Anteil	24,4	29,6	19,2	12,6	1,2	2,7	10,3
1) bezogen auf den konsolidierten Umsatz 2) CLT/Ufa mit anteilig 50%							

Quelle: Ursprungsdaten Medien 2000

Der Kirch-Konzern im Überblick (1998) (Angaben sind geschätzt)

Gesamtumsatz: 6025 Mill. DM
Der Kirch-Konzern ist in den folgenden Feldern tätig: Free-TV, Pay-TV, Input-Produktion, Rechtehandel und über die Beteiligung am Axel-Springer-Verlag auch im Printbereich; geringe Aktivitäten im Bereich Kino, technische Dienstleistungen und Hörfunk (Medien 2000).

Der Springer-Konzern im Überblick (1998)

	Gesamtumsatz		**Auslandsumsatz**	
Umsatz in Mill. DM	4811		628	
Anteil in v.H.	100		13,1	
Felder	Zeitungen	Zeitschriften	Lohndruck	Sonstiges[1]
Umsatz in Mill. DM	2.765	1.267	291	488
Anteil in v.H.	57,5	26,3	6,0	10,1
1) Sonstiges beinhaltet Buch, Fernsehen, Hörfunk, Input-Produktion, Sportrechtevermarktung und Multimedia.				

Quelle: Ursprungsdaten Medien 2000

Der WAZ-Konzern im Überblick (1998) (Angaben sind geschätzt)

Gesamtumsatz: 4.200 Mill. DM
Die WAZ ist vor allem im Zeitungsgeschäft tätig, daneben im Bereich Zeitschriften, Fernsehen und Hörfunk und in geringem Umfang auch im Multimedia-Bereich. (Medien 2000)

Der Holtzbrinck-Konzern im Überblick (1998)

<table>
<tr><th colspan="2"></th><th colspan="2">Gesamtumsatz</th><th>Auslandsumsatz</th></tr>
<tr><td colspan="2">Umsatz in Mill. DM</td><td colspan="2">3.666</td><td>1.325</td></tr>
<tr><td colspan="2">Anteil in v.H.</td><td colspan="2">100</td><td>36,1</td></tr>
<tr><th>Felder</th><th>Buch</th><th colspan="2">Zeitungen</th><th>Druck/TV/Hörfunk</th></tr>
<tr><td>Umsatz in Mill. DM</td><td>1.842</td><td colspan="2">1.648</td><td>176</td></tr>
<tr><td>Anteil in v.H.</td><td>50,2</td><td colspan="2">45,0</td><td>4,8</td></tr>
</table>

Quelle: Ursprungsdaten Medien 2000

Der *Bertelsmann-Konzern*, der drittgrößte Medienkonzern der Welt, ist der einzige deutsche Medienkonzern, der seinen Umsatz überwiegend im Ausland erreicht und der relativ gleichmäßig alle Sektoren der Medienwirtschaft abdeckt. Er ist ein multinationaler und multimedialer Medienkonzern, seine horizontale und vertikale/diagonale Ausdehnung ist beträchtlich.

Die übrigen vier großen deutschen Medienkonzerne sind eher nicht multinational tätig und ihre mediale Abdeckung zeigt eine deutliche Spezialisierung: Der Kirch-Konzern ist sicher ganz überwiegend im Bereich TV-Veranstaltung, TV-Input-Produktion und TV-Rechtehandel tätig, Springer und Holtzbrinck sind ganz überwiegend im Printbereich tätig mit deutlicher Spezialisierung insbesondere des Holtzbrinckkonzerns, und der WAZ-Konzern ist überwiegend im Zeitungsbereich tätig.

10. Medienkonzentration weltweit

10.1. Horizontale Medienkonzentration

Tabelle 4 gibt einen Überblick über einige ökonomische Kerndaten der fünf größten Medienkonzerne der Welt. Erfasst wird jeweils der Medienumsatz der Konzerne, also der Umsatz, der im Markt der Massenmedien erzielt wird, der aber nicht generell einheitlich abgegrenzt wird. Daher fallen solche Rankings bisweilen unterschiedlich aus.

Drei der größten Medienkonzerne haben ihren Unternehmenssitz in den USA; relativ einheitlich sind ihre Unternehmensaktivitäten auf die USA beschränkt: Der Auslandsanteil ihrer Umsätze liegt nur bei gut 20 Prozent. Nur Bertelsmann (Deutschland) und News Corporation (Australien) haben ihren Stammsitz nicht in den USA, sie sind echte multinationale Konzerne mit einem Auslandsanteil ihres Umsatzes von 62 bzw. 90 Prozent.

Konzentrationsraten können von mir nur geschätzt werden, weil der Welt-Umsatz der Medienunternehmen nicht genau bekannt ist. Auf der Basis der Umsätze der 300 größten Medienunternehmen der Welt und einer weiteren Hoch-

Tabelle 4: Kerndaten der fünf größten Medienkonzerne der Welt (1998) (in Mill. DM bzw. in Prozent)

Konzern	Umsatz	Gewinn	Rendite[1]	Mitar-beiter	Produk-tivität[2]	Aus-landsan-teil[3]
Time Warner (USA)	47.213	878	1,9	67.900	695.331	20,3
Walt Disney (USA)	30.688	3.255	10,6	117.000	262.291	21,2
Bertelsmann (D)	25.724	1.122	4,4	57.807	444.998	62,0
Viacom (USA)	21.280	-215	-1,0	49.190	432.608	23,4
News Corporation (AUS)	21.095	1.872	8,9	28.220	747.520	90,2[4]

1) Umsatzrendite 2) Umsatz pro Mitarbeiter in DM 3) Auslandanteil des Umsatzes 4) zu 73,9% in USA und zu 16,3% in UK

Quelle: Medien 2000

rechnung schätze ich den Welt-Umsatz der Medienunternehmen auf gut 1000 Mrd. DM[7].

Damit können die in Tabelle 5 ausgewiesenen Konzentrationsraten ermittelt werden.

Tabelle 5: Konzentration im Welt-Medien-Markt: Konzentrationsraten 1998

Konzentrationsrate	CR-3	CR-5	CR-10
	10,4	14,6	21,8[1]

1) Neben den fünf größten Medienkonzernen, die in Tabelle 4 aufgeführt werden, sind hier einbezogen: Sony (18 101 Mrd. DM), AT&T (18 002 Mrd. DM), Lagadère (12 463 Mrd. DM), CBS (11 971 Mrd. DM) und die ARD (11 749 Mrd. DM)

Quelle: Medien 2000 und eigene Berechnungen

Dies ist eine recht geringe Konzentration, verglichen z. B. mit der Konzentration in der Musikbranche, für die der Marktanteil der fünf größten Anbieter (Bertelsmann BMG, EMI, Sony Music, Time Warner Music und Universal für 1998 auf 80 Prozent geschätzt wird (Andersen 1999, S. 15 f.); CR-5 wäre dann = 80.

7 Damit beträgt der Anteil des Weltmedienumsatzes am Welt-BIP rund 1,7 Prozent, der Wert für die Bundesrepublik beträgt 1,9 Prozent.

10.2. Vertikale/Diagonale Medienkonzentration

Die vertikale bzw. die diagonale Medienkonzentration lässt sich numerisch nicht ermitteln, jedenfalls nicht in Form einer einzigen aussagekräftigen Konzentrationsrate. Daher sollen im Folgenden die Geschäftsfelder, die Umsatzstrukturen und wichtige Verflechtungen der drei größten Medienkonzerne beschrieben werden, um einen Eindruck von der medialen Breite und Tiefe und der Richtung der Expansionen zu vermitteln.

Time Warner (Gesamtumsatz 47 213 Mrd. DM)

Der größte Medienkonzern ist in praktisch allen Medienbereichen mit Ausnahme des Hörfunks tätig. Seine *Geschäftsfelder* umfassen die folgenden Bereiche:

- Zeitschriften (z. B. Time, Life, Fortune...),
- Buchverlage (z. B. Time Life, Warner Books...),
- Vertriebsorganisationen,
- Filmproduktion und -Ausstrahlung (Warner Bros. ...),
- Film- und Themenparks (Warner Bros. Movie World...),
- Merchandising, Video, Comics,
- Musik (Warner Music Group...),
- Fernsehen (Time Warner Cable, Turner Broadcasting mit CNN, Home Box Office (HBO...),
- TV-Input-Produktion und Rechtehandel,
- Beteiligung an Sportvereinen (Atlanta Braves, Atlanta Hawks...),
- Online/Internet/Telekommunikation.

Hauptaktivitäten sind eindeutig das Fernseh- und Filmgeschäft, daneben spielt der Bereich Bücher/Zeitschriften und der Bereich Musik eine bedeutende Rolle. Der Einstieg in den Internet-Bereich soll vor allem mit der Fusion mit America Online (AOL) forciert werden.

Übersicht 4: Geschäftsfelder von Time Warner

Felder	Film	Fernsehen	Printmedien	Musik
Umsatz in Mill. DM	14.035	19.314	7.909	7.081
Anteil in v.H.	29,0	40,0	16,4	14,6

Wichtige Verflechtungen sind: 1989 Fusion des Verlagshauses Time mit dem Filmkonzern Warner Communications, 1996 Übernahme von Turner Broadcasting System (mit CNN) und Cablevision Industries, 2000 wahrscheinlich Verschmelzung mit AOL (Übernahme durch AOL).

Deutlich sichtbar wird die angestrebte Expansion in jeweilige Wachstumsbranchen, zuerst die Expansion in das Filmgeschäft, anschließend die Expansion in den Fernsehbereich und zuletzt die Expansion in den Online-Bereich.

Walt Disney (Gesamtumsatz 40 419 Mrd. DM; Medienumsatz 30 688 Mrd. DM)

Der zweitgrößte Medienkonzern der Welt ist vor allem im Unterhaltungsbereich (Film, Musik), im Fernseh- und Hörfunkbereich und im Bereich Themenparks/Hotels und Merchandising tätig. Der Printbereich ist mit nur geringen Beteiligungen im Buch- und Zeitschriftengeschäft relativ schwach vertreten, der Zeitungsbereich gar nicht. Die Geschäftsfelder umfassen folgende Bereiche:

- Filmproduktion und – ausstrahlung,
- Musik (z. B. Buena Vista, Mammoth, ...),
- Fernsehen (ABC Television Network, Entertainment and Sports Programming Networks, ...),
- Hörfunk (ABC Radio Network, Radio Disney),
- Themenparks / Hotels (z. B. Disneyland, ...),
- Merchandising (Mickey Mouse, Donald Duck, ...) und
- Beteiligungen im Bereich Bücher / Zeitschriften; im Internet-Bereich und im Sport.

Hauptaktivitäten liegen im Unterhaltungsbereich und im Rundfunkgeschäft, wie die folgende Übersicht 5 zeigt.

Übersicht 5: Geschäftsfelder von Walt Disney

Felder	**TV / Radio**	**Unterhaltung**	**Themenparks**
Umsatz	12 564	18 123	9 732
Anteil	31,1	44,8	24,1

Quelle: Medien 2000

Wichtige Verflechtungen sind die Übernahme von Miramax Film (1993), Capital Cities / ABC (1996), Mammoth Records (1997), Classic Sports Network (1998), Starwave (1998) und Infoseek Corporation (1998).

Auch sie zeigen die Expansion in jeweilige vermutete Wachstumsfelder; vor allem die Übernahme der Capital Cities / ABC-Gruppe sicherte den Zugang zur Fernsehveranstaltung und die Beteiligung an Infoseek bedeutet den Zugang zum Internet. In Deutschland ist Walt Disney vor allem an Super RTL mit 50 Prozent beteiligt.

Bertelsmann (Gesamtumsatz 29 006 Mrd. DM / 1998/99)

Der drittgrößte Medienkonzern der Welt ist relativ gleichmäßig – jedenfalls im Vergleich zu Time Warner und Walt Disney – in allen Bereichen der Massenmedien engagiert, wenngleich die Herkunft des Konzerns aus dem Buchgeschäft und später dem Musikgeschäft noch deutlich erkennbar ist. Die Geschäftsfelder umfassen folgende Bereiche:

- Buchverlage (z. B. Goldmann, Random House, Springer, ...),

- Buchclubs,,
- Musik (z. B. RCA, Arista, Ariola, ...),
- Zeitschriften (z. B. Stern, Geo, Capital, ...),
- Zeitungen (z. B. Berliner Zeitung, Sächsische Zeitung, ...),
- Druck- und Diensleistungen,
- Fernsehen (RTL, RTL 2, Super RTL, ...),
- Hörfunk (z. B. 104,6 RTL, Berlin, ...),
- Werbezeitenvermarktung (z. B. IP-Gruppe,...),
- Filmproduktion und Rechtehandel (z. B. UFA, ...),
- Multimedia (z. B. AOL Bertelsmann Europe, Pixelpark, ...).

Der Schwerpunkt der Geschäftstätigkeit liegt immer noch im Bereich von Buch/Buchclub und Musik, aber daneben gehören auch die klassischen Massenmedien Zeitung und Zeitschrift sowie Radio und Fernsehen zum Kerngeschäft, ergänzt um Aktivitäten im Druckbereich. Wie Übersicht 6 zeigt beginnt Bertelsmann sich

Übersicht 6: Geschäftsfelder von Bertelsmann (1998/99)

Felder	Buch	Musik	Presse[1]	TV/ Radio[2]	Druck	Multimedia
Umsatz	8 321	8 146	5 389	3 017	3 795	480
Anteil	28,7	28,1	18,6	10,4	13,1	1,7
1) Gruner + Jahr; 2) 50 % Beteiligung an CLT-UFA						

Quelle: Bertelsmann

auch im Multimediabereich zu engagieren, wenngleich der Geschäftsanteil noch gering ist.

Wichtige Verflechtungen sind Beteiligungen an Gruner + Jahr (1969/1976), RCA Music Group (1986), CLT/UFA (1997) und Random House (1998). Sie zeigen einerseits das Bemühen, die zentralen Geschäftsbereiche Buch und Musik auszubauen, andererseits aber auch den Einstieg in die Wachstumsfelder Audiovisuelle Medien und Multimedia. Die vertikale Integration von der Programm-Input-Produktion über die Programmveranstaltung bis hin zur Werbezeitenvermarktung bzw. vom Printmediendruck über den Printmedienverlag bis hin zur Printmedienauslieferung ist weit vorangetrieben. In regionaler und medialer Breite kann der Bertelsmannkonzern mithin ebenso als ausgewogen bezeichnet werden wie in der Wertschöpfungstiefe.

Insgesamt ist das Ausmaß an vertikaler und diagonaler Konzentration beträchtlich. Die diagonale Konzentration umfasst in der Regel neben den klassischen Massenmedien Zeitung, Zeitschrift, Hörfunk und Fernsehen vor allem auch Buch, Musik und Kinofilmproduktion und die vertikale Konzentration erstreckt sich bei allen großen Medienkonzernen im Prinzip auf alle Stufen der Wertschöpfung, von der Ereignisproduktion (Sportvereine) über die Inhalteproduktion und die Ausstrahlung/Verbreitung bis hin zur Vermarktung über Mediaagenturen und Merchandising.

Diese ausgeprägte vertikale Konzentration kann als Spezifikum der Medienindustrie gelten.

Zusammenfassung

Medienkonzentration ist ein Problem sowohl für die Medienpolitik als auch für die Wettbewerbspolitik. Konzentrationsursachen sind vor allem die Fixkostendegression jeder Medienproduktion, der medientypische Verbund von Werbe- und Rezipientenmarkt, die erheblichen Verbundvorteile einer multimedialen Produktion im Multimediakonzern und die erhebliche unternehmensstrategische Vorteilhaftigkeit der Sicherung von Inputs und Vermarktungen durch die vertikale Integration aller Wertschöpfungsstufen. Der relativ hohe Konzentrationsgrad der Medienindustrie – in Deutschland und weltweit – bestätigt diese Begründungen. Die Folgen der Konzentration sind vielschichtig und im Grunde nur in einer Einzelfallbetrachtung zu erfassen. Etwas schematisch kann indes mit einer Zunahme der Konzentration eine Abnahme von Wettbewerb und Vielfalt erwartet werden.

Literaturhinweise

Die klassischen Werke zur Medienkonzentration sind in Deutschland

Mestmäcker, Ernst-Joachim (1978), Medienkonzentration und Meinungsvielfalt, Baden-Baden (Nomos), 1978 und
Kübler, Friedrich (1982), Medienverflechtung, Frankfurt (Metzner) 1982.

Beide sind rechtswissenschaftlich orientiert. Einen Überblick über die Medienkozentration in Deutschland geben

Röper, Horst; Pätzold, Ulrich (1993), Medienkonzentration in Deutschland, Düsseldorf (Europäisches Medieninstitut) 1993.

Über theoretische und empirische Aspekte der Medienkonzentration in Europa informiert

Sánchez-Tabernero, Alfonso (1993), Media Concentration in Europe, Düsseldorf (Europäisches Medieninstitut) 1993.

Einen Überblick über die größten Medienkonzerne der Welt geben

Hachmeister, Lutz; Rager, Günther (Hrsg.) (2000), Wer beherrscht die Medien? Die 50 größten Medienkonzerne der Welt. Jahrbuch 2000, München (Beck) 2000.

5. Kapitel

Funktion und Struktur der Medienunternehmung

Journalisten produzieren in der Regel relativ autonom, aber eingebunden in das Vertragsnetzwerk einer Medienunternehmung. Nur sehr selten wird zugleich individuell produziert und vermarktet wie z. B. bei einigen Wirtschaftsbriefen und speziellen Informationsdiensten. Dies unterscheidet die Journalisten von Dichtern und Wissenschaftlern, die meist individuell und autonom produzieren und zum Teil ihre Produktion auch individuell vermarkten. Die Einbindung in das Vertragsnetzwerk einer Medienunternehmung schließt die Einbindung in ein System von Handlungsanweisungen, Leistungsanreizen und Erfolgskontrollen in hierarchischen Ordnungen ein. Daraus resultiert ein gewisses Spannungsverhältnis zwischen der ökonomischen Effizienz der Organisation einer arbeitsteiligen Verbundproduktion und der für notwendig gehaltenen Autonomie journalistischer Produktion (vgl. Saxer 1993, S. 297).

In diesem Spannungsfeld erscheint es sinnvoll, die ökonomische Funktion und die Struktur der Medienunternehmung zu untersuchen. Die ökonomische Funktion der Medienunternehmung (Warum gibt es die Medienunternehmung?) ist im Wesentlichen in den Vorteilen einer horizontalen Integration, also in einer gewissen Sortimentsbreite der Medienproduktion (Abschnitt 1) und in den Vorteilen einer vertikalen Integration, also in einer gewissen Fertigungstiefe (Abschnitt 2) begründet. Ein für die Medienproduktion spezifischer und gesamtwirtschaftlich einzigartiger Integrationsvorteil ist der Verbund von redaktioneller Information und Verbreitung von Werbebotschaften (Abschnitt 3). Die Struktur der Medienunternehmung wird nach der bewährten Differenzierung der Organisationstheorie einmal als Aufbauorganisation (Abschnitt 4) und zum anderen als Ablauforganisation (Abschnitt 5) dargestellt. Nachfolgend wird die Einbindung von Journalisten in die Medienproduktion analysiert (Abschnitt 6) und schließlich wird im letzten Abschnitt 7 die Medienunternehmung als Institution interpretiert und ihre Prinzipal-Agent-Problematik beschrieben.

Insgesamt soll die Medienunternehmung als zentraler Akteur des Mediensystems vorgestellt werden. Hier werden die für die Medienproduktion bestimmenden Entscheidungen getroffen.

1. Vorteile einer horizontalen Integration der Medienunternehmung

In einer Medienunternehmung arbeiten Mitarbeiter in verschiedenen Funktionen, die grob zu folgenden Teilbereichen zusammengefasst werden können:
- Produktion von Informationen (Content Production),
- Zusammenstellung von Informationen (Content Providing),
- Organisation und Verwaltung (Content Management),
- Marketing (Content Marketing),
- Vertrieb (Content Distribution) und,
- Bereithalten der Produktionstechnik.

Für den Typ der Fernsehunternehmung, die bundesweite private Vollprogramme anbietet, seien die durchschnittlichen Mitarbeiterstrukturen beispielhaft vorgestellt: 56 Prozent der festen Mitarbeiter erstellen die Programminhalte, 17 Prozent stellen die Produktionstechnik bereit, 14 Prozent arbeiten in Organisation und Verwaltung und 13 Prozent sind für Marketing und Vertrieb zuständig (Angaben für Ende 1996, vgl. DLM 1998). Es wird also arbeitsteilig im Verbund dieser Funktionen produziert. Üblicherweise ist der entscheidende Vorteil einer solchen arbeitsteiligen Verbundproduktion die kostengünstige Massenproduktion in Folge des Einsatzes spezieller Maschinen mit großer Produktionskapazität. Für die journalistische Produktion kann dies indes nur bedingt gelten, weil die journalistische Produktion durch Maschinen kaum substituiert werden kann und an Maschinen nicht gebunden ist. Daher muss es andere Vorteile einer horizontalen Integration der Medienunternehmung geben.

1.1. Vorteile einer großen Sortimentsbreite

Medienunternehmen produzieren in der Regel ein breites Sortiment von Informationen. Dabei erfolgt die Informationsproduktion (Content Production) immer noch zum größeren Teil durch einzelne Journalisten, die relativ autonom in relativ kleinen Gruppen arbeiten. Die Zusammenstellung der Informationen (Content Providing), als eine der Kernfunktionen der Medienunternehmung, bedingt aber eine Einbindung der Journalisten in einen größeren Verbund, denn die Rezipienten fragen nicht gezielt einzelne Informationen nach, die von einzelnen Journalisten produziert werden könnten, sondern ein breites Sortimentsangebot mit Wahlmöglichkeiten. Das Angebot umfasst in der Regel einen Güterbündelkomplex von erheblicher Sortimentsbreite, der die Elemente Information, Bildung, Unterhaltung und Werbung in unterschiedlicher und wechselnder Ausprägung enthält. In diesem Sinne ist die Medienproduktion mit dem Angebot im einem Supermarkt zu vergleichen, in dem zwar die Aufschrift und Aufstellung der Regale längerfristig konstant bleiben, aber das Angebot in den Regalen praktisch täglich erneuert wird.

Dies breite Sortiment wird dem Publikum angeboten, das jeweils nur Bruchteile dieses Angebots nutzt. Ein geradezu zentrales Merkmal jeder Medienproduktion ist die Produktion von Streuverlusten. So wird z. B. das Gesamtangebot des Fernsehens nur zu 0,7 Prozent genutzt und das Gesamtangebot des Hörfunks zu verschwindend geringen Anteilen von 0,05 Prozent genutzt (Band 2, S. 135), und auch einzelne Angebote, wie die klassische Tageszeitung, werden nur in wenigen Sparten - nämlich Lokales, Innenpolitik und Werbung - regelmäßig von mehr als der Hälfte der Befragten gelesen (vgl. AllensbacherArchiv, IfD-Umfragen). Dies kann aus ökonomischer Sicht nur daran liegen, dass die Produktion von Streuverlusten andere Kosten spart.

Aus der Sicht des *Angebots* spart eine solche Sortimentsproduktion die *Kosten der Marktforschung und partiell auch die Kosten des Vertriebs.* Weil die Medienunternehmen die Präferenzen der Rezipienten in der Regel nicht genau kennen, ist es im Prinzip billiger, ein breites Informationssortiment anzubieten und den Rezipienten die Auswahl zu überlassen.

> „Die Masse könnt ihr nur durch Masse zwingen, ein jeder sucht sich endlich selbst was aus. Wer vieles bringt, wird manchem etwas bringen; Und jeder geht zufrieden aus dem Haus. Gebt ihr ein Stück, so gebt es gleich in Stücken! Solch ein Ragout es muss euch glücken." (Goethe, Faust, Vorspiel auf dem Theater).

Die Kosten der Produktion von Streuverlusten substituieren also die Kosten einer Marktforschung. Je größer die Kosten der Marktforschung sind, desto umfangreicher sollte ceteris paribus die Inkaufnahme der Produktion von Streuverlusten sein. Große Streuverluste wären also zu vermuten bei täglicher Produktion für diffuse Zielgruppen, kleinere Streuverluste bei weniger häufiger Produktion für klar konturierte Zielgruppen.

Selbst wenn die Kundenpräferenzen detailliert bekannt wären – Rezipient X will z. B. nur lokalen Sport und Anzeigen, Rezipient Y will Außenpolitik, Kultur und Lokales usw. – wäre es billiger, das gesamte Produktsortiment in hoher Auflage zu produzieren und an alle Rezipienten gleichermaßen zu liefern, als jeweils spezielle Kombinationen in kleiner Auflage zu produzieren und an spezielle Kundengruppen zu liefern. Dies liegt daran, dass die Spezialisierung von Produktion und Vertrieb nur wenig Ressourcen einspart – lediglich im Printbereich werden einige Papier- und Druckkosten gespart – dafür aber hohe zusätzliche Verteilkosten impliziert. Im Printbereich müsste die Zustellung wie im Postversand vorsortiert und gezielt verteilt werden, im Rundfunkbereich würde jede Spezialisierung eigene Distributionskapazitäten (Frequenzen oder Kabel- und Satellitenkanäle) benötigen. Die Existenz von speziellen Stadtteilausgaben bei Zeitungen widerspricht obigen Feststellungen nicht, weil diese nur geringe zusätzliche Verteilkosten verursacht. Bei einem *aktiven* Informationsabruf durch den Rezipienten, der im Internet möglich ist, entfallen indes die beschriebenen Verteilkosten der Anbieter und eine fragmentierte Informationsproduktion sollte hier möglich sein (vgl. auch Kapitel 6).

Auch die *Nachfrageseite* spart durch die Sortimentsproduktion einige Kosten. Die Rezipienten sparen Informations-, Such- und Entscheidungskosten, wenn sie Medienangebote im Bündel erwerben, statt sie gezielt zu suchen, zu kaufen und zu rezipieren. Rezipienten wissen vorab ja nicht genau, was sie an Informationen wünschen, weil sie das Spektrum des möglichen Informationsangebotes nicht kennen können. In diesem Sinne besteht ein Informationsparadoxon: Man kann den Wert von Informationen nicht beurteilen, bevor man sie gekauft und konsumiert hat.

Wenn man sie aber gekauft und konsumiert hat, kann man sie nicht mehr zurückgeben, wenn sie sich als wertlos erweisen. Rezipienten erwarten daher sinnvollerweise ein sortiertes und strukturiertes Informationsangebot, aus welchem sie täglich neu auswählen können (Einkaufsbummel-Prinzip). Die Funktion der Medienunternehmung besteht in diesem Zusammenhang darin, die Informationsangebote so zusammenzustellen, dass für Rezipienten eine gewisse Wahrscheinlichkeit besteht, ein passendes Informationsangebot zu bekommen.

Wenn dies so ist, müssen Medienangebote von einer Vielzahl von Journalisten erstellt werden, weil einzelne Journalisten ein zugleich aktuelles und breites Informationssortiment nicht produzieren können - vor allem wegen der aktuell begrenzten Produktionszeit und zusätzlich möglicherweise auch wegen unterschiedlicher journalistischer Begabungen. Dies scheint mir eine der wesentlichen Gründe für die journalistische Verbundproduktion zu sein.

1.2. Vorteile einer zentralen Vermarktung

Aus der Notwendigkeit der Produktion einer großen Sortimentsbreite resultieren die Effizienzvorteile einer zentralen Vermarktung. Ein Journalist kann sich nicht wie ein Dichter letztlich allein vermarkten, er ist eingebunden in ein Gesamtangebot, das sich am Markt nur durchsetzen kann, wenn die Rezipienten dies Gesamtangebot - das Rundfunkprogramm, die Zeitung oder die Zeitschrift - als Marke kennen und akzeptieren. Der Aufbau eines Markennamens durch die Medienunternehmung (die Markierung) hat die Funktion, den Rezipienten durch das Versprechen einer gleichbleibend guten Qualität einen langen und zeitaufwendigen Such-, Kauf- und Rezeptionsprozess zu ersparen. Letztlich werden durch eine solche Markierung den Rezipienten Informations-, Such- und Entscheidungskosten erspart.

Zwar ist es recht schwierig, vor allem die breiten Vollsortimente - Vollprogramme und Zeitungen mit universalem Informationsanspruch - als Marke im Rezipientenbewusstsein zu etablieren; aber es ist notwendig, um Rezipienten zu binden. Die klassische Methode ist der Aufbau eines Markennamens durch eine langjährige Produktion guter und gleichbleibender Qualität und vor allem durch eine langanhaltende Werbung. Dies erklärt, warum die Medienbranche die weitaus werbeintensivste Branche der gesamten Wirtschaft ist (ZAW 1998, S. 10 ff). In diesem Sinn ist der Aufbau eines Markennamens teuer und kann nur für ein Gesamtprodukt bzw. eine Medienunternehmung mit großer Sortimentsbreite geleistet werden. Akzeptierte Qualität wird mithin in der Regel in der Zusammenarbeit vieler Journalisten produziert und nur vor dem Hintergrund des Gesamtprodukts zu vermarkten sein. Thomas Gottschalk oder Verona Feldbusch sind die Ausnahmen und vermutlich würden sie auch nicht als Journalisten klassifiziert.

1.3. Vorteile eines zentralen Vertriebs

Der Vertrieb von Inhalten benötigt Distributionsnetze. Gegenwärtig gibt es im Wesentlichen folgende Distributionsnetze:

- Verlagseigene Zustelldienste für Printmedien;
- Handels- und Vertriebsorganisationen für Printmedien, wie vor allem das Pressegrosso und den Postzustelldienst;
- die Terrestrik, Kabelnetze und Satellitennetze für Rundfunkprogramme und
- das Telefonnetz sowie das Internet für Teledienste, Mediendienste und Online-Angebote.

Netze sind „raumübergreifende, komplexverzweigte Transport- und Logistiksysteme für Güter, Personen oder Informationen" (von Weizsäcker 1997, S. 572). Netze begründen spezifische Größenvorteile der Produktion und häufig auch Größenvorteile der Nutzung. Das bedeutet, dass ein Massenvertrieb von Inhalten in einem Netz mit großer Vertriebskapazität pro Stück billiger ist als ein individueller Vertrieb von Inhalten in jeweils sehr kleinen Netzen. Daher ist es ökonomisch effizient, dass Journalisten die vorhandenen Vertriebsnetze zentralisiert nutzen - mit Ausnahme von Telefon und Internet.

1.4. Vorteile einer zentralen Nutzung der Produktionstechnik

Sofern der Prozess der Informationsproduktion Maschinen benötigt, ist eine zentralisierte Nutzung dieser Maschinen immer dann ökonomisch vorteilhaft, wenn diese Maschinen teuer sind und eine Mehrfachnutzung zulassen. Dies ist im Bereich der Rundfunkproduktion noch der Fall: Die zur Programmproduktion benötigte Produktionstechnik in Form z. B. von Studios, Kameras, Aufnahmegeräten, Schnitteinrichtungen und Mischpulten ist bislang noch recht teuer und ihre Kapazität ist so ausgelegt, dass pro relevanter Zeiteinheit jeweils die Produktionen vieler Journalisten verarbeitet werden können. Für Printmedien kann dies nicht gelten, hier ist die notwendige Produktionsinfrastruktur in Form von Bleistift, Schreibmaschine, Fotoapparat, Telefon und PC nicht teuer und eine Mehrfachnutzung wäre nur sehr begrenzt möglich.

1.5. Vorteile einer Teamarbeit

Journalisten arbeiten häufig im Rahmen eines Teams, sei es eine Redaktion, eine Programmgruppe oder ein Sendeplatz. Eine solche *Teamproduktion* bietet betriebswirtschaftlich gesehen den Vorteil, dass im Team jeweils auf die Kenntnisse und Fähigkeiten aller Mitglieder zurückgegriffen werden kann. Dies ist vorteilhaft bei der Themenfindung, bei der Recherche, bei der Überprüfung der Inhalte und bei der Gestaltung der Inhalte. Die Vorteilhaftigkeit ist indes gerade im aktuellen Journalismus begrenzt, weil die Teamarbeit von Journalisten Zeit kostet, jeweils die Zeit des gesamten Teams in Anspruch nimmt.

All diese Vorteile begründen mithin die Existenz einer Medienunternehmung und damit die Organisation der Zusammenarbeit einer größeren Zahl von Journalisten in einem Vertragsnetzwerk. Es bleibt aber die Frage, warum es vorteilhaft sein sollte, dass Journalisten auch *in* der Medienunternehmung arbeiten und nicht als freie Zulieferer produzieren. Dies wird durch die Vorteile einer vertikalen Integration begründet, einer Integration der oben genannten verschiedenen Wertschöpfungsstufen der Produktion innerhalb einer Medienunternehmung.

2. Vorteile einer vertikalen Integration der Medienunternehmung

Die Vorteile einer vertikalen Integration der Wertschöpfung innerhalb einer Unternehmung sind die Vorteile der Eigenproduktion gegenüber dem Bezug vom Markt. Grundsätzlich bietet zwar ein Bezug vom Markt die Vorzüge der Arbeitsteilung und des Wettbewerbs, ist also im Prinzip billiger als die Eigenproduktion, aber die Eigenproduktion spart Transaktionskosten und Transportkosten. Transportkosten spielen im Mediensystem nur eine geringe Rolle; wichtig sind aber die Transaktionskosten. Solche Transaktionskosten sind die genannten Informations-, Vereinbarungs-, Kontroll- und Anpassungskosten (vgl. Kapitel 2). Ein Fernsehveranstalter, der einen Beitrag selbst produziert, spart diese Kosten, allerdings sind in der Regel seine Produktionskosten höher. Entscheidend für die Höhe der Transaktionskosten sind

- der Umfang transaktionsspezifischer Investitionen (die Spezifität),
- die Häufigkeit von Transaktionen,
- die Unsicherheit von Transaktionen und
- die Transaktionsatmosphäre.

Im Folgenden wird zu untersuchen sein, in welchem Umfang diese Merkmale für die Medienproduktion in den Teilbereichen journalistische Produktion und Vervielfältigung, also Druck und Vertrieb bzw. Ausstrahlung, zutreffen.

Die *Spezifität* ist inkorporiert im Wert solcher Investitionen, die innerhalb einer bestimmten Medienunternehmung einen höheren Wert haben als außerhalb. Die Spezifität ist auf Seiten der Journalisten relativ gering. Es kann sich lediglich um spezielle Fertigkeiten handeln, die nur bei diesem Medium verwertet werden können, also z. B. die Investition in die Recherche-Infrastruktur eines Lokaljournalisten bei einem Medienmonopol. Auf Seiten des Unternehmers ist die Spezifität größer, der Wert seiner Investitionen, vor allem in den Markennamen, in den Abonnentenstamm bzw. in die Hörer- und Seherbindung, ist im Regelfall an die spezielle Unternehmung gebunden; fraglich ist, ob der Wert der Investition auf andere Objekte übertragen werden kann. Generell ist die Spezifität indes bei der journalistischen Produktion nicht sehr ausgeprägt, und auch im Bereich der Vervielfältigung existiert sie kaum. Der Wert von Druckmaschinen ist nicht an den Druck einer bestimmten

Zeitung oder Zeitschrift gebunden, umgekehrt hängt auch der Wert der Zeitung oder Zeitschrift nicht von der Verwendung bestimmter Druckmaschinen ab. Allerdings ist die Notwendigkeit absoluter Pünktlichkeit und Verlässlichkeit des Drucks ein Argument, den Druckvorgang in die Printmedienunternehmung zu integrieren.

Daher sollte bei Massenmedien die vertikale Integration von Druck und journalistischer Produktion je größer sein, desto aktueller das Medium ist. Und so ist es: Buchverlage verfügen nur ganz selten über eine eigene Druckerei, Zeitungsverlage immerhin zu 40 Prozent (vgl. Kapitel 8, Tabelle 15) und Zeitschriftenverlage nur zu 30 Prozent (vgl. Kapitel 10, Tabelle 15). Eine ähnliche Argumentation gilt für den Vertrieb. Tageszeitungen müssen sicherstellen, dass die Zeitung absolut zuverlässig und pünktlich zugestellt wird. Eine unzuverlässige Zustellung, wie z. B. bei Anzeigenblättern oder ähnlichen Werbemedien üblich, würde den guten Ruf der Zeitung empfindlich stören. Daher ergibt sich ein starkes Motiv für eigene Zusteller speziell bei Tageszeitungen, weniger bei Zeitschriften, und bei Büchern schon gar nicht.

Für den Rundfunk stellen sich solche Probleme weniger. Pünktlichkeit und Qualität der Ausstrahlung begründen die Einbindung dieser Aktivität in den Betrieb sehr viel weniger, Kabel- und Satellit sind daher auch unabhängig, und Sendeanlagen betreibt die Telekom – allerdings auch aus rechtlichen Gründen.

Die *Unsicherheit* ist das Merkmal, das die journalistische Produktion dominierend kennzeichnet:

- Die Definition, Messung und Kontrolle der Qualität der Produktion ist ungemein schwierig, außer der Festlegung von Produktionsmenge und Lieferzeit sind einfach zu handhabende Maßstäbe nicht verfügbar.
- Die Definition, Messung und Kontrolle der notwendigen Inputs in die journalistische Produktion ist ungemein schwierig.
- Die Wahrscheinlichkeit von Umweltveränderungen, die dann eine Veränderung der Produktgestaltung erfordert, ist sehr groß. Jederzeit können unvorhergesehene Ereignisse, über die berichtet werden muss, die Produktionsplanung ändern.
- Schließlich ist der Schutz des geistigen Eigentums nicht sicher zu gewährleisten.

Bei diesem Ausmaß an Unsicherheit bestehen erhebliche Anreize, die jeweiligen Investitionen in die schützenden Beherrschungs- und Überwachungsstrukturen einer Unternehmung einzubetten. Gerade bei großer Komplexität der Produktion besteht anderenfalls der individuelle Anreiz und die individuelle Möglichkeit, die Produktionskosten zu senken, indem an der Qualität gespart wird. Die Integration innerhalb der Teamproduktion einer Unternehmung kann die Interessendivergenz verringern, weil die Interessen der Journalisten und der Medieneigentümer jetzt zusammengefasst sind. Die Integration in das Vertragsnetzwerk der Unternehmung kann die Fülle der Transaktionen des Erwerbs und der Kontrolle der vom Markt gelieferten Beiträge dadurch reduzieren, dass fest angestellte Redakteure nach internen redaktionellen Richtlinien produzieren. Hier ersetzt die Auswahl und die Ausbildung der Redakteure die andernfalls notwendige Einzelfallkontrolle. Und schließlich kann die interne Unternehmensorganisation Konflikte im Regelfall effizienter lösen als Gerichte, weil die relevanten Informationen billiger erhältlich sind und fachkundiger bewertet werden können als durch Richter und weil die Qualität der Produktion besser überwacht werden kann. So liegt es nahe, einen Arbeitnehmervertrag auf der Basis gegenseitig anerkannter Grundsätze abzuschließen, wie es im Journalismus, anders als bei Schriftstellern, immer noch üblich ist.

Die *Häufigkeit der Transaktionen* hat einen erheblichen Einfluss auf die Vorteilhaftigkeit der vertikalen Integration, weil mit steigender Häufigkeit Spezialisierungsvorteile bei der Koordination und Überwachung der Inputs entstehen. Je häufiger die Transaktionen, desto eher ist ceteris paribus eine langfristige kostensparende Vertragsgestaltung innerhalb des Vertragsnetzwerkes der Unternehmung angezeigt. Es entstehen Kostendegressionen im Bereich der Investitionskosten interner Organisationsstrukturen und Lerneffekte bei wiederholter Abwicklung. Die Häufigkeit der Transaktionen ist ein Merkmal, das die Massenmedien untereinander deutlich unterscheidet. Die Häufigkeit ist also groß bei Tageszeitungen und weniger groß bei Zeitschriften und unterschiedlich groß im Rundfunk. Ceteris paribus sollte die Einbindung der journalistischen Produktion in eine Medienunternehmung mithin je ausgeprägter sein, desto aktueller die Berichterstattung ist. Der Anteil der Produktion, der durch freie Journalisten erstellt wird, sollte bei Tageszeitungen kleiner sein als bei Wochenzeitungen und Zeitschriften, und dieser Anteil sollte kleiner sein in den aktuellen Sparten also z. B. kleiner in der Nachrichtenredaktion als in der Kulturredaktion.

Zu diesem theoretischen Befund passt sehr gut, dass tagesaktuell produzierende Massenmedien einen relativ großen Teil ihrer Produktion unternehmensintern erstellen, Buchverlage hingegen ihren gesamten geistigen Input vom Markt beziehen; dass der Bezug vom Markt (Outsourcing) in erster Linie die weniger aktuellen Inhalte betrifft, wie z. B. Gesundheit, Lifestyle, Unterhaltung oder Verbrauchertipps und dass die großen privaten Fernsehveranstalter wie RTL, SAT 1 oder PRO Sieben zwar einen großen Teil ihrer Programmproduktionen in den Markt verlagern, aber wenigstens in den Bereichen Nachrichten, Magazine und Sport die Eigenproduktion vorziehen. Dies sind die Bereiche täglicher Produktion und zugleich die Bereiche, die das Medienunternehmen als Marke profilieren: Hier ist es also besonders wichtig, die Unsicherheit über die Qualität der Produktion zu reduzieren. Generell kann man sagen: Je größer der unternehmensinterne Anteil an der Produktion ist, je größer also die so genannte Wertschöpfungsquote ist, desto größer ist der Anteil der Produktion, der von der Unternehmung qualitativ effizient kontrolliert werden kann und der nach unternehmenseigenen Vorstellungen geformt werden kann. Die so genannten „Hidden Champions", die unbekannten Weltmarktführer wie z. B. Hauni, Stihl oder Haribo produzieren fast alles selbst (vgl. Simon 1996).

Die *Transaktionsatmosphäre*, also die Summe der sozialen und technischen Rahmenbedingungen innerhalb derer Leistungsverträge abgeschlossen werden, ist im Bereich des Journalismus durch das Selbstverständnis und die Ethik des Journalisten geprägt. In ziemlich einzigartiger Weise – allenfalls gibt es bei Ärzten, Apothekern oder Anwälten eine ähnliche Selbstbeschränkung – legen allgemein akzeptierte journalistische Verhaltensformen die Qualitätsnormen fest, die der Journalist sozusagen aus eigenem Antrieb erfüllt. Dies verringert das übliche Ausmaß an Opportunismus und macht die Einbindung in das kontrollierende Vertragsnetzwerk Medienunternehmung etwas weniger dringlich.

Es gibt mithin eine Reihe von Gründen, speziell die journalistische Produktion in das Vertragsnetzwerk Medienunternehmung einzubinden, vor allem die Unsicherheit im Produktionsprozess und die Unsicherheit in der Qualitätskontrolle. Diese Einbindung ist stets zu prüfen vor dem Hintergrund einer größeren Effizienz der Marktproduktion und der in der Regel größeren Dezentralität und Autonomie der Marktproduktion durch kleine unabhängige Produzenten, die damit in der Regel auch ein größeres Innovationspotential aufweisen.

Daher liegt es nahe, Zwischenformen zwischen Markt und Unternehmung zu suchen, die effizient und innovativ sind, aber doch eine gewisse Kontrolle ermöglichen. Die ungewöhnlich breit gefächerten Formen der Einbindung mehr oder weniger unabhängiger Journalisten – Freie, feste Freie, Pauschalisten, Korrespondenten, Pressebüros und kleine unabhängige Produktionsfirmen – zeigen den Erfolg dieser Bemühung.

Ob die vertikale Integration im Mediensektor abnehmen wird, hängt vor allem von der Entwicklung des Wettbewerbs ab. Wenn der Kostenwettbewerb im Zuge der Globalisierung weiter zunimmt, dann ist im Mediensektor ein Abbau der vertikalen Integration zu erwarten. Einen Abbau der vertikalen Integration, die Auslagerung einer ursprünglich unternehmensintern erstellten Produktion in den Markt, bezeichnet man als *Outsourcing*. Der Komplex des Outsourcing (als Umkehrung der vertikalen Integration) wird in Band 2, Kapitel 5 beschrieben.

3. Der Verbund von journalistischer Produktion und Werbung

Verbundvorteile (Economies of Scope) begründen eine Integration von Unternehmen in technisch oder absatzmäßig benachbarte Sektoren. Verbundvorteile liegen vor, wenn die Herstellung mehrerer Produkte durch das gleiche Unternehmen zu niedrigeren Gesamtkosten führt, als wenn die einzelnen Produkte von jeweils unterschiedlichen Unternehmen produziert werden. Solche Vorteile entstehen, wenn für zusätzliche wirtschaftliche Aktivitäten derselbe Input eingesetzt werden kann, weil dieser in der ersten Aktivität nicht vollständig verbraucht wird, z. B. bei gewissen Unteilbarkeiten oder bei Nicht-Rivalität im Verbrauch eines Produktionsfaktors.

Für Medienunternehmen ergeben sich solche Vorteile vor allem im Verbund von Werbung[8] und journalistischer Produktion. Dies liegt an folgenden Verknüpfungen:

- Die journalistische Produktion und die Werbung werden in der Regel an die gleichen Abnehmer geliefert, die Verteilkosten sind relativ unabhängig von der Liefermenge (die Verteilkosten im Printsektor hängen nur unwesentlich vom

8 Als Kurzform für „Produktion einer Verbreitungs- und Wirkungswahrscheinlichkeit von Werbebotschaften".

Gewicht der Printmedien ab, im Rundfunksektor hängen sie praktisch überhaupt nicht von der Sendezeit ab). Dies erspart im Verbund des Vertriebs die relativ hohen lokalen Verteilkosten der Werbebotschaften (Verbundvorteile im Vertrieb).

- Sofern es sich um Werbung mit überwiegend suggestivem Charakter handelt (Markenartikelwerbung und generell solche Werbung, die eher emotional ausgerichtet ist), die also nicht um ihrer selbst willen rezipiert wird, muss der Konsum der journalistischen Produktion die Aufmerksamkeit und Bereitschaft für die Rezeption der Werbebotschaft miterzeugen (Verbundvorteile im Konsum).
- Schließlich realisiert die partiell mögliche Nutzung derselben Produktionsanlagen wie Druckmaschinen, Sendemasten usw. auch einige Verbundvorteile in der Produktion.

Insgesamt sind diese Verbundvorteile so erheblich, dass

- Massenmedien ökonomisch gesehen vor allem Werbeträger sind und dass
- Werbung überwiegend über Massenmedien verbreitet wird.

Tabelle 1 zeigt, dass etwa drei Viertel des Nettowerbeumsatzes insgesamt auf die klassischen Massenmedien Zeitung, Zeitschrift, Anzeigenblatt, Radio und Fernsehen entfällt. Daneben spielen die Direktwerbung per Post, sowie die Plakat- und Adressbuchwerbung eine gewisse Rolle. Welche Auswirkung dieser Verbund von Produk-

Tabelle 1: Anteil der klassischen Massenmedien als Werbeträger von 1980 bis 1999[1]

Jahr	1980	1982	1984	1986	1988	1990	1992	1994	1996	1997	1998	1999
Anteil	81,3	80,4	80,3	80,2	79,7	78,6	77,3	76,5	75,1	75,3	75,4	75,3
1) in Prozent der Netto-Werbeeinnahmen der vom ZAW insgesamt erfassten Werbeträger, ab 1992 alte und neue Bundesländer												

Quelle: Ursprungsdaten ZAW-Jahrbücher „Werbung in Deutschland“

tion, Distribution und Konsum auf die Inhalte der journalistischen Produktion hat, ist pauschal nicht zu sagen. Sicher ist nur, dass erhebliche Anreize bestehen, die Inhalte der journalistischen Produktion so zu gestalten, dass gleichzeitig Aufmerksamkeit für die Rezeption der Werbebotschaften mitproduziert wird. Diese Anreize steigen mit steigendem Anteil des Werbeumsatzes am Gesamtumsatz und mit sinkendem Informationsgehalt der Werbung. Sie sind also sehr groß bei den werbefinanzierten privaten Rundfunkanstalten, wenig ausgeprägt bei Zeitungen, deren Werbung überwiegend informativ ist, und überhaupt nicht vorhanden bei den verschiedenen Formen des Pay-TV.

Partiell bestehen also Anreize, die journalistische Produktion auf solche Inhalte zuzuschneiden, die speziell als Werbeumfeld geeignet sind und auf solche Inhalte, die sich an Rezipienten richten, die als Adressaten der Werbung besonders interessant sind, das sind üblicherweise Rezipienten zwischen 14 und 49 Jahren mit überdurchschnittlich hohem Einkommen. Dieses Auswahlkriterium ist deswegen problematisch, weil dann nicht mehr genau das produziert wird, was die Rezipienten im Durchschnitt eigentlich wünschen. Eine Remedur durch den Markt – also über die Veränderung von Auflagen bzw. Reichweiten – kann nur begrenzt erwartet werden, weil die Rezipienten, die „eigentlich werbefreie andere" Medienprodukte wünschen, diese teurer bezahlen müssten, so dass sie im Zweifel doch auf den Werbeumfeld-Journalismus zurückgreifen (vgl. Band 2, Kapitel 15).

Insgesamt bestehen also deutliche Anreize, die journalistische Produktion in das Vertragsnetzwerk einer Unternehmung und damit in hierarchische Strukturen und Formen einzubinden. Dies ist problematisch, weil die hierarchischen Informations- und Anweisungsstrukturen den journalistischen Produktionsprozess lähmen. Journalisten können also nicht so autonom produzieren wie z. B. freie Schriftsteller, und aktuell berichtende Massenmedien können ihre Produktionen auf dem Markt der Informationen nicht so zusammenkaufen wie z. B. Buchverlage.

4. Die Struktur der Medienunternehmung - Aufbauorganisation

Nachdem geklärt ist, warum es Medienunternehmen gibt, sollen die grundlegenden Prinzipien und Probleme der Organisation von Medienunternehmen dargestellt werden. Auch die Organisation von Unternehmen muss immer nach Kosten-Nutzen-Kriterien bewertet werden: Was kostet eine bestimmte Organisationsstruktur und welche Leistung kann damit erzielt werden? Gerade für Medienunternehmen ist es wichtig, neben möglichen Kosteneinsparungen auch Leistungskriterien wie Innovation, Qualität der Produktion oder Flexibilität der Arbeit anzustreben.

4.1. Aktionsparameter der Organisationsstruktur

Die Vorteile der Arbeitsteilung begründen die Zerlegung der betrieblichen Aufgabe in Teilaufgaben. Man unterscheidet vor allem die sachliche Teilung, z. B. die Gliederung der Medienproduktion nach Ressorts, und die personelle Teilung, die die gleiche Aufgabe auf mehrere Personen verteilt. Im Anschluss an die Aufgabenteilung müssen die Arbeitsschritte wieder koordiniert werden. Im Rahmen der Koordination müssen Informationen und Kompetenzen verteilt und strukturiert werden. Die Aufgabenteilung und die anschließende Koordination sind die Kernaufgabe der Organisation. Zentrale Aktionsparameter der Organisationsstruktur sind damit:

- Teilung der Aufgabe;
- Verteilung von Entscheidungs- und Weisungsrechten (Kompetenzverteilung);
- Gliederung und Strukturierung der Kommunikation und
- Gliederung und Strukturierung des Arbeitsablaufs.

Recht zweckmäßig ist die analytische Unterscheidung von Aufbau- und Ablauforganisation. Im Rahmen der *Aufbauorganisation* ist zu klären, wie das Unternehmen organisatorisch strukturiert werden sollte, und im Rahmen der *Ablauforganisation* muss entschieden werden, wie der Betriebsablauf geordnet werden kann. Zuvor muss die Aufgabe „als Bedingungsrahmen für die Organisationsstruktur" (Picot 1999, S. 124) analysiert werden.

4.2. Merkmale der Aufgabe von Medienunternehmen

Im Allgemeinen sind die folgenden vier Aufgabendimensionen relevant für die Organisationsstruktur:

- Die Strukturiertheit,
- die Veränderlichkeit,
- die Häufigkeit und
- die Ähnlichkeit der Aufgabe.

Die *Strukturiertheit* einer Aufgabe gibt an, in welchem Umfang eine Aufgabe in einzelne exakte, einander eindeutig zuzuordnende Teilaufgaben zerlegt werden kann. So gilt z. B. die Inspektion eines PKW als hoch strukturiert, Forschungs- und Entwicklungsaufgaben können dagegen als unstrukturiert gelten.

Die *Veränderlichkeit/Unsicherheit* einer Aufgabe gibt an, in welchem Umfang Änderungen der Aufgabe möglich sind und inwieweit diese prognostiziert werden können. Es geht, anders formuliert, um den Grad der Unsicherheit, der bei der Aufgabenerfüllung zu erwarten ist, um mögliche Änderungen bei Mengen, Terminen und vor allem Qualitäten. So kann z. B. die Stahlproduktion als gering veränderlich gelten, Garten- und Landschaftsbau ist dagegen eine Aufgabe von größerer Veränderlichkeit.

Die *Häufigkeit* einer Aufgabe gibt an, wie oft eine bestimmte Aufgabe innerhalb eines Zeitraums erfüllt werden muss, z. B. zehn oder 100 Inspektionen pro Tag. Die Häufigkeit ist groß bei der typischen Massenproduktion gleichbleibender Produkte (z. B. Ziegel, Zement, Stahl) und klein z. B. in einer Landarztpraxis.

Die *Ähnlichkeit/Vielfalt* einer Aufgabe bezieht sich auf die Vergleichbarkeit in technologischer und marktlicher Hinsicht, auf die Vergleichbarkeit von Herstellungsverfahren und Abnehmergruppen. So können die Produktionen von Automobilen unterschiedlicher Typen als ähnlich gelten; wenig ähnlich ist die gleichzeitige Produktion von Automobilen und Flugzeugen. Diese Merkmale der Unternehmensaufgabe bestimmen in hohem Maße Art und Umfang der Aufgabenteilung, dem Kernstück und Ausgangspunkt jeder Organisationsstruktur (vgl. insgesamt Picot 1999).

Die Aufgabe der Medienunternehmung ist die Produktion, die Zusammenstellung, die Vermarktung und der Vertrieb von Informationen (s.o.). Die Produktion und die Zusammenstellung von Informationen kann dabei als Kernaufgabe und die Redaktion kann als Kernelement der Medienunternehmung bezeichnet werden. Im Folgenden wird vor allem hierauf Bezug genommen und zusammenfassend von journalistischer Produktion gesprochen. Sie ist, ökonomisch betrachtet, durch folgende Merkmale gekennzeichnet:

- Die journalistische Produktion ist häufigen und nicht leicht vorhersehbaren Änderungen bei Terminen, Produktionsmengen und qualitativen Produktionsanforderungen unterworfen und zwar je ausgeprägter, desto aktueller und genereller die Medienproduktion ist. Die Aufgabe ist also durch einen hohen Grad an Unsicherheit/Veränderlichkeit gekennzeichnet.
- Die journalistische Produktion ist in der Regel – abgesehen von sehr speziellem Journalismus, wie z. B. Börsenberichterstattung – durch Aufgabenvielfalt gekennzeichnet. Die Produktionsverfahren, nämlich die Art der Recherche, die Darstellungsformen und die Darstellungstechniken sowie der Produktionsgegenstand, nämlich das Thema der journalistischen Produktion, sind im Rahmen der notwendigen Sortimentsbreite von großer Vielfalt bzw. von einer geringen Ähnlichkeit.
- Schließlich ist die Strukturiertheit der journalistischen Produktion relativ gering, weil Qualität, Inputs und Ursache-Wirkungs-Beziehungen der journalistischen Produktion eher unbekannt sind. Dementsprechend kann die journalistische Produktion auch nur in geringem Maße in exakte, einander eindeutig zuzuordnende Lösungsschritte zerlegt werden. Eine Fließbandfertigung ist auch nicht ansatzweise denkbar.

Insgesamt ist die journalistische Produktion also durch eine geringe Strukturiertheit, eine geringe Ähnlichkeit und eine hohe Veränderlichkeit gekennzeichnet. Dies entspricht etwa dem von Picot so genannten Aufgabentyp „professionalisierte Dienstleistung", die z. B. von Ärzten, Lehrern, Professoren oder Unternehmensberatern erbracht wird (Picot 1990, S. 153). In kommunikationswissenschaftlicher Sicht beschreibt Weischenberg die journalistische Tätigkeit als redaktionelle Arbeit im Prinzip in der gleichen Weise. Zur redaktionellen Arbeit

> „gehört im Einzelnen,
> -daß die Produktion nicht bis ins Einzelne in arbeitsteilig ausgeführte Routinearbeit zerlegt werden kann,
> -daß die redaktionellen Einzelentscheidungen im Rahmen der Alltagsarbeit nicht zeitlich präzise aufeinander abgestimmt werden können,
> -daß sich die Redaktion ständig wechselnden Umweltsituationen und Umwelterwartungen anpassen muss und
> -daß sich das redaktionelle Entscheidungshandeln häufig in der Situation der Ungewissheit und des Risikos abspielt." (Weischenberg 1992, S. 303)

4.3. Der optimale Eigentümer der Medienunternehmung

Eine grundlegende Strukturfrage ist die Verteilung der Eigentumsrechte an der Medienunternehmung. Als optimaler Eigentümer gilt allgemein derjenige, der mit der größten firmenspezifischen Investition, also mit einer Investition, die speziell auf den Unternehmenszweck zugeschnitten ist, in Vorlage tritt. Er ist dann der effizienteste Risikoträger, weil er im Konkursfall die größten Verluste zu erleiden hätte.

Der optimale Eigentümer der typischen Industrieunternehmung ist der Eigentümer des Kapitals, weil er das größere Verlustrisiko, nämlich Kapital- *und* Arbeitsplatzverlustrisiko trägt. Der optimale Eigentümer kann auch, wenngleich eher selten, der Eigentümer des Faktors Arbeit, also der Arbeiter sein, wenn er, wie z. B ein Arzt oder ein Rechtsanwalt durch die Investition in den Markennamen der Praxis firmenspezifische Leistungen erbringt, die er als angestellter Arbeiter nicht erbringen würde und die bei einem Konkurs der Firma eher verloren wären als die Investitionen des Kapitaleigners, der Praxisräume und Geräte finanziert.

Im Fall der Medienunternehmung erbringt derjenige die größte firmenspezifische Investition, der durch geeignete Marketingmaßnahmen – z. B. Werbung, Gestaltung der Produktqualität und längere Verlustproduktion – in den Markennamen der Medienunternehmung investiert und einen Rezipientenstamm aufbaut. Eine solche Investition ist von hoher Unsicherheit gekennzeichnet, zahlreiche misslungene Marktzutrittsversuche vor allem zum Pressemarkt zeigen dies. Dieser Investor sollte dann der Eigentümer sein, weil er das größte Interesse hat, das Überleben und Prosperieren der Medienunternehmung zu sichern, die arbeitenden Journalisten könnten hingegen ohne Kapitalverluste die Firma wechseln. Dieser Sachverhalt begründet die klassische *Verlegerkonstruktion*: den Eigentümer des Kapitals als Eigentümer der Medienunternehmung.

Gegen Journalisten als Eigentümer der Medienunternehmung sprechen vor allem zwei Gründe:

- Notwendige Kontroll-, Überwachungs- und Anreizsysteme kollidieren dann leichter mit den Vorstellungen der Journalisten über angemessene und angenehme Arbeitsbedingungen.
- Die Vielzahl der Eigentümer verringert die Zurechenbarkeit von Entscheidungen auf die Urheber und verstärkt das kurzfristige Interesse der Eigentümer an Gewinnausschüttungen statt an langfristigen Maßnahmen zur Sicherung der Existenz der Medienunternehmung.

Zu dieser allgemein-theoretischen Ableitung passt die Antwort von *Spiegel*-Herausgeber und 50-Prozent-Eigentümer Rudolf Augstein auf die Frage, warum er seine Entscheidung, den Mitarbeitern des *Spiegels* 1974 50 Prozent der *Spiegel*-Anteile zu schenken, ursprünglich rückgängig machen wollte.

> „Augstein: ‚Ich hatte Zweifel. Ich war unsicher, ob wir uns dadurch nicht zu sehr blockierten. Ich dachte mir, dass wir unbeweglicher seien als andere. Es geht oft darum, dass wir gerne Rücklagen bilden würden, anstatt die Gewinne auszuschütten. Da sind die Mitarbeiter natürlich ein bisschen schwerhörig.‘ Spiegel: ‚Das heißt, Sie haben Ihre Großzügigkeit bereut?‘ Augstein: ‚Zwischendurch habe ich es bereut. Heute tue ich das nicht mehr. Wir sind zwar etwas unbeweglicher als andere, aber das wird durch das größere Selbstbewusstsein der Mitarbeiter kompensiert.‘“ (Augstein im Spiegel-Gespräch; Der Spiegel Nr. 44/1993, S. 50 f.).

Immerhin sind Journalisten als Eigentümer von Medienunternehmen eher denkbar denn Arbeiter als Eigentümer von „normalen“ Industrieunternehmen, weil das Interesse an einer langfristigen Sicherung der Medienunternehmung bei starker Identifikation mit der Richtung des Mediums das kurzfristige Interesse an Gewinnausschüttung übertreffen kann, z. B. bei der *taz.* Und eine solche starke Identifikation mit der publizistischen Linie ihres Mediums spielt für Journalisten eine relativ große Rolle, während ähnliche Identifikationen mit der Qualität der Produktion bei Arbeitern in der normalen Industrie eher selten sind. Die oben von Augstein angesprochene Stärkung des Selbstbewusstseins der Mitarbeiter ist hingegen ein generelles und generell nur schwach wiegendes Argument für die Eigentümerfunktion von Mitarbeitern. Diese Argumentation wird bezeichnenderweise auch nur dafür bemüht, die Miteigentümerfunktion von Arbeitnehmern zu begründen, allerdings ohne Beteiligung an unternehmerischen Entscheidungen. So sind z. B. die Mitarbeiterbeteiligungen bei Bertelsmann Vorzugsaktien, also Aktien ohne Stimmrecht.

Der *Staat als Eigentümer* von Medienunternehmen hat den Nachteil, dass die Vertreter des Staates kein genuines Interesse an der langfristigen Effizienz der Medienunternehmung haben können, weil kein Vertreter des Staates Eigentumsrechte an Medienunternehmen persönlich gewinnbringend verkaufen könnte. Vertreter des Staates müssen daher andere ihnen vorteilhaft erscheinende Ziele verfolgen – etwa die Unterbringung eines verdienten oder die Abschiebung eines unbeliebten Parteimitglieds, die Erhaltung der Arbeitsplätze im Wahlkreis des entscheidenden Abgeordneten oder die Sicherung des Partei- bzw. Staatseinflusses auf die Berichterstattung. Und das Management einer Medienunternehmung im Staatsbesitz neigt dazu, das verfügbare pekuniäre und nichtpekuniäre Nutzenpotential der Firma extensiv zu nutzen (Furubotn/Pejovich 1972, S. 1154). So bewilligt sich das Management selbst hohe Löhne und üppige Statussymbole und neigt dazu, auch den untergeordneten Mitarbeitern hohe Löhne und angenehme Arbeitsbedingungen zuzuerkennen, weil dies aus der Sicht des Managements kostenlose Gratifikationen sind, deren Gegenwert in Form von Dankbarkeit, Ansehen und gutem Arbeitsklima aber dem Management zufließt (ein gutes Beispiel ist das Gehaltsniveau und die Gehaltsstruktur im öffentlich-rechtlichen Rundfunk). Nichts davon sichert die Akzeptanz und die Effizienz der Medienunternehmung.

Dies gilt generell für kollektive Eigentumsformen, auch etwa in der Form von Genossenschaften, Vereinen oder Stiftungen. Wenn solche Eigentumsformen gewählt werden sollen, um eine Medienproduktion mit marktferner publizistischer Qualität oder marktfernem publizistischem Niveau zu ermöglichen, bleibt es das zentrale und bislang nicht gelöste Problem, die Effizienz einer solchen Produktion zu sichern. Vielleicht könnte dies eine unabhängige Wirtschaftsberatungsgesellschaft erreichen, die am Einsparerfolg beteiligt ist; das Parlament, Rechnungshöfe oder gesellschaftlich relevante Gruppen könnten dies nicht.

4.4. *Verteilung von Aufgaben, Weisungs- und Entscheidungsrechten*

Wenn, wie bei der journalistischen Produktion, die Qualität der Leistungen nur mit großen Mühen erfasst werden kann, erweist es sich als effizient, im Arbeitsteam ein Mitglied funktional so zu spezialisieren, dass es als so genannter *Team-Organisator*

- die Leistungsfähigkeit und Leistungsbereitschaft der Teammitglieder erkundet,
- die erbrachte Leistung misst und überwacht und
- die Arbeitsverträge abschließt.

Zur Steigerung der Leistungsbereitschaft des Team-Organisators selbst erhält dieser ein Residualeinkommen, d. h., er ist am Gewinn beteiligt (Kaufer 1980, S. 489 f.). Damit ist zugleich die Rolle des Chefredakteurs in der Medienunternehmung in wesentlichen Zügen beschrieben, wenn man ergänzt, dass der Chefredakteur zusätzlich die Einhaltung der Grundsätze der Medienunternehmung überwacht und nur selten am Gewinn beteiligt ist. Diese funktionale Notwendigkeit des Team-Organisators spricht gegen eine kollegiale Redaktionsverfassung, die faktisch auch die Ausnahme geblieben ist (vgl. Weischenberg 1992, S. 277 ff.).

Die journalistische Produktion muss dann im nächsten Schritt als *Aufgabe* strukturiert und auf spezialisierte Stellen verteilt werden, um die Vorteile der Arbeitsteilung – hier die Vorteile der Spezialisierung auf bestimmte Fähigkeiten und Tätigkeiten – auszuschöpfen. Zwar gibt es auch den guten „Allround-Journalisten", aber in der Regel wird eine Spezialisierung als vorteilhaft beurteilt. Bei einer so gering strukturierten und unsicheren Aufgabe wie der journalistischen Produktion sind allerdings einer möglichen Stellenspezialisierung enge Grenzen gesetzt. Gering strukturierte und unsichere Aufgaben fordern für ihre Bewältigung vielmehr eine breite Qualifikation und eine ganzheitlich orientierte Tätigkeit des Stelleninhabers.

Zugleich gilt, was gerade für die journalistische Produktion bedeutsam ist, dass eine weitgetriebene Spezialisierung zu Monotonie und entsprechendem Motivationsverlust führen würde. Letztlich steigen mit zunehmender Spezialisierung auch die Kosten der Koordination der Teilproduktionen, ein Faktor, der gerade bei der Koordination von so schwer kodifizierbaren Produktionen wie der Aussagenproduktion ins Gewicht fallen würde. Mithin ist für die journalistische Produktion nur eine geringe Aufgabenteilung sinnvoll.

Für den Umfang, für den die Vorteile der Arbeitsteilung eine Aufgabenteilung nahelegen, ist dann zu entscheiden, ob eher nach dem *Objekt* (den Kernprodukten der Unternehmung) oder eher nach der *Verrichtung* (den Kernaktivitäten der Unternehmung) gegliedert werden soll. Nach den Erkenntnissen der betriebswirtschaftlichen Organisationstheorie sollte eine unstrukturierte und unsichere Aufgabe eher nach dem Objekt als nach der Verrichtung geteilt werden, weil dies einen höheren Grad an notwendiger Handlungsautonomie sichert (vgl. z. B. Bea/Dichtl/Schweitzer 1991, S. 153).

Also sollte die journalistische Produktion *eher* nach Ressorts als nach Tätigkeiten wie Recherchieren, Schreiben, Sprechen, Filmen, Redigieren und Produktgestaltung gegliedert werden. Dies ist im Bereich des Nachrichtenjournalismus für

Deutschland überwiegend auch so beobachtet worden, während eine stärkere Trennung nach Verrichtungen (Trennung nach journalistischen Rollen) z. B. in den USA und Schweden festzustellen war (Donsbach 1993). Diese Unterschiedlichkeit ist wohl vor allem historisch zu erklären (vgl. ebda.), ökonomisch gesehen sollten die Vorteile der Arbeitsteilung gegenüber den Vorteilen einer ganzheitlichen, überwiegend objektorientierten Gliederung auch international gleich gesehen werden.

Im Rundfunkbereich ist die journalistische Produktion stärker nach Verrichtungen gegliedert als im Printbereich. Dies liegt daran, dass dort die Vorteile der Arbeitsteilung in künstlerisch-technischen Aktivitäten wie Kameraführung, Schneiden oder Unterlegen von Musik relativ groß sind, während sie im Printbereich mit der Einführung von Textverarbeitungssystemen geringer geworden sind. Allgemein geht der Trend von der Verrichtungsgliederung zur Objektgliederung oder anders formuliert, von der Werkstattfertigung zum Prinzip der Fertigungsinsel (vgl. z. B. Bohr/Eberwein 1989). Dies reduziert die Komplexität der Informationsbeziehung und verbessert die Aussichten auf die Produktion guter Qualität.

Bei der *Verteilung von Entscheidungsrechten*, die sich auf die inhaltliche Gestaltung der Aufgabe beziehen, muss grundsätzlich der Grad von Delegation bzw. Partizipation bestimmt werden. Für den Komplex der *Delegation* von Entscheidungsrechten gilt das Subsidiaritätsprinzip, wonach die jeweils unterste Stelle, die für eine Entscheidung geeignet ist, auszuwählen ist. Jede Delegation entlastet die höheren Ebenen, erlaubt häufig eine genauere und problemnähere Entscheidung und beschleunigt die Entscheidungsprozesse. Ein hohes Maß an Delegation ist insbesondere bei schwachstrukturierten und unsicheren Aufgaben angezeigt, setzt aber voraus, dass die Qualifikation des Personals gesichert wird. In der redaktionellen Praxis sind Entscheidungsrechte in der Tat weitgehend an die unterste Ebene delegiert, insbesondere Routineentscheidungen werden auf unteren Zuständigkeitsebenen weitgehend kollegial getroffen (Weischenberg 1992, S. 279); Schulz spricht von dezentral-kollegialem Entscheidungshandeln (Schulz 1974, S. 241). Nur Richtlinienkompetenzen werden in der Regel vom Verleger und vom Chefredakteur ausgeübt.

Für den Komplex der *Partizipation*, der Teilnahme an der Entscheidungsfindung, sollte Folgendes beachtet werden: Ein hoher Partizipationsgrad bietet die Chance, verstärkt Wissen und Motivation zu mobilisieren und zu nutzen und fördert in der Regel die Leistungsmotivation und die Identifikation mit der Unternehmung; aber er macht die Entscheidungsfindung langsamer und kostspieliger. Vor allem wegen des hohen Zeitaufwandes ist ein hoher Partizipationsgrad in der Medienunternehmung mithin nicht sehr sinnvoll. Entsprechend hat die Institution, die in der redaktionellen Praxis zum Informationsaustausch über die vergangene (Blattkritik) und zukünftige Gestaltung der journalistischen Produktion dient, nämlich die Redaktionskonferenz, keine Entscheidungsbefugnis (Weischenberg 1992, S. 317 f.). Dies würde die Entscheidungsprozesse vermutlich zu sehr verlangsamen. Also ist ein hoher Delegationsgrad und ein nicht sehr ausgeprägter, allenfalls informeller Partizipationsgrad kennzeichnend für die hierarchische Gliederung der journalistischen Produktion.

In der Bildung der organisatorischen Einheiten und ihrer Ausstattung mit Rechten und Pflichten ist für die unstrukturierte und unsichere Aufgabe der journalistischen Produktion insgesamt also nur ein geringes Maß an Hierarchie angemessen. Für dieses geringe Maß an Hierarchie spricht schließlich auch der für Hierarchien typische Kontrollverlust im Wege der Informationsübermittlung (das Gesetz der abnehmenden Kontrolle von Downs), ein Kontrollverlust, der gerade für die journalistische Produktion nicht akzeptierbar wäre.

5. Die Struktur der Medienunternehmung - Ablauforganisation

Im Rahmen der Ablauforganisation werden Arbeitsabläufe gestaltet. Neben den sachlichen Formen der Aufgabenteilung sind hier auch räumliche Aspekte und zeitliche Abhängigkeiten zu beachten. Wichtig ist, eine so genannte *organisatorische Programmierung,* also eine Standardisierung von Arbeitsabläufen zu erreichen, fallweise Regelungen durch generelle Regelungen zu besetzen. Letzteres wird das „Substitutionsprinzip der Organisation" genannt (Gutenberg 1983, S. 239 f.). Die Programmierung in Form von Arbeitsprogrammen hat folgende Vorteile:

- Die Informations- und Koordinationskosten werden verringert;
- die Entscheidungskosten der Mitarbeiter werden verringert, und
- die Kontrolle des Arbeitsergebnisses wird erleichtert, weil zur Bewertung auf Standardverfahren zurückgegriffen werden kann.

Eine detaillierte Programmierung kann für gut strukturierte Aufgaben mit bekannter Input-Output-Relation relativ gut entwickelt werden, z. B. für den Bau oder die Inspektion von Kraftfahrzeugen. Schwieriger wird die Programmierung bei der komplexen, unsicheren und vielfältigen Aufgabe der Medienproduktion. Gleichwohl kann auf eine Programmierung nicht verzichtet werden, weil gerade bei einer solchen Aufgabe die Informations- und Entscheidungskosten anderenfalls zu hoch wären.

Die Kosten im Entscheidungsprozess des Journalisten sind im Wesentlichen die Kosten

- der Informationsgewinnung,
- der Informationsanalyse und
- der Informationsanwendung.

Diese Kosten sind aufgrund der Komplexität der journalistischen Aufgabe relativ hoch, und entsprechend groß ist der Bedarf an geeigneten Arbeitsprogrammen, um Entscheidungskosten zu sparen. Dabei werden Entscheidungskosten vor allem durch Routine-Programme und die langfristige Anwendung jeweils unveränderter Routine-Programme gespart. In diesem Sinn können die im Journalismus üblichen, langfristig angewendeten Routine-Arbeitsprogramme als kostensparende Entscheidungsprogramme interpretiert werden.

Die im Journalismus entwickelten Entscheidungsprogramme sind:

- Programme zur Sammlung von Informationen,

- Programme zur Selektion und Prüfung von Informationen und
- Programme zur Darstellung von Informationen,

die genau die genannten Kosten der Gewinnung, Analyse und Anwendung von Informationen verringern.

Im Einzelnen soll hier auf die Beschreibung der Programme verzichtet werden (vgl. dazu die fundierte Darstellung bei Blöbaum 1994, S. 220 ff.). Interessant ist hier vor allem, dass diese noch heute verwendeten Arbeitsprogramme im Wesentlichen in der zweiten Hälfte des 19. und zu Beginn des 20. Jahrhunderts entwickelt worden sind. Dies bestätigt die aus der Ökonomik der Entscheidungsfindung entlehnten Thesen:

- Die Minimierung der Entscheidungskosten wird nicht hinreichend durch qualitative Anforderungen an den Output des Journalismus kontrolliert, und
- die erfolgreichste Minimierung von Entscheidungskosten ist die Konstanz der Entscheidungsroutinen.

Schließlich müssen Entscheidungsprogramme unter Kostengesichtspunkten einfach sein. Dem entspricht das vorherrschende Selektionsprogramm nach der Aktualität der Information, und dies erklärt das hartnäckige Festhalten an dieser Selektionsnorm trotz aller Kritik.

Sehr hilfreich für eine Programmierung der Arbeitsabläufe in der Medienunternehmung ist darüber hinaus die Vorgabe einer allgemeinen, intrinsischen Ablaufsteuerung:

- die Vereinheitlichung der Qualifikation durch einheitliche Ausbildung ,
- die Etablierung allgemein anerkannter Normen der journalistischen Profession („Normen als Stabilisatoren des Systems Journalismus", Rühl 1980, S. 286) und
- eine Wertorientierung, eine Programmierung des Verhaltens durch Werte, die in der Unternehmung entwickelt und gepflegt werden (Corporate Identity und Corporate Culture).

Auf genau diese Weise wird die journalistische Produktion in der Medienunternehmung in der Tat gesteuert. Es existieren nur vage inhaltliche Rahmenrichtlinien, allerdings ergänzt durch präzise formale Strukturierungen in Form von Mengen- und Zeitvorgaben. Es existieren Mitgliedsrollen, die Verhaltenserwartungen definieren, deren Einhaltung die journalistische Produktion in der Redaktion mitgestaltet (vgl. Rühl 1980, S. 251 ff.). Relativ allgemein akzeptierte ethische und professionelle Standards in Form der Individualethik, der Professionsethik und der Institutionenethik (vgl. Weischenberg 1992, S. 170 ff.) schaffen eine gewisse Wertorientierung und damit eine gewisse Programmierung der journalistischen Produktion[9]. Nur die Sicherung einer einheitlichen Ausbildung auf hohem Niveau fehlt im Journalismus.

9 Die Frage, in welchem Umfang solche Normen akzeptiert werden und welchen Wandlungen sie unterworfen sind, kann und soll hier nicht thematisiert werden (vgl. auch hierzu Weischenberg 1992, S. 170 ff.), wichtig ist, dass ihre Notwendigkeit auch ökonomisch fundiert ist und dass die besondere

Für die Gestaltung der *Information und Kommunikation* in der Medienunternehmung ist ebenfalls der notwendige Aufgabenbezug bei der Wahl der Kommunikationsmittel zu beachten. Grundsätzlich gilt, dass die Koordination der arbeitsteiligen Produktion den Austausch von Informationen – also Kommunikation – voraussetzt. In der Wahl der Kommunikationsformen ist vor allem zwischen mündlicher und schriftlicher sowie freier und gebundener Kommunikation abzuwägen. Die mündliche Kommunikation weist vielschichtige und flexible Ausdrucks- und Dialogmöglichkeiten auf, sie eignet sich damit für die Kommunikation im Rahmen gering strukturierter und ungewisser Aufgaben wie der journalistischen Produktion, eine dokumentenorientierte Kommunikation ist für die Koordination der journalistischen Produktion hingegen nicht geeignet.

Bei der Wahl der Gebundenheit der Kommunikation geht es um den Grad der Festlegung der Kommunikationsbeziehungen. Ungebundene Kommunikationssysteme, in denen jeder selbst entscheiden kann, mit welchen Stellen er auf welchem Wege Informationen austauscht, begünstigen die Vermittlung von Wissen und erhöhen die Flexibilität von Entscheidungen. Sie eignen sich insbesondere für unstrukturierte und ungewisse Aufgaben, daher sollte schon aus theoretischen Erwägungen in Medienunternehmen die mündliche und ungebundene Kommunikation vorherrschen, was in der Praxis auch der Fall ist.

Insgesamt ist die Organisation einer Unternehmung auch Ausdruck von *Macht* und bedeutet ihre Durchsetzung. Diese Macht kann vor allem durch formale Legitimation, durch Sanktionen oder durch die Autorität in Folge einer besseren Informiertheit oder einer anerkannten Persönlichkeit ausgeübt werden. In der Medienunternehmung, die unstrukturierte und ungewisse Aufgaben zu lösen hat, muss sich die Machtausübung in hohem Maße auf die fachliche und persönliche Autorität stützen können, weil ein Bezug auf eine formale Machtbasis den Informationsaustausch und die Problemlösungen eher blockiert.

Zusammenfassend kann man sagen, dass die *typische Organisationsstruktur* der Medienunternehmung im Wettbewerb – dies gilt also nur sehr beschränkt für den öffentlich-rechtlichen Rundfunk – der idealtypischen Struktur der Organisation einer wenig strukturierten und ungewissen Aufgabe entspricht. Aus ökonomischer Sicht sind die notwendigerweise kreativitätsfreundlichen Strukturen von Medienorganisationen (Saxer 1993, S. 303) mithin in dem Maße etabliert, wie es der Sachzwang der Effizienz zulässt. Der Verleger (Rundfunkunternehmer) als Eigentümer des Kapitals ist typischerweise Eigentümer der Medienunternehmung und versucht in dieser Eigenschaft die langfristige wirtschaftliche Existenz und Prosperität der Medienunternehmung zu sichern. Der Chefredakteur als Team-Organisator übernimmt vor allem die Organisation des Arbeitseinsatzes der Journalisten. Und die Redaktion ist eine Arbeitsorganisation, die im Prinzip funktional auf den vorliegenden Aufgabentyp zugeschnitten ist:

Bedeutung, die solche Normen haben, auch Ausweis der ökonomischen Effizienz des Systems Publizistik ist.

- Sie stellt relativ selbständig und objektorientiert die journalistische Produktion rechtzeitig und in vorbestimmter Menge sicher.
- Die Kommunikation erfolgt überwiegend mündlich und ungebunden.
- Für die Produktion existieren nur vage inhaltliche Rahmenrichtlinien.
- Spezifische Mitgliedsregeln sowie ethische Normen sind partiell Ersatz für nichtformulierbare detaillierte Handlungsanweisungen.

Anzumerken bleibt lediglich eine, in diesem Zusammenhang allerdings nicht unwichtige Ausnahme: Eine Standardisierung der Qualifikation als Instrument zur Qualitätssicherung und zur Koordination der dezentral geleisteten Arbeit ist im Journalismus so wenig gegeben wie in praktisch keinem anderen Beruf.

6. Die Einbindung von Journalisten: Anreizsysteme im Journalismus

6.1. Mängel im Anreizsystem

Die „geistige" Produktion der Journalisten wird hier im Prinzip wie jede andere Produktion von Gütern und Dienstleistungen gesehen (Coase 1974, S. 389). Sie verbraucht die knappen Ressourcen Arbeit, Kapital, Natur und Zeit und reagiert auf individuelle Kosten-Nutzen-Anreize. Daher wird hier von journalistischer Aussagen*produktion* gesprochen.

In der arbeitsteiligen Verbundproduktion der Medienunternehmung müssen die Individuen in die Arbeitsprozesse eingebunden werden. Hierzu sind drei Voraussetzungen zu erfüllen:

- die Information,
- die Qualifikation und
- die Motivation.

In diesem 6. Abschnitt soll das Motivationsproblem speziell der Journalisten erörtert werden, für die anderen Akteure im Mediensystem gibt es keine spezifischen Besonderheiten.

Zielsetzung der Journalisten – wie aller Wirtschaftssubjekte – ist die individuelle Nutzenmaximierung. Daher benötigt die journalistische Produktion, wie jede Produktion im arbeitsteiligen Produktions- und Tauschprozess, ein System von Leistungsanreizen und Erfolgskontrollen, das die von der Gesellschaft bzw. vom Publikum gewünschten Produktionsergebnisse zumindest partiell als Handlungsfolgen auf den Journalisten zurechnet. Als optimales Anreiz- und Kontrollsystem gilt in der Wirtschaftswissenschaft die Definition und Durchsetzung von Eigentumsrechten, die Handlungsfolgen in geeigneter Weise zurechnet (vgl. Kapitel 2).

Für die journalistische Produktion ergeben sich allerdings schwerwiegende Probleme in der Definition, Durchsetzung und Übertragung von Eigentumsrechten:

- Für den eigentlichen Output der journalistischen Produktion, die öffentliche Meinung, können Eigentumsrechte nicht definiert und durchgesetzt werden (die öffentliche Meinung ist nicht marktfähig).
- Für den unmittelbaren Output der journalistischen Produktion, nämlich Information, Bildung und Unterhaltung, können formal Urheber- und Verwertungsrechte definiert werden, aber die Durchsetzung dieser Rechte ist mit hohen Kosten verbunden und daher unvollkommen.
- Der *Wert* der journalistischen Produktion ist ganz schwierig zu ermitteln, daher kann der Wert der Eigentumsrechte an journalistischen Produktionen, anders als z. B. bei Grundstücken und Häusern, kaum definiert werden.
- Bei der Übertragung von Eigentumsrechten an journalistischer Produktion besteht eine ausgeprägte Informationsasymmetrie zwischen den Vertragspartnern, die einen weiten Spielraum für opportunistisches Verhalten öffnet und eine erhebliche Prinzipal-Agent-Problematik begründet (vgl. Abschnitt 7).

Das Anreizsystem ist also nicht optimal, weil der Nutzen des Journalisten nicht an eine direkte Gratifikation für die Produktion ökonomischer oder publizistischer Qualität gebunden ist. Der Nutzen des Journalisten wird vielmehr durch ein komplexes und mit großen Unsicherheiten behaftetes und möglicherweise noch zu entwickelndes Gratifikationssystem berührt, das vor allem aus folgenden Elementen bestehen kann:

- Ergebnisbeteiligung,
- Kostenerstattung,
- Urheber- und Verwertungsrechte,
- Investition in den journalistischen Markennamen,
- Garantiegewährung und Haftpflicht,
- Kollegenkritik,
- Berufsnormen,
- Sicherung der Qualifikation auf hohem Niveau.

Daher soll im Folgenden untersucht werden, welche Möglichkeiten diese Elemente eines Anreizsystems bieten.

6.2. Anreizelemente im Journalismus

Es ist zu prüfen, ob nicht trotz der beschriebenen Schwierigkeiten, Handlungsfolgen zuzurechnen, einige Möglichkeiten bestehen, den Journalisten am Ergebnis seiner Produktion zu beteiligen (*Ergebnisbeteiligung*). Dies setzt voraus, dass der Marktwert der Produktion und der Leistungsbeitrag des einzelnen Journalisten ermittelt werden können.

Bei Printmedien ist der Marktwert als Umsatz sehr einfach festzustellen, allerdings kann der Leistungsbeitrag des Einzelnen im Rahmen der Sortimentsproduktion nicht festgestellt werden. Daher ist eine individuelle Ergebnisbeteiligung nicht möglich; allenfalls ist eine Ergebnisbeteiligung, die die Journalisten pauschal oder nach Einkommen gestaffelt am Jahresgewinn der Medienunternehmung teilhaben lässt, denkbar (wie z. B. beim *Spiegel*). Aber eine solche pauschale Zurechnung löst das Anreizproblem nicht.

Bei elektronischen Medien kann der Marktwert der Produktion etwas unscharf über die Einschaltquote ermittelt werden, die als Indikator für Umsatzpotentiale herangezogen werden kann. Und der Leistungsbeitrag des Einzelnen kann dann abgeschätzt werden, wenn die Einschaltquote plausibel einem Hauptakteur, etwa einem Sänger, einem Showmaster oder einem Moderator, zugerechnet werden kann. Mit diesen Unschärfen kann also in besonderen Einzelfällen eine Ergebnisbeteiligung im Rundfunk eingeführt werden, und so wird es in diesen Fällen häufig auch gemacht. Entsprechend werden Auftragsproduktionen im Fernsehen bisweilen über eine Entlohnung, die aus einem Fixum und einer reichweitenabhängigen Erfolgsprämie besteht, am Markterfolg beteiligt. Aber dies bleiben Ausnahmen – was aus der Sicht der Ökonomie zu bedauern und aus der Sicht der Publizistik zu begrüßen ist, weil auf diese Weise z. B. der Lokalteil den Kulturteil subventioniert und generell Minderheitsproduktionen noch möglich sind, weil sie nicht als solche erkannt werden.

Ein Verfahren der *Kostenerstattung*, wie das so genannte Cost-plus-Verfahren, das eine Erstattung der Produktionskosten nebst einem Gewinnaufschlag vorsieht, trägt sehr zur Entfaltung eines kreativen Produktionspotentials bei, wie man z. B. aus der Beschaffungspraxis technisch komplexer Waffensysteme („Jäger 90“) weiß. Aber dies Verfahren ist recht teuer, wie man ebenfalls aus der genannten Beschaffungspraxis weiß, und setzt voraus, dass die Notwendigkeit der abzurechnenden Kosten überprüfbar bleibt, damit die Kosten nicht ins Unendliche wachsen. Diese Überprüfbarkeit ist im Mediensektor indes kaum zu leisten, und generell ist ein Kostenerstattungsverfahren für kapitalistisch-marktwirtschaftlich organisierte Medienunternehmen zu teuer. So wird es nur in Einzelfällen bei speziellen Medien angewendet, wie z. B. bei der *Zeit* oder beim *Spiegel*.

Wenn dem Journalisten auch der Wert seiner Produktion in der Regel nicht zugerechnet werden kann und die Kosten seiner Produktion auch nicht erstattet werden können, so besteht in der Institution des *Urheber- und Verwertungsrechtes* doch die Möglichkeit, Eigentumsrechte wenigstens *pauschal* zu definieren und durchzusetzen. So erhält der freie Journalist meist ein Entgelt, das sich pauschal an der Produktionsmenge orientiert: eine Mark pro Zeile oder 150 Mark für einen „gebauten“ Rundfunkbeitrag. Dies erinnert an die „Tonnenideologie“ in der sozialistischen Planwirtschaft, führt also zur unnötigen Aufblähung der Produktion entsprechend den vorgegebenen starren Erfassungsnormen. Gemildert wird die zu erwartende Fehlsteuerung im Medienunternehmen allerdings dadurch, dass die Produktionsmenge, in Zeilen oder Sekunden gemessen, eine vorgegebene Obergrenze hat.

Schließlich muss berücksichtigt werden, dass der pauschale Schutz des Eigentums durch Urheber- und Verwertungsrechte an der journalistischen Produktion nur zu hohen Kontrollkosten durchgesetzt werden kann, weil „Raubkopien“ billig zu erstellen und schwer festzustellen sind. Dies – der unzureichende Schutz des Eigentums – ist problematisch, wie man aus der Diskussion um die Ausgestaltung von Patentrechten weiß (vgl. z. B. Kaufer 1985, S. 57 ff.). Die Produktion wird auf dem Markt angeboten, bevor sie ihren größten Wert erreicht, weil der Journalist immer befürchten muss, dass andere Journalisten ihm zuvorkommen, und die Produktion wird mit geringen Abwandlungen imitiert. Es kommt zu einer „Herum-Erfinderei", zu nur kleineren Verbesserungen oder Veränderungen des Produktes, die unter Berücksichtigung ihrer Produktionskosten den Gesamtnutzen für die Gesellschaft mindern.

Der wichtigste „rein ökonomische" Anreiz für Journalisten ist sicher die *Investition in den eigenen Markennamen* und die Verwertung dieser Investition durch Gehaltssteigerungen bzw. steigende Pauschalgratifikationen. Dazu bedarf es einer langfristigen Produktion journalistischer Beiträge von auffallender Qualität (z. B. das journalistische Werk von Joseph Roth). Dies sind im Printbereich überwiegend Beiträge von publizistischer Qualität, im Bereich der elektronischen Medien auch Beiträge von ökonomischer Qualität, d. h. Beiträge mit großer Reichweite.

Durch eine solche Qualitätsproduktion kann mithin ein Produzenten-Goodwill aufgebaut werden. In der Aufbauphase verursacht die Qualitätsproduktion allerdings in der Regel Verluste, weil die Produktion publizistischer Qualität teuer ist und nur langfristig als solche erkannt wird. Die Investition in den journalistischen Markennamen ist also eine langfristige Investition mit großer Unsicherheit. Um solche Investitionen zu fördern, bedarf es mithin relativ großer Anreize, die in der Tarifstruktur für Journalisten nur ansatzweise zu entdecken sind.

Schließlich ist zu prüfen, ob nicht negative Sanktionen in Form von *Garantie oder Haftung* für die Inhalte der journalistischen Produktion geeignete Anreizinstrumente sein können. Eine gewisse Garantie für die Richtigkeit von Tatsachenbehauptungen muss aus rechtlichen und ökonomischen Gründen übernommen werden. Das Publikum will sich auf die Richtigkeit von Tatsachenbehauptungen verlassen können, und der ökonomische Wettbewerb um das Vertrauen in das jeweilige Medium veranlasst die Produktion von Richtigkeit (so schon Löbl, 1903, S. 63 f.). Die Gewähr erstreckt sich indes nicht eigentlich auf den Inhalt der Aussagen, sondern nur auf die Korrektheit der Wiedergabe (Zitat) und auf die Korrektheit der Quellenangabe. Für Meinungen muss und kann eine Garantie für die Richtigkeit nicht übernommen werden, hier geht es um Akzeptanz oder Ablehnung (vgl. zur Prüfung der Richtigkeit Blöbaum 1994, S. 282 ff.).

Eine umfassende Haftpflicht für die (monetären) Folgen journalistischer Aussagen ist hingegen aus zwei Gründen nicht denkbar. Zum einen *können* die (monetären) Folgen journalistischer Aussagen in der Regel auch ansatzweise nicht ermittelt werden. So ist einer der wenigen Versuche, die Folgen der Berichterstattung ökonomisch zu erfassen – die Studie von Kepplinger/Roth (1978) zum Einfluss der Wirtschaftsberichterstattung auf die Entwicklung der Ölkrise im Winter 1973/74 – prinzipiell sehr verdienstvoll, aber sie zeigt auch, dass die Interpretation nach dem Muster „post hoc ergo propter hoc" nicht haltbar ist.

Zum anderen *sollten* die (monetären) Folgen journalistischer Aussagen vermutlich auch nicht umfassend zugerechnet werden, weil dies für das gesellschaftliche Ziel des Journalismus – Produktion von Meinungsvielfalt und Meinungsfortschritt – kontraproduktiv wäre. Über Stahlkrisen, Würmer im Seefisch oder Gewalt gegen Ausländer würde sonst wohl nicht berichtet werden. Aber eine möglichst starke Selbstbindung, sich für die Folgen seiner Aussagen verantwortlich zu fühlen, entspricht ökonomischer Grundposition (vgl. zum Konzept der Haftbarkeitsverantwortung Weischenberg 1991). Das ökonomische Postulat einer *optimalen* Zurechnung von Handlungsfolgen begründet das zweckrationale und verantwortungsethische Handeln im Sinne Max Webers: Zweckrationalität als Bereitschaft, Handlungen an den möglichen Folgen auszurichten und Verantwortungsethik als Bereitschaft, für die Handlungsfolgen geradezustehen (Weber 1968, S. 56 ff.).

Dies begründet dann eine verantwortungsbewusste Form der Berichterstattung. Wenn die Massenmedien durch eine dramatisierende Berichterstattung über die Ausschreitungen in Hoyerswerda und Rostock zu einer Selbststilisierung und Heroisierung der Gewalttäter beitragen (vgl. Ohlemacher 1993), dann ist die Konsequenz der Verzicht auf Dramatisierungen in der Darstellung, aber nicht der Verzicht auf Berichterstattung über Gewalt gegen Ausländer.

Wie wirksam *Kollegenkritik* für die Aufrechterhaltung von Berufsnormen und publizistischer Qualität ist, kann nicht gesagt werden. Es besteht lediglich eine starke Vermutung, dass sie eine gewisse Wirksamkeit entfaltet (vgl. Kepplinger 1992). Die Wirksamkeit ist aber deswegen relativ gering, weil die wirksamste Form der Kritik – die öffentliche Kritik mit Namensnennung – im Journalismus, anders als z. B. in der Wissenschaft, nur wenig geübt wird (vgl. Kepplinger 1993, speziell S. 182). Immerhin existiert ein kleiner Ausschnitt an institutionalisierter Kritik in entsprechenden Fachzeitschriften wie *epd-Pressedienst*, *Funkkorrespondenz* oder *Phylax*. Die Wirkung ist indes nicht messbar und scheint gering zu sein.

Wenn Handlungsfolgen nicht angemessen zugerechnet werden können, bleibt häufig nur das Vertrauen auf eine intrinsische Motivation, eine Motivation, die in sich selbst ruht und die Einhaltung von Produktionsnormen nahelegt. Und in der Tat spielen gerade für den Journalismus allgemein akzeptierte Produktionsnormen (*Berufsnormen*) eine zentrale Rolle. Dies sind meist sowohl redaktionsspezifische Mitgliedsregeln (vgl. Rühl 1988, S. 13), als auch vor allem allgemeine journalistische Arbeits- und Berufsnormen. Zwar ist Moral kein Ersatz für Recht (Rühl 1988, S. 14) und – so wäre hinzuzufügen – auch kein Ersatz für die Zurechnung von Handlungsfolgen, aber dennoch sind solche Normen von zentraler Funktionalität, um einen Grundstandard an Qualität der journalistischen Produktion zu sichern. Es sind Normen, die Journalisten aus eigenem Antrieb einhalten und deren Einhaltung letztlich auch nur von ihnen selbst kontrolliert werden kann. „Wir müssen darauf vertrauen, dass die Verlage und die Journalisten ihren Bürger- und Medienpflichten gemäß von sich aus handeln“ (W. v. Humboldt).

Dabei kommt es aus ökonomischer Sicht – die eine solche Motivation für sehr wichtig hält, vor allem dann, wenn Handlungsfolgen nicht zugerechnet werden können – darauf an, die intrinsische Motivation nicht durch von außen auferlegte Preisgestaltungen und Regulierungen zu zerstören. Dies würde nämlich das Ausmaß an Selbstbestimmung verringern (vgl. Frey 1992). Die Wirtschaftswissenschaft sieht deutlich, dass viele Aktivitäten nicht effizient überwacht werden können. Dies wird generell bei höher qualifizierten Tätigkeiten vermutet. Bei wissenschaftlichen, künstlerischen oder auch bei Management-Aktivitäten hängt das Ergebnis sehr stark von der intrinsischen Motivation ab. Regulierungen wären hier eher kontraproduktiv (Frey 1992, S. 175). Wirksam wären allenfalls sehr große Gehälter und sehr große Gehaltsunterschiede, wie sie im Topmanagement üblich sind, um zu letztlich nicht messbaren Leistungen aus eigenem Antrieb anzuspornen.

Die *Sicherung der journalistischen Qualifikation* auf hohem Niveau ist bislang als eher nicht installiertes Anreizelement zu interpretieren. Man weiß aus der betriebswirtschaftlichen Organisationstheorie, dass eine Standardisierung der Qualifikation ein Instrument ist, um Aufgaben zu koordinieren, die sonst nicht leicht koordiniert werden können, und dass eine Ausbildung auf hohem Qualifikationsniveau einen Grundstandard an Produktqualität sichern kann, auch wenn die Konsumenten die Qualität kaum erkennen können (vgl. Picot 1990, S. 150). So wird z. B. die standardisierte Ausbildung auf hohem Niveau von Medizinern begründet. Für den Journalismus fehlt es offenbar an entsprechenden Anreizen, die Qualifikation auf hohem Niveau zu sichern. Die Forderung selbst ist ja recht alt (vgl. Blöbaum 1994, S. 250 f.). Vermutlich ist bislang der plausible Nachweis einer Begründungslinie von Ausbildung zu publizistischer Qualität und/oder Erfolg auf dem Markt nicht geführt worden. Immerhin sind Absolventen des Studiengangs Journalistik der Universität Dortmund überdurchschnittlich häufig Träger von Journalistenpreisen, allein drei von sieben bei der Verleihung des Axel-Springer-Preises für Nachwuchs-Journalisten im Mai 1994 und zwei von drei beim Lokaljournalistenpreis der Konrad-Adenauer-Stiftung im Juni 1994.

Insgesamt ist das Leistungsanreizproblem im Journalismus nicht befriedigend gelöst[10]. Die Konsequenz kann nur sein, im Prinzip alle Elemente des Leistungsanreizsystems zu nutzen und weiterzuentwickeln, insbesondere wäre ein Ausbildungsstandard auf hohem Niveau zu sichern und die Bedeutung selbstverpflichtender Normen zu erhalten. So betont z. B. die Rundfunkkommission der LfR NRW als Fazit einer Expertendiskussion:

> „Alle Diskussionsteilnehmer waren sich einig, dass das Selbstverständnis und die Ethik des Journalismus die entscheidende Voraussetzung für die Festlegung von Grenzen in der Berichterstattung sind und deswegen gestärkt werden müssen“ (Pressemitteilung der LfR NRW vom 19.11.1992).

Um Missverständnissen vorzubeugen, sei darauf hingewiesen, dass die beschriebenen Mängel des Anreizsystems nicht in der Wirtschaftsordnung „Kapitalistische

---

10 Ein eher skurriles Indiz dafür ist letztlich die ganz außerordentlich große Fülle von Journalistenpreisen – 145 Preise mit einer Preisgeldsumme von rund 1,5 Mill. Mark (Journalistenjahrbuch 1989, S. 470) – sind für die rund 36 000 Journalisten in Deutschland vielleicht tatsächlich schon ein wirksamer Leistungsanreiz.

Marktwirtschaft" begründet sind, sondern Folge der arbeitsteiligen Verbundproduktion und Folge des opportunistischen Verhaltens der Menschen sind.

7. Die Medienunternehmung als Institution mit Prinzipal-Agent-Problematik

Die Medienunternehmung ist, wie jede Unternehmung, eine Institution, die gegenüber alternativen Organisationsformen Transaktionskosten spart, nämlich Kosten der Information bei Vertragsabschlüssen und Tauschprozessen. Diese Kosten werden gespart durch ein Netzwerk von Verträgen, durch die Wahl des geeigneten Eigentümers, durch die Wahl einer sinnvollen Risikoverteilung zwischen Eigenkapital- und Fremdkapitalgebern, durch den Aufbau einer spezifischen Unternehmenskultur, die Mitarbeitern, Kunden und anderen Stakeholdern der Unternehmung die Möglichkeit bietet, stabile Verhaltenserwartungen zu entwickeln, Erwartungen, die sich auf das Verhalten der Unternehmung bei Eintreten unvorhersehbarer Ereignisse richten. All dies ist nicht medienspezifisch, sondern gilt für alle Unternehmen. Medienspezifisch sind aber die Besonderheiten des gehandelten Gutes, nämlich der Information und die damit begründete besondere Prinzipal-Agent-Problematik.

7.1. Medienunternehmen als Anbieter und Nachfrager von Informationen

Im Informationsaustausch entstehen, wie bei jedem Tauschprozess, Transaktionskosten. Transaktionskosten im Informationshandel sind insbesondere:

- Suchkosten, also die Kosten, die man aufwendet, um die gewünschten Informationen zu suchen;
- Entscheidungskosten, also die Kosten der Entscheidung, welche Information erworben und rezipiert werden sollen und
- Kontrollkosten, also Kosten der Kontrolle von Richtigkeit und Relevanz der Informationen.

Diese Transaktionskosten sind im Informationshandel besonders hoch, weil Informationen in unabsehbarer Fülle vorhanden sind und weil der Wert von Informationen, etwa ihre Richtigkeit und Relevanz, ex ante gar nicht und ex post nur mit Mühe beurteilt werden kann. Daher sind im Informationshandel Institutionen besonders wichtig, die solche Transaktionskosten sparen.

In diesem Sinne kann die Medienunternehmung als eine medienspezifische Institution interpretiert werden, die die Funktion hat, dem Rezipienten Transaktionskosten des Informationserwerbs zu verringern (vgl. Kapitel 2, Abschnitt 5). Die Komplexität der Entscheidungssituation des Rezipienten kann insbesondere durch folgende Elemente der Institution Medienunternehmung reduziert werden:

- Durch ein Sortimentsangebot von Informationen, also durch ein Angebot einer schon reduzierten Menge an Informationen, reduziert durch professionelle Journalisten nach den tradierten Kriterien der Aktualität, Relevanz und Richtigkeit;
- durch eine klare Strukturierung des Sortimentsangebots, also durch eine Vorsortierung nach Wichtigkeit (Wichtiges zuerst, Wichtiges im Blickpunkt etc.) und nach Inhalten (Ressorts, Rubriken etc.) und
- durch eine erwartete Glaubwürdigkeit/Verlässlichkeit der Information.

Die Glaubwürdigkeit ist besonders wichtig bei langlebigen Institutionen und bei Produktionen, deren Qualität nicht leicht erkannt werden kann. Beides trifft auf Medienunternehmen zu: Sie produzieren unter dem langlebigen Markennamen ihrer Titel oder ihrer Programme Informationsangebote. Und der Rezipient kann nicht alle Informationen überprüfen, er will vielmehr Informationen, Meinungen und auch implizite, aber konstante Wertungen ungeprüft übernehmen.

7.2. Die Prinzipal-Agent-Problematik

Die Prinzipal-Agent-Theorie (principal-agency-theory) untersucht die ökonomischen Beziehungen zwischen Auftraggeber (Prinzipal) und Auftragnehmer (Agent) bei
- Unsicherheit,
- Informationsasymmetrie und
- Opportunismus.

Es besteht Unsicherheit über die Folgen ökonomischer Aktivitäten, wobei der Auftragnehmer, der Agent, einen Wissensvorsprung gegenüber dem Auftraggeber, dem Prinzipal, hat. Solche Prinzipal-Agent-Beziehungen bestehen vor allem in den verschiedenen Formen von Arbeitgeber-Arbeitnehmer-Beziehungen wie Eigentümer-Manager, Patient-Arzt, Klient-Rechtsanwalt oder Verleger-Chefredakteur und in den verschiedenen Arten von Käufer-Verkäufer-Beziehungen speziell bei komplexen Gütern wie Versicherungen oder Medienprodukten (vgl. allgemein zur Prinzipal-Agent-Problematik Arrow 1985 und Schneider 1987, S. 26 ff, S. 553 ff.).

Agenten handeln stellvertretend, aber stark selbständig und opportunistisch. Der Agent verfügt also über Handlungsspielräume, weil der Prinzipal bei seinem beschränkten Informationsstand detaillierte Handlungsanweisungen nicht geben und nicht kontrollieren kann. Dies ist problematisch, weil der Agent andere Interessen als der Prinzipal hat. Der Agent wird nämlich seinen eigenen Nutzen auch dann maximieren, wenn seinem Vorteil ein größerer Schaden bei dem Prinzipal gegenübersteht, insgesamt also Wohlfahrtsverluste entstehen. Umgekehrt wird der Prinzipal versuchen, durch geeignete Kontrollverfahren einen Schaden für sich zu vermeiden. Daraus resultieren so genannte Agency-Kosten. Diese bestehen aus:

- Überwachungs- und Kontrollkosten des Prinzipals,

- Garantiekosten des Agenten und dem
- verbleibenden Wohlfahrtsverlust, konzeptionell gedacht als Differenz zur erreichbaren Wohlfahrt bei vollständiger, gleichgewichtiger und kostenloser Informationsbeschaffung.

Insofern kann das Prinzipal-Agent-Problem als „Kernfrage einer Lehre von den Innenbeziehungen einer Institution schlechthin" (Schneider 1987, S. 26) bezeichnet werden.

Für die Medienunternehmung ist die Prinzipal-Agent-Problematik typisch und zwar auf allen denkbaren Ebenen der Produktion. Sie existiert zwischen Journalist und Rezipient ebenso wie auf allen Hierarchiestufen der Produktion: zwischen Redakteur und Ressortleiter, zwischen Redaktion und Chefredaktion, zwischen Chefredaktion und Unternehmensleitung. Der jeweilige Prinzipal kann z. B. das Aufspüren von Ereignissen, die Güte der Recherche, das Schreiben, Sprechen oder Filmen und die Produktqualität nicht gut beurteilen und bewerten. So kann man zwar Zeit- und Qualitätsvorgaben für einen Reifenaustausch, aber kaum für eine Rechercheaufgabe sinnvoll formulieren. Eine Kontrolle durch die Analyse von Konkurrenzmedien („Was haben die anderen gebracht?") ist eine gebräuchliche und noch relativ billige Methode der Qualitätsbewertung, aber auch sie kostet viel Zeit und liefert letztlich nur relative Bewertungsmaßstäbe, weil auch die Produktion der Konkurrenz der gleichen Prinzipal-Agent-Problematik unterworfen ist.

Die Prinzipal-Agent-Problematik erfordert Fantasie und Logik bei der Konzipierung geeigneter Anreiz- und Kontrollmöglichkeiten. Bisher sind allerdings nur wenige allgemeine Aussagen hierzu erarbeitet worden (Schneider 1987, S. 563); eine große Rolle spielen stark ergebnisabhängige Anreizsysteme, was nicht überraschend ist. Auch Kontrollmechanismen, wie sie in der langen Diskussion um die Ausgestaltung der Unternehmensverfassung etwa als Schutz für Aktionäre, Gläubiger und Arbeitnehmer entwickelt worden sind, bieten einen Lösungsansatz für typische Prinzipal-Agent-Probleme.

Spezielle Anreiz- und Kontrollmöglichkeiten sind in der Medienunternehmung darüber hinaus nicht entwickelt worden, es bleibt bei den üblichen Möglichkeiten der Ausgestaltung von Anreiz- und Kontrollsystemen, die vorstehend beschrieben worden sind. Die Besonderheit der Medienproduktion ist zusammenfassend in der Vielstufigkeit der Anreiz- und Kontrollprobleme begründet, die auf jeder Stufe der Produktion die Gefahr beschwören, dass vor allem an den Kosten der Produktion, am Ressourceneinsatz gespart wird, statt den Input in die Produktion von Qualität zu erhöhen.

Zusammenfassung

Die Existenz der Medienunternehmung ist in den Effizienzvorteilen einer großen Sortimentsbreite und in den Effizienzvorteilen einer Zentralisierung von Marketing,

Vertrieb und Technik begründet. Hinzu kommt die Ersparnis von Transaktionskosten durch die vertikale Integration von Produktionsprozessen in die Medienunternehmung. Die Medienunternehmung sollte in ihrer Aufbau- und Ablauforganisation der Komplexität und Unsicherheit journalistischer Aufgaben Rechnung tragen und insbesondere auch Freiräume für autonome Produktionsprozesse bieten. Die Kontrolle der journalistischen Produktion kann nur durch ein Bündel möglicher Kontroll- und Anreizelemente ausgeübt werden; dabei spielen der Aufbau eines journalistischen Markennamens, Berufsnormen und intrinsische Motivationen eine entscheidende Rolle. Interpretiert man die Medienunternehmung als Institution im Sinne der Institutionenökonomik, so wird deutlich, dass eine ihrer zentralen Aufgaben die Reduktion von Komplexität im Informationshandel ist.

Literaturhinweise

Analysen der Struktur journalistischer Aussagenproduktion in primär kommunikationswissenschaftlicher Sicht bieten:

Rühl, Manfred (1980), Journalismus und Gesellschaft, Mainz (von Hase & Koehler) 1980.

Weischenberg, Siegfried (1992), Journalistik. Medienkommunikation: Theorie und Praxis, Band 1, Opladen (Westdeutscher Verlag) 1992.

Blöbaum, Bernd (1994), Journalismus als soziales System, Opladen (Westdeutscher Verlag) 1994.

Über die Organisationstheorie allgemein informiert

Picot, Arnold (1999), Organisation, in: Vahlens Kompendium der Betriebwirtschaftslehre, Band 2, 4. Aufl. München (Vahlen) 1999, S. 107-180.

Über Ansätze, Probleme und Konzepte einer redaktionellen Organisation informiert aus kommunikationswissenschaftlicher Sicht:

Meckel, Miriam (1999), Redaktionsmanagement, Opladen (Westdeutscher Verlag) 1999;

und aus betriebswirtschaftlicher Sicht:

Moss, Christoph (1998), Die Organisation der Zeitungsredaktion, Opladen (Westdeutscher Verlag) 1998.

6. Kapitel

Der Wandel des Mediensystems

In diesem Kapitel sollen die grundlegenden Bestimmungsfaktoren und die Perspektiven des Wandels der Medienproduktion beschrieben werden. Die grundlegenden Bestimmungsfaktoren von Strukturwandel und Wachstum der Wirtschaft sind der Wettbewerb und der technische Fortschritt. Und gerade im Mediensektor sind die Zunahme des Wettbewerbs und der gewaltige technische Fortschritt in Form einer durchgängigen Digitalisierung der Information die Antriebskräfte eines durchgreifenden Wandels und gerade der Sektor Medien und Kommunikation liegt im Schnittfeld von Wettbewerb und technischem Fortschritt und gilt als eine der fünf zentralen Wachstumsbranchen der Wirtschaft.[11]

Im Folgenden wird zunächst allgemein die Zunahme des Wettbewerbs beschrieben (Abschnitt 1) und anschließend werden die zentralen ökonomischen Folgen, die Zunahme der allokativen und produktiven Effizienz der Medienproduktion herausgestellt (Abschnitt 2). In Abschnitt 3 wird der technische Fortschritt im Mediensektor beschrieben und nachfolgend werden die zentralen ökonomischen Folgen, die Veränderung von Kosten und Kostenstrukturen der Medienproduktion analysiert (Abschnitt 4) sowie die Konvergenz erklärt (Abschnitt 5). Die spezifisch prägenden Anforderungen des europäischen Binnenmarktes an die Medienproduktion werden abschließend in Abschnitt 6 behandelt.

1. Zunahme des Wettbewerbs und Ökonomisierung

1.1. Begriff und Indikatoren

Ein strikt ökonomischer Wettbewerb weist folgende Merkmale auf:

- Er berücksichtigt nur die Konsumentenpräferenzen und die Kosten der Produktion;

11 Die anderen Zukunftsbranchen sind Medizin und Biologie, Umwelt und Natur, Energie und Rohstoffe sowie Chemie und Werkstoffe in Verbindung mit der Mikrosystemtechnik.

- er verwendet als Erfolgsmaßstab ausgeprägt ökonomische Kategorien wie Gewinn oder Shareholder-Value und
- er setzt auf eine weitgehende Zurechnung von Handlungsfolgen.

Demgegenüber haben andere Koordinierungsverfahren eine mehr oder weniger begrenzte Autonomie, die Kosten der Produktion und/oder die Präferenzen der Rezipienten zu missachten, sie können andere Ziele verfolgen wie z. B. das Gemeinwohl oder die Ziele umfassend verstandener Stakeholder[12] und/oder sie unterliegen als öffentliche Unternehmen nicht den strengen Regeln des Insolvenzrechts, müssen also nicht alle Handlungsfolgen tragen. Mithin kann die Zunahme des Wettbewerbs an Hand folgender Kriterien erfasst werden:

- Annäherung an Rezipientenpräferenzen,
- Annäherung an Kostenpreise,
- Annäherung an Gewinnmaßstäbe und
- Annäherung an die Zurechnung von Handlungsfolgen vor allem durch die Privatisierung von öffentlichen Einrichtungen.

Eine solche Entwicklung kann auch als Ökonomisierung oder Kommerzialisierung der Medienproduktion bezeichnet werden.

1.2. Ursachen der Zunahme des Wettbewerbs

Die deutliche Zunahme des Wettbewerbs in allen Bereichen von Wirtschaft und Politik ist letztlich sicher eine Folge des Wandels des wirtschaftspolitischen Leitbilds, das sich lange Zeit in Form der Vorstellung, eine rationale politische Steuerung in Form von Lenkung und Regulierung sei notwendig und möglich, vor allem in Europa gehalten hatte.

> „Philosophisch entsprechen die Lenkungsideen, die sich in Brüssel in der Hohen Behörde für Kohle und Stahl, in Euratom und in der Agrarpolitik niedergeschlagen haben, einer geistigen Richtung, die Hayek als konstruktivistischen Rationalismus bezeichnet. Dieser Rationalismus, der im Denken Descartes (1596-1650) wurzelt, gründet sich auf eine Anmaßung des Wissens. Die Konsequenzen dieser Anmaßung können, wie die Geschichte des Totalitarismus lehrt, fatal sein. Die Gegenposition hierzu ergibt sich aus den Schriften von Adam Smith und der englischen und schottischen Philosophen des 18. Jahrhunderts. In jüngerer Zeit wurde die Gegenposition vertreten

12 Stakeholder sind die allgemeinen Anspruchsgruppen einer Unternehmung, also vor allem Kunden, Mitarbeiter, Lieferanten, Kreditgeber und Aktionäre als primäre Anspruchsgruppen und darüberhinaus auch die Öffentlichkeit, die Politik, die Gesellschaft und die Massenmedien als sekundäre Anspruchsgruppen (vgl. Caroll 1996, S. 73 und Frederick/Davis/Post 1988, S. 79 f.).

> von einer Schule der Wirtschaftswissenschaft, die sich - vielleicht nicht zufällig - im Wien des Vielvölkerstaates der k.u.k-Monarchie entfaltete. Diese andere Denkweise setzt auf das Erfahrungswissen der Vielen, auf den Wettbewerb als Entdeckungsprozess, auf die natürlichen Ordnungskräfte des Marktes und auf anonyme Preissignale, die dazu anregen, Engpässe auszuweiten und das Verschwenden von Ressourcen zu vermeiden. Bewährt hat sich diese Philosophie im ungestümen Entfalten der westlichen Zivilisation während der letzten zwei Jahrhunderte, im raschen Wiederaufbau der westdeutschen Wirtschaft nach 1948 und im glanzvollen Aufstieg Japans und der ostasiatischen Schwellenländer in jüngerer Zeit. Sie hat sich als Erfolgsrezept bestätigt in der Liberalisierung der Weltwirtschaft, wie sie nach 1948 das GATT, die OEEC und später die OECD betrieben haben. Es ging bei dieser Liberalisierung im klassischen Sinne um ‚Freihandel als Aufgabe'" (Giersch 1988, S.5 f).

Dies *Leitbild der Wettbewerbsfreiheit* konnte sich insbesondere dann durchsetzen, als die Kosten und Fehlsteuerungen von Regulierungen offenkundig und nicht mehr tragbar wurden. In der Folge war die Deregulierung, der Abbau von Wettbewerbsschranken und die Privatisierung staatlicher Einrichtungen politisch gewollt, auch weil die Politik auf Kosteneinsparungen und zusätzliche Einnahmen hoffen konnte. Prägnantes Beispiel ist die Liberalisierung der Telekommunikationsmärkte, die zu einem vorher kaum vorstellbaren Wachstum und Strukturwandel der Telekommunikation geführt hat (vgl. Schatz 2000).

Die Zunahme des Wettbewerbs manifestiert sich augenfällig in der *Globalisierung des Wettbewerbs*, in einer zunehmenden Aufhebung der räumlichen Begrenzung der Märkte. Diese ist zum einen politisch gewollt und durch die Beseitigung von Handelsschranken aller Art gefördert worden und zum anderen durch die Abnahme der Distanzüberwindungskosten relativ zu den Produktionskosten ökonomisch induziert und verstärkt worden. Diese Entgrenzung des Wettbewerbs kann nicht mehr rückgängig gemacht werden.

2. Zunahme der Effizienz der Medienproduktion

Die Zunahme des Wettbewerbs hat zwei jedenfalls konzeptionell unterscheidbare Auswirkungen:

- Zum einen wachsen die Anstrengungen der Anbieter, die sog. allokative Effizienz zu steigern, also durch Produktinnovationen die Produktqualität immer mehr den Konsumentenpräferenzen anzupassen. Dieser Komplex kann dem betrieblichen Funktionsbereich des Marketings zugeordnet werden.
- Zum anderen wachsen die Anstrengungen der Anbieter, die sog. produktive Effizienz zu steigern, also durch Prozessinnovationen eine effizientere Produktionsweise zu erreichen. Dieser Komplex kann dem betrieblichen Funktionsbereich des Managements zugeordnet werden.

2.1. Zunahme der allokativen Effizienz der Medienproduktion

Wird die *allokative Effizienz* gesteigert, wird stets genauer das produziert, was die werbungtreibende Wirtschaft und die Rezipienten verlangen. Die *Rezipienten* verlangen einen Informationsnutzen und/oder einen Animationsnutzen, einen Unterhaltungswert. Diese Nutzen sind nicht eindeutig an objektiv feststellbare Inhalte gebunden – so werden Fernsehnachrichten überwiegend wegen ihres Unterhaltungswertes konsumiert –, aber generell bieten Informationssendungen sicher einen höheren Informationsnutzen und Unterhaltungssendungen einen höheren Animationsnutzen als umgekehrt. Medienunternehmen bemühen sich, Animationsnutzen und Informationsnutzen immer direkter anzubieten:

- Unterhaltungssendungen nehmen zu,
- Informationssendungen werden mit Unterhaltung durchsetzt (Infotainment),
- der direkte Gebrauchswert der Informationen wird verstärkt, meist im Wechsel zwischen „Psycho" und Geldwert und
- klare Strukturierungen und rezipientenfreundliches Layout vermindern die Such- und Entscheidungskosten der Rezipienten.

Es resultiert ein Unterhaltungs- und Gebrauchswertjournalismus zu Kosten von Aufklärung, Kritik und Kontrolle, also ein Wandel der Qualität.

Im Bestreben, stets genauer das zu produzieren, was die Rezipienten wünschen, wird das Angebot auch quantitativ ausgedehnt: Das Fernsehprogrammangebot hat sich in den letzten 20 Jahren gut verzehnfacht, das Radioprogrammangebot hat sich gut vervierfacht, die Zahl der Zeitschriftentitel wächst jährlich um etwa 300 Titel und neue Angebotsformen vor allem im Online-Bereich entstehen fast täglich. Zudem wird die Werbung ausgeweitet und die Massenmedienbranche ist mittlerweile die werbeintensivste Branche der Wirtschaft (Band 2, Kapitel 15).

Die *werbungtreibende Wirtschaft,* der zweite und wichtigere Kunde der Medienunternehmen, verlangt ebenfalls einen Nutzen, eine Verbreitungs- und Wirkungswahrscheinlichkeit von Werbebotschaften:

- eine Reichweite,
- einen Zielgruppenbezug und
- ein wirksames Werbeumfeld.

Dies ist nicht nur negativ zu werten. Billiger Sex und sehr blutige Gewalt eignen sich nicht als Werbeumfeld und die Glaubwürdigkeit des Mediums wird sowohl von der werbungtreibenden Wirtschaft als auch von den Rezipienten geschätzt. Prinzipiell ist die Orientierung der Medienproduktion auf die Werbung indes doch problematisch, weil Umfang und Zielgruppen der Berichterstattung werblich definiert werden und nicht nach journalistischen Kriterien bestimmt werden. Es resultiert ein *Werbeumfeldjournalismus.*

Die Bemühungen, die allokative Effizienz der Medienproduktion zu erhöhen, können systematisch allen Aktionsfeldern des operativen Marketings (vgl. Band 2, Kapitel 9, Abschnitt 3) zugeordnet werden. Übersicht 1 bietet einen Überblick über die wichtigsten Aktionsfelder des Medien-Marketings. Diese Aktionsfelder können dem Konzept des Qualitätswettbewerbes zugerechnet werden.

Übersicht 1: Wichtige Aktionsfelder des Medien-Marketings

Produktpolitik

- Veränderungen der Qualität der Medienproduktion
- Zunahme der Menge
- Zunahme des Sortiments des Medienangebots
- Zunahme der Verpackung/des Designs der Medienproduktion
- Zunahme der Kundenbetreung

Kommunikationspolitik

- Veränderung der Werbung (Eigenwerbung)
- Zunahme der Werbung (Eigenwerbung)
- Veränderungen im Bereich von PR

Distributionspolitik

- Zunahme der Vertriebskanäle und Vertriebsformen
- Interaktivität

Preispolitik

- Zunahme differenzierter Preisgestaltung und differenzierter Abrechnungssysteme

2.2. Zunahme der produktiven Effizienz der Medienproduktion

Wird die *produktive Effizienz* gesteigert, so wird versucht, billiger zu produzieren. Insbesondere folgende Maßnahmen sind geeignet, Kosten der Medienproduktion zu senken:

- Die Einführung von Kontrollsystemen – Kostenrechnung, Deckungsbeitragsrechnung, Profitcenter – erhöht die Wirtschaftlichkeit der Medienproduktion. Jede Maßnahme wird daraufhin zu überprüfen sein, ob ihr Grenzumsatz ihre Grenzkosten übersteigt, ob also als Differenz ein Grenzgewinn, ein zusätzlicher Gewinn erzielt werden kann. Ein solcher *Grenzgewinnjournalismus* kalkuliert z. B., ob sich eine zusätzliche Recherche im Verhältnis zu ihren Kosten lohnt, ob es ein persönliches Gespräch sein muss oder ob nicht ein Anruf genügt. Weil die Grenzkosten im Regelfall recht genau kalkuliert werden können, der Grenzumsatz ex ante hingegen nicht, hat ein solcher Grenzgewinnjournalismus eine Tendenz zum *Billigjournalismus.*
- Die Ausgliederung der Produktion in den Markt – das so genannte Outsourcing – spart Kosten, weil der Markt im Prinzip billiger produziert als die eigene Un-

ternehmung. Dies führt zu einem *Kaufjournalismus,* dessen Qualität kaum noch kontrolliert werden kann und der die publizistische Vielfalt verringert.

- Der Aufbau von Verwertungsketten erlaubt eine kostensparende Mehrfachverwertung von Ideen und Inhalten, z. B. „Spiegel“, „Spiegel TV“, „Spiegel online“, „Spiegel spezial“, „Zeitung im Zug“, „Spiegel extra“ oder die Mehrfachverwertung von Fernsehbeiträgen in der Kette RTL, RTL2, Super RTL, Lokalfernsehen Hamburg, bis hin zum Merchandising, das Programminhalte als Bücher, Kassetten, Puppen oder T-Shirts recycelt. Dies wird meist Content-Management genannt, ich nenne das *Kaskadenjournalismus,* eine stete Verbreiterung und Verflachung bekannter und gleicher Inhalte.
- Und schließlich erlauben Unternehmenszusammenschlüsse Kosten zu sparen: Neben möglichen Synergieeffekten sparen Zusammenschlüsse auf jeden Fall den kostentreibenden Wettbewerb um Filmrechte, Übertragungsrechte und technische Standards sowie den einnahmesenkenden Wettbewerb um Kunden (Rezipienten und werbungtreibende Wirtschaft).

Die Bemühungen, die produktive Effizienz zu steigern, können systematisch den Aktionsfeldern des Managements zugeordnet werden (Band 2, Kapitel 10). Übersicht 2 zeigt wichtige Aktionsfelder. Diese Aktionsfelder können auch dem Konzept des Kostenwettbewerbs zugerechnet werden.

Übersicht 2: Wichtige Aktionsfelder des Medien-Managements

Organisation

- Konzentration auf Kernaktivitäten,
- Veränderung der Fertigungstiefe (Outsourcing),
- Content-Management,
- Lean Management.

Kontrolle

- Einführung und Anpassung von Kostenrechnungssystemen (Deckungsbeitragsrechnung...),
- Einführung von Profitcentern,
- Einführung und Anpassung von Bewertungssystemen im Rahmen des Controlling,
- Business-Reengineering.

Grundsätzlich kommen beide Formen des Wettbewerbs, sowohl der Kostenwettbewerb als auch der Qualitätswettbewerb zur Anwendung. Und im Prinzip verbessert der Wettbewerb das *Verhältnis* von subjektiv empfundener Qualität und den Kosten ihrer Produktion, er verbessert nicht per se die Qualität der produzierten Güter. Im einzelnen ist die Mischung zwischen Kostenwettbewerb und Qualitätswettbewerb eine Frage der Marktsituation und der gewählten Marktstrategie, ob etwa Kostenvorteile oder Produktdifferenzierungsvorteile realisiert werden sollen (vgl. zur Unterscheidung Porter 1992, S.62 ff.).

Einem reinen Kostenwettbewerb, ohne Rücksicht auf die Qualität der Produkte, steht in der Regel das Qualitätsbewusstsein der Käufer entgegen und einem reinen Qualitätswettbewerb, ohne Rücksicht auf die Kosten der Produktion, steht in der Regel das Kostenbewusstsein der Käufer entgegen. Im Mediensektor ist das Qualitätsbewusstsein der Rezipienten indes nicht sehr ausgeprägt, weil sie die Qualität von Medienproduktionen nur schwer beurteilen können und weil diese die Rezipienten auch nicht sonderlich interessiert (vgl. Kapitel 3, Abschnitt 4.4.). Es kommt dann zu einem Überwiegen des Kostenwettbewerbs und zu einem Marktversagen in Bezug auf die Produktqualität (vgl. Heinrich 1996).

Im Kern schwinden mit dem Vordringen des Wettbewerbs die Freiräume der Medienpolitik, der Medienunternehmen und der Journalisten, Kosten der Produktion und/oder Präferenzen des Publikums zu missachten. Die Zurechnung von Handlungsfolgen wird - in Geld ausgedrückt - für alle Akteure immer konsequenter; der Informationshandel wird mit den zunehmend differenzierten Abrechnungssystemen und den zunehmend differenzierten Lieferanten-Kunden-Beziehungen immer ökonomischer, d. h. er wird immer mehr ein über Märkte vermittelter Austausch von individuell zurechenbaren Leistungen und individuell gezahlten Entgelten. Damit werden die klassischen Steuerungsmechanismen marktgerichteter Produktion, nämlich Präferenzen und Preise, auch für den Informationshandel verstärkt zur Anwendung kommen. Die Medienpolitik wird die Kosten und die Akzeptanz von Regulierungen stärker beachten müssen; Medienunternehmer müssen unter dem Druck ihrer Eigentümer und der Fondsmanager eine hohe Rendite erwirtschaften und Journalisten müssen entsprechend produzieren, Freiräume für intrinsisch motivierte Journalisten schwinden.

3. Technischer Fortschritt

3.1. Formen und Bestimmungsgründe

Technischer Fortschritt umfasst die Herstellung neuartiger oder verbesserter Produkte (*Produktinnovationen*) und/oder die Einführung neuartiger Produktionsverfahren, die es erlauben, Güter in Zukunft billiger zu erstellen (*Prozessinnovationen*). Technischer Fortschritt manifestiert sich zunächst als wissenschaftliche Erfindung, als sog. *Invention*. Inwieweit sich diese Erfindung auf dem Markt als sog. *Innovation* kommerziell durchsetzt, entscheidet letztlich der Wettbewerb. Insofern hat die Ökonomie das Primat vor der Technik und die Ökonomie liefert mit dem permanenten Streben nach einer Verbesserung der Wettbewerbsfähigkeit des Unternehmens durch Produkt- und/oder Prozessinnovation einen zentralen Beweggrund für die Implementierung eines technischen Fortschritts.[13] Der Wettbewerb entscheidet

13 Ein anderer zentraler Beweggrund ist die Entwicklung der Waffentechnik, weil überlegene Waffen sehr schnell zu entsprechenden Erfolgen der Kriegsführung beitragen (bellum pater omnium). Hier lässt sich auch beobachten, dass eine großzügige Finanzierung von Forschungs- und Entwicklungskosten recht förderlich für die technische Entwicklung ist.

also über den Fortschritt und damit wird deutlich, dass ein Fortschritt hier (nur) im ökonomischen Sinn gemeint ist.

Technischer Fortschritt ist in der Regel *arbeitssparend*, er führt sehr häufig zu einer Substitution des Produktionsfaktors Arbeit durch den Produktionsfaktor Kapital, also zu einer Rationalisierung. Der Grund liegt darin, dass mittel- und langfristig sich das Lohn-Zins-Verhältnis, also das Faktorkostenverhältnis, erhöht: Löhne steigen mittel- und langfristig, während die Kapitalzinsen praktisch konstant bleiben. Daneben hat der technische Fortschritt eine Fülle von Wirkungen, die, je nach seiner Einbindung in konkrete Prozesse und Produkte, zu Veränderungen im Produktangebot führen.

3.2. Digitalisierung der Information

Der technische Fortschritt im Mediensektor bewirkt eine Kostensenkung und/oder eine Kapazitätserweiterung und/oder eine Qualitätsverbesserung bei der Erfassung, Speicherung, Verarbeitung, Weitergabe und dem Empfang von Informationen. Dies wird ermöglicht vor allem durch die Digitalisierung der Informationen, durch Techniken der Datenkompression und Techniken der optimalen Nutzung vorhandener Übertragungskapazitäten. Diese Techniken finden Anwendung im Bereich der Produktion, im Bereich des Konsums und im Bereich des Vertriebs von Informationen; insbesondere im Vertriebsbereich eröffnen sich umwälzende Nutzungspotentiale.

Digitalisierung heißt, Informationen in eine Folge von binären Zeichen (0 und 1) zu verwandeln: Bild- und Tonsignale werden auf elektronischem Weg zerlegt und als binäre Strom- oder Lichtimpulse transportiert. Nach der Übertragung erfolgt die Speicherung im Empfangsgerät und die Zusammensetzung zum ursprünglichen Signal. Hierzu werden spezielle Wandlungs- und Übertragungsverfahren eingesetzt. Technischer Vorteil der Digitalisierung ist die – gegenüber den analogen Übertragungsverfahren – geringere Störanfälligkeit der Übertragung und damit die bessere Qualität, die Möglichkeit der einfachen Kombination der unterschiedlichen Signale und die Möglichkeit, Übertragungskapazität einzusparen.

Digitale Verfahren benötigen zunächst wesentlich höhere Mengen an Informationseinheiten als analoge Verfahren. Techniken der *Datenkompression* und *Datenreduktion* können aber die notwendige Menge an zu übertragenden Signalen soweit reduzieren, dass per Saldo eine Vervielfachung einer vorhandenen Übertragungskapazität für elektronisch transportierte Signale resultiert. Zum ersten werden die Daten „komprimiert“ – so wird z. B. die Information, ein Bild bestehe zu einem Teil aus blau („1 m^2 blau“) nur als ein Signal übertragen. Zum zweiten wird auf die Übertragung solcher Informationen verzichtet, die für menschliche Sinnesorgane gar nicht wahrnehmbar sind (Irrelevanz-Reduktion). Und zum dritten werden nur solche Informationen übertragen, die eine Veränderung gegenüber der vorherigen Übertragung bedeuten; gespart wird die Übertragung schon vorhandener und gespeicherter Signale (Redundanz-Reduktion).

Schließlich erweitern *Techniken der optimalen Nutzung* vorhandener Übertragungskapazitäten die Übertragungskapazität ein weiteres Mal. Grundsätzlich können unterschiedliche Datenströme über einen Kanal, oder ein Datenstrom kann über unterschiedliche Kanäle übertragen werden. Da nun bei digitalen Datenübertragungen nicht zu jeder Zeit die volle Bandbreite benötigt wird, können geeignete Datenpakete geschnürt, gespeichert und übertragen werden (Multiplexing). Durch einen solchen asynchronen Transfermodus (ATM) ist es möglich, in einem Netz nebeneinander Verbindungen mit unterschiedlichen Übertragungsgeschwindigkeiten zu schalten; dies erlaubt eine Mehrfachnutzung und damit eine erhebliche Rationalisierung vorhandener Übertragungskapazitäten.

4. Veränderung der Kosten und Kostenstrukturen der Medienproduktion: Ökonomik der Digitalisierung

4.1. Abnahme der Kosten: Zunahme der Produktion

Die Digitalisierung senkt ganz umfassend die Kosten der Produktion und des Vertriebs von Informationen, zur Zeit sehr auffällig im Bereich der Telekommunikation und der Rundfunkveranstaltung. So wird das Telefonieren immer billiger, insbesondere über große Entfernungen, und im Bereich der Rundfunkveranstaltung sind digitale Aufnahmegeräte wesentlich billiger als analoge Geräte, der digitale Schnitt ist wesentlich billiger als der analoge Schnitt, die digitale Steuerung von Sendungsabläufen spart Such-, Archivierungs- und Verwaltungskosten und der digitale Vertrieb von Rundfunkprogrammen ist ungleich billiger als der analoge Vertrieb. Diese umfassende Kostensenkung bewirkt nach der ökonomischen Logik eine Zunahme des Angebots, daraus resultierend eine Senkung des Preises und nachfolgend eine

Abbildung 1: Zunahme von Angebot und Nachfrage

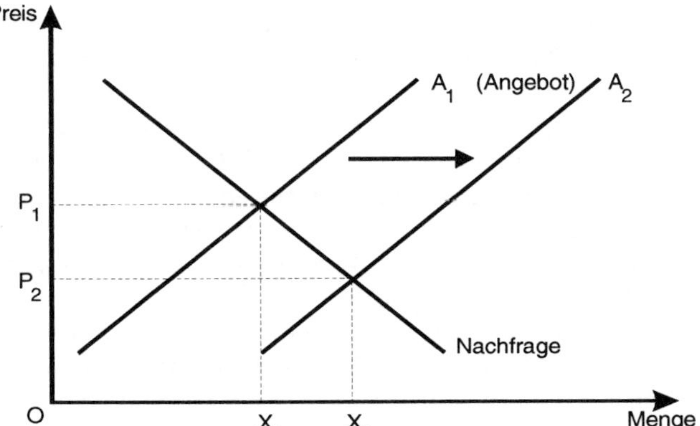

Zunahme der Nachfrage. Dies zeigt Abbildung 1. Sinkende Kosten erlauben, die bisherige Angebotsmenge zu einem niedrigeren Preis anzubieten, bewirken also eine Verschiebung der Angebotsfunktion nach rechts von A_1 auf A_2. Bei gleichbleibender Preis-Absatz-Relation (Nachfragefunktion) sinkt der Preis schließlich von P_1 auf P_2, und Angebot sowie Nachfrage steigen von X_1 auf X_2: Es wird mehr produziert und mehr konsumiert.

4.2. Abnahme der Kosten: Interaktivität

Die umfassende Senkung der Kosten des Informationstransports bietet erstmals die Chance einer echten Interaktivität im Rahmen der Kommunikation. Dies wird vermutlich weniger eine Interaktivität von Kommunikator und Rezipient (und damit einer Vermischung beider Funktionen) als viel mehr eine Interaktivität im Rahmen kommerzieller Tauschprozesse. Jedenfalls bleibt eine echte Interaktivität der Kommunikation zwischen einem zentralen Kommunikator und vielen Rezipienten auch im Zeitalter von Digitalisierung und Internet relativ teuer, weil mit der Interaktivität auf eine Degression der fixen Kosten des Senders verzichtet wird. Wenn sehr viele Rezipienten gleichzeitig mit dem Sender kommunizieren wollen, wird die übliche Kommunikationsnetzstruktur immer noch überfordert, zumindest der alles entscheidende Kommunikator - so wie die „Lustbarkeitsinfrastruktur" des Starnberger Sees überfordert würde, wenn alle Müncher gleichzeitig dorthin führen, eine Vorstellung, die schon Karl Valentin beunruhigt hatte. Die Digitalisierung bietet allerdings die Möglichkeit einer relativ preiswerten Kommunikation „Aller mit Allen", wie sie in Internet-Foren realisiert wird. Solche Foren sind ungemein innovativ, interaktiv und außerordentlich aktuell, erfüllen indes keine der klassischen Funktionen des Mediensystems wie Kritik, Aufklärung und Kontrolle im Bereich der Politik und produzieren auch nicht nach journalistischen Standards. Die One-to-One-Kommunikation aber wird vermutlich eher für Zwecke des Marketings als für Zwecke einer journalistischen Massenkommunikation eingesetzt werden, denn die Interaktivität muss sich bezahlt machen.

Zum einen bietet die Rückkanalfähigkeit Raum für differenziertere Abrechnungssysteme, Systeme, die nach Art, Dauer und Zeit der Nutzung abrechnen können und spezielle Lieferanten-Kunden-Beziehungen begründen. Wenn eine solche differenzierte Marktausschlusstechnik eingeführt wird, könnten die üblichen Steuerungsmechanismen marktgerichteter Produktion – Präferenzen und Preise – auch für Medienproduktionen, insbesondere für den Rundfunk, verstärkt angewendet werden. Dies eröffnet neue Potentiale der Programmsteuerung durch die Nachfrage, und es eröffnet neue Finanzierungspotentiale (Pay-Radio und Pay-TV) für die Anbieter. In welchem Ausmaß diese Potentiale genutzt werden, bleibt abzuwarten.

Zum zweiten können die Netzteilnehmer Güter und Dienstleistungen bestellen (z. B. Teleshopping) und zunehmend auch über das Vertriebsnetz individuell abrufen (z. B. Home-Banking oder Rundfunk-on-Demand).

Schließlich können die Netzteilnehmer selbst verstärkt als Anbieter von Informationen auftreten, z. B. in Form von Tele-Arbeit, Tele-Medizin oder als journalistische Produzenten im Internet.

Dies bietet, ökonomisch gesehen, die Möglichkeit zu folgenden Aktivitäten:

- Marktzutritt als Anbieter von Dienstleistungen;
- Dislokation immaterieller Produktionsprozesse;
- Schnelle und einfache Erfassung von Kundenpräferenzen;
- Aufbau differenzierter Marktausschlusstechniken.

4.3. Relative Abnahme der Vertriebskosten: Vertriebsintensivierung der Medienproduktion

Während die globale Abnahme der Kosten im Prinzip das wirtschaftliche Wachstum der betreffenden Aktivität fördert, verursacht die Veränderung der Kostenstrukturen im Prinzip einen Wandel der Produktionsstrukturen. Diese Veränderung der Kostenstrukturen kann die umfassenden Wertschöpfungsstufen der Medienproduktion verändern - die Produktion, die Zusammenstellung oder den Vertrieb von Information - aber auch spezifizierte Aktivitäten innerhalb der groben Wertschöpfungsstufen der Medienproduktion anders gewichten - wie z. B. das Drehbuchschreiben, das Casting, das Einrichten der Kulissen, das Drehen, das Schneiden und das Vertonen im Rahmen einer TV-Input-Produktion (vgl. Band 2, Kapitel 5).

In erster Linie wird insbesondere der Vertrieb im Verhältnis zur Produktion deutlich billiger: Durch die Digitalisierung der Informationen vervielfacht sich die Vertriebskapazität in den vorhanden Netzen und zugleich wird es billiger, neue Vertriebskapazitäten zu erstellen. Die bekannteste Informationsübermittlung der Antike, die Botschaft des Sieges der Athener über die Perser bei Marathon, hat den Überbringer mehrere Stunden und das Leben gekostet, heute kostet ein Ferngespräch nach Athen etwa eine Mark und 30 Sekunden. Diese Entwicklung sollte im gesamten Wertschöpfungsbündel der Medienproduktion eine zunehmende Substitution der Produktion durch den Vertrieb bewirken. Weil der Vertrieb im Verhältnis zur Produktion billiger wird, lohnt es zunehmend, vorhandene Produktionen in jeweils neuen Vertriebskanälen zu verbreiten. Damit sollte das gesamte Wertschöpfungsbündel der Medienproduktion vertriebsintensiver werden. Und so ist es.

Im Rundfunk wird die einmal erstellte Produktion vielfach einer Mehrfachverwertung zugeführt. Dies wird sichtbar in den verschiedensten Formen des Content Managements:

- Wiederholungen,
- Übernahmen durch andere Sender,
- Zusammenstellung vorhandener Programmelemente für jeweils neue Zielgruppen.

Und auch die Online-Produktion von Printmedien stellt bislang nicht viel Anderes als die Weiterverwertung der auf Papier gedruckten Informationen dar, ein wenig ergänzt, modifiziert und mit anderer Werbung verbunden. Insgesamt werden mithin die Vertriebskanäle und die Wertschöpfungsebenen vielfältiger, aber nicht die Inhalte: Diese werden recycelt: „Fernsehen als schrottverarbeitende Industrie" ist eine gängige Bezeichnung für diesen Sachverhalt. Mit der Möglichkeit der Mehrfachverwertung erhält die Information, der Content, einen ganz neuen strategischen Wert im Wertschöpfungsmanagement der Medienunternehmen. Die Inhalte können und müssen permanent verkauft werden und dies erfordert ganz erhebliche Marketinganstrengungen: Vertrieb wird durch Marketing und Inhalte werden durch Marketing ersetzt.

4.4. Relative Abnahme der Vertriebskosten: Globalisierung des Handels und des Wettbewerbs

Wenn die Vertriebskosten, allgemeiner formuliert, die Distanzüberwindungskosten, stärker sinken als die Kosten der Produktion, dann begründet dies auch eine *Ausweitung des Handels* relativ zur Produktion: Im Regelfall steigt der Handel dann stärker als die Produktion. Ein Zahlenbeispiel soll dies illustrieren: Die Produktionskosten im Standort A betragen 100 DM, im Standort B 150 DM und die Distanzüberwindungskosten betragen 60 DM. Ein Handel findet mithin nicht statt. Wenn nun alle Kosten halbiert werden, so betragen die Produktionskosten in A 50 DM, in B 75 DM und die Distanzüberwindungskosten betragen 30 DM. Ein Handel lohnt immer noch nicht. Erst wenn die Distanzüberwindungskosten stärker sinken als die Produktionskosten, also z. B. auf ein Drittel reduziert werden, findet ein Handel statt: Die Produktionskosten in A betragen 50 DM, in B 75 DM und die Distanzüberwindungskosten betragen 20 DM; diese Konstellation macht den Handel von A nach B lohnend. Eine solche Reduktion der Distanzüberwindungskosten *relativ* zu den Produktionskosten ist das entscheidende Movens der Globalisierung des Wettbewerbs, der zur Zeit in fast allen Bereichen der Weltwirtschaft spürbar wird. In diesem Sinne führt die technische Entwicklung im Multimediabereich zu einer *Globalisierung des Wettbewerbs* im Mediensektor.

Um die ökonomischen Konsequenzen dieser unterschiedlich stark ausgeprägten Kostensenkungen herausarbeiten zu können, sei zunächst unterstellt, dass die Nachfrage nach Medienprodukten regional nicht gebunden sei, sondern allein von Preisen und sachlich begründeten Präferenzen abhinge. Diese Präferenzen seien heterogen. Man kann sich zur Illustration vorstellen, dass heterogene Präferenzen für unterschiedliche Spartenprogramme bestünden und dass diese Spartenprogramme über ein Regime von Pay-Rundfunk bezahlt würden.

Die Globalisierung vergrößert nun die Märkte durch den Abbau von Handelshemmnissen aller Art. Damit können eine Reihe von Vorteilen realisiert werden: die Realisierung der Größenvorteile der Produktion, die zunehmende Degression der Fixkosten der Medienproduktion und die Zunahme des Wettbewerbs. So wird ein Rundfunkprogramm, das wegen der geringen Nachfrage eines kleinen Marktes nicht kostendeckend produziert und ausgestrahlt werden kann, mit zunehmender Marktgröße rentabel. So mag sich z. B. ein spezielles Spartenprogramm für Sportangler bei einer Beschränkung auf einen kleinen nationalen Markt nicht rechnen, bei einer weltweiten Ausstrahlung könnte hingegen kostendeckend gesendet werden. Daher bietet der technische Fortschritt auch für den Mediensektor das Potential *zunehmender Differenzierung,* also zunehmende Vielfalt im konsumtiven Sinne, weil Programme billiger produziert werden können und vor allem, weil die Produktionskosten auf eine größere Nachfrage verteilt werden können. Dieses Ergebnis wird stark relativiert, wenn die Nachfrage nach Medienproduktionen regional gebunden ist, sei es aus sprachlichen oder inhaltlichen Gründen. Allerdings bleibt die Tendenz obiger Aussage erhalten. Das relativ teure regional gebundene Angebot konkurriert mit einem relativ billigen und immer billiger werdenden internationalen Angebot, und tendenziell wird sich das billigere Angebot durchsetzen.

Die in ökonomischer Sicht positive Wertung der Globalisierung des Wettbewerbs findet ihre Schranke in der publizistischen Wertung national/regional geprägter Medienangebote. Wenn, was der Fall zu sein scheint, national/regional geprägten Medienangeboten ein Wert an sich zuerkannt wird, dann ist die Globalisierung des Wettbewerbs auch negativ zu werten. Sie führt zu einem Abbau national/regional geprägter Vielfalt von Medienangeboten, allerdings, um es zu wiederholen, zugunsten inhaltlich definierter Angebotsvielfalt im konsumtiven Sinn.

4.5. Relative Abnahme der Vertriebskosten: Abnahme der Verbundvorteile im Vertrieb von redaktioneller und werblicher Information

Schließlich wird der technische Fortschritt die Verbundvorteile im Vertrieb von redaktioneller und werblicher Information verringern (vgl. Band 2, Kapitel 15), weil die Kosten der Übertragung digitalisierter Informationen gering sind und allein von der Informationsmenge abhängen und weil daher Kosten des Transports digitalisierter Informationen im Verbund von Werbung und journalistischer Produktion nicht mehr gespart werden können. Welche Auswirkungen dies auf den Verbund von Werbung und redaktioneller Produktion haben wird, lässt sich bislang kaum sagen; eine Abkoppelung der Werbung hin zu einer eigenständigen Verbreitung von Werbebotschaften in Form von ausführlichen Produktinformationen, wie sie z. B. bei „Infomercials" enthalten sind, lässt sich vermuten. Dies würde die Finanzierungspotentiale für die klassischen Massenmedien erheblich verschlechtern.

Allerdings bleiben die Verbundvorteile im Konsum von redaktioneller und werblicher Information erhalten: Werbliche Informationen werden zum größten Teil immer noch nebenbei rezipiert und auch die Online-Werbung setzt offenbar immer noch auf den Konsumverbund.

4.6. Relative Abnahme der Kapitalkosten: Kapitalintensivierung der Medienproduktion

Veränderte Kostenrelationen in der Medienproduktion selbst verändern die Struktur der Medienproduktion. Relativ teurer werdende Produktionselemente werden durch relativ billiger werdende Produktionselemente substituiert (Substitutionseffekt). Generell werden die Kosten des Produktionsfaktors Arbeit im Verhältnis zu den Kosten des Produktionsfaktors Kapital weiter zunehmen, journalistische Arbeit müsste mithin durch Kapital ersetzt werden. Kapital umfasst für die Medienproduktion sowohl die technischen Geräte, als auch die „geronnene" Arbeit (Marx) in Form gespeicherter Informationen. So werden Sendeabläufe zunehmend durch Computer gesteuert – in ihren Elementen also *standardisiert* – oder die Verwendung neuer, arbeitsintensiv recherchierter Informationen wird zugunsten der Verwendung und Verarbeitung schon gespeicherter Informationen reduziert. Frei nach Fontane: „Finden wird (ist) leichter als Erfinden." Ein Trend zu einem *Versatzstück-Journalismus* wird mit solchen Veränderungen der Kostenrelationen ökonomisch begründet. Es ist aber nur ein Trend; abzuwarten bleibt, welche Schranken die Rezipientenpräferenzen und die Aktualitätsnorm des Journalismus einer Entwicklung zum Versatzstück-Journalismus errichten.

Billiger werdende technische Geräte dienen vor allem der Informationsaufnahme, Informationsspeicherung, der Informationsübermittlung und der Informationszusammenstellung. Die Konsequenz ist eine generelle Maschinenintensivierung; einige Beispiele seien genannt:

- Journalisten sind ausgerüstet mit Laptop incl. Verbindung zu Datenbanken sowie mit Kamera und Scannern;
- Medienbüros produzieren auch Rundfunkbeiträge mittlerweile komplett mit eigener Technik;
- CD-Brenner und digitaler Druck erlauben die eigene Produktion von Speicher- und Trägermedien;
- E-Mailing ersetzt den Postboten und Online-Recherchieren die Fahrt zur Datenbank oder
- virtuelle Studios ersparen den Studioaufbau von Hand.

4.7. Relative Abnahme der Informations- und Transaktionskosten: Trend zum Outsourcing

Informations- und Transaktionskosten, also Kosten der Übertragung von Eigentumsrechten (vgl. Kapitel 2, Abschnitt 1) werden durch den technischen Fortschritt in der Informationssuche und Informationsverbreitung relativ zu den unternehmensinternen Organisations- und Kontrollkosten reduziert. Dies liegt vor allem daran, dass die Markttransparenz, die Transparenz über Angebote, über Qualitäten, Lieferbedingungen und Preise durch das Internet wesentlich verbessert worden ist. B2B, also Business-to-Business-Handel, und ansatzweise auch B2C, also Business-to-Consumer-Handel, sind die zur Zeit üblichen Bezeichnungen für die Entwicklung zum Direkt-Handel zwischen Produzent und Abnehmer. Diese Formen von E-Commerce erhöhen die Markttranzparenz, vergrößern die Märkte und stärken die Macht der Nachfrage. Dies bedeutet für den Medienbereich, dass die Kosten der Auswahl von extern erstellten Beiträgen und Programm-Inputs sinken und dies verstärkt den Trend zum Outsourcing, den Trend zu einer Verlagerung der Produktion in den Markt.

Im Bereich der Informationskosten der Rezipienten begründet die Abnahme der Produktionskosten und der Transaktionskosten eine gegenläufige Entwicklung: Zum einen werden die Informationskosten der Rezipienten in der zu erwartenden Informationsflut stark steigen, zum anderen werden sich entwickelnde Suchverfahren erheblich billiger. Zu nennen wären Navigationssysteme und Suchmaschinen. Das bedeutet, dass der Rezipient, der weiß, was er will, schneller fündig wird als bisher, der planlose Informationskonsument hingegen nicht.

4.8. Relative Zunahme der Kosten des Schutzes von geistigem Eigentum

An Informationen per se, d. h. an Informationen unabhängig von ihrem Inhalt, können Eigentumsrechte nur unvollkommen durchgesetzt werden. Ökonomisch formuliert, sind die Transaktionskosten, also die Kosten der Information, der Vereinbarung und der Kontrolle der Definition und der Durchsetzung von Eigentumsrechten sehr hoch, jedenfalls viel höher als bei „normalen" Gütern wie materiellen Gütern oder persönlichen Dienstleistungen. Dies liegt zum einen an den formalen Charakteristika der Information: Sie ist kein physisches Produkt, ein Verbrauch ist nicht notwendig an den physischen Besitz gebunden, und ein unbefugter Verbrauch ist wegen der Nichtrivilität im Konsum nicht direkt erkennbar. Zum anderen liegt die Schwierigkeit, Eigentumsrechte an Informationen zu begründen und durchzusetzen, daran, dass die Menge und der Wert von Informationen vor dem Kauf eigentlich gar nicht und nach dem Kauf nur mit viel Aufwand ermittelt werden kann. So ist es für Medienunternehmen schwierig, den Wert von Informationen zu erfassen, zu bezahlen, bzw. in Rechnung zu stellen.

Daher existieren, wenn überhaupt, vor allem recht einfache Informationsverwertungssysteme, z. B. die pauschal nach Menge und Nutzungshäufigkeit abrechnenden Verwertungssysteme wie die Gema oder die VG Wort, und es existieren, wenn überhaupt, nur grobe Marktpreiskalkulationen für Rundfunkprogramme im Rahmen von Pay-TV. Und diese geringe Differenzierung der Bezahlung nivelliert das Informationsangebot: Eine nach Wert der Informationen gestaffelte Angebotsvielfalt ist nicht zu erwarten.

Die Schwierigkeiten der Definition und Durchsetzung von Eigentumsrechten an Informationen werden mit dem technischen Fortschritt bislang nicht kleiner. Der Trend der technischen und ökonomischen Entwicklung geht bislang nicht in die Richtung eines besseren Schutzes von Eigentum an Informationen. Der Zugriff auf Informationen wird vielmehr technisch immer einfacher und billiger: Seit Jahren werden illegal Mitschnitte von Konzerten gefertigt, Raubkopien von Software[14] sind noch billiger als Raubkopien und Raubdrucke von Printwerken, und der Zugriff auf digitalisiert gespeicherte Informationen ist trotz aller Vorkehrungen offenbar leicht möglich. Jeder Computerbesitzer ist in der Lage, auf weltweit vorhandene Informationen zurückzugreifen, sie zu speichern, zu verarbeiten und weiterzuverbreiten.

Medienunternehmen werden versuchen, über die Verminderung entsprechender Anreize und/oder über die Erhöhung der Kosten eines geistigen Diebstahls die Vermarktung „ihrer" Informationen zu sichern. Eine Möglichkeit ist, die *Aktualität einer Information als Wertkriterium zu verstärken*, um auf diese Weise den geistigen Diebstahl, der ja immer Zeit kostet, weniger attraktiv zu machen. Diese Möglichkeit wird genutzt. Zum anderen erscheint es sinnvoll, den Wert von Informationen so zu spezialisieren, dass - wie etwa bei lokal oder sachlich gebundenen Informationen - eine Weiterverbreitung an andere Rezipientengruppen ökonomisch wertlos ist. Auch

---

14 So ist nach einer Untersuchung im Auftrag der US-Verbände Business Software Alliance und Software & Information Industry Association jedes dritte Software-Programm eine Raubkopie. Die Verluste belaufen sich auf weltweit mehr als 12 Mrd. US Dollar (Handelsblatt 26.5.2000).

diese Möglichkeit wird mit lokalen und sachlich-spezialisierten Medienangeboten genutzt - ein Trend zur Segmentierung also auch von der Angebotsseite.

Die *wichtigste Vermeidungsstrategie* ist sicher die Verlagerung der Wertschöpfung einer Medienunternehmung von der Stufe der Urproduktion (Content Production) weg und hin zur Stufe der Zusammenstellung von Informationen zu einem umfassenden Produktsortiment (Content Providing) und zu einer Markierung dieses Produktsortiments unter dem Markennamen der Medienunternehmung (Content Marketing). Dies vermindert die Möglichkeit des geistigen Diebstahls wenigstens dieser geschaffenen Werte, weil Informationssortimente schwerer zu kopieren sind als einzelne Informationen und weil ein Markenname gar nicht übernommen werden kann.

4.9. Suche nach neuen Einnahmepotentialen im Internet

Medienunternehmen stehen unter erheblichem Druck, neue Einnahmefelder zu erschließen. Dieser Druck entsteht durch die sich erheblich verstärkende Kontrolle der Medienunternehmen durch Finanzanalysten, die sich allein am Shareholder-Value orientieren. Es entsteht ein erheblicher Druck, den Marktwert der Medienunternehmen zu steigern; dieser tritt als Erfolgsmaßstab neben die klassischen Erfolgsindikatoren von Umsatzrendite, Eigenkapitalrendite und Cash-Flow. Bislang ist indes noch nicht klar erkennbar, welche Einnahmefelder im Internet langfristig rentabel sein werden, erkennbar sind zur Zeit nur die drei Einnahmepotentiale:

- Werbung im Internet;
- Verkauf von Informationen via Abonnement oder Direktentgelte und
- Erlöse durch Provisionen und Kommissionen im Internethandel.

Die Werbung im Internet entwickelt sich zwar rapide, erreicht aber 1999 mit einem Volumen von 150 Millionen Mark einen Werbemarktanteil von bescheidenen 0,4 Promille und ein Verkauf von Informationen ist äußerst schwierig. „Content is free" lautet das Marktprinzip und Ausnahmen wie das „Wall Street Journal" oder das „Handelsblatt" bestätigen diese Regel. Daher setzen die Prognoseexperten vor allem auf mögliche Erlöse im Internethandel, auf E-Commerce. Diese im Online-Bereich zu erwartende Hinwendung zum E-Commerce wird den Bereich des Verkaufs von Information also überlagern, die Hoffnung auf ein vielfältiges, differenziertes Informationsangebot bleibt mithin trügerisch.

5. Konvergenz

Vermutlich eher zufällig entstanden als systematisch-ökonomisch induziert sind die technischen Folgen der Digitalisierung in Form der Konvergenz. Diese Konvergenz betrifft vier Bereiche: Die Konvergenz der Vertriebswege, die Konvergenz der Medieninhalte, die Konvergenz der Medien selbst, die Konvergenz der Empfangsgeräte und die Konvergenz der Branchen (vgl. vor allem Latzer 1997):

- *Konvergenz der Vertriebswege*: Bei digitalisierten Informationen kann jedes Übertragungsnetz - Kabel, Satellit, Terrestrik - jede Information übertragen. Bei Nutzung der Übertragungsnetze spielt es für die Datenübertragung technisch keine Rolle, welches Netz zur Übertragung genutzt wird. Man spricht von einem Gesamtübertragungsnetz, in dem beliebige Informationen in Datencontainern übertragen werden. Fernsehen per Telefonkabel oder Telefonieren per Fernsehkabel seien als Beispiele genannt.
- *Konvergenz der Medieninhalte*: Die durchgängige Digitalisierung medialer Inhalte - Text, Sprache, Bild, Bewegtbild - erlaubt ihre durchgängige Vermischung. Das führt zu einer
- *Konvergenz der Medien*, zu einer Integration der klassischen Massenmedien; und der Konvergenzdruck wird dadurch verstärkt, dass gleiche Inhalte auf verschiedenen Vertriebswegen übermittelt werden können. Die Grenzen zwischen Buch, Zeitschrift, Zeitung, Radio, Fernsehen und Kino werden verschwimmen, und sie verschwimmen zur Zeit insbesondere zwischen Zeitung, Radio und Fernsehen bzw. Kino. Online abrufbare Zeitungen und Zeitschriften, Radio mit fernsehähnlichem Display oder Video-on-Demand sind zur Zeit sichtbare Konvergenzphänomene.
- *Konvergenz der Empfangsgeräte/Endgeräte*: Vermutet wird schließlich auch eine Entwicklung zur Konvergenz der Empfangsgeräte/Endgeräte. Es wird technisch gesehen eine Schnittstelle zwischen Netz und Nutzer ausreichen, etwa ein fernsehtauglicher PC oder ein PC-ähnliches Fernsehgerät oder ein PC-Telefon usw. Die unterschiedlichen Funktionen von PC und Fernsehgerät - Arbeit bzw. Unterhaltung - und die damit verbundene spezifische Infrastruktur - Schreibtisch und Kaffee bzw. Sofa und Bier - stehen einer faktischen Konvergenz der Endgeräte allerdings entgegen.
- *Konvergenz der Branchen*: Medienfremde Branchen wie Autowerke, Banken und Bausparkassen produzieren Medienangebote, die Aufmerksamkeit für die Marke wecken sollen (Scheinjournalismus im Rahmen der externen Unternehmenskommunikation) oder die Mitarbeiter informieren und motivieren soll (Business-TV im Rahmen der internen Unternehmenskommunikation).

Mit der Konvergenz schwinden die *technisch* gebundenen Vorteile der Arbeitsteilung, es schwinden die an bestimmte Maschinen gebundenen Arbeitsfelder, also etwa Drucker, Setzer, Cutter, Kameraleute oder Tonaufnahmetechniker, die durch multimediale Alleskönner ersetzt werden. Dagegen dürften die Vorteile einer *funktionalen Arbeitsteilung* an Gewicht gewinnen und zu einer Ausdifferenzierung der Grundfunktionen im Bereich der Medienproduktion führen.

Die Grundfunktion Content Production dürfte mithin weniger nach medialen Besonderheiten sondern mehr nach inhaltlichen Funktionen zu differenzieren sein:

- Recherche differenziert nach den Funktionen Unterhaltung, Bildung, allgemeine politische Information und Gebrauchswertinformation oder

- Schreiben differenziert nach den Stufen des Schreibens, etwa differenziert in die Bereiche Drehbuch-Entwurf, Drehbuch-Schreiben, Dialoge schreiben, Gags produzieren usw.

Eine solche funktionale Differenzierung soll hier nicht weiter entwickelt werden, weil nur das Grundprinzip der zunehmenden funktionalen Arbeitsteilung erläutert werden sollte.

6. Wettbewerb der Medien im Europäischen Binnenmarkt

Die Europäische Union (EU) ist schon jetzt größter Markt der Welt. Wie Tabelle 1 zeigt, ist die EU bei Weitem bevölkerungsreicher als die USA und Japan und übersteigt im Bruttoinlandsprodukt das Niveau von Japan und erreicht das Niveau der USA. Zugleich dominiert die EU im Welthandel. Und die bevorstehende

Tab. 1: Die EU im Vergleich zu USA und Japan 1997/1998

	EU	USA	Japan
Bevölkerung in Mill. Einwohner	374	249	126
Bruttoinlandsprodukt (BIP)[1]	7 166	8 111	4 190
Einfuhr[1]	1 663	877	308
Ausfuhr[1]	1 808	681	409
1) in Mrd. US-$, 1$ = 1 Euro			

Quelle: Statistisches Bundesamt

Erweiterung nach Ost- und Südosteuropa wird den Wirtschaftsraum Europa noch einmal deutlich erweitern. Zugleich ist der Mediensektor Wachstumsbranche, insbesondere im audio-visuellen Bereich. Im Schnittfeld von regionaler und sektoraler Wachstumsdynamik bietet der Mediensektor im europäischen Binnenmarkt ein bevorzugtes Expansionsfeld strategischer Unternehmensplanung.

6.1. Zur Übertragbarkeit der ökonomischen Theorie der Marktintegration auf den Mediensektor

Das Movens der europäischen Integration ist aus ökonomischer Sicht die Freihandelsidee des Wettbewerbs. Die EU will die Vorteile eines von ökonomischen, politischen und rechtlichen Schranken und Hemmnissen befreiten Handels realisieren. Dazu mussten die Handelsschranken abgebaut werden; zuerst von 1958 bis 1968 Zölle und Importkontingente, anschließend – und dies wird permanente Aufgabe sein – nichttarifäre Handelshemmnisse wie unterschiedliche nationale Normen, Zulassungs- und Prüfverfahren, Steuerschranken oder Grenzkontrollen. Man verspricht sich davon eine zunehmende Integration der Märkte – also eine Vergrößerung der Märkte – mit folgenden Vorteilen:

- Realisierung der Größenvorteile der Produktion;
- zunehmende Degression der fixen Kosten der Produktion und
- Zunahme des Wettbewerbs.

Diese Überlegung sei an folgendem Beispiel illustriert: Damit nicht in jedem Land der EU ein Monopolunternehmen Lokomotiven produziert, werden nach erfolgter Marktintegration nur noch drei Unternehmen im Europäischen Binnenmarkt Lokomotiven produzieren. Weil die Betriebsgröße zunimmt, kann billiger produziert werden und weil die Zahl der Anbieter auf dem relevanten Markt zunimmt, steigt auch der Wettbewerb, und schließlich wird die Konkurrenzfähigkeit auf dem Weltmarkt verbessert. Zu fragen ist, ob dies auch für Medienprodukte gilt.

Größenvorteile der Produktion sind im Mediensektor allenfalls gering. Kleine, unabhängige Produktionsfirmen produzieren in der Regel billiger als große Rundfunkanstalten. Auch bei Printmedien sind kleine und mittlere Unternehmensgrößen offenbar effizienter als Großunternehmen (vgl. Kapitel 8). Allerdings bietet die Marktintegration ein Potential für erhebliche Degressionen der fixen Kosten der Medienproduktion. Wenn z. B. ein Rundfunkprogramm nicht nur in Deutschland, sondern in der gesamten EU verbreitet würde, könnten die fixen Kosten pro Kopf auf etwa ein Viertel sinken. Die entscheidende Frage ist daher, ob eine Marktintegration für Medienmärkte erwartet werden kann.

Für Medienprodukte wird grundsätzlich eine starke nationale, regionale und sogar lokale Gebundenheit der Nachfrage beobachtet, dies gilt für Zeitungen und Zeitschriften wie für Hörfunk- und Fernsehprogramme, eine Ausnahme bilden allenfalls Spielfilme und Wirtschaftszeitungen. Ein internationaler Handel, wie z. B. bei Rohstoffen und praktisch allen Industrieprodukten, findet – mit Ausnahme von Spielfilmen – nicht statt. Ob sich in Europa ein einheitlicher Medienmarkt entwickeln wird, kann hier nicht mit Sicherheit beurteilt werden. Allerdings sind die Aussichten nicht günstig.

Einen *Kommunikationsraum Europa*, einen europäischen Raum mit gemeinsamen Themen, mit einer gemeinsamen europäischen Öffentlichkeit, gibt es bislang nicht. Selbst zentrale europäische Ereignisse, wie z. B. die Einführung der europäischen Währungsunion, sind allenfalls gemeinsames Thema, werden aber bislang unter dem Blickwinkel der jeweiligen nationalen Interessen behandelt und stellen damit keine einheitliche europäische Öffentlichkeit her.

> „Kommunikationsräume entstehen aber und verändern sich mit politisch-administrativen Grenzen, mit Anlage und Ausbau von Verkehrswegen, mit Wohnungsbau und Arbeitsbeschaffung, mit Technik und Freizeitanlagen. Sie bilden sich dort, wo lebensweltliche Strukturen entstanden sind, die Anlässe für Kommunikation bieten" (Roegele 1993, S. 2).

Da der ökonomische und mittlerweile auch der politische westeuropäische Integrationsprozess relativ weit fortgeschritten ist, könnte, analog obiger These, abgewartet werden, bis sich der dem Integrationsprozess zugehörige Kommunikationsraum entwickelt hat.

Dabei kann man sich die Europäisierung der massenmedialen politischen Öffentlichkeit in zweifacher Weise vorstellen: als Entstehung einer die nationalstaatlichen Öffentlichkeiten überlagernden eigenständigen europäischen Öffentlichkeit oder als

Europäisierung der jeweiligen nationalen Öffentlichkeiten (Gerhards 1993). Bislang gibt es aber wenig Indizien für eine eigenständige europäische Öffentlichkeit, allenfalls eine Europäisierung von nationalen Öffentlichkeiten ist in Ansätzen zu beobachten. Generell hinkt die Entstehung einer europäischen Öffentlichkeit dem Integrationsprozess weit hinterher. Warum das so ist, ist relativ klar: Die europäische Integration ist geprägt durch nichtöffentliches Verwaltungshandeln ohne große öffentliche Kontroversen, ist also für die Medien kein Thema.

Es fehlt mithin bislang die zentrale Voraussetzung für einen europäischen Medienmarkt, die Gemeinsamkeit der Nachfrage. Hinzu kommt das Sprachproblem. Eine europaweite Verbreitung von Medien würde eine entsprechende Übersetzung voraussetzen, was die Konsumkosten für kleinere Länder und kleinere Nachfragesegmente deutlich erhöhen würde. In ökonomischer Terminologie entstehen mit den Übersetzungskosten so genannte sprungfixe Kosten, die nur bei größerer Nachfrage ökonomisch tragfähig erscheinen. Auf eine Übersetzung kann aber in der Regel nicht verzichtet werden, weil die Nutzung fremdsprachiger Medien äußerst gering ist. Die fremdsprachigen Rundfunkprogramme erreichten z. B. in den untersuchten Ländern Deutschland, Niederlande, Flandern, Dänemark, Schweden und Norwegen 1992 einen Marktanteil zwischen 2,7 Prozent in Deutschland und 13,3 Prozent in Dänemark (Zimmer 1993, S. 361).

Die bisherigen Erfahrungen mit europäischen Medien sind dementsprechend ernüchternd gewesen. Existierende Europaprogramme, als solche gelten z. B. *Eurosport* und *Euronews*, haben eine geringe Reichweite, und das gleiche gilt für Programme von eher internationalem Zuschnitt wie *Superchannel* und *CNN International*. Hier ist bezeichnend, dass sich z. B. mit dem deutschsprachigen Musikprogramm *Viva* national gefärbte Ableger erfolgreicher Europaprogramme bilden.

Im Printbereich sind europaweit genutzte Medien nicht in Sicht, eine Ausnahme bilden allenfalls spezielle Wirtschaftszeitungen. So kann der Mediensektor als eine der letzten nationalen Bastionen der Wirtschaft bezeichnet werden. Wenn dies so bleibt, dann bietet die europäische Integration keine Effizienzvorteile für die Medienproduktion, auch der Wettbewerb wird nicht zunehmen. Allerdings bemüht sich vor allem die EU-Kommission, doch eine Integration der Medienmärkte zu erreichen.

6.2. Integrationsansatz und Integrationsbemühungen der EU

Medien unterliegen als Güter bzw. Dienstleistungen den allgemeinen Bestimmungen des Vertrages zur Gründung der Europäischen Gemeinschaft (EGV). Dies sind

- die Bestimmungen über den freien Warenverkehr,
- die Bestimmungen über die Freizügigkeit der Arbeitnehmer,
- die Bestimmungen über den freien Dienstleistungsverkehr, weil Rundfunk Dienstleistung im Sinne von Art. 50 EGV ist,
- die Bestimmungen zur Niederlassungsfreiheit und

- die Bestimmungen zum freien Wettbewerb sowie die Fusionskontrollverordnung.

Es ist lange Zeit strittig gewesen, ob die EG die Regelungskompetenz für den Medienbereich habe, weil Medien Kulturgüter und keine Wirtschaftsgüter seien, der EG-Vertrag aber primär auf wirtschaftliche Ziele ausgerichtet sei (vgl. z. B. Delbrück 1987). Diese Diskussion ist jetzt aber abgeschlossen:

- Mit der Verabschiedung der „Richtlinie zum Fernsehen ohne Grenzen" am 3.10.1989 hat sich die EG die Regelungskompetenz selbst verliehen.
- Es hat niemals eine gegenständlich abgegrenzte Kompetenz der EG gegeben, vielmehr war die Kompetenzzuweisung an den Zielen und Erfordernissen der Integration funktionsorientiert (Schwartz 1987).
- Schließlich hat die Erweiterung der alten EWG-Verträge durch den Vertrag von Maastricht eine, wenn auch begrenzte, Kompetenz für Bildung und Kultur begründet (Art. 151 EGV).

Strittig ist nur, ob und in welchem Umfang Massenmedien unter die Ausnahmetatbestände der Art. 30, 86, 87 EGV fallen. Dies kann nur im Einzelfall geprüft werden und wird daher in den Spezialkapiteln behandelt.

Mittlerweile ist die europäische Integration weit vorangeschritten: Der Binnenmarkt und die Währungsunion sind realisiert und Osterweiterungen stehen auf der Agenda der Politik (vgl. zu einer Darstellung der EU, der Währungsunion und des Binnenmarktes Baßeler/Heinrich/Koch 1999, Kapitel 21, 22 und 23). Von grundsätzlicher Bedeutung sind aber immer noch die Integrationsprinzipien der EU.

Bei dem Ziel, den Freihandel zu installieren, gehen der EU-Vertrag und die Organe der EU im Grundsatz vom *Prinzip der funktionellen Integration* aus. Es gilt prinzipiell die gegenseitige Anerkennung nationaler Vorschriften, auch beim grenzüberschreitenden Handel, und der Wettbewerb wird dann entscheiden, welche Vorschriften sich am Markt durchsetzen. Analog zum Besteuerungsprinzip beim grenzüberschreitenden Handel wird das Prinzip der Anerkennung nationaler Vorschriften generell Ursprungslandprinzip genannt: Was im Ursprungsland rechtens ist, bleibt rechtens auch beim Grenzübertritt in das Bestimmungsland. Das heißt z. B., dass Rundfunkprogramme oder Zeitungen, die in einem Mitgliedsland rechtmäßig verbreitet werden, im Prinzip nicht unter Hinweis auf anderslautende nationale Regelungen in einem anderen Land verboten werden können. Damit wird im Prinzip Handelsfreiheit gewährleistet.

Für die Bundesrepublik Deutschland ist das Ursprungslandprinzip, das eine de jure- und de facto-Diskriminierung ausländischer Produktionen verbietet, z. B. im Fall der Hamburger und Bremer Landesmediengesetze relevant gewesen. Hamburg hatte die Weiterverbreitung ausländischer Rundfunkprogramme in Kabelanlagen verboten, und Bremen hatte das gleiche Ziel faktisch dadurch erreicht, dass in Bremen das Gebot galt, die Vielfalt der in Bremen bestehenden Meinungen in möglichster Breite und Vollständigkeit zum Ausdruck zu bringen, was ausländische Anbieter naturgemäß nicht können. Diese Fälle wurden von der EU-Kommission untersagt, die Gesetze sind dann entsprechend modifiziert worden (vgl. Schwartz

1991, S. 3). Dies ist übrigens eine Parallele zum sicher bekannteren Verbot des Deutschen Reinheitsgebots für importiertes ausländisches Bier.

Nur wenn die – vom EuGH recht restriktiv interpretierten – Ausnahmetatbestände des Art. 30 (öffentliche Sittlichkeit, Ordnung und Sicherheit, ... Schutz der Gesundheit und des Kulturgutes usw.) EGV greifen, besteht Bedarf für eine sog. *institutionelle Integration*, eine Integration durch politisch gesetzte Harmonisierungsregeln. Das klassische Beispiel im Mediensektor war das von Belgien ausgesprochene Verbot, im belgischen Kabelnetz Fernsehprogramme mit Werbung auszustrahlen. Dies behinderte den freien Handel von Fernsehprogrammen, wurde aber vom EuGH im Debauve-Urteil als ausnahmsweise gerechtfertigte Beschränkung gebilligt (EuGH 18.3.1980). Daraufhin ergab sich die Notwendigkeit, für die Gewährleistung von Freihandel die verschiedenen nationalen Vorschriften über die Ausstrahlung von Fernsehwerbung zu harmonisieren. Dies ist dann – natürlich gegen das Votum von Belgien – in der Richtlinie zum „Fernsehen ohne Grenzen" geschehen. Und seitdem muss Belgien den Import von Fernsehprogrammen mit Werbung, die dieser Richtlinie entspricht, hinnehmen (vgl. Band 2, Kapitel 3, Abschnitt 7.3.).

Nach der Interpretation der EU-Kommission sind Handelshemmnisse im Mediensektor vor allem in folgenden Bereichen begründet:

- im unterschiedlichen Urheberrecht,
- im unterschiedlichen Medienrecht (z. B. Bestimmungen zur Meinungsvielfalt und zur Konzentrationskontrolle),
- in unterschiedlichen technischen Normen und
- in unterschiedlichen Wettbewerbsbedingungen (z. B. unterschiedliche Finanzierungsformen des Rundfunks oder unterschiedliche nationale Filmförderungsmaßnahmen).

Auf Harmonisierungen in diesen Bereichen richten sich vielfältige Bemühungen der EU-Kommission. Eine Urheberrechtsrichtlinie ist inzwischen erlassen, die das Sendelandprinzip festschreibt, eine angemessene Vergütung für Urheber fordert und das Exklusivrecht der Urheber auf Vermietung und Verleihung vorsieht (Richtlinie 92/100 EWG des Rates vom 19.11.1992 zum Vermietrecht und Verleihrecht... Amtsblatt der EG Nr. L 346/61 vom 27.11.92). Möglichkeiten und Notwendigkeiten zur Harmonisierung von Medienkonzentrationskontrollvorschriften diskutiert das Grünbuch der Kommission „Pluralismus und Medienkonzentration im Binnenmarkt" (KOM (92) 480 endg vom 23.12.1992), und zahlreiche Richtlinien schreiben technische Normen für Rundfunkübertragungen fest. Da sich diese Harmonisierungsbestrebungen primär auf den Rundfunk richten, werden sie dort näher beschrieben. Insgesamt ist festzuhalten, dass das Ziel der Medienpolitik der EU-Kommission nicht die Sicherung der Meinungsvielfalt ist, sondern die Herstellung und Aufrechterhaltung des Binnenmarktes und des freien Handels mit Informationen.

Eine eigenständige europäische Medienpolitik, also eine Politik, die sich nicht (nur) auf die Erfordernisse der Integration gründet, versucht das Europäische Parlament zu initiieren. In der „Entschließung zur Medienkonzentration und Meinungsvielfalt“ vom 16.9.1992 fordert das Europäische Parlament die Kommission auf, Regelungsvorschläge vor allem für folgende Bereiche zu erarbeiten:

- Sicherung der journalistischen Unabhängigkeit in allen Medien (Punkt 25);
- Kontrolle der Medienkonzentration (Punkt 27);
- Errichtung eines Europäischen Medienrates (Punkt 29) und
- Erarbeitung eines Medienkodexes zur Wahrung der Berufsethik (Punkt 24).

So wünschenwert diese Forderungen auch sein mögen, so ist doch sehr fraglich, ob die EU die Kompetenz für eine genuine Medienpolitik hat. Mit den Erfordernissen des Europäischen Binnenmarktes lässt sich diese Medienpolitik schwerlich begründen.

Zusammenfassung

Die Bestimmungsfaktoren des Wandels im Mediensystem sind die Zunahme des Wettbewerbs und die Digitalisierung der Information als spezifische Ausprägung des technischen Fortschritts. Die Zunahme des Wettbewerbs hat zwei unterschiedliche Auswirkungen:

- eine Zunahme der allokativen Effizienz, also eine Zunahme des Qualitätswettbewerbs, der vor allem mit den Instrumenten des Marketings ausgetragen wird und
- eine Zunahme der produktiven Effizienz, also eine Zunahme des Kostenwettbewerbs, der vor allem mit den Instrumenten des Managements ausgetragen wird.

Der technische Fortschritt senkt ganz allgemein die Kosten der Medienproduktion und verändert die Kostenstrukturen der Produktion. Hier ist eine relative Abnahme der Kosten von Content Providing und vor allem eine relative Abnahme der Kosten von Content Distribution von erheblicher Auswirkung auf die Strukturen der Medienproduktion. Die Konvergenz im Mediensystem ersetzt die Vorteile einer an die Produktionstechnik gebundenen Arbeitsteilung zunehmend durch die Vorteile einer an Funktionen gebundenen Arbeitsteilung. Der Integrationsansatz der EU setzt auf die Realisierung von Freihandel auch im Mediensystem. Damit wird durch die Integrationspolitik der EU das Regime des ökonomischen Wettbewerbs gestärkt und Freiräume für die Medienpolitik schwinden.

Literatur

Die Digitalisierung wird in ihren ökonomischen Konsequenzen beschrieben von

Zerdick, Axel; Arnold Picot, Klaus Schrape u.a. (1999), Die Internet-Ökonomie – Strategien für die digitale Wirtschaft, Berlin /Heidelberg (Springer) 1999.

Die Zunahme des Wettbewerbs, die Ökonomisierung, wird dargestellt im Sonderheft 2001 der Zeitschrift „Medien & Kommunikationswissenschaft".

Das Fernsehen im Binnenmarkt beschreibt

Meckel, Miriam (1994), Fernsehen ohne Grenzen? Opladen (Westdeutscher Verlag) 1994.

7. Kapitel

Rahmenbedingungen und Vertriebsorganisationen des Pressesektors

In diesem Kapitel wird ein knapper Überblick über Konzepte, Institutionen und Regelungen gegeben, die die Presse, also Zeitung und Zeitschrift gemeinsam, betreffen. Damit soll eine gewisse Sensibilität für Probleme der praktischen Statistik vermittelt werden und eine zähe Wiederholung in den nachfolgenden Kapiteln vermieden werden. Daneben wird die besondere Bedeutung und die spezifische Ausprägung des Pressevertriebs dargestellt.

1. Abgrenzung des Pressesektors und pressestatistische Erhebungen

Zur Presse zählen in den westlichen Industrieländern alle kontinuierlich periodisch erscheinenden, an die Allgemeinheit gerichteten Druckwerke (Print-Medien). Der rechtliche Begriff der Presse („Pressefreiheit") ist demgegenüber umfassender, weil er sich auf alle nicht durch „Rundfunk" und „Film" beschriebenen Medien bezieht. So wird auch das handschriftlich gefertigte Flugblatt mit zur „Presse" gezählt, ebenso wie Bücher und Broschüren. Auf den Inhalt der Druckwerke kommt es nicht an. Im engeren ökonomisch-statistischen Sinn zählen zur Presse die Zeitungen und Zeitschriften.

Im Pressesektor werden sowohl die Unternehmen als auch die verlegten Objekte, die Zeitungen und Zeitschriften erfasst. Insbesondere stehen folgende statistische Erhebungen zur Verfügung:

- die Pressestatistik des statistischen Bundesamtes (bis einschließlich 1994, danach eingestellt),
- das Jahrbuch „Zeitungen" des BDZV,
- die Zeitungsstatistik von Walter J. Schütz (in den Media Perspektiven),
- die Daten zur Konzentration der Publikumszeitschriften von Horst Röper (in den Media Perspektiven) ,
- die Analysen zur Konzentration im Medienmarkt von Horst Röper (in den Media Perspektiven),

- die ZAW Jahrbücher „Werbung in Deutschland",
- die IVW (Informationsgemeinschaft zur Feststellung der Verbreitung von Werbeträgern), die speziell die Auflagen der ihr angeschlossenen Printmedien ermittelt,
- der „Stamm", der alle periodisch erscheinenden Druckschriften (und alle Werbemöglichkeiten in Deutschland beschreibt) und
- die AG.MA (Arbeitsgemeinschaft Media-Analyse e.V.), die speziell die Werbereichweiten der ihr angeschlossenen Medien ausweist.

In diesen Erhebungen werden die untersuchten Einheiten nicht generell einheitlich abgegrenzt. Eine jeweils genaue Klärung ist notwendig.

2. Unternehmenseinheiten

Ein *Verlag* im Sinne der Medienökonomie ist eine Unternehmung, die Produkte des Medienmarktes produziert und vertreibt, insbesondere Zeitungen, Zeitschriften, Bücher, aber auch Musikalien und Bilder. Ein Presseverlag ist also eine Unternehmung, deren Schwerpunkt die Produktion und der Vertrieb von Zeitungen und Zeitschriften bildet. Presseverlage gehören nach Handelsrecht zu den Grundhandelsgewerben. Sie sind als Wirtschaftsunternehmen darauf angewiesen, einen Gewinn zu erzielen.

Das statistische Bundesamt erfasste als *Verlagsunternehmen* alle Unternehmen, die Zeitungen oder Zeitschriften verlegen. Als Unternehmen gilt dabei die kleinste rechtlich selbständige Einheit, die aus handels- und/oder steuerrechtlichen Gründen Bücher führt und bilanziert. Das sind also Verlagsunternehmen in der Rechtsform einer Einzelunternehmung, einer OHG, KG, AG, KGaA, GmbH oder Genossenschaft sowie eines wirtschaftlichen Vereins. Ein Idealverein, also ein Verein, der politische, religiöse, wissenschaftliche, künstlerische oder sportliche Interessen verfolgt, ist in der Regel kein Unternehmen und daher auch kein Verlagsunternehmen im Sinne der Pressestatistik.

Ein *Verlag im Sinne des Presserechts* ist hingegen nicht an die Unternehmenseigenschaft gebunden. Der Verlag ist nach dem Pressegesetz derjenige, der das Erscheinen und Verbreiten des Druckwerks bewirkt. Dies kann dann z. B. auch ein Idealverein sein.

Der *Verleger* ist der wirtschaftliche Leiter des Presseunternehmens, er ist haftender Inhaber und Geschäftsführer mit Direktionsrecht. Im einzelnen richten sich seine Befugnisse nach der gewählten Rechtsform des Presseverlags. Er ist Kaufmann im Sinne des Handelsgesetzbuches, und er kann eine natürliche oder juristische Person sein. Im Pressegewerbe ist der Typ des sog. Eigentümerverlegers noch recht häufig, der Verleger ist dann zugleich Eigentümer und Geschäftsführer des Verlags. Zunehmend wird allerdings die reine Geschäftsführung an bezahlte

Angestellte, an Manager delegiert. Der Verleger bleibt dann der Inhaber der Unternehmung.

Wirtschaftlich unterscheidet sich die Tätigkeit des Presseverlegers nicht von der Tätigkeit der Leiter anderer Wirtschaftsunternehmen. Publizistisch bedeutsam ist die üblicherweise durch den Verleger bestimmte Festlegung einer publizistischen Grundlinie der Zeitung. Im Zusammenhang mit der publizistischen Aufgabe der Zeitung steht die presserechtliche Definition des Verlegers, der damit auch presserechtlich festgelegte Aufgaben und Rechte hat. Danach ist Verleger jeder, der das Erscheinen und Verbreiten von Druckwerken bewirkt.

Generell ist mit dem Verlagsunternehmen nicht das *Unternehmen als wirtschaftliche Einheit* erfasst. Eine wirtschaftliche Einheit wird nach Gesellschaftsrecht durch die *einheitliche Leitung* definiert, ihr liegt üblicherweise (nicht notwendigerweise)

- ein Beherrschungsvertrag,
- ein Gewinnabführungsvertrag und
- ein kapitalmäßige Verflechtung

zu Grunde. Man spricht dann von einem *Konzern* (vgl. Kapitel 4).

Daneben ist der *Zusammenschluss* im Sinne des Kartellrechts zu unterscheiden, als loseste Form einer wirtschaftlichen Einheit, die rechtlich definiert ist (§ 37, KartellG). Wesentlich sind vor allem

- Anteilserwerb von ≥ 25% des Kapitals oder der Stimmrechte oder
- Erwerb der unmittelbaren oder mittelbaren Kontrolle.

Dies sind annähernd auch die Abgrenzungskriterien für die Definition der *Verlagsgruppe* von Röper (vgl. Röper 1989, S. 326). Daneben werden weitere Unternehmenseinheiten definiert wie die Kategorie „Verlag als Herausgeber" und "Verlag als wirtschaftliche Einheit" von Schütz, der sich speziell auf den Zeitungsmarkt bezieht.

Zur Kategorie *Verlage als Herausgeber* (Schütz) lassen sich alle Ausgaben zusammenfassen, bei denen im Impressum der gleiche Herausgeber und/oder Verlag erscheint. Da einmal den Angaben im Impressum nach den Pressegesetzen der Länder ein verpflichtender Charakter zukommt und zum anderen hier ein nachprüfbares Merkmal gegeben ist, kann sich darauf die Bestimmung der Verlagsstruktur stützen. Allerdings darf man nicht übersehen, dass in einzelnen Fällen das Impressum zur Vortäuschung lokaler Gebundenheit auf Selbständigkeit schließen lässt, in Wirklichkeit aber nur ein Agenturverhältnis besteht.

Die Zahl der tatsächlich als Unternehmen tätigen Zeitungsverlage (gleichgesetzt etwa der Zahl der Verlage, die Anstellungsverträge mit Redakteuren schließen) lässt sich – da unterschiedliche Kooperationsformen anzutreffen sind – nicht exakt bestimmen; sie liegt geringfügig unter der Zahl der Verlage als Herausgeber. Da nur Ausgaben mit gleichem „Mantel" (dem allgemeinen Teil) zunächst innerhalb desselben Verlages als Herausgeber und dann innerhalb derselben Publizistischen Einheit gezählt werden, sind in der Zahl der Verlage als Herausgeber Mehr-Zeitungs-

Verlage, also Betriebe, die mehr als eine Zeitung mit unterschiedlichem Mantel herausgeben, als Unternehmen entsprechend mehrfach enthalten.

Für die Kategorie *Verlage als wirtschaftliche Einheiten* (Schütz) werden alle Verlage als Herausgeber zusammengefasst, die in bestimmten Bereichen der Zeitungswirtschaft kooperieren (z. B. Druck, Vertrieb, Anzeigenverbund), wenn diese Zusammenarbeit über die Zugehörigkeit zu Anzeigenringen und Anzeigengemeinschaften hinausgeht (Schütz 1989, S. 748 f.). Damit ist die Kategorie „Verlag als wirtschaftliche Einheit" im Sinne von Schütz eine speziell für den Bereich der Zeitungswirtschaft konzipierte Kategorie von wirtschaftlicher Einheit, die weniger enge Verbindungen voraussetzt als der Zusammenschluss im Sinne des Kartellrechts oder der Konzern im Sinne des Gesellschaftsrechts.

Tabelle 1 gibt einen Überblick über die Entwicklung der Unternehmenseinheiten. In der Größenordnung und in der Tendenz der Entwicklung entsprechen sich die „Zeitungsverlage" der Pressestatistik und die „Verlage als Herausgeber" nach Schütz. Wie Tabelle 1 zeigt, hat die Zahl der Zeitungsverlage in den vergangenen Jahren im Prinzip abgenommen, nur bedingt durch die Wiedervereinigung hat die Zahl der rechtlich selbstständigen Zeitungen zugenommen, während die Zahl der Zeitschriftenverlage hingegen kontinuierlich und deutlich zugenommen hat.

Tab. 1: Unternehmen des Pressemarktes in der Abgrenzung der Pressestatistik von 1976 bis 1994

	1976	1980	1984	1986	1990	1992	1994
Verlage[1] insgesamt	1703	1964	2108	2223	2564	2716	2661
- Zeitungsverlage[1]	309	309	307	305	293	333	325
- reine Zeitungsverlage	98	92	88	77	75	94	100
- Zeitschriftenverlage	1074	1312	1445	1545	1850	1972	1951
- reine Zeitschriftenverl.	636	798	867	913	1143	1234	1164

1) Die Abgrenzung erfolgt nach dem in der Statistik der Wirtschaftszweige üblichen Schwerpunktprinzip. Daneben erfasst das statistische Bundesamt auch alle anderen Unternehmen, die Zeitungen oder Zeitschriften verlegen. Diese sind hier nicht aufgeführt.

Quelle: Pressestatistik

3. Produkteinheiten

Zeitungen werden üblicherweise durch folgende Kriterien definiert:

- Aktualität, d. h. Neuwertigkeit, Gegenwartsbezogenheit;
- Publizität, d. h. grundsätzliche Zugänglichkeit,
- Universalität, d. h. die grundsätzliche Offenheit für alle Lebensbereiche,
- Periodizität, d. h. regelmäßiges Erscheinen (Brand/Schulze 1987, S. 7).

Dementsprechend definiert das Statistische Bundesamt wie folgt:

Zeitungen sind alle periodischen Veröffentlichungen, die in ihrem redaktionellen Teil der kontinuierlichen, aktuellen und thematisch nicht auf bestimmte Stoff- oder Lebensgebiete begrenzten Nachrichtenübermittlung dienen, also in der Regel mindestens die Sparten Politik, Wirtschaft, Zeitgeschehen, Kultur, Unterhaltung sowie Sport umfassen und im allgemeinen mindestens zweimal wöchentlich erscheinen. Die Sonntagszeitungen, die die Nachrichtenlücke eines Tages schließen, werden hier einbezogen (Pressestatistik 1988, S. 6).

Abgrenzungsprobleme bereiten solche Medien, die nach allgemeinem Sprachgebrauch zwar Zeitungen genannt werden, aber nicht alle Kriterien erfüllen. So erfüllt das *Handelsblatt* nicht das Kriterium der Universalität und die politischen Wochenzeitungen (z. B. *Die Zeit* oder der *Bayernkurier*) erfüllen nicht das Kriterium einer streng definierten Aktualität. Im Zweifel sollte das vorherrschende journalistische Nachrichtenauswahlkriterium, die Aktualität, auch dominierendes Definitionsmerkmal sein. Aktualität umfasst inhaltlich die auf den Tag bezogene Nachrichtenauswahl. Mithin sollten spezialisierte Zeitungen wie das *Handelsblatt* und Sonntagszeitungen auch als Zeitungen gelten.

Als *Zeitschriften* im Sinne der Pressestatistik werden alle periodischen Druckwerke mit kontinuierlicher Stoffdarbietung angesehen, die mit der Absicht eines zeitlich unbegrenzten Erscheinens mindestens viermal jährlich herausgegeben werden, soweit sie keine Zeitungen sind. Hierzu zählen insbesondere Publikumszeitschriften, wissenschaftliche Zeitschriften, andere Fachzeitschriften, Zeitschriften der Vereine, Verbände, Körperschaften u.ä., überregionale, regionale oder lokale Wochenblätter, auch wenn sie die Bezeichnung „Zeitung" führen, sowie Anzeigenblätter, Kunden- und Kennziffernzeitschriften, unabhängig davon, ob sie unentgeltlich abgegeben werden oder nicht (Pressestatistik 1988, S. 6). Dabei handelt es sich um eine sehr heterogene Grundgesamtheit (vgl. Kapitel 10.

Im Bereich der Zeitungen muss schließlich geklärt werden, was als jeweils unterschiedliche Zeitung gelten soll, was die *kleinste pressestatistische Einheit der Zeitung* ist. Dies ist bedeutsam, weil Zeitungen sich häufig in unterschiedlichen Teilen unterscheiden, meist im

- Mantel,
- im Lokalteil und/oder
- im Anzeigenteil.

Das Statistische Bundesamt unterscheidet folgende Kategorien:

Hauptausgabe ist in der Regel die für den Verlagsort bestimmte Ausgabe einer Zeitung, in Zweifelsfällen die Ausgabe mit dem höchsten Anteil an der Gesamtauflage. *Nebenausgaben* sind Bezirks-, Lokal- oder Stadtteilausgaben, die im Inhalt, vor allem im Lokalteil, teilweise auch im Titel (die so genannten Kopfblätter) von der zugehörigen Hauptausgabe abweichen. Haupt- und jeweils zugehörige Nebenausgaben werden als *Gesamtausgabe* bezeichnet. Die Anzahl ist gleich der Zahl der Hauptausgaben. Angaben zur Auflage gelten stets für die Gesamtausgabe (Pressestatistik 1988, S. 8).

Größere Bedeutung haben in der wissenschaftlichen Diskussion die Kategorien von Schütz. Er unterscheidet folgende Zeitungseinheiten:

Die *(redaktionelle) Ausgabe*: Die Ausgabe ist durch entsprechende inhaltliche Gestaltung (z. B. Regionalseiten, lokaler Text- und Anzeigenteil) auf das jeweilige Verbreitungsgebiet abgestimmt. Dieses Kriterium wird auch von Ausgaben erfüllt, bei denen der örtliche bzw. regionale Teil nicht täglich erscheint, er nur in seiner Reihenfolge geändert wird oder unverändert bleibt und lediglich durch den Wechsel des Haupt- oder Untertitels („Kopfblätter") die Ortsbezogenheit und damit der Bezug auf ein bestimmtes Verbreitungsgebiet hergestellt wird. Dagegen werden unterschiedliche „Formen" bestimmter Ausgaben, die sich aus der unter Umständen notwendigen Aktualisierung ergeben, nicht als Ausgaben gezählt (Schütz 1989, S. 748 f.). Dabei weist Schütz darauf hin, dass in der Regel die Ausgabe durch Unterschiede im lokalen Textteil definiert wird, nur in wenigen Fällen sind es unterschiedliche Anzeigenbelegungseinheiten bei gleichem lokalen Textteil (Schütz 1989, S. 752, FN. 5).

Die *Publizistische Einheit*: In der Kategorie Publizistische Einheit werden alle Verlage als Herausgeber mit den jeweiligen Ausgaben zusammengenommen, die in ihrem Mantel, im Regelfall den Seiten 1 und 2 mit den aktuellen politischen Nachrichten, vollständig oder (bei Übernahme von Spaltenmatern) in wesentlichen Teilen übereinstimmen. Daraus ergibt sich: Innerhalb der Publizistischen Einheit haben alle Ausgaben, unabhängig von ihrer verlegerischen Struktur, den weitgehend gleichen Zeitungsmantel. Ausgaben, die dem gleichen Verlag als Herausgeber zugeordnet sind, stimmen darüber hinaus auch noch in ihrem Impressum überein (Schütz 1989, S. 749). Tabelle 3 zeigt zur Illustration die Entwicklung der Zeitungseinheiten nach den Kategorien von Schütz.

Es ist sicher sinnvoll, der Merkmalsausprägung „aktueller politischer Teil" im Mantel besonderes Gewicht zu verleihen, weil im Zuge der Vielfaltsdiskussion die Unterschiedlichkeit des politischen Teils als wesentlich erkannt wurde. Mit zunehmendem Interesse des Lesers an lokaler oder regionaler Berichterstattung gewinnt indes auch die Unterschiedlichkeit der Lokalteile an Gewicht (Pätzold/Röper 1984). Es ist – solange nicht nach neuen Kriterien erfasst wird – müßig, über die relevante Einheit zu räsonieren. Die vorhandenen Daten müssen so, wie sie vorliegen, akzeptiert und allerdings auch entsprechend bewertet werden. Der zentrale Mangel der vorgestellten statistischen Einheiten ist, dass damit Unternehmensverflechtungen nicht untersucht und ausgewiesen werden können. Dazu bedarf es ergänzender Analysen, die insbesondere von Röper, Diederichs und Schütz vorgelegt werden.

Tab. 3: Entwicklung der Zeitungseinheiten in den Kategorien von Schütz[1]

	Publizistische Einheiten	Verlag als Herausgeber	Ausgaben	Verkaufte Auflage in Mill. Exemplaren
1954	225	624	1500	13,4
1964	183	573	1495	17,3
1967	158	535	1416	18,0
1976	121	403	1229	19,5
1979	122	400	1240	20,5
1981	124	392	1258	20,4
1983	125	385	1255	21,2
1985	126	382	1273	20,9
1989 BRD	119	358	1344	20,3
1989 DDR	37	38	291	9,6
1991	158	410	1673	27,3
1993	137	384	1601	25,4
1995	135	381	1617	25,0
1997	135	371	1582	24,6
1999	135	355	1581	24,1

1) 1954 bis 1989; alte Bundeländer, ab 1991 Deutschland; bezieht sich auf Tageszeitungen.

Quelle: Schütz 2000 (Media Persepektiven 1/2000, S. 9)

4. Auflagenkontrolle und Reichweitenanalysen

Die Auflage von Printmedien ist wichtige Messlatte, um die Werbewirksamkeit, insbesondere den Tausend-Käufer-Preis eines Printmediums zu bestimmen. Entsprechend wichtig ist eine objektive Kontrolle der Auflage. In der Bundesrepublik ermittelt die IVW (Informationsgemeinschaft zur Feststellung der Verbreitung von Werbeträgern e.V.) die Auflagenzahlen der ihr angeschlossenen Printmedien. Dazu müssen die rund 1 200 Mitglieder einerseits vierteljährlich ihre Auflage melden – diese Daten werden dann in den vierteljährlichen IVW-Auflagenlisten veröffentlicht – und andererseits sind die Mitglieder verpflichtet, ihre Angaben zweimal jährlich von einem der zehn IVW-Prüfer kontrollieren zu lassen. Insgesamt werden 417 Zeitungen, 839 Publikumszeitschriften, 1089 Fachzeitschriften, 88 Kundenzeitschriften sowie Supplements, Offertenblätter und Verzeichnis-Medien erfasst (Ende 1999). Seit 1990 sind die Regeln verschärft. Die Verlage müssen die Auflage in den Rubriken

- Einzelverkauf,
- Reguläres Abonnement,
- Auslandsverkauf und

- sonstiger Verkauf

ausweisen. Sinn dieser Regelung ist, den geringeren werblichen Nutzwert der Exemplare zu erfassen, die in den sonstigen Verkauf gehen (Messen, Hotels, Fluggesellschaften usw.). Der Auslandsverkauf wird u.a. deswegen gesondert erfasst, weil unverkaufte Auslandsexemplare aus Kostengründen nicht remittiert werden und daher über Zulieferungen an Dritte im Ausland die Auflage geschönt werden könnte.

Insbesondere die Werbewirtschaft benötigt genauere Angaben über die Reichweite der verschiedenen Werbemedien nach unterschiedlichen Zielgruppen. Diese Reichweite wird in *speziellen Reichweitenanalysen* insbesondere differenziert ausgewiesen nach

- soziodemographischen Merkmalen (Alter, Ausbildung, Einkommen, ...),
- Ausstattung der Haushalte mit Gebrauchsgütern,
- Freizeitverhalten,
- Kaufverhalten und
- Mediennutzung (vgl. MA 91 Textausgabe, Erläuterungen S.29 f).

Solche Daten werden für die Presse in standardisierter Form im Rahmen der jährlichen Medienanalysen (MA) von der Arbeitsgemeinschaft Media-Analysen e.V. (AG.MA) erhoben; daneben gibt es zahlreiche weitere Studien, wie z. B. die Allensbacher Werbeträger-Analyse (AWA).

5. Pressespezifische Rahmenbedingungen

Art. 5 GG garantiert die *individuellen Freiheitsrechte* Meinungsäußerungsfreiheit und Informationsfreiheit als in einzigartiger Weise fundierte individuelle Produzenten- und Konsumentensouveränität. Allerdings gelten diese Rechte nur formal: Das Grundrecht der Meinungsäußerungsfreiheit „gibt dem Einzelnen weder einen Anspruch auf Bereitstellung eines Auditoriums, noch auf Bereitstellung von Mitteln und Instrumenten zur Informationsverbreitung, insbesondere keinen Anspruch gegen die Massenmedien darauf, in ihnen zu Gehör zu kommen"(Branahl 1992a, S. 18). Die Nutzung der Informationsquellen muss, wenn sie Ressourcen verbraucht, bezahlt werden.

Die *Pressefreiheit* nach Art. 5 GG garantiert die freie journalistische Aussagenproduktion „von der Beschaffung der Information bis zur Verbreitung der Nachrichten und Meinungen" (BVerfGE 10, S. 118 ff). Diese Pressefreiheit bedeutet

- Freiheit des Marktzutritts, der nicht von einer staatlichen Zulassung abhängig sein darf;
- dass jeder insbesondere als Verleger oder Journalist tätig werden darf. „Er muss dazu weder bestimmte persönliche noch sachliche Voraussetzungen erfüllen. Die Tätigkeit ist weder vom Erreichen eines Mindestalters noch vom Nachweis einer bestimmten Qualifikation abhängig" (Branahl 1992a, S. 19).

- Eine staatliche Produktionskontrolle findet nicht statt.

Positiv wird die Funktionsfähigkeit der Presse durch einige Sonderrechte gestützt. Das sind der Auskunftsanspruch der Massenmedien, das Zeugnisverweigerungsrecht sowie Beschlagnahmungs- und Durchsuchungsverbote.

Zusätzlich wird die Presse durch die institutionelle Funktionsgarantie des Staates gestützt. Hier sind zu nennen:

- der ermäßigte Mehrwertsteuersatz für Vertriebserlöse (z.Zt. 7 % statt 16 %),
- der subventionierte Postzeitungsdienst,
- die erlaubte Preisbindung zweiter Hand für Verlagserzeugnisse sowie
- die erlaubten Gebietsschutzkartelle im Pressegrosso (vgl. Abschnitt 6).

Damit sind – in einzigartiger Weise – formal unbeschränkte Freiheitsrechte garantiert, eine so gut wie vollkommene Konsumenten-, Produzenten- und Arbeitnehmersouveränität. Schranken existieren in den Vorschriften der allgemeinen Gesetze, der Gesetze zum Schutz der Jugend und dem Recht der persönlichen Ehre.

Problematisch ist die Aufgabenabgrenzung zwischen Verlegern und angestellten Journalisten. Hier besteht ein Konflikt zwischen dem Dispositionsrecht des Verlegers und den Freiheitsrechten der Redakteure. Solange eine Regelung der sog. „inneren Pressefreiheit" nicht vorliegt, gilt das weitgehende Dispositionsrecht des Verlegers:

- die *Grundsatzkompetenz*, die publizistische Haltung des Presseorgans zu bestimmen und
- die *Richtlinienkompetenz*, die publizistische Haltung des Presseorgans bei neu auftretenden Zeitfragen zu bestimmen.

Die sog. *Detailkompetenz*, die Entscheidung über tagesaktuelle Fragen, wird in der Regel vom angestellten Redakteur ausgeübt. Allerdings hat der Verleger ein Informationsrecht und bei wichtigen Einzelfragen auch ein Weisungsrecht. Damit hat der Verleger, also der haftende Eigentümer der Presseunternehmung, das gemeinhin übliche Recht des Unternehmers (Eigentümer und Geschäftsführer in Personalunion), das Produktsortiment und die Produktqualität zu bestimmen. Dieses Recht wird sogar besonders dadurch geschützt, dass die Mitbestimmungsrechte der Belegschaft in den sog. *Tendenzbetrieben* (vor allem Zeitungs- und Zeitschriftenverlage) stark eingeschränkt sind. Nach dem Betriebsverfassungsgesetz haben Betriebsräte in Presseunternehmen nur beschränkte Mitbestimmungsrechte bei Einstellung oder Kündigung von Redakteuren. Sie dürfen nur soziale Gründe berücksichtigen, aber keinen Einfluss auf die Tendenz des Pressemediums ausüben (vgl. § 118 Abs. 1 BetrVG).

Damit ist die Pressefreiheit vor allem Freiheit des Unternehmers. Dies entspricht wirtschaftswissenschaftlicher Grundposition. Zu betonen ist, dass die Pressefreiheit wie alle Medienfreiheiten nicht um ihrer selbst willen geschützt ist. Ihr kommt vielmehr eine dienende Funktion zu: „Durch sie soll sichergestellt werden, dass die Massenmedien ihre Rolle als ‚Medium' und ‚Faktor' im Prozess der öffentlichen

Meinungs- und Willensbildung wahrnehmen können." (Branahl 1992a, S. 19). Dies ist der Kern der öffentlichen Aufgabe der Presse.

Aus wirtschaftswissenschaftlicher Sicht ist überraschend, dass diese öffentliche Aufgabe im Rahmen einer privatwirtschaftlichen Ordnung der Presse erfüllt werden soll. Diese Regelung folgt indes wesentlich aus dem Gebot der Staatsferne. Zudem sind andere Möglichkeiten öffentlich-rechtlicher Strukturen gerade im Meinungsmarkt nicht überzeugend (vgl. Kapitel 3).

Notwendig ist aber, dass „alle gesellschaftlichen Gruppen und geistigen Richtungen auch tatsächlich zu Wort kommen, dass also ein Meinungsmarkt besteht, auf dem die Vielfalt der in der Gesellschaft vertretenen Auffassungen unverkürzt zum Ausdruck gelangt" (Branahl 1992a, der hier die entsprechende Position des Bundesverfassungsgerichts wiedergibt, BVerfGE 57, S. 295 ff., 323). Dieses Vielfaltspostulat bezieht sich auf das Gesamtangebot der Berichterstattung. Daher ist die Meinungsvielfalt durch die wirtschaftliche Konzentration gefährdet.

Insgesamt kennzeichnet die journalistische Aussagenproduktion ein in den übrigen Wirtschaftszweigen nicht gegebenes Maß an wirtschaftlicher Freiheit, insbesondere Verlegerfreiheit. Die Kontrolle durch den *Deutschen Presserat* als beruflichem Selbstkontrollorgan von Verlegern und Journalisten ist relativ wenig wirksam, da eine mit hoheitlicher Gewalt ausgestattete Standesgerichtsbarkeit für die Presse nicht existiert (und aufgrund der Freiheit von Standeszwang auch nicht existieren darf).

6. Pressevertrieb

Im Pressesektor spielt der Pressevertrieb eine besondere Rolle, weil sichergestellt werden soll, dass die Informationsfreiheit auch materiell fundiert wird, dass also eine Vielzahl von Pressetiteln überall und zu jeder Zeit und zu gleichen Bedingungen erhältlich ist. Damit unterfällt nicht nur die Produktion, sondern auch der Pressevertrieb dem Grundrecht von Pressefreiheit und Informationsfreiheit.

6.1. Der Pressevertrieb im Überblick

Der Pressevertrieb ist, je nach Periodizität des Erscheinens, eine recht schwierige Aufgabe. Insbesondere der Vertrieb von Tageszeitungen stellt eine große logistische Herausforderung dar, weil auf Grund der notwendigen Aktualität der Berichterstattung der Redaktionsschluss möglichst spät angesetzt wird, die Zustellung aber möglichst früh und in einer regelmäßigen Pünktlichkeit erfolgen muss. Hier wird versucht, durch unterschiedlich aktuell gestaffelte Druckausgaben das enge Zeitfenster des Vertriebs ein wenig zu öffnen, dergestalt, dass die Ausgaben für ländliche Gebiete oder für konkurrenzlose Gebiete früher gedruckt werden. Oder bei überregionalen Tageszeitungen ermöglicht eine Dezentralisierung der Druckstandorte einen späteren Andruck. Prinzipiell bleibt der Vertrieb von Informationen über einen papiergebundenen Informationsträger indes ein zentrales Problem der Printmedien, insbesondere im Wettbewerb mit den elektronischen Medien.

Der Pressevertrieb lässt sich nach unterschiedlichen Kriterien differenzieren: Als *Vertriebsart* können der Verkauf, die Vermietung (Lesezirkel) und die kostenlose Abgabe unterschieden werden. Im Folgenden wird nur der Verkauf beschrieben. Als *Vertriebsform* können das *Abonnement* und der *Einzelverkauf* unterschieden werden. Bei einem *Abonnement* verpflichtet sich der Leser, einen Titel für einen bestimmten Zeitraum fest zu beziehen. Dies verringert für den Verlag das Absatzrisiko und bietet dem Abonnenten den Vorteil einer regelmäßigen Hauslieferung. In Deutschland ist das Abonnement im Regelfall auch billiger als die Summe der entsprechenden Einzelverkaufspreise, obwohl die Exemplare zugestellt werden. Dies zeigt, wie wichtig ein gut planbarer Abonnentenanteil an der Druckauflage für die Verlage ist. Bei dem *Einzelverkauf* wird der Titel über die verschiedenen Handelsstufen (Großhandel, Einzelhandel, Bahnhofsbuchhandel) dem Rezipienten zum Kauf angeboten. Hier bestehen die üblichen Absatzrisiken des Handels.

Als *Vertriebsweg* können der Weg über Handelsorganisationen (Presse-Grosso, Einzelhandel, ...), der Vertriebsweg über die Post (Pressepost, früher Postzeitungsdienst) und der Vertrieb durch verlagsgebundene Zusteller unterschieden werden. Der Vertrieb über Handelsorganisationen wird wegen seiner besonderen Bedeutung und seiner besonderen Ausgestaltung in Abschnitt 6.2 gesondert dargestellt.

Die Zustellung von Presseerzeugnissen durch die Post (*Pressepost*) hat eine historische Tradition. Heute resultiert diese Zustellung aus der Infrastrukturverpflichtung der Post und umschreibt ein Dienstleistungsangebot der Deutschen Bundespost, das Presseerzeugnissen einen besonders günstigen Zugang zum Leser ermöglichen sollte. Dabei waren die Postvertriebsstücke die günstigste Sendeform, die jedoch auch heute noch ausschließlich Presseerzeugnissen vorbehalten ist, die die Öffentlichkeit über Tagesereignisse, Zeit- oder Fachfragen unterrichten. Sie müssen Mannigfaltigkeit der Beiträge, Aktualität, Publizität sowie Kontinuität aufweisen. (AGB PP; Art. 6.2.1). Diese Sendungsform wurde damit vorwiegend für Zeitungen, Publikums- und Fachzeitschriften eingeführt. Werbeprospekte, Werks- und Kundenzeitschriften sind für diese Sendungsform nicht zugelassen. Zeitschriften, die dazu bestimmt sind, Informationen oder Unterhaltung öffentlich zu verbreiten (AGB PP; Art. 6.1.1) (z. B. Comics), dürfen ebenfalls nicht als Postvertriebsstück zugestellt werden, für sie wurde die Sendungsart Pressesendung geschaffen, deren Vertriebspreis weniger günstig ist (Breyer 1999, S. 121 f). Wichtig ist, dass die Zustellbriefe subventioniert sind, und damit einen für Verlage und Rezipienten relativ günstigen Vertriebsweg darstellen. Die Pressepost ist ein Vertriebsweg, der vor allem für Zeitschriften genutzt wird; bei Zeitungen wird auf diesen Vertriebsweg überwiegend nur in kleinen, entlegenen Orten zurückgegriffen.

Die Zustellung von Presseerzeugnissen durch *verlagsgebundene Zusteller* wird überwiegend von Zeitungsverlagen und zwar von lokalen und regionalen Zeitungsverlagen betrieben, die häufig die überregionalen Zeitungen mit zustellen. Zusteller müssen zielgenau zustellen und eine pünktliche und frühzeitige Zulieferung bieten. Ein üblicher Richtwert für die Größe von Zustellbezirken sind 150 Abonnenten pro Tag (Breyer 1999, S. 54). Der Trägerstücklohn pro Monat beträgt bei einer 6 x wöchentlichen Zustellung im Durchschnitt 4,40 DM (1999; BDZV Zeitungen `99, S. 75). Mithin kostet die Zustellung einer Zeitung im Durchschnitt rund 0,17 DM. Mit der Deregulierung der Post entfällt und entfiel das Postmonopol in mehreren Stufen. Ab 1. Januar 2003 dürfen alle Arten von Postsendungen durch beliebige Lizenznehmer transportiert werden. Dies bietet für Presseverlage die Möglichkeit, ihre verlagseigenen Zustellkapazitäten durch die Zustellung auch von Briefen usw. besser zu nutzen (vgl. Breyer 1999). Ob dies realisiert wird, bleibt abzuwarten.

6.2. Pressevertrieb über den Groß- und Einzelhandel

Der Pressevertrieb über die Handelsorganisationen erfolgt entweder zweistufig vom Verlag über den Bahnhofsbuchhandel oder dreistufig vom Verlag über den Großhandel (Presse-Grosso) zum Einzelhandel. Man spricht auch von Einzelverkauf. Dies ist ein wichtiger Vertriebsweg für Zeitschriften und Straßenverkaufszeitungen; lokale und regionale Abonnementzeitungen werden hingegen nur zu acht Prozent und überregionale Zeitungen nur zu 23,8 Prozente im Wege des Einzelverkaufs vertrieben (1999; BDZV – Zeitungen `99, S. 74).

In Deutschland gibt es 1999 91 Grosso-Firmen, davon 78 mittelständische, verlagsunabhängige Grossisten und 13 Grossisten mit Verlagsbeteiligung (insbesondere Springer, Bauer, Burda und Gruner + Jahr). Diese liefern an knapp 120 000 Einzelhandelsverkaufsstellen. Dieser Vertriebsweg ist durch eine Reihe von *Besonderheiten* gekennzeichnet, die sich mit dem Postulat der Informations- und Pressefreiheit erklären lassen:

- die Preisbindung von Verlagserzeugnissen,
- der Gebietsschutz des Presse-Grossisten,
- der Kontrahierungszwang,
- das Dispositionsrecht von Verlag und Großhandel und
- das Remissionsrecht des Einzelhandels.

Die *Preisbindung von Verlagserzeugnissen*: § 15 KartellG begründet – als Ausnahme vom allgemein geltenden Verbot der Preisbindung zweiter Hand – die Zulässigkeit der Preisbindung von Verlagserzeugnissen, in erster Linie Bücher, Zeitungen und Zeitschriften, aber auch z. B. Musikalien, Kalender und Kunstblätter. Die Begründung hatte in erster Linie auf Bücher abgestellt. Es soll vor allem der leistungsfähige Sortimentsbuchhandel gegenüber großen Buchhandlungen und Versandbuchhandlungen geschützt werden, die bei Freigabe der Preisbindung – so wird befürchtet – nur noch Bestseller billig verkaufen und andere, schwerer verkäufliche Bücher aus dem Sortiment nehmen. Es würden mithin sowohl kleine Buchhandlungen als auch Bücher mit kleiner Auflage in ihrer wirtschaftlichen Existenz bedroht. Die Begründung für Zeitungen und Zeitschriften ist entsprechend modifiziert zu übernehmen: Es geht um den Schutz von Zeitungen und Zeitschriften mit kleiner Auflage und um den Schutz kleiner Pressekioske und ergänzend darum, dass alle Bürger sich überall zu gleichen wirtschaftlichen Bedingungen informieren können. Fraglich ist die Vereinbarkeit der deutschen Preisbindung für Verlagserzeugnisse mit dem vorrangigen Artikel 81 EGV. Vorläufig ist diese Regelung von der EU-Kommission akzeptiert worden, auch als grenzüberschreitende Buchpreisbindung. Und generell wird das deutsche Pressevertriebssystem von der EU-Kommission für gerechtfertigt gehalten (Presse-Grosso 1998/1999, S. 160 f). Dies mag sich ändern.

Der *Gebietsschutz des Pressegroßhändlers*: 91,5 Prozent aller Einzelhandelsverkaufsstellen werden von nur einem, die restlichen 8,5 Prozent von zwei Großhändlern beliefert (Presse-Grosso 1990). Dieser faktische Gebietsschutz der Pressegroßhändler wird durch vertikale Vertriebsbindungen zwischen Verlag und Großhändler über die jeweils ausschließliche Belieferung in einem bestimmten Gebiet gesichert. Gleichzeitig wird ein Verbot vereinbart, andere Grossisten oder Einzelhändler außerhalb dieses Gebietes zu beliefern. Eine solche vertikale Vertriebsbindung ist nach § 16 KartellG zulässig, solange das Bundeskartellamt die Bindung nicht für unwirksam erklärt, unterliegt aber der Missbrauchsaufsicht und dem Diskriminierungsverbot nach § 20 KartellG. Kartellrechtliche Probleme mit dem Presse-Grosso ergeben sich meist auf Grund der Verletzung des Diskriminierungsverbots (Monopolkommission 1992, S. 317).

Kontrahierungszwang: Der Gebietsschutz beinhaltet für den Großhändler einen Kontrahierungszwang. Er muss alle Einzelhändler seines Gebietes beliefern, und er muss jeden Titel in sein Vertriebsprogramm aufnehmen, den ein Verlag auf den Markt bringen will. Das heißt aber nicht, dass der Grossist jeden Titel an alle Einzelhändler liefern muss, er kann vielmehr den Vertrieb nach eigenem Ermessen gestalten, also festlegen, welche Titel er an welche Einzelhändler liefert. Das heißt auch, dass der Großhändler die Marktchancen neuer Titel vorab beurteilt. Titel, denen er wenig Marktchancen einräumt, liefert er auch nur an wenige große Einzelhandelsverkaufsstellen. Dabei orientiert der Großhändler sich meist an den Verkäufen etablierter Konkurrenztitel.

Dispositionsrecht: Der beschriebene Kontrahierungszwang ist die Voraussetzung für das Dispositionsrecht der Verlage, die *grundsätzlich* das Recht haben, festzulegen, welche Titel zum Verkauf angeboten werden. Über den Verlag und den nachgeordneten Großhandel, der seinerseits das Dispositionsrecht gegenüber dem Einzelhandel hat, wird das Sortiment des Einzelhandels bestimmt. Dies ist ganz ungewöhnlich, weil üblicherweise der Einzelhandel das Recht und die Möglichkeit hat, sein Verkaufssortiment in Struktur und Menge selbst zu bestimmen. In Verbindung mit dem Remissionsrecht verstößt dies nach einer Entscheidung des BGH vom 1.12.1981 (WuW/E BGH 1879), aber nicht gegen § 9 AGBG und nicht gegen § 26, Abs. 2 GWB (in der alten Fassung). Der Einzelhandel wird sozusagen durch das Remissionsrecht und die Preisbindung und der Grosshandel durch den ihm gewährten Gebietsschutz für das entgangene Dispositionsrecht entschädigt. In der Praxis gibt es indes Marktzutrittsprobleme für neue Titel und neue Anbieter. Weil eine stetig wachsende Titelzahl von den Handelsorganisationen nicht problemlos bewältigt werden konnte, wurden 1993 im so genannten koordinierten Vertriebsmarketing (KVM) Grundsätze vereinbart, die das Dispositionsrecht der Verlage doch stark an die Erfordernisse des Handels binden (vgl. Breyer 1999. S. 30 ff). Insbesondere ist es das Ziel, Remissionsquoten zu senken. Dies trifft gerade kleine Verlage mit schwer verkäuflichen Titeln.

Remissionsrecht: Das Remissionsrecht ist das Recht des Handels, nichtverkaufte Exemplare an den Verlag zurückgeben zu können. Dies verlagert das Absatzrisiko voll auf den Verlag. Ohne dieses Recht würden Groß- und Einzelhändler nur so viele und solche Pressetitel vertreiben, wie sie erwarten können, mit relativer Sicherheit verkaufen zu können. Es käme also der Art wie der Menge nach zu einer Unterversorgung. Wie Tabelle 4 zeigt, sind die Remissionsquoten im Zeitablauf leicht angestiegen und betrugen 1999 im Durchschnitt beachtliche 41,4 Prozent.

Wettbewerbspolitische Beurteilung des Pressevertriebs: Die Preisbindung schließt den Preiswettbewerb auf den Handelsstufen aus, und der Gebietsschutz schließt den Wettbewerb der Verlage um den Absatzweg zum Einzelhandel aus. Verlage können sich nicht den Absatzweg suchen, der ihnen am geeignetsten erscheint, allerdings können sie immer den Vertrieb im Abonnement oder den Vertrieb als unentgeltlich verteiltes Presseobjekt wählen. Durch die Abschaffung von Preisbindung und Gebietsschutz könnte der Wettbewerb im Pressevertrieb erhöht werden. Allerdings ist sehr fraglich, ob der Wettbewerb die Leistungsfähigkeit des Vertriebssystems verbessern würde. Es würde zu einer Konzentration im Einzelhandel kommen und vermutlich zu einer Vorwärtsintegration der Verlage in den Vertrieb. Dies würde den Marktzutritt kleinerer Verlage erschweren und die Vielfalt der Versorgung verringern. Jedenfalls bietet das bestehende Vertriebssystem eine pünktliche, umfassende und flächendeckende Versorgung mit allen Objekten der Verlage. Daher erscheint das derzeitige System des Pressevertriebs nach gegenwärtigem Erkenntnisstand als hinnehmbar (Monopolkommission 1992, S. 319). Dieser Einschätzung wird hier immer noch gefolgt.

Kennzahlen des Pressehandels: 1999 erwirtschaften 91 Pressegrosshändler – 74 in Westdeutschland und 17 in Ostdeutschland – einen Umsatz von 6109 Millionen DM, sie haben 13 300 Beschäftigte und beliefern knapp 120 000 Einzelhandelsverkaufsstellen (Presse-Grosso-Geschäftsbericht 1998/1999). Wie Tabelle 4 zeigt,

Tabelle 4: Kennzahlen des Pressehandels

	1997	**1998**	**1999**
Zahl der Grosso-Firmen	96	92	91
Zahl der EH-Verkaufsstellen	114 242	119 995	119 995
Einzelhändler pro 1000 EW	1,40	1,46	1,46
Ordersortiment[1] (GH)	3 700	3 700	3 700
Präsenzsortiment[1] (GH)	1 650	1 650	1 650
Präsenzsortiment[1] (EH)	221	220	220
Remissionsquote (Wert)	40,3	40,5	41,4
1) Durchschnittlich			

Quelle: Presse-Grosso

ist die Zahl der im Grosshandel geführten Titel mit 3 700 (Ordersortiment) bzw. 1650 (Präsenzsortiment) recht hoch. Die für die Rezipienten wichtige faktische Vielfalt wird durch die Zahl der durchschnittlichen Präsenztitel im Einzelhandel von 220 Titeln und die Zahl von 1,46 Einzelhändlern pro 1000 Einwohner repräsentiert: Damit ist die Informationsfreiheit materiell recht gut fundiert.

Handelsspannen: Die Handelsspannen sind das Ergebnis jahrzehntelanger Verhandlungen zwischen den Verlagen und dem Presse-Grosso. Sie hängen in erster Linie von der verkauften Auflage ab und ergänzend vom Umsatz (Presse-Grosso-Geschäftsbericht 1998/1999. S. 24 f); daneben spielen Remissionsquoten, Distributionsaufwand und Marktmacht der Verhandlungspartner eine Rolle (vgl. Wolf 1983, S. 88 und Reimer/Weigt 1991, S. 87 ff.). Die Handelsspannen betragen für den Großhandel (Presse-Grosso) zwischen 15 und 25 Prozent. Sie sind etwa wie folgt gestaffelt:

- rund 15 Prozent für hochauflagige Zeitschriften (wie *Spiegel* oder *Stern*) und
- rund 25 Prozent für Zeitschriften mit niedriger Auflage sowie
- rund 17 Prozent für regionale Tageszeitungen und
- rund 20 Prozent für überregionale Tageszeitungen.

Im Einzelhandel liegen die Handelsspannen in etwa der gleichen Größenordnung bei etwas geringerer Staffelung:

- rund 18 Prozent für hochauflagige Zeitschriften,
- rund 19 Prozent bis knapp 25 Prozent für niedrigauflagige Zeitschriften sowie
- rund 17 Prozent bei regionalen Tageszeitungen und
- rund 20 Prozent bei überregionalen Tageszeitungen.

Bei Einführung neuer Titel werden deutlich höhere Handelsspannen eingeräumt. Generell beziehen sich die Angaben zur Handelsspanne auf den Netto-Vertriebserlös, das ist der Verkaufspreis im Einzelhandel abzüglich des Mehrwertsteuersatzes von 7 Prozent.

Zusammenfassung

Im Pressesektor müssen die Unternehmen und die verlegten Objekte konzeptionell deutlich unterschieden werden. Eine besondere Rolle spielt in der medienpolitischen Diskussion das Konzept der publizistischen Einheit von Schütz, das sich auf einen eigenständigen Mantel von Zeitungen bezieht. Für die werbungtreibende Wirtschaft sind die Auflagenkontrolle durch die IVW und spezielle Reichweiteanalysen, insbesondere im Rahmen der Media-Analyse, von unverzichtbarer Bedeutung.

Der Pressesektor ist durch ein, in den übrigen Wirtschaftszweigen und im Rundfunksektor nicht gegebenes, ungewöhnlich hohes Maß an wirtschaftlicher Freiheit, insbesondere Verlegerfreiheit gekennzeichnet. Dies entspricht der wirtschaftswissenschaftlichen Grundposition zur Bedeutung der Meinungsäußerungsfreiheit als Marktzutrittsfreiheit. Die Informationsfreiheit der Rezipienten wird durch ein komplexes Vertriebssystem materiell recht gut fundiert.

Literaturhinweise

Einen einführenden Einblick über Strukturen der Zeitung und der Zeitungs- bzw. Presselandschaft geben

Brandt, Peter; Volker Schulze (Hrsg.), Medienkundliches Handbuch: Die Zeitung. Zeitungssystematischer Teil, wechselnde Auflage, Aachen (Hahn).

Der Pressevertrieb wird sehr ausführlich in zwei leider schon älteren Bänden dargestellt:

Brummund, Peter (1985), Struktur und Organisation des Pressevertriebs, Teil 1: Der deutsche Zeitungs- und Zeitschriftengroßhandel, München u.a. (Saur) 1985

und

*Schwindt, Peter (*1985), Struktur und Organisation des Pressevertriebs, Teil 2: Zeitungen und Zeitschriften im Einzelhandel, München u.a. (Saur) 1985.

Den Pressevertrieb unter dem Aspekt neuer Zustelldienste behandelt:

Breyer, Thomas (1999), Alternative Zustelldienste und Transportkonzepte im Pressesektor, Bonn (ZV) 1999.

Sehr ausführlich berichten über die historische Entwicklung und den gegenwärtigen Zustand der Presselandschaft in Deutschland

Pürer, Heinz; Johannes Raabe (1994), Medien in Deutschland. Band 1: Presse, München (Ölschläger) 1994.

8. Kapitel

Mikroökonomik der Zeitung – einzelwirtschaftliche Aspekte der Zeitungsproduktion

In diesem Kapitel werden die mikroökonomischen, also die einzelwirtschaftlichen Aspekte der Zeitungsproduktion beschrieben. Dazu zählen vor allem Produkteigenschaften, Bestimmungsgründe der Nachfrage, die Verbundproduktion als determinierendes Merkmal der Zeitungsproduktion, eine Analyse der Kosten- und Gewinnstrukturen, eine Beschreibung von Unternehmensstrukturen und Betriebsgrößen sowie eine Darstellung der zentralen Bereiche Vertrieb und Marketing. Abschließend wird ein kurzer Ausblick auf die Zeitung der Zukunft gegeben. Dabei wird nicht auf konkrete Zeitungsverlage Bezug genommen, sondern eine typisierende Darstellung angestrebt, die sich zum Teil auf den Zeitungsverlag als Unternehmen und zum Teil auf die Zeitung als Produkt bezieht. Sofern auf die Daten der Pressestatistik zurückgegriffen werden muss, reicht die Darstellung nur bis 1994.

1. Produkteigenschaften der Zeitung

1.1. Zeitung als Informationsträger

Wie beschrieben, sind Massenmedien Institutionen, die geeignet sind, Transaktionskosten im Informationshandel zu reduzieren. Dies gilt ganz besonders für Zeitungen, weil Zeitungen aktuelle und allgemein-politische Informationen anbieten, die Rezipienten sehr viel schwieriger evaluieren können als Unterhaltungssendungen des Fernsehens, Musikprogramme des Hörfunks oder Special-Interest-Informationen der Zeitschriften. Dies ist eine deskriptive und normative Zuschreibung zugleich. Zeitungen bieten bereits in der traditionellen Auswahl ihrer Berichte und der traditionellen Strukturierung der Inhalte nach den klassischen Ressorts eine erhebliche Einsparung an Transaktionskosten im Informationsbezug der Rezipienten. Diese Funktion der Zeitung zu erweitern, auszubauen und zu vertiefen, wird mit dem steigenden Informationsangebot immer wichtiger. Diese theoretischen Überlegungen werden durch die Ergebnisse der Studie zur Untersuchung der Erfolgsfaktoren von Tageszeitungen (Schönbach 1997 a) bestätigt:

> „Fast alle gängigen Konzepte dafür, was Zeitungen für ihre Leser in Inhalt, Gestaltung und Marketing unternehmen konnten, waren – wenn auch in unterschiedlichem Maße – produktiv: ein klar gegliedertes Layout, ein nicht zu vollgepacktes Design, eine stärkere Bebilderung der Zeitung – mit mehr graphischen und farbigen Elementen

> und mehr Ordnung und Erschließbarkeit des Inhalts in Form von Rubriken, Inhaltsverzeichnissen, der Gliederung von Tabellen und Serviceseiten. Im Inhalt trugen mehr Vielfalt der Themen und Gegenstände – vor allem im täglichen Angebot – zum Zeitungserfolg bei, aber auch mehr Hintergrundinformationen und Erklärung, das Serviceangebot, Unterhaltung und Unterhaltsames. Ebenso wichtig waren redaktionelle Konzepte, die auf eine stärkere Betonung des Lokalen abzielten" (Schönbach 1997 b, S.147).

Ein großer Teil dieser Erfolgkonzepte zielt auf die Strukturierung und Erschließbarkeit der Inhalte, also auf die Einsparung von Transaktionskosten in der Informationsrezeption.

In der Beschreibung der Produkteigenschaften der Zeitung als Informationsträger werden meist die folgenden Punkte herausgestellt:

- *Räumliche Mobilität*: Die Zeitung kann ohne große Transportkosten vom Leser an den jeweils gewünschten Konsumort gebracht werden. Damit kann die Zeitung mehrfach genutzt werden und wird typischerweise auch an mehreren Orten – zu Hause, auf dem Weg zur Arbeit, bei der Arbeit – gelesen.
- *Sachliche Mobilität* (Wahlfreiheit): Der Leser kann entscheiden, welche Teile der Zeitung er nutzt. Diese Auswahl wird dadurch erleichtert, dass die Zeitung klare Gliederungsmerkmale hat – Seiten, Ressorts, Rubriken, Überschriften – die es dem Leser erleichtern, die Informationen nach seinen Präferenzen zu ordnen.
- *Zeitliche Mobilität*: Der Leser kann entscheiden, wann und in welchem zeitlichen Umfang er die Zeitung nutzt, weil die Informationen zeitlich einfach gespeichert werden können. Allerdings ist der ökonomische Informationsgehalt, nämlich der Aktualitätswert einer Information, nicht lagerfähig („Nichts ist so alt und so wertlos wie die Zeitung von gestern.").
- *Zeitliche Intensität*: Lesen erlaubt eine schnellere Informationsaufnahme als Hören oder Sehen, daher bietet die Zeitung pro Rezeptionszeit mehr Informationen als elektronische Medien.
- *Regionalisierbarkeit*: Die Zeitung kann relativ kostengünstig auf regional definierte Zielgruppen (Kreis, Stadt, Stadtteil) zugeschnitten werden.
- *Variierbarkeit*: Die Zeitung kann in ihrer Größe (Seitenzahl) von Tag zu Tag verändert werden.

Diese objektiven Merkmale werden zum Teil auch in den Inhalten der Zeitung sichtbar. Die klassische Abonnementzeitung ist primär ein regionales oder lokales Medium (vgl. Heinrich 2000). Sie ist das bei Weitem bedeutendste Medium für die Lokalberichterstattung. Anzeigenblatt und Lokalfunk treten weit dahinter zurück. Die Zeitung ist ein argumentatives Medium, sie bietet (bisweilen) ausführliche Informationen zu Hintergründen und Zusammenhängen von Ereignissen.

Die Akzeptanz der Medien wird traditionell durch die Dimension „Objektivität" (prozentuale Zustimmung zum Statement „berichtet wahrheitsgetreu"), „relative

Glaubwürdigkeit" (Alternativentscheidung zwischen den Medien) und die „Bindung" (es würden sehr vermissen bzw. es würden sich entscheiden für) erfasst. Hier ist der Befund für die Tageszeitung in den Dimensionen Objektivität und relative Glaubwürdigkeit im Mediavergleich betrüblich. Nur 20 Prozent der Befragten meinen, dass die Tageszeitung wahrheitsgetreu berichtet, und nur 31 Prozent würden am ehesten der Tageszeitung glauben. Der Befund zur Bindung erscheint eher widersprüchlich: 59 Prozent der Befragten würden die Tageszeitung sehr vermissen, aber nur 19 Prozent würden sich für die Tageszeitung entscheiden.

Die Entwicklung der Akzeptanz der Tageszeitung zeigt die folgende Tabelle 1, zum Intermedia-Vergleich sei auf die Tabellen 9 bis 12 im 1. Kapitel verwiesen. Wenn auch die Akzeptanz der Tageszeitung relativ gering ist, so ist doch die Entwicklungstendenz aus der Sicht der Tageszeitung positiv. In Bezug auf die Glaubwürdigkeit hat die Tageszeitung im Meinungsbild der Befragten gewonnen.

Tab. 1: Die Entwicklung der Akzeptanz der Tageszeitung von 1970 bis 1990 (Westdeutschland / Entscheidung in Prozent)

	1970	**1974**	**1980**	**1985**	**1990**	**1995**
Objektivität	23	22	21	18	19	20
Relative Glaubwürdigkeit	12	14	15	21	22	31
Würde sehr vermissen	47	53	60	57	57	59
Alternativentscheidung	15	17	18	20	20	19

Quelle: Massenkommunikation V, S. 234, 252

Emotionale und situative Aspekte der Bewertung von Tageszeitungen im Intermedia-Vergleich zeigt Tabelle 11 im 1. Kapitel. Die Befunde sind allerdings recht undeutlich, so dass auf eine Interpretation verzichtet wird.

1.2. Zeitung als Werbeträger

Die Zeitung ist mit einem Marktanteil von 28 Prozent immer noch das weitaus bedeutendste Werbemedium in der Bundesrepublik (ZAW 2000, S. 22), wenngleich sich ihre relative Position langfristig verschlechtert hat. Die werbliche Eignung der Tageszeitung wird folgendermaßen beurteilt:

- Sehr guter räumlicher Zielgruppenbezug (Stadtteilausgaben) ist möglich.
- Es besteht kein demographischer Zielgruppenbezug bei regionalen und lokalen Abonnementzeitungen, begrenzt möglich bei überregionalen Tageszeitungen (*Handelsblatt, FAZ* als Informationsmedien für Führungskräfte in Wirtschaft und Verwaltung).
- Nutzungsfunktion: aktive Informationssuche bezogen auf tagesaktuelle Ereignisse und Güterangebote.

- Nutzungsmodalitäten: einmalige Nutzung an verschiedenen Orten; keine Nebenbeschäftigung.
- Zeitliche Flexibilität ist sehr hoch, Anzeigen können quasi „in letzter Minute" platziert werden.
- Die Verfügbarkeit ist praktisch unbegrenzt.
- Die Produktionskosten der Werbebotschaften sind gering.
- Die Tausendkontaktpreise gelten als hoch; nur bei selektiver Nutzung kostengünstig.
- Die Gestaltungsmöglichkeiten sind begrenzt.
- Das werbliche Image wird widersprüchlich beurteilt.

Kurzcharakteristik der Zeitung: Die Zeitung ist Basismedium für den lokalen und regionalen Einzelhandel sowie für Familien-, Immobilien- und Stellenanzeigen, ihre Werbung ist eher argumentativ und rational, für Markenartikelwerbung ist die Zeitung allenfalls Ersatzmedium. Der besondere Vorzug der Zeitung als Werbeträger ist ihre Regionalisierbarkeit.

2. Zeitungsnachfrage

Bei der Nachfrage nach Zeitungen muss deutlich unterschieden werden zwischen der Nachfrage der Leser nach Information, Bildung und Unterhaltung und der Nachfrage der Werbenden nach Verbreitung ihrer Botschaft.

2.1. Nachfrage der Leser

Die *Determinanten der Zeitungsnachfrage* – wie übrigens die Determinanten der Nachfrage nach vielen anderen Gütern – sind nicht genau bekannt. Üblicherweise wird die Nachfrage nach einem Gut als abhängig angesehen vom Preis dieses Gutes, vom Preis konkurrierender bzw. komplementärer Güter, vom Einkommen und von der Bedarfsstruktur sowie von demographischen Faktoren wie Bevölkerungszahl und Bevölkerungsstruktur.

Dies dürfte im Prinzip auch für die Zeitung gelten, mit der Ergänzung, dass die Zeitungsnachfrage vermutlich vor allem von der Bevölkerung und/oder der Zahl der Haushalte abhängt. Dies lässt sich damit begründen, dass Zeitungslesen so etwas wie ein „habitueller Bestandteil des Lebens" ist (so der Medienspiegel 36/1991, S. 5 in Zusammenfassung der Studie der Regionalpresse „Einkaufs- und Informationsverhalten 1990"), weil mithin viele Menschen regelmäßig eine Zeitung kaufen, unabhängig von Preis- und Einkommenssituationen. Insgesamt ist die aggregierte Nachfrage nach Zeitungen relativ stabil, allerdings ist langfristig eine geringe Abnahme der Auflage zu beobachten.

Die gesamtwirtschaftliche Stabilität der Zeitungsnachfrage findet eine gewisse Entsprechung in der so genannten *Leser-Blatt-Bindung* des einzelnen Lesers. In der Kommunikationswissenschaft wird die Leser-Blatt-Bindung oder allgemeiner die Nutzer-Medium-Bindung meist als eine länger dauernde enge Beziehung zwischen Medianutzern und Medium bezeichnet, eine gefühlsmäßige Verbindung, beruhend auf psychischen, sozialen, emotionalen und rationalen Faktoren (vgl. Koschnick 1988, S. 324 ff.). Eine solche Bindung wird im Rahmen von Media-Analysen durch Fragen nach der Nähe, nach dem Grad des Vermissens, nach der möglichen Bereitschaft, auf ein Medium zu verzichten usw. zu erfassen gesucht, um vor allem Aussagen über Werbewirkungen machen zu können. Danach besteht eine relativ enge Bindung der Leser an die Zeitung an sich, 59 Prozent der Befragten würden z. B. die Zeitung sehr vermissen, falls es sie nicht gäbe (vgl. Tabelle 1).

Aus wirtschaftswissenschaftlicher Sicht ist ein etwas anders definiertes Konzept aussagekräftiger, die so genannte Markentreue oder Produkttreue (bisweilen auch Nachfrageträgheit genannt). Die *Markentreue* spiegelt ein habituelles Verhalten, im Extrem das gewohnheitsmäßige Kaufen der stets gleichen Marke (Kroeber-Riel 1984, S. 335). Im Zeitungsbereich wäre Markentreue also eine *Titeltreue*, ein Festhalten der Leser an der einmal gewählten Zeitung, an „ihrer" Zeitung. Wie verbreitet eine solche Titeltreue ist, ist schwer zu sagen. Da in rund der Hälfte aller Gebiete in der Bundesrepublik nur eine Zeitung erscheint, wäre dort das Festhalten an einer Zeitung nicht notwendigerweise Titeltreue, sondern möglicherweise auch nur Bindung an die Zeitung an sich. Immerhin wird ein längeres Festhalten der Abonnenten an der einmal gewählten Zeitung beobachtet. „Die Medienkonsumenten sind konservativ. Nicht umsonst besteht ein durchschnittliches Schweizer Zeitungsabonnement länger als eine durchschnittliche Ehe" (Ulrich Saxer in der *Welt* am 26.10.1993).

Die Markentreue auf dem Zeitungsmarkt kann theoretisch gut erklärt werden. Bei mangelnder Qualitäts- und Preistransparenz ist das Risiko, beim Kauf einer anderen Marke schlechter zu fahren, schwer zu kalkulieren. Markentreue erspart dann ein solches Kaufrisiko oder erspart die erheblichen Kosten einer möglichen Informationsgewinnung. Da die Qualitätstransparenz im Mediensektor – und damit auch im Zeitungssektor – ausgesprochen gering ist (vgl. Kapitel 3), ist Titeltreue Ausdruck eines rationalen Käuferverhaltens. Hinzu kommen Vorteile der Gewöhnung an eine bestimmte Zeitung; der Leser weiß im Regelfall, welche Informationen wo platziert sind und spart mithin Suchkosten, wenn er der Zeitung treu bleibt. Schließlich bestehen bei Abonnementzeitungen Kündigungskosten, die einen Wechsel verhindern können, allerdings auch Vermittlungsprämien, die einen häufigen Wechsel wiederum nahelegen könnten.

Die *Struktur der Zeitungsnachfrage* ist seit langem recht ungleichgewichtig. Tabelle 2 zeigt, dass vor allem lokale Berichte fast immer gelesen werden und auch die Politik stösst auf ein recht großes Interesse, hingegen werden die Berichte in den Ressorts Kultur, Wirtschaft, Technik und Wissenschaft eher weniger gelesen.

Ähnliche Befunde für „am Stichtag genutzte Zeitungsangebote" legt die Studie Massenkommunikation IV (1992, S. 204) vor. Insgesamt wird deutlich, dass weniger als die Hälfte der jeweiligen Zeitungsangebote genutzt wird. Damit wird ein erhebliches Ausmaß an Streuverlusten deutlich.

Im Tagesablauf wird die Zeitung überwiegend vormittags genutzt. Sie erzielt in den Vormittagsstunden von 6 bis 13 Uhr einen Anteil von rund 30 Prozent der gesamten Mediennutzung. Nachmittags geht die Zeitungsnutzung stark zurück und ist ab 20 Uhr bedeutungslos (vgl. IPA-plus Research 1992).

Die *Reichweitenanalyse* der MA zeigt folgende soziodemographischen Strukturmerkmale der Zeitungsnutzung:

- Die Neigung zum Zeitungslesen wird mit steigendem Alter größer;
- die Neigung zum Zeitungslesen wird mit steigendem Einkommen größer und
- die Neigung zum Zeitungslesen wird mit zunehmender Bildung größer (vgl. BDZV '99, S. 138 ff).

Tab. 2: Interessenstruktur der Leser von Tageszeitungen von 1955 bis 1999[1].

	1955	1972	1976	1981	1987	1991	1996	1999
Lokale Berichte	72	80	80	82	81	78	84	85
Innenpolitik, Inland	46	61	61	63	59	66	57	68
Anzeigen	51	55	54	53	46	46	52	49
Alltagsberichte	44	42	40	44	43	41	45	41
Leserbriefe	37	38	37	43	40	40	39	47
Sport	35	40	41	41	40	37	43	41
Außenpolitik, Ausland	39	47	46	52	46	54	40	53
Leitartikel	26	38	34	44	39	36	45	46
„Frauenseite"	39	33	33	36	33	29	32	31
Gerichtsberichte	41	34	30	33	31	33	33	34
Kulturelles Leben	37	29	27	33	28	26	30	34
Wirtschaftsteil	21	28	26	28	27	29	30	34
Technik + Wissenschaft	24	21	25	24	22	21	24	29
Fortsetzungsroman	30	18	13	16	12	9	11	8

1) Ursprungsdaten aus den IfD-Umfragen (Allensbach). Die Frage lautet: „In den Tageszeitungen steht heute soviel, dass man gar nicht immer alles lesen kann. Könnten Sie mir bitte nach dieser Liste hier sagen, was Sie im allgemeinen immer lesen?" Zustimmung der Befragten in Prozent (Mehrfachnennungen möglich).

Quelle: BDZV-Jahrbücher „Zeitungen", lfd. Jahrgänge

2.2. *Nachfrage nach Zeitungswerbung*

Die *Nachfrage* der werbungtreibenden Wirtschaft und der Haushalte nach Werbung in Zeitungen hängt ab, ähnlich wie die Nachfrage der Leser, vom Preis dieser Werbung, vom Preis konkurrierender Werbeträger, von der werblichen Eignung der

Werbeträger und vom Einkommen (vgl. Kapitel 15, Band 2). Von besonderer Bedeutung ist der intermediale Wettbewerb mit dem Anzeigenblatt, mit dem lokalen Hörfunk, mit dem Fernsehen und mit Online-Medien. Dieser intermediale Wettbewerb betrifft die Rubriken der Zeitungswerbung sehr unterschiedlich.

Die *Struktur der Werbung nach Rubriken* zeigt Tabelle 3. Dabei wird deutlich, dass lokale Geschäftsanzeigen und nachfolgend Immobilien-, Stellen- und Kfz-Anzeigen für die Einnahmen der Zeitung von zentraler Bedeutung sind.

Tabelle 3: Anzeigenerlöse und Rubriken (in Prozent der Anzeigenerlöse insgesamt/Westdeutschland).

	1994	**1996**	**1998**
Überregionale Anzeigen	9,6	10,7	10,6
Lokale Geschäftsanzeigen	39,8	36,4	33,4
Stellenanzeigen	12,4	12,8	17,5
Immobilienanzeigen	13,1	15,1	15,8
Kfz-Anzeigen	7,9	7,6	7,4
Touristik-Anzeigen	2,0	2,7	2,0
Veranstaltungsanzeigen	2,5	2,5	3,4
Familienanzeigen	5,3	5,1	4,5
Sonstige Anzeigen	6,8	6,5	5,0
Nicht zuzuordnende Anzeigen	0,6	0,6	0,4

Quelle: BDZV-Jahrbücher Zeitungen

Allerdings sind die ausgewiesenen Rubriken nicht per se von Interesse. Aus publizistischer Sicht wäre ein relevantes Differenzierungsmerkmal das *Ausmaß des Konsumverbunds*, also das Ausmaß, in dem Leser zur Wahrnehmung der Werbebotschaft „verführt" werden müssen bzw. selbst ein aktives Informationsinteresse haben. Bei Stellenanzeigen, Familienanzeigen, Immobilienanzeigen und Kfz-Anzeigen kann ein überwiegend aktives Informationsinteresse der Leser vorausgesetzt werden. Bei den Rubriken Reise, Veranstaltungen, lokale Geschäfte dürfte partiell ein aktives Informationsinteresse vorhanden sein und nur bei überregionalen Anzeigen (Markenartikelwerbung) ist es wichtig, den Leser zur Lektüre zu verführen. Insgesamt ist Zeitungswerbung also überwiegend gesuchter Lesestoff. Die Notwendigkeit, durch eine entsprechende Gestaltung der Werbung und des Werbeumfeldes Aufmerksamkeit zu produzieren, ist relativ gering.

Damit scheint ein großer Teil der Einnahmen von Zeitungen durch das Internet bedroht, weil eine aktive Informationssuche nach passenden Angeboten vor allem im Bereich von Stellen, Immobilien und Kraftfahrzeugen im Internet einfacher und schneller durchgeführt werden kann als in Printmedien. Daher versuchen die Zeitungsverlage, wenngleich reichlich spät, in das Internet-Rubriken-Werbegeschäft einzusteigen (vgl. Karle/Schneider 2000).

Aus ökonomischer Sicht ist auch die *Einkommensabhängigkeit* und die *Preisempfindlichkeit* der Nachfrage interessant. Als einkommens- bzw. konjunkturabhängig gelten insbesondere die Stellenanzeigen (BDZV-Jahrbuch „Zeitungen '93", S. 120 ff.). Ihr Umfang ist starken Schwankungen unterworfen, die in der Tat jedenfalls zum Teil mit den Schwankungen der Wachstumsrate des Bruttoinlandsprodukts verknüpft werden können. Die übrigen Rubriken weisen eine relative Stabilität auf, nur für lokale Geschäftsanzeigen ist langfristig eine deutliche Abnahme zu beobachten. Das ist sicher auch eine Folge der Substitution der Zeitungswerbung gerade in dieser Rubrik durch Anzeigenblatt und Beilagen.

Die Preisempfindlichkeit, oder anders formuliert, die Preiszahlungsbereitschaft der Anzeigenkunden ist vor allem für die Zeitungsunternehmen relevant, die durch eine entsprechende Preisdifferenzierung ihren Gewinn steigern können. So ist zu vermuten, dass die Zahlungsbereitschaft der Anzeigenkunden vor allem von folgenden Faktoren abhängt:

- vom Auftraggeber (Haushalt oder Unternehmung),
- vom Ausmaß des notwendigen Konsumverbunds (muss die Anzeige im Textteil platziert werden?),
- von der Konkurrenzsituation (ist Werbung in Konkurrenzmedien möglich?),
- von der Leseattraktivität der Anzeige.
- Diese Annahmen decken sich mit der üblichen Preisstruktur der Zeitungswerbung.

3. Verbundproduktion – Produktion für den Leser- und Werbemarkt als charakteristisches Merkmal

3.1. Prinzip der Verbundproduktion

Zeitungsbetriebe produzieren und verkaufen zwei Güter gleichzeitig: Information, Bildung und Unterhaltung für den Lesermarkt sowie eine Verbreitungswahrscheinlichkeit von Werbebotschaften für den Werbemarkt. Diese Güter werden in Verbundproduktion mit variierbarer Kopplung produziert. Die Leser erwerben das gesamte in der Zeitung enthaltene Informationsangebot, auch das Informationsangebot, das im Anzeigenteil enthalten ist; die Werbungtreibenden erwerben die Wahrscheinlichkeit, dass ihre Botschaft von einer bestimmten Zahl von Lesern gelesen wird. Diese Verbundproduktion von redaktionellem Text und Anzeigen ist ökonomisch begründet in Verbundvorteilen der Produktion, Verbundvorteilen im Konsum und Verbundvorteilen im Vertrieb (vgl. Kapitel 5). Das Verbundverhältnis zeigt sich quantitativ in der Produktionsstruktur und wertmäßig in der Umsatzstruktur.

3.2. *Relation von Textteil zu Anzeigenteil (Produktionsstruktur)*

Die folgende Tabelle 4 gibt einen Überblick über das quantitative Verbundverhältnis im Zeitablauf und im Querschnitt für verschiedene Zeitungstypen. Dabei wird deutlich, dass signifikante Unterschiede zwischen den Zeitungstypen nicht existieren, dass aber der Anzeigenseitenanteil insgesamt im Zeitverlauf deutlich von 42,5 auf 35,1 Prozent gesunken ist. Diese Änderung des Verbundverhältnisses deutet darauf hin, dass der redaktionelle Teil als Werbeumfeld im Zeitablauf aufwändiger gestaltet werden musste: Die Investition in das Werbeumfeld musste erhöht werden. Dies wird auch dadurch deutlich, dass der Anzeigenseitenumfang für alle Zeitungen (bezogen auf die Hauptausgaben) von 1 160 000 (1980) auf 1 151 000 (1990) abgenommen hat, während der Textseitenumfang von 1 668 000 auf 1 934 000 Seiten (1990) zugenommen hat (vgl. Pressestatistik). Etwas grob vereinfacht kann man sagen, dass ein gutes Drittel der Zeitung aus Anzeigen besteht.

Tab. 4: Der Anzeigenseitenanteil (Hauptausgaben) verschiedener Zeitungstypen in Prozent (Westdeutschland)

Zeitungstyp	1980	1984	1988	1990	1992	1994
Tageszeitungen	42,5	38,6	37,0	37,3	36,1	35,1
Abonnementzeitungen	42,5	38,6	37,3	37,5	36,3	35,2
Straßenverkaufzeitungen	42,1	37,9	36,9	38,5	35,3	35,3
Zeitungen insgesamt	42,5	38,6	37,0	37,3	36,1	35,1

Quelle: Pressestatistik

3.3. *Umsatzstruktur*

Bedeutsamer als das Mengenverhältnis erscheint das Wertverhältnis, das Verhältnis von Umsatz aus Anzeigen und Umsatz aus Vertrieb, die sog. Umsatzstruktur, weil damit die Bedeutung der beiden Finanzierungsquellen sichtbar wird. Die folgende Tabelle 5 zeigt den Umsatz aus Anzeigen im Verhältnis zum Gesamtumsatz zunächst einmal für die verschiedenen Zeitungstypen im Zeitablauf. Aus der Darstellung ist zu erkennen, dass der Umsatzanteil aus dem Anzeigenverkauf knapp zwei Drittel beträgt, dass dieser Umsatzanteil im Zeitablauf relativ konstant geblieben ist und dass ein deutlicher Unterschied zwischen Abonnementzeitungen und Straßenverkaufzeitungen besteht. Abonnementzeitungen finanzieren sich zu zwei Dritteln, Straßenverkaufzeitungen lediglich knapp zur Hälfte aus Anzeigen. Das dürfte daran liegen, dass Straßenverkaufzeitungen sich einerseits nicht gut für bestimmte Anzeigenrubriken eignen (z. B. Familien- und Stellenanzeigen) und andererseits keine präzise regionale Abdeckung bieten können.Tabelle 6 zeigt die Umsatzstruktur für den absolut dominierenden Zeitungstyp, die Abonnementzei-

Tab. 5 : *Anteil des Umsatzes aus dem Verkauf von Anzeigen am Gesamtumsatz für verschiedene Zeitungstypen von 1980 bis 1994 in Prozent (Westdeutschland)*

Zeitungstyp	**1980**	**1984**	**1988**	**1990**	**1992**	**1994**
Tageszeitungen	67,8	65,2	64,2	64,6	64,3	62,8
Abonnementzeitungen	69,4	67,0	65,7	66,2	66,0	64,2
Straßenverkaufztg.	51,4	48,9	49,9	48,8	49,2	47,5
Zeitungen insgesamt	67,1	64,7	63,8	64,1	63,9	62,3

Quelle: Pressestatistik

Tab. 6: *Anzeigenumsatz im Verhältnis zum Gesamtumsatz für Abozeitungen 1994*

Auflage von - bis (in 1000)	0 - 2,5	2,5 - 5	5 - 10	10 - 25	25 - 50	50 - 75	75 - 125	125 - 250	250 und mehr	ge-samt
Umsatz-anteil in %	62,3	59,7	59,0	62,5	61,8	63,7	62,1	63,9	69,5	64,2

Quelle: Pressestatistik

tung, gegliedert nach der Auflagenhöhe. Dabei zeigt sich, dass mit steigender Auflagenhöhe der Anteil der Anzeigenerlöse leicht zunimmt. DieseEntwicklung ist vermutlich auf zwei Gründe zurückzuführen. Zum einen sind kleine Zeitungen oft Zweitzeitungen, die weniger Anzeigen bekommen als Erstzeitungen, zum anderen ist bei kleinen Zeitungen die Konkurrenz durch die örtlichen Anzeigenblätter direkter.

Tab. 7: *Umsatzstruktur von regionalen Abonnementzeitungen in DM je Monatsstück und in Prozent (Westdeutschland); Prozentangaben in Klammern*

	1990	**1992**	**1994**	**1996**	**1998**
Anzeigen-/Beilagenumsatz	40,17 (66,5)	44,19 (66,1)	44,96 (65,2)	46,52 (63,9)	50,57 (63,6)
Vertriebsumsatz	20,23 (33,5)	22,70 (33,9)	23,97 (34,8)	26,27 (36,1)	28,95 (36,4)
Gesamtumsatz	60,41 (100)	66,89 (100)	68,93 (100)	72,79 (100)	79,52 (100)

Quelle: BDZV-Jahrbücher „Zeitungen"

Wegen der Bedeutung der Anzeigen als Finanzierungsquelle von Zeitungen wird die Umsatzstruktur noch einmal für regionale Abonnementzeitungen für die plastische Bezugsgröße „Monatsstück" (ein Zeitungsexemplar für einen Monat) ausgewiesen und dabei auf die Statistik des BDZV zurückgegriffen. Hier bestätigt sich die knappe Zwei-Drittel-Finanzierung der Zeitung aus Werbung.

Dies ist eine Relation, die im internationalen Vergleich als recht hoch gelten kann. Wie Tabelle 8 zeigt, kann für die dort aufgeführten europäischen Vergleichsländer sehr grob gesprochen eher von einer 1 : 1-Finanzierung gesprochen werden.Die Konsequenzen der Verbundproduktion sind im Wesentlichen eine Subvention des Textteils durch den Anzeigenteil und die Auflage-Anzeigen-Spirale, die im Folgenden näher betrachtet werden sollen.

Tab. 8: Umsatzstruktur europäischer Tageszeitungen 1987 in Prozent

Staat	**Anzeigen (%)**	**Vertrieb (%)**
Deutschland	64,5	35,5
Belgien	54,2	45,8
Frankreich	57,0	43,0
Großbritannien	48,8	51,2
Italien	43,9	56,1
Niederlande	53,3	46,6
Österreich	56,0	44,0

Quelle: Erdmann/Fritsch 1990, S. 53

3.4. Subvention des redaktionellen Teils der Zeitung durch die Werbung

Werbung macht die Medien billig und Konsumgüter teuer. Um wie viel die Zeitung durch Werbung billiger wird, soll im Folgenden für den Zeitungstyp Abonnementzeitung 1990 kalkuliert werden[15]. Dabei wird der Anschaulichkeit halber das durchschnittliche Monatsstück von 1990 von Tabelle 9 zugrunde gelegt.

Der Umsatz beträgt 60,41 DM, dabei entfallen 66,5 Prozent auf die Werbung und 33,5 Prozent auf den Text. Die Kosten sind schwieriger zu kalkulieren. Nach Tabelle 11 entfallen für den Zeitungs*verlag* im Jahre 1990 im Durchschnitt Kosten in Höhe von 94 Prozent des Umsatzes (der Gewinn beträgt 6 Prozent des Umsatzes, also betragen die Kosten 94 Prozent des Umsatzes). Dieser Wert soll hier auch für das Objekt Zeitung übernommen werden. Die Kosten des Monatsstücks wären mithin 56,79 DM (60,41 x 0,94).

Die Aufteilung der Kosten auf die Produktion des Textteils und des Anzeigenteils soll hier proportional zur Seitenzahl vorgenommen werden – also 62,5 Prozent für den Textteil und 37,5 für den Anzeigenteil. Das ist eine Schätzung, weil andere

15 Weil Kostenangaben der Pressestatistik nur bis 1990 erhältlich sind, kann die Berechnung nicht aktualisiert werden. Prinzip und Größenordnung der Subvention bleiben aber unverändert.

Angaben nicht vorliegen, und es ist eine Schätzung, die die Kosten für die Produktion des Anzeigenteils mit Sicherheit zu hoch ansetzt. Die kalkulierte Subvention ist mithin der unterste mögliche Wert.

Die Textproduktion allein macht also einen Verlust von 15,26 DM, die Anzeigenproduktion allein erwirtschaftet fiktiv (sie wäre allein ja nicht marktfähig) einen Gewinn von 18,88 DM und deckt damit den Verlust der Textproduktion. Ohne

Kalkulation der Subvention für das Monatsstück 1990 (in DM und in Prozent des Gesamtumsatzes/bzw. der Gesamtkosten)

	DM	**Prozent**
Gesamt-Umsatz	60,41	100 %
Gesamt-Kosten	56,79	94 %
Gesamt-Gewinn	3,62	6 %
Text-Umsatz	20,23	33,5 %
Text-Kosten	35,49	62,5 % der Kosten
Text-Gewinn	- 15,26	- 25,3 %
Anzeigen-Umsatz	40,17	66,5 %
Anzeigen-Kosten	21,29	37,5 % der Kosten
Anzeigen-Gewinn	18,88	31,3 %

Anzeigen müsste das Monatsabonnement mindestens 35,49 DM kosten; bei entsprechendem Gewinn von sechs Prozent sollte das Abonnement 37,62 DM kosten, statt, wie tatsächlich, 23,94 DM. Damit subventioniert die Werbung den Textteil mit 13,68 DM oder 57 Prozent.

Anders formuliert sind 47 Prozent des Anzeigenumsatzes Gewinn und 53 Prozent sind Kosten. Dieses Ergebnis deckt sich mit den Angaben von Noll, der als Kostenanteil am Anzeigenumsatz 54,3 bis 61,9 Prozent errechnet (Noll 1977, S. 57) und mit den Angaben von Reddaway, der von einem Kostenanteil von 50 Prozent ausgeht (Reddaway 1963, S. 206).

Solche Kalkulationen können letztlich nur Eckwerte deutlich machen. Nicht berücksichtigt ist in dieser Beispielsrechnung, dass der größere Teil der Anzeigen aktiv gesuchter Lesestoff ist und mithin zum Teil die Bereitschaft der Nachfrager, den Preis für die Zeitung zu zahlen, begründet. Ohne Werbung wäre die Zeitung nicht nur um mindestens 57 Prozent teurer, sondern die Nachfrage nach Zeitungen wäre auch geringer.

3.5. Die kumulative Dynamik der Einnahmen (Auflage-Anzeigen-Spirale)

Die Konsequenz der Verbundproduktion für den Leser- und Werbemarkt zugleich ist eine kumulativ-dynamische Verknüpfung von Nachfragesteigerung und Gewinn, die als relativ einzigartig gilt. Ausgangspunkt der Analyse sei eine zufällige Erhöhung der Nachfrage der Leser (NL). Daraufhin wird die Auflage erhöht, dies senkt – bei konstanten Anzeigengrundpreisen – die Tausendkontaktpreise der Werbung. Sinkende Tausenderpreise führen in der Regel zu einer Zunahme der Nachfrage nach Werbung (NW). Diesen Zusammenhang nennt man den *Mengeneffekt.* Während die ursprüngliche Auflagensteigerung üblicherweise den Gewinn nicht erhöht, wird der Mehrverkauf von Anzeigen den Gewinn auf jeden Fall steigern, weil maximal etwa 50 Prozent des Anzeigenumsatzes Kosten sind und etwa 50 Prozent Gewinn (vgl. die Kalkulation im vorhergehenden Abschnitt 3.4.).

Üblicherweise wird der so beschriebene Mengeneffekt nur kurzfristig realisiert. Mittelfristig – mit der Herausgabe neuer Werbepreislisten – werden die Anzeigengrundpreise (PW) erhöht, weil die gesunkenen Tausenderpreise hier Spielräume zur Preiserhöhung geschaffen haben. Dies nennt man *Preiseffekt.* Diese Erhöhung der Anzeigengrundpreise steigert den Gewinn direkt. Daraus resultiert die folgende Wirkungskette:

N_L steigt -> N_W steigt -> Gewinn steigt (Mengeneffekt)
-> P_W steigt -> Gewinn steigt (Preiseffekt)

Der Tatbestand, dass mit steigender Nachfrage der Gewinn steigt, ist nicht ungewöhnlich. Dies trifft für eigentlich alle Produktionszweige zu. Ungewöhnlich sind aber folgende Elemente:

- Zum einen ist der Anteil der fixen Kosten an den Gesamtkosten recht hoch (vgl. Abschnitt 4.2.); dies bedeutet, dass die Produktion für die *zusätzliche* Nachfrage zu recht geringen Kosten erstellt werden kann und dies bedeutet, dass die resultierende Gewinnsteigerung relativ groß ist.
- Zum anderen werden die zusätzlichen Gewinne auf zwei Märkten erzielt, also sozusagen doppelt.

Ein wenig unsicher und strittig ist die Kumulation solcher Effekte. Zu denken ist an zwei Möglichkeiten einer Kumulation:

- Zum einen *können* die zusätzlichen Gewinne in eine größere Qualität der Zeitung (mehr Redakteure, mehr Seiten, mehr Bilder, mehr Farbe etc.) investiert werden und dies *kann* die Nachfrage wiederum erhöhen. Dies erscheint aber nur als Möglichkeit, weil damit die zusätzlichen Gewinne wieder ausgegeben werden und weil der Erfolg solcher Maßnahmen gerade im Zeitungsgeschäft deswegen sehr unsicher ist, weil die Nachfrageträgheit der Rezipienten recht groß ist. Im direkten Konkurrenzvergleich ist diese Kumulation indes zu erwarten.
- Zum anderen, und dies ist ein bedeutsamer Aspekt für die Erklärung der Monopolisierung von lokalen/regionalen Zeitungsmärkten, wirkt die Kumulierung über die Rezipientennachfrage nach Werbung. Weil der Anzeigenteil einer Zeitung ein recht gesuchter Lesestoff ist (vgl. Tabelle 2), steigt mit steigendem Anzeigenumfang die Nachfrage der Leser und die steigende Auflage erhöht wiederum den Anzeigenumfang. Man möchte als Leser sicher sein, alle Immo-

bilien-, Kfz- oder Familienanzeigen zu lesen und Inserenten wollen möglichst alle Leser erreichen.

4. Kostenstruktur und Fixkostendegression

4.1. Kostenstruktur der Zeitungsproduktion

Durchschnittliche Kostenstrukturen von Betrieben einer Branche sind zum einen interessant als Vergleichsmaßstab für die Beurteilung der Wettbewerbsfähigkeit jeweils einzelner Betriebe, die daraus erkennen können, ob sie über oder unter dem Durchschnitt der Branche liegen. Durchschnittliche Kostenstrukturen einer Branche sind zum anderen interessant, um abschätzen zu können, welche Substitutionsprozesse im Zuge der technischen Entwicklung und der Veränderung der Faktorpreisrelationen zu erwarten sind. Dazu wäre es notwendig, Kostenstrukturen nach Verbrauchsfaktoren gegliedert auszuweisen, also etwa Lohnkosten, Kapitalkosten, Umweltkosten und Zeitkosten zu separieren. Eine solche Aufteilung liegt indes nicht vor. Der BDZV weist die Kostenstruktur der Zeitungen vielmehr nach betrieblichen Funktionsbereichen gegliedert aus. So zeigt Tabelle 9 die Entwicklung der Kostenstruktur von Abonnementzeitungen nach den Funktionsbereichen Technische Herstellung, Redaktion, Vertrieb und Verwaltung, ergänzt speziell um die Ausweisung der Kosten von Papier und Anzeigen.

Tab. 9: Kostenstruktur von Abonnementzeitungen in Prozent der Gesamtkosten (Westdeutschland)

	1984	**1988**	**1992**	**1994**	**1996**	**1998**
Technische Herstellung	40,9[1]	32,7	31,8	30,8	29,6	28,3
Papier	-	11,0	7,7	7,1	9,7	8,3
Redaktion	16,5	18,1	20,0	21,6	21,0	21,7
Vertrieb	22,0	17,7	19,0	20,3	19,1	19,8
Anzeigen	12,2	12,1	13,3	12,3	12,9	13,4
Verwaltung	8,4	8,4	8,2	7,9	7,6	8,6
Gesamt	100	100	100	100	100	100

1) einschließlich Papier

Quelle: BDZV-Jahrbücher „Zeitung"

Tabelle 9 zeigt deutlich abnehmende Kostenanteile für die technische Herstellung, stark schwankende Kostenanteile für Papier und eine leichte Abnahme der Kostenanteile für den Vertrieb; auf der anderen Seite wird ein leicht zunehmender Kostenanteil für die Redaktion ausgewiesen. Hier sieht man, dass die Kosten der Redaktion nicht rationalisiert werden können; die zunehmende Bedeutung einer Lokalberichterstattung, die ja nicht auf Agenturmaterial zurückgreifen kann, erfordert vielmehr eine Zunahme der Zahl der beschäftigten Redakteure.

Die relativ hohen Kostenanteile für die technische Herstellung (Druck und Papier) und für den Vertrieb von zusammen etwa 50 Prozent der Gesamtkosten sind auf die papiergebundene Form der Informationsübertragung zurückzuführen. Es besteht damit ein permanent hoher Anreiz, andere Formen der Informationsverbreitung einzuführen. Die Zeitung per Fax war ein kleines Experimentierfeld; mit der Digitalisierung von Informationen und Informationsübertragungen in kompatiblen Netzen wird die elektronische Zeitung näherrücken (vgl. Abschnitt 9).

4.2. Fixkostendegression der Zeitungsproduktion

Wie jede Medienproduktion ist auch die Zeitungsproduktion „Blaupausen-Produktion". Die Zeitung wird täglich als Prototyp neu konzipiert und anschließend vervielfältigt. Die eigentliche journalistische Produktion verbraucht sich dabei nicht, sie stellt auf jeden Fall fixe Kosten der Produktion dar. Welche anderen Kosten ebenfalls als fix, also als unabhängig von der Auflage, zu klassifizieren sind, soll anhand der amtlichen Kostenstrukturstatistik untersucht werden. Die Ermittlung des so genannten Fixkostenblocks ist wichtig, um Rückschlüsse auf wettbewerbliche Insuffizienzsyndrome ziehen zu können.

Die amtliche Kostenstrukturstatistik der Presse weist verschiedene Kostenarten für den „Zeitungsverlag", nicht für das Objekt „Zeitung" aus[16]. Dennoch können diese Angaben etwa auch für Zeitungen übernommen werden, weil Zeitungsverlage mindestens schwerpunktmäßig Zeitungen produzieren. Als fix können folgende Kosten gelten: Personal, die Kosten für freie Mitarbeiter, Pressedienste, bezogene redaktionelle Teile, Post- und Fernmeldegebühren sowie Lizenzgebühren, die hier insgesamt als Kosten der Fremdproduktion bezeichnet werden; weiterhin Mieten, Pachten und Steuern sowie Abschreibung, Zinsen und Werbung. Als variable Kosten gelten Materialkosten, Kosten der Zustellung sowie Kosten der fremden technischen Herstellung und des Verbrauchs von Brennstoffen und Reparaturen. Tabelle 10 gibt einen Überblick über die entsprechend zugeordneten Kosten zugleich nach der Umsatzgröße gegliedert.

Der Fixkostenanteil beträgt gut 50 Prozent, der Anteil der variablen Kosten am Umsatz beträgt gut ein Drittel; der Rest sind „sonstige" Kosten, die mithin nicht zugerechnet werden können, im Zweifel aber eher fixe Kosten sind, und schließlich der Gewinn. Ein solcher Fixkostenanteil kann im gesamtwirtschaftlichen Durchschnitt als recht hoch gelten, auch der Personalkostenanteil übertrifft mit 39,2 Prozent den gesamtwirtschaftlichen Durchschnitt von 19,3 Prozent (vgl. Monatsbericht der Bundesbank November 1992, S. 17) deutlich. Dies liegt vor allem an der personalkostenintensiven Redaktion.

16 Zuletzt für das Jahr 1990, daher ist eine Aktualisierung nicht mehr möglich.

Die Konsequenz eines solch hohen Fixkostenanteils ist eine wettbewerbspolitisch bedenkliche Tendenz zur Monopolisierung des jeweiligen Zeitungsmarktes, weil der Alleinanbieter die größte Fixkostendegression aufweist (vgl. dazu die ausführliche Darstellung in Kapitel 4).

Tab. 10: Fixe und variable Kosten der Zeitungsproduktion 1990 (Kosten der Zeitungsverlage in Prozent vom Umsatz/Westdeutschland)

	Fixe Kosten					Variable Kosten			
Umsatz von ... bis ... in Mill. DM	Perso-nal	Fremd-prod.	Mieten Pacht Steuer	Abschr. Zinsen Werbg.	fixe K. gesamt	Mate-rial	Ver-trieb	Fremd. Repar.	var. K. gesamt
1 - 2	39,1	10,1	2,9	2,1	54,2	19,1	5,0	19,2	43,3
2 - 5	43,5	5,9	2,8	2,3	54,5	10,6	3,6	20,9	35,1
5 - 10	36,6	6,3	4,7	4,1	51,7	9,4	3,7	19,4	32,5
10 - 25	40,9	6,2	4,0	5,1	56,2	12,9	5,2	11,6	29,7
25 - 50	34,1	5,2	4,7	3,6	47,6	12,2	4,9	16,0	33,1
50 – 100	44,9	3,6	4,1	4,6	57,2	15,8	2,8	11,6	30,2
>100	35,4	3,8	3,4	6,2	48,8	18,3	6,5	11,4	36,2
insgesamt[1]	39,2	5,9	3,8	4,0	52,9	14,0	4,5	15,7	34,2

1) ungewichtetes arithmetisches Mittel

Quelle: Pressestatistik

5. Struktur und Entwicklung der Gewinne der Zeitungsproduktion

Der Gewinn ergibt sich als Differenz von Umsatz und Kosten; er ist also Residualgröße, die man erhält, wenn man vom Umsatz (= Absatz x Preis) die Kosten abzieht. Im Folgenden wird ein Überblick über die Gewinnsituation der Zeitungsverlage gegeben, Besonderheiten werden herausgestellt, es wird gezeigt, dass nicht jede Auflagensteigerung automatisch den Gewinn erhöht und die Zeitungspreise werden dabei als zentrale Determinanten der Gewinne des Zeitungsverlages beschrieben.

5.1. Die Gewinne der Zeitungsverlage

Neben einer Ausweisung der absoluten Höhe der Gewinne werden diese in der Regel zur besseren Vergleichbarkeit auf den Umsatz oder das eingesetzte Kapital bezogen. Die folgende Tabelle 11 weist die so genannte *Umsatzrendite* als Gewinn vor Abzug der Gewinnsteuern im Verhältnis zum Umsatz aus. Dabei handelt es sich um den Betriebsgewinn, das ist der Gewinn aus dem eigentlichen Betriebszweck ohne betriebsfremde und außerordentliche Bestandteile. Bezugsgröße ist der Zeitungsverlag, also die Unternehmung, die im Schwerpunkt Zeitungen produziert, nicht die Zeitung selbst. Die Angaben der Unternehmen sind für diesen Teil der amtlichen Statistik freiwillig; die Beteiligung erfasst etwa 40 Prozent aller Verlage, sie ist nicht repräsentativ. Genauere Zahlen stehen nicht zur Verfügung. Zum Vergleich wird die Umsatzrendite der Industrie insgesamt ausgewiesen.

Tab. 11: Umsatzrendite von Zeitungsverlagen von 1980 bis 1990 (Westdeutschland)

Umsatz von .. bis .. in Mill. DM	1980	1982	1984	1986	1988	1990
0,5 - 1	5,6	0,7	-10,9	-	-	-
1 - 2	9,8	10,9	13,5	1,2	- 1,2	- 4,2
2 - 5	15,5	8,9	10,8	7,4	5,1	2,9
5 - 10	10,3	11,4	9,9	7,6	14,1	8,9
10 - 25	11,4	6,9	11,2	8,1	10,4	7,0
25 - 50	10,4	12,7	15,9	13,1	15,9	10,7
50 - 100	7,3	7,0	9,7	8,6	10,5	7,4
> 100	7,4	3,1	8,4	9,1	8,7	5,1
insgesamt[1]	8,4	5,9	9,7	9,2	9,8	6,0
Industrie, insgesamt[2]	4,8	4,1	4,4	4,7	3,5	3,5

1) gewichtetes arithmetisches Mittel 2) Jahresüberschuss vor Gewinnsteuern

Quellen: Pressestatistik; Institut der deutschen Wirtschaft; Monatsberichte der Bundesbank

5.2. *Gewinnanalyse*

Auffällig erscheint die erheblich über dem Durchschnitt aller Industrieunternehmen liegende Umsatzrendite der Zeitungsverlage von sechs bis zehn Prozent im Vergleich zu 3,5 bis knapp 5 Prozent für die Industrie. Allerdings ist der Abstand 1990 deutlich geschrumpft. Die ungewöhnlich hohe Rendite der Zeitungsverlage ist ein Indiz für erhebliche Marktzutrittsschranken und für im Durchschnitt geringen Wettbewerb im Zeitungsmarkt. Im Zeitablauf ist kein systematischer Entwicklungstrend zu erkennen.

In der Analyse der Umsatzrendite nach Umsatzgrößenklassen zeigt sich folgender Befund:

Kleine Zeitungen mit einem Umsatz bis zu fünf Millionen DM – das entspricht einer Auflage bis etwa knapp 10 000 Stück – erzielen jedenfalls ab 1986 eine vergleichsweise geringe Umsatzrendite. Ob dies an ihrer geringen Betriebsgröße oder an ihrer Marktstellung als Zweitzeitung liegt, kann aus der Statistik nicht geschlossen werden. Es wird allerdings vermutet, dass es vor allem an der Marktstellung liegt, eine kleine Monopolzeitung hätte jedenfalls keinen erkennbaren Grund für geringere Gewinne. Eine Zweitzeitung hingegen, die etwa die gleichen fixen Kosten wie die Erstzeitung haben müsste, dürfte wegen ihrer geringeren Fixkostendegression höhere Kosten und entsprechend niedrigere Gewinne aufweisen. Es sei denn, sie bietet ein stark differenziertes Produkt an, das dann auch höhere Preise erlaubt. Erschwerend kommt für Zweitzeitungen hinzu, dass sie auch auf der Einnahmeseite Nachteile hinnehmen müssen, weil Anzeigenkunden im Zweifel bei der größeren Zeitung inserieren. Zweitzeitungen können theoretisch nur bei Aufgabe ihrer wirtschaftlichen Selbständigkeit – also bei Anschluss an eine Redaktions- und/oder Anzeigengemeinschaft – überleben.

Zeitungen von mittlerer Größe mit einem Umsatz von etwa fünf bis 50 Millionen DM – das entspricht einer Auflage von etwa 10 000 bis 60 000 Stück – erzielen, über die Jahre betrachtet, die höchste Umsatzrendite. Bei der Interpretation solcher Befunde ist Vorsicht angebracht, aber mittelgroße Zeitungen haben vermutlich eine effiziente Betriebsgröße und stehen in einer für sie günstigen Wettbewerbssituation, also in Konstellationen mit wenig Wettbewerb.

Größere Zeitungen mit einem Umsatz ab 50 Millionen DM – das entspricht einer Auflage etwa ab 60 000 Stück – erzielen eine wiederum deutlich geringere Umsatzrendite als die mittleren Zeitungen. Mögliche Gründe dafür sind:

– Große Zeitungen, die einen höheren Seitenumfang aufweisen als kleine Zeitungen, müssen offenbar die größere Käufergruppe durch ein größeres Produktsortiment gewinnen und halten; dies verursacht entsprechende Streuverluste.

– Große Zeitungen stehen auf dem Werbemarkt in vermutlich größerer Konkurrenz zu anderen Werbeträgern (Zeitschrift, Hörfunk, Fernsehen) als kleine Zeitungen und erzielen entsprechend geringere Tausenderpreise.

– Die Nachfrage nach den absolut wesentlich teureren Anzeigen der großen Zeitungen ist preiselastischer als die Nachfrage nach den im Grundpreis billigeren Anzeigen der kleinen Zeitungen[17].

Dieser etwas überraschende Befund, dass vor allem mittlere Zeitungen die höchsten Gewinnquoten aufweisen, deckt sich mit Strukturanalysen des amerikanischen Zeitungsmarktes. Eine „Survivor-Analyse" hat ergeben, dass im Zeitraum vom 1964 bis 1981

- Zeitungen mit einer Auflage bis 5 000 Stück aussterben,
- Zeitungen mit einer Auflage zwischen 10 000 und 100 000 Stück deutlich Marktanteile gewonnen haben, und

17 Ergänzend spielt vielleicht eine gewisse Rolle, dass bei den großen Zeitungen normalerweise Geschäftsführergehälter gezahlt werden, die den ausgewiesenen Gewinn mindern, während bei kleinen Zeitungen tätige Inhaber ihr „Gehalt" dem ausgewiesenen Gewinn entnehmen.

- Zeitungen mit einer Auflage zwischen 100 000 und 500 000 Stück kaum Marktanteile gewonnen haben (Norton/Norton 1986, S. 80).

5.3. *Auflagensteigerung und Gewinnentwicklung in kurzer Frist*

Eine zunehmende Auflage erhöht nicht automatisch den Gewinn der Zeitungsproduktion. Zum einen muss bedacht werden, dass sich eine steigende Auflage normalerweise nicht von selbst ergibt, sondern dass dies erhebliche Investitionen in die Produktentwicklung und das Zeitungsmarketing voraussetzt. Zum anderen steigert auch eine kurzfristige Zunahme der Auflage, die sozusagen „vom Himmel fällt", nicht automatisch den Gewinn. Dies zeigt folgende Kalkulation für den Grenzgewinn. Der Grenzgewinn (ΔG) ist die Gewinnänderung, die sich ergibt, wenn die Zeitungsnachfrage um ein Stück zunimmt. Dabei ergibt sich der Grenzgewinn als Differenz zwischen dem zusätzlichen Umsatz (ΔU) und den zusätzlichen Kosten der Produktion einer Zeitung (ΔK).

$$\Delta G = \Delta U - \Delta K.$$

Diese Kalkulation soll für das durchschnittliche Monatsstück einer Abonnementzeitung 1990 durchgeführt werden.

Der Grenzumsatz ΔU ist der monatliche Vertriebsumsatz von 20,23 DM (vgl. Tabelle 7). Die Grenzkosten (ΔK) sind die variablen Kosten der Produktion, nach Tabelle 10 im Durchschnitt 34,2 Prozent des *gesamten* Umsatzes, also einschließlich des Werbeumsatzes, das sind 34,2 Prozent von 60,41 DM, also 20,66 DM.

$$\Delta G = \Delta U - \Delta K$$
$$\Delta G = 20{,}23 - 20{,}66 \text{ DM}$$
$$\Delta G = -0{,}43 \text{ DM}$$

Der Grenzgewinn ist also negativ, eine *kurzfristige* Zunahme der Verkaufsauflage lohnt sich für den durchschnittlichen Zeitungsverlag nicht. Erst wenn mit steigender Auflage die Werbegrundpreise erhöht werden können, steigt der Gewinn. Weil Werbepreislisten nicht dauernd neu gedruckt werden, erfolgt die Preisanpassung entsprechend zeitverzögert.

5.4. *Auflagenmaximierung und Gewinnmaximierung*

In der Zeitungsproduktion wird traditionell eine hohe Auflage mit hohen Gewinnen gleichgesetzt (Blankenburg 1994, S. 10). Dies wird nahegelegt durch den Verbund von Leser- und Werbemarkt sowie durch die ausgeprägte Fixkostendegression. Die vorstehenden Ausführungen sollten hier einige Zweifel wecken: Weder erzielen die auflagenstärksten Zeitungsverlage die höchsten Renditen, noch steigert eine Zunahme der Auflage, sogar wenn sie „vom Himmel fällt", automatisch den kurzfristigen Gewinn.

In der Wirtschaftswissenschaft wird generell davon ausgegangen, dass Unternehmen nach maximalem Gewinn streben (Gewinnmaximierungshypothese). Unter den in aller Regel gegebenen normalen Verläufen der Kosten- und der Preis-Absatz-Funktion wird das Gewinnmaximum nicht im Absatz-Maximum erzielt – hier müsste der Verkaufspreis ja Null sein – und auch nicht im Umsatz-Maximum, sondern bei einer kleineren Produktionsmenge. Dies liegt daran, dass – gedanklich vom Absatz-Maximum ausgehend – eine Preiserhöhung zwar den Absatz senkt, aber zunächst den Umsatz erhöht, wenn der Prozentsatz der Preiserhöhung den Prozentsatz des Absatzrückgangs übersteigt. Dies ist in der Regel der Fall. Wenn z. B. der Preis um 10 Prozent steigt und der Absatz um 5 Prozent sinkt, dann steigt der Umsatz – das Produkt aus Preis und Absatz – in diesem Fall um 4,5 Prozent. Zugleich sinken die Produktionskosten, weil der Absatz ja zurückgeht. Als Resultat einer vom Umsatz-Maximum ausgehenden Preiserhöhung steigt der Gewinn so gut wie immer, allerdings nur innerhalb begrenzter Spielräume der Preiserhöhung.

Auf eine genaue Beweisführung wird hier verzichtet (vgl. hierzu die Standardwerke der Mikroökonomie, etwa Schumann 1987). Wichtig ist, dass die Absatzmenge, die den Gewinn einer Unternehmung maximiert, kleiner ist als die Absatzmenge, die den Umsatz maximiert. Dies liegt, um es einmal aus der Perspektive einer geplanten Absatzausweitung zu betrachten, daran, dass eine Absatzsteigerung ja etwas „kostet" – und zwar mindestens die zusätzlichen Produktions- und Verteilkosten, und in der Regel auch eine Preissenkung, die dann alle Verkäufe betrifft sowie den zusätzlichen Aufwand für das Marketing.

In der Zeitungswirtschaft gelten diese Zusammenhänge auch. Eine Absatzsteigerung, hier also eine Steigerung der verkauften Auflage, verursacht zusätzliche „Kosten":

- zusätzliche Produktionskosten und, wenn die zusätzliche Auflage nicht „vom Himmel fällt",
- Preissenkungen und/oder
- Marketingaufwendungen.

Anders als in der Industrie reagiert aber der Umsatz in der Zeitungswirtschaft, weil er zweifach betroffen ist. Um bei dem einfachen Beispiel zu bleiben: Wenn jetzt der Preis um 10 Prozent steigt und der Absatz auf dem Lesermarkt um 5 Prozent zurückgeht, dann geht aber, über kurz oder lang, auch der Absatz auf dem Werbemarkt zurück, z. B. ebenfalls um 5 Prozent. In diesem Fall lohnt die Preiserhöhung mithin nicht generell.

Ohne genaue Kenntnis der Kosten- und der Preis-Absatz-Funktion einer bestimmten Zeitung kann nicht ermittelt werden, bei welcher Auflagenhöhe der Gewinn des Zeitungsverlags maximiert wird; sicher ist nur, dass dies keinesfalls beim Auflagen-Maximum der Fall ist, dass aber die Annäherung an das Umsatz-Maximum größer ist als in anderen Wirtschaftssektoren.

Diese theoretischen Überlegungen werden durch die empirischen Untersuchungen von Blankenburg gestützt, der ermittelt hat, dass aggressive Preiserhöhungen zwar die verkaufte Auflage senken, aber gleichzeitig den Gewinn steigern, während Investitionen in die Qualität der Zeitung zwar die Auflage steigern, aber den Gewinn vermindern können (Blankenburg 1994).

Als Fazit kann festgehalten werden, dass die Vorstellung von einer unbegrenzten Spiralwirkung von Auflagensteigerung und Gewinnmaximierung zu einfach ist. Auch für die Zeitungswirtschaft gilt das „Gesetz", dass der zusätzliche Umsatz einer Auflagensteigerung ab einer bestimmten Marktsättigung die zusätzlichen Kosten der Produktion nicht mehr deckt.

5.5. Zeitungspreise

Wesentlicher Bestimmungsgrund der Gewinne sind die Preise. Daher soll im Folgenden ein kurzer Überblick über die Struktur und Entwicklung der Zeitungspreise gegeben werden. Zeitungspreise werden nach dem Vertriebsweg differenziert:

- Einzelverkaufspreise und
- Abonnementpreise sowie
- Trägerpreise und
- Postbezugspreise.

Tabelle 12: Zeitungspreise[1] 1999 (Westdeutschland)

	Abonnementpreise						**Einzelverkaufspreise**		
Titelanzahl ( ) und Auflage	Postbezugspreise Monatlich			Trägerpreise Monatlich			Mo-Do		
	D	H	T	D	H	T	D	H	T
(13) bis 5000	33,25	43,00	21,20	28,52	15,20	37,50	1,33	1,70	0,60
(35) bis 10 000	35,94	41,80	26,00	32,15	37,00	25,10	1,49	1,80	1,10
(64) bis 25 000	36,91	47,00	22,20	33,06	39,90	19,30	1,52	2,00	0,90
(40) bis 50 000	37,41	45,50	27,00	33,64	39,70	24,30	1,57	2,00	1,00
(29) bis 125 000	37,25	43,00	28,00	34,17	40,00	25,50	1,59	2,30	0,70
(21) bis 200 000	37,22	44,00	25,50	34,47	39,80	24,90	1,61	2,00	1,10
(10) über 200 000	36,99	42,90	31,10	34,09	37,20	30,50	1,51	1,80	1,00
Durchschnitt aller Auflagengruppen	36,71			33,09			1,53		

1) Für 6 x wöchentlich erscheinende lokale/regionale Abonnementzeitungen.

Quelle: BDZV – Jahrbuch Zeitungen `99

Wie Tabelle 12 zeigt, ist der Postvertrieb deutlich teurer als die Zustellung durch Träger und besonders teuer ist der Einzelverkauf (auf den Monat bezogen). Ein wenig differieren die durchschnittlichen Preise (D) nach der Auflagenhöhe, viel stärker differieren sie innerhalb der gleichen Auflagengrößenklasse zwischen dem jeweiligen Höchstpreis (H) und dem jeweiligen Tiefpreis (T). Dies dürfte im Wesentlichen an den sehr unterschiedlichen Wettbewerbsverhältnissen in den Zeitungsregionen liegen.

Daneben unterscheiden sich die Einzelverkaufspreise – was hier nicht ausgewiesen ist – auch nach Wochentagen: Etwas teurer ist die durchschnittliche Freitagsausgabe und deutlich teurer ist die durchschnittliche Samstagsausgabe. In Ostdeutschland sind die Zeitungen im Durchschnitt wesentlich billiger: Der durchschnittliche Abonnementträgerpreis liegt mit 26,02 DM um über 20 Prozent unter dem Preis in Westdeutschland und der Einzelverkaufspreis liegt mit 1,15 DM um fast 25 Prozent unter dem entsprechenden Preis in Westdeutschland.Im Zeitablauf sind die Zeitungspreise kontinuierlich erhöht worden: Der Preisanstieg war dabei mit rund 37 Prozent deutlich höher als der Anstieg des allgemeinen Preisindexes von 18,1 Prozent. Dies zeigt Tabelle 13.

Tabelle 13: Entwicklung der Zeitungspreise (Westdeutschland) in DM

	1991	**1993**	**1995**	**1996**	**1997**	**1998**	**1999**	**+ %**
Abo-Trägerpreis	23,99	26,81	29,21	30,27	31,27	32,13	33,09	+ 37,9
EH- Verkaufspreis	1,12	1,24	1,35	1,39	1,45	1,50	1,53	+ 36,6
Preisindex[1]	100	107,7	112,5	114,1	116,1	117,2	118,1	+ 18,1
1) für die Lebenshaltung aller privaten Haushalte								

Quelle: BDZV, Statistisches Bundesamt

6. Zeitungsverlagsstrukturen

6.1. Enge räumliche Verbreitung / kleine Zeitungsauflagen

Zeitungen sind, trotz aller Konzentrationstendenzen (vgl. Kapitel 9), in Deutschland immer noch sehr stark auf eng begrenzte Räume bezogen. Dies lässt sich mit der räumlich engen Bindung der Nachfrage nach Informationen begründen. Die Menschen interessieren sich für Ereignisse, zu denen sie einen persönlichen Bezug herstellen können und der primäre Bezug wird durch eine räumlich begründete Bekanntheit hergestellt. Oder die Menschen interessieren sich für Informationen, die für sie relevant sind und die primäre Relevanz wird durch räumlich eng gebundene Aktivitäten wie Arbeiten, Einkaufen und alltägliche Freizeitgestaltung hergestellt. Ergänzend nur treten sachlich begründete Bezüge hinzu. Eine solche starke räumliche Bindung der Informationsnachfrage wird bestätigt, z. B. durch die Allensbacher Leserumfragen (vgl. Tabelle 2). Die räumliche Bindung der Nachfrage nach Informationen ist in Deutschland zusätzlich stark durch die zersplitterte Regionalstruktur der politischen Administration begründet.

Eine starke räumliche Bindung der Nachfrage nach Informationen ist auch und gerade im Bereich der *Werbung* zu beobachten. Werbung hat für die Rezipienten nur dann einen Informationsnutzen – von einem möglichen Animationsnutzen sei hier abgesehen – wenn die beworbenen Angebote wenigstens potentiell in den Begehrskreis der Rezipienten fallen. Dabei wird die örtliche Grenze für den Kreis potentieller Handelspartner durch die Transaktionskosten im Verhältnis zum Marktwert der Güter und Dienstleistungen bestimmt. Diese Grenze kann mithin nicht generell und exakt bestimmt werden, indes gilt auch hier, dass die Masse der Werbebotschaften sich entweder an einen örtlich eng begrenzten Kreis von Handels- bzw. Ansprechpartnern richtet (örtlich gebundene Dienstleistungen) oder an einen nur national/international zu begrenzenden Kreis (Markenartikelwerbung für nationale/internationale Marken). Dies liegt daran, dass die Distribution von Gütern und Dienstleistungen überwiegend an einen Ort gebunden ist. So werben lokal gebundene Anbieter typischerweise nicht für ein bestimmtes Produkt oder eine bestimmte Marke, sondern für die örtliche Einrichtung des Verkaufs. Und Distanzüberwindungskosten schließen einen „täglichen" Einkauf in entfernteren Zentren aus. Daher ist ein großer Teil der Werbung lokal gebunden.

Da es also ein beträchtliches Volumen an räumlich sehr begrenzt interessierenden Informationen gibt, werden Medien benötigt, die solche räumlich begrenzten Informationen effizient, d. h. vor allem ohne große Streuverluste, verbreiten können. Hier eignet sich die Informationsverbreitung durch die Post, durch Zusteller oder durch materielle Kommunikationsnetze sehr gut für eine räumlich eng begrenzte Zustellung, weil im Wesentlichen nur variable Zustellkosten anfallen, die abhängig sind von der Zahl der Informationsempfänger. In diesem Feld sind Printmedien wie die Zeitung und das Anzeigenblatt besonders effiziente Medien einer räumlich begrenzten Informationsverbreitung, weil sie die räumliche Segmentierung ohne Zusatzkosten realisieren können. So kann die Zeitung als Medium bezeichnet werden, das (neben dem Anzeigenblatt) die effizienteste räumliche Segmentierung der Verbreitung von Informationen bietet (vgl. Heinrich 2000).

Tabelle 14: Auflagengrößenstruktur von regionalen Abonnementzeitungen 1998 (Westdeutschland)

	Zahl der Titel		**Auflage in Tausend**	
Auflage von ... bis ...	absolut	in Prozent	absolut	in Prozent
0 - 5000	29	11	88	0,7
5000 - 10 000	52	20	376	2,8
10 000 - 25 000	75	28	1165	8,7
25 000 - 50 000	43	16	1493	11,0
50 000 - 125 000	31	11	2328	17,4
125 000 - 200 000	23	9	3730	27,8
über 200 000	13	5	4 233	31,6
gesamt	266	100	13 413	100

Quelle: BDZV - Jahrbuch Zeitungen '99, S. 67

Konkurrenz erwächst der Zeitung allerdings durch die digitale Informationsverbreitung, wenn diese – trotz ihrer Streuverluste – billiger wird als der Zeitungsvertrieb.

Dieser enge räumliche Bezug der Zeitung wird in der Größenstruktur der Zeitungsverlage (als rechtliche Einheit) deutlich. Wie Tabelle 14 zeigt, haben 156 Titel (59 Prozent der Titel) eine Auflage unter 25 000 Stück. Diese kleinauflagigen Titel vereinen aber nur 12,2 Prozent der Gesamtauflage auf sich, spielen quantitativ also nur eine kleine Rolle. Immerhin ist aber auch eine Auflage von bespielsweise 200 000 Stück auf einen eng begrenzten Raum bezogen.

6.2. Vertikale Integration der Zeitungsproduktion

Für jeden modernen Betrieb ist es üblich, große Teile der Produktion an Zulieferbetriebe zu vergeben, die im Prinzip ja billiger produzieren als es der eigene Betrieb vermag. Für die Analyse der Bedingungen der Zeitungsproduktion ist es insbeson-

Tab. 15: Die vertikale Integration der Zeitungsproduktion (Abonnementzeitung) von 1980 bis 1994 (Hauptausgaben in Westdeutschland/ ab 1992 Deutschland/ Prozentangaben in Klammern)

	1980	1984	1988	1990	1992	1994
Hauptausgaben	350	342	340	338	369	356
– eigene redaktionelle Herstellung d. Mantels	114 (32,6)	121 (35,4)	119 (35,0)	121 (35,8)	144 (39,0)	138 (38,8)
– eigener Druck des Mantels	185 (52,9)	174 (50,1)	136 (40,0)	138 (40,8)	140 (37,9)	139 (39,0)
– eigener Druck des Lokalteils	193 (55,1)	179 (52,3)	172 (50,6)	171 (50,6)	165 (44,7)	158 (44,4)
– gesamte Herstellung im Unternehmen	60 (17,1)	58 (17,0)	69 (20,3)	67 (19,8)	79 (21,4)	75 (21,1)

Quelle: Pressestatistik

dere interessant zu sehen, in welchem Umfang der Mantel der jeweiligen Ausgabe in der eigenen Redaktion erstellt wird und in welchem Umfang der Mantel und auch der Lokalteil in der eigenen Druckerei gedruckt werden.

Die Aussagekraft von Tabelle 15 ist wegen des vereinigungsbedingten Strukturbruchs und wegen ihrer geringen Aktualität begrenzt. Sie kann indes einige Grundaussagen vermitteln:

- Die redaktionelle Herstellung des Mantels und der Druck komplett im eigenen Unternehmen erfolgt nur bei einem Fünftel (21,1 Prozent) der Unternehmen.

- Rund 40 Prozent der Zeitungen erstellen ihren Mantel in der eigenen Redaktion; das zeigt, dass aber gut 60 Prozent der Zeitungen ihren Mantel von außen beziehen.
- Der Lokalteil wird zu gut 44 Prozent und der Mantel zu 39 Prozent in der verlagseigenen Druckerei gedruckt; auch hier überwiegt also der Bezug vom Markt, das Outsourcing.

Die vertikale Integration der Wertschöpfungsstufen der Zeitungsproduktion ist, insgesamt gesehen, relativ gering. Viele Leistungen werden vom Markt bezogen, auch die Verwendung und Verarbeitung von Agenturmaterial. Wegen ihrer besonderen Bedeutung soll die Nutzung von Nachrichtenagenturen indes gesondert dargestellt werden.

6.3. Nutzung von Nachrichtenagenturen

Die Vielfachverwertung des gleichen journalistischen Inputs ist im Medienbereich besonders naheliegend wegen der Nicht-Rivalität im Konsum, die die Vielfachverwertung als besonders günstige Massenproduktion begründet. Nachrichtenagenturen liefern konfektionierte Produkte, die einen gleichartigen Basisbedarf kostengünstig abdecken (Grothkamp 1990, S. 26). Das ist das Grundprinzip. Daneben existieren mit zunehmender Tendenz:

- Ressort- und themenspezifische Nachrichtenagenturen wie der Sport-Informationsdienst (sid), die Vereinigten Wirtschafts-Dienste (vwd), kirchliche Nachrichtenagenturen wie der Evangelische Pressedienst (epd) und die Katholische Nachrichtenagentur (KNA), die bereits sehr lange ihre Dienste anbieten und neue Anbieter wie dpa/AFX (reine Wirtschaftsnachrichten) oder Gatrixx (spezialisiert auf Aktienberichterstattung zum Neuen Markt).
- Landesdienste, also regionalspezifische Informationsanbieter wie die 12 Landesdienste von dpa oder die sechs Landesdienste von ddp/ADN.

In der Bundesrepublik liefern die drei Weltagenturen *AP (Associated Press)*, *Reuters* und *AFP* (*Agence France Press*) sowie *dpa* (*Deutsche Presseagentur*) und *ddp/ADN* (entstanden aus dem *Allgemeinen Deutschen Nachrichtendienst* der DDR und *ddp*) und die oben erwähnten Spezialdienste (vgl. zur Darstellung von Nachrichtenagenturen in Deutschland vor allem Resing 1999 und Höhne 1992).

Tabelle 16 zeigt, dass die *dpa* der eindeutige Marktführer ist. Praktisch alle publizistischen Einheiten beziehen die Dienste von *dpa*, daneben haben vor allem die Weltagenturen eine große und deutlich zunehmende Bedeutung erlangt. Tabelle 16 verdeutlicht, dass die Nutzung von Agenturen im Zeitablauf von durchschnittlich 1,9 bezogenen Agenturdiensten auf durchschnittlich 2,4 zugenommen hat – ebenfalls ein Anzeichen für eine Substitution von Eigenproduktion durch Marktproduktion.

Tab. 16: Marktanteile der Nachrichtenagenturen im Bereich der Tageszeitungen

Agentur	Belieferte Publizistische Einheiten					
	1975	1983	1991	1993	1997	1999
	absolut					
dpa	120	124	148	139	133	132
AP	54	73	92	93	90	92
Reuters	12	28	57	53	56	52
AFP	3	8	32	27	29	31
ADN [1]	-	-	31	23	-	-
ddp [1]	38	30	15	14	20	24
Summe	227	263	375	349	328	331
ø Nutzung pro Einheit	1,9	2,1	2,5	2,5	2,4	2,4
	in Prozent					
dpa	99,2	98,4	98,7	99,3	97,8	97,1
AP	44,6	57,9	61,3	66,4	66,2	67,6
Reuters	9,9	22,2	38,0	37,9	41,2	38,2
AFP	2,5	6,3	21,1	19,3	21,3	22,8
ADN [1]	-	-	20,7	16,4	-	-
ddp [1]	31,4	23,8	10,0	10,0	14,7	17,6
Publizistische Einheiten gesamt	121	126	150	140	136	136

1) Seit dem 1.1.1994 unter dem Namen ddp/ADN vereinigt.

Quelle: BDZV-Jahrbuch „Zeitungen '99", S. 307

Die genauere Struktur der Nutzung von Agenturdiensten durch Tageszeitungen zeigt Tabelle 17. Danach hat der Anteil der publizistischen Einheiten, die nur einen Agenturdienst beziehen, von 30,6 Prozent auf 18,4 Prozent deutlich abgenommen. Insbesondere die Verwendung von zwei bis drei bis Diensten ist häufig.

Tab. 17: Anzahl der Agenturabonnements der Tageszeitungen

Bezogene Agenturen	1975	1988	1993	1999	1975	1988	1993	1999
	absolut				in Prozent			
1	37	31	25	25	30,6	25,4	17,9	18,4
2	58	60	61	56	47,9	49,2	43,5	41,2
3	17	22	29	34	14,0	18,0	20,7	25,0
4	9	7	15	13	7,4	5,7	10,7	9,6
5	-	2	5	8	-	1,6	3,6	5,9
Publ. Einh. gesamt	121	122	140	136	100	100	100	100

Quelle: BDZV-Jahrbuch „Zeitungen '99", S. 273

7. Zeitungsvertrieb

Der Pressevertrieb ist in seinen Grundzügen in Kapitel 7 dargestellt worden. Insbesondere der Zeitungsvertrieb stellt wegen der gebotenen Aktualität, Regelmäßigkeit und Pünktlichkeit ein erhebliches logistisches Problem dar, dessen Lösung rund

Tabelle 18: Vertriebsform von Tageszeitungen in Prozent des Verkaufs (Westdeutschland)

	1970	1980	1990	1996	1997	1998	1999
Abonnement Lokale und regionale Abonnementzeit.	92,6	92,1	90,5	90,3	90,4	90,9	91,1
Überregionale Zeitungen	84,3	81,5	72,0	68,7	68,9	65,7	65,8
Kaufzeitungen	1,1	1,2	1,4	1,5	1,5	1,5	1,6
Tageszeitungen gesamt	65,7	63,1	64,9	64,3	64,4	64,5	65,2
Einzelverkauf Lokale und regionale Abonnementzeit.	7,4	7,9	9,2	9,1	9,0	8,3	8,0
Überregionale Zeitungen	15,7	18,5	20,6	20,9	21,2	24,7	23,9
Kaufzeitungen	98,9	98,8	98,4	97,8	97,8	97,7	97,6
Tageszeitungen gesamt	34,3	36,9	34,3	34,4	34,3	34,0	33,2

Quelle: BDZV- Jahrbuch Zeitungen `99 (Ursprungsdaten IVW)

20 Prozent der Kosten der Zeitung beansprucht. Zeitungen werden in Deutschland überwiegend in der Vertriebsform des Abonnements verbreitet. Ein wenig verwirrend ist, dass Zeitungen in Deutschland auch nach ihrer *üblichen* Vertriebsform bezeichnet werden. Zeitungen, die typischerweise, aber nicht immer im Abonnement verkauft werden, heißen Abonnementzeitungen, und Zeitungen, die typischerweise, aber nicht immer im Wege des Einzelverkaufs vertrieben werden, heißen Kaufzeitungen bzw. Straßenverkaufzeitungen.

Tabelle 18 gibt einen Überblick über die Vertriebsformen von Tageszeitungen, differenziert nach Zeitungstyp. Naturgemäß werden Abonnementzeitungen überwiegend – aber nicht ausschließlich – im Abonnement zugestellt und Verkaufszeitungen werden – fast ausschließlich – im Wege des Einzelverkaufs vertrieben. Im Zeitablauf ist bei überregionalen Tageszeitungen eine deutliche Zunahme der Vertriebsform „Einzelverkauf" festzustellen; im Übrigen sind eindeutige Trends nicht zu erkennen.

8. Zeitungsmarketing

Marketing ist einer der zentralen betrieblichen Funktionsbereiche, der vor allem in neuerer Zeit und vor allem von Marketingfachleuten und Kommunikationswissenschaftlern als sehr umfassend und letztlich vage beschrieben wird. Hier ist darauf hinzuweisen, dass „Marketing" zunächst einmal den Bereich umfasst, der früher „Absatz" genannt wurde (vgl. Wöhe 1984, S. 531 ff., Zentes 1993, S. 323). Daneben hat Marketing „eine zweite Bedeutung, die üblicherweise gemeint ist: die aktive Gestaltung von Märkten. In diesem Sinn ist Marketing nicht nur die Deckung von Nachfrage, sondern auch die Produktion von Nachfrage" (Zentes 1993, S. 323). Von relativ praktikabler Bedeutung ist die Unterscheidung von operativem und strategischem Marketing.

8.1. Operatives Marketing

Operatives Marketing umfasst die Anwendung der Aktionsinstrumente des Marketings wie Zentes sie als Marketing-Mix zusammenstellt (vgl. Übersicht 1). Innerhalb der Aktionsinstrumente des Marketing-Mix sind die Produktpolitik, also die Festlegung von Produktqualität und Produktgestaltung („die optimale Positionierung eines Produkts im Raum der Kundenwünsche"), sowie die Werbung von zentraler Bedeutung, die anderen Aktionsinstrumente sind eher komplementär auszuwählen.

Übersicht 1: Marketing-Mix

Produktpolitik	**Kommunikationspolitik**
– Qualität	– Werbung
– Produktlinie (Sortiment)	– Verkaufsförderung
– Menge	– Public Relations
– Kundendienst	– Personal Selling
Preis- und Konditionenpolitik	**Distributionspolitik**
– Preis	– physische Distribution
– Rabatt	– Verkaufsorgan
– Skonto, Kredit	– Absatzweg

Quelle: Zentes 1993, S. 366

Operatives Zeitungsmarketing ist mithin die Planung, Gestaltung und Durchführung der Produkt-, Kommunikations-, Preis- und Distributionspolitik des Zeitungsverlages mit dem Ziel, die Nachfrage nach den Leistungen der Zeitung zu erhöhen und zu befriedigen. Dies ist gerade für Zeitungsverlage nicht einfach.

Die *Schwierigkeiten* des operativen Zeitungsmarketings resultieren aus folgenden Besonderheiten der Zeitungsproduktion:

- Die Produktion wird auf zwei Märkten verkauft, dem Lesermarkt und dem Anzeigenmarkt. Dies erfordert eine integrierte Marketingkonzeption für zwei völlig verschiedene Produkte.
- Die Erfassung von Rezipientenpräferenzen ist sehr schwierig, sehr teuer und wenig verlässlich (dagegen können die Präferenzen der werbungtreibenden Wirtschaft sehr leicht erfasst werden).
- Für die klassische Tageszeitung existiert keine klar konturierte Zielgruppe, sie muss sich vermutlich vorzugsweise an den Durchschnitt der Bevölkerung richten. Jedenfalls sind die Versuche, zielgruppenspezifische Zeitungen zu vermarkten, wie z. B. Zeitungen für Männer, für Frauen oder für Sport oder Wirtschaftszeitungen oder Zeitungen für bestimmte Berufsgruppen (Ärzte Zeitung) , nicht von ganz großem Erfolg begleitet.
- Schließlich kollidiert eine strikte Marktorientierung mit der öffentlichen Aufgabe der Presse und mit dem Berufsverständnis mancher Journalisten.

Das operative Marketing für den Lesermarkt ist im Kern redaktionelles Marketing. *Redaktionelles Marketing* bezieht sich auf die Gestaltung der Produktpolitik, also auf die Gestaltung folgender Elemente der Zeitungsproduktion:

- Gestaltung der Qualität der Berichterstattung;
- Gestaltung des Produktsortiments (Zahl und Umfang der Ressorts, Tiefe der Berichterstattung, ...);
- Gestaltung der Produktionsmenge (Seitenzahl, Periodizität, ...) und
- Gestaltung der Verpackung (Layout, Farbe, ...).

Redaktionelles Marketing bezieht sich also auf die *Kernaufgabe* der Redaktion und sollte überwiegend von den Redakteuren konzipiert werden – idealiter unter Einbindung von Kunden und Lieferanten, also unter Einbindung von Lesern und Agenturen und freien Mitarbeitern. Die übrigen Elemente des operativen Marketings für den Lesermarkt – Preispolitik, Distributionspolitik und Kommunikationspolitik – können dem üblichen Verlagsmarketing vorbehalten bleiben.

Leitlinie eines redaktionellen Marketings kann nichts anderes sein als eine strikte funktionale und personale Rezipientenorientierung (vgl. Heinrich 1990); Elemente sind eine kontinuierliche Marktforschung und eine organisierte Kontrolle der Zielerrreichung. Welche Maßnahmen konkret daraus resultieren, kann und soll hier nicht dargestellt werden. Wichtig ist, und darauf hat die Grundlagenuntersuchung von Schönbach deutlich hingewiesen, dass die Faktoren des Zeitungserfolgs unterschiedlich sind und dass kein einheitliches Erfolgskonzept existiert (Schönbach 1997 a).

Das operative Zeitungsmarketing für den Werbemarkt, das manchmal so genannte *Anzeigenmarketing*, umfasst wiederum alle Elemente des Marketing-Mix:

- Preispolitik, vor allem wettbewerbsfähige Tausenderpreise;
- Produktpolitik, also eine gute und transparente Werbeträgerleistung im Media-Mix;
- Kommunikationspolitik, also eine Werbung, die die komparativen Vorteile der Zeitungswerbung – informative, argumentative und räumlich segmentierbare Werbung – als Marke deutlich herausstellt und
- Distributionspolitik, also eine gute Kundenberatung, einfache Buchungssysteme und ein gestalteter Zugang zu den Media-Agenturen.

8.2. Strategisches Marketing: Marketingstrategien

Marketingstrategien, auch Wettbewerbsstrategien genannt, zielen darauf ab, Wettbewerbsvorteile zu erlangen. Dies können zum einen Leistungsvorteile, zum anderen Kostenvorteile sein, die jeweils durch Produkt- und Prozessinnovationen geschaffen werden. Nach der Marktreichweite von Strategien unterteilt man häufig in Gesamtmarkt- und Titelmarktstrategien und kann mithin folgende strategische Grundkonzeptionen unterscheiden:

- Marktdurchdringung mit Kosten- und Preisführerschaft,
- Marktdifferenzierung (Multi-Segment-Strategie) mit Leistungsführerschaft,
- Konzentration auf Teilmärkte (Single-Segment-Strategie/Nischen-Strategie) mit Kosten- und/oder Leistungsführerschaft (vgl. vor allem Porter 1990).

Die *Marktdurchdringung* hat das Ziel, mit großen Marktanteilen und hohem Marktvolumen Kostendegressionseffekte zu realisieren, um kostengünstigster Anbieter der Branche zu werden. Eine solche Strategie ist für Zeitungen in lokalen und regionalen Märkten wegen der beschriebenen erheblichen Fixkostendegression bei der Zeitungsproduktion von zentraler Bedeutung - häufig muss diese Strategie indes nicht mehr verfolgt werden, weil in etwa der Hälfte aller Märkte schon Monopolstellungen mit Kosten- und Preisführerschaft existieren (vgl. dazu Kapitel 9, Abschnitt 4.).

Um Marktanteile zu erhöhen, bieten sich folgende Möglichkeiten: Man kann die eigenen Kunden bewegen, mehr vom Produkt zu kaufen; dies ist bei Zeitungen allerdings recht aussichtslos. Man kann Kunden der Konkurrenz abwerben; dies ist für die vielen Zeitungen, die eine Monopolstellung haben, nur noch in Randbereichen möglich, im Übrigen ist dies wegen der Markentreue der Zeitungsleser eine kostspielige Strategie. Man kann versuchen, einen latenten Bedarf zu wecken, also bisherige Nichtkäufer zum Kauf zu bewegen. Diese Strategie erscheint für Zeitungsverlage recht sinnvoll, wenn man ergänzt, dass es genauso wichtig ist, sicherzustellen, dass Zeitungsleser nicht als Kunden verloren werden.

Die *Marktdifferenzierung* setzt auf eine optimale Anpassung des Angebots der Unternehmung an segmentierte Gruppierungen von Kunden. Optimal heißt, dabei eine Balance zu finden zwischen kostengünstiger Großserienproduktion und kostspieligem Eingehen auf spezielle Kundenwünsche. Eine solche Anpassung an Nachfragesegmente erhöht den jeweiligen Produktnutzen für die Nachfragegruppe, erhöht aber typischerweise auch die Produktionskosten. Beispiele sind die unterschiedlichen Typen und Ausstattungsvarianten bei Automobilen. Eine solche Strategie setzt voraus, dass eine Segmentierung der Nachfrage vorliegt und erkennbar ist.

Bestimmungsfaktoren zur Strukturierung von Märkten können von ganz unterschiedlicher Art sein. Früher spielten räumliche und soziodemographische Merkmale eine wichtige Rolle, heute zunehmend auch Unterschiede im Kaufverhalten und in der Werteorientierung der Konsumenten (z. B. der „trendorientierte Modekonformist" oder der „Konventionell-Biedere" usw.).

Für Zeitungen erscheint eine Marktdifferenzierung nach räumlichen Merkmalen von zentraler Bedeutung, z. B. ist es sinnvoll, Stadtteil- und Bezirksausgaben zu produzieren. Dagegen ist es offenbar nicht optimal – in diesen Fällen vermutlich zu teuer – Zeitungen für Männer, Frauen, für Junge und Alte oder für Konservative bzw. Trendorientierte zu produzieren; ein spezifischer Bedarf wird hier zu vermuten sein.

Die *Konzentration auf einen Teilmarkt* schafft in der Regel sowohl Kosten- als auch Leistungsvorteile, weil eine eng definierte Aufgabe effizienter zu lösen ist als eine generelle Aufgabe. Diese Strategie bietet sich insbesondere für kleine und mittlere Unternehmen an, weil der Finanz- und Planungsauftrag begrenzt ist. Für Zeitungen ist eine solche Strategie nicht sehr sinnvoll, weil die erheblichen Vorteile einer Verbundproduktion für zahlreiche segmentierte Märkte zugleich damit nicht genutzt würden. Entsprechend schwer sind Beispiele zu finden; allenfalls das *Handelsblatt* konzentriert sich auf einen einzigen Teilmarkt, auf den Markt für aktuelle und umfassende Wirtschaftsnachrichten. Im Übrigen wäre es sicher effizient, Wirtschaftsteile des *Handelsblattes*, entsprechend modifiziert und komprimiert, auch in anderen Zeitungen zu verwenden.

Neben diesen strategischen Grundkonzeptionen sind strategische Grundüberlegungen zu beachten, nicht im Sinne von Alternativen, sondern im Sinne von generell gültigen Ausrichtungen. Diese sind vor allem

- optimale Nutzung der spezifischen Stärken des Unternehmens,
- Produktion von weitreichender Kundennähe als Dreh- und Angelpunkt aller Marketingaktivitäten (hier scheint der Hörfunk viel erfolgreicher zu sein als die Tageszeitung),
- marktorientierte Innovationspolitik, die weniger auf neue Produkte als auf neue Problemlösungen ausgerichtet sein sollte.

Für Zeitungen heißt dies im Prinzip, die Stärken als lokales oder regionales Informationszentrum noch besser zu vermarkten, die Kundennähe auszubauen, z. B. durch die Zeitung als Diskussionsforum und Dienstleistungsbetrieb, und Innovationen der Zeitungsproduktion voranzutreiben. Weil der Zeitungsmarkt insgesamt aber ein stagnierender Markt ist, können die genannten Marketingstrategien kaum mehr erreichen, als dass Marktpositionen gehalten werden. Als Wachstumsstrategien kann man sie mithin nicht bezeichnen.

Zeitungsverlage, die ihr Geschäftsvolumen ausdehnen wollen, müssen ihre Produktion diversifizieren, also auf solche Produkte ausweichen, die in einem sinnvollen Zusammenhang mit der bisherigen Produktion stehen (*Diversifizierungsstrategie*), damit die Vorteile der Verbundproduktion genutzt werden können. Es liegt nahe, solche Produkte in das Produktions- und Vertriebsprogramm aufzunehmen, die die vorhandenen Produktionsanlagen, die vorhandenen Kenntnisse und/oder die vorhandenen Beziehungen zwischen Lieferanten, Herstellern, Abnehmern und Verbrauchern mit nutzen können. So kann es nicht überraschen, dass Zeitungsverlage in den Zeitschriftenbereich und in den Rundfunksektor hinein expandieren, weil mindestens Erfahrungen in der Medienproduktion und Kontakte zu Abnehmern (Presse-Grosso, Media-Agenturen) genutzt werden können. Oft können bestimmte Inputs in die Medienproduktion auch direkt mehrfach genutzt werden.

9. Die Zeitung der Zukunft

Der in Kapitel 6 beschriebene Wandel des Mediensystems betrifft die Zeitung in drei Ausprägungen:

- die Zeitung als Informationsträger,
- die Zeitung als Werbeträger und
- den Zeitungsverlag.

9.1. Die Zeitung als Informationsträger

Will man die Zukunft der Zeitung als Informationsträger analysieren, muss man zunächst einmal die Elemente herausstellen, die in ihrer Gesamtheit die klassische Zeitung ausmachen. Diese Elemente sind:

- das komprimierte, klar strukturierte Informationsangebot mit universalem Anspruch;
- die Zustellung eines papiergebundenen Informationsträgers durch den Produktionsfaktor Arbeit (Zusteller, Postbote);
- die Rezeption eines papiergebundenen Informationsträgers (Zeitung am Frühstückstisch, in der U-Bahn, ...) und
- die spezifische Sensorik der Rezeption durch das Auge, also das Lesen.

Das *Lesen*, das eine schnelle und strukturierbare Informationsrezeption erlaubt, wird durch den technischen Fortschritt in der Informationstechnik mit Sicherheit nicht betroffen, Lesen lässt sich nicht substituieren. Die *Rezeption eines papiergebundenen Informationsträgers* weist Vorteile der Nutzung auf, nämlich die Einfachheit, die Mobilität und die zeitliche Strukturierbarkeit der Nutzung, die anderen Informationsträgern, wie z. B. Diskette und Bild, überlegen ist. Die Entwicklung wird davon abhängen, wie einfach, mobil und preiswert alternative Informationsträger werden; bislang ist eine umfassende Substitution nicht in Sicht.

Die *Zustellung* eines papiergebundenen Informationsträgers durch den Produktionsfaktor Arbeit wird durch den technischen Fortschritt erheblich betroffen. Diese Form der Zustellung, die schon immer „der Klotz am Bein" der Zeitung war, wird relativ immer teurer und relativ immer langsamer. Als Folge wird sich die Kosten-Nutzen-Relation zwischen der klassischen Zustellung und einer elektronischen Zustellung verändern. Ob diese Veränderung die klassische Zeitung durch einen dezentralisierten Druck ersetzt, hängt sehr stark auch von den Kosten eines dezentralisierten Drucks ab – wenn denn die papiergebundene Rezeption unverzichtbar erscheint. Auf jeden Fall ist die Produktion und auch die Entsorgung von Papier relativ teuer und dies spricht langfristig gegen die Papier-Gebundenheit der Zustellung und Rezeption von aktueller Information.

Die Nachfrage nach einem komprimierten, klar strukturierten *Informationsangebot* wird durch den technischen Fortschritt nicht betroffen, sie dürfte mithin erhalten bleiben und nicht durch eine aktive, selektive und möglicherweise interaktive Informationssuche zu ersetzen sein. Dagegen sprechen vor allem die Transaktionskosten des Informationshandels.

Die Zeitung als komprimiertes, klar strukturiertes Informationsangebot, das sehr stark auf die überwiegend räumlich begrenzte Informationspräferenzen der Leser abstellt, wird daher vermutlich erhalten bleiben; fraglich bleibt vor allem die Papier-Gebundenheit, deren Substitution mir ganz langfristig als möglich erscheint.

9.2. Die Zeitung als Werbeträger

Neben den genannten Eigenschaften der Zeitung als Informationsträger – klare Strukturierung, Papier-Gebundenheit und Rezeption durch Lesen – ist die Zeitung als Werbeträger zusätzlich vor allem durch ihre gute räumliche Segmentierbarkeit gekennzeichnet. Und im Verbund mit der Zeitung als Informationsträger werden Verbundvorteile des Vertriebs und, geringere, Verbundvorteile im Konsum realisiert.

Zu vermuten ist, dass vor allem solche Rubrikenanzeigen, die aktiv und gezielt rezipiert werden, also Kfz-Anzeigen, Stellenanzeigen und Immobilienanzeigen, auf eine Papier-Gebundenheit und eine strukturierte Informationszustellung verzichten können: Diese Anzeigen dürften in Online-Medien zu geringeren Kosten verbreitet und rezipiert werden können. Für lokale Geschäftsanzeigen, lokale Veranstaltungshinweise und Familienanzeigen bleibt die Papier-Gebundenheit und die strukturierte Informationszustellung hingegen vorteilhaft. Zusammenfassend kann allerdings vor allem die Zeitung als Werbeträger für bedroht gehalten werden.

9.3. *Die Zukunft der Zeitungsverlage*

Im Rahmen eines strategischen Marketings sollten Zeitungsverlage

- zum einen rechtzeitig Wachstumsfelder der Wirtschaft besetzen und komplementär Schrumpfungsstrategien für das stagnierende klassische Zeitungsgeschäft entwickeln und
- zum anderen in der Auswahl der Wachstumsfelder auf ihre entwickelten Kernkompetenzen setzen.

Diese Kernkompetenzen sind:

- Produktion und Zusammenstellung redaktioneller und werblicher Information,
- zugeschnitten auf die Bedürfnisse der Leser, also in effizienter Segmentierung,
- unter einer gleichbleibenden Markierung (Markenbildung und Markenauftritt).

Es liegt also nahe, dass Zeitungsverlage die neuen Medien – Hörfunk, Fernsehen und Internet – unter ihrer bekannten Markierung zur Produktion, Zusammenstellung und Verbreitung von redaktionellen und werblichen Informationen nutzen. Besonders nahe liegt die Investition in das Internet, weil dies mit der Rezeption durch Lesen und Produktion durch Schreiben größere Gemeinsamkeiten mit der klassischen Zeitung aufweist als der Rundfunk. Bislang ist der Internet-Markt für Zeitungen, der so genannte *Online-Markt*, allerdings ein wenig lukrativer Markt. Die Frage „Zeitungen online – woher kommen die Umsätze" (Breyer-Mayländer 1999) ist bislang keineswegs befriedigend beantwortet worden. *Mögliche Umsätze* resultieren aus folgenden Geschäftsfeldern:

- direkte Vermarktung redaktioneller Inhalte,
- Werbevermarktung redaktioneller Inhalte,
- Vermarktung redaktioneller Inhalte durch einen organisierten Weiterverkauf an andere Unternehmen (Syndication),
- Vermarktung des Produktions- und Gestaltungs- Know-how als Dienstleistung und
- die Erweiterung des Informationshandels zum Geschäftsfeld eines umfassenden elektronischen Handels.

Die Umsätze sind bislang gering. Für redaktionelle Inhalte wird bislang direkt kaum gezahlt, einige Ausnahmen wie das „Handelsblatt" oder das „Wall Street Journal" bestätigen die Regel. Online-Werbung erreichte 1999 mit einem Volumen von etwa 150 Millionen DM einen Werbemarktanteil von nur 0,4 Promille (ZAW Werbung in Deutschland 2000, S. 266), und trägt bislang nur Bruchteile der Produktionskosten redaktioneller Inhalte. Und generell gilt, dass die Konkurrenz in diesen Geschäftsfeldern außerordentlich groß ist, dass also nur deutlich überlegene Strategien – Kostenführerschaft oder Produktdifferenzierung – erfolgreich sein werden.

Zusammenfassung

Die Zeitung bietet als Informations- und Werbeträger ein gut strukturierbares Informationsangebot mit der Möglichkeit einer selektiven Nutzung und einer räumlichen Segmentierung. Charakteristisch ist die Verbundproduktion für den Leser- und den Werbemarkt zugleich und die resultierende kumulative Dynamik der Einnahmen, die Subvention des redaktionellen Teils durch den Anzeigenteil und die deutliche Fixkostendegression in der Zeitungsproduktion. Zeitungen müssen zunehmend Marketingaktivitäten entwickeln: Im Bereich des operativen Marketings die Gestaltung der Produkt-, Kommunikations-, Preis- und Distributionspolitik mit dem Schwerpunkt eines redaktionellen Marketings, also mit der Gestaltung der Produktpolitik für den Lesermarkt und im Bereich des strategischen Marketing die Entwicklung von Strategien für die Sicherung der Zukunft der Zeitung. Die Zeitung hat Zukunft, hier muss man allerdings deutlich differenzieren zwischen der Zeitung als Informationsträger, der Zeitung als Werbeträger und dem Zeitungsverlag.

Literaturhinweise

Über mikroökonomische Aspekte der Zeitungswirtschaft informieren

Noll, Jochen (1977), Die deutsche Tagespresse, Frankfurt (Campus) 1977,

Nussberger, Ulrich (1971), Die Mechanik der Pressekonzentration, Berlin (de Gruyter) 1971 sowie

derselbe (1984), Das Pressewesen zwischen Geist und Kommerz, Konstanz (Universitätsverlag) 1983,

Udell, Jon G. u.a. (1978), The Economics of the American Newspaper, New York (Hastings House) 1978,

Compaigne, Benjamin M. (1980), The Newspaper Industry in the 1980s: An Assessment of Economics and Technology, White Plains/N.Y. (Knowledge Industry) 1980 und

Keller, Dieter (1986), Regionale Tageszeitungsverlage und Neue Medien, Mannheim (Süddeutsche Verlagsanstalt) 1986.

Zahlreiche Aspekte der Zeitung behandelt der Sammelband

Jarren, Otfried; Gerd G. Kopper, Gabriele Toepser-Ziegert (Hrsg) (2000), Zeitung: Medium mit Vergangenheit und Zukunft, München (Saur) 2000

Und ein nützliches Nachschlagewerk ist das

Zeitungswörterbuch, Hrsg. von Hans Bohrmann und Wilbert Ubbens, Berlin (Deutsches Bibliotheksinstitut) 1994.

9. Kapitel

Makroökonomik der Zeitung - Volumen und Struktur des Zeitungssektors in Deutschland

In diesem Kapitel werden die makroökonomischen, also die gesamtwirtschaftlichen, marktbezogenen Aspekte der Zeitungswirtschaft beschrieben. Dies umfasst eine Darstellung von Marktvolumen und Marktentwicklung (Abschnitt 1), eine Beschreibung der Strukturentwicklung der Zeitungsproduktion (Abschnitt 2), eine Analyse der Konzentration (Abschnitt 3) und eine Darstellung des Wettbewerbs und der Wettbewerbspolitik auf Zeitungsmärkten (Abschnitt 4). Es folgt eine kurze Darstellung der Entwicklung der Zeitungslandschaft in Ostdeutschland (Abschnitt 5) und den Abschluss bildet ein kurzer Ausblick auf die Entwicklung der Zeitungsmärkte in Europa (Abschnitt 6).

1. Volumen des Zeitungssektors in Deutschland

1.1. Auflage und Umsatz

Das wirtschaftliche Volumen des Zeitungssektors kann vor allem an Hand der Auflage als Indikator für die Produktionsmenge und an Hand des Umsatzes als Indikator für den Produktionswert ausgewiesen werden. Wie Tabelle 1 zeigt, beträgt der Umsatz 1998 knapp 20 Mrd. DM und die Auflage gut 31 Mill. Stück. Mit einem Anteil am gesamtwirtschaftlichen Produktionswert von 0,2 Prozent ist der Zeitungssektor eine relativ kleine Branche der Wirtschaft, vergleichbar etwa dem Bekleidungsge-

Tab. 1: Auflage und Umsätze im Zeitungssektor in Deutschland[1]

	1992	1994	1996	1998
Auflage in Tsd. Stück[1]	32.936	32.631	31.950	31.053
Umsatz in Mill. DM	16.580	17.380	18.000	19.500
1) Für Tages-, Sonntags- und Wochenzeitungen				

Quelle: BDZV, IVW

werbe. Das Wachstum des Umsatzes ist mit jahresdurchschnittlich 2,75 etwas geringer als das Wachstum des Bruttoinlandsprodukts, das im gleichen Zeitraum jahresdurchschnittlich 3 Prozent betrug. Damit ist der Zeitungssektor eine bestenfalls stagnierende, eher eine leicht schrumpfende Branche, was sich auch im Rückgang der verkauften Auflage zeigt.

Um die Entwicklung der Zeitungswirtschaft in langfristiger Perspektive ohne Strukturbruch darzustellen, wird in der folgenden Tabelle 2 nur auf die Entwicklung in Westdeutschland eingegangen. Der Rückgang der Verkaufsauflage von Tageszei-

Tab. 2: Entwicklung der Auflage von Tageszeitungen in Westdeutschland von 1970 bis 1999 (in 1000 Stück)[1]

	lokale/ überregionale Abonnementzeitung	überregionale Zeitung	Kaufzeitung	insgesamt
1970	12 068	779	5 258	18 105
1980	13 189	942	6 457	20 589
1990	13 823	1 317	5 705	20 845
1995	13 996	1 324	5 743	21 063
1996	13 907	1 342	5 840	21 089
1997	13 791	1 357	5 794	20 942
1998	13 634	1 553	5 745	20 932
1999	13 507	1 578	5 517	20 602
1) jeweils Verkaufsauflage im 2. Quartal				

Quelle: IVW/BDZV

tungen ist seit Mitte der 90er Jahre zu beobachten und betrifft die lokale/ regionale Abonnementzeitung und die Kaufzeitung. Insgesamt ist der Rückgang indes eher gering, man kann bislang allenfalls von einer schleichenden Schrumpfung sprechen. Parallel zum Auflagenrückgang ist allerdings auch ein Rückgang der Reichweite von Tageszeitungen zu erkennen: Im Jahrzehnt von 1989 bis 1999 hat die Reichweite, bezogen auf die Bevölkerung insgesamt, von 82,4 Prozent auf 78,3 Prozent abgenommen (BDZV-Jahrbuch Zeitungen ´99, S. 147).

1.2. Beschäftigung

Die *Beschäftigung* im Zeitungssektor kann nur bis 1994 ausgewiesen werden, dem Jahr der Einstellung der Pressestatistik. Die Zeitreihen weisen ab 1992 einen vereinigungsbedingten Strukturbruch auf. Daher soll nur der Beschäftigungsstand 1994 kommentiert werden: In den Zeitungsverlagen arbeiten knapp 15.000 Redakteure, 1.355 Volontäre und knapp 24.000 Freie Mitarbeiter, pro Verlag also 46 Redakteure, 4 Volontäre und 73 Freie Mitarbeiter. 18 Prozent der Beschäftigten sind Redakteure, 30 Prozent gehören zum technischen Personal und 45 Prozent sind sonstige Beschäftigte. Dies bedeutet, dass die Hilfsfunktionen der Zeitungsproduktion wie Organisation, Technik und Verwaltung (einschließlich Marketing und Management) den weitaus größten Teil der Beschäftigten beanspruchen, während die Kernfunktion, die Produktion der redaktionellen Information, nur 26 Prozent der Beschäftigten beansprucht (einschließlich Volontäre und sonstige Redaktionsangehörige). In der *Entwicklung der Beschäftigtenstruktur* wird ganz besonders der Rückgang der Zahl der tätigen Verlagsinhaber deutlich. Dies entspricht, wenn auch etwas verzögert, der typischen Entwicklung in kapitalistischen Marktwirtschaften, in denen der Unternehmer als Geschäftsführer-Eigentümer zunehmend durch den angestellten Geschäftsführer-Manager ersetzt wird. Damit verschwinden nicht-pekuniäre Motive der Zeitungsproduktion oder, wie es bisweilen auch formuliert wird, die „Zeitung als Persönlichkeit“ (Bringmann) stirbt aus. Weniger typisch ist die Abnahme des technischen Personals. Dies ist speziell die Folge der Entwicklung der Drucktechnik, die einen Rückgang der Arbeitsteilung in der Zeitungsproduktion bewirkt hat.

Tab. 3: Beschäftigte in Zeitungsverlagen von 1980 bis 1994

	1980	**1982**	**1986**	**1990**	**1992** [2]	**1994**
Tätige Inhaber	251	191	140	120	116	72
Redakteure	8 639	9 329	10 261	11 590	14 896	14 931
Volontäre	1 181	1 133	1 286	1 436	1 536	1 355
Sonst. Redaktionsangehörige	2 979	2 915	3 384	4 417	4 907	4 653
Technisches Personal	26 920	26 312	24 942	23 379	26 885	23 970
Zusteller	57 890	56 728	60 894	72 343	89 767	45 448
Sonstige Beschäftigte	33 361	34 140	32 606	33 407	38 500	36 126
Beschäftigte gesamt[1]	73 331	74 020	72 619	74 349	86 840	81 107
Freie Mitarbeiter	17 533	19 371	22 377	24 019	23 759	23 809
Beschäftigte[1] pro Verlag	237	240	238	254	261	250
Zahl der Zeitungsverlage	309	309	305	293	333	325

1) ohne Zusteller und freie Mitarbeiter 2) bis 1992 nur Westdeutschland

Quelle: Pressestatistik

1.3. Einnahmen aus Werbung

Von besonderer Bedeutung für die wirtschaftliche Position der Zeitung ist das Einnahmevolumen aus *Werbung*, das gut 60 Prozent der Gesamteinnahmen ausmacht. Die Entwicklung dieses Einnahmevolumens und des Marktanteils der Zeitung als Werbeträger zeigt Tabelle 4. Hier wird Folgendes deutlich:

- Die Nettowerbeeinnahmen steigen absolut gesehen immer noch leicht an;

- die Zeitung ist mit einem Marktanteil von knapp 30 Prozent immer noch der weitaus bedeutsamste Werbeträger (vor Fernsehen mit 20 Prozent vgl. Band 2, Kapitel 15), aber
- die relative Position der Zeitung als Werbeträger nimmt kontinuierlich und deutlich ab.

Tab. 4: Die Zeitung[1] als Werbeträger

Jahr	Nettowerbeeinnahmen in Mrd. DM	Marktanteil in v.H.
1980	5,56	47,1
1990	8,63	35,2
1992	10,76	34,6
1994	11,05	32,6
1996	11,35	30,4
1997	11,55	29,9
1998	12,14	29,9
1999	12,52	29,3

1) einschließlich Sonntags- und Wochenzeitungen und Supplements

Quelle: Ursprungsdaten ZAW.

1.4. Ursachen der Stagnation

Insgesamt kann der Zeitungssektor als eine stagnierende Branche bezeichnet werden. Die Ursachen für einen Strukturwandel von Nachfrage und Produktion werden in der Ökonomie meist in Preisentwicklungen, in Einkommensentwicklungen und/oder in der Konkurrenz durch überlegene Produkte gesehen. Dagegen geht die Ökonomie grundsätzlich von stabilen Bedarfsstrukturen aus.

> „Die als stabil vorausgesetzten Präferenzen beziehen sich nicht auf Güter und Dienstleistungen wie Orangen, Autos oder Gesundheitsdienste, sondern auf grundlegende Wahlobjekte, die jeder Haushalt herstellt, indem er Marktgüter und -leistungen, eigene Zeit und andere Faktoren einsetzt. Diese tieferliegenden Präferenzen beziehen sich auf grundlegende Aspekte des Lebens wie Gesundheit, Prestige, Sinnenfreude, Wohlwollen, oder Neid, die nicht immer in festen Relationen zu Marktgütern und -leistungen stehen. Die Annahme stabiler Präferenzen bietet eine feste Grundlage, um Vorhersagen über Reaktionen auf verschiedene Veränderungen zu machen, und bewahrt den Analytiker vor der Versuchung, alle augenscheinlichen Widersprüche zu seinen Vorhersagen dadurch zu „erklären", dass er einfach eine entsprechende Veränderung der Präferenzen unterstellt" (Becker 1993, S.4).

In diesem Sinne kann unterstellt werden, dass die grundlegende Nachfrage nach Information insgesamt und die Nachfrage nach Werbeträgerleistung insgesamt relativ stabil sind, aber nicht die Nachfrage nach bestimmten Informationsträgern wie Zeitungen, Büchern oder Rundfunkprogrammen.

Hauptursache der Stagnation des Zeitungssektors ist die *intermediale Konkurrenz*, die Konkurrenz insbesondere durch das Fernsehen und neuerdings durch das Internet, sowohl auf dem Rezipientenmarkt als auch auf dem Werbemarkt. Für den *Rezipientenmarkt* ist zu beachten, dass auch Radio und Fernsehen regelmäßig, aktuell und universell informieren und zwar, wenn Radio- und Fernsehempfangsgeräte vorhanden sind, ohne *zusätzliche* Kosten zu verursachen. In diesem Sinne ist die Konkurrenz durch Radio und Fernsehen sehr preisgünstig. Die subjektive Bewertung dieser Konkurrenz wird regelmäßig in Umfragen ermittelt. So zeigt Tabelle 5 eine leicht abnehmende Wertschätzung der Tageszeitung im Intermedia-Vergleich und zwar im Einzelnen eine deutliche Abnahme der Wertschätzung bei den Altersgruppen bis 44 Jahren, dagegen eine Zunahme der Wertschätzung bei den Älteren.

Tab. 5: Wertschätzung der Tageszeitung[1]

Altersgruppe/ Jahr	**1989**	**1993**	**1997**
16 - 29	59	48	47
30 - 44	70	70	63
45 - 59	71	71	71
60 - 69	74	74	78
70 und mehr	69	69	79

1) Die Frage lautet: „Manche Leute finden, wenn man täglich Fernsehnachrichten sieht und Radio hört und ein Anzeigenblatt mit Hinweisen auf wichtige Veranstaltungen und Termine liest, reicht das eigentlich aus, um auf dem laufenden zu sein. Finden Sie das auch, oder sollte man auch eine Tageszeitung regelmäßig lesen?" „Man sollte auch regelmäßig eine Tageszeitung lesen" haben die oben angegebenen Befragtenanteile bejaht.

Quelle: BDZV Ursprungsdaten Institut für Demoskopie Allensbach.

Die *Preisentwicklung* in den Sektoren der Medienindustrie begünstigt die Substitution von Tageszeitungen durch andere Medien: So ist insbesondere der Preisindex für Zeitungen und Zeitschriften in den letzten Jahren seit 1995 mit 14,1 Prozent stärker gestiegen als der Preisindex für die übrigen Teilbereiche des Sektors Freizeit, Unterhaltung und Kultur.

Weitere Faktoren müssen vermutlich zur Erklärung der Stagnation des Zeitungssektors herangezogen werden, insbesondere demografische Faktoren wie die Entwicklung der Bevölkerung und der Zahl der Haushalte, insbesondere der Mehrpersonen-Haushalte. Diese möglichen Determinanten der Zeitungsstagnation sind in Tabelle 6 zusammengestellt.

Trotz eines deutlichen Wachstums der Bevölkerung und der Zahl der Haushalte hat die Auflage von Tageszeitungen, wie erwähnt, abgenommen. Dies kann damit erklärt werden, dass die deutschstämmige Bevölkerung weit weniger stark zugenommen hat als die Bevölkerung insgesamt und/oder dass die Zahl der Mehrpersonen-Haushalte ebenfalls weit weniger zugenommen hat als die Zahl der Haushalte insgesamt. Dahinter steht die Beobachtung, dass die klassische regionale/lokale Abonnementtageszeitung vor allem von deutschsprachigen Mehrpersonen-Haushalten erworben wird.

Für den *Werbemarkt* ergab sich eine deutliche Substitution der Werbung in Printmedien durch das Fernsehen in dem Umfang, in dem Fernsehen als Werbeträger zunehmend zur Verfügung stand. Markenartikelwerbung, die früher auch in Tageszeitungen verbreitet wurde, wird wegen der multimedialen Gestaltungsmöglichkeiten des Fernsehens heute vor allem im Fernsehen und z.T. in Publikumszeitschriften verbreitet. Der Zeitung verbleibt im wesentlichen die informierende Rubrikenwerbung und dies Geschäftsfeld wird durch das Internet bedroht.

Tab. 6: Bevölkerung und Haushalte in Deutschland von 1992 bis 1998 in 1000

	1992	**1994**	**1996**	**1998**
Bevölkerung insgesamt	80 975	81 539	82 012	82 037
Ausländer	6 496	6 991	7 314	7 309
Deutschstämmig	74 479	74 548	74 698	74 728
Haushalte insgesamt	35 700	36 659	37 281	37 532
Mehrpersonen-Haushalte	23 656	23 948	24 090	24 235

Quelle: Statistisches Bundesamt.

Insgesamt darf bei der Analyse der Stagnation nicht übersehen werden, dass es sich um eine nur wenig merkliche Stagnation handelt: Die Auflagen sinken nur wenig, die Umsatzentwicklung bleibt nur wenig hinter dem allgemeinen Wachstum zurück und der Marktanteil des Werbeträgers Zeitung sinkt nur ganz allmählich. Dies lässt die wirtschaftliche Entwicklung wenig bedrohlich erscheinen und der Druck, durch Innovationen reagieren zu müssen, bleibt eher gering.

2. Strukturen des Zeitungssektors in Deutschland

Zeitungen werden üblicherweise nach Gesichtspunkten geordnet, die typisierende Auswirkungen auf den Inhalt der Zeitungen haben und bisweilen auch näherungsweise eine Abgrenzung des relevanten Marktes erlauben. Diese Gliederungskriterien sind:

- Vertriebsform: Hier werden Einzelverkauf/Straßenverkauf und Abonnement unterschieden.
- Verbreitungsgebiet: Hier werden lokale, regionale und überregionale Zeitungen unterschieden.
- Erscheinungsweise: Hier werden Tages-, Wochen- und Sonntagszeitungen unterschieden (allerdings gelten Wochenzeitungen hier eigentlich nicht als Zeitungen).

Dabei ist zu beachten, dass Abonnementzeitungen überwiegend im Abonnement verkauft werden, bis zu etwa zehn Prozent werden sie aber auch im Einzelverkauf abgesetzt, umgekehrt werden Einzelverkaufzeitungen bisweilen auch im Abonnement verkauft. Eine lokale oder regionale Zeitung ist die überwiegend an einem Ort bzw. in einer Region verbreitete Zeitung, die neben der allgemeinen aktuellen Berichterstattung vor allem lokale und regionale Themen für ihr Verbreitungsgebiet behandelt. Eine Zeitung gilt als überregional, wenn mindestens 20 Prozent der Auflage ständig außerhalb des Kernverbreitungsgebietes bezogen werden (Brandt/Schulze 1987, S. 36). Weitere Einteilungen von Zeitungen wären sicher sinnvoll, etwa nach dem Preis, nach dem Umfang oder nach der Zielgruppe (vgl. hierzu Reddaway 1963, S. 202 f.), liegen indes nicht vor.

Tabelle 7 gibt einen Überblick über die Entwicklung dieser verschiedenen Zeitungstypen. Danach beträgt der Marktanteil für lokale oder regionale Abonnementzeitungen mit deutlichen Schwankungen mittlerweile etwa 70 Prozent, der Anteil für überregionale Zeitungen ist von gut vier auf gut sechs Prozent gestiegen, während Kaufzeitungen Marktanteilsverluste hinnehmen mussten. Bemerkenswert ist die Abnahme der Zahl der lokalen oder regionalen Abonnementzeitungen, erfasst als Zahl der Titel.

In Tabelle 7 ist auch die Dominanz der lokal oder regional gebundenen Zeitung für die Bundesrepublik zu erkennen. Wenn man bedenkt, dass auch Kaufzeitungen einen deutlich regionalen Bezug haben, kann man sagen, dass hier gut 90 Prozent aller Zeitungen lokal oder regional gebunden sind, was im internationalen Vergleich recht viel ist. Dort liegt ihr Anteil im Durchschnitt etwa bei 75 Prozent (vgl. Erdmann/Fritsch 1990, S. 43).

Wochen- und Sonntagszeitungen sind in der Tabelle nicht aufgeführt: 1998 existieren 7 Sonntagszeitungen mit einer Auflage von 4 ,331 Millionen Stück und 26 Wochenzeitungen mit einer Auflage von 2,091 Millionen Stück (BDZV-Jahrbuch Zeitungen `99, S. 402).

In diesen Strukturen zeigen sich, wenngleich medienspezifisch gebrochen, zwei allgemeine Trends der Entwicklung von Märkten:

- Der Trend zum Kauf qualitativ hochwertiger Produkte wird sichtbar im zunehmenden Marktanteil für überregionale Zeitungen und im leicht abnehmenden Marktanteil für Straßenverkaufzeitungen.
- Der Trend zur Segmentierung von Märkten, der allerdings überlagert wird von steigenden Kosten für segmentierte Produktionen. Dies kann erklären, dass per

saldo der Marktanteil für lokale und regionale Abonnementzeitungen nur leicht gestiegen ist.

Tab. 7: Entwicklung der Zeitungstypen von 1970 bis 1999 (ab 1995 Deutschland)

Zeitungstypen	1970	1980	1990	1995	1997	1999
	Auflage in Mill. Stück					
lokale/regionale Abo-Zeitungen	12,068	13,189	13,822	18,090	17,567	17,102
überregionale Zeitungen	0,779	0,942	1,317	1,400	1,618	1,645
Straßenverkauf-zeitungen	5,258	6,458	5,705	6,067	6,054	5,819
Tageszeitungen zusammen	18,110	20,590	20,850	25,560	25,020	24,565
	Marktanteile in %; Anzahl in Klammern					
lokale/regionale Abo-Zeitungen	66,7 (416)	64,1 (382)	66,3 (343)	70,8 (381)	69,3 (388)	69,6 (384)
überregionale Zeitungen[1]	4,3 (5)	4,6 (5)	6,3 (5)	5,5 (7)	6,6 (10)	6,7 (10)
Straßenverkauf-zeitungen	29,0 (9)	31,4 (8)	27,4 (6)	23,7 (8)	24,2 (8)	23,7 (8)

1) Überregionale Tageszeitungen waren immer folgende Titel: Die „Frankfurter Allgemeine Zeitung", die „Frankfurter Rundschau", das „Handelsblatt", die „Süddeutsche Zeitung" und „Die Welt"; durch Umgruppierungen sind im Zeitablauf dazugezählt worden: die „Deutsche Tagespost" (Würzburg), „Hürriyet" und „die tageszeitung"; durch die Wiedervereinigung sind hinzugekommen: „Neues Deutschland" und „Junge Welt".

Quelle: BDZV-Jahrbücher „Zeitungen"

3. Konzentration auf den Zeitungsmärkten

Die ökonomische und die publizistische Konzentration sollten getrennt erfasst werden. Die ökonomische Konzentration bezieht sich auf relevante Märkte und sie beschränkt im Ergebnis den ökonomischen Wettbewerb. Die idealtypische Folge zunehmender ökonomischer Konzentration ist ceteris paribus eine abnehmende Angebotsflexibilität, eine abnehmende Innovationsneigung, generell eine Abnahme der allokativen und produktiven Effizienz. Dabei sollte die ökonomische Konzentration in horizontaler, vertikaler und diagonaler Ausdehnung erfasst werden (vgl. Kapitel 4). Leider liegen solche Analysen nicht vor und können hier auch nicht erstellt werden. Die publizistische Konzentration bezieht sich idealiter auf den Meinungsmarkt und erfasst idealiter die Konzentration von Meinungen. Faktisch ist dies auch nicht zu leisten; es bleibt, die Konzentration des Eigentums an Zeitungsunternehmen und den Auflagenanteil der jeweils größten Zeitungsgruppen zu erfassen (Abschnitt 3.1) und die Zahl inhaltlich verschiedener Zeitungen auszuweisen (Abschnitt 3.2).

3.1. Erfassung der publizistischen Konzentration durch Medieneigentum

Ausgangspunkt der Analyse ist die Hypothese, dass die wirtschaftliche Einheit „Medienkonzern“ auch so etwas wie eine publizistische Einheit darstellt. So kann der Verleger als Eigentümer der Zeitungsunternehmen über seine Grundsatz- und Richtlinienkompetenz die publizistische Linie der Zeitungen bestimmen. Allerdings wird nicht immer die publizistische Linie vorgegeben, bisweilen existiert nur das ökonomische Ziel der Gewinnmaximierung bei Wahrung bestimmter Nebenbedingungen, z. B. Erhalt des Verlagsstandortes. Schließlich verbleibt den Redaktionen auch bei Vorgabe einer publizistischen Linie Spielraum für jeweils unterschiedliche journalistische Produktionen, weil die publizistische Linie nicht detailliert vorgegeben und überprüft werden kann. Empirische Untersuchungen zeigen dementsprechend einen – wenn überhaupt – nur schwachen Einfluss des Medieneigentums auf Medieninhalte (vgl. z.B. Akhavan/Majid u. a. 1991 und Busterna u. a. 1991). Immerhin bleibt die Gefahr bestehen, dass die Kontrolle einer Vielzahl von Unternehmen durch wenige Medieneigentümer die Verbreitung von Ideen von der Zustimmung dieser wenigen Eigentümer abhängig macht. Diese Gefahr sollte erkannt und es sollte ihr begegnet werden.

Röper[18] ermittelt regelmäßig die Marktanteile der Zeitungsunternehmen, die wirtschaftlich eine Einheit bilden (vgl. z. B. Röper 1997). Entscheidend sind hier die Besitz- und Beteiligungsverhältnisse, die von Röper etwa analog den Kriterien des Kartellrechts erfasst werden. Verlage, die an anderen Verlagen mit mindestens 25 Prozent oder geringfügig darunter beteiligt sind, bilden mit diesen Verlagen eine Verlagsgruppe (Röper 1989, S. 326), also eine wirtschaftliche Einheit. Tabelle 8 gibt einen Überblick über die Entwicklung der Auflagenanteile der zehn größten Verlagsgruppen. Danach halten diese Verlagsgruppen seit fast 20 Jahren einen Marktanteil von etwa 55 Prozent; man kann sagen, dass mehr als die Hälfte aller verkauften Tageszeitungsexemplare aus nicht mehr als zehn wirtschaftlich selbständigen Verlagsgruppen stammt.

Differenziert man nach Zeitungstyp und betrachtet man die Auflagenanteile der jeweils drei, fünf und zehn auflagenstärksten Verlagsgruppen, so zeichnet sich ein ähnliches Bild hoher Konzentration ab.

---

18 Horst Röper ist unabhängiger Medienwissenschaftler und Geschäftsführer von FORMATT in Dortmund und befasst sich vor allem mit der Verflechtung von Medienunternehmen. Ohne seine Analysen wären die Unternehmensverflechtungen nicht bekannt gewesen.

Tab. 8: Auflagenanteile der jeweils 10 auflagenstärksten Verlagsgruppen (VG) von 1982 bis 2000 [1]

Verlagsgruppe	1982	1987	1991	1993	1995	1997	2000
Axel Springer Verlag AG	30,2	28,6	23,9	22,8	23,3	23,7	23,6
VG WAZ, Essen	5,8	6,0	5,0	5,6	5,5	5,9	6,0
VG Stuttg. Ztg./Rheinpf./Südwest Pr.	5,1	3,1	5,0	5,2	5,0	5,0	5,0
VG DuMont Schauberg, Köln	3,7	3,2	4,5	4,5	4,4	4,0	4,4
VG Gruner + Jahr, Hamburg	-	-	3,2	3,8	3,6	3,4	2,8
VG Süddt. Zeitung / Friedmann Erben	2,3	3,5	3,2	3,3	3,2	3,2	3,3
VG F.A.Z., Frankfurt	1,5	1,7	3,2	3,1	2,9	3,0	3,0
VG Ippen, München	1,9	2,7	2,4	2,7	2,7	2,7	2,9
VG Holtzbrinck, Stuttgart	-	-	-	2,5	2,5	2,5	2,5
VG Madsack / Gerstenberg, Hannover	1,6	1,8	2,2	2,1	2,5	2,3	2,4
Gemeinsamer Marktanteil	55,3	54,0	54,4	55,6	55,7	55,7	55,9

1) Bezogen auf Tageszeitungen, ab 1991 einschl. Ostdeutschland; Zusammensetzung wechselt

Quelle: Röper, Daten zur Konzentration der Tagespresse, Media Perspektiven, lfd. Jge.

Wie Tabelle 9 zeigt, ist die Konzentration bei den Abonnementzeitungen und den Straßenverkaufzeitungen im Zeitablauf relativ konstant geblieben, bei einer leichten Abnahme bis 1989 und einer Zunahme nach der Vereinigung. Nach der Qualifizierung durch die Monopolkommission wäre die Konzentration bei Abonnementzeitungen als mäßig, bei den Tageszeitungen insgesamt als hoch und bei den Straßenverkaufzeitungen als sehr hoch zu bezeichnen (Monopolkommission 1992, S. 289).

Insgesamt ergeben die Analysen von Röper wertvolle Erkenntnisse zur publizistischen Konzentration. Hier ist es nicht nachteilig, dass sich die Angaben jeweils auf die gesamte Bundesrepublik beziehen, weil die Aussage, dass z.B. gut ein Drittel aller Zeitungsexemplare aus nicht mehr als drei wirtschaftlich selbständigen Verlagen stammt, von Gewicht für die Beurteilung der publizistischen Konzentration und der publizistischen Vielfalt ist (für die Beurteilung des ökonomischen Wettbewerbs wäre eine Aussage dieses Typs bedeutungslos).

Tab. 9: Konzentrationsraten (CR-3, CR-5 und CR-10) der Verlagsgruppen

Jahr	**Anteil der**		
	3	**5**	**10**
	größten Verlagsgruppen an der Verkaufsauflage (%)		
1. Alle Zeitungen			
1980	39,5	45,6	54,1
1984	40,9	46,9	55,4
1987	38,1	44,3	54,0
1991	33,9	41,6	54,4
1993	33,6	41,9	55,6
1991	33,9	41,6	54,4
1993	33,6	41,9	55,6
1995	33,8	41,8	55,7
1997	34,6	42,0	55,7
2. Abonnementzeitungen			
1980	21,3	26,4	35,6
1984	21,3	26,8	36,6
1987	18,4	24,6	37,1
1991	19,9	28.0	41,2
1993	20,2	28,0	43,5
1995	20,1	27,5	43,2
1997	20,6	27,8	43,8
3. Straßenverkaufzeitungen			
1980	91,1	95,9	100
1984	92,5	96,9	100
1987	92,0	97,0	100
1991	87,2	93,2	100
1993	91,9	98,4	100
1995	92,2	98,1	100
1997	92,6	98,5	100

Quelle: Röper, Daten zur Konzentration der Tagespresse, in: Media Perspektiven lfd. Jg.

3.2. Erfassung der publizistischen Konzentration durch die Vielzahl des Zeitungsangebots

Der direktere Ansatz zur Erfassung der publizistischen Vielfalt ist der Ausweis der Zahl und der Verbreitung jeweils unterschiedlicher Zeitungen. Dies ist der Ansatz von Schütz, der seit 1954 regelmäßig die Zahl der so genannten publizistischen Einheiten, d.h. der Zeitungen mit eigenem Mantel, ermittelt und zusätzlich die Zahl der redaktionellen Ausgaben, d.h. der Zeitungen, die sich sonst – im Regelfall im lokalen Textteil – unterscheiden, ausweist (vgl. Kapitel 7). Im Folgenden wird die Entwicklung der Zeitungseinheiten zunächst nur für Westdeutschland dargestellt, um Strukturbrüche im Vergleich zu vermeiden. Die Entwicklung der Zeitungslandschaft in Ostdeutschland wird im 5. Abschnitt gesondert beschrieben. Tabelle 10 zeigt die Entwicklung der Zeitungseinheiten; die wesentlichen Ergebnisse dieser Erhebung sind:

- Die Zahl der Publizistischen Einheiten hat sich von 1954 auf 1999 praktisch halbiert, dabei liegt die wesentliche Abnahme, das so genannte „Zeitungssterben", vor allem in den 50er und 60er Jahren. Seit 1993 ist die Zahl der publizistischen Einheiten in Westdeutschland konstant geblieben. „Man kann von einer gefestigten Struktur des Zeitungsmarktes sprechen, die weitgehend eine Folge eingeschränkten oder fehlenden intermediären Wettbewerbs ist" (Schütz 2000, S.8).
- Die Zahl der unterschiedlichen Zeitungen hat bis 1976 geringfügig abgenommen, anschließend leicht zugenommen und stagniert seitdem auf diesem hohen Niveau. Dahinter verbirgt sich ein Trend in Richtung einer regionalen/lokalen Ausdifferenzierung von Zeitungen in Form von zusätzlichen Nebenausgaben.

Damit kann festgehalten werden, dass es 1999 in Westdeutschland für rund 65 Millionen Einwohner 1 341 Zeitungen gibt, die sich überhaupt unterscheiden, und 114 Zeitungen, die sich in ihrem zentralen Teil, dem Zeitungsmantel, unterscheiden. Das sind – um eine gängige Umrechnung zu gebrauchen – 1,75 Publizistische Einheiten pro 1 Millionen Einwohner (die entsprechende Zahl für Ostdeutschland

Tab. 10: Entwicklung der Zeitungseinheiten von 1954 bis 1999 (Westdeutschland)[1]

	1954	1964	1967	1976	1981	1985	1989	1991	1993	1995	1997	1999
red. Ausgaben	1500	1495	1416	1229	1258	1273	1344	1374	1369	1349	1332	1341
publiz. Einheiten	225	183	158	121	124	126	119	119	114	114	114	114

1) Die Berliner Zeitungen sind nicht eindeutig nach Ost und West zuzuordnen, fünf PE werden zu Westdeutschland gezählt.

Quelle: Schütz 1989, 1992, 1994, 2000

liegt bei 1,45). Was dies für das angestrebte Ergebnis „Meinungsvielfalt" bedeutet, kann nicht gesagt werden; solche Zahlen sind nur als Input in die Produktion von Meinungsvielfalt zu interpretieren. Im internationalen Vergleich steht Deutschland damit etwa in einer mittleren Position, wenn man die spärlichen und schlecht vergleichbaren Angaben vorsichtig interpretiert (vgl. Erdmann/Fritsch 1990, S. 13 ff. und Sanchez-Tabernero 1993, S. 40).

Einen genaueren Einblick in den Input der Produktion von Meinungsvielfalt erhält man, wenn man die Zahl der *pro Kopf üblicherweise erhältlichen Zeitungen* ermittelt. Dies ist deswegen wichtig, weil es z.B. in Westdeutschland 114 publizistische Einheiten gibt, diese aber so verbreitet sein können, dass jeder Bürger praktisch nur eine Zeitung beziehen kann. Eine solche Maßgröße ist sehr sinnvoll, da Meinungsvielfalt ein personengebundenes Konzept ist, nicht ein regional gebundenes Konzept. Dieses Zeitungsangebot pro Kopf wird von Schütz als so genannte

Tab. 11: Entwicklung der Zeitungsdichte in Deutschland[1] von 1954 bis 1999

	Kreisfreie Städte und Kreise												
	insgesamt		**davon: mit Zeitungsdichte**										**Ø**
Abs.			*1*	*2*	*3*	*4*	*5*	*6*	*7*	*8*	*9*	*10*	
	1954	558	85	162	190	89	28	2	-	1	-	1	2,7
	1964	566	121	201	184	53	6	-	-	-	1	-	2,3
	1967	564	145	228	152	35	3	-	-	1	-	-	2,2
	1976	343	156	139	37	7	3	1	-	-	-	-	1,7
	1979	331	150	133	38	5	4	-	1	-	-	-	1,7
	1981	328	152	133	34	4	4	-	1	-	-	-	1,7
	1983	328	154	132	32	4	5	-	1	-	-	-	1,7
	1985	328	157	136	27	3	4	-	1	-	-	-	1,7
	1989	328	160	132	28	2	5	-	1	-	-	-	1,7
	1993	328	161	132	27	3	4	-	-	-	-	1	1,7
	1997	439	242	164	24	4	4	-	-	-	1	-	1,6
	1999	440	244	164	23	4	4	-	-	-	1	-	1,6
in %	1954	100	15,2	29,0	34,1	15,9	5,0	0,4	-	0,2	-	0,2	
	1964	100	21,4	35,5	32,5	9,4	1,1	-	-	-	0,2	-	
	1967	100	25,7	40,4	27,0	6,2	0,5	-	-	0,2	-	-	
	1976	100	45,4	40,5	10,8	2,0	0,9	0,3	-	-	-	-	
	1979	100	45,3	40,2	11,5	1,5	1,2	-	0,3	-	-	-	
	1981	100	46,3	40,5	10,4	1,2	1,2	-	0,2	-	-	-	
	1983	100	46,9	40,2	9,8	1,2	1,5	-	0,2	-	-	-	
	1985	100	47,9	41,4	8,2	0,9	1,2	-	0,3	-	-	-	
	1989	100	48,8	40,2	8,5	0,6	1,5	-	0,3	-	-	-	
	1993	100	49,1	40,2	8,2	0,9	1,2	-	-	-	-	0,2	
	1997	100	55,1	37,4	5,5	0,9	0,9	-	-	-	0,2	-	
	1999	100	55,5	37,3	5,5	0,9	0,9	-	-	-	0,2	-	

1) bis 1993 nur Westdeutschland

Quelle: Schütz 1989, Schütz 1994, Schütz 2000.

Zeitungsdichte ermittelt. Schütz erfasst die pro Kreis bzw. pro kreisfreie Stadt erhältliche Zahl regionaler und lokaler Abonnementzeitungen, Zeitungen also, die eine örtliche Berichterstattung bieten. Dabei geht es um faktische Überschneidungen: Wenn z.B. in einem Kreis zwei Zeitungen in getrennten Bereichen erscheinen, wird eine Zeitungsdichte von 1 ermittelt (Schütz 1978).

Die Zeitungsdichte hat, wie Tabelle 11 zeigt, signifikant abgenommen. Während 1954 nur in 15,2 Prozent aller Gebiete lediglich eine regionale oder lokale Abonnementzeitung erhältlich war, ist der Anteil der 1-Zeitungs-Gebiete bis 1993 in Westdeutschland auf 49,1 Prozent gestiegen und nach der Wiedervereinigung noch einmal auf 55,5 Prozent angestiegen. Das heißt, dass es in mehr als der Hälfte aller Kreise bzw. kreisfreien Städte nicht mehr als eine Zeitung gibt. Die durchschnittliche Zeitungsdichte ist von 2,7 Zeitungen pro Gebiet auf 1,6 Zeitungen zurückgegangen.

Im Übrigen ist die Zeitungsdichte auch Indikator für die ökonomische Konkurrenz, da die jeweiligen Verbreitungsgebiete im Regelfall den relevanten Markt bilden. Mithin kann aus der Analyse von Schütz geschlossen werden, dass

- in 55,5 Prozent der Gebiete ein Zeitungsmonopol existiert,
- in 37,3 Prozent der Gebiete ein Duopol besteht und
- nur in 7,2 Prozent der Gebiete eine Konkurrenz von mehr als zwei Anbietern existiert.

Dieser Monopolbefund wird im Großen und Ganzen durch die ermittelte *Marktstellung der Verlage als Herausgeber* gestützt. Danach verfügen 40,2 Prozent der Verlage von Abonnementzeitungen mit lokaler/regionaler Verbreitung über eine Alleinanbieterposition – sind also Monopole – und 47,9 Prozent der Verlage sind Erstanbieter, also Marktführer (Schütz 2000, S. 28; Angaben beziehen sich auf 1999). Hinzu kommt allerdings in den meisten Gebieten eine gewisse Konkurrenz durch Straßenverkaufzeitungen, meist durch die Bildzeitung.

3.3. Pressespezifische Kooperationsformen

Schließlich gibt es im Zeitungsbereich, wie übrigens in jedem Bereich der Wirtschaft, spezifische Kooperationsformen, die unter ökonomischem und publizistischem Aspekt schwer einzuordnen sind. So gibt es recht häufig Teilkooperationen in Form einer Anzeigen-, einer Redaktions-, einer Druck- und/oder einer Vertriebsgemeinschaft oder Gemeinschaftsunternehmen, z.B. das gemeinsame Betreiben von *dpa* durch eine Reihe von Zeitungsverlagen. Im Regelfall wird durch solche gemeinsamen Aktivitäten die Rivalität, der Wettbewerbsgeist der Unternehmen verringert, es kommt tendenziell zu einer Abnahme des ökonomischen Wettbewerbs. Der publizistische Wettbewerb wird hingegen direkt nur betroffen, wenn eine redaktionelle Zusammenarbeit vereinbart wird.

Eine seinerzeit viel diskutierte spezielle Form der Kooperation von Zeitungsverlagen ist das so genannte *WAZ*-Modell (vgl. vor allem Mestmäcker 1978, S. 45 ff.).

Bei Aufrechterhaltung der redaktionellen Selbständigkeit der beteiligten Zeitungen – *Westdeutsche Allgemeine Zeitung (WAZ)*, *Westfälische Rundschau*, *Westfalenpost* und *Neue Ruhr/ Neue Rheinzeitung* – ist eine wirtschaftliche Einheit in Form einer Anzeigen- und Druckgemeinschaft mit einer einheitlichen wirtschaftlichen Leitung begründet worden.

Dies bedeutet ohne Zweifel eine deutliche Abnahme des ökonomischen Wettbewerbs, weil Unternehmenszielgröße der Gewinn der vier Zeitungen zusammen ist. Aber was bedeutet es für den publizistischen Wettbewerb? Fest steht, dass die genannten Zeitungen sich in ihrem gesamten redaktionellen Teil deutlich unterscheiden, und dass ein Abbau der Unterschiedlichkeit im Zeitablauf nicht beobachtet werden kann. Die Zeitungsvielfalt ist messbar jedenfalls durch das WAZ-Modell bislang nicht reduziert worden.

4. Wettbewerb und Wettbewerbspolitik auf Zeitungsmärkten

4.1. Abgrenzung relevanter Zeitungsmärkte

Wettbewerb vollzieht sich auf relevanten Märkten und Wettbewerbspolitik bezieht sich auf relevante Märkte. Die Abgrenzung solcher relevanten Märkte stützt sich auf die Ermittlung von Substitutionselastizitäten und – dies als praktikabler Ersatz für die äußerst schwierige Erfassung von Substitutionselastizitäten – auf das „Konzept der funktionalen Austauschbarkeit von Gütern aus der Sicht des verständigen Verbrauchers“ (vgl. Kapitel 2). Die Marktabgrenzung gilt als eines der schwierigsten Probleme der Wettbewerbspolitik und dies gilt insbesondere auch für den Mediensektor, weil hier immer mindestens zwei Güter bzw. zwei Märkte in die Analyse einbezogen werden müssen, der Informationsmarkt und der Werbemarkt. Allerdings lässt die bisherige Praxis der deutschen Kartellbehörden erkennen, dass die Substitutionsbeziehungen auf Rezipientenmärkten letztlich als entscheidend für die Marktabgrenzung angesehen werden (Kleinaltenkamp 1988, S. 735). Dies kann aus publizistischer Sicht überzeugen, der ökonomischen Logik entspricht es nicht. Im Folgenden wird ein idealtypischer Überblick über die Abgrenzung relevanter Zeitungsmärkte gegeben, die sich auf die Rechtsprechung, insbesondere auf das langwierige Verfahren von Bundeskartellamt, Berliner Kammergericht und Bundesgerichtshof im Fusionsverfahren Gruner+Jahr und *ZEIT*-Verlag Gerd Bucerius, und auf Plausibilitätserwägungen stützt. Aufgrund objektivierbarer Unterschiede ist es üblich, von den im Folgenden aufgeführten, prinzipiell unterschiedlichen Märkten auszugehen. Sie müssen als die relevanten Lesermärkte angesehen werden.

Markt für regionale und lokale Abonnement-Tageszeitungen: Die Region bezeichnet einen relativ großen Raum, dessen Bevölkerungs-, Sozial-, Kultur- und Wirtschaftsstruktur in der Regel eine gewisse Homogenität aufweist, während die Lokalität den Bezug auf relativ geschlossene Orte oder Ortsteile ausdrückt, die im Bewusstsein der Konsumenten als Gemeinde oder Gemeinschaft empfunden werden (Buss/Maletzke 1981, S. 416; Teichert 1982, S. 87 f.). Aus dieser lokalen und/oder regionalen Gebundenheit entstehen besondere Informationsbedürfnisse, die von speziell auf die Region oder den Ort zugeschnittenen Zeitungen mit entsprechenden Lokal- bzw. Regionalteilen befriedigt werden. Und nur diese Zeitungen stehen dann in einem örtlich durch das Schnittfeld der Verbreitungsgebiete begrenzten Markt im Wettbewerb (vgl. z.B. das Zusammenschlussverfahren *Bote vom Grabfeld – Mainpost*,WuW Nr. 5/1991, S. 399 ff. und *Lübecker Nachrichten – Stormarner Tageblatt*, WuW Nr. 11, 1990, S. 962 ff.) Im gleichen Gebiet möglicherweise existierende überregionale Zeitungen oder Straßenverkaufzeitungen sind nicht in den gleichen relevanten Markt einzubeziehen.

Auf dem Markt für regionale und lokale Abonnementzeitungen gilt der Wettbewerb prinzipiell als recht gering: Marktzutritt scheint ausgeschlossen, und Konkurrenz besteht meist nur als Randwettbewerb, Monopolsituationen bestehen in gut der Hälfte aller Gebiete.

Markt für überregionale Abonnement-Tageszeitungen: Überregionale Abonnement-Tageszeitungen befriedigen nicht den besonderen Informationsbedarf der Leser, der aus den lokalen und regionalen Verhältnissen entsteht, sondern einen sachspezifischen, insbesondere auf die Sparten Wirtschaft, Politik und Kultur gerichteten Informationsbedarf. Auf diesem Markt gibt es in der Bundesrepublik im wesentlichen fünf Anbieter, die *Frankfurter Allgemeine Zeitung*, die *Frankfurter Rundschau*, die *Süddeutsche Zeitung*, die *Tageszeitung (taz)* und die *Welt*; partiell dürfte auch das *Handelsblatt* hinzuzurechnen sein[19]. Es handelt sich mithin um ein nicht mehr enges Oligopol mit deutlicher Produktdifferenzierung; prima facie sind also gute Wettbewerbsbedingungen gegeben, ein Marktzutritt war möglich (*taz*), wenngleich mit erheblichen finanziellen Opfern.

Markt für Straßenverkaufzeitungen: Straßenverkaufzeitungen haben einen nicht ganz festen Leserstamm. Weil sie in täglicher, unmittelbarer Konkurrenz erworben werden, versuchen sie, sich durch eine auffällige Aufmachung und einen sensationellen Inhalt im Wettbewerb am Kiosk zu halten. Sie unterscheiden sich in Breite und Tiefe der Berichterstattung, in der Art der Darstellung und in der Regel auch im Preis deutlich von den anderen Zeitungen. In der Bundesrepublik gibt es acht Straßenverkaufzeitungen, die im *Prinzip* miteinander konkurrieren. Auf den einzelnen räumlich abgegrenzten Märkten konkurriert im Regelfall nur die *BILD*-Zeitung mit jeweils einer anderen Straßenverkaufzeitung, es resultieren überwiegend Duopol-Konstellationen, also recht enge Wettbewerbsverhältnisse, Marktzutritt war nur kurzzeitig möglich (*Super*-Zeitung).

Markt für Wochenzeitungen: Nach dem erwähnten langwierigen Verfahren, in dem es insbesondere strittig war, ob der *Spiegel* dem Markt für politische Wochenzeitschriften zuzuordnen sei oder einen eigenen Markt bilde und ob es überhaupt einen abgrenzbaren Markt für Wochenzeitungen gebe, wurde schließlich ein Markt

19 Aus statistischen Gründen werden auch die „Deutsche Tagespost“ (Würzburg), „Hürriyet“, „Neues Deutschland“ und „Junge Welt“ diesem Sektor zugerechnet. Sie dürften indes keine funktional austauschbaren Zeitungen darstellen und mit den oben genannten keinen gemeinsamen relevanten Markt bilden.

für politische Wochenzeitschriften definiert. In bezug auf Erscheinungsweise, Themenbereich und Darstellungstiefe wurde für *Spiegel*, *ZEIT*, *Rheinischer Merkur*, *Deutsches Allgemeines Sonntagsblatt*, *Vorwärts* und *Bayernkurier* eine hinreichende Austauschbarkeit befunden (Kammergericht 1986, WuW/EOLG 3807-3818; BGH-Beschluss vom 22.9.1987, *Gruner+Jahr – ZEIT*, WuW/EBGH 2433-2442). Diese Abgrenzung erscheint nicht jedem Beobachter als plausibel und hält empirischen Untersuchungen auch nicht stand. Allerdings ist es eine tatrichterliche Entscheidung ohne erkennbaren *Rechts*fehler (vgl. Kleinaltenkamp 1988, S. 736 ff.).

Markt für Sonntagszeitungen: Sonntagszeitungen bilden einen eigenen relevanten Lesermarkt. Sie liefern tagesaktuelle Informationen, insbesondere Sport - das unterscheidet sie von den Wochenzeitungen – und sie erscheinen nur einmal in der Woche – das unterscheidet sie von Tageszeitungen (Bundesgerichtshof 1988, WuW/E BGH 2433, 2438, *Gruner+Jahr-ZEIT)*. Ob Sonntagszeitungen und Wochenzeitungen überhaupt Zeitungen sind, kann hier offen bleiben.

In Einzelfällen sind Überschneidungen möglich. So konkurriert z.B. die überregionale *Süddeutsche Zeitung* in manchen Teilen Bayerns direkt mit regionalen Tageszeitungen, weil die *Süddeutsche Zeitung* auch einen Regionalteil hat (WuW/E BKartA 103, Süddeutscher Verlag - *Donaukurier* 1983). Bei fortschreitenden Annäherungen sind auch Wettbewerbsbeziehungen zwischen Abonnementzeitung und Straßenverkaufzeitung denkbar. Wettbewerbsbeziehungen zwischen Printmedien und Rundfunk werden dagegen bislang nicht vermutet, dies bestätigt auch eine US-amerikanische Untersuchung (Dertouzos/Trautman 1990, S. 12). Insgesamt gibt es also

- eine Fülle von relevanten Märkten für lokale/regionale Abonnementzeitungen,
- einen Markt für überregionale Abonnement-Tageszeitungen,
- einen Markt für Straßenverkaufzeitungen,
- einen Markt für Wochenzeitungen und
- einen Markt für Sonntagszeitungen.

Obwohl Vertriebs- und Anzeigengeschäft auf vielfältige Weise miteinander verbunden sind, weicht die Abgrenzung der sachlich *relevanten Anzeigenmärkte* häufig von der der Lesermärkte ab, weil Leser und Inserenten ein unterschiedliches Produkt erwerben und die Austauschbarkeit der Produkte nach unterschiedlichen Kriterien beurteilen. Aus der Sicht der Inserenten bestimmt sich die Austauschbarkeit der Werbeträger durch deren Zielgruppen auf dem Lesermarkt. Marktabgrenzungen ergeben sich damit

- aus der unterschiedlichen räumlichen Reichweite der Werbeträger,
- aus der unterschiedlichen zielgruppenspezifischen Reichweite der Werbeträger,
- aus der unterschiedlichen werblichen Eignung und
- aus den unterschiedlichen Produktions- und Verbreitungskosten von Werbebotschaften.

Abgrenzungen sind hier fließender als auf Lesermärkten. Nur grob und prinzipiell kann man davon ausgehen, dass die Werbemärkte im Printmedien- und im Rundfunkbereich zwar benachbart, aber letztlich doch getrennt sind (so auch die Monopolkommission 1990, TZ. 625, 657; Wagner 1990, S. 171). Für diese Trennung sprechen die unterschiedliche werbliche Eignung der Medien und die unterschiedlichen Kosten der Produktion der Werbebotschaft. Die Produktionskosten (nicht die Verbreitungskosten) eines Werbespots im Rundfunk, insbesondere im Fernsehen, sind deutlich höher als die Produktionskosten einer Zeitungsanzeige. Die Substitutionsbeziehungen zwischen lokaler Zeitungswerbung und lokaler Hörfunkwerbung sind nicht klar zu erkennen, ein Wettbewerb in kleineren Randbereichen ist indes zu vermuten. Auch hier wird die Trennung zwischen Printmedien und Rundfunk als Werbeträger durch die erwähnte US-amerikanische Studie bestätigt (Dertouzos/Trautman 1992).

Nach der *räumlichen Reichweite* der Werbeträger sind lokale, regionale und nationale Märkte abzugrenzen; absehbare Streuverluste begründen hier eine klare Kalkulation der Werbeträger dergestalt, dass Werbung mit lokalem Bezug nur in lokalen Medien platziert wird. Allerdings kann Werbung mit regionalem oder nationalem Bezug sowohl in regionalen bzw. nationalen als auch in Ketten von lokalen Medien verbreitet werden, was bei der Standortpresse, der Regionalpresse oder bei Hörfunkkombis auch üblich ist. Über einen solchen Verbund konkurrieren die Lokal-/Regionalmedien mithin asymmetrisch mit den Medien der jeweils höheren Ebene, also es konkurrieren z. B. der Verbund der Zeitungen der Regionalpresse mit den überregionalen Zeitungen, aber umgekehrt konkurriert die *FAZ* nicht mit Regionalzeitungen, weil keine strikt regionalgebundene Werbung in der *FAZ* erscheinen würde.

Die *unterschiedliche werbliche Eignung* der verschiedenen Zeitungstypen begründet ebenfalls keine prinzipiell klare Abgrenzung der Bereiche, weil hier nur schwach ausgeprägte Unterschiede bestehen, die nur für bestimmte Rubriken relevant sind (z.B. werden Todesanzeigen nicht in Straßenverkaufzeitungen veröffentlicht, aber etwa bei Geschäftsempfehlungen verwischen sich die Unterschiede). Entsprechend werden Kaufzeitungen und Abonnement-Tageszeitungen bisweilen dem gleichen Markt zugerechnet (Kammergericht WuW/EOLG 3767 „Rheinische Anzeigenblätter“), bisweilen werden sie als getrennte Märkte gesehen (Bundeskartellamt 1978, WuW/E BKartA 1733 „Springer - Münchener Zeitungsverlag“). Aus ökonomischer Sicht ist die Austauschbarkeit der verschiedenen Zeitungstypen als Werbeträger so groß, dass eine Unterschiedlichkeit der relevanten Werbemärkte nach Zeitungstyp nur schwer zu begründen sein wird.

Ob *Anzeigenblätter* und Tageszeitungen dem gleichen Werbemarkt angehören, hängt vor allem von der jeweiligen räumlichen Reichweite ab. Wenn Verbreitungsgebiet und Belegungseinheiten in Einzelausgaben oder in Kombinationen bei Tageszeitungen und Anzeigenblättern nahezu identisch sind, hat das Bundeskartellamt eher einheitliche Märkte von Anzeigenblatt und Tageszeitung angenommen (Monopolkommission 1990, S. 278; Zusammenschlussfall Weiss - Druck und Verlag GmbH & Co. KG/S-W-Verlag GmbH & Co. KG für Lokalinformationen).

4.2. *Wettbewerb auf Zeitungsmärkten*

Die üblichen Wettbewerbsparameter sind Preise, Produktgestaltung, Werbung und Gestaltung des Vertriebs, also die Instrumente des Marketing-Mix (vgl. Kapitel 8). Dies sind naturgemäß auch die Wettbewerbsparameter auf Zeitungsmärkten:

- Zeitungspreise und Anzeigenpreise,
- Umfang der Zeitung insgesamt und/oder wichtiger Teile der Zeitung wie Lokalteil, lokaler Sportteil oder Fernsehseite; Inputs in die Qualität der Berichterstattung wie Zahl der Redakteure, Zahl der Nachrichtendienste und Korrespondenten, Farbigkeit des Drucks usw.,
- Absatzwerbung, Imagewerbung und Öffentlichkeitsarbeit (PR) sowie
- Wahl der Vertriebswege und der Vertriebskonditionen.

Mit einigen Ausnahmen – z.B. in Berlin, in Dortmund, in Köln und Düsseldorf und im Markt für überregionale Tageszeitungen insgesamt – kann überwiegend nur wenig Wettbewerb auf Zeitungsmärkten beoachtet werden. Es wird generell eine geringe Flexibilität des Angebots in bezug auf veränderte Nachfragebedingungen konstatiert (Kantzenbach 1980, S. 198); Preise werden kaum als Wettbewerbsparameter eingesetzt. „Grundsätzlich sind gleiche Preise die Regel, Preisdifferenzen die Ausnahme“ (Noll 1977, S. 41). Das gilt für jeweils gleiche Märkte, nicht für gleiche Produkte, d. h. die gleiche Zeitung kostet in Konkurrenzgebieten weniger als in Monopolgebieten. „Veränderungen des Bezugspreises erfolgen in aller Regel zum gleichen Zeitpunkt, was auf gewisse gemeinsame Überlegungen der Anbieter schließen lässt“ (Noll 1977, S. 41). Im Vergleich der Bezugspreise von Wettbewerbs- und Monopolzeitungen hat Noll festgestellt, dass die Monopolzeitungen deutlich häufiger in den oberen Preisklassen zu finden sind als Wettbewerbszeitungen, dass aber insgesamt der Wettbewerbspreis nur knapp zehn Prozent unter dem Monopolpreis liegt (Noll 1977, S. 42). Dass Wettbewerbspreise keineswegs immer und deutlich unter den Monopolpreisen liegen, liegt vor allem daran, dass auf Grund der Fixkostendegression Monopolisten deutlich billiger produzieren als Wettbewerber (vgl. Kapitel 4). Dies ist für die USA empirisch bestätigt worden (Reimer 1992).

Als zentraler Wettbewerbsparameter auf dem Lesermarkt gilt der Umfang der lokalen Berichterstattung und ersatzweise die Besetzung der Lokalredaktion. Insbesondere ist die Größe und Qualität des Lokalteils Wettbewerbsparameter, wenn mindestens einer der Konkurrenten zu den kleineren Lokalzeitungen zählt (Pätzold/Röper 1984, S. 239 ff. und Pätzold/Röper 1992, S. 644 ff.). Offenbar bestehen dann das Ziel und eine gewisse Wahrscheinlichkeit, die kleineren Konkurrenten verdrängen zu können (vgl. auch Leuker 1985).

Die Wettbewerbsbedingungen des Zeitungsmarktes sind grundsätzlich, d.h., von Ausnahmen abgesehen, schlecht. Das Volumen des Zeitungsmarktes stagniert mengenmäßig, lediglich überregionale Abonnementzeitungen konnten ihre Auflage ein wenig steigern. Damit befindet sich der Zeitungsmarkt in der Phase der Marktsättigung und Produktinnovationen gibt es kaum. Deutliches Merkmal ist die im Verhältnis zu anderen Produktionszweigen relativ gleichbleibende Produktgestaltung, Innovationen gibt es überwiegend in den Herstellungsverfahren. Diese Innovationen haben indes nicht auf Zeitungsmärkten, sondern in der Druckindustrie ihren Anfang genommen.

Die Zahl der Marktaustritte überwiegt die Zahl der Marktzutritte bei weitem. Von 1954 bis 1999 hat die Zahl der publizistischen Einheiten von 225 auf 114, also um 111 Einheiten abgenommen. Marktzutritte gab es nur sporadisch: Einen Zutritt zum Markt für überregionale Abonnementzeitungen (*taz*), zwei Zutritte zum Markt für Straßenverkaufszeitungen (*tz*, München, und *Express*, Köln) und einen Zutritt zum Markt für regionale/lokale Abonnementzeitungen (*Tagesanzeiger*, Maintal).

Dies kann als eine wettbewerblich bedenkliche Konstellation gelten, in stagnierenden Märkten ist ein gruppensolidarisches Verhalten zu erwarten. Insgesamt sind nur wenig Anzeichen für einen guten Wettbewerb zu sehen: Produktinnovationen sind selten zu beobachten und Profitraten sind überdurchschnittlich hoch.

4.3. Marktzutrittsschranken

Wenn trotz der hohen Renditen, die im Zeitungsgeschäft erzielt werden (vgl. Tabelle 11 in Kapitel 8), Marktzutritte so gut wie nie erfolgreich waren, weist das auf hohe Schranken für einen Zutritt zum Zeitungsmarkt hin. Als solche Zutrittsschranken müssen die folgenden Strukturmerkmale der Zeitungsproduktion gelten:

- Es existieren ganz erhebliche Kostenvorteile des etablierten Anbieters. Auf Grund des hohen Fixkostenanteils der Zeitungsproduktion ist die Fixkostendegression so ausgeprägt, dass der Alleinanbieter am billigsten produziert. Ein Newcomer würde solange teurer produzieren als der etablierte Anbieter, wie er in der nachrangigen Marktposition wäre.
- Auf Grund des Verbunds von Lesermarkt und Anzeigenmarkt existieren erhebliche Einnahmevorteile des etablierten Anbieters. Ein Newcomer hätte solange wesentlich geringere Werbeeinnahmen als der etablierte Anbieter, wie er in der nachrangigen Marktposition wäre.
- Es existieren erhebliche Produktdifferenzierungsvorteile des etablierten Anbieters, weil der Newcomer auf Grund der Titeltreue der Leser ganz erheblich in Werbung und Zeitungsqualität investieren müsste, um einen Abonnentenwechsel zu bewirken.
- Schließlich ist das Verlustrisiko von Investitionen beim Marktzutritt deshalb so groß, weil die Kosten des Marktzutritts in Form von Werbung und Vorhalten eines Zeitungsangebots im Falle des Misslingens fast ausschließlich versunkene Kosten (sunk costs) wären.

Unter den normalen Bedingungen der Zeitungsproduktion und des Wettbewerbs auf den Zeitungsmärkten kann ein Zutritt für regionale oder lokale Tageszeitungen keine lohnende Investition sein (vgl. Heinrich 1984, S. 79). Nur wenig abgeschwächt gilt diese Feststellung auch für Straßenverkaufzeitungen und überregionale Tageszeitungen. Schließlich sei darauf hingewiesen, dass in stagnierenden Märkten Zutritte ohnehin sehr selten sind. Dieser Befund ist aber für den Zeitungsmarkt von ganz anderer Bedeutung (vgl. Kopper 1984) als etwa für den Stahlmarkt oder den Schiffbau, weil dort ein Zutritt von neuen Produkten essentiell für die Meinungsvielfalt ist.

4.4. Wettbewerbspolitik als Ordnungspolitik im Zeitungsbereich

Im Zeitungsbereich ist von Anfang an und so gut wie unstrittig die Entscheidung für den Markt als grundlegendes Steuerungsprinzip gefallen, obwohl die Presse eine „öffentliche Aufgabe" erfüllen soll. Ordnungspolitik ist damit so gut wie ausschließlich Wettbewerbspolitik. Medienpolitik existiert im Printbereich nicht. Weder gibt es eine Qualitätskontrolle noch eine Kontrolle der Medienstrukturen. Der Marktzutritt für Journalisten und Verleger ist so frei wie in fast keinem anderem Gewerbe, die Produktion ist so frei wie in fast keinem anderem Gewerbe. Es gibt keinen TÜV, kein Gewerbeaufsichtsamt, keine Warentests, keine generelle Mitbestimmung und keine Bundesaufsichtsämter, um nur einige der sonst üblichen Kontrollen marktwirtschaftlicher Produktionen zu nennen. Allein eine Bundesprüfstelle überwacht den Jugendschutz.

Die Kontrolle durch den Presserat ist eine so gut wie unwirksame Kontrolle auf standesrechtlicher Ebene und entspricht ähnlichen Organen bei Maklern und Gebrauchtwagenhändlern. Wenn überhaupt von Medienpolitik gesprochen werden kann, dann dient sie dazu, den Pressebereich vor „zuviel" Wettbewerb zu schützen: Preisbindung bei Verlagserzeugnissen als Ausnahme vom allgemeinen Verbot der Preisbindung und das Gebietsmonopol des Pressegroßhändlers als Ausnahme vom Kartellverbot sind hier zu nennen (vgl. Kapitel 7).

Grundsätzlich gelten für den Pressebereich also nur die Vorschriften des Kartellgesetzes. Das sind im Wesentlichen

- der Grundsatz des Kartellverbots,
- die Missbrauchsaufsicht über marktbeherrschende Unternehmen,
- die Fusionskontrolle sowie
- die Kontrolle vertikaler Vertriebsbindungen.

Auf diese Regelungen soll hier nicht weiter allgemein eingegangen werden (vgl. dazu Baßeler/Heinrich/Koch 1999, 7. Kapitel; Berg 1999 und ausführlich Emmerich 1999). Diese allgemeinen Regelungen sind ursprünglich nur für den Pressebereich in einer bemerkenswerten Weise verschärft worden. Die Presse nahm damit im Rahmen der Wettbewerbspolitik eine besondere Stellung ein.

Mit der dritten GWB-Novelle, im so genannten *Pressefusionskontrollgesetz*, wurden 1976 spezifische Verschärfungen für den Pressebereich eingeführt. Um den besonderen Strukturen des Pressemarktes und den Anforderungen an die publizistische Vielfalt gerecht zu werden, wurde das Aufgreifkriterium „Umsatz" für die

Überprüfung von Zusammenschlüssen für Presseunternehmen auf ein Zwanzigstel reduziert (§ 23 Abs. 1 Satz 7 GWB). Außerdem wurde durch den neu eingeführten § 24 Abs. 9 die Anwendung der so genannten Anschlussklausel (§ 24 Abs. 8 Satz 1 Nr. 2), die den Erwerb kleinerer Unternehmen erleichtert, für Presseunternehmen ausgeschlossen. Gerade im Pressesektor, in dem die Vielfalt des Angebots im lokalen und regionalen Bereich durch z.T. noch sehr kleine Verlage gestützt wurde, sollte ein Anschluss kleiner Verlage an größere Verlage erschwert werden. Darüber hinaus galten und gelten für die Zusammenschlüsse im Pressebereich die Vorschriften der allgemeinen Zusammenschlusskontrolle.

Als Presseunternehmen galten „Unternehmen, deren Geschäftsbetrieb ganz oder teilweise im Verlag, in der Herstellung oder im Vertrieb von Zeitungen oder Zeitschriften oder deren Bestandteilen besteht“ (§ 23, Absatz 1 Satz 7 GWB). Dabei galten die Presseklauseln nur für den reinen Presseumsatz. Bei einem Presseunternehmen, das auch Industrieumsätze tätigt, bleibt es für Industrieumsätze bei der allgemeinen Regel (Möschel 1978, S. 168).

Mit der 6. GWB-Novelle (am 1.1. 1999 in Kraft getreten) ist das Gesetz gegen Wettbewerbsbeschränkungen grundlegend geändert worden, vor allem, um es mit dem europäischen Recht zu harmonisieren. In diesem Zusammenhang ist die pressespezifische Verschärfung der allgemein geltenden Vorschriften zur Zusammenschlusskontrolle auch auf den Rundfunksektor ausgedehnt worden (§ 38, Abs. 3 KartellG[20]). Die Regelungen für den Pressesektor, die im wesentlichen unverändert geblieben sind, stellen sich folgendermaßen dar:

- Die beteiligten Presseunternehmen (bzw. Rundfunkveranstalter) müssen einen geplanten Zusammenschluss beim Bundeskartellamt *anmelden*, sofern die Umsatzerlöse insgesamt 50 Millionen DM übersteigen und mindestens ein Unternehmen im Inland einen Umsatzerlös von mehr als 2,5 Millionen DM erzielt (§ 35 in Verb. mit § 38, Abs. 3 KartellG).
- Der geplante Zusammenschluss wird untersagt, sofern er eine marktbeherrschende Stellung begründet oder verstärkt, es sei denn, es wird nachgewiesen, dass durch den Zusammenschluss Verbesserungen des Wettbewerbs eintreten (§ 36 KartellG).

Die Vorschriften der Pressefusionskontrolle stellten und stellen also eine erhebliche Verschärfung der allgemein geltenden Fusionskontrollvorschriften des Kartellgesetzes dar. Dies ist prinzipiell sinnvoll, weil der Pressesektor ein erhebliches Ausmaß an Konzentration aufweist, weil eine außerordentliche Fülle von Monopolen im Bereich der lokalen und regionalen Tageszeitungen besteht und weil Marktzutritt so gut wie unmöglich erscheint. Angesichts dieser Befunde war und ist ein wirksamer Schutz des verbleibenden Restwettbewerbs von zentraler Bedeutung. Mit der Medienklausel des § 38 Abs. 3 („5-Prozent-Klausel“) hat der Gesetzgeber den presse- und medienspezifischen Besonderheiten prinzipiell Rechnung getragen. Die „5-

20 In der neuen Fassung wird das Gesetz gegen Wettbewerbsbeschränkungen häufig auch Kartellgesetz genannt und entsprechend abgekürzt, so auch in dieser „Medienökonomie“.

Prozent-Klausel" ist von erheblicher praktischer Bedeutung gewesen. Von den 67 zwischen 1974 und Ende 1997 rechtskräftig gewordenen Zusammenschlussuntersagungen beziehen sich allein 21 auf den Pressesektor (Monopolkommission 1998, S. 376 ff).

Es bleibt allerdings problematisch, dass allein ökonomische Kriterien und Kontrollvorschriften angewendet werden. Spezifisch medienrechtliche Vorschriften mit publizistisch ausgerichteten Kriterien wie im Rundfunkstaatsvertrag fehlen im Pressesektor. Damit fehlt auch jegliche Möglichkeit, den intermedialen Zusammenschluss, etwa von Presseverlagen und Rundfunkunternehmen zu kontrollieren, weil solche Zusammenschlüsse sich auf unterschiedliche relevante Märkte beziehen.

4.5. Praxis der Wettbewerbspolitik

Wegen des relativ hohen Monopolisierungsgrades der deutschen Pressemärkte sind die materiellen Untersagungsvoraussetzungen für Pressefusionen im allgemeinen recht schnell erfüllt (Möschel 1984, S. 498). Zugleich ist der Anreiz für Zusammenschlüsse im Pressebereich wegen der Fixkostendegression und wegen des Verbunds der Märkte nicht klein. So beziehen sich, wie erwähnt, fast ein Drittel aller Zusammenschlussuntersagungen auf den Pressesektor. Im Folgenden sollen einige Fusionsvorhaben – untersagte wie nicht untersagte – als beispielhafte Fälle aus der Praxis der Wettbewerbspolitik beschrieben werden, um die Grundlinien der pressespezifischen Wettbewerbspolitik zu verdeutlichen.

Untersagte Fusionsvorhaben: Rechtskräftig untersagt worden sind folgende Vorhaben, die im Folgenden nach der Art der Fusionspartner gegliedert sind. Die Jahresangaben beziehen sich dabei auf den Zeitpunkt, zu dem die Untersagung rechtskräftig geworden ist. Die Fundstelle ist die Entscheidungssammlung der Zeitschrift *Wirtschaft und Wettbewerb* (zitiert als WuW/E).

Zusammenschluss Zeitung und Anzeigenblätter (6 Fälle):

- Münchner Wochenblatt Verlags- und Werbegesellschaft mbH (*Süddeutsche Zeitung*)/ Münchner Anzeigenblätter 1981 (WuW/E BGH 1854),
- Ullstein GmbH (Springer)/ Verlag Haupt und Koska GmbH & Co KG (*az*) 1982 (WuW/E BGH 1954),
- Nordwest-Zeitung Druck- und Pressehaus GmbH/ Ammerland Echo Verlags GmbH & Co. KG 1981 (WuW/E BKartA 1921),
- Panorama Anzeigenblatt GmbH + Rhein-Erft GmbH / Anzeigenblätter 1987 (WuW/E BGH 2427),
- Südkurier GmbH/ Singener Wochenblatt GmbH & Co KG 1987 (WuW/E BGH 2443),
- Hamburger Wochenblatt Verlag GmbH (Springer)/ Schlei-Verlag GmbH 1987 (WuW/E BKartA 2251).

Zusammenschluss Medienkonzern und kleinere Zeitung (7 Fälle):

- Bergedorfer Buchdruckerei (Springer) /Elbe Wochenblatt 1979 (WuW/E BGH 1685),
- Springer Verlag/ Münchner Zeitungsverlag 1981 (WuW/E BGH 1854),
- Süddeutscher Verlag GmbH (Süddeutsche Zeitung)/ Donau-Kurier Verlagsgesellschaft 1986 (WuW/E BGH 2276),
- Lübecker Nachrichten GmbH (Springer)/Stormarner Tageblatt (WuW/E BGH 2743),
- Gesellschaft für Beteiligungsbesitz (WAZ)/ Iserlohner Kreisanzeiger (WuW/E OLG 4835),
- Axel Springer Verlag AG/A. Beig Druckerei und Verlag GmbH & Co, WuW/E BGH 2795,
- GfB Gesellschaft für Beteiligungsbesitz mbH & Co.KG (WAZ)/ Zeitungsverlag Iserlohner Kreisanzeiger und Zeitung (IKZ) Wichelhoven Verlags-GmbH & Co, WuW/E BkartA 2471.

Zusammenschluss großer Medienkonzerne (2 Fälle):

- Gruner+Jahr AG & Co (*Spiegel*)/ Zeitverlag Buccerius AG 1987 (WuW/E BGH 2433),
- Burda GmbH/ Axel Springer Gesellschaft für Publizistik KG 1981 (WuW/E BKartA 1921).

Weitere Fälle betrafen den Zusammenschluss kleinerer Tageszeitungen – Darmstädter Echo Verlag und Druckerei GmbH/Südhessische Post GmbH 1986 sowie die Mainpresse/Bote vom Grabfeld –, ein weiterer Fall den Zusammenschluss zweier Anzeigenblattverlage – Weiss-Druck + Verlag GmbH & Co KG/ S-W Verlag GmbH & Co für Lokalinformation 1988 – und schließlich war einmal der Zusammenschluss eines Medienkonzerns mit einem marktbeherrschenden Unternehmen betroffen – Bertelsmann/ Deutscher Verkehrsverlag 1978 (vgl. insgesamt Monopolkommission 1998, S. 376 ff.).

In all diesen Fällen hätte der Zusammenschluss die marktbeherrschende Stellung mindestens einer der beteiligten Unternehmen deutlich verstärkt, eine Verbesserung des Wettbewerbs wäre nicht eingetreten. Trotz dieser relativ klaren Sachlage sind 11 der 21 untersagten Fusionsverfahren erst durch den BGH entschieden worden.

Nicht untersagte Fusionen: Interessanter als die untersagten sind die nicht untersagten Fusionen, denn auch für den Pressebereich gilt, dass die Zahl der genehmigten Fusionen die Zahl der Untersagungen bei weitem übertrifft. Von 1973 bis 1998 registrierte das Bundeskartellamt 947 Unternehmenszusammenschlüsse im Sektor „kulturelle Leistungen“ (Presseverlage, Buchverlage, Musikverlage, Rundfunk, Anzeigenblätter, Tonträger), wobei der Erwerber dem Kultursektor angehörte, und 999 Zusammenschlüsse, bei denen das erwerbende Unternehmen dem Sektor „kulturelle Leistungen“ angehörte (Berichte des Bundeskartellamtes).

Bei der Beurteilung ist der wettbewerbspolitische Aspekt vom medienpolitischen Aspekt zu trennen. Wettbewerbspolitisch entscheidend ist die Verbesserung oder Verschlechterung des Wettbewerbs per se, medienpolitisch entscheidend ist die Konzentration von Eigentum an Medienunternehmen, unabhängig von der Wettbewerbslage.

Wettbewerbspolitisch unproblematisch sind die Fälle, in denen sich in der Fusion Sanierungs- und Aufholaspekte verbinden, wo also langfristig nicht überlebensfähige Zeitungen mit nicht dominierenden Partnern fusionieren. Beispiel für den Markt der regionalen Abonnementzeitungen ist der Erwerb der Meinerzhagener Zeitung Kämper GmbH & Co. KG durch Dr. Ippen, sowie dessen Mehrheitsbeteiligung an der Fehmarnsches Tageblatt Burg-Verlag H.Wolff GmbH & Co. KG.

> „Im ersten Fall wurde der Verlag vor dem unmittelbaren Marktaustritt durch Konkurs bewahrt, im zweiten Fall schien eine unabhängige Existenz nicht mehr gewährleistet. Die *Meinerzhagener Zeitung* wäre ohne den Zusammenschluss der im Märkischen Kreis dominanten *Westdeutschen Allgemeinen Zeitung* (WAZ) zugefallen. Das *Fehmarnsche Tageblatt* bezieht den Zeitungsmantel von der ASV AG. Im Zusammenhang mit einem Vorkaufsrecht an dem Verlag erschien auf Grund der geringen finanziellen Reserven der Wolff KG ein unabhängiger Bestand im ohnehin stark verkrusteten Regional- und Lokalzeitungsmarkt in Schleswig-Holstein nicht mehr gesichert.
> Zu einer Verbesserung der Struktur auf den jeweiligen Märkten führten drei weitere Zusammenschlussvorhaben der Ippen-Gruppe und das eines anderen Verlages. Dabei handelte es sich um die Erhöhung der Beteiligung an der Lüdenscheider Verlagsgesellschaft W. Berg GmbH & Co. KG (Ippen) zunächst von 20 % auf 26,6 %. Der darauf folgende Zusammenschluss der Lüdenscheider Verlagsgesellschaft, der Zeitungsverlag Altena GmbH & Co. KG und der Meinerzhagener Zeitung Kämper GmbH & Co. KG zur neugegründeten Firma Märkischer Zeitungsverlag GmbH & Co. KG wurde gleichfalls vom Bundeskartellamt nicht untersagt, da in dem Verbreitungsgebiet (wie bereits oben beschrieben) die *WAZ* den Markt für regionale Abonnementzeitungen dominiert.
> Die zur Ippen-Gruppe gehörende Pressehaus Bintz-Verlag GmbH & Co. KG, Offenbach, erwarb einen wesentlichen Vermögensteil der Langer Zeitung Kühn Verlags KG. Das Bundeskartellamt untersagte nicht, da man von diesem Zusammenschluss zweier lokaler Zeitungsverlage eine geringfügige Wettbewerbsbelebung unter den im Wirtschaftsraum Frankfurt dominierenden Tageszeitungen erwartete, ohne dass es gleichzeitig zu fusionsrechtlich relevanten Auswirkungen auf die Stellung der von Bintz herausgegebenen *Offenbach-Post* in ihrem Kernverbreitungsgebiet kommen würde. In der benachbarten Region Dieburg/Münster übernahm der Bintz-Verlag die Dieburger Anzeiger GmbH & Co. KG. Da hierdurch der marktführenden Erstzeitung *Darmstädter Echo* ein gewichtiger Wettbewerber erwuchs, stimmte das Bundeskartellamt dem Erwerb zu. Auch die Nichtuntersagung der Übernahme der *Emsdetter Volkszeitung* durch die Ruhr-Nachrichten Verlagsgesellschaft mbH & Co. begründete

> sich gleichfalls aus der Verbesserung der Marktstruktur, hier vorrangig in den Bereichen Emsdetten/Münster" (Monopolkommission 1990, S. 274).

Medienpolitisch bedenklich ist dabei die zunehmende Konzentration, also hier der zunehmende Anteil der Ippen-Gruppe an der Zeitungsindustrie. Aber auch hier ist stets die Alternative zu prüfen: Die Fusion mit einem Marktführer wäre auch medienpolitisch noch weniger zu vertreten.

Ein letztes Beispiel ist die Beteiligung von Holtzbrinck mit 51 Prozent am Berliner *Tagesspiegel*. Dies trägt ohne Zweifel zur Bestandssicherung der dritten großen Abonnement-Tageszeitung im Großraum Berlin bei, erhöht also den Wettbewerb und die Vielfalt, stärkt aber auch die Position eines großen Medienkonzerns (Bundeskartellamt 1993, S. 127).

Wettbewerbspolitisch und medienpolitisch problematisch sind die Fälle, in denen ein marktbeherrschendes Unternehmen vom Konkurs bedrohte Mitbewerber saniert. Wohl berühmtestes Beispiel ist die Fusion der *Westdeutschen Allgemeinen Zeitung (WAZ)* und der *Neuen Ruhr / Neuen Rhein Zeitung (NRZ)*. Dies war wettbewerbspolitisch problematisch, weil sich die Wettbewerbsbedingungen der übrigen Konkurrenten verschlechterten und nicht von vorneherein sicher sein konnte, dass der Marktführer sowieso an die Stelle des ausgeschiedenen Unternehmens getreten wäre. Letztlich gilt die seinerzeit unterbliebene Untersagung als wettbewerbspolitisch unhaltbar (vgl. Emmerich 1991, S. 411).

Prinzipiell ist eine solche Sanierungsfusion auch medienpolitisch bedenklich. In diesem speziellen Fall ist allerdings die medienpolitische Bedenklichkeit dadurch relativiert worden, dass die *NRZ* (wie die übrigen Zeitungen *Westfälische Rundschau* und *Westfalenpost*, die vorher mit der *WAZ* fusioniert hatten) bei Aufgabe der wirtschaftlichen Selbständigkeit ihre redaktionelle Unabhängigkeit behalten hat (Herausgeber, politische Grundhaltung, Chefredakteur und Personalpolitik verbleiben im Zuständigkeitsbereich der *NRZ*). Damit ist dann zwar das relevante Unternehmenseigentum hoch konzentriert, explizit aber ein Einfluss des (Mehrheits-) Eigentümers auf den Produktinhalt ausgeschlossen. Die notwendige Bedingung für Meinungsvielfalt bleibt erhalten (vgl. hierzu kritisch Mestmäcker 1978, S, 45 ff). Allerdings nur so lange, wie die einzelnen Zeitungen ausreichende Erträge erwirtschaften.

Mindestens medienpolitisch problematisch sind die Fälle zunehmender Größe per se, Fälle also, in denen sich ein Medienunternehmen mit einem Medienunternehmen auf einem anderen Markt zusammenschließt. Ein gutes Beispiel ist der

> „Erwerb einer Minderheitsbeteiligung an der Südkurier GmbH, Konstanz, durch die Verlagsgruppe Georg von Holtzbrinck (Holtzbrinck). Das Bundeskartellamt hat dieses Zusammenschlussverfahren nicht untersagt. Die Südkurier GmbH verlegt die Tageszeitung *Südkurier*, deren Verbreitungsgebiet vom westlichen Teil des Bodensees bis Lörrach und im Norden in das Schwarzwaldgebiet bis Triberg reicht. Die Zeitung hat 14 Lokal- bzw. Regionalausgaben mit einer Gesamtauflage von 134 000 Exemplaren. Holtzbrinck ist (1980) ein Medienkonzern mit dem Schwerpunkt seiner Tätigkeit im Buchklub- und Buchverlagsgeschäft. Er gibt die Tageszeitung *Handelsblatt* (Auflage

81 300) heraus und hält eine Beteiligung in Höhe von 49 % an der *Saarbrücker Zeitung* (Auflage 204 000).
Durch den Zusammenschluss wachsen weder der Holtzbrinck-Gruppe noch der Südkurier GmbH in ihrem jeweiligen Tätigkeitsbereich Marktanteile zu. Außerdem konnte bei der Südkurier GmbH weder die Entstehung noch die Verstärkung einer marktbeherrschenden Stellung durch Ressourcenzuwachs festgestellt werden, da die Holtzbrinck-Gruppe nicht über Verlagsobjekte verfügt, die sich marktstrategisch zur Unterstützung der Aktivitäten des *Südkurier* einsetzen lassen (z.B. Kaufzeitung, benachbarte Regional- bzw. Lokalzeitungen). Die verbesserten Finanzierungsmöglichkeiten des *Südkurier* durch die Verbindung mit Holtzbrinck führen ebenfalls nicht zur Entstehung oder Verstärkung einer marktbeherrschenden Stellung. Auf Grund der Wettbewerbssituation und der Verteilung von Erst- und Zweitzeitungspositionen in den Überschneidungsgebieten mit benachbarten Zeitungen konnte ein Übergewicht des *Südkurier* gegenüber diesen Zeitungen (*Badische Zeitung, Schwarzwälder Bote*) nicht festgestellt werden. In einem großen Teil seines Verbreitungsgebietes hat der *Südkurier* eine Alleinstellung. Der zusätzliche finanzielle Rückhalt durch die Holtzbrinck-Gruppe bedeutet aber keine ins Gewicht fallende Absicherung der Alleinstellung des *Südkurier* vor potentiellem Wettbewerb benachbarter Tageszeitungen. Das Eindringen anderer Tageszeitungen in dieses Verbreitungsgebiet wird weniger durch die Finanzierungskraft des *Südkurier* behindert als durch die relativ schwache Wirtschaftsstruktur des westlichen Bodenseegebietes und die landmannschaftlich und historisch bedingten Lesegewohnheiten der Bevölkerung“ (Bundeskartellamt 1981, S. 94).

Medienpolitisch problematisch ist, dass – wie obige Ausführungen zeigen – die zunehmende Größe des Medienkonzerns Holtzbrinck nicht einmal ansatzweise beachtlich ist, diskutiert werden ja nur mögliche Auswirkungen auf den *Südkurier*. Wettbewerbspolitisch kann zunehmende Größe per se, die nach herrschender Meinung und Rechtssprechung von § 19 KartellG nicht erfasst wird, allenfalls mit dem Konzept der Ressourcenakkumulation erfasst werden. Eine solche Ressourcenakkumulation ist immer dann zu prüfen, wenn sich Firmen zusammenschließen, die zwar groß sind, aber auf verschiedenen Märkten agieren (z.B. Daimler Benz/AEG). In einem solchen Fall kann eine einfache Marktanteilsaddition ja nicht in Betracht kommen, vielmehr muss geprüft werden,

- ob der Ressourcenzustrom eine marktbeherrschende Stellung begründet oder verstärkt und
- ob dadurch der Wettbewerb verbessert oder verschlechtert wird.

Oft ist der Ressourcenzustrom tatsächlich nicht ursächlich für die Begründung oder Verstärkung einer marktbeherrschenden Stellung (z.B. Fusion Handelsblatt GmbH (Holtzbrinck) mit dem VDI-Verlag GmbH), oder der Wettbewerb wird durch die Ressourcenverstärkung des schwächeren Marktteilnehmers verbessert (z.B. Erwerb der Berliner Verlag GmbH (*Berliner Zeitung, BZ am Abend*) durch die Bertelsmann-Tochter Gruner+ Jahr AG & Co., Hamburg und die britische Mirror Group plc

(Maxwell) 1991 (vgl. Bundeskartellamt 1991, S. 103 f). Hierdurch wird die Wettbewerbssituation gegenüber der marktbeherrschenden Axel Springer Verlag AG verbessert. In all diesen Fällen mag der Wettbewerb nicht negativ betroffen sein, die zunehmende Größe von Medienkonzernen (Holtzbrinck, Bertelsmann, Maxwell) ist indes medienpolitisch bedenklich.

5. Die Entwicklung der Zeitungslandschaft in Ostdeutschland

5.1. Die Entwicklung der Zeitungseinheiten

Die Struktur der Zeitungslandschaft in der DDR war seit den 50er Jahren bis Ende 1989 praktisch konstant geblieben. 38 Vollredaktionen hatten 39 Tageszeitungen herausgegeben, davon

- 7 überregionale Tageszeitungen, die so genannten „Zentralorgane" der Parteien (SED, CDU, LDPD, NDPD, DBD) und Verbände (FDGB, FDJ,),
- 15 SED-Bezirkszeitungen (inkl. *Berliner Zeitung*), die das gesamte Gebiet der DDR abdeckten und mit einem Auflagenanteil von 49 Prozent dominierten,
- 13 Regionalzeitungen der Blockparteien (vier CDU, fünf NDPD, vier LDPD), die mit einem Auflagenanteil von rund fünf Prozent im wesentlichen in den Bezirkshauptstädten die Rolle von Zweit- oder Drittzeitungen spielten,
- 1 Straßenverkaufzeitung (*BZ am Abend*) und
- das Organ der sorbischen Minderheit (*Nowa Doba*) und
- das *Deutsche Sportecho* als täglich erscheinende Fachzeitschrift des DTSB.

Tab. 12: Struktur der Zeitungslandschaft in Ostdeutschland 1989 bis 1999

	1989	**1991**	**1993**	**1995**	**1997**	**1999**
Tageszeitungen gesamt[1]	37	33	23	20	20	20
– überregionale TZ	7	6	3	2	2	2
– regionale SED-TZ	15	15	15	15	15	15
– regionale Block-TZ	13	9	1	1	1	1
– Straßenverkaufzeitungen	1	2	2	1	1	1
– Minderheiten-TZ	1	1	1	1	1	1
Auflage (in Tausend)	9 642	6 972	4 691	4 450	4 196	3 943

1) ohne *Sportecho*

Quelle: Schütz; Dokumentation Tageszeitungen in den fünf neuen Bundesländern sowie Ost-Berlin (Bundespresseamt) 1994, IVW.

Im Zuge der Entwicklung der ehemaligen DDR zur kapitalistischen Marktwirtschaft hat sich die Zeitungslandschaft nur zum Teil grundlegend gewandelt (vgl. Tabelle 12 und 13; Angaben beziehen sich auf publizistische Einheiten.)

- Die 15 ehemaligen SED-Bezirkszeitungen (einschließlich der vormals überregionalen *Berliner Zeitung*) haben sich alle gehalten. Sie erreichten 1999 mit einer Auflage von 3 478 200 verkauften Exemplaren einen Marktanteil von 88,2 Prozent, also einen deutlich größeren Marktanteil als zu DDR-Zeiten.
- Von den ehemals überregionalen Tageszeitungen, den sog. „Zentralorganen" existierten 1999 nur noch die *Junge Welt* (14 600 Exemplare Auflage) und das *Neue Deutschland* (65 500 Exemplare).
- Von den ehemals 13 regionalen Zeitungen der Blockparteien existierte 1999 nur noch die *Thüringische Landeszeitung* mit einer Auflage von 57 800, allerdings in wirtschaftlicher Kooperation mit der Zeitungsgruppe Thüringen, die von der *WAZ*-Gruppe gelenkt wird (Schütz 1994, S. 170)
- Es gibt eine Straßenverkaufzeitung: den *Berliner Kurier* (305 800), der mit der *Dresdner Morgenpost* eine publizistische Einheit bildet.
- Gehalten hat sich die kleine Zeitung für die sorbische Minderheit *Serbske Nowiny* mit einer Auflage von etwa 1 400 Exemplaren.
- Eine publizistische Einheit, die *stz. Südthüringer Zeitung* ist von den nach der Wende neu entstandenen publizistischen Einheiten übrig geblieben mit einer Auflage von 19 300 Stück.

Im Grunde haben sich also die ehemaligen SED-Bezirkszeitungen gehalten, sie haben zwar erhebliche Auflagenverluste hinnehmen müssen – von 1989 bis 1999 ist ihre Auflage von 5 570 600 auf 3 478 200 um 37,6 Prozent zurückgegangen (vgl. Tabelle 14) – aber sie dominieren mit einem Auflagenanteil von 88,2 Prozent die ostdeutsche Zeitungslandschaft und auch auf ihren Märkten dominieren sie eindeutig: Elf Zeitungen befinden sich in der Alleinanbieterposition, vier sind Erstanbieter (Schütz 1994, S. 172). Andere Zeitungen mit Ausnahme der Straßenverkaufzeitung spielen quantitativ keine Rolle.

Betrachtet man die Entwicklung der Zeitungslandschaft in Ostdeutschland an Hand der Zeitungseinheiten, so zeichnet sich ein ähnlicher Konzentrationsprozess ab

Tab. 13: Entwicklung der Zeitungseinheiten von 1989 bis 1999.

	1989	**1991**	**1993**	**1995**	**1997**	**1999**
publizistische Einheiten	37	40	23	21	21	21
Redaktionelle Ausgaben	291	316	253	247	237	240
Verlage als Herausgeber	38	60	41	41	35	34

Quelle: Schütz

wie in Westdeutschland. Wie Tabelle 13 zeigt, hatte die Zahl der publizistischen Einheiten, der redaktionellen Ausgaben sowie die Zahl der Verlage nach der Wende zunächst einmal deutlich zugenommen, inzwischen aber wieder abgenommen. Insgesamt ist auch in Ostdeutschland eine Stagnation in der Entwicklung der Zeitungseinheiten zu beobachten.

Hinter solchen Zahlen verbergen sich zahlreiche Versuche von Neugründungen und Umwandlungen, die hier im einzelnen nicht nachgezeichnet werden können (vgl. vor allem die detaillierten und präzisen Darstellungen von Schütz). Solche Marktzutrittsversuche waren von ähnlich geringem Erfolg wie in Westdeutschland: „Neugründungen haben im Wettbewerb gegen etablierte Titel so gut wie keine Chance. Was mit viel Zuversicht in der Aufbruchstimmung nach dem Fall der innerdeutschen Grenze geplant und realisiert wurde, hat sich nur in Ausnahmefällen bis heute halten können. Immerhin gibt es aber im Herbst 1993 in den neuen Ländern noch 17 lokale, seit 1990 entstandene Blätter, die wohl inzwischen zum Teil ihre Schwierigkeiten überwunden haben; doch nur in vier Fällen reichen sie von ihrer Auflage her an die Marktstellung der örtlichen Ausgaben ihrer großauflagigen Konkurrenten heran oder übertreffen sie. Insgesamt besitzen diese 17 Titel eine Gesamtauflage von 200 000 Stück“ (Schütz 1994, S. 171).

Von zentraler medienpolitischer Bedeutung war der Verkauf so gut wie aller Zeitungen an westdeutsche Medienkonzerne durch die *Treuhandanstalt*. So sind alle ehemaligen SED-Bezirkszeitungen mit wenigen Ausnahmen (z.B. Nordkurier) an die großen westdeutschen Medienkonzerne verkauft worden (vgl. Tabelle 14). Die Treuhandanstalt hat zwei ehemalige SED-Bezirkszeitungen bereits 1990 an westdeutsche Erwerber verkauft: die *Mitteldeutsche Zeitung* (Halle) an die Verlagsgruppe DuMont Schauberg (Köln) und die *Freie Presse* (Chemnitz) an die Verlagsgruppe Medien-Union GmbH (*Rheinpfalz*) in Ludwigshafen. Die *Berliner Zeitung* ist direkt aus dem PDS-Parteivermögen an Gruner+Jahr und Robert Maxwell veräußert worden mit nachdrücklicher Zustimmung der Treuhand. Die verbliebenen zehn ehemaligen SED-Bezirkszeitungen (ohne die *Ostthüringer Zeitung* und ohne die *Thüringer Allgemeine*, die wegen kartellrechtlicher Probleme des potentiellen Erwerbers *WAZ* vom Ausschreibungsverfahren ausgenommen waren) sind im Ausschreibungsverfahren verkauft worden. Hier hatten sich 37 Verlage mit 84 Angeboten beworben. „Kleinere westdeutsche Verlage kamen bei der Vergabe ebensowenig zum Zug wie ausländische Bewerber oder vereinzelt mitbietende Privatpersonen (ehemalige DDR-Bürger)“ (Monopolkommission 1992, S. 307 ff). Alle Zeitungen gingen an westdeutsche Medienkonzerne; die SPD beteiligte sich zu 40 Prozent an der *Sächsischen Zeitung* (Dresden)[21]. Das Bundeskartellamt weist aber darauf hin, dass kleinere westdeutsche Verlage weder einzeln noch in Form von Konsortien als ernsthafte Kaufinteressenten aufgetreten sind (Bundeskartellamt 1993, S. 125). In einem Fall ist ein Kaufangebot abgelehnt worden: Die Verlagsgruppe Ippen hat die

---

21 Die SPD hatte ursprünglich Restitutionsansprüche bei 13 Zeitungsverlagen geltend gemacht, schließlich in einem Vergleich gegen Zahlung von 75 Mill. DM darauf verzichtet.

Übernahme des ihr von der Treuhandanstalt zugesprochenen *Nordkurier* (Neubrandenburg) nicht wahrgenommen (Monopolkommission 1992, S. 309, FN 42).

Tab. 14: Ehemalige SED-Bezirkszeitungen

Zeitung	Auflage 1990	Erwerber	Auflage 1/1999
Sächsische Zeitung, Dresden	568 900	Gruner+Jahr 60%, SPD 40%	372 500
Freies Wort, Suhl	178 500	Coburger Neue Presse (Süddt. VG. - Anteil: 70 %)	95 400
Lausitzer Rundschau, Cottbus	293 000	Saarbrücker Zeitung (Holtzbrinck-Gruppe)	167 900
Leipziger Volkszeitung	483 900	Madsack 50 %, Springer 50 %	306 600
Märkische Allgemeine, Potsdam (vorm: Märkische Volksstimme)	350 800	Frankfurter Allgemeine Zeitung	207 900
Märkische Oderzeitung, Frankfurt/Oder (vorm.: Neuer Tag)	212 000	Südwest Presse 50 %, Stuttgarter Zeitung 50 %	133 600
Magdeburger Volksstimme	453 600	Heinrich Bauer Verlag	280 700
Nordkurier, Neubrandenburg (vorm.: Freie Erde)	204 000	Augsburger Allg., Schwäbische Zeitung, Kieler Nachr.	129 000
Ostsee-Zeitung, Rostock	295 200	Lübecker Nachrichten 50 %, Springer 50 %	199 200
Schweriner Volkszeitung	202 900	Burda-Verlag	143 500
Ostthüringer Zeitung, Gera (vorm.: Ostthüringer Nachrichten; Volkswacht)	231 000	WAZ 40 %, Mainzer Allg. 40 % (davon 20 % Sebaldus), 20 % Beschäftigte der OZ	164 700
Thüringer Allgemeine, Erfurt (vorm.: Das Volk)	404 100	WAZ-Gruppe	266 200
Freie Presse, Chemnitz	663 700	Medien-Union GmbH, Ludwigshafen (Rheinpfalz)	419 200
Mitteldeutsche Zeitung, Halle (vorm.: Freiheit)	589 900	DuMont Schauberg, Köln	382 700
Berliner Zeitung (in der DDR überregional)	439 100	Gruner+Jahr	209 100
Insgesamt	5 570 600		3 478 200

Quelle: Monopolkommission 1992, S. 308; Dokumentation Tageszeitungen der fünf neuen Bundesländer 1994; IVW

Die Konsequenzen für die Konzentration des Medieneigentums waren erheblich. Die verkauften Zeitungen waren und sind meist sehr große Zeitungen mit Auflagen zwischen 100 000 und 400 000 Exemplaren. Damit gehören z.B. zu den zehn größten Regionalzeitungen in Deutschland sechs aus Westdeutschland (WAZ, SZ, FAZ, Rheinische Post, Hamburger Abendblatt, Kölner Stadtanzeiger) und vier aus Ostdeutschland (Freie Presse, Sächsische Zeitung, Mitteldeutsche Zeitung, Magdeburger Volksstimme).

5.2. *Konzentration im ostdeutschen Zeitungssektor*

Anders als für Westdeutschland wird die Konzentration im ostdeutschen Zeitungssektors an Hand des Objektes „Zeitung“ (und nicht Verlagsgruppen) für das Merkmal „Auflage“ ermittelt. Tabelle 15 zeigt eine sehr hohe Konzentration, die im Zeitablauf allerdings ein wenig abgenommen hat. Mittlerweile gilt: Die drei größten regionalen Abonnementzeitungen haben einen Anteil von knapp 30 Prozent an der Verkaufsauflage aller in Ostdeutschland erscheinenden Zeitungen, die sechs größten Zeitungen vereinen knapp die Hälfte und die 10 größten Zeitungen vereinen gut zwei Drittel der Verkaufsauflage auf sich. Den Anteil der Verlagsgruppen als Medi-

Tab. 15: Konzentration ostdeutscher Zeitungen 1989 bis 1999

Jahr	**Anteil der größten**		
	3	**6**	**10**
	Zeitungen an der Verkaufsauflage		
1989	39,0	56,1	73,2
1993	30,3	54,6	74,2
1995	29,4	49,8	68,3
1997	29,4	49,8	68,6
1999	29,1	49,3	68,0

Quelle: Schütz, IVW

eneigentümer an der Verkaufsauflage auszuweisen, erscheint wenig sinnvoll, da ausnahmslos die gleichen Medienkonzerne auftauchen würden wie in Westdeutschland (vgl. Tabelle 8). Mittelständisch geprägte Zeitungsverlage – wie in Westdeutschland – gibt es in Ostdeutschland praktisch nicht.

Die Zeitungsdichte für Ostdeutschland zeigt Tabelle 16. Hier wird eine deutlich höhere Konzentration ausgewiesen als für Deutschland insgesamt (vgl. Tabelle 11). In 70,5 Prozent aller Kreise ist nur eine regionale oder lokale Abonnementzeitung erhältlich, mehr als zwei lediglich in 1,8 Prozent aller Kreise, die durchschnittliche Zeitungsdichte ist mit 1,18 deutlich kleiner als in Westdeutschland; im Prinzip gibt es pro Kreis nur eine lokale/regionale Abonnementzeitung.

Tab. 16: Zeitungsdichte in Ostdeutschland 1999

Land	Kreise[1]	Zeitungsdichte				
		1	2	3	4	9
Berlin	1	-	-	-	-	1(100)
Brandenburg	18	13 (72,2)	5 (27,8)	-	-	-
Meckl.-Vorpom.	18	15 (83,3)	3 (16,7)	-	-	-
Sachsen	29	21 (72,4)	6 (20,7)	1 (3,4)	1 (3,4)	-
Sachsen-Anhalt	24	19 (79,2)	5 (20,8)	-	-	-
Thüringen	23	11 (47,8)	12 (52,2)	-	-	-
Ostdtl. gesamt[2]	112	79 (70,5)	31 (27,7)	1 (0,9)	1 (0,9)	-

1) einschl. kreisfreie Städte 2) ohne Berlin

Quelle: Schütz 2000

5.3. Ausgewählte Strukturmerkmale

Zeitungen in Ostdeutschland sind immer noch deutlich billiger als in Westdeutschland. In Westdeutschland kostet ein durchschnittliches Monatsabonnement 33,09 DM, in Ostdeutschland 26,02 DM; die Zeitung im Einzelverkauf kostet durchschnittlich in Ostdeutschland 1,15 DM (montags bis freitags) und 1,53 DM in Westdeutschland. Zeitungen in Ostdeutschland sind mithin um rund 25 Prozent billiger als in Westdeutschland. Dies ist sicher eine Folge der niedrigeren Kaufkraft, der niedrigeren Personalkosten der Verlage und auch Folge der Gewöhnung an die sehr niedrigen Zeitungspreise zu DDR-Zeiten.

Die statistische Zeitungsdichte – gemessen als Auflage pro 1000 Einwohner – ist in Ostdeutschland von 586 Exemplaren im Jahre 1989 auf 296 Exemplare im Jahre 1999 zurückgegangen und liegt damit unter dem Wert für Gesamtdeutschland (303). Die ehemals sehr hohe Zeitungsdichte der DDR wird im Allgemeinen darauf zurückgeführt, dass die Zeitungen dort sehr billig gewesen sind; hinzu kommt aber sicherlich, dass ein gewisser Druck bestand, insbesondere die Zentralorgane der Parteien und Massenorganisationen zu beziehen.

5.4. Bewertung

Die in den Abschnitten 5.1. bis 5.3. beschriebene Entwicklung der Zeitungslandschaft der ehemaligen DDR ist vor dem Hintergrund der erreichten Informations-, Meinungs- und Pressefreiheit grundsätzlich zu begrüßen. Allerdings zeichnen sich strukturelle Fehlentwicklungen ab, die ökonomisch und publizistisch bedenklich sind:

- Mit Ausnahme der *Jungen Welt*, des *Neuen Deutschland* und der Zeitung für die sorbische Minderheit *Serbske Nowiny* sind alle Zeitungen von westdeutschen Medienkonzernen erworben worden, die damit ihre ökonomische und publizistische Macht deutlich erhöhen konnten.
- Die Konzentration von publizistischer und ökonomischer Macht ist nicht im Wettbewerbsprozess gewachsen, sondern bedeutet eine politische tolerierte Festschreibung von seinerzeit durch die SED geschaffener publizistischer Vormachtstellung der Bezirkszeitungen.
- Eine solche Marktstruktur ist wahrscheinlich nicht einmal ökonomisch effizient, weil sehr große Zeitungen unterdurchschnittliche Gewinne erzielen (vgl. Kapitel 8, Abschnitt 5.2).
- Ob die Kommunikationsräume damit angemessen abgesteckt sind, kann nicht beurteilt werden, erscheint indes im Vergleich zu den gewachsenen Strukturen in Westdeutschland als fraglich (Schneider 1994).

Diese Entwicklung scheint Folge der Verkaufspolitik der *Treuhandanstalt*, die die bestehenden Zeitungsverlage gemäß ihres Privatisierungsauftrages verkauft hat, ohne medienpolitische Folgen zu bedenken. Dies war aber nicht ihr Auftrag, daher richten sich Vorwürfe an die Treuhandanstalt an die falsche Adresse. Allerdings wäre es möglich gewesen, die Bezirkszeitungsverlage in kleinere Verlagseinheiten aufzuteilen und diese dann – unter Verzicht auf maximale Erlöse – an kleinere Unternehmen zu verkaufen. Man muss aber sehen, dass eine Aufteilung die Privatisierung verzögert und erschwert hätte Das Bundeskartellamt äußert die Vermutung, dass bei einer solchen Verzögerung eine Auflösung der bestehenden Kooperationen zwischen großen westdeutschen Medienkonzernen und den Bezirkszeitungen nicht mehr hätte rückgängig gemacht werden können und dass dies zu noch ungünstigeren Marktstrukturen geführt hätte (Bundeskartellamt 1993, S. 125). Selbst rückblickend sind einfache Lösungen nicht in Sicht, allerdings erscheint der politische Verzicht auf medienpolitische Erwägungen bei der Umgestaltung der Presselandschaft Ostdeutschland als Fehler.

Das *Bundeskartellamt* hatte und hat hingegen nicht die Befugnis, Zeitungsgroßverlage zu entflechten. Es konnte bei den fusionskontrollrechtlichen Prüfungen nur dafür sorgen, dass nicht westdeutsche Medienkonzerne mehrere mit ihren Verbreitungsgebieten aneinander angrenzende Zeitungen erwerben und dadurch marktbeherrschende Stellungen erlangen oder verstärken. Und genau dies war die verfolgte Politik des Bundeskartellamtes. Aber den eigentlich medienpolitisch problematischen Erwerb der SED-Bezirkszeitungen durch westdeutsche Medienkonzerne hat das Bundeskartellamt nicht unterbinden können, sofern sich diese Zusammenschlüsse auf regional getrennte relevante Märkte bezogen haben und kartellrechtlich nicht zur Entstehung oder Verstärkung marktbeherrschender Stellungen geführt haben.

6. Zeitungen im Europäischen Binnenmarkt

Zeitungen sind (auch) Wirtschaftsgüter und unterliegen daher den EU-Bestimmungen ohne Ausnahme, insbesondere den Regelungen zum freien Warenverkehr in Art. 23 ff. und Art. 14 EGV. Hier wird der freie Verkehr von Waren in einem Raum ohne Binnengrenzen vorgesehen. Im Prinzip geht es mithin um Freihandel im Pressebereich. Alle Hindernisse, die den freien Handel mit Presseerzeugnissen beschränken können, sind zu beseitigen. Dabei gibt es im Prinzip nur zwei Optionen. Entweder sind die Handelshemmnisse mit EU-Recht nicht vereinbar, dann müssen sie abgeschafft werden, oder die Handelshemmnisse sind vereinbar mit EU-Recht, dann müssen sie gemeinschaftsweit harmonisiert, d. h., angeglichen werden. Generell favorisiert die EU-Kommission solche Vorschläge zur Harmonisierung, die gleichzeitig den Abbau nationaler Regulierungen vorsehen, wie z.B. die Privatisierung der Post und Aufhebung des Fernmeldemonopols für die Post. Das Europäische Parlament setzt dagegen eher auf neue regulierende Vorschriften in der Gemeinschaft.

6.1. Struktur der Zeitungsmärkte in Europa

Eine internationale Statistik zu Pressemärkten in Europa gibt es kaum, die Daten sind spärlich und ihre Vergleichbarkeit ist fragwürdig. Relativ regelmäßig werden nur die Reichweiten der Tageszeitungen erhoben. Hier zeigt sich, dass in Skandinavien und im deutschsprachigen Raum die eifrigsten Zeitungsleser wohnen, relativ gering ist dagegen die Reichweite in Südeuropa. So beträgt die Reichweite 1998 in Prozent der Bevölkerung z. B. für Schweden 89 Prozent, für Deutschland 78 Prozent, hingegen für Spanien nur 37 Prozent und für Griechenland nur 18 Prozent (vgl. BDZV-Zeitungen '99, S. 409).

Wie unterschiedlich die Zeitungsmärkte in Europa beschaffen sind, zeigt die folgende Beschreibung:

> „In der Europäischen Union, plus Norwegen und der Schweiz, erscheinen täglich rund 1.320 Zeitungen mit einer Gesamtauflage von etwa 87,5 Millionen Exemplaren. Die Bundesrepublik Deutschland bietet mit 375 Tageszeitungen – davon 135 Zeitungen mit Vollredaktion, die rund 1 600 verschiedene Ausgaben herausgeben – das vielfältigste Angebot. Es folgen: die Schweiz (102), Großbritannien (100), Schweden (97), Frankreich (88), Italien (79), Portugal (27), Griechenland (24). Irland (6) und Luxemburg (5) bilden die Schlusslichter. Bei rund 380 Millionen West-Europäern kommen im Durchschnitt auf 1 000 Einwohner 230 Zeitungsexemplare. Diese vergleichsweise geringe Zeitungsdichte ist vor allem auf die eher unterentwickelte Lesekultur bei den südlichen Mitgliedsstaaten zurückzuführen... So kommen in Portugal auf 1 000 Einwohner lediglich 61 Zeitungsexemplare; in Griechenland sind es 83, in Italien 108 und in Spanien 109. Die höchste Zeitungsdichte weisen Norwegen (600!), Schweden

und Finnland (beide 464) auf. Dahinter folgen die Schweiz (365), Luxemburg (338), Großbritannien (317) und Deutschland (314).

Bei der Betrachtung „Zeitungsexemplare pro Haushalt" liegt Dänemark mit 0,75 an der Spitze. Knapp drei Viertel aller Haushalte beziehen auch in Deutschland und den Niederlanden eine Tageszeitung. In Frankreich und Belgien sind es nur zwei von fünf, in Portugal ist es sogar nur jeder achte.

Nach Tagesauflage stellen die deutschen Zeitungen mit rund 25,5 Millionen Exemplaren den mit Abstand größten Zeitungsmarkt in West-Europa, gefolgt von Großbritannien mit einer Auflage von 18,5 Millionen Zeitungen täglich. So genannte „Mittelmärkte" sind bei den Tageszeitungen Frankreich (8,9 Millionen Exemplare), Italien (6,3 Millionen) und die Niederlande (4,7 Millionen). Bei den übrigen nationalen Zeitungsmärkten handelt es sich um „Kleinmärkte" mit Zeitungsauflagen von 135 000 Exemplaren wie in Luxemburg bis zu 1,7 Millionen Exemplaren in Belgien" (Pasquay 1996, S.143 f).

Die auflagenstärksten Zeitungen in Europa sind *Bild* (Hamburg, 4.248.000 Auflage), *The Sun* (London, 3.554.000 Auflage), *Daily Mail* (London, 2.367.000 Auflage), *Daily Mirror* (London, 2.262.000 Auflage), *WAZ* (Essen, 1.093.000 Auflage), *Neue Kronen-Zeitung* (Wien, 1.084.000 Auflage), *Daily Express* (London, 1.044.000 Auflage), *Daily Telegraph* (London, 1.033.000 Auflage) und *De Telegraaf* (Amsterdam, 808.000 Auflage) (W&V Compact 11/2000, S. 6).

6.2. Deregulierung und Harmonisierung

Der Zeitungsmarkt ist kein europäischer Markt, Zeitungen sind national, regional oder lokal gebunden, ein internationaler Zeitungshandel findet nicht statt. Daher ist ein Abbau möglicherweise bestehender Handlungsschranken nicht dringlich und relativ gering sind die Aktivitäten der EU im Pressesektor. Die Aktivitäten beziehen sich im Wesentlichen auf die folgenden Problemfelder:

- den möglichen Abbau des Tendenzschutzes (vgl. Schulz 1999, S. 106 f),
- das immer wieder diskutierte Verbot der Tabakwerbung und anderer Reglementierungen der Werbung, die auch den Pressesektor betreffen können (vgl. ZAW Werbung in Deutschland 2000, S. 91 ff),
- die immer wieder diskutierte Preisbindung bei Verlagserzeugnissen,
- die Subventionen des Postzeitungvertriebs und
- die angestrebte Harmonisierung der Mehrwertsteuer (auf Presseprodukte).

Von großer Bedeutung für die europäische Integration und/oder für den Zeitungssektor sind diese Aktivitäten nicht.

Auch die endgültige Einführung des *Euro* im Jahre 2002 wird für den Zeitungssektor keine umwälzenden Neuerungen bringen. Die erwartete Zunahme der Markttransparenz betrifft den Zeitungssektor nicht, weil hier ein internationaler Handel nicht stattfinden wird. Zu unterschiedlich sind die nationalen Zeitungen und die nationalen Zeitungsmärkte. Nur die Preiskalkulation von Straßenverkaufzeitungen dürfte ein gewisses marketingpolitisches Problem darstellen, weil die Bildzeitung schlecht 0,3635 Euro kosten kann.

Zusammenfassung

Das Umsatzvolumen des Zeitungssektors in Deutschland beträgt rund 20 Mrd. DM, die Auflage gut 31 Mill. Stück. Die Auflage geht seit Jahren leicht, aber stetig zurück; der Umsatz wächst kontinuierlich, aber weniger stark als das Bruttoinlandsprodukt. Damit ist der Zeitungssektor eine stagnierende Branche. Hauptursache dieser schleichenden Stagnation ist vermutlich die intermediale Konkurrenz, insbesondere die Konkurrenz durch das Fernsehen und neuerdings durch das Internet. Die Konzentration im Zeitungssektor ist mittlerweile weit vorangeschritten: In mehr als der Hälfte aller Kreise bzw. kreisfreien Städte gibt es faktisch nicht mehr als eine lokale/regionale Abonnementzeitung. Eine genuine Medienpolitik gibt es im Zeitungssektor nicht und hat es, trotz der Zuweisung einer öffentlichen Aufgabe, auch nie gegeben. Ordnungspolitik ist ausschließlich Wettbewerbspolitik; diese ist in Folge der medienspezifischen Verschärfung der Zusammenschlusskontrolle relativ erfolgreich gewesen.

Literaturhinweise

Eine fundierten Überblick über das Pressewesen mit dem Schwerpunkt auf Wettbewerb im Zeitungssektor bieten

Greiffenberg, Horst; Werner Zohlnhöfer (1984), Pressewesen, in: Oberender, P. (Hrsg.), Marktstruktur und Wettbewerb, München (Vahlen) 1984, S. 577-627.

Über Probleme der Pressekonzentrationsforschung informieren umfassend

Knoche, Manfred (1978), Einführung in die Pressekonzentrationsforschung, Berlin (Spiess) 1978 und
Klaue, Siegfried; Manfred Knoche; Axel Zerdick (1980) (Hrsg.), Probleme der Pressekonzentrationsforschung, Baden-Baden (Nomos) 1980.

Über die Entwicklung in Ostdeutschland informiert zusammenfassend

Schneider, Beate; Dieter Stürzebecher (1998), Wenn das Blatt sich wendet, Baden-Baden (Nomos) 1998

Eine Gesamtdarstellung der Printmedien mit einem deutlichen historischen Bezug bietet

Pürer, Heinz; Johannes Raabe (1994), Medien in Deutschland, Band 1 Presse, München (Ölschläger) 1994.

Die Beteiligungsverhältnisse der Zeitungsverlage beschreibt

Böckelmann, Frank (2000), Wem gehören die Zeitungen, AKM-Studien Band 44, München (UVK Medien).

10. Kapitel

Mikroökonomik der Zeitschrift – die Zeitschriftenunternehmung

In diesem Kapitel werden die mikroökonomischen, also die einzelwirtschaftlichen Aspekte der Produktion von Zeitschriften beschrieben. Dazu ist im ersten Abschnitt eine Klassifizierung der unterschiedlichen Typen von Zeitschriften notwendig. Anschließend folgt, in Analogie zur mikroökonomischen Analyse der Zeitungsproduktion im 8. Kapitel, die Beschreibung der Produkteigenschaften der Zeitschrift, der Verbundproduktion für den Leser- und Werbemarkt, der Umsatz- und Erlössituation, der Unternehmensstrukturen sowie der zentralen Funktionsbereiche Vertrieb und Marketing. Wie bei der Darstellung der Zeitungsproduktion wird auch in diesem Kapitel wiederum nur zur beispielhaften Verdeutlichung einzelner Aspekte auf konkrete Zeitschriftenverlage Bezug genommen, stattdessen vielmehr eine typisierende Darstellung des Unternehmens Zeitschriftenverlag und des Produkts Zeitschrift angestrebt. Auch dieses Kapitel schließt mit Bemerkungen zur Zukunft der Zeitschrift. Weil Daten zum Zeitschriftensektor kaum verfügbar sind, wird häufig auf die Pressestatistik zurückgegriffen. Auch wenn damit nur der Zeitraum bis 1994 abgedeckt werden kann, erscheint dies sinnvoll, weil es in diesem Kapitel überwiegend um strukturelle Zusammenhänge geht.

1. Typologie von Zeitschriften

Zeitschriften sind durch eine überaus große Heterogenität im Inhalt, der Erscheinungsweise und den Produktionsbedingungen gekennzeichnet.

> „Das Wort Zeit schrift gehört zu jenen publizistischen Begriffen, die trotz ständigen Gebrauchs jede Präzision und jede Verbindung mit ihrem ursprünglichen Wortsinn vermissen lassen. Für Zwecke der Wissenschaft und der Statistik muss man diesen Begriff entweder durch einen anderen ersetzen oder seine Geltung eindeutig definieren. Leider sind alle bisherigen Definitionen entweder unscharf oder unzutreffend oder zu umständlich für eine praktische Anwendung. Dieser Übelstand ist international“ (Hagemann 1957, S. 5).

Diese mehr als 40 Jahre alte Einschätzung hat bis heute ihre Gültigkeit bewahrt. Auch in der folgenden Darstellung der verschiedenen Zeitschriftentypen kann keine befriedigende neue Definition der Zeitschrift angeboten werden, vielmehr soll hier ein Überblick über die wichtigen Einteilungen verschiedener Zeitschriftentypen gegeben werden.

1.1. Zur Definition und Klassifizierung der amtlichen Pressestatistik

Zeitschriften sind nach der umfassenden Negativdefinition der Pressestatistik alle periodischen Druckwerke mit kontinuierlicher Stoffdarbietung, die mit der Absicht eines zeitlich unbegrenzten Erscheinens mindestens viermal jährlich herausgegeben werden, soweit sie keine Zeitungen sind (Pressestatistik). Die entscheidenden Merkmale sind demnach die folgenden:

- Periodizität (mindestens viermal im Jahr, also z. B. keine Jahrbücher, Kalender oder Semesterzeitschriften);
- Publizität (an die Öffentlichkeit gerichtet, also z. B. keine Familienbriefe);
- keine Tagesaktualität (weniger häufig als zweimal wöchentliches Erscheinen, also keine Zeitungen);
- Kontinuität (umfasst eine gewisse geistige Einheitlichkeit der Inhalte, schließt also z. B. die regelmäßig erscheinenden Bücher in Verlagsreihen wie „Die andere Bibliothek" des Eichborn Verlages aus).

Damit ist wenigstens eine brauchbare Definition der Zeitschrift zur Hand. Wichtig ist, dass mit einer solchen Definition, die in Einklang mit den Beschreibungen der Publizistikwissenschaft steht, auf Inhalte der Zeitschrift nicht abgestellt wird. Dies

Tab. 1: Zeitschriftenarten nach Zahl, Exemplaren und Umsatz 1994 (Deutschland)

Typ der Zeitschrift	Zahl der Titel	Exemplare pro Jahr[1]	Umsatz (Mill. DM)
Politische Wochenblätter	96	146	557
Konfessionelle Zeitschriften	337	176	270
Publikumszeitschriften	1673	3282	8021
wissenschaftliche Fachzeitschriften	1752	200	1455
Andere Fachzeitschriften	1837	843	2508
Kundenzeitschriften	126	603	258
Amtliche Blätter	1350	144	213
Anzeigenblätter	1436	4244	2798
Kommunale Amtsblätter	433	81	52
Sonstige Zeitschriften	53	820	266
zusammen	9093	10538	16399

1) Auflage x Zahl der Erscheinungstage in Mill. Stück

Quelle: Pressestatistik

erklärt die Vielfalt aller als Zeitschrift erfassten Publikationen und erklärt die Notwendigkeit, über praktikable Ab- und Ausgrenzungen nachzudenken. Tabelle 1 gibt einen Überblick über die Vielfalt der von der amtlichen Statistik erfassten Zeitschriften nach Zahl der Titel, der Exemplare pro Jahr und Umsatz. Daraus wird deutlich, dass es mit gut 9 000 Titeln und gut 10 Milliarden Heften pro Jahr eine unübersehbare Fülle von Zeitschriften in Deutschland gibt. Eine ähnliche Fülle wird – bei einer anderen Erfassungsweise – für Europa ausgewiesen. 1992 gab es hier 30 836 Zeitschriftentitel; besonders viele in Italien (9 400) und Großbritannien (5 300), relativ wenige in Österreich (60), Griechenland (75) und in einigen osteuropäischen Ländern (European Newspaper & Magazine Minibook 1992, S. 12).

Im Folgenden werden Zeitschriften zum Teil als fiktive Durchschnittsprodukte behandelt, so, wie sie sich in der Pressestatistik darstellen. Darin sind dann auch Amtliche Blätter und kommunale Amtsblätter enthalten, die mit einer journalistischen Produktionsweise nicht mehr das Geringste gemein haben und üblicherweise auch nicht kommerziell vermarktet werden. Sie verfälschen das Durchschnittsbild indes kaum, weil sie von geringem statistischen Gewicht sind, wie Tabelle 2 zeigt. Anzeigenblätter haben eine große Bedeutung, unterscheiden sich aber von der Gruppe der verbleibenden Zeitschriftentypen dadurch recht deutlich, dass sie kaum Relevanz für den Rezipientenmarkt haben. Sie werden daher hier nicht zu den Zeitschriften gezählt, wegen ihrer Bedeutung aber im 12. Kapitel gesondert beschrieben.

Tab. 2: Ökonomisches und publizistisches Gewicht verschiedener Zeitschriftentypen 1994 (Deutschland)

Zeitschriftentyp	**Anteil am Umsatz in %**	**Anteil an Exemplaren in %**	**Anteil an der Zahl der Titel in %**
Publikumszeitschriften	48,9	36,28	18,4
Nichtwissenschaftl. Fachzeitschriften	15,3	8,0	20,2
Wissenschaftliche Fachzeitschriften	8,9	1,9	19,3
Anzeigenblätter	17,1	40,3	15,8
Politische Wochenzeitschriften	3,4	1,4	1,1
Konfessionelle Zeitschriften	1,6	1,7	3,7
Kundenzeitschriften	1,6	5,7	1,4
Amtliche Blätter	1,3	1,4	14,84
Kommunale Amtsblätter	0,3	0,8	4,8
Sonstige Zeitschriften	1,6	7,8	0,6

Quelle: Pressestatistik

Problematisch bleibt die Behandlung der Fachzeitschriften mit überwiegend wissenschaftlichem Inhalt. Wegen ihrer relativ großen Bedeutung werden sie hier in die

Zeitschriftenanalyse einbezogen, obwohl sie nicht eigentlich journalistisch produziert werden. Mithin werden im Folgenden aus der amtlichen Zeitschriftenstatistik nur die folgenden fünf Zeitschriftentypen herangezogen: Politische Wochenblätter, konfessionelle Zeitschriften, Publikumszeitschriften, Fachzeitschriften mit überwiegend wissenschaftlichem Inhalt und andere Fachzeitschriften (dies ist die Reihenfolge der amtlichen Statistik), ergänzend werden jeweils die Zeitschriften insgesamt ausgewiesen.

1.2. Eine Klassifizierung von Zeitschriften nach ihrer primären ökonomischen Funktion

Angesichts der Fülle unterschiedlichster Zeitschriften und Zeitschriftentypen kann auf Zusammenfassungen nicht verzichtet werden, wenn überhaupt typisierende Ausführungen gemacht werden sollen. In Anwendung bewährter wirtschaftswissenschaftlicher Vorgehensweise erschiene es sinnvoll, Zeitschriften nach ihrer primären ökonomischen Funktion zu gliedern und zu bezeichnen und folgende Typen zu unterscheiden:

- Zeitschriften, die allgemeine, überwiegend politische und universelle Informationen für das breite Publikum bieten und den Rezipienten in seiner Rolle als Staatsbürger ansprechen, sollten „Politische Zeitschriften" genannt werden. Hierzu wären z. B. die *Zeit*, der *Spiegel*, *Focus*, *Stern*, *Bild am Sonntag*, *Welt am Sonntag* und *Super Illu* zu zählen.
- Zeitschriften, die spezielle Informationen für den Rezipienten in seiner Rolle als Konsument im weitesten Sinne liefern, könnten „Special-Interest-Zeitschrift" genannt werden.
- Zeitschriften, die spezielle Informationen für den Rezipienten in seiner Berufsrolle bieten, könnten als „Fachzeitschrift" bezeichnet werden.
- Zeitschriften, die primär ein Werbeinteresse des Herausgebers befriedigen, wären als „PR-Zeitschriften" zu bezeichnen.

Diese Einteilung deckt sich im Prinzip mit der Typologisierung von Hagemann, der Fachpresse, Standes- und Verbandspresse, Freizeitschriften sowie Zeitschriften, die primär im Interesse des Herstellers herausgegeben werden, unterscheidet (Hagemann 1957, S. 9 f.). Eine solche Einteilung hätte den Vorzug, das unüberschaubare Feld der Zeitschriften in vier handhabbare und funktional ähnliche Gruppen zusammenzufassen und zugleich den sehr unterschiedlich verwendeten Begriff der Publikumszeitschrift, der vom Wortsinn irreführend ist, zu ersetzen.

Leider hätte diese Einteilung den Nachteil, dass sie in der amtlichen Pressestatistik so nicht verwendet wird und ohne genaue Kenntnis von der Eingruppierungspraxis der Pressestatistik aus den amtlichen Angaben zusammengestellt werden müsste. Tabelle 3 gibt dennoch einen Überblick über die Entwicklung der so gruppierten Zeitschriften. Dabei werden die Publikumszeitschriften der Pressestatistik hier Special-Interest-Zeitschriften genannt, und Kundenzeitschriften, konfessionelle Zeitschriften, Amtliche Blätter und kommunale Amtsblätter, Anzeigenblätter und Zeitschriften der Verbände werden zur Gruppe der PR-Zeitschriften zusammen-

Tab. 3: Entwicklung der vier Zeitschriftentypen von 1982 bis 1994 nach Titelzahl

	1982	1984	1988	1991[1]	1994	Ant. in %
Politische Wochenblätter	107	109	100	96	96	0,9
Special-Interest-Zeitschriften	983	988	1 009	1 205	1 673	15,9
Fachzeitschriften	1 852	1 851	1 968	2 376	3 589	34,1
PR-Zeitschriften	3 499	3 738	4 782	5 236	5 163	49,1
- davon Kundenzeitschriften	93	87	103	124	126	1,2
- Konfessionelle Zeitschriften	248	233	218	347	337	3,2
- Amtliche Blätter	1 089	1 133	1 332	1 276	1 350	12,8
- Verbandszeitschriften	1 415	1 553	2 079	2 282	1 914	18,2
- Anzeigenblätter	654	732	1 049	1 207	1 436	13,6

1) ab 1991 einschl. Ostdeutschland

Quelle: Pressestatistik, Wirtschaft und Statistik.

gefasst. Die Zeitschriften der Verbände sind aus den anderen Gruppen mit Ausnahme der politischen Wochenblätter herausgerechnet. Tabelle 3 zeigt, dass etwa die Hälfte aller Zeitschriftentitel PR-Zeitschriften sind, also Zeitschriften, die primär Informationen im Interesse des Herausgebers an das Publikum verbreiten wollen. Auch wenn die Zuordnung sicher nicht in jedem Fall unstrittig ist - insbesondere bitte ich die konfessionelle Presse um wohlwollendes Verständnis für meine Einteilung - so wird doch deutlich, welches Gewicht PR-Aktivitäten mittlerweile aufweisen.

Eine sehr detaillierte Einteilung der verschiedenen Zeitschriftentypen bietet Vogel, der elf funktional strukturierte Pressegattungen unterscheidet (Vogel 1998, S. 31 ff), die in folgender Übersicht 1 wiedergegeben werden. Dies ist sicher eine (sehr) vollständige Einteilung, die die unterschiedlichen Funktionen der Pressegattungen deutlich hervorhebt. Allerdings kann nicht von einer Ausschließlichkeit der funktionalen Zuordnungen ausgegangen werden und dies schränkt die Verwendbarkeit dieser Typologie ein. Daher bleibt die Klassifizierung der Praxis unverzichtbar, auch weil andere Zuordnungen nicht mehr existieren.

Übersicht 1: Funktionale Gliederung der Presse

Gattung	Aufgabe (prozessorientiert)	Ziel (ergebnisorientiert)
Tagespresse	Universell benachrichtigen	Chronik/Dokumentation
Populärpresse	Orientieren, Erlebnisse verschaffen	Umwelt-Kaleidoskop
Fachpresse	Innovationen verbreiten, Austausch organisieren	Disziplinäre Weiterentwicklung
Mitgliedschaftspresse	Rechenschaft geben, Gruppenaktivitäten schildern	Erhaltung der Gemeinschaft
Insertionspresse	Werbung verbreiten	Güter-Präsentation
Kontaktpresse	Geschäftsbeziehungen pflegen und anbahnen	Kontakt
Werkpresse	durch Berichte Personen integrieren und motivieren	Mitarbeiterführung
Initiativpresse	Individuelle Anliegen fördern	Vernetzung von Interessen
Politisch-literarische Presse	Diskursiv überzeugen	Gesellschaftlicher Fortschritt
Bekenntnispresse	Überzeugungen verankern	Verbreitung der Weltanschauung
Heftreihen	-	-

Quelle: Vogel 1998, S. 34

1.3. Zur Erfassung der Zeitschriften durch die Verbände

Der *„Stamm“* listet auf 478 Seiten rund 13 500 überregionale Printmedien (ohne Zeitungen) auf und darüber hinaus auf 180 Seiten rund 6 500 regionale Printmedien (Stamm 2000). Mithin kann von rund 20 000 Zeitschriftentiteln (20 429 für 1999) ausgegangen werden. Diese Titelfülle wird vom Stamm in fünfstelligen Nummerierungen überwiegend nach ihren Inhalten geordnet (z. B. 33 950 Angelsport oder 32 330 Journalistik, vgl. Stamm 2000, Band 2, S. 85 ff). Dies ist sicher die vollständigste Zusammenstellung der Zeitschriften, die generell verfügbar ist.

Der *VDZ* (Verband deutscher Zeitschriftenverleger) sammelt unterschiedliche Daten zu folgenden Gruppen von Zeitschriften:

- Fachzeitschriften,
- Konfessionelle Zeitschriften und
- Publikumszeitschriften.

Dabei wird für die Gruppe der Fachzeitschriften eine eigene Fachpresse-Statistik erstellt.

Die IVW erfasst die Auflagen in folgenden Gruppen von Zeitschriften (in Klammern Zahl der gemeldeten Titel):

- Fachzeitschriften (rund 3390),
- Kundenzeitschriften (88 Titel),
- Offertenblätter (68 Belegungseinheiten) und
- Publikumszeitschriften (339 Titel).

Als *Fachzeitschriften* (hierzu zählen auch alle wissenschaftlichen Zeitschriften) gelten alle periodischen Druckwerke, die mit der Absicht eines zeitlich unbegrenzten Erscheinens mindestens viermal jährlich herausgegeben werden und sich in erster Linie mit beruflich relevanten Inhalten befassen. Dabei ist es unerheblich, ob diese Zeitschriften unentgeltlich abgegeben werden oder nicht (VDZ).

Kundenzeitschriften sind periodisch erscheinende Zeitschriften belehrenden und unterhaltenden Inhalts, die der Verbraucherinformation, dem Kundenkontakt und der Werbung dienen und die Interessen direkt oder indirekt gegen Entgelt von Verlagen beziehen und zur Kundengewinnung und Kundenerhaltung kostenlos abgeben (VDZ).

Übersicht 2: Publikumszeitschriften mit nationaler Verbreitung

Aktuelle Zeitschriften und Magazine (201)
Programmpresse (-zeitschriften) (202)
Wöchentliche Frauenzeitschriften (203)
Vierzehntägige Frauenzeitschriften (204)
Monatliche Frauenzeitschriften (205)
Familienzeitschriften (206)
Jugendzeitschriften (207)
Zeitschriften für Wohnen und Leben (208)
Esszeitschriften (209)
Gesundheitszeitschriften (210)
Erotikzeitschriften (211)
Lifestylezeitschriften (212)
Motorpresse (213)
Sportzeitschriften (214)
Kino-/Video-/ Audiozeitschriften (215)
Naturzeitschriften (216)
Wissensmagazine (217)
EDV-Zeitschriften (218)
Onlinezeitschriften (219)
Wirtschaftspresse (220)
Reisezeitschriften (221)
Sonstige Zeitschriften (222)

Quelle: ivw.de

Offertenblätter sind periodisch erscheinende Zeitschriften, die (nahezu) ausschließlich Werbung verbreiten. Diese Werbung - meist Rubrikenanzeigen - wird von den Rezipienten als aktiv gesuchte Information bezahlt, während die Verbreitung der Werbebotschaft für die Inserenten kostenlos ist. Solche Offertenblätter haben eine gewisse Ähnlichkeit mit den besonderen Anzeigenblättern, die Anfang des 17. Jahrhunderts in Frankreich entstanden sind und nachfolgend in Europa in Form der „Affiches", der „Advertisers" oder der in Deutschland so genannten „Intelligenzblätter" verbreitet waren (vgl. Sombart 1916, S. 404 ff). Die Offerten haben vor allem die Funktion, Tauschprozesse zu erleichtern, aber daneben bieten sie bisweilen auch einen Unterhaltungswert, so die folgenden Offerten aus dem „Berliner Intelligenzblatt", Nr. 6 vom 13. Januar 1774:

> „Bey der Schutzjudenwitwe Joseph Fränkelin in der Königstraße sind 3 sehr gute Färbekessel als ein zinnerner und 2 kupferne um billige Preise zu verkaufen.
> Es ist ein zahmer Hempferling, der das Lied pfeift: ‚Auf Christenmensch, auf, auf zum Streit' zu verkaufen, wer zu diesem Vogel Belieben trägt, wolle sich bei dem Zeugmacher Alisch in der Wilhelmstraße in der verwittweten Frau Götschen Hause zwischen der Leipziger und Zimmerstraße, das 3. Haus von der Zimmerstraßen Ecke, melden" (zitiert nach Sombart 1916, S. 409).

Publikumszeitschriften sind nicht präzise definiert. Zudem ist der Begriff recht unpassend, weil sich alle Zeitschriften an ein Publikum wenden. Allerdings wird dieser Begriff seit Anfang der 50er Jahre verwendet (Vogel 1998, S. 37) und muss wohl faktisch akzeptiert werden. Überwiegend bieten die so genannten Publikumszeitschriften Informationen für die Rezipienten in ihrer Rolle als Konsumenten (s.o.) und/oder bieten rollenspezifische Unterhaltung (z. B. Frauen- oder Jugendzeitschriften). Wirtschaftszeitschriften sind hier indes nur mit Mühe einzuordnen.

Von besonderer Bedeutung ist die von der IVW verwendete *Gliederung der Publikumszeitschriften* (mit nationaler Verbreitung), die vielfach herangezogen wird. Sie wird daher in Übersicht 2 wiedergegeben. Hier sind 22 nach inhaltlichen Schwerpunkten gegliederte Untergruppen ausgewiesen.

2. Produkteigenschaften der Zeitschrift

Die Zeitschrift als *Informationsträger* weist in einigen Eigenschaften eine große Ähnlichkeit mit der Zeitung auf. Sie ist gekennzeichnet durch folgende Merkmale:

- Räumliche Mobilität: Die Zeitschrift kann ohne große Transportkosten vom Leser an den jeweils gewünschten Konsumort gebracht werden. Sie kann mithin an mehreren Orten - überwiegend zu Hause, aber auch im Beruf und in der Freizeit, gelesen werden.
- Sachliche Mobilität: Der Leser kann leicht durch Überblick entscheiden, welche Teile der Zeitschrift er nutzen will. In der Regel gut strukturierte Gliederungsmerkmale und Inhaltsverzeichnisse erleichtern die Auswahl.

- Zeitliche Mobilität: Der Leser kann entscheiden, wann und in welchem zeitlichen Umfang er die Zeitschrift nutzt, weil die Informationen zeitlich leicht gespeichert werden können und weil die Informationen im Zeitablauf nicht so schnell an Wert verlieren wie die Informationen der Zeitung.
- Zeitliche Intensität: Lesen erlaubt eine schnellere Informationsaufnahme als Hören oder Sehen, daher bietet die Zeitschrift pro Rezeptionszeit mehr Informationen als elektronische Medien.
- Variierbarkeit: Die Zeitschrift kann im Größenumfang von Erscheinungstag zu Erscheinungstag geändert werden.

Ein entscheidender Unterschied zur Zeitung ist die im Durchschnitt wesentlich geringere Aktualität der Zeitschrift. Dies erlaubt die zeitlich stärker selektierende Form der Nutzung, also eine wiederholbare Nutzung und eine längere zeitliche Nutzung: Die Nutzungsintensität der Zeitschrift ist in der Regel größer als bei der Zeitung, und Streuverluste sind geringer. Der zweite entscheidende Unterschied zur Zeitung besteht in der geringeren Haushaltsabdeckung. Während Zeitungen in der Regel an einen großen Teil der Bevölkerung eines regional eng begrenzten Gebietes verkauft werden, finden Zeitschriften ihre Abnehmer sehr verstreut innerhalb eines größeren Gebietes.

Woran liegt dies? Offenbar ist der Markt für eine täglich erscheinende Berichterstattung zu speziellen Sachgebieten zu eng, eine Ausnahme bildet nur die tägliche Wirtschaftsberichterstattung z. B. des *Handelsblatts* oder spezieller Wirtschaftsbriefe. Aber nicht einmal so weit verbreitete Interessen wie Sport, Auto bzw. Männer- oder Frauenthemen alimentieren eine tägliche Erscheinung; *Sport-Bild*, *Auto-Bild* und *Bild der Frau* erscheinen wöchentlich. Die zentralen Restriktionen jeder Konsumaktivität – Zeit, Geld und Bedürfnisse – begrenzen offenbar wirksam das Erscheinungsintervall von Zeitschriften. Im Übrigen ist die Variabilität von Erscheinungsintervall und Größenumfang der Zeitschrift ein geeigneter Parameter, um mehr oder weniger spezielle Interessen zu beliefern. Möglicherweise tritt die Restriktion der begrenzten publizistischen Ergiebigkeit eines sehr speziellen Interessengebietes zur Restriktion der Finanzierbarkeit hinzu. Dies ist etwa vorstellbar bei der Zeitschrift *Diana Männer Maschen*, offenbar eine Zeitschrift für strickende Männer oder bei der *Neuen Bienenzeitung* – beide Titel sind der Liste der 1993 eingestellten Zeitschriften entnommen (W & V Compact 1/1994, S. 27).

Untersuchungen zur Akzeptanz oder zum redaktionellen Image von Zeitschriften liegen kaum vor. Dies ist erklärlich, weil es eben *die* Zeitschrift nicht gibt und weil auch innerhalb spezieller Zeitschriftengruppen erhebliche Unterschiede zwischen den Titeln bestehen. Daher sind Angaben zum Image einer Auswahl von Publikumszeitschriften, wie sie häufig vorgetragen werden, mit großer Vorsicht zu interpretieren. Einer Studie der IP zufolge ist das redaktionelle Image von Publikumszeitschriften im Durchschnitt ziemlich schlecht, nur in den Dimensionen „sorgt für gute Entspannung und Ablenkung“ und „hilft manchmal, die Sorgen und Probleme des Alltags zu vergessen“ hat die Zeitschrift einen signifikanten Vorsprung vor der Tageszeitung; im Übrigen rangiert die Zeitschrift fast immer an letzter Stelle (IPA-plus Research 1992). Dabei ist klar, dass dies z. B. nicht für den *Spiegel*, *GEO* oder die *Wirtschaftswoche* gelten kann, um nur einige plausible Ausnahmen zu nennen.

Die *Zeitschrift als Werbeträger* wird ebenfalls selten generell beschrieben, weil dies auf Grund der Heterogenität der Zeitschriften für die werbungtreibende Wirtschaft nicht sehr aussagekräftig ist. Man muss die werbliche Eignung einzelner Titel analysieren, um Werbebotschaften im richtigen Medium platzieren zu können. Immerhin existieren einige Beschreibungen zur werblichen Eignung der Zeitschrift, die hier kurz wiedergegeben werden sollen:

- Die Art der Werbung hängt stark vom Zeitschriftentyp ab. Sie ist argumentativ und rational bei Fachzeitschriften, eher emotional bei Publikumszeitschriften.
- Ein Zielgruppenbezug der Werbung ist in fast allen Zeitschriften sehr gut herzustellen, eine räumliche Abgrenzung ist hingegen meist nicht möglich.
- Die Kontaktintensität ist in der Regel gut, weil von einer Kongruenz von redaktionellem Angebot und Leserinteresse ausgegangen werden kann.
- Das redaktionelle Image und das werbliche Image der Zeitschrift ist nach der Studie der IPA-plus (IPA-plus Research 1992) im Durchschnitt relativ schlecht, andere Quellen sprechen von einem guten Image (Schweiger/Schrattenecker 1989, S. 160).

Die Zeitschrift ist und bleibt Basismedium für zielgruppenbezogene Werbung, weil nur sie die Streuverluste der anderen aktuellen Massenmedien vermeiden kann. Im Übrigen hat die Zeitschrift als Werbeträger zwischen 1988 und 1998 relativ am stärksten Marktanteile eingebüßt, sicher eine Folge der Konkurrenz des Fernsehens speziell zur Zeitschrift als Werbeträger.

3. Verbundproduktion – Produktion für den Leser- und Werbemarkt als charakteristisches Merkmal

3.1. Prinzip der Verbundproduktion

Zeitschriftenbetriebe produzieren und verkaufen zwei Güter gleichzeitig: Information, Bildung und Unterhaltung für den Lesermarkt sowie eine Verbreitungswahrscheinlichkeit von Werbebotschaften für den Werbemarkt. Diese Güter werden in Verbundproduktion mit variierbarer Kopplung produziert. Die Leser erwerben das gesamte in der Zeitschrift enthaltene Informationsangebot, auch das Informationsangebot, das im Anzeigenteil enthalten ist. Die Werbungtreibenden erwerben eine Verbreitungswahrscheinlichkeit ihrer Botschaft. Diese Verbundproduktion von redaktionellem Text und Anzeigen ist ökonomisch begründet in Verbundvorteilen der Produktion, des Konsums und des Vertriebs (vgl. Kapitel 5, Abschnitt 2). Das

Verbundverhältnis zeigt sich quantitativ in der Relation von Text- zu Anzeigenteil und wertmäßig in der Umsatzstruktur.

3.2. *Relation von Textteil zu Anzeigenteil*

Tabelle 4 gibt einen Überblick über das quantitative Verbundverhältnis im Zeitablauf und im Querschnitt für verschiedene Zeitschriftentypen[22]. Dabei wird deutlich, dass signifikante Unterschiede zwischen den Zeitschriftentypen bestehen. Konfessionelle Zeitschriften haben nur wenig Anzeigenseiten, während politische

Tab. 4: Der Anzeigenseitenanteil verschiedener Zeitschriftentypen von 1980 bis 1994 in Prozent der Jahresauflage.

Zeitschriftentyp	1980	1986	1990	1994
Politische Zeitschriften	48,9	48,2	49,0	43,6
Konfessionelle Zeitschriften	12,9	12,8	14,3	12,8
Publikumszeitschriften	32,8	30,5	30,6	27,2
Fachzeitschriften (Wissenschaft)	33,1	33,3	31,2	32,9
Andere Fachzeitschriften	36,5	29,6	29,9	24,3
Zeitschriften insgesamt	37,2	34,8	35,7	34,9

Quelle: Pressestatistik

Zeitschriften fast zur Hälfte aus Anzeigen bestehen. Im Zeitablauf ist insgesamt eine leichte Abnahme des Anzeigenseitenanteils zu erkennen, bei kleineren Unterschieden zwischen den Zeitschriftentypen. In der Größenordnung entsprechen die Relationen denen der Zeitungen, die auch etwa zu einem Drittel aus Anzeigen bestehen[23].

3.3. *Umsatzstruktur*

Bedeutsamer als das Mengenverhältnis erscheint das Wertverhältnis, das Verhältnis von Umsatz aus Anzeigen und Umsatz aus Vertrieb, die so genannte Umsatzstruktur, weil damit die Bedeutung der beiden Finanzierungsquellen sichtbar wird. Folgende Tabelle 5 zeigt den Umsatz aus Anzeigen im Verhältnis zum Gesamtumsatz

---

22 Sofern es um reine Strukturanalysen geht, wird nur auf die Zahlen für Westdeutschland Bezug genommen, um die Vergleichbarkeit im Zeitablauf zu erhalten. Wenn es um eine Momentaufnahme geht, wird auf die Zahlen für Gesamtdeutschland Bezug genommen.

23 Für Publikumszeitschriften ermittelte der VDZ für 1998 einen Anzeigenanteil von 31 Prozent (vdz.de)

für die verschiedenen Zeitschriftentypen im Zeitablauf. Insgesamt beträgt der Anzeigenumsatzanteil gut 50 Prozent bei wiederum deutlichen Unterschieden zwischen den unterschiedlichen Zeitschriftentypen. Besonders hoch ist der Anzeigenumsatzanteil bei nichtwissenschaftlichen Fachzeitschriften und bei politischen Zeitschriften und besonders niedrig bei konfessionellen Zeitschriften. Im Zeitablauf sind signifikante Änderungen nicht zu erkennen. Im Vergleich zur entsprechenden Relation bei Zeitungen fällt der Anzeigenumsatzanteil bei Zeitschriften deutlich niedriger aus. Mithin ist die Subvention des Textteils durch den Anzeigenteil bei Zeitschriften generell geringer als bei Zeitungen, nur beim Typ „Andere Fachzeitschriften" werden zeitungsähnliche Verhältnisse erreicht. Insgesamt sind auf dem Zeitschriftenmarkt Nachfrageänderungen und entsprechende Gewinnänderungen im Prinzip also genauso verknüpft wie bei Zeitungen (vgl. Kapitel 8, Abschnitt 3.5.), im Ausmaß aber deutlich geringer.

Tab. 5: Der Anzeigenumsatzanteil verschiedener Zeitschriftentypen von 1980 bis 1994 in Prozent vom Gesamtumsatz

Zeitschriftentyp	1980	1986	1990	1994
Politische Zeitschriften	64,6	63,7	62,8	60,7
Konfessionelle Zeitschriften	11,2	9,9	11,2	10,4
Publikumszeitschriften	42,7	44,3	42,1	40,8
Wissenschaftl. Fachzeitschriften	47,3	45,3	44,3	44,7
Andere Fachzeitschriften	67,1	63,3	63,2	59,3
Zeitschriften insgesamt	52,1	54,8	54,3	54,7

Quelle: Pressestatistik

4. Kosten der Zeitschriftenproduktion

Wie jede Medienproduktion ist auch die Zeitschriftenproduktion eine „Blaupausen-Produktion". Die Zeitschrift wird als Prototyp periodisch neu konzipiert und zusammengestellt – allerdings bleiben die Grundlinien und Rahmenbedingungen konstant – und anschließend vervielfältigt. Dabei verbraucht sich der Input in Form der journalistischen Produktionen nicht, die Kosten der Journalistengehälter stellen mithin auf jeden Fall fixe Kosten dar. Welche Kosten insgesamt in welchem Umfang als fix gelten können, soll anhand der amtlichen Kostenstrukturstatistik ermittelt werden. Diese weist verschiedene Kostenarten für den „Zeitschriftenverlag", nicht für das Objekt „Zeitschrift" aus. Dennoch können diese Angaben ungefähr auch für das Objekt „Zeitschrift" gelten, weil Zeitschriftenverlage schwerpunktmäßig Zeitschriften produzieren und, wie man der Kostenstrukturstatistik entnehmen kann, jedenfalls keine Zeitungen produzieren, sondern in begrenztem Umfang andere Verlagserzeugnisse wie z. B. Bücher oder Kalender herstellen.

Folgende Kosten werden als fix klassifiziert: die Kosten für Personal, die Kosten der Fremdproduktion (dahinter verbergen sich die in der amtlichen Statistik ausgewiesenen Kosten für freie Mitarbeiter, Pressedienste, bezogene redaktionelle Teile, Post- und Fernmeldegebühren sowie Lizenzgebühren), Mieten, Pachten, Steuern sowie Abschreibung, Zinsen und Kosten der Werbung. All diese Kostenarten sind prinzipiell unabhängig von kurzfristigen Schwankungen der Auflage. Folgende Kosten werden als variabel klassifiziert: Materialverbrauch (vor allem Papier), Vertriebskosten (ohne Zustellerlöhne) und Fremdleistungen der technischen Herstellung (vor allem der Druck der Zeitschrift außerhalb des eigenen Verlages).

Tabelle 6 gibt einen Überblick über die Kostenstrukturen für das Jahr 1990 nach Umsatzgrößenklassen gegliedert. Dabei muss noch einmal darauf verwiesen werden, dass die Kostenstrukturstatistik auf Grund freiwilliger Angaben erstellt wird und nach Angabe des Statistischen Bundesamtes nicht als repräsentativ gelten kann. Neuere Angaben sind nicht erhältlich. Im Vergleich zu den entsprechenden Kostenstruktur-Kennziffern der Zeitungsproduktion ist der Fixkostenanteil der Zeitschriftenproduktion mit durchschnittlich 38,3 Prozent deutlich geringer. Dies liegt vor allem daran, dass der Personalkostenanteil mit 22,8 Prozent praktisch nur die Hälfte des entsprechenden Wertes der Zeitungsproduktion ausmacht. Dementsprechend ist der Anteil der variablen Kosten höher, vor allem wegen des hohen Kostenanteils für den Druck außer Haus. Damit entspricht die Kostenstruktur der Zeitschriftenproduktion den in der allgemeinen Wirtschaft üblichen Relationen, spezielle wettbewerbspolitische Insuffizienzen sind nicht zu erwarten.

Tab. 6: Kostenstruktur der Zeitschriftenverlage 1990 (Kosten[1] in Prozent vom Umsatz/Westdeutschland)

Umsatz von... bis in Mill. DM	Fixe Kosten					Variable Kosten			
	Personal	Fremdproduktion	Mieten; Steuern	Abschr. Zinsen, Werbg.	insgesamt	Material	Vertrieb	Fremd-Druck	insgesamt
unter 0,5	20,2	8,6	4,5	4,3	37,6	5,3	6,2	37,3	48,8
0,5 - 1	25,9	8,9	4,2	3,0	42,0	4,5	7,1	33,3	44,9
1 - 2	24,7	6,8	3,7	3,6	38,8	5,9	6,9	34,3	47,1
2 - 5	24,0	6,9	3,6	4,1	38,6	6,1	6,9	30,5	43,5
5 - 10	24,0	5,3	3,7	4,7	37,7	8,9	6,3	27,4	42,6
10 - 25	23,0	6,0	3,2	5,3	37,5	11,5	8,2	26,0	45,7
25 - 50	24,3	6,6	3,6	9,0	43,5	15,0	8,4	20,6	44,0
50 - 100	15,3	5,9	4,3	3,9	29,4	21,9	4,6	23,0	49,5
> 100	24,0	5,3	3,2	6,8	39,3	21,0	5,1	20,5	46,6
Insgesamt[2]	22,8	6,7	3,8	5,0	38,3	11,1	6,6	28,1	45,9

1) Die „sonstigen Kosten" der Pressestatistik können nicht zugerechnet werden.
2) ungewichtetes arithmetisches Mittel

Quelle: Pressestatistik

5. Struktur und Entwicklung der Gewinne der Zeitschriftenproduktion

5.1. Die Gewinne der Zeitschriftenverlage

Üblicherweise werden die Gewinne von Unternehmen wegen einer besseren Vergleichbarkeit auf den Umsatz bezogen ausgewiesen. Dementsprechend zeigt Tabelle 7 die so genannte Umsatzrendite als Gewinn vor Abzug der Steuern vom Gewinn im Verhältnis zum Umsatz für die Jahre 1980 bis 1990 nach Umsatzgrößenklassen differenziert. Dabei ist zu beachten, dass die Bezugsgröße der Zeitschriftenverlage, nicht die Zeitschrift ist, dass die Angaben freiwillig gemacht werden und dass sie nicht als repräsentativ gelten.

Tab. 7: Umsatzrendite von Zeitschriftenverlagen von 1980 bis 1990 (Westdeutschland) in Prozent

Umsatz in Mill. DM	1980	1982	1984	1986	1988	1990	Ø [1]
< 0,5	7,4	4,4	8,8	3,9	4,5	4,4	5,6
0,5 - 1	5,9	8,3	6,9	4,7	7,4	5,1	6,4
1 - 2	6,8	6,6	10,2	6,8	5,3	5,6	6,9
2 - 5	9,6	10,4	6,8	7,5	8,4	9,8	8,8
5 - 10	8,3	9,2	11,9	8,0	7,7	10,7	9,3
10 - 25	5,5	3,9	9,0	2,8	- 1,5	8,0	4,6
25 - 50	14,6	15,5	10,2	2,6	6,0	0,9	8,3
50 - 100	2,1	3,9	1,7	5,4	7,8	9,0	5,0
> 100	8,5	9,1	12,1	5,9	9,4	3,9	8,2
Insgesamt [2]	7,5	8,3	8,9	5,1	7,8	5,3	7,2
Industrie insgesamt [3]	4,8	4,1	4,4	4,7	3,5	3,5	4,2

1) von 1980 bis 1990 2) gewichtetes arithmetisches Mittel 3) Jahresüberschuss vor Gewinnsteuern

Quelle: Pressestatistik; Deutsche Bundesbank (1993), Jahresabschlüsse westdeutscher Unternehmen 1971 bis 1991

5.2. Gewinnanalyse

Auffällig erscheint die auch im Zeitschriftensektor deutlich über dem Durchschnitt aller Industrieunternehmen liegende Umsatzrendite von fünf bis fast neun Prozent, wenngleich der Abstand zu allen Industriebetrieben nicht ganz so groß ist wie bei Zeitungsverlagen. Auch dies deutet - etwas überraschend - auf einen unterdurchschnittlich entwickelten Wettbewerb im Zeitschriftenmarkt hin, soll wegen der begrenzten Aussagefähigkeit der Angaben indes nicht überinterpretiert werden. Im Zeitablauf zeichnet sich ein schwacher Trend in Richtung einer Abnahme der Umsatzrendite ab, und eine Annäherung an die Umsatzrendite der allgemeinen Industrie wird erkennbar.

Wird die Umsatzrendite von Zeitschriftenverlagen nach Umsatzgrößenklassen differenziert betrachtet, so kann eigentlich nur gefolgert werden, dass keine Indizien sichtbar werden, die darauf hindeuten, dass kleine Zeitschriftenverlage weniger profitabel produzieren als große Zeitschriftenverlage. Im Grunde zeichnet sich ein ähnlicher Befund wie bei den Zeitungsverlagen ab, wenngleich wesentlich weniger deutlich. Am profitabelsten scheinen die nicht mehr ganz kleinen, aber noch nicht großen Zeitschriftenverlage in der Umsatzgrößenklasse von einer bis zehn Millionen DM zu produzieren. Weitere Aussagen erscheinen bei der Heterogenität der Zeitschriften und der vermutlich von Zufallsangaben beeinflussten Gewinnstrukturstatistik nicht sinnvoll.

5.3. Zeitschriftenpreise

Auf Grund der Heterogenität der Zeitschriften nach Inhalt, Umfang, Auflage und Erscheinungsweise differieren auch die Zeitschriftenpreise, sowohl im Lesermarkt als auch im Werbemarkt, ganz erheblich.

Um einen Eindruck von der Spannbreite der Zeitschriftenpreise zu geben, sei zunächst eine Übersicht über die Spannen der *Leserpreise* nach den verschiedenen Merkmalen gegeben. Differenziert man allein nach der Auflage, so ergibt sich nach

Tab. 8: Jahresabonnementpreise nach Zeitschriftenmerkmalen 1994 in DM

Merkmal	Tiefstpreis	Durchschnitt	Höchstpreis
Auflage	60,21	86,09	239,55
Erscheinungsweise	26,92	86,09	540,00
Typ	30,15	86,09	179,85

Quelle: Pressestatistik

Tabelle 8 eine Preisspanne von 60 DM bis 240 DM. Dabei ist, was Tabelle 8 nicht ausweist, die Zeitschrift mit der kleinsten Durchschnittsauflage am teuersten, während die billigsten Zeitschriften in den höchsten Auflagenklassen zu finden sind. Eine deutlich größere Preisspanne ergibt sich nach dem Merkmal Erscheinungsweise. Hier ist die Zeitschrift, die zweimal wöchentlich erscheint, im Jahrespreis am teuersten, während naturgemäß die selten erscheinenden Zeitschriften auf das Jahr gerechnet am billigsten sind.

Nach dem Zeitschriftentyp differenziert sind die Preisunterschiede mit der Spanne von rund 30 DM bis rund 180 DM wieder deutlich geringer. Am teuersten ist im Durchschnitt das politische Wochenblatt, am billigsten die konfessionelle

Zeitschrift. Dabei ist erneut darauf hinzuweisen, dass diese Angaben bereits Durchschnittswerte sind. Sie geben aber einen Hinweis auf die Preisbestimmungsgründe.

Für Publikumszeitschriften existiert 1998 eine typische Preisspanne von ein bis zwei Mark für billige Zeitschriften (z. B. TV direkt 1,10 DM) bis zu einem Preis von 20 bis 30 Mark insbesondere für Computer-Zeitschriften.

Anzeigenpreise differieren einmal vor allem nach dem Merkmal Auflage. Dies zeigt Tabelle 9. Mit steigender Auflage steigt der Anzeigengrundpreis unterproportional an und die Tausend-Käufer-Preise sinken entsprechend deutlich. Die Tausender-Preise sinken mit steigender Auflage prinzipiell aus folgenden Gründen:

- Auf Grund der Degression der fixen Kosten für die Gestaltung und den Satz der Anzeigen sinken die Durchschnittskosten der Anzeige mit steigender Auflage, allerdings ist dieser Sachverhalt nicht sehr ausgeprägt.
- Auf Grund der Degression der übrigen fixen Kosten der Zeitschriftenproduktion sinkt der notwendige Finanzierungsbeitrag der Anzeige mit steigender Auflage.
- Mit steigender Auflage wird der Zielgruppenbezug der Zeitschrift abnehmen, dies erhöht den Wettbewerb mit anderen Zeitschriften und den entsprechenden Preisdruck.
- Mit steigender Auflage steigt der Anzeigengrundpreis. Dies erhöht die Preiselastizität der Nachfrage nach Anzeigen und vermindert die Zahlungsbereitschaft der Werbekunden.

Tab. 9: Anzeigengrundpreis und Tausend-Käufer-Preis nach Auflagenhöhe für Zeitschriften insgesamt 1990 (Westdeutschland)

Auflage von ... bis	Ø Auflage	Grundpreis[1]	TKP [1]
< 1 500	767	747	973,92
1 500 - 2 500	1 937	964	497,68
2 500 - 5 000	3 558	1 483	416,81
5 000 - 10 000	7 127	2 156	302,51
10 000 - 25 000	15 877	3 064	192,98
25 000 - 50 000	35 362	4 230	119,62
50 000 - 75 000	60 410	5 540	91,71
75 000 - 125 000	96 097	7 312	76,09
125 000 - 250 000	172 870	10 303	59,60
250 000 - 500 000	346 431	14 404	41,58
> 500 000	1 414 037	27 585	19,51
Durchschnitt	40 443	2 982	73,73

1) für die ganzseitige Schwarz-Weiß-Anzeige; in DM

Quelle: Pressestatistik

Im Übrigen muss darauf hingewiesen werden, dass die Anzeigenpreise in Tabelle 9 Durchschnittspreise für alle Zeitschriften sind. Die ausgewiesenen Anzeigenpreise können zwar sehr gut den beschriebenen Zusammenhang von Auflagenentwicklung und Tausender-Preisen abbilden, aber sie geben kein richtiges Bild von den Anzeigenpreisen der dem Leser üblicherweise bekannten Zeitschriften. Diese werden in der Werbebranche üblicherweise auf der Basis einer ganzseitigen Anzeige für ausgewählte Titel berechnet. Tabelle 10 gibt einen entsprechenden Überblick. Damit wird auch deutlich, dass die Anzeigenpreise – jetzt normiert als Tausender-Preise – üblicherweise sehr stark vom Zielgruppenbezug der Zeitschrift abhängen. Zeitschriften mit einer klar abgegrenzten, kleinen und kaufkräftigen Zielgruppe haben

Tab. 10: Tausend-Käufer-Preise ausgewählter Zeitschriften verschiedener Typen 1993 und 1994 in DM

	1993	**1994**
Aktuelle Illustrierte	11,91	12,93
Programmzeitschriften	11,75	12,28
14tägliche Frauenzeitschriften	19,25	19,84
Männerzeitschriften	22,48	23,12
Special-Interest	19,67	23,39

Quelle: W & V Compact 1/1994, S. 13

höhere Tausender-Preise als Zeitschriften mit einer diffusen und wenig kaufkräftigen Zielgruppe. Dies soll die Zusammenstellung in Tabelle 11 illustrieren.

Schließlich sind entscheidende Preisbestimmungsgründe für Anzeigen auch die Farbigkeit des Drucks (schwarz-weiß, Zusatzfarbe, mehrfarbig) und die Größe des Anzeigenteils im Verhältnis zum Textteil.

Tab. 11: Tausend-Käufer-Preise ausgewählter Zeitschriften 2000

Zeitschriftentitel	**Grundpreis**[1]	**Tausender-Preis**
Kachelofen & Kamin	3 250	812,50
Uhren Juwelen Schmuck	6 660	504,55
Manager Magazin	31 123	197,36
Der Spiegel	88 500	68,29
TV Spielfilm	94 000	33,29
Das Goldene Blatt (Frauen)	11 857	28,27
1) auf der Basis ganzseitig, vierfarbig; in DM		

Quelle: Zusammengestellt nach Stamm 2000

5.4. *Preiskalkulation von Zeitschriften*

Preise werden üblicherweise so kalkuliert, dass auf die Normalkosten, das sind die Kosten bei normaler Kapazitätsauslastung, ein branchenüblicher Gewinnaufschlag erhoben wird, in der Zeitschriftenbranche also etwa fünf bis acht Prozent (vgl. Tabelle 7). Dieses Verfahren hört sich wesentlich einfacher an, als es ist, weil die Kosten der Zeitschriftenproduktion von einer Fülle von Variablen abhängen und weil zur Ermittlung der normalen Kapazitätsauslastung vorab die Nachfrage bekannt sein müsste.

Determinanten der Stückkosten der Zeitschriftenproduktion sind dabei:

- die Ausstattung des Heftes, vor allem im Hinblick auf Farbanteil und Bildanteil;
- die redaktionellen Produktionskosten des Heftes, die wiederum wesentlich abhängen von der Exklusivität und der notwendigen Recherchezeit (so ist die Produktion des *Spiegel* sicher wesentlich teurer als die Produktion einer Pferdezeitschrift für Mädchen);
- der Umfang des Heftes und
- die Auflage des Heftes (wegen der Fixkostendegression).

Determinanten der Nachfrage nach einer Zeitschrift sind vor allem:

- der Umfang der Zielgruppenabgrenzung (so ist die Nachfrage nach Bienenzeitschriften sicher prinzipiell kleiner als die Nachfrage nach Frauenzeitschriften);
- die Kaufkraft der Zielgruppe (so ist die Kaufkraft der Zielgruppe von Dino-Posterzeitschriften für Kinder sicher kleiner als die Kaufkraft der Zielgruppe für Wirtschaftsmagazine);
- die Qualität der Zeitschrift;
- der Preis der Zeitschrift und – dies ist allerdings weniger bedeutsam –
- der Erscheinungstag[24] und die Erscheinungsweise.

Das zentrale Problem der Preiskalkulation ist, dass praktisch alle genannten Faktoren voneinander wechselseitig abhängen. Erleichtert wird das Problem der Preiskalkulation ein wenig dadurch, dass die Konkurrenz die Preisspanne vorgibt, innerhalb derer eine neue Zeitschrift sich bewegen kann. Wesentliche Unter- oder Überbietungen müssen sehr genau überlegt sein. Die Anzeigenpreiskalkulation gestaltet sich wesentlich einfacher als die Kalkulation des Heftpreises für die Leser, weil die Konkurrenz mit den Strukturen ihrer Tausender-Preise die Preisgrenzen deutlich vorgibt.

---

24 So gilt der Montag als ein Erscheinungstag, der einen leicht positiven Einfluss auf die Nachfrage hat.

Schwierig ist hier nur die Prognose der eigenen Auflage, die notwendig ist, um bei gegebenen Tausender-Preisen die Anzeigengrundpreise richtig zu kalkulieren. Eine zu optimistische Prognose verärgert die Werbekunden, eine zu pessimistische Prognose führt dagegen zu Einnahmeverlusten.

6. Die Größenstruktur der Zeitschriftenbetriebe

6.1. Die Fertigungsbreite der Zeitschriftenbetriebe

Tabelle 12 gibt einen Überblick über die Größenstruktur der Zeitschriftenverlage nach dem Merkmal Umsatz und ergänzend nach dem Merkmal Beschäftigte. Daraus wird deutlich, dass in der Zeitschriftenproduktion, ganz anders als bei der Zeitungsproduktion, kleine und sehr kleine Unternehmen der Zahl nach dominieren.

43,3 Prozent aller Zeitschriftenverlage (16,8 + 12,6 + 13,9 Prozent) liegen in der Umsatzgrößenklasse bis 1 Mill. DM; sie verlegen 19,3 Prozent aller Zeitschriftentitel, erzielen 2,0 Prozent des Umsatzes aller Zeitschriftenverlage und beschäftigen 7,4 Prozent aller Beschäftigten. Umgekehrt sind in der höchsten Umsatzgrößenklasse von 100 Mill. DM und mehr nur 1,0 Prozent der Verlage vertreten, die 8,4 Prozent aller Zeitschriftentitel verlegen und damit allerdings 44,6 Prozent des Gesamtumsatzes erzielen.

Ein ähnliches Bild zeigt die Zuordnung der Zahl der Zeitschriftentitel zur Auflagengrößenklasse, die in Tabelle 13 ausgewiesen ist. Zugleich ist hier eine Differen-

Tab. 12: Größenstruktur der Zeitschriftenverlage 1994

Umsatz-klasse	**Zahl der Verlage**[1]		**Umsatz**		**Beschäftigte**[2]		**U. pro Besch.**	**Verlegte Titel**	
Mill. DM	abs.	%	Mill.	%	%	Ø[3]	in DM	abs.	%
unter 0,25	327	16,8	40	0,2	1,5	1,8	69 725	392	6,7
0,25 - 0,5	245	12,6	91	0,6	1,5	2,3	158 996	326	5,6
0,5 - 1	271	13,9	196	1,2	2,3	3,3	216 697	409	7,0
1 - 2	262	13,4	375	2,3	3,7	5,5	258 244	494	8,4
2 - 5	384	19,7	1 237	7,5	10,0	10,1	318 477	911	15,6
5 - 10	217	11,1	1 517	9,2	10,4	18,8	372 200	884	15,1
10 - 25	144	7,4	2 245	13,6	16,6	45	346 384	1042	17,8
25 - 50	61	3,1	2 100	12,7	13,4	85,7	401 796	514	8,8
50 - 100	20	1,0	1 380	8,3	8,0	155,5	443 777	385	6,6
> 100	20	1,0	7 377	44,6	32,6	636,2	579 740	494	8,4
gesamt	1 951	100	16 558	100,8	100	39005	424 500	5 851	100

1) Zeitschriftenverlage 2) ohne Teilzeitbeschäftigte (meist Zusteller) 3) durchschnittlich pro Verlag

Quelle: Pressestatistik

zierung nach den wichtigen Zeitschriftentypen vorgenommen worden. So erscheinen 2 226 Zeitschriftentitel, das sind 25,5 Prozent aller Titel mit einer Auflage unter 1 500 Exemplaren, dabei sind wissenschaftliche Fachzeitschriften besonders häufig in den kleinsten Auflagenklassen vertreten. Insgesamt weisen Zeitschriftenverlage mithin nur eine geringe Fertigungsbreite auf, es sind kleine Betriebe mit durchschnittlich 20 Beschäftigten (ohne Teilzeitbeschäftigte). 64,3 Prozent der Verlage beschäftigen nicht mehr als sechs Personen im Durchschnitt. Die Fertigungsbreite wird auch in der Typenpalette der Unternehmen deutlich, die Zeitschriften produzieren. 3007 Zeitschriftentitel werden in reinen Zeitschriftenverlagen produziert, das

Tab. 13: Auflagengrößenstruktur von Zeitschriften 1994

Auflage (Stück)	Polit. Wochenblätter	Konfess. Zeitschriften	Publikumszeitschr.	Wiss. Fachzeitschr.	Andere Fachzeitschr.	Alle Zeitschriften
<1 500	6	60	200	844	259	2200
1 500 - 2 500	21	35	139	179	163	913
2 500 - 5 000	26	64	197	252	319	1278
5 000 - 10 000	18	48	236	211	364	1200
10 000 - 25 000	12	56	327	166	415	1443
25 000 - 50 000	5	39	189	62	169	897
50 000 - 125 000	3	31	205	32	100	705
125 000 - 250 000	3	3	80	3	19	213
250 000 - 500 000	1	1	46	3	14	114
> 500 000	1	-	54	-	15	130
Ø Auflage[1]	2 769	6 405	130 780	11 874	76 733	387 867

1) durchschnittlich verkaufte und/oder unentgeltlich abgegebene Auflage je Erscheinungstag.

Quelle: Pressestatistik

sind 33 Prozent, und 3 358 Titel (36,9 Prozent) werden in Zeitschriftenverlagen produziert (vgl. Tabelle 14). Verlage, die nur eine Zeitschrift produzieren sind selten, im Durchschnitt haben die Zeitschriftenverlage 3,2 Zeitschriften produziert, allerdings dominiert in den unteren Umsatzklassen bis eine Millionen DM der Zeitschriftenverlagstyp, der nur einen Titel produziert. Zeitschriftenproduktion außerhalb des Verlagsgewerbes ist relativ selten wie übrigens auch die Zeitungsproduktion durch Zeitschriftenverlage. Spezialisierte Produktionen überwiegen. Dies zeigt sich auch darin, was in Tabelle 14 nicht ausgewiesen ist, dass der Unternehmenstyp, der mit Schwerpunkt Zeitschriften produziert, über 80 Prozent seines Umsatzes aus Zeitschriften erzielt, sonstige Aktivitäten spielen keine große Rolle.

Tab. 14: Zeitschriftenproduktion (Zahl der Titel) nach Unternehmenstyp von 1980 bis 1994 (Westdeutschland)

Unternehmenstyp	**1980**	**1986**	**1990**	**1994**
Reiner Zeitschriftenverlag	2 055	2 214	2 835	3 007
Zeitschriftenverlag[1]	1 880	2 170	2 486	3 358
Zeitungsverlag	289	384	404	445
Sonstige Verlage	1 306	1 429	1 537	1 418
Andere Unternehmen	713	711	844	865
zusammen	6 243	6 908	8 106	9 093

1) ohne reine Zeitschriftenverlage

Quelle: Pressestatistik

6.2. *Zur Fertigungstiefe von Zeitschriftenbetrieben*

Moderne Betriebe vergeben einen Teil ihrer Produktion an Zulieferbetriebe, weil diese im Prinzip billiger produzieren als der eigene Betrieb (vgl. Kapitel 2). Für die Zeitschriftenproduktion ist es, als Ausweis der publizistischen Eigenständigkeit, wichtig zu ermitteln, in welchem Umfang die Zeitschrift in der eigenen Redaktion erstellt wird. Dies zeigt Tabelle 15. Daneben wird der Umfang des eigenen Drucks

Tab. 15: Die vertikale Integration der Zeitschriftenproduktion (Zeitschriften insgesamt) von 1980 bis 1994 (Westdeutschland)

	1980	**1986**	**1990**	**1994**
verlagseigene Redaktion[1]	3 785 (60,1)	4 560 (66,0)	5 305 (65,4)	4 311 (47,4)
vollständig eigener Druck[1]	2 036 (32,6)	2 217 (32,1)	2 477 (30,6)	2 678 (29,5)
Freie/Redakteure[2]	1,7	1,9	1,6	1,4
Redaktioneller Fremdbezug[3]	0,5	0,4	0,7	0,7

1) Titelanzahl und Anteil an der Zahl aller Titel in Klammern 2) für Zeitschriftenverlage 3) für Zeitschriftenverlage Kosten für Presse/Nachrichtendienste und bezogene redaktionelle Teile in Prozent vom Umsatz

Quelle: Pressestatistik

sowie das Verhältnis der freien Mitarbeiter zur Zahl der Redakteure und das Verhältnis der Kosten des Fremdbezugs zum Umsatz ausgewiesen.

Knapp die Hälfte aller Zeitschriften werden in der verlagseigenen Redaktion erstellt, dies zeigt eine relativ große publizistische Eigenständigkeit, die zudem dadurch untermauert wird, dass der redaktionelle Fremdbezug praktisch keine Rolle spielt. Dies ist ein Indiz für die relativ große Unterschiedlichkeit der Zeitschriften, die eine mehrfache Verwertung von Agenturmaterial weitgehend ausschließt, größere Übereinstimmungen redaktioneller Teile dürften sehr selten sein. Die Vielzahl der Titel repräsentiert mithin eine in der Größenordnung gleiche Vielfalt der Inhalte. Hier sind auch im Zeitablauf wenig Änderungen abzusehen. Der Anteil des eigenen Drucks liegt bei knapp einem Drittel, hier ist im Zeitablauf ein leichter Rückgang dieses Anteils zu erkennen. Dies entspricht insgesamt den Erkenntnissen der neuen Institutionenökonomik, weil es relativ gewichtige Gründe dafür gibt, die redaktionelle Herstellung an den eigenen Betrieb zu binden, aber für den eigenen Druck keine Effizienzvorteile vermutet werden können (vgl. Kapitel 5).

7. Zeitschriftenvertrieb

Die Organisation des Pressevertriebs insgesamt ist in Kapitel 7 beschrieben worden. Hier geht es um einen Überblick über die quantitative Bedeutung der verschiedenen Vertriebswege und um Überlegungen zur Wahl der Vertriebswege bei einem Marktzutritt. Hauptvertriebsformen sind der Einzelverkauf, das Abonnement und die unentgeltliche Abgabe. Tabelle 16 zeigt die Relationen für 1994.

Hauptvertriebsform ist mithin die unentgeltliche Abgabe von Zeitschriften. Dies differiert mit dem Zeitschriftentyp. So gibt es Zeitschriften, die als Typ

Tab. 16: Anteile der Vertriebsformen im Zeitschriftenvertrieb nach Zeitschriftentypen 1994 in Prozent

	Polit. Wochenblätter	**Konfess. Ztschr.**	**Publ.. zeitschr.**	**Wiss. Fachzeitschr.**	**Andere Fachzeitschr.**	**gesamt**
Verkauf[1]	70,1	91,2	79,8	68,5	38,5	39,7
Anteile am Verkauf						
• Einzelverkauf	30,1	2,8	65,9	16,1	9,7	49,0
• Abonnement	57,0	97,2	34,1	83,9	90,3	51,0
- davon Post	62,6	61,4	84,6	97,1	91,4	84,4
- Lesezirkel	8,6	-	8,5	-	0,7	4,2
- eigener Vertrieb	20,2	28,2	1,0	0,5	2,2	4,4
• unentgeltlich	30,2	8,8	20,2	31,5	61,4	60,3

1) Anteil an der Auflage

Quelle: Pressestatistik

generell unentgeltlich verteilt werden – Kundenzeitschriften, Anzeigenblätter und kostenlos verteilte kommunale Amtsblätter – und Zeitschriften, die partiell unentgeltlich abgegeben werden, wie wissenschaftliche Fachzeitschriften sowie Zeitschriften, die partiell remittiert werden. Der hohe Anteil, den die unentgeltliche Abgabe bei allen Zeitschriften zusammen im Gegensatz zu den in Tabelle 16 einzeln aufgeführten Typen aufweist, ist darauf zurückzuführen, dass in der Rubrik „gesamt“ vor allem auch Anzeigenblätter und Kundenzeitschriften enthalten sind. Im *Verkauf* sind die Vertriebsformen Abonnement und Einzelverkauf etwa gleich bedeutend, bei deutlichen Unterschieden zwischen den aufgeführten Zeitschriftentypen. Einen sehr hohen Abonnementanteil am Verkauf weisen konfessionelle Zeitungen und Fachzeitschriften auf, während hingegen Publikumszeitschriften überwiegend im Wege des Einzelverkaufs vertrieben werden. Für die 839 von der IVW geprüften *Publikumszeitschriften* ergibt sich für 1998 folgende Verkaufsstruktur:

- 47 Prozent der Stücke werden im Einzelverkauf vertrieben,
- 43 Prozent der Stücke werden im Abonnement vertrieben und
- 10 Prozent der Stücke werden dem „sonstigen Verkauf“ (Messen, Hotels, Fluggesellschaften, ...) zugerechnet (vdz.de).

Auch hier, bei den gängigen Titeln, überwiegt mithin die Vertriebsform des Einzelverkaufs.

Der Vertriebsweg ist für den *Marktzutritt von Zeitschriften* von entscheidender Bedeutung. Daher werden für die bedeutenden Vertriebswege Abonnement, Einzelverkauf und Freistückvertrieb die Besonderheiten sowie die Vor- und Nachteile dargestellt .

Das *Abonnement* ist der bevorzugte Vertriebsweg bei Fachzeitschriften und konfessionellen Zeitschriften. Die Vorteile des Abonnements liegen klar auf der Hand:

- Die Verkaufsauflage ist perfekt kalkulierbar, Remissionen sind nicht möglich.
- Die Finanzierung erfolgt für einen relativ langen Zeitraum, meist ein Jahr im voraus.
- Eine Erlösbeteiligung des Handels in Form der Handelsspanne von 40 bis 50 Prozent der Nettovertriebserlöse für den Groß- und den Einzelhandel entfällt.
- Die bislang noch subventionierte Zustellung per Post ist relativ kostengünstig.

Die Nachteile des Abonnements (mit Zustellung per Post) sind einmal Probleme bei der Zulassung zum Postvertrieb – dies setzt voraus, dass der Anzeigenteil etwa 30 Prozent nicht übersteigt – und Kosten der Verwaltung des Postvertriebs: Erstellen von Einlieferungslisten und Sortierung der Sendung nach Postleitzahlen. Vor allem aber sind die Nachteile des Abonnements die sehr hohen Marktzutrittsschranken in Form hoher Werbeinvestitionen und hoher Investitionen in Marktforschung und Produktqualität, die diese Vertriebsform für Zeitschriften ohne eine enge Zielgruppenbindung ungeeignet macht. Dies erklärt den relativ geringen Abonnementanteil bei Publikumszeitschriften. Abonnementverträge können hingegen mit geringerem Marketingaufwand in den Fällen eines aktiven und gezielten Informationsinteresse abgeschlossen werden, also bei sehr speziellen Freizeitinteressen (Drachenflieger,...) bzw. Berufsinteressen (Bienenzüchter, Steuerberater, ...). Oft ist das Abonnement in solch speziellen Fällen zudem an eine entsprechende Vereins- oder Verbandsmitgliedschaft gekoppelt.

Der *Vertriebsweg des Einzelverkaufs* bietet auf Grund der Neutralität des Presse-Grossos, das alle Titel in sein Vertriebsprogramm aufnehmen muss, die größeren Chancen für einen Marktzutritt mit hoher Auflage. Allerdings nimmt der Großhandel erheblichen Einfluss auf die Verbreitung, weil er seine Belieferung an den Einzelhandel von den Verkäufen etablierter Konkurrenztitel abhängig macht (vgl. Kapitel 7). Und auch der Einzelhandel beeinflusst den Verkauf sehr stark durch seine Präsentation der Titel. „Ein ökonomisch denkender Kioskbesitzer wird einen selten verkauften oder unbekannten Titel gar nicht auspacken, sondern ihn erst bei direkter Nachfrage verkaufen, um sich die Arbeit bei der Remission des Titels zu ersparen" (Reimer/Weigt 1991, S. 87).

Der zentrale Nachteil des Einzelverkaufs ist die hohe Kostenbelastung:

- Auf Grund der Unsicherheit der Nachfrage ist mit hohen Remissionsquoten zu kalkulieren, die in Einzelfällen bis zu 90 Prozent betragen.
- Die Erlösbeteiligung des Handels in Form von Handelsspannen von 40 bis 50 Prozent der Nettovertriebserlöse ist recht hoch.
- Auf Grund der im Handel üblichen Zahlungssitten muss die Produktion im Umfang von zwei Ausgaben vorfinanziert werden.

Letztlich eignet sich der Einzelverkauf nur für Titel mit einer relativ hohen Verkaufsauflage, die eine Belieferung der durchschnittlichen Verkaufsstelle wirtschaftlich trägt. Schließlich beträgt das durchschnittliche Präsenzsortiment des Pressegroßhandels nur rund 1650 Titel (vgl. Kapitel 7) und das durchschnittliche Präsenzsortiment des Einzelhandels beträgt 220 Titel (Presse-Grosso-Geschäftsbericht 1998/99, S. 84). Diese Sortimente können kaum vergrößert werden und daher sind die Marktzutrittschancen im Vertriebsweg Einzelverkauf nicht groß.

Ein großer Teil der Zeitschriften wird unentgeltlich als *Freistücke* abgegeben. Die bewusste Wahl dieses Vertriebsweges setzt voraus, dass eine klar definierte Zielgruppe durch eine gezielte Verteilung ohne große Streuverluste erreicht werden kann. Die Möglichkeiten sind vielfältig: Auslage in entsprechenden Geschäften, Verteilung in entsprechenden Gebieten, z. B. Universitätsgelände, Betriebsgelände, Altersheim, Stadtteile sowie Postversand nach gut sortierten Adressenlisten sind häufig genutzte Formen.

Die Nachteile des Vertriebs von Freistücken sind klar zu erkennen: Erlöse aus dem Rezipientenmarkt entfallen, die Akzeptanz auf dem Anzeigenmarkt ist geringer und Medienunternehmer müssen mit dem „Makel eines Anzeigenblattes" leben. Die Vorteile des Vertriebs von Freistücken sind ein leichterer Marktzutritt und ein kostengünstiger Vertrieb, der eben ohne Remissionen und ohne Handelsspannen auskommt.

8. Zeitschriftenmarketing

Für das Zeitschriftenmarketing gelten im Wesentlichen die gleichen Grundüberlegungen wie für Zeitungen und die gleichen strategischen Grundkonzeptionen. Sie sollen daher hier nicht wiederholt werden (vgl. Kapitel 8, Abschnitt 8). Der einzig größere Unterschied ist der, dass für Zeitschriften der Marketinggedanke schon immer sehr vertraut gewesen ist. Zeitschriften waren - von wenigen politischen und religiösen Titeln abgesehen - schon immer stark kundenorientiert, und der Wettbewerb hat schon immer eine effiziente Produktionsweise erzwungen. Im Bewusstsein der Produzenten von Zeitschriften war auch in viel geringerem Maße als bei Produzenten von Zeitungen die Vorstellung verhaftet, Träger einer öffentlichen Aufgabe zu sein. Insofern geht es beim Zeitschriftenmarketing nicht um das ‚Ob', sondern nur um das ‚Wie'.

Die Strategie der *Marktdurchdringung* mit Kosten- und Preisführerschaft hat das Ziel, mit großen Marktanteilen, hohem Marktvolumen und effizienter Produktionsweise Kostendegressionseffekte zu realisieren, um kostengünstigster Anbieter der Branche zu werden. Eine solche Strategie eignet sich für Zeitschriftenmärkte dann, wenn relativ homogene hochauflagige Massentitel produziert werden, deren Kunden zudem noch relativ preisbewusst sind. Daher ist zu vermuten, dass sich diese Strategie vor allem für Programmzeitschriften sowie für Frauen- und Kinderzeitschriften eignet. Ein Indiz dafür ist, dass gerade Zeitschriften dieses Typs in ihrer Absatzwerbung überdurchschnittlich häufig den Preis als Kaufargument herausstellen.

Wenngleich Zuordnungen immer ein wenig problematisch sind, kann sicher der Heinrich Bauer Verlag als gutes Beispiel einer Unternehmung dienen, die die Strategie der Marktdurchdringung mit Kosten- und Preisführerschaft mit gutem Erfolg anwendet (vgl. Sjurts 1997). Der Heinrich Bauer Verlag ist Marktführer im Segment der preiswerten Frauenzeitschriften (*Das Neue Blatt*, *Neue Post*, ...), der Programmzeitschriften (*TV Hören und Sehen*, *TV Movie*, ...) und der billigen Sexpresse (*Praline*, ...), und kann insgesamt als „Primus der Branche" (Röper 1998, S. 341) gelten.

Die Strategie der Marktdurchdringung mit Kostenführerschaft errichtet erhebliche Marktzutrittsschranken in Form der absoluten Kostenvorteile der Produktion. Sie kann damit als eine Marketingstrategie bezeichnet werden, die vom Unternehmen mit einiger Sicherheit kalkuliert werden kann. Allerdings ist es auch eine Strategie, die einen großen finanziellen Aufwand erfordert.

Die Strategie der *Marktdifferenzierung* setzt auf eine optimale Anpassung des Angebots der Unternehmung an segmentierte Gruppen von Nachfragern. Hier werden Produkte entwickelt, die möglichst genau auf spezielle Nachfrageinteressen eingehen, und gleichzeitig werden die Kunden mit ausgeprägten Marketingmaßnahmen zu halten versucht. Kosten- und Preisführerschaft werden nicht notwendigerweise angestrebt, wichtiger ist die Bindung an die Marke, die dann auch höhere Preise ermöglicht. Diese Strategie eignet sich für den Zeitschriftenmarkt besonders gut, weil hier Nachfragesegmente in fast unübersehbarer Vielfalt quasi von Natur aus gegeben sind.

Differenzierungen können sich auf eine Fülle von Merkmalen beziehen, genannt seien einige Beispiele:

- Hochklassige Drucktechnik (*Elle* bei Burda oder *Geo* bei Gruner + Jahr);
- journalistische investigative Kompetenz (*Spiegel*);
- journalistische gebrauchswertorientierte Kompetenz (*Focus*, *Euro am Sonntag*, *Der Aktionär*, usw);
- Kompetenz und Service für Anzeigenkunden (Gruner + Jahr, vgl. Sjurts 1996, S. 105) oder
- Gespür für Trendmärkte (*Fit for Fun*, *Max*, *Net Business* der Verlagsgruppe Milchstraße/Dirk Manthey).

Die Strategie der Marktdifferenzierung ist von größerer Kalkulationsunsicherheit als die Strategie der Marktdurchdringung, weil sich das Nachfrageverhalten, bislang jedenfalls, nicht vorhersagen lässt. Entsprechend zahlreich sind die „Flops" – die nicht erfolgreichen Marktzutrittsversuche auch großer Medienkonzerne.

Die Strategie der *Konzentration* auf einen Teilmarkt schafft in der Regel sowohl Kosten- als auch Leistungsvorteile, weil eine eng definierte Aufgabe effizienter zu lösen ist als eine vage formulierte generelle Aufgabe. Sie ist die Strategie, die für kleine und mittlere Unternehmen zur Verfügung steht, weil der erforderliche Kapitalaufwand eng begrenzbar ist. Der Nachteil ist der generelle Nachteil kleinerer Verlagsunternehmen, die die Verbundvorteile der Produktion und die Machtvorteile der Größe nicht realisieren können. Dies muss in der Regel durch besonders sparsame Produktionsweise (z. B. Lohnverzicht des Verlegers) und/oder besonders große Kreativität ausgeglichen werden. Ein illustratives Beispiel beschreiben Reimer/Weigt 1991mit dem *Syburger*, einer regionalen Motorradzeitschrift; im Übrigen sind Beispiele in Fülle zu finden.

Die *strategische Grundorientierung* von Zeitschriften muss die gleichen Prinzipien beachten wie die Zeitung:

– optimale Nutzung der vorhandenen Stärken,
– weit verstandene Kundennähe und
– marktorientierte Innovationspolitik.

Dabei ist für Zeitschriften die marktorientierte Innovationspolitik von zentraler Bedeutung, weil im Zuge der Entwicklung und der Ausdifferenzierung der Gesellschaft offenbar stets neue Nachfragesegmente zu entdecken sind. Dies kann durch die Konzeption neuer Zeitschriftentitel oder durch die Neupositionierung etablierter Zeitschriftentitel umgesetzt werden. Letzteres nennt man auch Relaunching. Unter *Relaunching* versteht man eine Strategie der Verlängerung des Lebenszyklus' eines Produktes, das sich in der Degenerationsphase befindet, also eine Strategie der Revitalisierung. Beispiele sind immer wieder etablierte traditionsreiche Titel, wie z. B. der *Stern*, der *Spiegel* oder die *Revue*, die durch ein Relaunching eine Anpassung an veränderte Marktbedingungen anstreben, allerdings sollte das Relaunching bei Zeitschriften ein permanenter Prozess sein.

Förderlich im Prozess der Anpassung der Zeitschrift an Kundenwünsche ist die außerordentlich große Angebotsflexibilität von Zeitschriften. Mit den Parametern Inhalt, Umfang, Gestaltung und Erscheinungsintervall kann eine recht feine Abstimmung auf unterschiedliche Nachfragesegmente vorgenommen werden, die in dieser Form und Vielfalt in der Wirtschaft selten ist.

9. Die Zeitschrift der Zukunft

Auch die Zeitschriftenproduktion wird durch den technischen Fortschritt und die zunehmende Kommerzialisierung verändert werden. Die anstehende Möglichkeit durchgehender Digitalisierung von Information wird ihre medialen Erscheinungsformen mischen und die Distanzüberwindungskosten weiter reduzieren (vgl. Kapitel 6). Als Folge wird sich die Kosten-Nutzen-Relation zwischen der elektronischen Zeitschrift und der klassischen Zeitschrift deutlich zugunsten der elektronischen Zeitschrift verschieben. Ob dies ausreichen wird, die klassische Zeitschrift zu verdrängen, kann naturgemäß nicht vorhergesehen werden.

Einerseits wird der relativ starke Wettbewerb im Zeitschriftensektor rasche Umstellungen erzwingen, andererseits wird die Finanzknappheit der vielen kleinen Zeitschriftenunternehmen rasche Umstellungen verhindern. Allerdings ist abzusehen, dass die aktive und selektive Nutzung der speziellen Informationen, die die Zeitschrift bieten kann, jedenfalls dann stark zunehmen wird, wenn es Informationen sind, die einen speziellen Gebrauchswert für Beruf und/oder Freizeit haben. Die Zeitschrift wird *elektronisches Informationszentrum* für spezielle Sachgebiete. Dabei wird die schnellere Datenübermittlung, also die größere Aktualität, nicht so sehr ins Gewicht fallen wie die zeitlich beliebige Nutzung und die Kostenersparnis für das eigene Archivieren von Informationen. Der Surfer muss z. B. Testberichte über Surfboards, Segel oder Surf-Reiseziele nicht mehr selber sammeln, sondern kann sie gezielt bei Bedarf abrufen. Entsprechend zahlreich sind die Online-Nutzungsangebote und die Online-Nutzungen von Zeitschriften. Im März 2000 sind 215 Online Angebote der IVW-Auflagenkontrolle angeschlossen; eine relativ hohe Nutzerfrequenz weisen *Focus Online*, *praline interactiv* und *Spiegel online* auf. Bislang gestaltet sich die Vermarktung dieser Angebote indes als schwierig, Einnahmen sind kaum zu erzielen.

Die Konkurrenz zum Fernseh-Kiosk, zum audio-visuellen Spartenprogramm auf ‚1 000' Kanälen wird zunehmen. Genauer besehen wird es keine Konkurrenz sein, sondern eine beiderseitige Annäherung der Nutzungsprofile: Zeitschriften werden elektronischer und sie werden ihr Informationsangebot zunehmend mit stehenden und bewegten Bildern anreichern, und Fernsehprogramme werden sich mit steigender Anzahl speziellen Informationsangeboten mit unbewegten Bildern annähern, weil sie anders nicht zu finanzieren sein werden. Die Grenzen zwischen Zeitschrift und Fernsehprogramm werden aufgehoben. So mag es Reise-Spezialprogramme geben, die mit Bildern und Filmen eher dem gewohnten Fernsehprogramm gleichen, aber es wird auch Spezialprogramme für Bienenzüchter geben, die eher dem bekannten Btx-Bild gleichen. Die Grenzen werden fließend und von Bedeutung wird sein, dass die Übertragung von stark bewegten Bildern teurer ist als die Übertragung von unbewegten Bildern. Zudem erscheint es lohnend, erfolgreiche Zeitschriftenartikel in das Fernsehen zu übertragen und dort zu modifizieren. Zeitschriftenverlage können den Bekanntheitsgrad ihres Markennamens erhöhen und zugleich mit dem Modernitätsimage des Fernsehens ihren Markennamen modernisieren. Umgekehrt erhalten Fernsehveranstalter kostengünstig Programmangebote von hoher Reputation. Nicht immer sind solche Übertragungen erfolgreich: Brigitte TV auf ARD oder Zeit TV auf Vox wurden nach kurzer Zeit wieder eingestellt. Aber zahlreiche Printtitel sind auch im Fernsehen erfolgreich wie Übersicht 2 zeigt. Im Ergebnis wird ei-

Übersicht 2: Printtitel im Fernsehen (Stand April 1999)

Printtitel	Sender	Sendeplatz
Amica TV	VIVA	do., 20.00 Uhr
autor motor und sport tv	VOX	so., 17.00 Uhr
Bravo TV	RTL II	so., 15.40 Uhr
Cinema TV	Pro7	mo., 0.15 Uhr
fit for FUN TV	VOX	so., 19.15 Uhr
Focus-TV	Pro7	so., 22.15 Uhr
Format NZZ	VOX	mo.,23.10 Uhr
Geo-Dokumentationen	VOX arte	mo., 22.05 Uhr 19.00 Uhr, unregelm.
MAD TV	RTL	sa., 0.00 Uhr
Max	Pro7	sa., 19.45 Uhr
Spiegel TV Magazin	RTL	so., 22.00 Uhr
Spiegel TV Reportage	SAT.1	mo., 23.00Uhr
Spiegel TV Special	VOX	sa., 22.10 Uhr
Spiegel TV Extra	VOX	do., 22.10 Uhr
Spiegel TV Themenabend	VOX	fr., 22.00 Uhr, monatl.
stern TV	RTL	mi., 22.10 Uhr
Süddeutsche TV	VOX n-tv	mo., 23.10 Uhr so., 11.15 Uhr
Super Illu TV	MDR	mi., 21.15, 14tägl.
Tomorrow	n-tv	sa., 11.15 Uhr

Quelle: Medienspiegel 18/1999, S.4

ne ähnliche Entwicklung wie bei Zeitungen zu erwarten sein. Die klassische Zeitschrift bleibt Basismedium und wird ergänzt werden durch vielfältige elektronische Zusatzangebote.

Zusammenfassung

Zeitschriften sind durch eine überaus große Heterogenität ihres Erscheinungsbildes und ihrer Produktionsbedingungen gekennzeichnet. Daher sind allgemeine Zuschreibungen kaum möglich und Zusammenfassungen nur beschränkt sinnvoll. Zeitschriften sind wichtige Informationsträger und überwiegend auch wichtige Werbeträger, die häufig einen guten, sachlich definierten Zielgruppenbezug erlauben. Zeitschriftenverlage sind in der Regel sehr kleine Betriebe mit beschränkter Fertigungstiefe. Eine stärkere Online-Nutzung von Zeitschriften zeigt die mögliche partielle Substitution der Zeitschrift durch entsprechende Internet-Angebote.

Literaturhinweise

Die Literatur zu Zeitschriften ist spärlich. Immer noch sehr lesenswert ist

Hagemann, Walter (Hrsg.) (1957), Die Deutsche Zeitschrift der Gegenwart, Münster (Fahle) 1957.

Eine gründliche Klassifikation von Zeitschriften, eine Strukturierung und Beschreibung der Publikumszeitschriften und eine Darstellung von Verlagsstrategien bietet

Vogel, Andreas, Die populäre Presse in Deutschland. Ihre Grundlagen, Strukturen und Strategien, München (Reinhart Fischer) 1998.

Zahlreiche Aspekte der Zeitschriftenproduktion beschreiben

Daly, Charles P.; Patrick Henry; Ellen Ryder (1997), The Magazine Publishing Industry, Boston u.a. (Allyn and Bacon) 1997.

11. Kapitel

Makroökonomik der Zeitschrift – Zeitschriftenmärkte

In diesem Kapitel werden die makroökonomischen, also die gesamtwirtschaftlichen, marktbezogenen Aspekte der Zeitschriftenwirtschaft beschrieben. Dies umfasst eine Darstellung von Marktvolumen und Marktentwicklung, eine Beschreibung der Strukturentwicklung der Zeitschriftenproduktion, eine Analyse der Konzentration und eine Darstellung des Wettbewerbs und der Wettbewerbspolitik auf Zeitschriftenmärkten. Eine gesonderte Darstellung der Entwicklung der Zeitschriftenlandschaft in Ostdeutschland kann sich nur auf einige Teilaspekte beziehen, weil Erhebungen kaum vorliegen. Den Abschluss bildet ein kurzer Ausblick auf die Entwicklung der Zeitschriftenmärkte in Europa.

1. Marktvolumen und Marktentwicklung nach der Pressestatistik

Das Marktvolumen des Zeitschriftensektors kann an Hand des Umsatzes und der Beschäftigung ausgewiesen werden. Hierzu wird zunächst auf die Pressestatistik und anschließend auf die Angaben des VDZ zurückgegriffen. Leider sind dic Daten nicht kompatibel.

Der *Umsatz* des Zeitschriftensektors beträgt 1994 rund 16,5 Milliarden DM, die Zahl der *Vollzeit-Beschäftigten* rund 39 000 und die Zahl der Beschäftigten insgesamt 110 712 (vgl. Tabelle 1). Bei den Teilzeit-Beschäftigten handelt es sich überwiegend um Zusteller. Damit ist der Zeitschriftensektor eine recht kleine Branche der Wirtschaft und sie bietet relativ wenige Arbeitsplätze. Die Entwicklung im Zeitverlauf wird durch die Umstellung der Statistik von Westdeutschland auf Gesamtdeutschland beeinflusst, daher wären Wachstumsraten nicht aussagekräftig. In vorsichtiger Interpretation der Entwicklung von 1992 bis 1994 kann indes gesagt werden, dass die Zeitschriftenbranche keine ausgeprägte Wachstumsbranche ist (vgl. auch Abschnitt 2).

Beschäftigungsstruktur: Tabelle 2 gibt einen Überblick über Struktur und Entwicklung der Beschäftigung in Zeitschriftenverlagen, also in Verlagen, die mit Schwerpunkt Zeitschriften verkaufen. Reine Zeitschriftenverlage, die darin enthalten sind, machen nach dem Merkmal Beschäftigung 59 Prozent aller Zeitschriftenverlage aus. Mithin können die Angaben auch für das Objekt Zeitschrift als repräsentativ gelten. In den 1951 Zeitschriftenverlagen sind 741 Inhaber tätig, was der dominierenden kleinbetrieblichen Produktion von Zeitschriften entspricht (vgl.

Kapitel 10, Tabelle 12). Die Zahl der Redakteure und Volontäre ist mit rund 8 000 erstaunlich gering: Pro Verlag entfallen mithin einschließlich der tätigen Inhaber nur gut vier Beschäftigte, die geistigen Inhalte produzieren und pro Titel durchschnittlich weniger als ein Beschäftigter. Auch dies zeigt die durchschnittlich sehr kleinbetriebliche Produktion von Zeitschriften. Die hohe Zahl der Zusteller ist vor allem darauf zurückzuführen, dass in den Angaben auch Anzeigenblätter enthalten sind; üblicherweise werden Zeitschriften sonst nicht durch Zusteller vertrieben.

Tab. 1: Auflage und Umsatz von Zeitschriften[1] und Beschäftigte in Zeitschriftenverlagen von 1980 bis 1994

	1980	1984	1988	1990	1992	1994
Auflage[2]	246	261	300	328	395	387
Umsatz[3]	8 115	10 027	12 495	13 478	15 854	16 557
- aus Vertrieb	3 890	4 679	5 832	6 157	7 031	7 044
- aus Anzeigen	4 225	5 348	6 662	7 320	8 822	7 718
Beschäftigte	47 002	58 101	81 511	87 739	94 697	110 712
- Vollzeit	32 768	33 856	37 085	37 262	38 240	39 005

1) Zeitschriften insgesamt, einschl. Anzeigenblätter 2) durchschnittlich verkaufte und/oder unentgeltlich abgegebene Auflage je Erscheinungstag ; in Mill. Stück 3) in Mill. DM

Quelle: Pressestatistik, Statistisches Bundesamt

Tab. 2: Beschäftigte in Zeitschriftenverlagen von 1980 bis 1994

	1980	1984	1988	1990	1992	1994
Tätige Inhaber	836	808	993	993	868	741
Redakteure	4 097	4 768	5 640	6 148	7 010	7 234
Volontäre	219	309	507	601	659	672
Sonstige Red.angehör.	3 800	3 960	4 845	5 059	5 024	5 214
Technisches Personal	8 620	8 161	8 683	8 189	5 554	5 791
Zusteller	8 668	17742	36022	40562	46 013	61 274
Sonstige Beschäftigte	20762	22353	24821	26187	29 569	29 768
Beschäftigte gesamt	47002	58101	81511	87739	94 697	110 712
Freie Mitarbeiter	7 164	8 835	11215	10051	10 813	10 054
Beschäftigte[1] pro Vlg.	29	28	26	26	25	25,3
Zahl Zeitschriftenverl.	1 312	1 445	1 770	1 850	1 972	1 951

1) ohne Zusteller und ohne freie Mitarbeiter

Quelle: Pressestatistik

Produktion und Produktivität: Tabelle 3 gibt einen Überblick über die Entwicklung der produzierten Menge an Lesestoff. Die Zahl der Zeitschriftentitel hat um 45,7 Prozent auf 9 093 zugenommen. Multipliziert man die Zahl der Titel mit der durchschnittlichen Auflage und der Anzahl der Erscheinungstage, so erhält man die Zahl der Exemplare, die im Laufe eines Jahres ausgeliefert werden. Ihre Zahl ist von rund 6,5 Mrd. Exemplaren um 61 Prozent auf rund 10,5 Mrd. Exemplare gestiegen. Der Umfang des Jahrgangsstücks – die Sammlung jeweils eines Exemplares aller Titel für jeden Erscheinungstag, das ist die Seitenmenge, die eine Person pro Jahr lesen müsste, die jeweils alles liest – ist um rund 63 Prozent auf rund 7,8 Millionen Seiten gestiegen. Das heißt, der Mensch, der alles lesen wollte, was an Zeitschriften produziert wird, müsste täglich rund 21 000 Seiten lesen. Multipliziert man den Umfang des Jahrgangsstücks mit der Auflage und den Erscheinungstagen, so erhält

Tab. 3: Entwicklung der Produktionsmenge von Zeitschriften insgesamt von 1980 bis 1994

	1980	**1984**	**1988**	**1990**	**1992**	**1994**	+ %
Zahl der Titel	6 243	6 817	7 711	8 106	9 010	9 093	45,7
Exemplare pro Jahr[1]	6 548	7 092	8 225	8 746	9 528	10538	60,9
Auflage[2]	244	259	300	328	395	388	59,0
Seiten des Jahrgangsstücks in 1.000	4 776	5 162	5 740	6 099	7 076	7 783	63,0
- davon Text	3 525	3 805	4 012	4 264	4 947	5 558	57,7
- davon Anzeigen	1 251	1 357	1 728	1 835	2 129	2 225	77,9
Seitenzahl pro Jahr[3]	422	411	453	474	589	561	32,9

1) durchschnittliche Auflage x Anzahl der Erscheinungstage ; in Mill. 2) pro Erscheinungstag; in Mill. 3) der Jahresauflage; in Mrd.

Quelle: Pressestatistik

man die pro Jahr insgesamt produzierte Seitenzahl. Diese ist nur mäßig um 33 Prozent von 422 Mrd. Seiten auf 561 Mrd. Seiten gestiegen, insgesamt stellt dies aber eine ziemlich unvorstellbare Menge an bedrucktem Papier dar.

Die *Produktivität* einer Branche wird üblicherweise als Produktionsmenge pro Erwerbstätigem bzw. pro Arbeitsstunde, d.h. als so genannte Arbeitsproduktivität ermittelt. Sie ist Indikator für den technischen Fortschritt in einer Branche (oder in einem Land oder in einem Betrieb). Tabelle 4 zeigt die Entwicklung der Produktivität der Zeitschriftenbranche. Dabei wird die Produktionsmenge einmal als Seitenzahl des Jahrgangsstücks erfasst, quasi als Indikator für die Menge an „geistiger" Produktion und einmal als Seitenzahl der Jahresauflage insgesamt, als Indikator für den produzierten Papierberg. Daneben wird ergänzend der Umsatz pro Beschäftigtem als Wertproduktivität ausgewiesen. Bezugsbasis ist jeweils die Zahl der Beschäftigten ohne Teilzeitbeschäftigte - also vor allem ohne Zusteller - und ohne freie Mitarbeiter. Eine gewisse Verzerrung ergibt sich dadurch, dass die Produktionsmenge pro Zeitschrift und die Beschäftigung pro Verlag ausgewiesen sind, aber die Verzerrung ist gering und hat jedenfalls keinen Einfluss auf die Entwicklung im Zeitablauf. Die Produktivität in der Zeitschriftenbranche hat in allen Varianten

Tab. 4: Entwicklung der Produktivität im Zeitschriftensektor von 1980 bis 1994

	1980	1984	1988	1990	1992	1994
Produktivität A[1]	125	128	126	129	185	200
Index	100	102,4	100,8	103,2	148	159,6
Produktivität B[2]	11002	10179	9948	10048	15 403	14 385
Index	100	92,5	90,4	91,3	140	130,7
Wertproduktivität[3]	212	248	275	286	415	424
Index	100	117,4	129,8	135	196	200
Produktivität[4]	100	106,2	112,1	116,5	120,4	123,7

1) Seitenzahl des Jahrgangsstücks pro Beschäftigtem 2) Seitenzahl der Jahresauflage pro Beschäftigtem in 1.000 3) Umsatz pro Beschäftigtem in 1.000 DM 4) BSP pro Erwerbstätigem/Index

Quelle: Pressestatistik, Statistisches Bundesamt

zunächst, bis zum Jahr 1990, nur relativ langsam zugenommen, zum Teil sogar abgenommen. Zwischen 1990 und 1992 hat sich indes ein Produktivitätssprung für alle Varianten der Produktivität ergeben, der sicher vor allem auf die zusätzlichen Verkäufe der gleichen Titel in Ostdeutschland zurückgeführt werden kann. Nachfolgend zeichnet sich wiederum der sehr moderate Produktivitätszuwachs ab.

Insgesamt ist der hohe Stand der Produktivität erstaunlich: Pro Vollzeitbeschäftigtem werden 1994 200 Seiten (des Jahrgangsstücks) erstellt und ein Papierberg von gut 14 Millionen Seiten produziert; zugleich wird ein Umsatz von 424 000 DM pro Vollzeitbeschäftigem erzielt.

2. Marktvolumen und Marktentwicklung nach der Verbandsstatistik

Der VDZ erhebt und sammelt Daten zu folgenden Gruppen von Zeitschriften:

- Publikumszeitschriften,
- Fachzeitschriften,
- konfessionelle Zeitschriften und
- Kundenzeitschriften.

Diese Erhebungen beziehen sich in der Regel auf die IVW-gemeldete Auflage, auf die IVW-gemeldeten Titel und zum Teil auf die Nettowerbeumsätze. Sie geben mithin keinen Überblick über den Zeitschriftensektor insgesamt. Vergleicht man die Angaben mit der amtlichen Pressestatistik, so kann man folgende Schätzungen anstellen:

- Die VDZ-Statistik erfasst 1994 1776 von 9093 Titeln der Pressestatistik (knapp 20 Prozent),
- die VDZ-Statistik erfasst 1994 eine Auflage von 163 Millionen gegenüber 388 Millionen der Pressestatistik (rund 42 Prozent),
- die erfassten Nettowerbeumsätze von Publikums- und Fachzeitschriften im Jahre 1994 von 5 358 Millionen DM entsprechen einem Umsatzanteil von 32,4 Prozent des in der Pressestatistik ausgewiesenen Umsatzes von 16 557 Millionen DM. Ganz grob geschätzt umfasst die VDZ-Statistik also ein Drittel des gesamten Zeitschriftensektors.

Tabelle 5 stellt die vorhandenen Daten der VDZ-Statistik von 1990 bis 1999 zusammen. Die Auflage ist im betrachteten Neun-Jahres-Zeitraum um 28 Prozent ge-

Tabelle 5: Marktvolumen des Zeitschriftensektors nach VDZ-Angaben

	1990	**1992**	**1994**	**1996**	**1998**	**1999**	**+/- %**
	Auflage[1]						
Publikumszeitschriften	109,7	121,0	123,2	127,6	126,5	124,3	+ 13,3
Kundenzeitschriften	20,5	21,3	20,1	20,4	43,4	45,7	+ 12,3
Fachzeitschriften	16,0	16,7	17,3	16,7	17,1	17,2	+ 7,5
Konfess. Zeitschriften[2]	1,9	2,2	2,0	2,6	2,4	2,4	+ 26,3
Insgesamt	148,1	161,2	162,6	167,3	189,3	189,6	+ 28,0
	Titel[3]						
Publikumszeitschriften	565	691	703	758	809	839	+ 48,5
Kundenzeitschriften	45	43	45	60	72	88	+ 95,6
Fachzeitschriften	901	951	963	983	1080	1089	+ 20,9
zusammen	1572	1676	1776	1860	2019	2077	+ 32,1
	Netto-Werbeumsatz						
Publikumszeitschriften	3061	3378	3307	3417	3655	3924	+ 28,2
Fachzeitschriften	1925	2328	2051	2110	2272	2327	+ 20,9
Konfess. Zeitschriften	61	63	65	59	58	61	+ 0,0
zusammen	4986	5706	5358	5527	5927	6251	+ 25,4

1) ivw-geprüfte, verkaufte Auflage, jeweils im 4. Quartal; 2) mit nationaler Verbreitung; 3) ivw-gemeldet

Quelle: VDZ, ZAW, IVW

stiegen, vor allem wegen der zusätzlich gemeldeten Titel (plus 32,1 Prozent). Dies ist ein Anstieg, der etwa dem Anstieg des Nettowerbeumsatzes entspricht. Mit einem durchschnittlichen jährlichen Wachstum von knapp 2,6 Prozent fällt der Anstieg der Werbeeinnahmen insgesamt recht moderat aus. Als Wachstumsbranche kann der von der VDZ-Statistik erfasste Zeitschriftensektor nicht gelten. Der Gesamtumsatz des Zeitschriftensektors kann für 1999 in Einklang mit obigen Schätzungen und in Einklang mit den Angaben der Umsatzsteuerstatistik auf rund 20 Mrd. DM veranschlagt werden.

Hinter solchen Globalzahlen stehen bekannte und unbekannte Titel. Für die einzelnen Titel werden in der Regel Auflagen, Anzeigenseiten und Bruttowerbeumsätze ausgewiesen. Für die 20 führenden Publikumszeitschriften werden diese Bruttowerbeumsätze in Tabelle 6 aufgeführt. Absolut dominierende Werbeträger sind *Der Spiegel*, *Focus* und *Stern*.

Tabelle 6: Bruttowerbeumsatz der 20 führenden Publikumszeitschriften 1999

1. Der Spiegel	239,88 Mill.
2. Focus	227,31 Mill.
3. Stern	226,10 Mill.
4. BamS	123,54 Mill.
5. TV Spielfilm	119,54 Mill.
6. BRIGITTE	104,66 Mill.
7. TV Movie	80,85 Mill.
8. Wirtschaftswoche	80,35 Mill.
9. Freundin	73,41 Mill.
10. Auto, Motor u. Sport	69,06 Mill.
11. Bild der Frau	62,03 Mill.
12. ADAC Motorwelt	61,86 Mill.
13. HÖRZU	58,70 Mill.
14. Autobild	54,43 Mill.
15. Für Sie	50,22 Mill.
16. Computer Bild	46,34 Mill.
17. Capital	40,20 Mill.
18. C`T Mag. F. Comp.	39,22 Mill.
19. Tina	36,59 Mill.
20. Bunte	34,35 Mill.

Quelle: Nielsen

3. Strukturen des Zeitschriftensektors

Die bisher unterschiedenen Haupttypen von Zeitschriften sind naturgemäß nicht gleichmäßig gewachsen. Ihre strukturelle Entwicklung soll im Folgenden anhand ökonomischer und publizistischer Indikatoren nachgezeichnet werden. Dabei gilt als Indikator für die ökonomische Bedeutung der Umsatz aus Vertrieb und Anzeigen. Als Indikator für die publizistische Bedeutung gilt einmal die Seitenzahl des Jahrgangsstücks, also der Gesamtumfang der Zeitschrift als Prototyp. Dies erfasst die Menge an geistiger Produktion als publizistisches Angebot. Zum anderen wird als Indikator für die publizistische Bedeutung die Seitenzahl der Jahresauflage (der Papierberg) verwendet, um auch die Nachfrage der Rezipienten zu berücksichtigen, also die publizistische Nachfrage. Ergänzend wird die Zahl der Titel als Indikator für publizistische Vielfalt herangezogen.

Tab. 7: Umsatz der Zeitschriftentypen[1] von 1980 bis 1994

Typ	1980	1984	1988	1990	1992	1994	+/- %
	absolut in Mill. DM						
Politische Zeitschriften	336	377	424	516	589	557	+ 65,8
Konfess. Zeitschriften	187	214	239	249	275	270	+ 44,4
Publikumszeitschriften	4 670	5 648	6 777	6 957	7 978	8 021	+ 71,8
Wiss. Fachzeitschriften	635	777	940	1 015	1 539	1 455	+129,3
Andere Fachzeitschriften	1 094	1 518	2 000	2 337	2 465	2508	+129,3
Zeitschriften insgesamt[2]	7 528	9 002	10933	11703	13 400	13 601	+ 80,7
	Umsatzanteil in %[3]						
Politische Zeitschriften	4,5	4,2	3,9	4,4	4,4	4,1	- 8,9
Konfess. Zeitschriften	2,5	2,4	2,2	2,1	2,1	2,0	- 20,0
Publikumszeitschriften	62,0	62,7	62,0	59,4	59,5	59,0	- 4,8
Wiss. Fachzeitschriften	8,4	8,6	8,6	8,7	11,5	10,7	+27,4
Andere Fachzeitschriften	14,5	16,9	18,3	20,0	18,4	18,4	+26,9

1) Bei den Zeitschriften hat sich zwischen 1985 und 1986 ein Strukturbruch ergeben, der auf eine genauere Zuordnung der erhobenen Objekte zurückzuführen ist: Eine größere Anzahl von Romanserien werden seit dem Berichtsjahr 1986 in der amtlichen Pressestatistik nicht mehr bei den Zeitschriften ausgewiesen. Nach einer Auswertung der vorliegenden Jahresdaten zeigte sich, dass sich der Effekt dieser Veränderung stark bei der Objektanzahl der wöchentlich erscheinenden Publikumszeitschriften, nicht so stark dagegen bei der verbreiteten bzw. verkauften Auflage auswirkt. Bei der Gesamtheit der Zeitschriften wird die Reduzierung der ausgewiesenen Romanserien von anderen Entwicklungen des übrigen Zeitschriftenbereichs überlagert und schlägt sich nicht in einem derart sichtbaren Bruch nieder (Monopolkommission 1992, TZ 650).
2) alle von der Pressestatistik erfassten Zeitschriften, ohne Anzeigenblätter
3) Anteil an Zeitschriften insgesamt (ohne Anzeigenblätter)

Quelle: Pressestatistik

3.1. Ökonomische Strukturentwicklung des Zeitschriftensektors

Tabelle 7 gibt einen Überblick über die Umsatzentwicklung der fünf Haupttypen von Zeitschriften. Alle Zeitschriftentypen konnten im Zeitraum von 1980 bis 1994

Umsatzgewinne verbuchen, vor allem aber die Fachzeitschriften. Dies schlägt sich in entsprechenden Marktanteilsveränderungen nieder. Fachzeitschriften konnten ihren Marktanteil deutlich erhöhen; die an absoluter Bedeutung weit dominierende Gruppe der Publikumszeitschriften hat Marktanteile verloren ebenso wie die politischen Wochenblätter und ganz besonders deutlich haben die konfessionellen Blätter Marktanteile verloren. Insgesamt liegt diese Entwicklung im Trend zunehmender Spezialisierung der Interessen und zunehmender Säkularisierung der Bevölkerung. Alle einschlägigen Prognosen gehen davon aus, dass sich dieser Trend fortsetzen wird.

3.2. Publizistische Strukturentwicklung des Zeitschriftensektors

Analysiert man die Strukturentwicklung nach den publizistischen Kategorien:

- publizistisches Angebot (Seitenzahl des Jahrgangsstücks),
- publizistische Nachfrage (Seitenzahl der Jahresauflage),
- publizistische Vielfalt (Zahl der Titel),

so ergibt sich ein anderes, wenngleich nicht völlig anderes Bild als bei Verwendung der ökonomischen Kategorie Umsatz. Dies zeigt Tabelle 8, die im ersten Teil die absolute Entwicklung der drei Kategorien wiedergibt und anschließend die entsprechenden Marktanteile der verschiedenen Zeitschriftentypen. Auch hier wird die dominierende Position der Publikumszeitschriften sichtbar und die starke Stellung der Fachzeitschriften, allerdings mit deutlichen Unterschieden zwischen den Kategorien.

Die Unterschiedlichkeit der Ausprägung der ökonomischen und publizistischen Kategorien macht Tabelle 9 deutlich. So sind z. B. die Publikumszeitschriften mit 59 Prozent am Umsatz und mit 70,2 Prozent am produzierten Papierberg beteiligt, aber nur zu 22,1 Prozent an der Produktion der geistigen Inhalte (mengenmäßig) und nur zu 21,8 Prozent an der Titelvielfalt. Wissenschaftliche Fachzeitschriften, die nur zu 3,1 Prozent an der nachgefragten Papiermenge und nur zu 10,7 Prozent am Umsatz beteiligt sind, steuern aufgrund ihrer großen Titelanzahl bei nur geringer durchschnittlicher Auflage und relativ seltener Erscheinungsweise zur Produktion der geistigen Inhalte immerhin 27,2 Prozent und zur Titelvielfalt 22,9 Prozent bei.

Tab. 8: Entwicklung der publizistischen Bedeutung verschiedener Zeitschriftentypen[1] von 1980 bis 1994

	1980	1984	1988	1990	1992	1994	+/- %
	Zeitschriften insgesamt[1]						
Seitenzahl des Jahrgangsstücks in 1 000	4 403	4 671	4 898	5 194	5 714	6 378	+ 44,9
Seitenzahl der Jahrgangsauflage in Mrd.	369	377	396	414	476	457	+ 23,8
Zahl der Titel	5 637	6 085	6 662	7 005	7 592	7 657	+ 35,8
	Publizistisches Angebot [2]						
Politische Wochenblätter	2,7	2,4	2,1	2,0	2,0	1,8	- 33,3
Konfess. Zeitschriften	3,0	3,0	2,9	2,8	3,4	2,7	- 10,0
Publikumszeitschriften	28,6	30,2	23,5	23,4	23,3	22,1	- 23,4
Wiss. Fachzeitschriften	21,6	20,4	21,6	21,4	23,5	22,2	+ 3,7
Andere Fachzeitschriften	22,6	24,6	26,5	26,4	25,6	26,5	+17,3
	Publizistische Nachfrage [3]						
Politische Wochenblätter	3,7	3,1	3,8	3,9	3,9	3,3	- 10,8
Konfess. Zeitschriften	1,6	1,5	1,3	1,3	1,3	1,1	- 31,3
Publikumszeitschriften	76,7	80,2	76,4	74,9	78,7	70,2	- 8,5
Wiss. Fachzeitschriften	2,3	2,6	2,6	2,5	3,3	3,1	+34,8
Andere Fachzeitschriften	3,8	5,3	6,4	7,1	7,2	9,0	+136,8
	Publizistische Vielfalt [4]						
Politische Wochenblätter	2,0	1,8	1,5	1,4	1,2	1,3	- 35,0
Konfess. Zeitschriften	5,4	5,1	4,8	4,5	4,7	4,4	- 18,5
Publikumszeitschriften	19,0	22,4	22,0	21,8	21,7	21,8	+14,7
Wiss. Fachzeitschriften	21,0	20,8	20,6	20,6	23,0	22,9	+ 9,0
Andere Fachzeitschriften	22,5	26,5	27,7	27,9	26,2	24,0	+ 6,7

1) alle von der Pressestatistik erfassten Zeitschriften ohne Anzeigenblätter; vgl. auch Fußnote 1 von Tabelle 7; 2) Anteil an der Seitenzahl des Jahrgangsstücks in %; 3) Anteil an der Seitenzahl der Jahresauflage in % ; 4) Anteil an der Zahl der Titel in %

Quelle: Pressestatistik

Tab. 9: Ökonomische versus publizistische Bedeutung verschiedener Zeitschriftentypen 1994

	Marktanteile in Prozent an			
	Umsatz	publ. Angebot	publ. Nachfrage	publ. Vielfalt
Politische Wochenblätter	4,1	2,7	3,3	1,3
Konfess. Zeitschriften	2,0	2,7	1,1	4,4
Publikumszeitschriften	59,0	22,1	70,2	21,8
Wiss. Fachzeitschriften	10,7	22,2	3,1	22,9
Andere Fachzeitschriften	18,4	26,5	9,0	24,0

Quelle: Tabellen 6 und 8

Tabelle 10: Auflagenentwicklung[1] der Gattungen der Publikumszeitschriften 1999/2000

Zeitschriftentyp	1999	2000	+/- %
aktuelle Zeitschriften	8 794	8 708	- 1,0
Programmpresse	19 802	20 239	+ 2,2
Programmsupplements	14 159	15 947	+ 12,6
wöchentliche Frauenzeitschr.	12 959	13 310	+ 2,7
14-tägliche Frauenzeitschr.	2 504	2 526	+ 0,9
monatliche Frauenzeitschr.	4 171	4 290	+ 2,9
Familien	1 498	1 473	- 1,7
Jugend	4 652	4 646	- 0,1
Wohnen und Leben	5 473	5 654	+ 3,3
Essen	1 553	1 720	+ 10,7
Erotik	1 100	883	- 19,7
Lifestyle	2 625	2 932	+ 11,7
Motorpresse	18 325	18 698	+ 2,0
Sport	3 573	3 500	- 2,0
Kino, Video, Audio	539	510	- 5,4
Natur	509	630	+ 23,9
Wissen	1 681	1 909	+ 13,6
EDV	7 501	8 281	+ 10,4
Online	1 346	1 295	- 3,8
Wirtschaft	3 483	5 106	+ 46,6
Reise	879	853	- 3,0
Sonstige	648	834	+ 28,7
Zusammen	117 774	123 944	+ 5,2
1) verkaufte Auflage im 2. Quartal, in Mill. Stück			

Quelle: IVW

In der Entwicklung im Zeitablauf zeigen sich geringere Differenzen. Fachzeitschriften weisen nach allen Kategorien die größten Wachstumsraten auf und konfessionelle Zeitschriften verzeichnen in allen Kategorien Rückgänge. Im Übrigen gibt es begrenzt unterschiedliche Entwicklungen der Marktanteile.

Im Segment der Publikumszeitschriften, die nach den 22 Gattungen der IVW differenziert werden (vgl. Tabelle 10) spielen die Programmpresse (einschließlich der Programmpresse-Supplements), die Frauenzeitschriften und die Motorpresse eine zentrale Rolle. Auf sie entfällt 60,5 Prozent der Gesamtauflage. Im Zeitverlauf konnte insbesondere das Segment der Wirtschaftspresse eine deutliche Auflagensteigerung verbuchen, während das Segment der Erotikzeitschriften einen hohen Auflagenverlust zu verzeichnen hatte („Wirtschaft ist sexy" war der Slogan mancher neuer Wirtschaftstitel, möglicherweise war dies ernst genommen worden).

4. Konzentration im Zeitschriftensektor

Die ökonomische und die publizistische Konzentration sollen getrennt erfasst werden. Die ökonomische Konzentration bezieht sich auf relevante Märkte, und sie beschränkt im Ergebnis den ökonomischen Wettbewerb. Die idealtypische Folge zunehmender ökonomischer Konzentration ist ceteris paribus eine abnehmende Angebotsflexibilität, eine abnehmende Innovationsneigung, generell also eine Abnahme der allokativen und produktiven Effizienz. Dabei sollte die ökonomische Konzentration in horizontaler, vertikaler und diagonaler Ausdehnung erfasst werden. Leider liegen solche Analysen nicht vor und können hier auch nicht erstellt werden; es bleibt lediglich der Rückgriff auf die sehr alten Konzentrationsanalysen der Monopolkommission (Abschnitt 4.1). Die publizistische Konzentration bezieht sich idealiter auf den Meinungsmarkt und erfasst dort die Konzentration von Meinungen. Faktisch ist dies nicht zu leisten; es bleibt, die Konzentration des Eigentums an Zeitschriftenunternehmen zu erfassen (Abschnitt 4.2.) und die Zahl der verschiedenen Zeitschriftentitel auszuweisen (Abschnitt 4.3.).

4.1. Ökonomische Konzentration

Die Entwicklung der ökonomischen Konzentration im Zeitschriftensektor ist in Tabelle 11 ausgewiesen. Danach hat die Konzentration des Zeitschriftenumsatzes von Zeitschriftenunternehmen nach allen Konzentrationsraten im Zeitablauf kontinuierlich abgenommen, allerdings ist der Stand der Konzentration im Zeitschriftensektor immer noch sehr hoch. Die Zeitschriftenverlage „sind mit einer Rate von 31,4 Prozent für die drei größten Unternehmen als hoch konzentriert anzusehen" (Monopolkommission 1992, TZ 640).

Tab. 11: Entwicklung der Konzentration der Zeitschriftenverlage von 1975 bis 1989 (Westdeutschland)

Jahr	**Gesamtumsatz**	**Anteil der**					**Anzahl**
		3	**6**	**10**	**25**	**50**	**Unter-**
		größten Unternehmen am Gesamtumsatz					**nehmen**
1975	4 861	39,5	47,2	52,6	63,8	72,0	955
1977	6 350	38,7	46,8	52,1	61,7	69,2	1 181
1979	7 704	36,5	44,0	49,6	60,3	68,3	1 279
1981	8 513	34,7	41,9	48,1	58,2	66,3	1 386
1983	9 429	34,4	41,1	46,5	56,7	65,1	1 443
1985	10 530	32,5	38,9	44,1	54,6	63,4	1 497
1987	11 532	32,2	38,9	44,6	54,2	62,2	1 777
1989	12 645	31,4	38,4	44,5	53,5	61,0	1 786

Quelle: Monopolkommission 1992, S. 290

Eine gleiche Aussage erlaubt die Messung der Konzentration der Zeitschriftenverlage mit dem Hirschman-Herfindahl-Index HHI (vgl. Tabelle 12). Die Konzentration hat im Zeitablauf von 4 500 auf 3 460 abgenommen; sie ist allerdings immer noch als sehr hoch zu klassifizieren.

Tab. 12: Entwicklung der Konzentration der Zeitschriftenverlage nach dem Hirschman-Herfindahl-Index (HHI) von 1981 bis 1991

Jahr	**Anzahl der Unternehmen**	**Umsatz in Mrd. DM**	**HHI**
1981	1 386	8,5	4 500
1982	1 385	8,9	4 477
1983	1 443	9,4	4 412
1984	1 445	10,1	4 154
1985	1 497	10,5	3 952
1986	1 545	10,8	4 124
1987	1 777	11,5	3 895
1988	1 770	12,2	3 783
1989	1 786	12.6	3 743
1990	1 850	13,5	3 628
1991	1 931	14,4	3 460

Quelle: Wirtschaft und Statistik, 2/1994, S. 137

Die Entwicklung der Konzentration nach dem Merkmal Auflage für das Objekt Zeitschrift insgesamt sowie speziell für Publikumszeitschriften zeigt Tabelle 13. Die spezielle Betrachtung der Publikumszeitschriften, die die Monopolkommission seit 1981 vornimmt, erscheint angesichts des hohen gesellschaftspolitischen Interesses an diesem Zeitschriftentyp sinnvoll.

Anders als bei Zeitschriftenunternehmen hat die Konzentration für Zeitschriften insgesamt im Berichtszeitraum nach der Konzentrationsrate CR = 3 durchgängig zugenommen, d.h., der Auflagenanteil der drei größten Zeitschriften hat zugenommen (das wären im ersten Quartal 2000: *ADAC Motorwelt* sowie die Programmzeitschriftensupplements *rtv-gesamt* und *Prisma Gesamt*). Im Übrigen hat die Konzentration leicht abgenommen; ihr Stand kann als mäßig bis gering eingestuft werden.

Anders als bei Zeitungen erlauben die Konzentrationsangaben zum Zeitschriftensektor einen gewissen Rückschluss auf den ökonomischen Wettbewerb, weil Zeitschriftenmärkte, zumindest räumlich, nicht so abgegrenzt sind wie Zeitungsmärkte, sondern überwiegend überregionale Ausmaße haben. Die meisten und die ökonomisch bedeutendsten Zeitschriftentitel werden national verbreitet. Allerdings sind Zeitschriftenmärkte sachlich stärker segmentiert als Zeitungsmärkte, so dass ein Wettbewerb nur zwischen gleichartigen Zeitschriftentypen erwartet werden kann.

Tab. 13: Konzentration der Zeitschriften insgesamt und der Publikumszeitschriften

Jahr	**Auflage (1.000)**	**Anteil der 3**	**6**	**10**	**25**	**50 größten Zeitschriften an der Auflage (in %)**	**Zeitschriften**
1975	194352	6,5	12,2	17,7	31,1	44,0	3 838
1977	207561	7,0	11,4	16,1	28,0	40,7	5 087
1979	237425	7,6	11,5	15,8	26,6	38,5	6 042
1981	251900	8,1	11,9	16,1	26,4	37,6	6 486
1983	260158	8,3	12,0	16,0	26,4	37,7	6 702
1985	268332	9,0	12,3	15,8	25,9	36,8	6 893
1987	295327	8,5	11,5	15,1	24,5	34,4	7 642
1989	309041	8,6	11,8	15,3	25,1	35,1	7 831
		Anteil der größten Publikumszeitschriften an der Auflage					
1981	99066	13,5	21,4	28,6	46,9	61,5	1 284
1983	104916	13,0	20,4	27,1	44,6	59,4	1 348
1985	104477	13,2	20,1	27,6	46.0	62,3	1 282
1987	111884	12,9	19,5	26,3	42,7	58,2	1 440
1989	112435	13,1	19,7	25,9	42,2	57,3	1 480

Quelle: Monopolkommission

4.2. Publizistische Konzentration

Die Konzentration von Medieneigentum im Zeitschriftensektor hat auch in publizistischer Sicht eine etwas andere Bedeutung als im Zeitungssektor, weil Zeitschriften funktional viel differenzierter sind als Zeitungen und selbst in der gleichen Rubrik oft nicht miteinander vergleichbar sind. Mithin ist die Konzentration von Medieneigentum hier nicht ganz so bedrohlich wie im Zeitungssektor, weil sich nicht alle Zeitschriften in gleicher Weise zur Produktion von Meinungsvielfalt eignen und daher eine Konzentration von Eigentum umgekehrt auch nicht notwendigerweise eine Bedrohung von Meinungsvielfalt bedeuten muss. Wenn ein Konzern einen Marktanteil im Zeitschriftensektor von 25 Prozent hat, dieser Marktanteil aber z. B. nur von den Rubriken Rätsel, Wohnen und Essen gebildet wird, dann ist das wohl eine Ballung von Macht an sich, aber kaum eine Bedrohung der Meinungsvielfalt. Sehr viel bedrohlicher für die Meinungsvielfalt wäre eine Konzentration in den Rubriken Aktuelle Zeitschriften/Magazine, Gesellschaft/Politik oder Wirtschaft. Im Übrigen kann eine Abstufung der Bedrohlichkeit nicht vorgenommen werden, weil letztlich in jeder Rubrik Meinungen, Lebenshaltungen und Wertungen der Rezipienten beeinflusst werden. Daher ist auch im Zeitschriftensektor die Konzentration des Medieneigentums von Interesse.

Von besonderer Relevanz ist die Rubrik Publikumszeitschrift, weil ihre gesellschaftspolitische Bedeutung die der anderen Zeitschriftentypen übertrifft. Daher ist es angemessen, wenn die Konzentration speziell bei den Publikumszeitschriften erfasst wird. Röper ermittelt regelmäßig die Konzentration im Bereich der Publikumszeitschriften auf der Basis der der IVW gemeldeten und als Publikumszeitschrift eingruppierten Titel. Das sind von der Titelzahl rund ein Drittel und von der Auflage gut die Hälfte der von der Pressestatistik erfassten Publikumszeitschriften. Tabelle 14 gibt die Entwicklung der Auflagenanteile der vier größten Zeitschriften-

Tab. 14: Auflagenanteile[1] der vier größten Zeitschriftenverlage von 1980 bis 1998

	1980	**1984**	**1988**	**1992**	**1994**	**1996**	**1998**
Bauer	32,1	31,9	32,4	32,7	33,1	31,2	28,2
Springer	13,0	17,0	16,8	16,0	15,3	15,4	15,8
Burda	11,0	10,4	10,1	7,7	9,7	11,5	10,7
Gruner + Jahr	6,1	5,0	6,3	6,3	6,1	7,5	8,2
Zusammen	62,1	64,3	65,6	65,7	64,8	65,6	63,0

1) Dabei wird die Auflage auf eine fiktive gemeinsame (wöchentliche) Erscheinungsweise umgerechnet

Quelle: Röper 1992, 1998

verlage wieder. Die Konzentration kann als sehr hoch bezeichnet werden: Ein Unternehmen, der Bauer-Konzern, hat einen Marktanteil von fast einem Drittel, drei

Unternehmen haben einen Marktanteil von 54,7 Prozent und erfüllen damit z. B. die Marktbeherrschungsvermutung von § 19, Abs. 3 KartellG., und die hier erfassten vier Konzerne haben einen Marktanteil von 63 Prozent. Im Zeitablauf ist die Konzentration etwa konstant geblieben, der Anteil der vier Konzerne schwankt zwischen 62,1 und 66 Prozent; der Anteil der größten drei schwankt zwischen 56,1 und 59,4 Prozent (hier nicht ausgewiesen). Im Zeitverlauf konnte der Bauer-Konzern seine überragende Marktstellung halten, Gruner+Jahr konnte seinen Marktanteil von sechs bis sieben Prozent ebenfalls halten, größere Schwankungen gibt es für den Springer- und Burda-Konzern.

Aus der vorstehenden Konzentrationsanalyse lassen sich die folgenden Aussagen ableiten:

- Fast jedes dritte Heft stammt aus einem Verlag (Bauer).
- Fast jedes zweite Heft stammt aus zwei Verlagen (Bauer und Springer).
- Mehr als drei von fünf Heften stammen aus vier Verlagen.

Dieses Ergebnis ist medienpolitisch nicht so einfach zu interpretieren wie bei Zeitungen, weil die konzernzugehörigen Titel recht verschiedenen Sparten zugerechnet werden können und weil eine funktionale Austauschbarkeit im Hinblick auf die Produktion von Meinungsvielfalt nicht gegeben ist. Dies zeigt die Auflistung der in Frage stehenden wichtigsten Titel nach Medienkonzern geordnet.

Heinrich Bauer-Konzern: *Auf einen Blick, Autozeitung, Bella, Bravo, Bravo Girl, Fernsehwoche, Kochen & Genießen, Das Neue Blatt, Neue Post, Neue Revue, Playboy, Praline, Selbst ist der Mann, Tina, TV Hören + Sehen, TV-Movie* .
Axel Springer-Konzern: *Allegra, Auto Bild, Bild der Frau, Bildwoche, Funk Uhr, Hörzu, Journal für die Frau, Sport-Bild* und *TVneu* .
Burda-Konzern: *Bunte, Focus, Freizeit Revue, Freundin, Glücks-Revue, Das Haus, Mein schöner Garten, Meine Familie und ich* sowie Beteiligungen an *TV Spielfilm* und *Fit For Fun* .
Gruner+Jahr-Konzern: *Art, Brigitte, Capital, Eltern, Essen + Trinken, Geo, Impulse, P. M., Magazin, schöner essen, Schöner Wohnen, Stern, Frau im Spiegel.*

Nur in wenigen Fällen handelt es sich also um Zeitschriften, die allgemein politische Informationen enthalten. Nun kann zwar nicht ausgeschlossen werden, dass eine einheitliche publizistische Linie auch in Titeln wie *Bravo Girl, Sport Bild, Bunte* oder *Geo* verfolgt wird, aber dies ist unwahrscheinlicher, schwieriger und für den Meinungsbildungsprozess weniger bedrohlich als bei Zeitungen. Allerdings bleibt die Bedrohlichkeit publizistischer Macht per se bestehen.

4.3. Vielzahl des Zeitschriftenangebots

Der Zeitschriftensektor zeichnet sich aus durch

- eine Fülle von Titeln (1994: 9 010 Titel),
- eine Fülle von Verlagen (1994: 1972 Zeitschriftenverlage in Deutschland).

Wenn auch nicht bekannt ist, in welchem Ausmaß sich diese Einheiten inhaltlich unterscheiden, so kann doch vermutet werden, dass es überwiegend unterschiedliche Produkte und unterschiedliche Unternehmen sind.

Die faktische Vielfalt pro Kopf lässt sich ebenfalls nicht genau angeben, weil zuvor geklärt werden müsste, wie faktische Vielzahl pro Kopf zu definieren und zu erfassen wäre. Hier wird sehr pragmatisch vorgeschlagen, die pro Presseverkaufsstelle durchschnittlich erhältliche Zahl von Titeln als Indikator für die Vielzahl pro Kopf anzusetzen, weil damit jedenfalls die durchschnittliche und leicht zugängliche Vielzahl der Titel wiedergegeben wird. Sicher ist die faktische Vielzahl pro Kopf noch größer, weil spezielle Zeitschriften vor allem auch über das Abonnement bezogen werden können. Die durchschnittliche Anzahl geführter Titel pro Presseverkaufsstelle zeigt Tabelle 15. Der durchschnittliche Einzelhändler verfügt also über ein Präsenzsortiment von 220 Zeitschriftentiteln, die er auf 16,05 Regalmetern präsentiert. Bei einer Einzelhändlerdichte von 1,46 Einzelhändlern pro 1000 Einwohner ist dies eine beachtliche faktische Vielfalt des Zeitschriftenangebots.

Tab. 15: Durchschnittliche Sortimentsbreite von Presseverkaufsstellen 1998

	Einzel-händler	**Präsenz-titel-Zeit-schriften**	**Bordmeter**	**Schuppung**
ZZ-Fachgeschäftscharakter	16 727	363	27,40	7,55
Nachbarschaftsgeschäfte	24 951	86	6,40	7,41
Lebensmittelmärkte	11 486	304	20,80	6,84
Großformen des Einzelhandels	4 026	559	41,81	7,47
Trinkhallen/Kioske	10 800	175	12,54	7,18
Tankstellen/Raststätten	11 031	248	17,63	7,10
Vkst. mit begrenztem Absatzgebiet	6089	67	4,85	7,26
sonstige EH-Branchen	5 349	177	12,50	7,08
Gesamt	90 459	220	16,05	7,28

Quelle: Presse-Grosso Geschäftsbericht 1998/1999, S. 84

5. Wettbewerb und Wettbewerbspolitik auf Zeitschriftenmärkten

Wettbewerb vollzieht sich auf relevanten Märkten und Wettbewerbspolitik bezieht sich auf relevante Märkte. Die Abgrenzung solcher relevanten Märkte stützt sich auf die Ermittlung von Substitutionselastizitäten und – dies als praktikabler Ersatz für die äußerst schwierige Erfassung von Substitutionselastizitäten – auf das „Konzept der funktionalen Austauschbarkeit von Gütern aus der Sicht des verständigen Verbrauchers" (vgl. Kapitel 2). Die Marktabgrenzung gilt als eines der schwierigsten Probleme der Wettbewerbspolitik, und dies gilt insbesondere auch für den Mediensektor, weil hier immer mindestens zwei Güter bzw. zwei Märkte in die Analyse einbezogen werden müssen, der Rezipientenmarkt und der Werbemarkt.

Im Folgenden wird ein Überblick über die Abgrenzung relevanter Zeitschriftenmärkte gegeben, nach Leser- und Anzeigenmarkt getrennt. Diese Abgrenzung beruht auf einem Vergleich prinzipieller Produkteigenschaften. Im konkreten Einzelfall müsste eine solche produktbezogene Analyse durch eine Analyse der Nachfrage ergänzt werden, denn letztlich können nur die Nachfrager entscheiden, ob und in welchem Umfang sie Zeitschriften als substituierbar ansehen.

5.1. Abgrenzung relevanter Lesermärkte

Bislang wird überwiegend davon ausgegangen, dass die Nutzung der Zeitschrift nicht in Substitutionskonkurrenz zu Zeitungen, Hörfunk und Fernsehen eingebettet ist, eher werden eine Komplementarität oder, wie von mir, eine prinzipielle Neutralität unterstellt. Aktuelle Entwicklungen im Fernsehsektor lassen indes Konkurrenzbeziehungen möglich werden. Die erwartete zunehmende Spezialisierung von Fernsehprogrammen zu Special-Interest-Programmen würde eine sachliche Übereinstimmung mit entsprechenden Zeitschriften bedeuten und könnte eine Substitutionskonkurrenz begründen etwa dergestalt, dass z. B. ein Spartenprogramm für Motorradfahrer entsprechende Motorradzeitschriften ersetzt. Dies kann für die Zukunft nicht ausgeschlossen werden, bislang begründen die ganz unterschiedlichen medientypischen Rezeptionsbedingungen (Nutzungsart, Nutzungszeit, Nutzungsdauer, Nutzungsintensität und Nutzungsselektivität) sicher die These, dass Zeitschriften einen eigenen Bedarfsmarkt bilden (Neutralität).

Komplementäre Nachfragebeziehungen[25] bestehen in einem wichtigen Teilsegment des Zeitschriftensektors: Die Programmpresse hat sich zur bedeutendsten Zeitschriftensparte entwickelt (vgl. Tabelle 10), und dies kann ohne Zweifel auf die Entwicklung des Fernsehens zu einem Angebot von großer Vielfalt zurückgeführt werden.

Die Zeitschriftentypisierung der Pressestatistik eignet sich nur begrenzt zur Einteilung relevanter Lesermärkte. Im Einzelfall erscheint die Gruppierung der IVW als praktikabler, sie soll daher zusätzlich herangezogen werden.

Überregionale Sonntagszeitungen, die ja eigentlich Zeitschriften sind, bilden einen eigenen relevanten Markt, weil sie primär aktuelle Informationen bieten, überwiegend aus dem Bereich des Sports, was aufgrund des Erscheinungstermins am Sonntag naheliegt. Diese Informationen sind nicht funktional austauschbar mit

---

25 Komplementäre Nachfragebeziehungen liegen dann vor, wenn ein Ergänzungsverhältnis zwischen Gütern besteht derart, dass der Nutzen des einen Gutes mit steigendem Konsum des anderen Gutes zunimmt.

Sportzeitschriften, die an anderen Terminen erscheinen, und nicht funktional austauschbar mit dem Informationsgehalt einer Abonnementtageszeitung.

Konfessionelle Zeitschriften bilden einen eigenen Bedarfsmarkt. Dieser muss nach Religionszugehörigkeit differenziert werden; eine Austauschbarkeit zwischen den Konfessionen oder gar mit anderen Zeitschriftentypen kann ausgeschlossen werden.

Politische Wochenblätter bilden ebenfalls einen eigenen Bedarfsmarkt. Aus ökonomischer Sicht spricht allerdings sehr viel dafür, auch diesen Markt weiter zu differenzieren in einen Markt für allgemeine politische Hintergrundinformation (z. B. *Focus*, *Spiegel*, *Zeit*) und einen Markt für parteigebundene Verbandsinformation (z. B. *Bayernkurier* und *Vorwärts*) und nicht eine Einheitlichkeit zu unterstellen, wie es der BGH getan hat (Fusionsfall Gruner+Jahr – *Zeit*; WuW/E BGH 433-2442; vgl. Kapitel 9, Abschnitt 4.1).

Publikumszeitschriften müssen in zahlreiche relevante Märkte untergliedert werden. Plausibel erscheint zunächst einmal die grobe Differenzierung in einen Markt für allgemeinunterhaltende Publikumszeitschriften (z. B. *Stern*, *Bunte*, *Neue Revue*, *Super Illu*) und einen Markt für spezielle Publikumszeitschriften, so auch das Bundeskartellamt in seinen Entscheidungen im Fall Burda – Springer und Gruner+Jahr – *Zeit* (WuW/E BKartA 1921 ff., 1863 ff.). Diese allgemeinen Publikumszeitschriften erfüllen mit ihrer allgemein-orientierten Thematik ohne einen speziellen Zielgruppenbezug einen eigenen Bedarf der Rezipienten.

Die verbleibenden speziellen Publikumszeitschriften müssen erheblich differenziert werden. Hier bilden die Rubriken der IVW zunächst einmal plausible Abgrenzungen der relevanten Märkte, sie ergeben z. B. einen relevanter Markt für die Programmpresse (so auch das Bundeskartellamt; WuW/E BKartA 1921 ff.) und viele kleine relevante Märkte für die übrigen Rubriken der IVW.

Zu prüfen wäre im Einzelfall eine noch wesentlich weitergehende Differenzierung. So ist aufgrund der unterschiedlichen Sportart sehr unwahrscheinlich, dass das *Tennis-Magazin* dem *Kicker Sportmagazin* als substituierbar angesehen werden kann und ob z. B. *Vogue* oder *Madame* mit *Bild der Frau* austauschbar sind, kann ebenfalls bezweifelt werden. Dementsprechend hat das Bundeskartellamt im Fall der Gründung des Gemeinschaftsunternehmens top special – einer Gemeinschaftsunternehmung von Axel Springer und dem EHAPA Verlag mit den Blättern *Tennis-Magazin, Ski-Magazin, Rallye Racing* und *Sportfahren* (Springer) sowie *Hobby - Magazin der Technik, Camp Magazin für Camping und Caravaning* und *Videoprogramm* (EHAPA) – geurteilt, dass es auf den Lesermärkten praktisch keine Berührungspunkte zwischen den vier Zeitschriften von Springer und den drei Zeitschriften von EHAPA gibt (Bundeskartellamt 1985, S. 101). Nur in wenigen Fällen dürften sich einzelne Rubriken wiederum überschneiden und möglicherweise gemeinsam einen relevanten Markt bilden, z. B. Garten- und Naturzeitschriften.

Fachzeitschriften müssen ebenfalls in eine Vielzahl relevanter Märkte untergliedert werden, wobei die fachliche Ausrichtung das naheliegende Gruppierungskriterium ist. Hierzu bietet sich als erste Annäherung die Einteilung der Fachzeitschriften an, wie sie der Zeitschrifteninformationsservice (ZIS) vornimmt. Hier werden vom

Verband deutscher Fachpresse 1 733 Zeitschriften nach ihrem Inhalt in 14 Hauptgruppen und 129 Untergruppen eingeteilt (1994), und diese Einteilung wird von der amtlichen Pressestatistik übernommen und ausgewiesen. Dieses ZIS-Sachgruppenregister soll hier nicht wiedergegeben werden. Beispielsweise wird nur die Hauptgruppe 6 „Natur und Umwelt" weiter aufgegliedert in: Allgemeine Ökologie, Umweltschutz, Natur und Landschaft, Wasserwirtschaft und Wasserversorgung, Energie und Bergbau, Agrarwissenschaft und Land- und Forstwirtschaft, Obst, Gemüse und Gartenbau, Tierhaltung, Jagd und Fischerei. Dies erscheint prima facie auch als eine sinnvolle Klassifizierung relevanter Märkte für Fachzeitschriften der Hauptgruppe Natur und Umwelt.

Im Ergebnis wird mithin eine Fülle relevanter Märkte im Zeitschriftensektor abzugrenzen sein; es wird dann auch eine Fülle marktbeherrschender Stellungen geben, was aber angesichts des geringen Volumens solcher Märkte nicht bedrohlich ist.

5.2. Abgrenzung relevanter Anzeigenmärkte

Für die Abgrenzung relevanter Anzeigenmärkte gelten vorstehende Ausführungen im Prinzip unverändert, sie können daher übernommen werden, ohne hier wiederholt zu werden. Zu beachten ist lediglich, dass der Kriterienkatalog der Abgrenzung erweitert werden muss.

Anzeigen richten sich an bestimmte Zielgruppen bzw. an die Bevölkerung allgemein. Die Zielgruppen der Werbung werden sehr häufig nach Inhalten der Berichterstattung gebildet - in diesem Fall kann mithin die Abgrenzung der Lesermärkte übernommen werden - aber zunehmend auch nach anderen Merkmalen wie

- Alter und Geschlecht,
- Kaufkraft und
- Werthaltungen.

Dies bedeutet, dass die Anzeigenmärkte im Regelfall weiter abzugrenzen sind als die Lesermärkte (so auch die Monopolkommission 1992, TZ 676).

Ein Beispiel soll dies zunächst deutlich machen. Auf dem Markt für Kinderbildzeitschriften sind zwei getrennte *Leser*märkte zu vermuten, der Markt für Comics und der Markt für Spiel- und Lernzeitschriften für Kinder im Vorschulalter (Bundeskartellamt 1991, S. 106). Für Werbung, die sich an Kinder als Zielgruppe richtet, wären beide Zeitschriftentypen aber prinzipiell gleich geeignet, der relevante Anzeigenmarkt wäre mithin der größere Markt für Kinderzeitschriften insgesamt.

Dies gilt generell für die Markenartikelwerbung. So wird Werbung für Automobile sinnvollerweise nicht nur in Autozeitschriften und Werbung für Nivea Creme nicht nur in Gesundheitszeitschriften zu platzieren sein, sondern vor allem in Blättern mit großer Verbreitung, wobei deren inhaltliche Ausrichtung dann von sekundärer Bedeutung ist.

Dies gilt für Werbung, die sich an spezielle Einkommensschichten wendet in gleicher Weise. Eine Werbung für Rolex Uhren oder Jaguar Automobile ist sinnvollerweise in Blättern zu platzieren, deren Leser überdurchschnittlich reich sind; es ist aber relativ gleichgültig, ob das dann der *Spiegel*, *GEO*, das *manager magazin* oder *Penthouse* ist. Und wer sich in seiner Werbung an konservative Werthaltungen richtet, kann möglicherweise im *Merian* genauso gut werben wie in der *Brigitte* oder in *Kosmos*. Zusammenfassend gilt mithin, dass relevante Anzeigenmärkte in der Regel sehr viel weiter abgegrenzt werden müssen als relevante Lesermärkte.

Dies gilt auch für die Substitutionsbeziehungen zu anderen Medien. Während für den Lesermarkt davon auszugehen ist, dass Zeitschriften (vorerst) durch das Fernsehen nicht substituiert werden dürften, kann für den Markt der Markenartikelwerbung eine starke Substitutionskonkurrenz zum Fernsehen gesehen werden. Die deutlichen Marktanteilsverluste der Zeitschriftenwerbung um sieben Prozentpunkte und die deutlichen Marktanteilsgewinne der Fernsehwerbung um fünf Prozentpunkte sind hierfür ein starkes Indiz (vgl. Tabelle 6, Kapitel 15, Band 2).

5.3. Wettbewerb

Die üblichen Wettbewerbsparameter sind vor allem Preise, Produktgestaltung, Werbung und Vertrieb, also die Instrumente des Marketing-Mix (vgl. Kapitel 8). Dies sind naturgemäß auch Wettbewerbsparameter auf Zeitschriftenmärkten:

- Zeitschriftenpreise und Anzeigenpreise,
- Umfang der Zeitschrift insgesamt und/oder wichtiger Teile der Zeitschrift,
- Inputs in die Qualität der Berichterstattung wie Aktualität, Qualität und Farbigkeit des Drucks,
- Anteil an Bildern,
- Absatzwerbung, Imagewerbung und Öffentlichkeitsarbeit sowie
- Wahl der Vertriebswege und der Vertriebskonditionen.

Obwohl angesichts der Heterogenität der Zeitschriftenmärkte von *dem* Wettbewerb auf Zeitschriftenmärkten nicht gesprochen werden kann, ist ein Merkmal doch charakteristisch für praktisch alle Zeitschriftenmärkte: die außerordentlich hohe *Angebotsflexibilität*. Das Angebot reagiert rasch und flexibel auf Änderungen der Produktionstechnik und vor allem auf Änderungen der Nachfrage. Permanentes Aufspüren der Nachfragesegmente und permanente Anpassung an neu auftauchende Publikumspräferenzen sind typisch für die Branche. Dies kann einmal in Kategorien von Marktzutritt und Marktaustritt, zum anderen in Kategorien eines Wandels des Produktsortiments analysiert werden.

Marktzutritt und Marktaustritt: Per Saldo hat die Titelzahl der Zeitschriften nach der Pressestatistik zwischen 1980 und 1994 um 2 850 Titel zugenommen, das sind durchschnittlich knapp 200 Titel pro Jahr und entspricht einer jahresdurchschnittlichen Zunahme der Zahl der unterschiedlichen Produkte von etwa drei Prozent. Brutto sind die Marktzutritte noch wesentlich größer. Die folgende Tabelle 16 gibt auf der Basis der von der IVW erfassten Zeitschriften einen Eindruck von der Dynamik der Zeitschriftenproduktion. Die Zahl der Neuerscheinungen und Einstellungen zeigt, dass Marktzutritt und Marktaustritt relativ leicht sind; die Marktzutrittsschranken (und Marktaustrittsschranken) gelten als sehr niedrig (Monopolkommission 1992, TZ 673, 675 für den Markt der Kundenzeitschriften und für den Markt generell).

Tab. 16: Neuerscheinungen und Einstellung von Zeitschriften von 1988 bis 1998

	1988	1990	1992	1994	1996	1998
Neuerscheinungen	149	147	158	265	287	461
Einstellungen	114	75	114	156	116	256
Zunahme insgesamt	35	72	44	109	171	205

Quelle: W & V compact 2/1994, Media Digest 1999.

Die Betriebsgrößenvorteile können als gering gelten. Jedenfalls produzieren auch sehr kleine Verlage effizient, und notwendige Druck- und Vertriebskapazitäten können kostengünstig vom Markt bezogen werden (Jakob 1988, S. 335 ff.). Die Fixkostendegression als spezieller Betriebskostenvorteil spielt eine im gesamtwirtschaftlichen Vergleich durchschnittliche Rolle und ist jedenfalls deutlich geringer ausgeprägt als bei Zeitungen. Zwar bleibt letztlich auch für den Zeitschriftensektor zu konstatieren, dass am kostengünstigsten jeweils der Monopolist produziert, aber dies wird dadurch relativiert, dass die Fülle der Marktsegmente eine Fülle von kleinen Monopolisten ermöglicht und dass jeweils neu zu entdeckende Marktsegmente den Marktzutritt jeweils neuer Monopolisten möglich machen.

Die gleiche Relativierung gilt für die medienspezifische Marktzutrittsschranke „kumulativer Verbund von Leser- und Werbemarkt". Diese Marktzutrittsschranke existiert auch bei der Zeitschriftenproduktion, aber weniger ausgeprägt als bei der Zeitungsproduktion und dies wird in seiner Bedeutung durch die Fülle kleiner Marktsegmente verringert.

Produktdifferenzierungsvorteile etablierter Anbieter scheinen überwiegend gering zu sein, dies zeigt der rasche Erfolg z. B. von *Focus* gegenüber dem *Spiegel* oder von *TV Movie* gegenüber *TV Spielfilm*, und dies wird generell durch die sehr große Fluktuation der Auflagen einzelner Zeitschriftentitel angedeutet. Eine Markentreue existiert offenbar nicht.

Das heißt insgesamt nicht, dass Großverlage nicht über Kostenvorteile gegenüber kleineren Verlagen verfügen. Einige Vorteile der Verbundproduktion und Vorteile in der Wahl bevorzugter Vertriebswege können von großen Unternehmen realisiert werden. Sie sind aber nicht so erheblich, dass sie Marktzutritte ausschließen.

Wandel des Produktsortiments: Im Zuge zahlreicher Marktzutritte und Marktaustritte verändert sich das Produktsortiment und passt sich neueren Entwicklungen der Publikumspräferenzen an. So hat z. B. das Dinofieber 1993 zu einem Boom bei den Kinderzeitschriften geführt. Es entstanden 13 neue Titel für Kinder, davon sieben als reine Dinomagazine. Oder das Börsenfieber Ende der 90er Jahre hat zu einem Boom der Wirtschaftspresse geführt. Entsprechend wechseln die Schwerpunkte der Neuerscheinungen mit den Schwerpunkten der Rezipienteninteressen. Übersicht 1 zeigt die Inhaltskategorien der Neuerscheinungen des Jahres 1998. Nach Titelzahlen dominieren die Bereiche Jugend/Comics, Computer/Technik und Romane/Rätsel. Die Startauflagen sind im Durchschnitt recht groß, ein Indiz für das erhebliche Kostenrisiko von Marktzutritten.

Übersicht 1: Neugründungen von Publikumszeitschriften 1998

Titelgruppe[1]	Titelzahl	∅ Startauflage	∅ Preis
Männer	34	88 000	7,64
Audio/Video	12	108 000	7,91
Motor	10	151 125	7,44
Hobby/Kultur	44	48 914	7,43
Computer/Technik	69	113 249	10,69
Wirtschaft	17	74 529	5,89
Sport	21	51 510	6,18
TV-Programm	5	785 200	2,20
Politische Presse	17	138 500	3,52
Jugend/Comics	87	94 935	6,02
Haus/Familien/Tiere	35	143 683	4,73
Frauen	7	405 000	6,83
Unterhaltung	6	320 833	4,35
Mode	8	110 667	5,56
Romane/Rätsel	59	66 360	3,27
Sonntagszeitung	15	188 803	0,58
Offertenblätter	11	52 500	6,09
Insgesamt	457	173 053	5,67
1) Nach der Klassifizierung der Ehastra (Einzelhandelsstrukturanalyse des Presse-Grosso)			

Quelle: Media Digest 1999

5.4. *Wettbewerbspolitik auf Zeitschriftenmärkten*

Für die Wettbewerbspolitik auf Zeitschriftenmärkten gelten die gleichen speziell verschärften Bestimmungen des Kartellgesetzes wie für Zeitungsmärkte, sie sollen daher hier nicht wiederholt werden (vgl. Kapitel 9, Abschnitt 4.4). Im Übrigen bestehen entscheidende Unterschiede zum Zeitungssektor.

Anders als bei den lokalen und regionalen Zeitungsmärkten, die von einem sehr hohen Konzentrationsgrad auf dem jeweiligen relevanten Markt geprägt sind, „herrscht auf dem überregionalen Zeitschriftenmarkt mehr Wettbewerb" (Monopolkommission 1990, TZ 599). Dieser größere Wettbewerb kommt nach Beobachtungen des Bundeskartellamtes und der Monopolkommission vor allem deswegen zustande, weil niedrige Marktzutrittsschranken bestehen (Monopolkommission 1990, TZ 602; Monopolkommission 1992, TZ 673; Bundeskartellamt 1991, S. 106). Diese niedrigen Marktzutrittsschranken bedeuten eine starke potentielle Konkurrenz, und sie ermöglichen häufige Neugründungen von Zeitschriften, die starke Bewegungen auf den Märkten auslösen und den Wettbewerb dann auch aktuell beleben. Häufig herrscht zudem starker Substitutionswettbewerb, aber überwiegend sind die Märkte von nur geringer wirtschaftlicher und wettbewerblicher Bedeutung.

Dazu nur ein Beispiel. Die Verlagsgruppe Heinrich Bauer wollte sich mit Mehrheit an der Condor Publishing Group (CPG), Berlin beteiligen. Die CPG ist ein Gemeinschaftsunternehmen mehrerer Verlage mit Zeitschriften in den Bereichen Frauenkurzromane, Kinderbildzeitschriften und nichtindizierte Sexzeitschriften. Die absehbaren Folgen dieses Zusammenschlusses waren:

- Auf dem Markt der Spiel- und Lernzeitschriften für Kinder im Vorschulalter beträgt der Marktanteil nach der Fusion 29,6 Prozent. Es besteht aber ein wesentlicher aktueller Wettbewerb mit zwei Konkurrenten und ein wesentlicher potentieller Wettbewerb wegen der sehr niedrigen Marktzutrittsschranken.
- Auf dem Markt für nichtindizierte Sexzeitschriften entsteht nur ein geringer Marktanteil von neun Prozent; zudem ist auch hier ein Marktzutritt mit ganz geringem Aufwand möglich.
- Auf dem Markt für Comics erreicht der Zusammenschluss mit einem Anteil von 15,3 Prozent ebenfalls keine marktbeherrschende Stellung.
- Auf dem Markt für Frauenkurzromane wird ein Marktanteil von 26 Prozent erreicht, was die Oligopolvermutung von § 23a, Abs. 2, GWB formal erfüllte. Angesichts eines größeren Wettbewerbers wird indes eine überragende Marktstellung nicht erreicht (Bundeskartellamt 1991, S. 106).

Daher wurde der Zusammenschluss nicht untersagt. Insgesamt dürfte der Wettbewerb durch solche Zusammenschlüsse natürlich nicht verbessert worden sein, sondern eine Verschlechterung, wenngleich möglicherweise nur eine geringfügige, dürfte die Folge sein. So urteilt denn auch die Monopolkommission: „Zusammenfassend lässt sich für die Fusionsfälle im Zeitschriftenbereich feststellen, dass diese teilweise zu einem Wegfall aktuellen oder potentiellen Wettbewerbs geführt haben. Es erscheint zumindest fraglich, ob diese wettbewerblich negativen Auswirkungen durch Verlagsneugründungen oder Neuerscheinungen kompensiert werden können" (Monopolkommission 1990, TZ 604).

Medienpolitisch problematisch ist, dass in der Mehrheit der Fälle große Konzerne an den Zusammenschlüssen beteiligt gewesen sind. An den in den Berichten des Bundeskartellamtes aufgeführten Zusammenschlussfällen waren folgende Verlagsgruppen beteiligt: Axel Springer (drei Verlage, eine Zeitschrift); Heinrich Bauer (zwei Verlage); Bertelsmann (eine Zeitschrift); Gruner+Jahr (ein Verlag, eine Zeitschrift); die WAZ (drei Zeitschriften); Ringier (zwei Zeitschriften); Sebaldus (eine Zeitschrift), daneben einige kleinere Verlage mit etwa drei Übernahmen. Damit konnten die großen Zeitschriftenverlage zwar etwa nur ihre Marktanteile halten und die Verluste bei ihren angestammten Titeln ausgleichen, aber die Verfestigung des hohen Konzentrationsgrades im Zeitschriftensektor war die Folge.

6. Die Entwicklung der Zeitschriftenlandschaft in Ostdeutschland im Rückblick

6.1. Die Zeitschriftenlandschaft der DDR

Die Zeitschriftenlandschaft der DDR war von relativ geringer Vielfalt geprägt. Wie Tabelle 17 zeigt, hat es 1988 in der DDR 542 Zeitschriftentitel mit 5 473 Ausgaben und einer Auflage je Erscheinungstag von 21 872 000 Exemplaren gegeben. Faktisch war die Zeitschriftenvielfalt – gemessen am Bedarf – sicher wesentlich geringer als Tabelle 17 ausweist, weil die Mehrzahl der Titel in Rubriken von erkennbar geringem Interesse erschienen ist. Die Zeitschriften in den begehrten Rubriken, z. B. die Programmzeitschrift *F.F. dabei* oder das Erotik- und Lifestyle-Blatt *Das Magazin* sind „Bückware" gewesen, d.h., sie lagen unter dem Ladentisch und wurden nur an besondere Kunden abgegeben Wie gering die Vielfalt gewesen ist,

Tab. 17: Zeitschriftenproduktion der DDR 1988

Sachgruppe	Titel	Ausgaben	Einmalige Auflage[1]	Gesamtdruckauflage[1]
Politik, Gesellschaft	101	1 076	4 188	51 242
Kulturpolitik, Literatur, Kunst	33	344	1 156	17 817
Erziehung und Bildung	77	702	5 755	86 133
Gesundheits- und Sozialwesen	60	576	712	8 526
Sport, Freizeitgestaltung	20	391	2 570	38 169
Mathematik, Naturwiss.	71	535	306	3 227
Ökonomie und Technik	101	771	2 216	22 470
Landwirtschaft, Forst, Nahrung	34	326	1 075	21 935
Mode und Wohnkultur	11	72	3 516	25 728
Kirche, Kirchenpolitik	34	680	379	13 041
Insgesamt	542	5 473	21 872	288 268

1) in 1 000

Quelle: Statistisches Jahrbuch der DDR 1989, S. 321

zeigt Tabelle 18 im Ost-West-Vergleich. Danach betrug die Zeitschriftendichte und die Titelzahl pro Einwohner rund ein Drittel der Werte für Westdeutschland.

Tab. 18: Zeitschriftenvielfalt im Ost-West-Vergleich 1988

Merkmal	Ost	West
Titel pro 1 Mill. Einwohner	33	105
Zeitschriften pro Einwohner[1]	1,33	3,81
1) durchschnittliche Auflage je Erscheinungstag pro Einwohner		

Quelle: Pressestatistik, Statistisches Jahrbuch der DDR 1989

6.2. Zeitschriftenproduktion in Ostdeutschland nach der Wende

Die amtliche Pressestatistik weist für Ostdeutschland 1991 nur 49 Zeitschriftenverlage aus, die 156 Titel mit einer Auflage je Erscheinungstag von 5 031 000 Exemplaren produziert haben und für 1992 78 Zeitschriftenverlage mit 399 Titeln[26]. Wie gering das Volumen dieser ostdeutschen Zeitschriftenproduktion im Ost-West-Vergleich war, zeigt Tabelle 19. Nur vier bis fünf Prozent der Zeitschriftenproduktion – sowohl nach Titelzahl als auch nach Auflage und Umsatz – ist 1992 in Verlagen mit Sitz in Ostdeutschland erstellt worden. Damit ist die Zeitschriftenproduktion in Ostdeutschland drastisch eingebrochen, sowohl im Vergleich zu 1988 als auch im Vergleich zur Zeitschriftenproduktion in Westdeutschland 1992. Die hinter diesen Zahlen stehende Entwicklung der Zeitschriftenproduktion soll anhand der Marketingstrategien von Zeitschriftenunternehmen ein wenig aufgehellt werden.

Tab. 19: Zeitschriftenproduktion[1] im Ost-West-Vergleich 1992

Merkmal	West	Ost	Ost in %West
Titel	7 193	399	5,5
Auflage in 1.000[2]	296 887	16 010	5,4
Umsatz in Mill. DM	12 887	514	4,0
- aus Vertrieb	6 775	164	2,4
- aus Anzeigen	6 112	349	5,7
1) ohne Anzeigenblätter 2) je Erscheinungstag			

Quelle: Pressestatistik

26 Die regionale Zuordnung erfolgt nach dem Sitz des Verlages.

6.3. Marketingstrategien von Zeitschriftenunternehmen nach der Wende

Die geringe Zeitschriftendichte in der DDR hatte erwarten lassen, dass Ostdeutschland ein expandierender Zeitschriftenmarkt werden würde. Entsprechend groß war das Interesse westdeutscher Zeitschriftenverlage, in Ostdeutschland Leser und Käufer zu gewinnen. Die Verlagsstrategien seien am Beispiel der Verlagsgruppe Gruner+Jahr (G+J) kurz beschrieben (vgl. Hogel 1993).

Nach der Wende hatte G+J sehr schnell seine Zeitschriftenpalette nach Ostdeutschland geliefert, musste aber feststellen, dass seine Titel, die überwiegend im Hochpreis-Sortiment angesiedelt sind, sich dort nicht durchsetzen ließen. Gerade die Flaggschiffe von G+J erzielten in Ostdeutschland eine besonders geringe Reichweite: die *Zeit* 3,5 Prozent, *GEO* 3,8 Prozent, der *Stern* 5,4 Prozent und *Brigitte* 8,5 Prozent (die Prozentzahl ist die Reichweite im Gebiet von Ostdeutschland im Verhältnis zur Reichweite im Gebiet von Westdeutschland nach der Media-Analyse von 1993).

Daher hatte G+J parallellaufend versucht, West-Zeitschriften auf den Ostbedarf zuzuschneiden und spezielle Wirtschaftsmagazine für Ostdeutschland entwickelt. Zu nennen ist die Ostausgabe von *Capital* und die Ostausgabe von *Impulse*. Diese liefern auf den ostdeutschen Markt zugeschnittene Basisinformationen mit hohem Gebrauchswert und weniger Themen aus dem Bereich Wirtschaftspolitik und Lifestyle wie bei den entsprechenden Westausgaben. Daneben wurde die Zeitschrift *Mein Kind und Ich* als Ableger der erfolgreichen West-Zeitschrift *Eltern* etabliert. Die Markterfolge sind erkennbar, indes insgesamt relativ gering: *Capital (Ost)* hatte eine Auflage von 47 003 Exemplaren, *Mein Kind und Ich* eine Auflage von 164 200 (jeweils verkaufte Auflage nach IVW 4/93) und *Impulse (Ost)* 35 000 Exemplare (Stamm 1994).

Schließlich hat G+J mit dem Berliner Verlag den ostdeutschen Verlag mit dem größten Zeitschriftensortiment erworben. Hierzu gehörten folgende Titel: *F.F. dabei, Kleine F.F. dabei, Für Dich, Freie Welt, Horizont, Das Magazin, Neue Berliner Illustrierte, Wochenpost, Eulenspiegel* und *Weltbühne*. Von diesen Titeln existierten 1993 im Berliner Verlag von G+J noch die Programmzeitschrift *F.F.* (als Zusammenlegung von *F.F. dabei* und *Kleine F. F. dabei*) sowie die *Wochenpost*, daneben existieren der *Eulenspiegel* und das *Magazin* weiterhin als Titel, die aber an andere Verlage verkauft worden sind, die übrigen Titel sind eingestellt worden.

Damit sind die Typen von Unternehmensstrategien erkennbar, die sich auch in den Strukturen des Zeitschriftenmarktes Ostdeutschlands niedergeschlagen haben. Es sind dies:

- Verkauf von Westtiteln in Ostdeutschland (West-Exporte),
- Aufkauf und Weiterführung ehemaliger DDR-Titel,
- Entwicklung von Ost-Ablegern von West-Titeln,
- Neuentwicklung von Zeitschriften, die auf den ostdeutschen Markt zugeschnitten sind.

Diese Strukturen sollen abschließend dargestellt werden.

6.4. *Strukturen der Marktentwicklung*

Auf der Basis der von der Media-Analyse 1993 (MA '93) repräsentierten Zeitschrif-tentitel können die marktstrukturellen Entwicklungen quantifiziert werden, die in Tabelle 20 zusammengefasst dargestellt sind. Danach waren in Ostdeutschland überwiegend solche Zeitschriften verbreitet, die im Westen produziert wurden und auch dort gelesen wurden. Daneben spielten ehemalige DDR-Titel und Neuentwick-lungen eine gewisse Rolle, Ost-Ableger von West-Zeitschriften konnten zwar vor

Tab. 20: Struktur des Zeitschriftenmarktes in Ostdeutschland 1993

Typ	Leser Ost	Leser West	Gesamtauflage
West-Export	49 520 000	-	-
DDR-Titel	4 310 000	640 000	1 301 225
Neuentwicklungen	3 330 000	590 000	1 049 821
Ost-Ableger	112 170[1]	-	112 170
1) Für Ost-Ableger von West-Titeln ist lediglich ihre Auflage bekannt, nicht die Reichweite			

Quelle: MA '93, IVW 4/1993, Stamm 1994

allem unter den Wirtschaftstiteln einige Erfolge verzeichnen. Sie waren aber prak-tisch bedeutungslos, wenn man die in Ostdeutschland verbreitete Gesamtauflage der Zeitschriften zum Maßstab nimmt.

West-Exporte hatten in Ostdeutschland vor allem dann Erfolg, wenn sie nicht im Hoch-Preis-Segment angesiedelt waren und wenn sie Beratung in den Bereichen Wohnen, Garten, Kochen, Auto und Do-it-yourself boten. Auffällig war daneben vor allem der relative Erfolg der Jugendzeitschriften und der Rätsel-Magazine.

Tab. 21: Erfolgreiche DDR-Titel 1993

Titel	Leser Ost	Leser West	Auflage 4/93
F.F. (Programm)	1 820 000	170 000	588 015
Auto/Der Dt. Straßenverkehr	950 000	180 000	359 363
KFT Kraftfahrzeugtechnik	370 000	140 000	103 363
Guter Rat (Wirtschaft)	690 000	100 000	147 484
Wochenpost (Gesellsch., Politik)	480 000	50 000	103 000[1]
Zusammen	4 310 000	640 000	1 301 225
1) Auflage nicht nach IVW, sondern nach MA ' 93			

Quelle: MA '93, IVW 4/93

Ehemalige DDR-Titel, die mit Erfolg übernommen und weitergeführt wurden, sind rar. Es waren dies die in Tabelle 21 aufgeführten fünf Titel aus den Rubriken Programmpresse, Auto, Wirtschaft und Gesellschaft. Diese Titel waren überwiegend in Ostdeutschland verbreitet, aber immerhin 12,9 Prozent der Leser hatten ihren Wohnsitz in Westdeutschland.

Ost-Ableger von West-Titeln gab es vor allem bei Wirtschaftsmagazinen. Diese deckten einen spezifischen Bedarf der ostdeutschen Leser, sofern sie konkrete Beratung in wichtigen Lebensbereichen lieferten (Geldanlage, Existenzgründung, Steuern und Versicherung, Arbeitsrecht usw.) und nicht zu teuer waren. Zu nennen sind die in Tabelle 22 aufgeführten Titel. Die Preisunterschiede fielen hier recht deutlich

Tab. 22: Ost-Ableger von West-Titeln 1993

Titel	Auflage Ost	Auflage West	Preis Ost	Preis West
Capital	47 003	262 012	3,-	8,50
DM	51 186	185 065	3,-	7,-
Wirtschaftswoche	13 981	158 730	2,-	4,50

Quelle : MA '93; IVW 4/93

aus. Dabei sind die niedrigen Ostpreise sicher ein Marketinginstrument, um langfristig Leser an die Wirtschaftsmagazine zu binden. Allerdings schlagen sich die niedrigeren Preis in geringerer Qualität der Aufmachung und in geringerem Umfang nieder. Insgesamt spielten die Ost-Ableger eine verschwindend geringe Rolle.

Erfolgreiche *Neuentwicklungen von Titeln* speziell für den Markt in Ostdeutschland gab es kaum. Es waren nur die in Tabelle 23 aufgeführten zwei Titel *Super Illu* und *Super tv*, beide aus dem Hause Burda. *Super Illu* hat sich bislang als erfolg-

Tab. 23: Erfolgreiche Neugründungen für Ostdeutschland

Titel	Leser Ost	Leser West	Auflage 4/93
Super Illu	1 910 000	410 000	532.631
Super tv	1 420 000	180 000	517.190

Quelle: MA '93, IVW 4/93

reichste Zeitschriften-Neugründung nach der Wende etabliert, zudem in dem als schwierig geltenden Segment der allgemeinen Publikumszeitschriften ohne speziellen Zielgruppenbezug. Dieser Erfolg wird vom Verlag auf das redaktionelle Konzept zurückgeführt, das stark auf ostdeutsche Leser zugeschnitten war. So enthielt die Zeitschrift u. a. einen umfangreichen Ratgeberteil zu Fragen aus Bereichen wie Recht, Gesundheit, Finanzen und Auto und räumte auch Wirtschaftsthemen einen hohen Stellenwert ein. Die Auflage von *Super Illu* hat sich stabil auf einem Niveau von knapp 600 000 Exemplaren gehalten (584 000 im 2. Quartal 2000) und auch *Super TV* existiert immer noch als kleinere Programmzeitschrift mit einer Auflage von 372 000 (2. Quartal 2000).

Zehn Jahre nach der Wende haben nur vier größere DDR-Zeitschriften überlebt: „*Guter Rat*“, ein Verbrauchermagazin, „*Eulenspiegel*“, eine Zeitschrift für Satire und Humor, „*Brummi*“, eine Zeitschrift für Vorschulkinder und „*Das Magazin*“, eine Zeitschrift für ostdeutsche Lebensart. Von diesen vier Zeitschriften wird nur das Verbrauchermagazin „*Guter Rat*“ auch in Westdeutschland erfolgreich vermarktet; die übrigen Zeitschriften sind deutlich auf die Rezipienten in Ostdeutschland ausgerichtet (Stand 2000).

Im Zeitschriftensektor gibt es also – ganz anders als im Zeitungssektor – keine nennenswerten Überbleibsel aus der ehemaligen DDR. Dies ist in dieser Eindeutigkeit genauso überraschend wie umgekehrt die absolut dominierende Position der ehemaligen SED-Bezirkszeitungen. Man kann dies ex post erklären mit der Titeltreue bei Zeitungen und der nur lockeren Bindung der Leser an Zeitschriften und mit dem prinzipiellen Fehlen regionaler Gebundenheit bei den überwiegend sachlich orientierten Zeitschriften. Gleichwohl bleibt ein Rest an Erstaunen.

7. Zeitschriften im Europäischen Binnenmarkt

7.1. Zur Ökonomik der Zeitschrift im Binnenmarkt

Zeitschriften sind überwiegend an Sachthemen ausgerichtet und in dieser Ausrichtung in der Regel nicht regional oder lokal gebunden. Das bedeutet, dass die Nachfrage nicht an lokal/regional gebundenen Themen interessiert ist, sondern primär auf Sachgebiete bezogen ist. Daher sind Zeitschriften das Medienprodukt, das a priori die größten Entwicklungsmöglichkeiten im Binnenmarkt haben sollte. Spezielle Publikumszeitschriften und Fachzeitschriften können mit dem Binnenmarkt ihre engen nationalen Märkte erweitern.

Allerdings kann dies nicht für ganz kleine Auflagen gelten. Mit dem geplanten Verkauf einer Zeitschrift in einem anderen Land mit einer anderen Sprache entstehen immer so genannte sprungfixe Kosten in Form von

- Kosten der Übersetzung und
- Kosten des Drucks der übersetzten Zeitschrift.

Bisweilen entstehen weitere Kosten, wenn die Zeitschrift in einigen Teilen doch an unterschiedliche nationale Konsum- und Lesegewohnheiten angepasst werden muss und wenn unterschiedliche nationale Werberegeln beachtet werden müssen. Mithin eignen sich „europäische“ Versionen nationaler Titel letztlich doch nur für größere Auflagen, also für reichweitenstarke Titel in Ländern mit größerer Bevölkerungszahl. Dies bestätigt Tabelle 24, die einen Überblick über die Verbreitung der multinationalen Zeitschriften in Europa gibt.

Tab. 24: Verbreitung multinationaler Zeitschriften nach Land und Titel 1992

	B	CS	F	D	GR	H	I	NL	PL	P	E	S	CH	TR	GB	RUS	EU
Auto Bild		•	•	•		•	•	•							•		
Bella			•	•											•		
Best			•								•				•		
Biba			•								•						
Burda Moden		•	•	•	•	•	•	•	•							•	•
Business Week						•			•							•	•
La Casa Vogue			•				•				•						
Cosmopolitan			•	•	•		•	•		•	•			•	•		
Elle	•		•	•	•		•	•		•	•	•	•		•		
Elle Decoration			•	•	•		•	•			•	•			•		
Esquire				•			•	•							•		
Essentials			•		•										•		
Flair	•							•									
Madame Figaro			•				•										
Gente Viaggi							•				•						
Geo			•	•							•						
Hola											•				•		
Harper's Bazaar			•	•			•								•		
Joyce			•								•						
Libelle	•							•									
Marie-Claire	•		•	•	•		•	•		•	•			•	•		
Marie-Claire Maison			•								•						
Max			•	•	•		•										
Penthouse			•	•	•		•	•			•						
Playboy		•		•	•	•	•	•			•			•			•
PM Magazine			•	•							•						
Prima			•	•							•				•		
Reader's Digest	•		•	•		•	•	•		•	•	•	•		•		
Scientific American			•	•		•	•				•					•	
L'Uomo Vogue			•	•			•				•				•		
Vanity Fair															•		
Vogue			•	•			•				•				•		

Quelle: European Newspaper & Magazine Minibook 1992 (Carat)

Die Rubriken, die sich offenbar für eine multinationale Verwertung eignen, sind überwiegend auflagenstarke Rubriken wie Frauen und Mode, Sex und Erotik und Wissenschaft, und die vertretenen deutschen Zeitschriften erzielen, jedenfalls in Deutschland, beträchtliche Reichweiten. Die Länder, die primär beliefert werden, sind die bevölkerungsreichen Länder Frankreich (24 Titel), Spanien (22 Titel),

Deutschland (19 Titel), Großbritannien (18 Titel) und Italien (17 Titel). Die reichweitenstärkste Zeitschrift ist *Das Beste*, die mit jetzt 17 Schwesterausgaben von *Reader's Digest* und 24 Millionen europäischen Lesern Europas größte Zeitschrift ist (Eigenangabe: Horizont 23/1994, S. 11). Sie ist die einzige Zeitschrift, die in nennenswertem Umfang auch in kleineren Ländern vertrieben wird.

Die Strategie, eigene Titel auf das Ausland auszudehnen oder im Ausland erscheinende Titel zu erwerben, wird von den großen Zeitschriftenverlagen dementsprechend verfolgt. So hat die Verlagsgruppe Heinrich Bauer die französische Frauenzeitschrift *Marie-France* erworben. Die Verlagsgruppe Burda gibt die deutsche Ausgabe der Zeitschrift *Elle* heraus und Gruner+Jahr gibt die deutsche Ausgabe der Zeitschrift *Marie-Claire* heraus, jeweils bei Gründung einer Gemeinschaftsunternehmung mit dem entsprechenden Partner aus Frankreich (Monopolkommission 1990, TZ 601).

7.2. Umfang und Struktur des europäischen Zeitschriftensektors

Bei internationalen Vergleichen muss stets beachtet werden, dass Grundgesamtheiten und Erhebungsmethoden nicht immer übereinstimmen. Dennoch können Anga-

Tab. 25: Zeitschriftendichte in Europa 1999[1]

Land	Zahl der Titel	Zeitschriftendichte[2]
Belgien	360	36
Dänemark	85	16
Deutschland	1 925	23
Finnland	293	57
Frankreich	1 239	21
Griechenland	100	10
Großbritannien	2 438	41
Irland	k. A.	k. A.
Italien	350	6
Niederlande	162	10
Norwegen	390	89
Österreich	56	7
Portugal	276	28
Schweden	178	20
Schweiz	123	17
Spanien	170	4
Europa	8 145	21

1) Publikumszeitschriften 2) Titel pro 1 Million Einwohner

Quelle: Zusammengestellt aus Angaben in W&V compact.

ben über die Verbreitung von Zeitschriften und ihre ökonomische Bedeutung im internationalen Vergleich wichtig sein, um nationale Unterschiede und Entwicklungspotentiale abschätzen zu können.

Tabelle 25 gibt einen Überblick über die Zahl der Zeitschriftentitel und die Zeitschriftendichte für die wichtigsten europäischen Länder. Eine recht große Bedeutung haben Zeitschriften offenbar in Norwegen, Finnland und Großbritannien, während einige südeuropäische Länder wie Griechenland, Spanien und Italien verhältnismäßig wenig Zeitschriftentitel aufweisen. Diese Bestandsaufnahme ähnelt den Befunden für den Zeitungsmarkt in Europa, für den prinzipiell ein ähnliches Nord-Süd-Gefälle zu beobachten ist.

Zusammenfassung

Das Marktvolumen des Zeitschriftensektors kann auf einen Gesamtumsatz von rund 20 Mrd. DM veranschlagt werden, genaue Zahlen stehen nach dem Einstellen der Pressestatistik leider nicht mehr zur Verfügung. In diesem Segment dominiert die Gattung der Publikumszeitschrift. Die Konzentration ist recht groß, dennoch existiert auf den vielen kleinen Zeitschriftenmärkten in der Regel ein heftiger Wettbewerb, der vor allem in der hohen Zahl der Marktzutritte und der Marktaustritte sichtbar wird. Die Zeitschriftenlandschaft in Ostdeutschland ist so gut wie vollständig der westdeutschen Angebotsstruktur angepasst worden.

Literaturhinweise

Die Literatur zu den Zeitschriftenmärkten ist spärlich. Immer noch sehr lesenswert ist

Haacke, Wilmont (1961), Die Zeitschrift – Schrift der Zeit, Essen (Stamm) 1961.

Über Probleme und Perspektiven der Publikumszeitschriften informiert der Sammelband von

Fischer, Heinz-Dieter (Hrsg.) (1985), Publikumszeitschriften in der Bundesrepublik Deutschland, Konstanz (Universitätsverlag) 1985.

Wettbewerbsstrategien für Zeitschriftenverlage analysiert die Diplomarbeit von

Reimer, Hauke; Hans-Jürgen Weigt (1991), Marktzutritt von Zeitschriften, Universität Dortmund 1991.

Einen Überblick über die Konzentration der Publikumszeitschriften bietet

Vogel, Andreas (2000), Leichtes Wachstum der Großverlage, in: Media Perspektiven Heft 10, S. 464-478.

12. Kapitel

Anzeigenblätter

In diesem Kapitel werden die einzel- und gesamtwirtschaftlichen Aspekte der Produktion von Anzeigenblättern beschrieben. Sie sind in der ökonomischen und kommunikationswissenschaftlichen Forschung bislang nur am Rande beachtet worden. Dies mag zum einen an den Definitions- und Erfassungsproblemen liegen, die im ersten und zweiten Abschnitt skizziert werden, zum anderen aber auch an ihrem heterogenen Erscheinungsbild (Abschnitt 3) und ihrer umstrittenen publizistischen Funktion (Abschnitt 4). Besondere Bedeutung kommt den Anzeigenblättern als Werbeträger zu (Abschnitt 5), was im Wesentlichen auch ihre Ökonomik begründet (Abschnitt 6). Die Konzentration und die Wettbewerbspolitik im Sektor der Anzeigenblätter werden in Abschnitt 7 und 8 behandelt und das Kapitel schließt mit einem Ausblick auf die Zukunft des Mediums (Abschnitt 9). Auch in diesem Kapitel werden Daten der amtlichen Pressestatistik verwendet, weil sie, wenn auch veraltet, einen relativ detaillierten Strukturüberblick bieten können.

1. Definition und Abgrenzungsprobleme

Als Anzeigenblätter gelten zeitungs- oder zeitschriftenähnliche Druckwerke, die durch folgende Merkmale gekennzeichnet sind:

- periodische Erscheinungsweise,
- unentgeltliche Zustellung,
- unbestellte Zustellung,
- regional abgegrenzte Verbreitung,
- im Prinzip Belieferung aller Haushalte des Zielgebietes,
- ausschließliche Finanzierung durch Verkauf der Verbreitungswahrscheinlichkeit von Werbebotschaften,
- enges Spektrum der inhaltlichen Breite der redaktionellen Berichterstattung und
- keine sachliche Abgrenzung der Zielgruppe.

Abgrenzungsprobleme ergeben sich zu unentgeltlich abgegebenen Zeitschriften, die sich ebenfalls zu 100 Prozent aus Werbung finanzieren. Der wesentliche Unterschied zu Anzeigenblättern besteht bei jenen darin, dass sie meist eine sachliche Abgrenzung ihrer Zielgruppen vornehmen (z.B. Motorradfahrer, Studierende oder

Naturkostkonsumenten) und eine entsprechend gezielte Verbreitung, durch Auslage in den entsprechenden Geschäften bzw. Örtlichkeiten anstreben. Abgrenzungsprobleme können sich auch zu Mitteilungsblättern von privaten Organisationen wie Kirchen und Parteien ergeben, da diese bisweilen ebenfalls durch Werbung (mit)-finanziert werden und bisweilen ebenfalls an alle Haushalte einer Region unentgeltlich abgegeben werden. Wenn dies der Fall ist, dann unterscheidet sie der primäre Zweck ihrer Verteilung, nämlich die Verbreitung organisationssspezifischer Informationen, von Anzeigenblättern; das Gleiche gilt für Amtsblätter, wenn diese nicht schon durch das Fehlen anderer Merkmale aus dem Raster für Anzeigenblätter fallen.

Offertenblätter sind periodische Druckwerke, die die Verbreitungswahrscheinlichkeit von Werbebotschaften – überwiegend Kleinanzeigen – den Inserenten kostenlos zur Verfügung stellen, hingegen den Lesern die Werbebotschaften als Information verkaufen. Sie unterscheiden sich mithin durch Finanzierung und Verteilung ganz deutlich von Anzeigenblättern, die kostenlos an die Haushalte im Verbreitungsgebiet verteilt werden. Sie werden bisweilen aber dem Bereich Anzeigenblätter zugerechnet, z.B. in der amtlichen Pressestatistik. Im Vergleich zu Anzeigenblättern spielen Offertenblätter quantitativ keine große Rolle. Nach der amtlichen Pressestatistik gab es 1994 in Deutschland 48 Offertenblätter mit einer Auflage von 1 408 000 Exemplaren und einem Umsatz von 210 Millionen DM.

2. Marktvolumen und Marktentwicklung der Anzeigenblätter

Anzeigenblätter werden in der amtlichen Pressestatistik als eine der zahlreichen Zeitschriftentypen zusammen mit Offertenblättern erfasst. Tabelle 1 zeigt u. a. die Entwicklung der Titel, der Umsätze, der redaktionellen und drucktechnischen Ausstattung und der Auflagen der amtlich erfassten Anzeigenblätter. Nach Auskunft des Statistischen Bundesamtes war diese Erhebung vollständig. Daneben gibt der Bundesverband Deutscher Anzeigenblätter (BVDA) einen Marktüberblick für das Bundesgebiet heraus, entsprechende neuere Angaben zum Vergleich enthält Tabelle 2.

Bei den Angaben des BVDA handelt es sich um eine Hochrechnung auf der Basis von 717 Titeln mit einer Auflage von 52,2 Milliionen Exemplaren. In der Größenordnung kann eine Übereinstimmung beider Quellen gesehen werden. Die Umsatzzahlen divergieren kaum und die Auflagenzahlen um gut zehn Prozent. Röper/Pätzold vermuten fundiert, dass beide Quellen kein Abbild des tatsächlichen Marktes liefern und dass die Anzahl der Titel und die Gesamtauflage höher liegen dürften. Dabei stützen sich Röper/Pätzold auf eine selbsterstellte Marktanalyse für Nordrhein-Westfalen und Niedersachsen (Röper/Pätzold 1993, S. 54). Da in diesem Lehrbuch zur Medienökonomie eher prinzipielle Entwicklungslinien aufgezeigt werden sollen, kann eine möglicherweise nicht ganz vollständige Dokumentation hingenommen werden.

Der Gesamtumsatz der Anzeigenblätter ist im Zeitraum von 1990 bis 1999 mit einer Zunahme von 73,4 Prozent deutlich stärker als das Bruttoinlandsprodukt (BIP

+ 45 Prozent) gestiegen. Dieser Teil des Werbemarktes kann mithin als Wachstumsmarkt bezeichnet werden, wenngleich der Umsatz 1999 erstmalig zurückgegangen ist.

Tab. 1: Strukturkennziffern von Anzeigenblättern[1] (einschl. Offertenblätter) von 1980 bis 1994

	1980	**1984**	**1988**	**1990**	**1992**	**1994**
Titelzahl	606	732	1 049	1 101	1 418	1 436
Seitenzahl des Jahrgangs (1 000)	373	491	842	905	1 362	1 405
- Text	117	167	282	304	517	537
- Anzeigen	257	324	560	601	844	868
- Textanteile (%)	31,4	34,0	33,5	33,6	38,0	38,2
Umsatz (Mill. DM)	587	1 025	1 562	1 775	2 453	2 798
Auflage (Mill. Stück)	36	42	58	63	82	86
Ø Umsatz[2]	969	1 400	1 489	1 612	1 730	1 949
Ø Umsatz (in DM)[3]	26 699	36 296	38 954	42 728	44 920	49 191
Ø Auflage	59 406	57 377	55 290	57 220	57 925	59 756
eigene Redakt. (%)[4]	85,0	90,4	84,8	87,0	86,1	85,4
eigener Druck (%)	34,8	33,1	29,2	23,4	31,3	22,1
Anzeigengrundpreis[5]	3 245	4 071	4 217	4 568	4 582	4 942

1) meist wöchentlich erscheinende 2) pro Titel und Jahr ; in 1 000 DM 3) pro Woche für mindestens wöchentlich erscheinende Anzeigenblätter 4) teilweise oder vollständige redaktionelle Herstellung in eigener Redaktion; „teilweise" beträgt rund ein Drittel von „vollständig" 5) ganzseitig, schwarz-weiß

Quelle: Pressestatistik

Tab. 2: Entwicklung der Anzeigenblätter von 1990 bis 1999

	1990	**1992**	**1994**	**1996**	**1998**	**1999**	+/- %
Titelzahl	1034	1141	1333	1282	1316	1331	+ 28,7
Auflage (in Mill.)	53,5	65,4	76,4	77,6	84,0	88,2	+ 64,9
Nettowerbeumsatz (Mill. DM)	1965	2411	2819	3011	3446	3408	+ 73,4

Quelle: BVDA

3. Erscheinungsbild, Verbreitungsweise und Größenstruktur

Anzeigenblätter unterscheiden sich nach äußeren Merkmalen z. T. erheblich.

> „Die benutzten Formate reichen von DIN-A-5 bis zum großen Rheinischen Zeitungsformat, die Seiten sind teils geheftet, teils geklebt oder lose ineinandergelegt; der Druck reicht vom technisch aufwendigen Vierfarbendruck bis zu sehr konventionellen Schwarz-Weiß-Verfahren; der Umfang variiert zwischen nur wenigen Seiten bis zu Umfängen, die an die Wochenendausgaben größerer Tageszeitungen erinnern. Die Verbreitungsgebiete sind z. T. beschränkt auf einzelne Gemeinden oder Stadtteile, decken zum anderen aber auch mehrere Städte oder Kreise ab" (Röper/Pätzold 1993, S. 55).

Anzeigenblätter folgen im Regelfall der regionalen Verteilung der Tagespresse (Ridder-Aab 1985, S. 638).

Wie Übersicht 1 zeigt, erscheinen Anzeigenblätter fast ausschließlich wöchentlich: nach der Titelzahl zu 97,3 Prozent. Der Erscheinungstag ist überwiegend der Mittwoch mit 53,8 Prozent der Titel, gefolgt vom Donnerstag mit 16,2 Prozent und vom Sonntag mit 13,3 Prozent der Titel. Zu praktisch 100 Prozent sind Anzeigen-

Übersicht 1: Erscheinungsweise der Anzeigenblätter 1998

	Titel	Auflage
Erscheinungsweise		
Anzahl der Titel, davon erscheinen	1 311	88 540 431
wöchentlich	1 243	86 171 091
14-täglich	34	1 127 969
monatlich	34	1 241 371
Erscheinungstage		
Montag	2	99 025
Dienstag	41	2 541 104
Mittwoch	706	49 036 021
Donnerstag	213	10 246 292
Freitag	14	439 610
Samstag	89	7 242 762
Sonntag	175	16 468 687

Quelle: BVDA

blätter lokal/regional verbreitet, 1994 haben nur 27 von 1 436 Titeln eine überregionale Verbreitung. Sie werden überwiegend – zu 85 bis 90 Prozent der Titel – in der

Tab. 3: Auflagengrößenstruktur von Anzeigenblättern[1] 1998

Auflagenklasse	Titel	Anteile (%)	Auflage	Anteile (%)
bis 10 000	33	2,6	241	0,3
10 000 - 25 000	255	20,3	4 661	5,4
25 000 - 50 000	449	35,7	16 661	19,4
50 000 - 100 000	322	25,6	22 169	25,8
100 000 - 200 000	132	10,5	17 799	20,8
über 200 000	67	5,3	24 237	28,3
insgesamt	1 258	100	85 768	100

1) nur wöchentlich erscheinende Anzeigenblätter

Quelle: BVDA

eigenen Redaktion erstellt, der eigene Druck ist hingegen eher die Ausnahme. Der Anteil des Textes am Gesamtumfang von Anzeigenblättern beträgt über Jahre hinweg relativ konstant ein Drittel im Vergleich zum Textanteil von Tageszeitungen von rund zwei Dritteln. Das durchschnittliche Anzeigenblatt hat 15,8 Seiten, davon 5,3 Seiten Text und 10,5 Seiten Anzeigen. Die durchschnittliche Auflage beträgt 66 000 Exemplare und der durchschnittliche Umsatz beträgt pro Woche 49 000 DM und pro Jahr 2,56 Millionen DM. Anzeigenblätter sind überwiegend recht auflagenstark, wie Tabelle 3 zeigt. In der untersten Auflagenklasse bis 10 000 Exemplare sind lediglich 2,6 Prozent der Titel und 0,3 Prozent der Auflage vertreten, während z.B. 77,1 Prozent aller Titel eine Auflage von 25.000 Exemplaren und mehr haben und in dieser Auflagenklasse 94,3 Prozent der Auflage vertreten sind. Die hohe Auflage erklärt sich durch die angestrebte Fixkostendegression und die angestrebte vollständige Haushaltsabdeckung.

Tab. 4: Entwicklung der Größenstruktur von Anzeigenblättern[1]
– Auflagenanteile nach Auflagengrößenklassen in Prozent 1987 - 1998

Auflagenklasse	1987	1990	1992	1994	1996	1998
< 10 000	0,8	0,6	0,5	0,4	0,4	0,3
10 000 - 25 000	9,7	7,5	6,7	6,8	5,6	5,4
25 000 - 50 000	23,1	23,1	22,7	22,2	21,7	19,4
50 000 - 100 000	25,0	23,9	26,3	25,9	26,6	25,8
100 000 - 200 000	16,5	18,7	20,2	23,5	21,8	20,8
> 200 000	24,9	26,1	23,6	21,2	23,9	28,3
zusammen	100	100	100	100	100	100

1) wöchentlich erscheinende Anzeigenblätter

Quelle: BVDA

Von 1987 bis 1998 ist der Auflagenanteil der kleineren Anzeigenblätter mit einer Auflage bis zu 25 000 Exemplaren von 10,5 Prozent auf 5,7 Prozent gefallen, während die Auflagenklasse von 50 000 bis 200 000 Exemplaren ein wenig zulegen konnte. Insgesamt gesehen ist die Größenstruktur aber relativ konstant geblieben, wie Tabelle 4 zeigt. Ein deutlicher Trend zur Größe ist nicht zu beobachten und wegen der lokalen oder regionalen Gebundenheit der Werbung in Anzeigenblättern auch nicht zu erwarten.

4. Die publizistische Funktion von Anzeigenblättern

Die publizistische Funktion von Anzeigenblättern ist recht umstritten. Schon die rechtliche Einordnung der Anzeigenblätter ist nicht einheitlich. Sie gehören mit Sicherheit zu den Presseorganen, die dem Schutz der Pressefreiheit unterliegen, ob aber ihr Informationsangebot dem einer Zeitung entspricht, wird kontrovers beurteilt. Presserechtlich sind Anzeigenblätter keine Zeitungen (Löffler/Ricker 1986, S. 4 Rn13).

Nach dem Gesetz gegen den unlauteren Wettbewerb (UWG) unterliegen unentgeltlich verteilte Waren strengen Maßstäben, was für Anzeigenblätter bedeutet, dass der redaktionelle Teil ein Drittel des Umfangs nicht überschreiten darf. Dies schließt eine Vergleichbarkeit zum Informationsangebot von Zeitungen aus. Aus ökonomischer Sicht deutet der relativ geringe Textanteil von einem Drittel, die fehlende Universalität des Textangebots und die geringe Aktualität des Erscheinens klar auf eine deutlich reduzierte publizistische Leistungsfähigkeit der Anzeigenblätter hin. Schließlich ist zu beachten, dass aus ökonomischer Sicht mit dem Schwerpunkt der Finanzierung – 100 Prozent aus Werbung im Vergleich zu zwei Dritteln aus Werbung bei Zeitungen – auch der Schwerpunkt der Funktion determiniert wird. Zeitungen sind überwiegend Werbeumfeld, Anzeigenblätter ausschließlich.

Letztlich kann indes nur eine inhaltsanalytische vergleichende Bestandsaufnahme die publizistische Funktion von Anzeigenblättern im Verhältnis zu Zeitungen klären. Röper stellt fest, dass die redaktionellen Konzepte sehr unterschiedlich sind. Einige Redaktionen wenden offenbar erhebliche Anstrengungen auf, in anderen Fällen kommt der redaktionelle Teil quantitativ und qualitativ nicht über eine Ergänzungsfunktion zu den Anzeigen hinaus (Röper/Pätzold 1993, S. 55). Für Ridder-Aab spricht vieles dafür, „dass die Feststellung von 1982, Anzeigenblätter könnten kein wirkliches publizistisches Gegengewicht zur Konzentration der Presse bilden, weiterhin Gültigkeit hat" (Ridder-Aab 1985, S. 638). Von einzelnen möglichen Ausnahmen abgesehen, kann mithin wohl davon ausgegangen werden, dass die publizistische Funktion von Anzeigenblättern deutlich geringer ist als die von Zeitungen.

Zu prüfen ist aber, ob und in welchem Umfang der redaktionelle Teil von Anzeigenblättern der *lokalen* Berichterstattung von Zeitungen vergleichbar ist. Nach einer sehr gründlichen Analyse kann Kopper eine weitgehende Vergleichbarkeit der Lokalberichterstattung beider Medien feststellen.

> „Die Hauptleistung auch bei Tageszeitungen im Rahmen ihrer lokalen Berichterstattung liegt gängig also weit eher in einer nur geringfügig redaktionell angereicherten Verteilfunktion innerhalb des gegebenen Verbreitungsgebietes. Das Leistungsmerkmal der Verteilung von vorgefertigter Information aber stellt einen wesentlichen Teil überhaupt des Leistungsbeitrages von lokal berichtenden Tageszeitungen dar. Es ist dieses Hauptelement, in dem eine deutliche Überlagerung mit dem Leistungsbeitrag von Anzeigenblättern stattfindet, denn deren redaktionelle Leistung beruht ihrerseits weit überwiegend auf Verteilinformationen“ (Kopper 1991, S. 154).

Damit bietet das Anzeigenblatt eine zusätzliche Chance für die am Ort vorhandenen institutionellen und privaten Kommunikatoren, ohne bemerkenswerten wirtschaftlichen Aufwand in das öffentliche Gespräch einzutreten (Kopper 1991, S. 177).

5. Das Anzeigenblatt als Werbeträger

Das Anzeigenblatt ist ein reines Werbemedium. Es rangiert seit Jahren mit einem Marktanteil von gut acht Prozent an fünfter Stelle der Werbeträger. Zugleich hat die Bedeutung des Anzeigenblattes als Werbemedium zugenommen. Dabei muss allerdings berücksichtigt werden, dass die Erfassungsmethoden erst ab 1986 verlässliche Angaben erlauben und dass diese Erfassungsmethoden seitdem schrittweise verbessert worden sind. Die Entwicklung des Werbeumsatzes von Anzeigenblättern zeigt Tabelle 5. Die werbliche Eignung des Anzeigenblatts soll hier nach den allgemei-

Tab. 5: Entwicklung des Werbeumsatzes von Anzeigenblättern von 1986 – 1999 (bis 1990 nur Westdeutschland)

	1986	1990	1992	1994	1996	1998	1999
Nettowerbeumsatz (Mill. DM)	1 310	1 965	2 411	2 819	3 011	3 446	3 408
Marktanteil (in Prozent)	7,0	8,0	7,7	8,3	8,1	8,5	8,0

Quelle: ZAW

nen Kriterien, die in Kapitel 15, Abschnitt 6.2., Band 2 aufgestellt wurden, beurteilt werden. Sie kann folgendermaßen beschrieben werden:

- sehr guter räumlicher Zielgruppenbezug,
- kein demographischer Zielgruppenbezug,
- Nutzungsfunktion: aktive, aber beiläufige Informationssuche bezogen auf Werbeangebote und allgemeine Informationen; geringe Kontaktintensität, weil die Übereinstimmung von Informationsangebot und Leseinteresse gering ist,
- Nutzungsmodalitäten: einmalige Nutzung überwiegend zu Hause,

- zeitliche Flexibilität ist hoch, Anzeigen können quasi in letzter Minute platziert werden,
- Verfügbarkeit ist unbegrenzt,
- Produktionskosten der Werbebotschaften sind gering,
- Tausend-Kontaktpreise sind niedrig,
- Gestaltungsmöglichkeiten sind schlecht, Druckqualität meist einfach,
- das redaktionelle Image und das werbliche Image sind schlecht (dies wird hier allerdings nur vermutet, Analysen sind nicht bekannt).

Das Anzeigenblatt ist Basismedium allenfalls für den lokalen und regionalen Einzelhandel. Sein Vorzug ist die preiswerte, räumlich abgrenzbare *Vollabdeckung* von Haushalten. So erzielen die Anzeigenblätter recht hohe Reichweiten von 92 Prozent (weitester Leserkreis) und 64 Prozent (Leser pro Ausgabe) nach der Allensbacher Werbeträgeranalyse (AWA '98), und die Titel werden von nahezu allen Bevölkerungsschichten gleichmäßig genutzt (BVDA-Leseranalyse). Der Nachteil des Anzeigenblatts ist vor allem das schlechte redaktionelle und werbliche Image. Dies erklärt die schrittweise Ausweitung des Anteils selbst recherchierter Beiträge, den Branchenblätter behaupten (w & v vom 20.03.1992).

Das Anzeigenblatt ist nach der Tageszeitung der bedeutendste lokale Werbeträger und ist daher an ein Potential lokaler Werbeaufträge gebunden. Dies Potential an lokaler Werbung ist Bestandteil der allgemeinen Wirtschaftskraft. Zielgröße der lokalen Werbung ist die lokale Kaufkraft der privaten Haushalte; Aufkommensindikator der lokalen Werbung ist überwiegend der Einzelhandelsumsatz (vgl. Heinrich 1993b, S. 47 ff.). Mithin sollten Anzeigenblätter vor allem in Wirtschaftszentren in größerem Umfang erscheinen. Um die Wirtschaftlichkeit der kostenlosen Vollzustellung zu sichern, dürfen die Verteilwege nicht sehr groß sein, also sollten Anzeigenblätter vor allem in Gebieten mit großer Bevölkerungsdichte erscheinen. Üblicherweise korrelieren alle diese Größen, so dass Anzeigenblätter vor allem an typische Ballungsräume gebunden sind. Allerdings haben Anzeigenblätter mit der Möglichkeit, ihr Erscheinungsintervall, ihren Umfang und ihre Aufmachung variieren zu können geeignete Parameter, um sich unterschiedlicher Wirtschaftskraft anpassen zu können.

6. Zur Ökonomik der Anzeigenblätter

Anzeigenblätter nutzen den hohen Grad an Subvention des Textteils von Zeitungen durch den Anzeigenteil (vgl. Kapitel 8) und übernehmen diesen Teil der Medienproduktion im Rahmen abgespaltener Marktaktivitäten. Für den Marktzutritt zu dieser Aktivität gibt es nur geringe Schranken. Die Technik von Produktion und Vertrieb ist sehr einfach und Kostenvorteile der etablierten Anbieter existieren nicht. Im Gegenteil: Durch die Verteilung an alle Haushalte der Region werden Fixkostendegressionen vollständiger realisiert als bei Zeitungen oder Zeitschriften. Schließlich überwindet die kostenlose Zustellung der Anzeigenblätter die Leser-

Blatt-Bindung, die bei Zeitungen beobachtet wird und dort den Marktzutritt erschwert. Es bleiben die Produktdifferenzierungsvorteile der etablierten Zeitungen, die Anzeigenblätter überwinden müssen. Dies gelingt den Anzeigenblättern, indem sie die teure Produktion eines guten redaktionellen Teils durch die kostenlose Zustellung substituieren: Die Qualität der Berichterstattung wird durch die kostenlose Zustellung substituiert.

Grenzen der Qualitätssubstitution sind nicht klar zu ziehen und das breite Spektrum von „guten" bis „schlechten" Anzeigenblättern verdeutlicht den Unbestimmtheitsgrad. Man kann offenbar die Investition in die Qualität von Anzeigenblättern, insbesondere in Aufmachung, Inhalt und die Qualität des Vertriebs durch höhere Anzeigenerlöse genauso gut amortisieren wie geringere Anzeigenerlöse durch schlechtere Qualität.

Langfristig ist eine Nivellierung der Subvention des Textteils durch den Anzeigenteil bei Zeitungen zu erwarten. Wenn sich herausstellt, dass es offenbar nicht notwendig ist, durch teure redaktionelle Produktion Aufmerksamkeit für Werbebotschaften mitzuproduzieren, dann dürfte dies den Verkauf von Text auf dem Lesermarkt verteuern und den Verkauf der Verbreitung von Werbebotschaften auf dem Anzeigenmarkt billiger machen. Leser müssten dann genauer das bezahlen, was sie erhalten.

Anzeigenblätter produzieren technisch und ökonomisch nicht effizienter als Zeitungen. Im Gegenteil: Durch den quasi doppelten Aufwand bei Druck, Verwaltung und vor allem Vertrieb von Anzeigenblättern – die Inhalte könnten ja viel billiger in Zeitungen mitproduziert und mitverteilt werden – werden mögliche Größenvorteile der Produktion nicht realisiert. Der ökonomische und gesellschaftliche Vorteil der Anzeigenblätter besteht allein in der Realisierung der größeren Fixkostendegression durch die Vollabdeckung. Der *private* Vorteil für Anzeigenblattunternehmen besteht in der auf einfache Weise möglichen Abspaltung des lukrativen Teils der Zeitungsproduktion, der Verbreitung von Werbung, ein *gesellschaftlicher* Vorteil ist das nicht. Daher kann aus ökonomischer Sicht nur dafür plädiert werden, Werbung in Zeitungen billiger zu machen und dafür die Preise für das Publikum entsprechend anzuheben.

Die Strategie von Zeitungsverlagen kann es folgerichtig nur sein, das Anzeigenblattgeschäft selbst zu betreiben, solange die Subvention des Textteils durch den Anzeigenteil erhalten bleibt. Dies liegt aus zwei Gründen nahe. Zum einen erscheint es unternehmensstrategisch als notwendig, wenn es denn eine Konkurrenz für das eigene Produkt gibt, diese Konkurrenz selbst zu stellen. Zum anderen können Zeitungsverlage einige Know-How-Vorteile der Produktion nutzen, so dass sie effizienter produzieren sollten als Branchenfremde. Und so ist es in der Praxis. In Nordrhein-Westfalen – für andere Länder ist dies nicht so genau bekannt – halten Zeitungsverlage 59 Prozent der Anzeigenblattausgaben und 65 Prozent der Anzeigenblattverlage (Pätzold/Röper 1992, S. 110). Und generell sind in der Bundesrepublik Zeitungsverlage, die keine Anzeigenblätter herausgeben, in der Minderheit (Röper/Pätzold 1993, S. 58). In diesem Sinne sind Anzeigenblätter Komplementärmedien zu Zeitungen, zwar nicht technisch gesehen wie z.B. Autos und Reifen, aber doch unternehmensstrategisch gesehen. Anzeigenblätter als echte Konkurrenzmedien sind inzwischen zu Ausnahmen geworden.

Anzeigenblätter werden in der Regel nicht von den Zeitungsverlagen selbst, sondern von Tochterunternehmen verlegt (Pätzold/Röper 1992, S. 109). Dafür sprechen vor allem marketingstrategische Überlegungen. Für Produkte des gleichen Unternehmens besteht immer die Möglichkeit des Imagetransfers von einem Produkt auf andere und zwar von unten nach oben wie auch von oben nach unten. Der Imagetransfer von oben nach unten wird generell angestrebt, ganz typisch z.B. in der Brauindustrie zu beobachten, wo das positive Image einer so genannten Premium-Marke auf die Massenbiere der gleichen Brauerei zu übertragen versucht wird. Und umgekehrt gilt es zu vermeiden, ein negatives Image eines billigen Produktes auf die teureren Produkte des gleichen Hauses zu übertragen. Deswegen hat BMW Anfang 1994 darauf verzichtet, ein kleines, billiges Stadtauto zu entwickeln. Offenbar ist es für die Mehrzahl der Zeitungsverlage wichtiger, einen negativen Imagetransfer des Anzeigenblattes auf die Zeitung zu verhindern als umgekehrt einen positiven Imagetransfer von der Zeitung auf das Anzeigenblatt anzustreben.

7. Konzentration

Den Umfang der Konzentration im Sektor Anzeigenblätter zeigt Tabelle 6. Es sind ähnliche Konzentrationsraten wie bei den Abonnementzeitungen festzustellen und unter den zehn größten Anzeigenblattunternehmen sind im Prinzip die gleichen Verlage in etwa der gleichen Reihenfolge wie bei den Abonnementzeitungen vertreten, eine Ausnahme bildet die Gruppe um die *Rheinische Post*, *Westdeutsche Zeitung* und *Neuss-Grevenbroicher Zeitung*, die im Zeitungsmarkt nicht so dominant ist, und der Weiss-Druck Verlag (Monschau), der keine Zeitungen produziert. Die Konzentrationsraten, berechnet nach den Auflagenanteilen, die in Tabelle 6 ausgewiesen sind, betragen

CR 3 = 14,8 Prozent
CR 5 = 21,8 Prozent
CR 10 = 31,0 Prozent;

das ist nach der Bewertung durch die Monopolkommission als eine mäßige Konzentration zu sehen (Monopolkommission 1992, S. 289). Bemerkenswert ist der Umfang der Zusammenschlüsse von Tageszeitungen und Anzeigenblättern (Röper/Pätzold 1993, S. 59). Da die publizistische Funktion von Anzeigenblättern für gering gehalten wird, ist dies publizistisch nicht bedenklich. Ökonomisch ist dieser Verbund von Zeitung und Anzeigenblatt bedenklich, weil er im Prinzip den ökonomischen Wettbewerb beschränkt.

Tab. 6: Konzentration im Sektor Anzeigenblätter in der Bundesrepublik 1991

Verlagsgruppe	Ausgaben	Auflage	Auflagenanteil in %
1. VG WAZ	3	4 010 000	6,1
2. Axel Springer Verlag AG	16	3 122 553	4,9
3. VG DuMont-Schauberg Köln	16	2 496 000	3,8
4.VG Stuttg. Zeitung, Rheinpfalz	14	2 483 076	3,8
5. VG Rheinische Post	18	2 105 020	3,2
6. VG Madsack	10	1 559 353	2,4
7. Gruner + Jahr	3	1 320 000	2,0
8. Weiss-Druck, Monschau	3	1 109 023	1,7
9. VG Süddeutsche Zeitung	7	1 048 480	1,6
10. VG Ippen	14	977 451	1,5
zusammen	104	17 747 880	31

Quelle: Röper/Pätzold 1993, S. 60 ff.

8. Wettbewerbspolitik

Für die Wettbewerbspolitik ist zu prüfen, ob Anzeigenblätter als Zeitungen oder Zeitschriften nach § 35, Abs. 2, Satz 2 KartellG der pressespezifischen Fusionskontrolle unterfallen. Dieses Rechtsproblem haben BGH (WuW/E BGH 1905, 1906 Münchener Anzeigenblätter) und BVerfG (WuW/E VG 307 Münchener Anzeigenblätter) so entschieden, dass Anzeigenblätter zumindest dann in den Anwendungsbereich der pressespezifischen Fusionskontrolle fallen, wenn sie einen nicht ganz unbeachtlichen redaktionellen Teil aufweisen.

Der ökonomischen Logik entspräche es, Anzeigenblätter immer, auch ohne redaktionellen Teil, in die verschärfte Fusionskontrolle einzubeziehen. Wenn Vielfalt über die Vielfalt der *wirtschaftlichen* Grundlagen von Presseverlagen über eine Vielzahl unabhängiger Medieneigentümer gesichert werden soll, dann schließt dies das Anzeigengeschäft als wesentliche Basis des Pressegeschäfts mit ein. Mithin können Anzeigenblätter nicht ausgeschlossen werden. Bislang hat es einen solchen Problemfall – ob der redaktionelle Teil groß genug ist, um das Anzeigenblatt kartellrechtlich als Zeitung oder Zeitschrift zu qualifizieren – nicht gegeben.

Eine andere Frage ist, ob Zeitungen und Anzeigenblätter zum gleichen relevanten Markt gehören. Die Unterschiede in der Erscheinungsweise, der Haushaltsabdeckung, der Preise und im redaktionellen Umfeld sind auf den ersten Blick so beachtlich, dass eine Trennung der Märkte vermutet werden könnte. Die Preise sind aber bei Anzeigenblättern zum Ausgleich für hohe Streuverluste niedriger als bei Zeitungen, bieten also ein ökonomisches Äquivalent. Die Unterschiedlichkeit der Erscheinungsweise ist für die Mehrzahl der Anzeigen nicht erheblich, von Familienanzeigen einmal abgesehen. Generell überschneidet sich die Art der Anzeigen in beiden Medien deutlich. Daher ist es ökonomisch begründet, eine hinreichend funktionale Austauschbarkeit von Anzeigenblatt und Tageszeitung als Werbeträger jedenfalls dann anzunehmen, wenn die Verbreitungsgebiete ungefähr übereinstimmen. Dies ist auch die Entscheidungspraxis von Bundeskartellamt und Kammergericht (KG WuW/E OLG 3767, 3770 Rheinische Anzeigenblätter; KG WuW/E OLG 3875, 3879 Südkurier-Singener Wochenblatt).

Da mithin Anzeigenblätter und Zeitungen in der Regel zum gleichen relevanten Markt gehören, ist für die Wettbewerbspolitik immer zu prüfen, ob durch einen Zusammenschluss eine marktbeherrschende Stellung entsteht oder verstärkt wird. In mehreren Fällen hat das Bundeskartellamt den Erwerb von Anzeigenblättern durch Tageszeitungen und in einem Fall einen Zusammenschluss zwischen mehreren Anzeigenblättern nicht untersagt. In der Regel verbesserte der Zuwachs des Werbevolumens dieser Anzeigenblätter auf dem jeweiligen Regionalmarkt die Marktstellung einer Zeitung mit nachrangiger Wettbewerbsposition und wirkte daher wettbewerbsbelebend. Beim Erwerb eines Offertenblattverlags durch andere gleichartige Verlage stellte sich die Frage, ob in diesem Fall der Markt weit (Offertenblätter, Zeitungen und Anzeigenblätter) oder eng (kostenlose private Kleinanzeigen) abzugrenzen sei. Das Bundeskartellamt hat diese Frage letztlich offen gelassen, weil wegen der niedrigen Marktzutrittsschranken und eines Substitutionswettbewerbs durch die Regionalzeitungen auch bei enger Marktabgrenzung nicht von einer Entstehung oder Verstärkung marktbeherrschender Stellungen auszugehen war (Monopolkommission 1992, S. 301).

Dagegen hat das Bundeskartellamt den beabsichtigten mittelbaren Erwerb von 50 Prozent der Anteile am *Stadtanzeiger* (Leipzig) durch die Axel Springer Verlag AG (ASV AG) untersagt. Der *Stadtanzeiger* erschien mit einer Gesamtauflage von 1,2 Mill. Exemplaren mit 16 unterschiedlichen Stadtausgaben in Sachsen und Thüringen und war in Leipzig das marktführende Anzeigenblatt. Die ASV AG hält 50 Prozent der Anteile der *Leipziger Volkszeitung*, der einzigen regionalen Abonnementzeitung und verlegt mit der *Leipziger Rundschau* das einzige weitere größere Anzeigenblatt der Region. Angesichts dieser Konstellation erschien es wenig zweifelhaft, dass mit dem Zusammenschluss von *Stadtanzeiger* und *Leipziger Volkszeitung* die marktbeherrschende Stellung der ASV AG auf dem regionalen Anzeigenmarkt verstärkt würde. Die Untersagung durch das Bundeskartellamt ist auch nicht strittig gewesen (Bundeskartellamt 1993, S. 127 f.).

9. Zukunft des Anzeigenblattes

Die Perspektive einer relativ billiger werdenden, digitalisierten Informationsübertragung und einer relativ teurer werdenden Informationsübertragung auf Papier besteht auch für das Anzeigenblatt. Das kann aber nicht bedeuten, dass das Anzeigenblatt, so wie es sich im Jahre 2000 darstellt, sehr schnell und vollständig durch Anzeigen im Internet ersetzt wird. Für einen elektronischen Abruf eignen sich vor allem solche Anzeigenrubriken, an denen ein aktives und gezieltes Informationsinteresse besteht. Folgerichtig stellen Anzeigenblätter für folgende Rubriken ihre Anzeigen in das Internet (www.anonza.de): Automarkt, Computer, Immobilien, Jobbörse, Rendez-vous und Fundgrube. Angeschlossen sind 29 Verlage mit ihren Anzeigenblättern (Mitte 2000). Der Erfolg und mögliche Substitutionseffekte sind noch nicht abzusehen, dennoch dürfte das klassische Anzeigenblatt in Papierform dann stark bedroht sein, wenn die Haushalte generell über einen Internetanschluss verfügen. Bislang kann die hohe Reichweite, die ausgewogene Nutzerstruktur und die kostenlose Zustellung des Anzeigenblattes durch das Internet nicht ersetzt werden.

Zusammenfassung

Anzeigenblätter finanzieren sich allein durch die Verbreitung von Werbebotschaften. Sie sind nicht nur Werbeträger, sondern erstellen auch ein begrenztes Angebot an redaktionellen Informationen, deren publizistischer Stellenwert allerdings recht gering ist. Der große Vorzug des Anzeigenblattes als Werbeträger ist die Möglichkeit, eine kostengünstige exakte räumliche Segmentierung der Verbreitung zu ermöglichen und für diese Verbreitung dann eine Vollabdeckung der Haushalte zu bieten. Die Existenz von Anzeigenblättern zeigt augenfällig, dass die Verbreitung von Werbebotschaften in gewissem Umfang durch den Konsumverbund mit redaktioneller Information gefördert wird, aber vor allem zeigt sie, dass die Verbreitung von Werbebotschaften ein sehr lukratives Geschäft ist und dass Werbebotschaften per se einen gesuchten Lesestoff darstellen. Wegen dieser größeren Vorteilhaftigkeit des Anzeigenblattes als Werbeträger ist es erklärlich, dass vor allem Zeitungsverleger auch Anzeigenblätter herausgeben. Das Anzeigenblatt als papiergebundenes Verteilmedium ist durch das Internet bedroht, weil vor allem solche Anzeigenrubriken, an denen ein aktives und gezieltes Informationsinteresse besteht, sehr schnell durch Internetanzeigen ersetzt werden können. Bislang kann aber die kostenlose Information, die hohe Haushaltsabdeckung und die ausgeglichene Nutzerstruktur des Anzeigenblatts durch das Internet nicht ersetzt werden.

Literaturhinweise

Die Literatur zu Anzeigenblättern ist spärlich. Umfassend informiert

Kopper, Gerd G. (1991), Anzeigenblätter als Wettbewerbsmedien, München u.a. (Saur) 1991.

Eine Fülle von Informationen bieten

Röper, Horst; Ulrich Pätzold (1993), Medienkonzentration in Deutschland. Medienverflechtungen und Branchenvernetzungen, Düsseldorf (Europäisches Medieninstitut) 1993.

Immer noch lesenswert ist

Ridder-Aab, Christa-M. (1985), Anzeigenblätter 1985 – gebremstes Wachstum, in: Media Perspektiven, 8/1985, S. 634-643.

Literatur

Akhaven-Majid, R.; A. Rife; S. Gopinath (1991), Chain Ownership and Editorial Independence: A Case Study of Gannett Newspapers, in: Journalism Quarterly, Vol. 68 (1991), S. 59-66.

Albach, H. (1989), Zur Tarifstruktur für urheberrechtlich geschützte Darbietungen, in: H. Albach (Hrsg.), Organisation, Wiesbaden (Gabler), S. 239-260.

Albach, H. (1992), Strategische Allianzen, strategische Gruppen und strategische Familien, in: Zeitschrift für Betriebswirtschaft, 62. Jg. (1992), S. 663-670.

Alchian, A.A.; S. Woodward (1988), The Firm is Dead; Long Live the Firm, in: Journal of Economic Literature, Vol. 26 (1988), S. 65-79.

Altmeppen, K.-D. (Hrsg.) (1996), Ökonomie der Medien und des Mediensystems, Opladen (Westdeutscher Verlag) 1996.

Andel, N. (1990), Finanzwissenschaft, 2. A., Tübingen (Mohr) 1990.

Andersen, A. (1999), Deal Survey 1998 Unterhaltungsindustrie, Berlin 1999.

Arrow, K.J. (1985), The Economics of Agency, in: J.W. Pratt; R.W. Zeckhauser (Hrsg.), S. 37-51.

***B**ain, J.S.* (1968), Industrial Organization, 2. A., New York (John Wiley & Sons) 1968.

Barbier, H. D. (1989), Journalisten: Private Anbieter eines öffentlichen Gutes, in: Ludwig-Erhard-Preis für Wirtschaftspublizistik, Bonn (Ludwig-Erhard-Stiftung) 1989, S. 39-52.

Baßeler, U.;J. Heinrich (1976), Wohlfahrtstheoretische Implikationen von Sozialproduktsvergleichen, in: ZWS, 106. Jg. (1976), S. 193-234.

Baßeler, U.; J. Heinrich; W. Koch (1999), Grundlagen und Probleme der Volkswirtschaft, 15. A., Köln (Bachem) 1999.

Bates, B.J. (1993), Concentration in Local Television Markets, in: The Journal of Media Economics, Vol. 6 (1993), S. 3-21.

Baumol, W. G.; J. C. *Panzar*, R. D. *Willig* (1982), Contestable Markets and the Theory of Industry Structure, New York u. a. (Harcourt) 1982.

BDZV (Hrsg.) (lfd. Jg.), Jahrbuch „Zeitungen“, Bonn lfd. Jg.

Bea, F.X.; E. Dichtl; M. Schweitzer (Hrsg.) (1991), Allgemeine Betriebswirtschaftslehre, Bd. 2: Führung, 5. A., Stuttgart (Fischer) 1991.

Becker, G.S. (1993), Ökonomische Erklärung menschlichen Verhaltens, 2. A., Tübingen (Mohr) 1993.

Beebe, J.H.; W.G. Manning (1974), Television Economics, Lexington 1974.

Berg, K.; M.-L. Kiefer (Hrsg.) (1992), Massenkommunikation IV. Eine Langzeitstudie zur Mediennutzung und Medienbewertung 1964-1990, Baden-Baden (Nomos) 1992.

Berg, H. (1992), Wettbewerbspolitik, in: Vahlens Kompendium der Wirtschaftstheorie und Wirtschaftspolitik, Bd. 2, 5. Aufl., München (Beck) 1992, S. 239-300.

Berg, H. (1999), Wettbewerbspolitik, in: Vahlens Kompendium der Wirtschaftstheorie und Wirtschaftspolitik, Band 2, 7., München (Beck) 1999, S. 299 - 362.

Berg, H. J. (Hrsg.) (1999), Rundfunkgremien in Deutschland, 2. A., Berlin (Vistas).

Bitz, M. u.a. (Hrsg.) (1993), Vahlens Kompendium der Betriebswirtschaftslehre Bd. 1, 3. A., München (Vahlen) 1993.

Blankenberg, W.B. (1994), Effects of Cost and Revenue Strategies on Newspaper Circulation, in: The Journal of Media Economics, Vol. 7 (1994), S. 1-13.

Blöbaum, B. (1994), Journalismus als soziales System, Opladen (Westdeutscher Verlag) 1994.

Bogart, L. (1989), Press and Public: who reads what, when, where, and why in American Newspapers, 2. A., Hillsdale/N.J. 1989

Böhm-Bawerk, E.v. (1921), Kapital und Kapitalzins II, 4. A., Jena (Fischer) 1921.

Bohr, K.; R.-D. Eberwein (1989), Die Organisationsform Fertigungsinsel, in: WiSt, 18. Jg. (1989), S. 218-223.

Bohrmann, H.; P. Schneider (1975), Zeitschriftenforschung. Ein wissenschaftsgeschichtlicher Versuch, Berlin (Spiess) 1975.

Bombach, G. u.a. (Hrsg.) (1985), Industrieökonomik: Theorie und Empirie, Tübingen (Mohr) 1985.

Bonus, H. (1980), Öffentliche Güter und Öffentlichkeitsgrad von Gütern, in: Zeitschrift für die gesamte Staatswissenschaft, 136 Jg. (1980), S. 50-81.

Booz, Allen & Hamilton (1990), Television Ownership and Control in the Nineties, Dublin 1990.

Boulding, K. E. (1973), Ökonomie als eine Moralwissenschaft, in: Vogt (Hrsg.) (1973), S. 103-125.

Bössmann, E. (1979), Externe Effekte, in: WISU, 8. Jg. (1979), S. 95-98.

Branahl, U. (1992a), Medienrecht. Eine Einführung, Opladen (Westdeutscher Verlag) 1992.

Branahl, U. (1992b), Publizistische Vielfalt als Rechtsgebot, in: G. Rager; B. Weber (Hrsg.), S. 85-109.

Branahl, U. (2000), Medienrecht. Eine Einführung, Opladen (Westdeutscher Verlag) 2000.

Brandt, P.; V. Schulze (1987), Medienkundliches Handbuch. Die Zeitung, 2 Bde., 4. A., Aachen (Hahner Verlagsgesellschaft) 1987.

Braun, G. (1988), Öffentliche Meinung als öffentliches Gut?, in: E.-J. Mestmäcker (Hrsg.), S. 223-261.

Bretschneider, J.; J. Husmann; F. Schnabel (1992), Handbuch einkommens-, vermögens- und sozialpolitischer Daten, 53. Lfg., Köln (Bachem) 1992.

Breyer-Mayländer, T. (1999), Zeitungen online - woher kommen die Umsätze?, in: BDZV Jahrbuch Zeitungen '99, Bonn (ZV) 1999, S. 170-179.

Bridges, J.A. (1991), Daily newspapers managing editors perception of news media functions in: Journalism Quarterly, Vol. 68 (1991), S. 718-728.

Brümmerhoff, D. (1986), Finanzwissenschaft, München (Oldenbourg) 1986.

Brunner, K. (Hrsg.) (1979), Economics and Social Institutions, Boston u.a. 1979.

Buchanan, J. M. (1965), An Economic Theory of Clubs, in: Economica, 32, 1965, S. 1 - 14.

Bücher, K. (1917), Gesammelte Aufsätze zur Zeitungskunde, Tübingen (Laupp'sche Buchhandlung) 1917.

Bücher, K. (1919), Die Entstehung der Volkswirtschaft, Erste Sammlung, Tübingen (Laupp'sche Buchhandlung) 1919.

Bücher, K. (1922), Die Entstehung der Volkswirtschaft, Zweite Sammlung, Tübingen (Laupp'sche Buchhandlung) 1922.

Bundeskartellamt (lfd. Jg.), Bericht des Bundeskartellamtes über seine Tätigkeit in den Jahren ..., Bonn lfd. Jg.

Burkhardt, F.W. (1993), Schöne neue Welt der Medien, in: BDZV (Hrsg.), Zeitungen '93, S. 260-273.

Busterna, J.C.; K.A. Hansen; J. Ward (1991), Competition, Ownership, Newsroom and Library Resources in Large Newspapers, in: Journalism Quarterly, Vol. 68 (1991), S. 729-739.

Carat (1992a), European Newspaper and Magazin Minibook 1992, London (Carat) 1992.

Carat (1992b), European Radio Minibook 1992, London (Carat) 1992.

Carat (1992c), European Television Minibook 1992, London (Carat) 1992.

Caroll, A. B. (1996), Business and Society. Ethics and Stakeholder Management, Cincinnati (South Western) 1996.

Coase, R. (1974), The Markets for Goods an the Markets for Ideas, in: American Economic Review, Vol. 64 (1974), S. 384-391.

Coase, R.H. (1937), The Nature of the Firm, in: Economica, 4. Jg. (1937), S. 386-405.

Compaine, B. M. (1983), The Business of Consumer Magazines, Mahwah und London (Lawrence Erlbaum) 1983.

Darbi, M. R.; E. Karni (1973), Free Competition and the Optimal Amount of Fraud, in: The Journal of Law and Economics, 16, S. 67-88.

Daten und Fakten (1991): Daten und Fakten zu den allgemeinen Rahmenbedingungen der künftigen Entwicklung bei Fernsehen, Hörfunk und Speichermedien, Dossier des Unternehmensbereiches Elektronische Medien der Bertelsmann AG, in: Medienspiegel, Dokumentation, Nr. 9/1991.

De Alessi, L. (1980), The Economics of Property Rights: A Review of the Evidence, in: Research in Law and Economics, Vol. 2 (1980), S. 1-47.

Deci, E. L. (1971), Effects of Externally Mediated Rewards on Intrinsic Motivation, in: Journal of Personality and Social Psychology, Vol. 18 (1971), S. 105-115.

Demsetz, H. (1967), Towards a Theory of Property Rights, in: AER, Vol. 57 (1967), S. 347-359.

Dertouzos, J.N.; W.B. Trautman (1990), Economic Effects of Media Concentration: Estimates from a Model of the Newspaper Firm, in: The Journal of Industrial Economics, Vol. 39 (1990), S. 1-14.

Dichmann, W.; G. Fels (Hrsg.) (1993), Gesellschaftliche und ökonomische Funktionen des Privateigentums, Köln (Deutscher Instituts Verlag) 1993.

Diederichs, H.H. (1985), Daten zur Konzentration der Tagespresse und der Publikumszeitschriften in der Bundesrepublik Deutschland im IV. Quartal 1984, in: Media Perspektiven, 1985, S. 615-633.

Diederichs, H.H. (1989), Daten zur Konzentration der Publikumszeitschriften in der Bundesrepublik Deutschland im IV. Quartal 1988, in: Media Perspektiven, 1989, S. 313-324.

Dittmers, M. (1982), Zum Wettbewerb zwischen den Medien, in: Publizistik, 27. Jg. (1982), S. 281- 292.

Dittmers, M. (1983), Die optimale Betriebsgröße von Rundfunkanstalten, in: Rundfunkökonomie, Beiheft 5 (1983) der Zeitschrift für öffentliche und gemeinwirtschaftliche Unternehmen, S. 105-119.

Dittmers, M. (1990), Medienökonomische Aspekte des Wettbewerbs im dualen Rundfunksystem, in: Media Perspektiven, 1990, S. 390-403.

DLM (1997), Beschäftigte und wirtschaftliche Lage des Rundfunks in Deutschland 1995/96: Studie des Deutschen Instituts für Wirtschaftsforschung (DIW) in Kooperation mit dem Hans-Bredow-Institut und der Arbeitsgruppe Kommunikationsforschung München (AKM), Berlin (Vistas).

DLM (1998), Beschäftigte und wirtschaftliche Lage des Rundfunks in Deutschland 1996/97: Studie des Deutschen Instituts für Wirtschaftsforschung (DIW) in Kooperation mit dem Hans-Bredow-Institut und der Arbeitsgruppe Kommunikationsforschung München (AKM), Berlin (Vistas).

Donsbach, W. (1993), Redaktionelle Kontrolle im Journalismus: Ein internationaler Vergleich, in: W.A. Mahle (Hrsg), S. 143-160.

Dörr, D. (1993), Pluralismus und Medienkonzentration im Binnenmarkt, in: Kommerz kontra Kultur, Hohenheimer Protokolle Bd. 49, Stuttgart (Akademie der Diözese Rotenburg-Stuttgart), S. 117-125.

E*ickhoff, N.* (1985), Wettbewerbspolitische Ausnahmebereiche und staatliche Regulierung, in: Jahrbuch für Sozialwissenschaften 36 (1985), S. 63-79.

Emmerich, V. (1991), Kartellrecht, 6.A., München (Beck) 1991.

Emmerich, V. (1999), Kartellrecht, 8.A., München (Beck) 1999.

Erdmann, G.; B. Fritsch (1990); Zeitungsvielfalt im Vergleich: Das Angebot an Tageszeitungen in Europa, Mainz (v. Hase & Koehler) 1990.

Eurich, C. (1993), Hoffnungsträger öffentlich-rechtliches Gemeinwohlfernsehen: acht Grundsätze, in: epd/Kirche und Rundfunk, Nr. 90/91 v. 20.11.1993, S. 5-11.

Exner, Th. (1992), Ganzheitliches Zeitungsmarketing, Diplomarbeit am Institut für Journalistik, Universität Dortmund 1992.

Fehr, E.; P. K. Zych (1995), Die Macht der Versuchung: Irrationaler Überkonsum in einem Suchtexperiment, in: Zeitschrift für Wirtschafts- und Sozialwissenschaften, 115. Jg., S. 569-604.

Ferguson, P. R.; G. J. Ferguson (1994), Industrial Economics: Issues and Perspectives, 2.A., New York (University Press) 1994.

Final Report (1992), Commission of the European Communities, Study on Pluralism and Concentration in Media. Economic Evaluation, Brüssel (Booz, Allen & Hamilton) 1992.

Fischer, H.-D. (1985), Publikumszeitschriften – ein Lehr- und Forschungsdefizit, in: H.-D. Fischer (Hrsg.), S. 15-64.

Fischer, H.-D. (Hrsg.) (1985), Publikumszeitschriften in der Bundesrepublik Deutschland, Konstanz (Universitätsverlag) 1985.

Fleck, F. (Hrsg.) (1983), Die Ökonomie der Medien, Freiburg (Schweiz) 1983.

Frederick, W. C.; K. Davis, J. E. Post (1988), Business and Society. Corporate Strategy, Public Policy, Ethics, New York u. a. 1988.

Frequenzregulierung in der Bundesrepublik Deutschland. Gutachten der „Gutachterkommission für Grundsatzfragen der Frequenzregulierung im zivilen Fernmeldewesen“, Bonn (Bundesministerium für Post und Telekommunikation) 1991

Frey, B.S. (1992), Tertium Datur: Pricing, Regulating and Intrinsic Motivation, in: Kyklos, Vol. 45 (1992), S. 161-184.

Friedman, M. (1979), The Economics of Free Speech, in: ORDO, Bd. 30 (1979), S. 221-227.

Fritsch, M.; T. Wein; H.-J. Ewers (1993), Marktversagen und Wirtschaftspolitik, München (Vahlen) 1993.

Fröhlinger, M. (1993), EG-Wettbewerbsrecht und Fernsehen, in: Rundfunk und Fernsehen, 41. Jg. (1993), S. 59-65.

Furhoff, L. (1973), Some Reflections on Newspaper Concentration, in: The Scandinavian Economic History Review, Vol. 21 (1973), S. 1-27.

Furubotn, E. G. ; S. Pejovich (1972), Property Rights and Economic Theory: A Survey of Recent Literature, in: Journal of Economic Literature, 1972, S. 1137-1162.

Geppert, K.; W. Seufert; A. Zerdick (1992), Werbemarkt Berlin und Brandenburg, Berlin (Vistas) 1992.

Gerbner, G. (1991), Führt Kanalfülle zu mehr Programmvielfalt?, in: Media Perspektiven, 1991, S. 38-44.

Giersch, H. (1985), Eurosclerosis, Kieler Diskussionsbeiträge Nr. 112, Kiel (Institut für Weltwirtschaft) 1985.

Giersch, H. (1988), Der EG-Binnenmarkt als Chance und Risiko, Kieler Diskussionsbeiträge Nr. 147, Kiel (Institut für Weltwirtschaft) 1988.

Giles, R. H. (1991), Newsroom Management. A Guide to Theory and Practice, 5.A., Detroit (Media Management Books) 1991.

Goodhart, G.J.; A.S.C. Ehrenberg; M.A. Collins (1975), The Television Audience: Patterns of Viewing, London 1975.

Greiffenberg, H.; W. Zohlnhöfer (1984), Pressewesen, in: Oberender, P. (Hrsg.), S. 577-627.

Grossmann, S.; O. Hart (1986), The Costs and Benefits of Ownership. A Theory of Vertical and Lateral Integration, in: Journal of Political Economy, Vol. 94 (1986), S. 691-719.

Grothkamp, G. (1990), Was darf die Agenturarbeit kosten?, in: Bundeszentrale für politische Bildung (Hrsg.), Die alltägliche Pressefreiheit, Bonn 1990, S. 26-30.

Grünbuch (1992), Pluralismus und Medienkonzentration im Binnenmarkt. Kom (92) 480 endg., vom 23.12.1992

Grundmann, B. (1990), Die öffentlich-rechtlichen Rundfunkanstalten im Wettbewerb, Baden-Baden (Nomos) 1990.

***H**aacke, W.* (1961), Die Zeitschrift – Schrift der Zeit, Essen (Stamm) 1961.

Hagemann, W. (Hrsg) (1957), Die Deutsche Zeitschrift der Gegenwart, Münster (Fahle) 1957.

Hans-Bredow-Institut (Hrsg.) (1992), Internationales Handbuch für Hörfunk und Fernsehen 1992/93, Baden-Baden/Hamburg (Nomos) 1992

Harwood, K. (1974), On Variety in Broadcasts, in: Journal of Broadcasting, Vol. 18 (1974), S. 143-152.

Hax, H. (1991), Theorie der Unternehmung - Information, Anreize und Vertragsgestaltung, in: D. Ordelheide u.a. (Hrsg.), S. 51-72.

Hayek, F.A. v. (1968), Der Wettbewerb als Entdeckungsverfahren, Kieler Vorträge NF 56, 1968.

Hayek, F.A. v.(1991), Die Verfassung der Freiheit, Tübingen (Mohr) 1991.

Heinrich, J. (1984), Marktzutritt als Systemelement des Wettbewerbs, in: G. Kopper (Hrsg.), S. 75 - 86

Heinrich, J. (1989a), Das Potential der Werbeeinnahmen für lokale Hörfunkstationen in Nordrhein-Westfalen, in: Lokalfunk in Nordrhein-Westfalen, LfR-Schriftenreihe Bd. 3, Essen 1989

Heinrich, J. (1989b), Wirtschaftsjournalismus, in: Publizistik, 34. Jg. (1989), S. 284-296.

Heinrich, J. (1990), Wünsche der Zielgruppe besser ermitteln. Rezipientenorientierte Wirtschaftsberichterstattung, in: G. Kalt (Hrsg.), S. 263-270.

Heinrich, J. (1991), Zur Integration des europäischen Rundfunks, in: Vorbereitungen auf den Binnenmarkt, Stuttgart (Deutscher Sparkassenverlag) 1991, S. 83-94.

Heinrich, J. (1992a), Ökonomische und publizistische Konzentration im deutschen Fernsehsektor. Eine Analyse aus wirtschaftswissenschaftlicher Sicht, in: Media Perspektiven, 1992, S. 338-356.

Heinrich, J. (1992b), Publizistische Vielfalt aus wirtschaftswissenschaftlicher Sicht, in: G. Rager und B. Weber (Hrsg.), S. 232-250.

Heinrich, J. (1993a), Dominanz der Kirch-Gruppe weiter gestiegen. Ökonomische und publizistische Konzentration im deutschen Fernsehsektor 1992/93, in: Media Perspektiven, 1993, S. 267-277.

Heinrich, J. (1993b), Finanzierungsperspektiven im Hörfunk, in: DLM-Jahrbuch 1992, S.170-186.

Heinrich, J. (1994a), Ökonomische und publizistische Konzentration im deutschen Fernsehsektor 1993/94, in: Media Perspektiven, 6, S. 297-310.

Heinrich, J. (1994b), Medien und Markt. Europäische Konzentrationstendenzen, in: Kulturpolitische Mitteilungen, 2, S. 22-28.

Heinrich, J. (1995), Der Markt als Motor publizistischer Konzentration?, in: Kommerz kontra Kultur? Europäischer Medienmarkt und kulturelle Identitäten, Hohenheimer Protokolle Band 49, Stuttgart (Akademie der Diözese Rottenburg-Stuttgart), S. 27-46.

Heinrich, J. (1996), Qualitätswettbewerb und/oder Kostenwettbewerb im Mediensektor, in: Rundfunk und Fernsehen, 44. Jg. 1996, S. 165 - 184.

Heinrich, J. (1998), Beitrag: Medienökonomie, in: Jarren, O.; U. Sarcinelli, U. Saxer (Hrsg.), Opladen, S. 681.

Heinrich, J. (1999a), Funktion und Struktur der Medienunternehmung, in: Schäfer, U. P.; T. Schiller, G. Schütte (Hrsg.), Journalismus in Theorie und Praxis, Konstanz (UVK), S. 119-134.

Heinrich, J. (1999b), Theorien der Medienverflechtung, in: Medienwissenschaft. Ein Handbuch zur Entwicklung der Medien und Kommunikationsformen, Berlin New York (de Gruyter) 1999, S. 200-212.

Heinrich, J. (2000), Zeitungsmärkte: Ökonomische Grundlegung zentraler Kommunikations- und Kulturräume, in: Jarren, O.; G. Kopper; G. Toepser-Ziegert (Hrsg.), Zeitung - Medium mit Vergangenheit und Zukunft. Eine Bestandsaufnahme, München (Saur) 2000, S. 105 - 114.

Herdzina, K. (1991), Wettbewerbspolitik, 3. A., Stuttgart/New York (Fischer) 1991.

Hillebrand, R. (1990), Einsatz werblicher Kommunikation im Einzelhandel unter besonderer Berücksichtigung des Hörfunks als Kommunikationsmedium, Berlin (Duncker & Humblot)1990.

Hoffmann, F. (1992), Konzernorganisationsformen, in: WiSt, 20. Jg. (1992), S. 552-556.

Hoffmann-Riem, W. (1991), Rundfunkrecht neben Wirtschaftsrecht, Baden-Baden (Nomos) 1991.

Hoffmann-Riem, W. (Hrsg.) (1988), Rundfunk im Wettbewerbsrecht – der öffentlich-rechtliche Rundfunk zwischen Wirtschaftsrecht und Rundfunkrecht, Baden-Baden (Nomos) 1988.

Hogel, K. (1993) , Expansion in Ostdeutschland. Das Beispiel Gruner+Jahr, unveröffentlichte Studienarbeit am Institut für Journalistik, Dortmund 1993.

Höhne, H. (1992), Meinungsfreiheit durch viele Quellen. Nachrichtenagenturen in Deutschland, in: Publizistik, 37. Jg. (1992), S. 50-63.

Hömberg, W.; M. Schmolke (Hrsg.) (1992), Zeit – Raum – Kommunikation, München (Ölschläger) 1992

Hoppmann, E. (1988), Meinungswettbewerb als Entdeckungsverfahren, in: E.-J. Mestmäcker (Hrsg.), S. 163-198.

Hummel, M. (1990), Zur wirtschaftlichen Situation der Künstler und Publizisten, in: ifo-schnelldienst, 34/1990, S. 11-17.

Hummel, M.; M. Berger (1988), Die volkswirtschaftliche Bedeutung von Kunst und Kultur, Berlin (Duncker & Humblodt) 1988.

Hunziker, P. (1981), Das Publikum als Marktpartner im publizistischen Wettbewerb, Konstanzer Universitätsreden 104, Konstanz (Universitätsverlag) 1981.

Huth, R., D. Pflaum (1986), Einführung in die Werbelehre, 2. A., Stuttgart u.a. (Kohlhammer) 1986.

Ihrig, F. (1991), Strategische Allianzen, in: WiSt, 18. Jg. (1991), S. 29-31.

Institute of Media Economics (1993), Mind-Media Industry in Europe, London (Libbey & Company) 1993.

Imhof, K.; O. Jarren; R. Blum (Hrsg.) (1999), Steuerungs- und Regelungsprobleme in der Informationsgesellschaft, Mediensymposium Luzern Band 5, Opladen (Westdeutscher Verlag) 1999.

IPA-plus Research 1992, Die 4 klassischen Massenmedien im Leben der Deutschen Bevölkerung. Ein qualitativer Intermedia-Vergleich zur Akzeptanz und Wertigkeit von Fernsehen, Hörfunk, Tageszeitungen und General-Interest-Zeitschriften (o.O.o.J).

Jacob, W. (1988), Neuentwicklung von Zeitschriften, 2.A., München (Profil)1988.

Jarren, O. (Hrsg.) (1994), Medien und Journalismus 1, Opladen (Westdeutscher Verlag) 1994.

Jarren, O. (Hrsg.) (1995), Medien und Journalismus 2, Opladen (Westdeutscher Verlag) 1995.

Jarren, O.; U. Sarcinelli; U. Saxer (Hrsg.) (1998), Politische Kommunikation in der demokratischen Gesellschaft, Opladen (Westdeutscher Verlag) 1998.

Jensen, M.C. (1979), Toward a Theory of the Press, in: K. Brunner (Hrsg.), S. 267-287.

Jünemann, B. (1980), Meinungsfreiheit und Medienentwicklung, Freiburg 1980.

Kaas, K. P. (1990), Marketing als Bewältigung von Informations- und Unsicherheitsproblemen im Markt, in: DBW (Die Betriebswirtschaft), 50. Jg., S. 539-548.

Kalt, G. (Hrsg.) (1990), Wirtschaft in den Medien. Defizite, Chancen und Grenzen. Eine kritische Bestandsaufnahme, Frankfurt (IMK) 1990.

Kamins, M.A.; L.J. Marks; D. Skinner (1991), Television Commercial Evaluation in the Context of Programm Induced Moved: Congruency versus Consistency Effects, in: Journal of Advertising, Vol. 20 (1991), S. 1-14.

Kantzenbach, E. (1966), Die Funktionsfähigkeit des Wettbewerbs, Göttingen (Vandenhoeck & Ruprecht) 1966.

Kantzenbach, E. (1988), Zum Verhältnis von publizistischem und ökonomischem Wettbewerb aus ökonomischer Sicht, in: W. Hoffmann-Riem (Hrsg.), S. 78-83.

Karle, R.; G. Schneider (2000), Versuch und Irrtum, in: Horizont Magazin Heft 3, 2000, S. 20 - 28.

Kaufer, E. (1980), Industrieökonomik, München (Vahlen) 1980.

Kaufer, E. (1981), Theorie der öffentlichern Regulierung, München (Vahlen) 1981.
Kaufer, E. (1985), Die Ökonomik des Patentsystems, in: Bombach, G. u. a. (Hrsg.), S. 53-64.
Keller, D. (1986), Regionale Tageszeitungsverlage und Neue Medien, Mannheim (Süddeutsche Verlagsanstalt) 1986.
Kepplinger, H.M. (1992), Gesellschaftskritik und Kollegenkritik, in: H.M. Kepplinger (Hrsg.), S. 128-148.
Kepplinger, H.M. (Hrsg.) (1992), Ereignismanagement. Wirklichkeit und Massenmedien, Zürich (Edition Interform) 1992.
Kepplinger, H.M. (1993), Kritik am Beruf. Zur Rolle der Kollegenkritik im Journalismus, in: W.A. Mahle (Hrsg.), S. 161-182.
Kepplinger, H.M.; H. Roth (1978), Kommunikation in der Ölkrise des Winters 1973/74. Ein Paradigma für Wirkungsstudien, in: Publizistik, 23. Jg. (1978), S. 337-356.
Kiefer, M.-L. (1985), Konsumentensouveränität vs. öffentliche Aufgabe, in: Media Perspektiven, 1985, S. 15-23.
Kiefer, M.-L. (1994), Wettbewerb im dualen Rundfunksystem, in: Media Perspektiven, 9, S. 430-438.
Kiefer, M.-L. (1997), Ein Votum für eine publizistikwissenschaftlich orientierte Medienökonomie, in: Publizistik, 1, S. 54-61.
Kiefer, M.-L. (2001), Medienökonomie, München Wien (Oldenbourg) 2001.
Kirchgässner, G. (1996), Bemerkungen zur Minimalmoral, in: Zeitschrift für Wirtschafts- und Sozialwissenschaften, 116, 1996, S. 223 - 251.
Kirzner, J. (1978), Wettbewerb und Unternehmertum, Tübingen (Mohr) 1978.
Klaue, S. u.a. (Hrsg.) (1980), Probleme der Pressekonzentrationsforschung, Baden-Baden (Nomos) 1980.
Klein, B. (1990), Konkurrenz auf dem Markt der geistigen Freiheiten, Schriften zu Kommunikationsfragen Bd. 14, Berlin (Duncker & Humblot) 1990.
Klein-Benkers, F. (1986), Die Werbekosten in der Bundesrepublik Deutschland 1984, Sonderheft 32 der Mitteilungen des Instituts für Handelsforschung an der Universität zu Köln, Göttingen (Schwartz) 1986.
Kleinaltenkamp, M. (1988), Die Abgrenzung des sachlich-relevanten Marktes von Zeitungen und Zeitschriften, in: WuW, 1988, S. 732-751.
Kleinert, J.; H. Klodt (2000), Megafusionen: Trends, Ursachen und Implikationen, Kieler Studie 302, Tübingen (Mohr Siebeck) 2000.
Knauth, P. (1992), Sunk Costs, in: WiSt, 20. Jg. (1992), S. 76-78.
Knoche, M. (1978), Einführung in die Pressekonzentrationsforschung, Berlin (Spiess) 1978.
Knoche, M. (1980), Die Meßbarkeit publizistischer Vielfalt, in: S. Klaue u.a. (Hrsg.), S. 127-138.
Kommunikationsmonitor II, Jahresgutachten über die Situation der Kommunikation 1992, Deutscher Kommunikationsverband. BDW und Institut für Kommunikation und Marketing, Düsseldorf 1992.

Kopper, G.G. (1982), Massenmedien: Wirtschaftliche Grundlagen und Strukturen. Analytische Bestandsaufnahme der Forschung 1968-1981. Bibliographie Walter Ubbens, Konstanz (Universitätsverlag) 1982.
Kopper, G.G. (1984a), Wettbewerbsprozeß und „Meinungsmarkt", in: G.G. Kopper (Hrsg.), S. 25-34.
Kopper, G.G. (Hrsg.) (1984b), Marktzutritt bei Tageszeitungen - zur Sicherung von Meinungsvielfalt durch Wettbewerb, München u.a. (Saur) 1984.
Kopper, G.G. (1991), Anzeigenblätter als Wettbewerbsmedien, München u.a. (Saur) 1991.
Kops, M. (1999), Prinzipien der Gestaltung von Rundfunkordnungen. Ökonomische Grundlagen und rundfunkpolitische Konsequenzen, in: Berg, H. J. (Hrsg.) 1999, Rundfunkgremien in Deutschland, S. 11 - 114.
Koschnick, W.J. (1988), Standard-Lexikon für Mediaplanung und Mediaforschung, München u.a. (Saur) 1988.
Krekeler, M. (1992), Der Umsatzstau im Äther löst sich auf, in: Horizont, Nr. 37/1992,
Kriele, M. (1990), Plädoyer für eine Journalistenkammer, in: Zeitschrift für Rechtspolitik, 1990, S. 109-117.
Kroeber-Riel, W. (1984), Konsumentenverhalten, 3.A., München (Vahlen) 1984.
Kronberger Kreis (1989), Mehr Markt in Hörfunk und Fernsehen. Schriftenreihe des Frankfurter Instituts für wirtschaftspolitische Forschung e.V., Bd. 19, Frankfurt 1989.
Krotz, F. (1996), Zur Konzeption einer Stiftung Medientest, in: Rundfunk und Fernsehen, 44. Jg., S. 214-229.
Krüger, U.M. (1993), Kontinuität und Wandel im Programmangebot, in: Media Perspektiven, 1993, S. 246-266.
Krüger, U.M.; Th. Zapf-Schramm (1994), Programmanalyse 1993 von ARD, ZDF, SAT 1 und RTL, in: Media Perspektiven, 1994, S. 111-124.
Kruse, J. (1996), Publizistische Vielfalt und Medienkonzentration zwischen Marktkräften und politischen Entscheidungen, in: Altmeppen, K.-D. (Hrsg.), Ökonomie der Medien und des Mediensystems, Opladen (Westdeutscher Verlag), S. 25-52.
Kunczik, M. (1985), Massenmedien und Entwicklungsländer, Köln u.a. (Böhlau) 1985.

Landesmedienanstalten (Hrsg.) (1993), DLM-Jahrbuch 1992 - Privater Rundfunk in Deutschland, München (R. Fischer) 1993.
Lange, B.-P. (1991), Das duale Rundfunksystem in der Bewährung. Geregelter Wettbewerb oder ruinöse Konkurrenz, in: Media Perspektiven, 1991, S. 8-17.
Lange, B.-P.; U. Pätzold (1983), Medienatlas Nordrhein-Westfalen, Bd. 1, Bochum 1983.
Langenbucher, W.R. (1980), Publizistische Vielfalt in Monopolgebieten, in: S. Klaue u.a. (Hrsg.), S. 139-144.
Langenbucher, W.R. (Hrsg.) (1979), Politik und Kommunikation, München u.a. (Saur) 1979.

Langenbucher, W.R. (Hrsg.) (1986), Politische Kommunikation, Wien (Braumüller) 1986.

Leuker, H. (1985), Lokalredaktion im Wettbewerb – die Ursachen von Konkurrenzverhalten und deren Auswirkungen auf die Redaktionsarbeit, Diplomarbeit am Institut für Journalistik, Universität Dortmund 1985.

Löbl, E. (1903), Kultur und Presse, Leipzig 1903.

Löchel, H. (1999), Ökonomische Institutionen als das Ergebnis von Verteilungskonflikten, in: WiSt, Heft 6, 1999, S. 275 - 278.

Locksley, G. M. (1988), TV-Broadcasting in Europe and the New Technologies, Commission of the European Communities, Luxemburg 1988

Löffler, M.; R. Ricker (1986), Handbuch des Presserechts, 2. A. München (Beck) 1986.

Luhmann, N. (1979), Öffentliche Meinung, in: W.R. Langenbucher (Hrsg.), S. 29-61.

Luyken, G.-M. (1990), Das Medienwirtschaftsgefüge der 90er Jahre, in: Media Perspektiven, 1990, S. 621-641.

Macauly, S. (1963), Non-contractual Relations in Business: A Preliminary Study, in: American Sociological Review, Vol. 28 (1963), S. 55-69.

Machlup, F. (1972), The Production and Distribution of Knowledge in the United States, First Princeton Paperback Edition, Princeton N.J. (Princeton University Press) 1972

Macneil, I.R. (1978), Contracts: Adjustment of Long-Term Economic Relations under Classical, Neoclassical and Relational Contract Law, in: Northwestern University Law Review, Vol. 72 (1978), S. 854-905.

Mahle, W.A. (Hrsg.) (1993), Journalisten in Deutschland, AKM-Studien, Bd. 39, München (Ölschläger) 1993

Marshall, A. (1923), Principles of Economics, 8. A., London (Macmillan) 1923.

Maseberg, E.; S. Reiter, W. Teichert (Hrsg.) (1996), Führungsaufgaben in Redaktionen, Gütersloh (Bertelsmann Stiftung) 1996.

McQuail, D.; J.J. van Cuilenburg (1982), Vielfalt als medienpolitisches Ziel, in: Media Perspektiven, 1982, S. 681-692.

Mestmäcker, E.-J. (1978), Medienkonzentration und Meinungsvielfalt, Baden-Baden (Nomos) 1978.

Mestmäcker, E.-J. (1986), Wer weiß schon, was dem Bürger frommt, in: Die Zeit, Nr. 38 vom 12.9.1986, S. 39.

Mestmäcker, E.-J. (Hrsg.) (1988), Offene Rundfunkordnung, Gütersloh (Bertelsmann) 1988.

Meyn, H. (1994), Massenmedien in der Bundesrepublik Deutschland, Berlin (Colloquium) 1994.

Miller, K.M.; O.H. Gandy Jr. (1991), Paradigmatic Drift: A Bibliographic Review of the Spread of Economic Analysis in the Literature of Communication, in: Journalism Quarterly, Vol. 68 (1991), S. 663-671.

Mönig, H. (1985), Fertigungsorganisation und Wirtschaftlichkeit einer Fertigungsinsel, in: Zeitschrift für die betriebswirtschaftliche Forschung, 37. Jg. (1985), S. 83-101.

Monopolkommission (1984), Ökonomische Kriterien für die Rechtsanwendung. Hauptgutachten 1982/1983. Baden-Baden (Nomos) 1984.

Monopolkommission (1990), Wettbewerbspolitik vor neuen Herausforderungen, Hauptgutachten 1988/1989, Baden-Baden (Nomos) 1990.

Monopolkommission (1992), Wettbewerbspolitik oder Industriepolitik, Hauptgutachten 1990/1991, Baden-Baden (Nomos) 1992.

Möschel, W. (1978), Pressekonzentration und Wettbewerbsgesetz, Tübingen (Mohr) 1978.

Möschel, W. (1982), Fusion Springer/Burda. Dorniges Gelände, in: Wirtschaftswoche Nr. 11 vom 12.3.1982, S. 70-73.

Möschel, W. (1984), Fusionskontrolle im Pressebereich, Juristenzeitung 1984, S. 493 ff.

Moths, E. (1978), Medien als einzel- und gesamtwirtschaftliches Phänomen, in: Media Perspektiven, 1978, S. 541-561.

Müller, W. (1979), Die Ökonomik des Fernsehens, Göttingen 1979.

Müller-Römer, F. (1992), Rundfunkversorgung (Hörfunk und Fernsehen) in: Hans-Bredow-Institut (Hrsg.) (1992), S. A125-A 156.

Mundorf, N.; D. Zillmann; D. Drew (1991), Effects of Disturbing Televised Events on the Acquisition of Information from Subsequently Presented Commercials, in: Journal of Advertising, Vol. 20 (1991), S. 46-53.

Nelson, P. (1970), Information and Consumer Behaviour, in: Journal of Political Economy, Vol. 78 (1970), S. 311-329.

Neuberger, C. (1994), Arbeitsplätze im Journalismus, in: Rundfunk und Fernsehen, 42. Jg. (1994), S. 37-48.

Neumann, U. (1988), Publizistischer versus ökonomischer Wettbewerb im Fernsehsektor, Frankfurt u.a. (Lang) 1988.

Noelle-Neumann, E. (1986), Die Antwort der Zeitung auf das Fernsehen. Geschichte einer Herausforderung, Konstanz (Universitätsverlag) 1986.

Noelle-Neumann, E.; F. Ronneberger; H.-W. Stuiber (1976), Streitpunkt lokales Pressemonopol, Düsseldorf (Droste) 1976.

Noll, J. (1977), Die deutsche Tagespresse, Frankfurt, New York (Campus) 1977.

North, D. C. (1990), Institutions, institutional change and economic performance, Cambridge (Cambridge University Press) 1990.

Norton, S.W.; W. Norton jr. (1986), Economies of Scale and the New Technology of Daily Newspapers: A Survivor Analysis, in: Quarterly Review of Economics and Business, Vol. 26. (1986), S. 66-83.

Nussberger, U. (1971), Die Mechanik der Pressekonzentration, Berlin 1971.

Nussberger, U. (1984), Das Pressewesen zwischen Geist und Kommerz, Konstanz (Universitätsverlag) 1984

O*berender, P.* (Hrsg.) (1984), Marktstruktur und Wettbewerb, München (Vahlen) 1984.

Ohlemacher, Th. (1993), Bevölkerungsmeinung und Gewalt gegen Ausländer im wiedervereinigten Deutschland, Berlin (Wissenschaftszentrum) 1993.

Ordelheide, D. u.a. (Hrsg.) (1991), Betriebswirtschaftliche und Ökonomische Theorie, Stuttgart (Poeschel) 1991

Owen, B. (1975), Economics and Freedom of Expression. Media Structure and the First Amendment, Cambridge/Mass, (Ballinger) 1975.

Owen, B.; J.H. Beebe; W.G. Manning (1976), Television Economics, 2. A., Lexington u.a. 1976.

Owen, B. M.; S. S. Wildman (1992), Video Economics, Cambridge/London (Harvard University Press) 1992.

P*asquay, A.* (1996), Der Zeitungsmarkt in der Europäischen Union, in: BDZV (Hrsg.), Zeitungen '96, Bonn (ZV) 1999, S. 142 - 155.

Pätzold, U.; H. Röper (1984), Vom Zeitungsverbund zum Medienverbund, in: Media Perspektiven, 1984, S. 237-246

Pätzold, U., H. Röper (1992), Medienanbieter und Medienangebote, Opladen (Leske + Budrich) 1992.

Pätzold, U.; H. Röper (1992), Probleme des intermedialen Wettbewerbs im Lokalen, in: Media Perspektiven, 1992, S. 641-655.

Peffekoven, R. (1990), Öffentliche Finanzen, in: Vahlens Kompendium der Wirtschaftstheorie und Wirtschaftspolitik, Band 1, 4. A., München (Vahlen) 1990, S. 475-556.

Petersen, H.G. (1990), Finanzwissenschaft I, Stuttgart u.a. (Kohlhammer), 2.A., 1990.

Picard, R.G. (1989), Media Economics. Concepts and Issues, London u.a. (Sage) 1989

Picard, R.G. u.a. (Hrsg.) (1988), Press Concentration and Monopoly: New Perspectives on Newspaper Ownership and Operation, Norwood N.J. (Ablex Publishing) 1988.

Picot, A. (1990), Organisation, in: Vahlens Kompendium der Betriebswirtschaftslehre, Bd. 2, 2.A., 1990, München (Vahlen) S. 99 - 163

Picot, A. (1991), Ökonomische Theorie der Organisation - Ein Überblick über neuere Ansätze und deren betriebswirtschaftliches Anwendungspotential, in: D. Ordelheide u.a. (Hrsg.), S. 143-170.

Picot, A. (1999), Organisation, in: Vahlens Kompendium der Betriebswirtschaftslehre, Band 2, 4.A., München (Vahlen) 1999, S. 107 - 180.

Picot, A.; H. Dietl (1990), Transaktionskostentheorie, in: WiSt, 18. Jg. (1990), S. 178-184.

Pommerehne, W.; B.S. Frey (1985), Kunst: Was sagt der Ökonom dazu?, in: Schweizerische Zeitschrift für Volkswirtschaft und Statistik, 1985, S. 139-167.

Pommerehne, W.; B.S. Frey (1993), Musen und Märkte. Ansätze einer Ökonomik der Kunst, München (Vahlen) 1993.

Porat, M.U. (1977), The Information Economy: Definition and Measurement, Washington (U.S. Government Printing Office) 1977

Porter, M.E. (1990), Wettbewerbssstrategie (Competitive Strategy) 6. A., Frankfurt (Campus) 1990.

Postman, N. (1985), Wir amüsieren uns zu Tode, 5. A., Frankfurt (Fischer) 1985.

Postman, N. (1992), Das Technopol, Frankfurt (Fischer) 1992.

Pratt, J.W.; R.W. Zeckhauser (Hrsg.), Principals and Agents: The Structure of Business, Boston 1985

Prognos (1991), Entwicklung des Werbemarktes für Fernsehen und Hörfunk in Deutschland unter alternativen Rahmenbedingungen, BLM-Schriftenreihe Bd. 17 a und 17 b, München (R. Fischer) 1991

Prognos (1992), Wettbewerbssituation des privaten Hörfunks in Bayern, BLM-Schriftenreihe Bd. 20, München (R. Fischer) 1992

Pürer, H. (1990), Einführung in die Publizistikwissenschaft, 4. A., München (Ölschläger) 1990

***R**ager, G.* (1982), Publizistische Vielfalt im Lokalen, Tübingen 1982.

Rager, G. (1994), Qualitäts-Dimensionen im Zeitungsjournalismus, in: G. Bentele; K.R. Hesse (Hrsg.), Publizistik und Gesellschaft.

Rager, G.; B. Weber (Hrsg.) (1992), Publizistische Vielfalt zwischen Markt und Politik, Düsseldorf u.a. (Econ) 1992.

Rager, G.; P. Werner (Hrsg.) (1992), Die tägliche Neuerscheinung, Münster (Lit) 1992.

Rawls, J. (1994), Eine Theorie der Gerechtigkeit, 8.A., Frankfurt (Suhrkamp). Engl. Originalausgabe: Rawls, J. (1971), A Theory of Justice, Harvard.

Readings (1984), Economics of Mass Media Industries, Stanford 1984.

Reddaway, W.B. (1963), The Economics of Newspaper, in: The Economic Journal, Vol. 73 (1963), S. 201-218.

Regionalpresse (1991), Einkaufs- und Informationsverhalten 1990, Eine Studie des Verbandes Regionalpresse, Frankfurt (gzm - Gesellschaft für Zeitungsmarketing) 1991.

Reimer, E. (1992), The Effects of Monopolization on Newspaper Advertising Rates, in: The American Economist, Vol. 36 (1992), S. 65-70.

Reimer, H.; H.-J. Weigt (1991), Marktzutritt von Zeitschriften, unveröffentlichte Diplomarbeit am Institut für Journalistik, Universität Dortmund 1991.

Resing, Ch.; H. Höhne (1993), Die Nutzung von Nachrichtenagenturen durch Tageszeitungen, in: BDZV (Hrsg.), Zeitungen '93, S. 276-311.

Resing, Ch. (1999), Nachrichtenagenturen - der Wettbewerb nimmt zu, in: BDZV-Jahrbuch Zeitungen ´99, S. 256 - 275.

Richter, H. (1989), Pressekonzentration und neue Medien, Göttingen (Vandenhoeck & Ruprecht) 1989.

Richter, R. (1991), Institutionenökonomische Aspekte der Theorie der Unternehmung, in: D. Ordelheide u.a. (Hrsg.), S. 395-429.

Richter, R. (1994), Institutionen ökonomisch analysiert, Tübingen (Mohr) 1994.

Ridder, C.-M. (1993), Zukunftsstrategien der BBC, in: Media Perpektiven, 1993, S. 150-158.

Ridder-Aab, C.-M. (1985), Anzeigenblätter 1985 – gebremstes Wachstum in: Media Perspektiven, 1985, S. 634-643.

Ronneberger, F.; M. Rühl (1992), Theorie der Public Relations. Ein Entwurf, Opladen (Westdeutscher Verlag) 1992.

Röper, B. (Hrsg.) (1989), Wettbewerb und Werbung, Schriften des Vereins für Socialpolitik, Bd. 180, Berlin (Duncker & Humblodt) 1989

Röper, H. (1987), Daten zur Konzentration der Tagespresse in der Bundesrepublik Deutschland im I. Quartal 1987, in: Media Perspektiven, 1987, S. 563-573.

Röper, H. (1989), Formationen deutscher Medienmultis 1989, in: Media Perspektiven, 1989, S. 733-747.

Röper, H. (1991), Daten zur Konzentration der Tagespresse in der Bundesrepublik Deutschland im I. Quartal 1991, in: Media Perspektiven, 1991, S. 431-444.

Röper, H. (1992), Daten zur Konzentration der Publikumszeitschriften in Deutschland im I. Quartal 1992, in: Media Perspektiven, 1992, S. 416-427.

Röper, H. (1993a), Formationen deutscher Medienmultis 1992, in: Media Perspektiven, 1993, S. 56-74.

Röper, H. (1993b), Daten zur Konzentration der Tagespresse in der Bundesrepublik Deutschland im I. Quartal 1993, in: Media Perspektiven, 1993, S. 402-409.

Röper, H. (1993c), Konzentration außer Kontrolle?, in: Funkfenster, September/Oktober 1993, S. 9.

Röper, H.; U. Pätzold (1993), Medienkonzentration in Deutschland, Düsseldorf (Europäisches Medieninstitut) 1993.

Röper, H. (1997), Zeitungsmarkt 1997: Leichte Steigerung der Konzentration, in: Media Perspektiven 7, 1997, S. 367 - 377.

Röper, H. (1998), Konzentration im Zeitschriftenmarkt leicht rückläufig, in: Media Perspektiven 7, 1998, S. 337 - 351.

Röpke, J. (1970), Wettbewerb, Pressefreiheit und öffentliche Meinung, in: Schmollers Jahrbuch, Jg. 90 (1970), S. 172-192.

Rosse, J. N. (1967), Daily newspapers, Monopolistic Competition and Economies of Scale, in: American Economic Review, Vol. (57) 1967, S. 522-533.

Rosse, J. M.; J. N. Dertouzos (1978), Economic Issues in Mass Communication Industries, Stanford 1978.

Rothenberg, J. (1962), Consumer Souvereignity and the economics of TV Programming, in: Studies in Public Communication, Vol. 4 (1962), S. 45 - 54

Rühl, M. (1980), Journalismus und Gesellschaft, Mainz (v. Hase & Köhler) 1980.

Rühl, M. (1988), Organisatorischer Journalismus: Tendenzen der Redaktionsforschung, in: Analysen und Synthesen, Bd. 2, Bamberg 1988.

Rühl, M. (1990), Operation „Gebrauchsverstehen". Plädoyer für eine Funktionsverlagerung im Journalismus der Gegenwartsgesellschaft, in: H.-J. Schmitz; H. Tompert (Hrsg.), S. 49-68.

Rühl, M. (1992), Redaktionszeiten. Zur publizistischen Bewältigung von Ereignisturbulenzen, in: Hömberg, W.; M. Schmolke (Hrsg.), S. 177-196.

Rühl, M. (1993), Marktpublizistik. Oder: Wie alle – reihum – Presse und Rundfunk bezahlen, in: Publizistik, 38. Jg. (1993), S. 125-152.
Ruß-Mohl, S. (1992), Am eigenen Schopfe ... Qualitätssicherung im Journalismus. Grundfragen, Ansätze, Näherungsversuche, in: Publizistik, 37. Jg. (1992), S. 83-96.
Ruß-Mohl, S. (1995), Redaktionelles Marketing und Management, in: Jarren, O. (Hrsg.) (1995), S. 104-138.

Saatchi & Saatchi (1991), European Market & Media Fact 1991, London (Saatchi & Saatchi Advertising Worldwide) 1991.
Sanchez-Tabernero (1993), Media Concentration in Europe. Commercial Enterprises and the Public Interest, Düsseldorf (Europäisches Medieninstitut) 1993.
Saxer, U. (1993), Medienwandel – Journalismuswandel, in: Publizistik, 38. Jg. (1993), S. 292-303.
Saxer, U.; J. Rathgeb (1992), Lokalradiowerbung als Innovation, München 1992.
Saxer, U. (1999), Warnung vor großen medienpolitischen Windmaschinen. Plädoyer für eine wissenschaftliche Medienpolitik, in: Imhof, K.; O. Jarren; R. Blum (Hrsg.) (1999), S. 361 - 376.
Schäfer-Dieterle, S. (1993), Integriertes Zeitungsmarketing – Ein strategisches Konzept, in: BDZV (Hrsg.), Zeitungen '93, S. 166-183.
Schatz, H.; N. Immer; F. Marcinkowski (1989), Der Vielfalt eine Chance, in: Rundfunk und Fernsehen, 37. Jg. (1989), S. 5-24.
Schatz, K.-W. (2000), Liberalisierung in der Telekommunikation. Beiträge zur Wirtschafts- und Sozialpolitik des Instituts der Deutschen Wirtschaft Nr. 255, Köln (Deutscher Institutsverlag) 2000.
Schenk, K.-E. (1992), Die neue Institutionenökonomie – Ein Überblick über wichtige Elemente und Probleme der Weiterentwicklung, in: ZWS, 112. Jg. (1992), S. 337-378.
Schenk, M.; J. Donnerstag (Hrsg.) (1989), Medienökonomie, München (Reinhard Fischer) 1989
Schenk, M.; M. Hensel (1986), Medienwirtschaft. Eine kommentierte Auswahlbibliographie. Baden-Baden (Nomos) 1986.
Scherer, F.M. (1980), Industrial Market Structure and Economic Performance, 2. A., Chicago (Rand McNally) 1980.
Scherer, F.; D. J. Ross (1990), Industrial Market Structure and Economic Performance, 3.A., Boston (Houghton Mifflin) 1990.
Scheuch, E. K.; U. Scheuch (1990), Veränderungen in der Stellung des Hörfunks unter den Medien. Der heutige Forschungsbedarf, in: Communications 15, 1990, S. 231-240.
Schmalen, H. (1985), Kommunikationspolitik: Werbeplanung, Stuttgart u.a. (Kohlhammer) 1985.
Schmalensee, R. L. (1979), On the Use of Economic Models in Antitrust: The Realemon Case, in: University of Pennsylvania, Law Review 127, 1979, S. 994-1050.

Schmidt, I. (1990), Wettbewerbspolitik und Kartellrecht. Eine Einführung, 3. A., Stuttgart u.a. (Fischer) 1990.

Schmidt, I.; M. Röhrich (1992), Kompetitive Marktstrukturen und externes Unternehmenswachstum, in: WiSt, 20. Jg. (1992), S. 179-184.

Schmidt, J.; H. Engelke (1989), Marktzutrittsschranken und potentieller Wettbewerb, in: WiSt, 17. Jg. (1989), S. 399-404.

Schmitz, A. (1990), Rundfunkfinanzierung, Köln (Müller Bötermann) 1990.

Schmitz, H.-J.; H. Tompert (Hrsg.) (1990), Professionalität und Profil. Essentials eines engagierten Journalismus, Stuttgart 1990.

Schneider, B. (1994), Pressekonzentration à la Treuhand, in: transparent, 1/1994, S. 16-17.

Schneider, B.; K. Schönbach (1993), Journalisten in den neuen Bundesländern, in: W.A. Mahle (Hrsg) (1993), S. 35-56.

Schneider, B.; K. Schönbach, D. Stürzebecher (1991), Strukturen, Anpassungsprobleme und Entwicklungschancen der Presse auf dem Gebiet der neuen Bundesländer (einschließlich des Gebiets des früheren Berlin-Ost). Forschungsbericht für den Bundesminister des Innern, Hannover und Leipzig 1991.

Schneider, B.; K. Schönbach, D. Stürzebecher (1993), Westdeutsche Journalisten im Vergleich: jung, professionell und mit Spaß an der Arbeit, in: Publizistik, 38. Jg. (1993), S. 5-30.

Schneider, D. (1987), Allgemeine Betriebswirtschaftslehre, 3. A., München/Wien (Oldenbourg) 1987.

Schönbach, K. (1980), Publizistische Vielfalt in Wettbewerbsgebieten, in: S. Klaue u.a. (Hrsg.) (1980), S. 145-161.

Schönbach, K. (1997a) (Hrsg.) (1980), Zeitungen in den Neunzigern. Faktoren ihres Erfolgs, Bonn (ZV) 1997.

Schönbach, K. (1997b), Zeitungen in den Neunzigern: Faktoren ihres Erfolgs, in: BDZV-Jahrbuch Zeitungen '97, S. 136 - 149.

Schotter, A. (1981), The economic theory of social institutions, Cambridge (Cambridge University Press) 1981.

Schulz, V. (1999), Zwischenbilanz - zur Politik der Bundesregierung, in: BDZV (Hrsg.), Zeitungen '99, Bonn (ZV) 1999, S. 99 - 107.

Schumann, J. (1987), Grundzüge der mikroökonomischen Theorie, 5.A., Berlin u.a. (Springer) 1987.

Schumpeter, J.A. (1908), Das Wesen und der Hauptinhalt der theoretischen Nationalökonomie, Leipzig 1908.

Schusser, O. (1998), Medienökonomie: Wissenschaft oder Mode? in: DBW 58 (1998), S. 591 - 602.

Schuster, D. (1990), Meinungsvielfalt in der dualen Rundfunkordnung, Berlin (Duncker & Humblot) 1990

Schütz, W.J. (1989), Deutsche Tagespresse 1989, in: Media Perspektiven 12, S. 748-755, 812-826.

Schütz, W.J. (1992), Zur Entwicklung des Zeitungsmarktes in den neuen Ländern 1989-1992, in: BDZV (Hrsg.), Zeitungen '92, S. 270-296.

Schütz, W.J. (1994), Deutsche Tagespresse 1993, in: Media Perspektiven 4, S. 168-198.

Schütz, W. J. (2000), Deutsche Tagespresse 1999, in: Media Perspektiven 1, S. 8 - 29.

Schwartz, I. (1991), Rundfunk, EG-Kompetenzen und ihre Ausübung, in: Zeitschrift für Urheber- und Medienrecht, 35. Jg. (1991), S. 155-167.

Schweiger, G.; G. Schrattenecker (1989), Werbung, 2.A., Stuttgart/New York, 1989

Seufert, W. (1992), Die Entwicklung des Wettbewerbs auf den Hörfunk- und Fernsehmärkten in der Bundesrepublik Deutschland, in: DIW Beiträge zur Strukturforschung, Heft 133, Berlin 1992.

Simon, H.A. (1983), Reason in Human Affairs, Stanford 1983.

Sjurts, I. (1996), Die deutsche Medienbranche, Wiesbaden (Gabler) 1996.

Sjurts, I. (1997), Strategische Gruppen und Unternehmenserfolg im Zeitschriftenmarkt, in: WiSt, 5, 1997, S. 261 - 264.

Sombart, W. (1916), Der moderne Kapitalismus - Das europäische Wirtschaftsleben im Zeitalter des Frühkapitalismus, 2. A.München und Leipzig (Duncker & Humblot), 1916.

Sombart, W. (1927), Der moderne Kapitalismus - Das europäische Wirtschaftsleben im Zeitalter des Hochkapitalismus, 1. A.München und Leipzig (Duncker & Humblot), 1927.

Spence, M. (1976), Product Selection, Fixed Costs and Monopolistic Competition, in: Review of Economic Studies, Vol. 66 (1976), S. 217-235.

Spence, A. M.; B. M. Owen (1977), Television Programming, Monopolistic Competition and Welfare, in: Quarterly Journal of Economics, vol. 91, S. 103-126.

Spieler, E. (1988), Fusionskontrolle im Medienbereich, Berlin (Duncker & Humblot) 1988.

Spremann, K. (1990), Asymmetrische Information, in: Zeitschrift für Betriebswirtschaft, 60. Jg. (1990), S. 561-586.

Stamm (1994), Leitfaden durch Presse und Werbung, Essen (Stamm) 1994.

Stanko, M. (1992), Serie „Das unterschätzte Medium Hörfunk“, in: Horizont, Nr. 34-37, 42 und 43/1992.

Statistisches Bundesamt (1977), Der Aufbau einer Pressestatistik, in: Wirtschaft und Statistik, 1977, S. 291-296.

Steiner, P.O. (1952), Programm Patterns and preferences and the Working of Competition in Radio Broadcasting, in: Quarterly Journal of Economics, Vol. 66 (1952), S. 194-223.

Stern Advertising Dept. und Initiative Media Hamburg (Hrsg.) (1991), The Media Scene in Europe 3, Hamburg (Gruner+Jahr) 1991.

Stigler, G.J. (1968), The Organization of Industry, Homewood/Illinois (Englewood Cliffs) 1968.

***T**eichert, W.* (1982), Die Region als publizistische Aufgabe. Ursache, Fallstudien, Befunde, Hamburg (Hans-Bredow-Institut) 1982

Teichert, W. (1992), Werbemarkt Bremen, Bremerhaven, Unterweserraum. Gutachten im Auftrag der Bremischen Landesmedienanstalt 1991

Tichy, G. (1991), Fusionen und Wettbewerbspolitik, in: WiSt, 19. Jg. (1991), S. 357-360.

Towse, R.; A. Khakee (Hrsg.) (1992), Cultural Economics, Berlin u.a. (Springer) 1992.

Ubbens, W. (1993), Jahresbibliographie Massenkommunikation 1991. Berlin 1993.

Ulmer, P. (1977), Der Begriff „Leistungswettbewerb“ und seine Bedeutung für die Anwendung von GWB und UWG-Fallstudien, in: Gewerblicher Rechtsschutz und Urheberrecht, 1977, S. 565-580.

Ungern-Sternberg, Th. v.; C. C. von Weizsäcker (1981), Marktstruktur und Marktverhalten bei Qualitätsunsicherheit, in: ZWS, 101. Jg. (1981), S. 609-626.

Verband Presse-Grosso (Hrsg.) (1990), Strukturanalyse des Presse- Einzelhandels 1970-1990, Köln 1990.

Voigt, S. (1993), Strategische Allianzen, in: WiSt, 21. Jg. (1993), S. 246-249.

Vogel, A. (1998), Die populäre Presse in Deutschland, München (R. Fischer) 1998.

Wagner, Ch. (1990), Konzentrationskontrolle im privaten Rundfunk, in: Rundfunk und Fernsehen, 38. Jg. (1990), S. 165-182

Wallenberg, G. (1992), Die Regelungen im Rundfunkstaatsvertrag zur Sicherung der Meinungsvielfalt im privaten Rundfunk, in: Zeitschrift für Urheber- und Medienrecht, S. 387-394.

Weber, B. (1990), Publizistische Vielfalt. Konzept, Realisierung, Messung, unveröffentlichte Diplomarbeit am Institut für Journalistik, Universität Dortmund 1990.

Weber, B. (1992), Jedem das Seine – Jeder das Ihre. Ein Plädoyer für redaktionelles Marketing, in: G. Rager; P. Werner (Hrsg.), S. 147-157.

Weber, M. (1968), Politik als Beruf, 5. A., Berlin (Duncker & Humblodt) 1968

Weischenberg, S. (1990), Nachrichtenschreiben, 2. A., Opladen (Westdeutscher Verlag) 1990

Weischenberg, S. (1991), Kommunikation und Verantwortung. Einsichten und Aussichten einer Ethik des Journalismus, Vortrag bei der Fachtagung "Ethik des Journalismus", Leipzig, 4.3.1991.

Weischenberg, S. (1992), Journalistik. Medienkommunikation: Theorie und Praxis, Bd. 1, Opladen (Westdeutscher Verlag) 1992.

Weischenberg, S.; M. Löffelholz; A. Scholl (1993), Journalismus in Deutschland, in: Media Perspektiven, 1993, S. 21-33.

Weischenberg, S.; M. Löffelholz; A. Scholl (1994), Merkmale und Einstellungen von Journalisten. „Journalismus in Deutschland II“, in: Media Perspektiven, 1994, S. 154-167.

Weizsäcker, C.C. von (1997), Wettbewerb in Netzen, in: Wirtschaft und Wettbewerb 1997, S. 572-579.

Weizsäcker, C.C. von (2000), Über Marktwirtschaft und Marktgesellschaft, in: Argumente zu Marktwirtschaft und Politik Nr. 66, 2000, Frankfurt (Frankfurter Institut).

Wiggins, St.N. (1991), The Economics of the Firm and Contracts: A Selected Survey, in: JITE, Vol. 147 (1991), S. 603-661.

Williamson, O.E. (1975), Markets and Hierarchies: Analysis and Antitrust Implications. A Study in the Economics of Internal Organization, New York (University Press) 1975.

Williamson, O.E. (1981), The Modern Corporation: Origins, Evolution, Attributes, in: Journal of Economic Literature, Vol. 19 (1981), S. 1537-1568.

Williamson, O.E. (1985), The Economic Institutions of Capitalism: Firms, Markets, Relational Contracting, New York (Free Press) 1985. Dt.: Die ökonomischen Institutionen des Kapitalismus, Tübingen (Mohr) 1990.

Williamson, O.E. (1990), A Comparison of Alternative Approaches to Economic Organization, in: JITE, Vol. 146 (1990), S. 61-71.

Williamson, O.E. (1991), Comparative Economic Organization, in: D. Ordelheide u.a. (Hrsg), S. 13-49.

Wirth, M. O.; H. Block (1995), Industrial Organisation Theory and Media Industry Analysis, in: The Journal of Media Economics, 8, 1995, S. 15 - 26.

Witte, E. (1984), Zeitungen im Medienmarkt der Zukunft, Stuttgart (Poeschel) 1984.

Wolf, M. (1983), Verlagsmarketing: Marketing-Konzeption im Zeitschriftenverlag, Zürich (Diss.) 1983.

Wössner, M. (1992), Vision 2000 - Medien in Europa, Referat auf dem Medienforum NRW von 1.6.1992, in: Medienspiegel Dokumentation Nr. 26/1992

Young, D. P. T. (2000), Modeling Media Markets: How Important is Market Structure?, in: The Journal of Media Economics, 13, 2000, S. 27 - 44.

ZAW (Hrsg.) (lfd. Jg.), Werbung in Deutschland, Bonn lfd. Jg.

ZDF-Positionspapier (1993), Die Position des ZDF in einem sich verändernden Markt, in: Medienspiegel, Nr. 5/1993.

Zentes, J. (1992), Kooperative Wettbewerbsstrategien im internationalen Konsumgütermarketing, in: J. Zentes (Hrsg.) (1992), S. 3-31.

Zentes, J. (1993), Marketing, in: M. Bitz (Hrsg.) (1993), S. 321-395.

Zentes, J. (Hrsg.) (1992), Strategische Partnerschaften im Handel, Stuttgart (Poeschel) 1992.

Zerdick, A.; A. Picot, K. Schrape u. a. (2001), Die Internet-Ökonomie, 3. A., Berlin Heidelberg (Springer) 2001.

Zimmer, J. (1993a), Europas Fernsehen im Wandel. Probleme einer Europäisierung von Ordnungspolitik und Programmen, Frankfurt (Lang) 1993.

Zimmer, J. (1993b), Ware Nachricht. Fernsehnachrichtenkanäle und Veränderungen auf dem Nachrichtenmarkt, in: Media Perspektiven, 1993, S. 287-289.

Zimmermann, H.; K.-D. Henke (1982), Finanzwissenschaft, 3. A., München (Vahlen), 1982.

Abkürzungen

A	Österreich
AER	American Economic Review
AG	Aktiengesellschaft
AGBG	Gesetz über die Allgemeinen Geschäftsbedingungen
AG.MA	Arbeitsgemeinschaft Media-Analyse
AGZV	Arbeitsgemeinschaft der Zeitschriftenverlage
B	Belgien
BDZV	Bundesverband Deutscher Zeitschriftenverleger
BetrVG	Betriebsverfassungsgesetz
BGH	Bundesgerichtshof
BIP	Bruttoinlandsprodukt
BSP	Bruttosozialprodukt
BVDA	Bundesverband Deutscher Anzeigenblätter
BVerfG	Bundesverfassungsgericht
CAN	Kanada
CDU	Christlich-Demokratische Union
CH	Schweiz
D	Deutschland
DBW	Die Betriebswirtschaft
DBD	Demokratische Bauernpartei Deutschlands (DDR)
DIW	Deutsches Institut für Wirtschaftsforschung
DK	Dänemark
DLM	Direktorenkonferenz der Landesmedienanstalten
E	Spanien
ECU	European Currency Unit
EEA	Einheitliche Europäische Akte
EG	Europäische Gemeinschaften
EMRK	Europäische Menschenrechtskonvention

EU	Europäische Union
EuGH	Europäischer Gerichtshof
EUR 12	Europa der 12 EU-Mitgliedsstaaten
EWG	Europäische Wirtschaftsgemeinschaft
EWGV	EWG-Vertrag
F	Frankreich
FDGB	Freier Deutscher Gewerkschaftsbund (DDR)
FDJ	Freie Deutsche Jugend (DDR)
GB	Großbritannien
GmbH	Gesellschaft mit beschränkter Haftung
GR	Griechenland
GU	Gemeinschaftsunternehmen
GWB	Gesetz gegen Wettbewerbsbeschränkungen
HHI	Hirschman-Herfindahl-Index
I	Italien
IP	Information et Publicité
IR	Irland
IS	Island
IVW	Informationsgemeinschaft zur Festellung der Verbreitung von Werbeträgern
J	Japan
JEL	Journal of Economic Literature
JITE	Journal of Institutional and Theoretical Economics
KG	Kommanditgesellschaft
KGaA	Kommanditgesellschaft auf Aktien
L	Luxemburg
LDPD	Liberaldemokratische Partei Deutschlands (DDR)
LfR	Landesanstalt für Rundfunk (Nordrhein-Westfalen)
MA	Media-Analyse
N	Norwegen
NDPD	Nationaldemokratische Partei Deutschlands (DDR)
NL	Niederlande
OHG	Offene Handelsgesellschaft
P	Portugal
PR	Public Relations
S	Schweden
SED	Sozialistische Einheitspartei Deutschlands (DDR)
SF	Finnland
USA	Vereinigte Staaten von Amerika
UWG	Gesetz gegen den unlauteren Wettbewerb

VDZ	Verband Deutscher Zeitschriftenverleger
VG	Verlagsgruppe
VPRT	Verband Privater Rundfunk und Telekommunikation
WAZ	Westdeutsche Allgemeine Zeitung
WiSt	Wirtschaftswissenschaftliches Studium
WISU	Wirtschaftsstudium
WuW	Wirtschaft und Wettbewerb
WuW/E	Wirtschaft und Wettbewerb / Entscheidungssammlung
ZAW	Zentralverband der deutschen Werbewirtschaft
ZUM	Zeitschrift für Urheber- und Medienrecht
ZWS	Zeitschrift für Wirtschafts- und Sozialwissenschaften

Sachregister